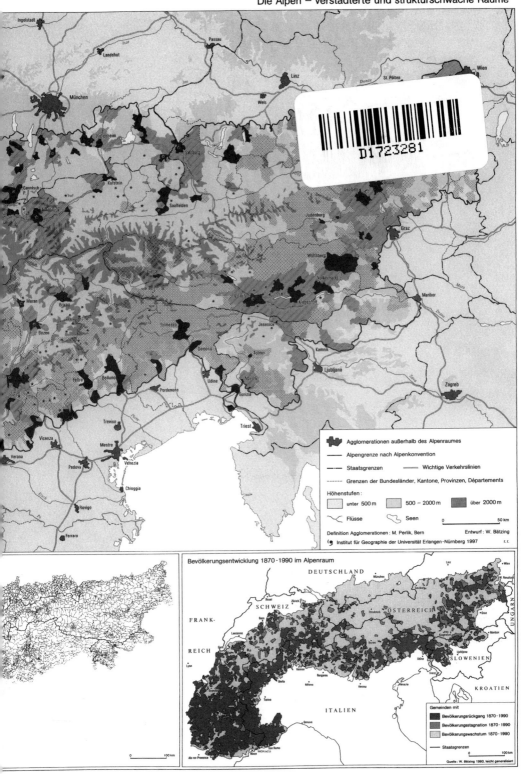

Die Alpen – verstädterte und strukturschwache Räume

Agglomerationen außerhalb des Alpenraumes

Alpengrenze nach Alpenkonvention

Staatsgrenzen

Wichtige Verkehrslinien

Grenzen der Bundesländer, Kantone, Provinzen, Départements

Höhenstufen:
unter 500 m   500 – 2000 m   über 2000 m

Flüsse   Seen   0   50 km

Definition Agglomerationen : M. Perlik, Bern   Entwurf : W. Bätzing

Institut für Geographie der Universität Erlangen-Nürnberg 1997

Bevölkerungsentwicklung 1870-1990 im Alpenraum

DEUTSCHLAND

SCHWEIZ   ÖSTERREICH

FRANK-
REICH   SLOWENIEN

KROATIEN

ITALIEN

Gemeinden mit
Bevölkerungsrückgang 1870-1990
Bevölkerungsstagnation 1870-1990
Bevölkerungswachstum 1870-1990
Staatsgrenzen

0   100 km

Quelle : W. Bätzing 1993, leicht generalisiert

173 - Konzept: Themenparks
189 - Leitidee für Zukunft
178 - Def: Tourismusgemeinde
214 - Tabelle - Entwicklung

Kurt Luger / Franz Rest (Hg.)

Der Alpentourismus

Band 5 der Reihe
Tourismus: transkulturell & transdisziplinär

Herausgeber:
Reinhard Bachleitner
Hanns Haas
Gerald Gruber
Kurt Luger
Franz Rest
Axel Schrand
Klaus Weiermeier

Kurt Luger / Franz Rest (Hg.)

Der Alpentourismus

Entwicklungspotenziale im Spannungsfeld von Kultur, Ökonomie und Ökologie

StudienVerlag

Innsbruck, Wien, München, Bozen

Gedruckt mit Unterstützung durch:
Bundesministerium für Bildung, Wissenschaft und Kultur, Land Salzburg, Land Tirol, Wirtschaftskammer Österreich, Bundessparte Tourismus und Freizeitwirtschaft, Stiftungs- und Förderungsgesellschaft der Universität Salzburg, Karlheinz Wöhler, Ronald Lutz.

Die Deutsche Bibliothek - CIP-Einheitsaufnahme
Ein Titeldatensatz für diese Publikation ist bei der Deutschen Bibliothek erhältlich.
ISBN 3-7065-1712-4

Titelbild: „Aufstieg". Von Alfons Walde.
Wir danken dem Eigentümer des Bildes für die Nachdruckerlaubnis.

Buchgestaltung: Franz Rest

© 2002 by StudienVerlag Ges.m.b.H., Amraser Straße 118, A-6010 Innsbruck
e-mail: order@studienverlag.at
homepage: www.studienverlag.at

Inhalt

I. Entwicklungsgeschichte des Alpentourismus

II. Hintergründe, Befunde, Analysen – Die gegenwärtige Diskussion um den Alpentourismus

III. Zukunftsfähige Konzepte

Einleitung

Um die Natur des Menschen zu entdecken, müssen wir den Weg zurück finden zu einem Verständnis der Beziehungen des Menschen zur Natur.

Claude Levi-Strauss

Millionen Urlauber und Ausflügler bewegen sich Jahr für Jahr auf einem immer dichter werdenden Autobahn- und Straßennetz in Richtung Alpen. Die Technisierung der Gebirge, ihre leichtere Erreichbarkeit, der Erlebnishunger der Stadtbewohner, gestiegener Wohlstand und wachsende Freizeitbedürfnisse machen den Tourismus zu einer der größten Wachstumsbranchen weltweit. Die Alpen, als Anti-These zur Stadt und scheinbar noch intakter Naturraum, erfreuen sich seit Jahrzehnten einer magischen Anziehungskraft.

Die Reisenden kommen mit der Erwartung, eine unverbrauchte Natur konsumieren zu können, in ein „kleines Paradies". Sie wollen aus ihrem genormten Alltag ausbrechen, für einige Wochen Leben ins Leben bringen oder mit der Seele baumeln, zu sich zurückfinden. Der Urlaub in den Bergen gilt als „high touch"-Erlebnis, Tuchfühlung mit den Elementen steht im Vordergrund.

Aber wie gehen die Bewohner der Gebirge mit diesem Ansturm – rund 20 Millionen Reisen, d.h. 12 % aller Auslandsreisen der Europäer führen in die Alpen – um? Welche Maßnahmen der Steuerung von Touristenströmen haben sich bewährt? Reichen Schutzzonierung und Verkehrsberuhigung als Gegensteuerung? Wie sehen die zukünftigen Erfolgskonzepte für eine Tourismusentwicklung im Gleichgewicht aus?

Mit der Veränderung des Tourismus zu einem Käufermarkt und den rapiden technischen und organisatorischen Veränderungen in der Reisebranche sind neue Wege im Tourismusmarketing sowie im Destination-Management zu finden. Was heißt Qualitätsmanagement im alpinen Kontext, welche Kommunikationstechniken sind zur Pflege der Stammgäste und zur Akquisition neuer Kunden notwendig? Welche Schlüsselqualifikationen müssen die Beschäftigten im alpinen Tourismus mitbringen, mit welchen Dienstleistungen lässt sich Unverwechselbarkeit im Angebot herstellen? Wie werden die Tourismusleitbilder in den Orten zu Produkten verarbeitet und wie wird das Gebot der Stunde, nachhaltiges Wirtschaften, im Tourismus umgesetzt?

Kundenzufriedenheit ist gerade im Tourismus eine zentrale Erfolgskategorie. Die Diversifizierung von Lebensstilen, der schnelle soziologische und kulturelle Wandel in den Herkunftsmärkten, zwingt die touristischen Dienstleister in den

Alpen zu ständigen Innovationen und Anpassungen ihrer Angebote. Wird den Touristen tatsächlich das geboten, was sie sich erwarten? Wird das Angebot den Bedürfnissen gerecht, und wie werden diese Bedürfnisse, Reisemotive und Zufriedenheit erhoben und gemessen? Genügt ein Fun-Park in jedem Dorf neben der Kirche und rechnet sich das Geschäft für die Einheimischen? Wie hoch ist der Preis, den die Einheimischen kulturell und an Lebensqualität zahlen?

Es steht wohl außer Zweifel, dass Elemente der tradierten Volkskultur – das „alte Leben in den Alpen" – einem erheblichen Modernisierungsdruck ausgesetzt sind. Der Tourismus ist einer jener Faktoren, die zur Erosion der kulturellen Binnenstruktur beitragen. Ausverkauf der Heimat sagen die Kritiker, wirtschaftliche Notwendigkeit die Verteidiger dieser Entwicklung, die das moderne Leben in viele Alpentäler gebracht hat. Außer Zweifel steht auch, dass durch den Tourismus für Bergbewohner neue Einkommensquellen geschaffen wurden und eine Urbanisierung des ländlichen Raumes erfolgte.

Welche Konsequenzen hat es, wenn aus den Bauern Hoteliers werden? Wie wirkt sich der Strukturwandel auf die Landwirtschaft aus, wie verändert sich im Laufe der Zeit die kulturelle und soziale Struktur in den Dörfern und in den Alpenstädten? Gibt es Modelle, Ansätze und Beispiele einer nachhaltigen Regionalentwicklung? Wie lässt sich eine „Schule des sanften Reisens" umsetzen und welche Kriterien bestimmen den Erfolg? Wie viele Touristen pro Höhenmeter Berg sind verkraftbar, ökologisch, soziologisch, wie viele sind erforderlich, damit sich der Einsatz auch wirtschaftlich lohnt?

Der Tourismus definiert Natur nicht mehr nach ihrem direkten Nutzwert für ein örtliches agrarisch-gewerbliches Überlebenssystem, sondern nach ihrem ästhetischen Wert für die Gäste, eine vorwiegend städtische Gesellschaft. Damit verändert er auch Architektur, Wohnform, stellt herkömmliche Zusammenlebensweisen und kulturelle Praktiken in den bereisten Gebieten in Frage. Die Menschen in den Alpen haben im Zeitraum von zweihundert Jahren gelernt, mit den Einflüssen und Veränderungen, die von außen kamen, umzugehen. Aber die Beschleunigung des Lebens und die Technisierung vieler Lebensvollzüge bei gleichzeitiger Zerstörung vieler Naturräume macht die Forderung nach einem zukunftsfähigen Entwicklungsmodell immer dringlicher.

Dieses Buch stellt sich die Aufgabe, im *Jahr der Berge* und im *Jahr des Öko-Tourismus 2002*, zur Reflexion über den Lebensraum und Erlebnisraum Alpen beizutragen. Im Vordergrund steht der Tourismus, aber die Autoren haben versucht, eine möglichst ganzheitliche Sicht auf die verschiedenen Problemlagen und Entwicklungspotenziale anzulegen. Im Zentrum der Diskussion stehen die enge Verbundenheit von Kultur/Gesellschaft, Ökonomie und Natur/Landschaft, und die Ein-

heit der Lebenszusammenhänge, die im Laufe des europäischen Zivilisations-
prozesses aufgebrochen wurden und deren Rekonstruktion oder Wiederentdeckung zweifellos nicht nur von akademischem Interesse ist.

Die Herausgeber danken allen, die zum Gelingen dieses Buches beigetragen haben. Unser Dank gilt der Salzburger Landesregierung und deren wirtschaftspoliti-
scher Abteilung, sowie den anderen Mitveranstaltern und Sponsoren, die den
Alpentourismus-Kongress förderten, der eine Grundlage für diese Publikation bildet. Er fand im November 2000 im Rahmen der Ausstellung „Der Berg ruft!" in
Altenmarkt statt und wurde vom Institut für Interdisziplinäre Tourismusforschung
der Universität Salzburg initiiert und durchgeführt.

Schließlich möchten wir der Salzburger Universität unseren Dank abstatten dafür, dass sie Kongress und Buch finanziell unterstützte und dass sie dem Tourismus in ihrer neuen inhaltlichen Ausrichtung und wissenschaftspolitischen Konzeption einen wichtigen Stellenwert einräumt. Als Phänomen, das sämtliche Bereiche
des Lebens umfasst oder berührt, bildet der Tourismus geradezu ein Musterbeispiel
für die Notwendigkeit fächerübergreifender Forschung und Lehre. Das im Jahr
1999 gegründete Institut für interdisziplinäre Tourismusforschung hat die
Diskussion um einen langfristig vernünftigen, ökologisch tragfähigen, kulturell ver-
träglichen, sozial ausgewogenen und wirtschaftlich sinnvollen wie ergiebigen Tourismus aufgenommen und will diesen mit Lehre und Forschung, durch Kongresse
und Publikationen fördern.

Kurt Luger & Franz Rest
Salzburg, im Frühjahr 2002

„Herzliche Grüße"

Die Salzburger Alpen in historischen Postkarten

Im Jahr 1869 revolutionierte eine Innovation die postalische Kommunikation. Am 1. Oktober beförderten die Postämter der österreichisch-ungarischen Monarchie die ersten „Correspondenz-Karten". Damit trat ein neues Medium seinen Siegeszug an. Emanuel Hermann, Professor für Nationalökonomie an der k.u.k. Militärakademie in Wiener Neustadt, hatte kurz vorher in einem Artikel in der „Neuen Freien Presse" die Idee von einem billigen Posttelegramm entwickelt. Statt eines Briefes dachte er an eine offene Karte mit der Anschrift des Empfängers auf der einen Seite und etwas Text – eben „Im Telegramm-Stil" – auf der anderen. Im Jahr darauf konnten die Karten schon über die Grenzen geschickt werden und in Verbindung mit dem noch jungen Tourismus entwickelte sich daraus eine populäre Form mobiler Kurzprosa. Von Anfang an – so meint der deutsche Medienwissenschafter Klaus Roloff – war die Postkarte ein indiskretes Medium, weil die Nachrichten offen verschickt wurden, also von jedermann gelesen werden konnten.

Tourismus und Postkarte leben heute in Symbiose, gehört doch der obligate Postkartengruß an die Lieben zu Hause, die leider nicht dabei sein können, aber sehen sollen, wie toll es im Ferienparadies ist, zum gelungenen Urlaub. Zu seinem Wesen gehört die öffentliche wie vorteilhafte Demonstration des Reiseziels. So wurden im Laufe der Jahrhunderte die illustrierten Postkarten zu Vignetten der Sehnsucht, Bilder von der schöneren Welt, und auf diese Weise auch zu Konstrukteuren der Ideallandschaft „Alpen".

Die Herausgeber danken Josef M. Meidl, aus dessen Sammlung die über dieses Buch verstreut abgedruckten Postkarten stammen.

Kurt Luger & Franz Rest

Der Alpentourismus

Konturen einer kulturell konstruierten Sehnsuchtslandschaft

1. Der Aufstieg

Zunächst kamen sie nicht für lange Aufenthalte. Sie verbrachten nur einige Nächte in einer der wenigen Herbergen, um einige Alpengipfel zu ersteigen. Aber sie sprachen viel und erzählten viel. Sie trumpften auf, beriefen sich auf das Vorbild ihrer Heimat; sie machten ständig Vorschläge, wie man das Dorf besser organisieren und verändern könnte. Sie flirteten auch mit den Mädchen und gingen sonntags nicht zur Messe. Noch heute gelten die Deutschen in dieser Gegend als ideale Touristen. Da sie keine großen Ansprüche an Zimmerkomfort und Bewirtung haben, sind sie leicht zufrieden zu stellen. Sie brauchen nur zwei Dinge: reichliche Portionen und mehrere Zeitungen. Obwohl der deutsche Tourist also die Freuden der Natur suchte, brachte er eine städtische Atmosphäre mit. Er urbanisierte das Dorf. Er erzählte und verklärte seine Klettertouren. Und schon begannen auch die Bauernjungen immer häufiger, auf die Berge zu steigen.

Lucie Varga, Ein Tal in Vorarlberg – zwischen Vorgestern und Heute

Im Jahr 1934 – es war ein sehr schwieriges für die Nation – wurden in der österreichischen Fremdenverkehrsstatistik16 Millionen Übernachtungen gezählt. Seit Einführung der Tausend Mark-Sperre war dies ein Rückgang um drei Millionen, um fast 20 Prozent, weil der Ausländeranteil von 45 auf 27 Prozent geschrumpft war. Der trotz weltweiter Rezession eben wieder in Schwung gekommene Tourismus hatte eine Krise auszubaden, die eigentlich eine Krise des politischen Systems war, und es sollte noch schlimmer kommen.

Aber auch viel besser. Anfang der 90er Jahre wurden in Österreich 130 Millionen touristische Übernachtungen gezählt, Ende der 90er Jahre immerhin 112 Millionen. Der österreichische Alpentourismus – und auch der in anderen Alpenregionen – hatte nach dem Zweiten Weltkrieg einen beispielhaften Aufstieg erlebt und stagniert nun auf einem sehr hohen Niveau. Abgesehen von einigen südseeparadiesischen Inselstaaten liegt das Pro-Kopf-Einkommen aus dem Tourismus in Österreich höher als irgendwo anders. (Vgl. Smeral 1994) Aufgrund dieser großen wirtschaftspolitischen Bedeutung wurde der Tourismus in diesem Land nicht nur zu einer „cash cow", sondern auch zu einer heiligen Kuh, ein Thema von Belang und Bestandteil der österreichischen nationalen und kulturellen Identität. (Vgl. Luger 1998; Luger 1990)

Kaum ein Bild würde besser zu diesem „Aufstieg" passen als jenes Motiv, das der Kitzbühler Maler Alfons Walde in unzähligen Variationen behandelt hat: Das Bild heißt „Aufstieg", zeigt Schitouristen vor blauem Alpenhimmel auf dem Weg zu den weißen Gipfeln und die Variation auf dem vorliegenden Buchtitel stammt aus dem Jahr 1934. Der Ausrufpreis für die Auktion im Wiener Dorotheum lag im Millionenbereich. Auch die Walde-Bilder haben einen Aufstieg erlebt, eine gesteigerte Wertschätzung erfahren. Der Maler war schon seinerzeit sehr erfolgreich und der bekannteste österreichische Landschaftsmaler der Zwischenkriegszeit, aber die Hitlerbarbarei warf ihn – wie so viele – aus der Bahn. Nichts war nach 1945 so wie vorher. 1956 bekam er zwar den Titel eines Professors verliehen, aber sein Oevre geriet in Vergessenheit. Die vielen blühenden Bauerngärten, die Märkte und Darstellungen des ländlichen Lebens, die Almen und Gipfellandschaften, die Walde im Dutzend gemalt hatte und einst seinen Postkartenverlag zu einem florierenden Unternehmen gemacht hatten, kamen in den Jahren der radikalen Modernisierung der Alpenrepublik nicht mehr an. Erst mit der umgekehrten Landflucht, dem von der Tourismusindustrie organisierten Auszug aus den Städten, wurden Waldes Stimmungsqualität, seine Stilkunst und sein Erzählreichtum wieder entdeckt. (Vgl. Ammann 2001a; 2001b)

Das Generalthema seiner erfolgreichsten Schaffensperiode war der Mensch in der Hochgebirgslandschaft, der heimatliche Lebensraum zwischen dekorativem Realismus und exotischem Expressionismus. Inspiriert von der Avantgarde der Wiener Moderne und der typischen Linienführung der Grafik der Sezession, entwickelt Walde seine Stilkunst und seine Farbkompositionen. Wenige, flächig und markant gestaltete Figuren im Schnee werden zu symbolhaften Bildinhalten. Darüber ein wolkenloser tiefblauer Himmel, Farbakkorde wie geschaffen für Fremdenverkehrsplakate, von denen dann etliche seine Handschrift trugen. Wie kein anderer Künstler oder Marketingmanager hat er das Bild Tirols als „Schneedestination" im Ausland geprägt. In den Landschaften Waldes scheint immer die Sonne. Sie erfüllten die Anforderungen eines Tourismusprospekts, weil sie die Landschaft von ihrer besten Seite zeigten. So kam sein heiterer Blick auf die Landschaft den Bildvorstellungen der Urlauber entgegen, weil die Bilder positiv gestimmt waren. Durch die technische Vervielfältigung wurden sie zu Stereotypen. Sein 1923 gegründeter Kunstverlag verkaufte bis 1950 eine Million Farbpostkarten und zweihunderttausend Farbdrucke. Er schuf das offizielle Tyrol-Plakat (1932, eine Variation des Aufstiegs), seine Drucke hingen in den Wohnungen und Hotelzimmern Tirols, und mit seinen Bildern hat er den Schisport salonfähig gemacht. (Vgl. Moschig 2001, 153 ff)

Anfang der dreißiger Jahre war der Schilauf noch eine elitäre Angelegenheit, wurde aber immer populärer. Ende der zwanziger Jahre wurden in Kitzbühel das Hahnenkammrennen und in St. Anton am Arlberg das Kandahar-Rennen erstmals ausgetragen, 1933 fand auf den Hängen um Innsbruck die FIS-Weltmeisterschaft statt. In dem Film „Der weiße Rausch", der 1932, als einer der ersten Tonfilme überhaupt, in die Kinos kam, inszenierte Arnold Fanck mit Leni Riefenstahl in der Hauptrolle die „Sonne über dem Arlberg". Der weiße Rausch erfasste die Massen, denn durch das Schifahren konnte man nun eine Erscheinungsform der Berge erleben, die bis dahin von ganz wenigen Ausnahmen dem urbanen Menschen verschlossen war. Das verschneite Hochgebirge bot ein Bild der bislang ungesehenen Harmonie der Formen. Mit Schi und Kamera, dank des Mediums Film und seiner ungemein suggestiven Kraft, war es nun möglich, in diese weiße Welt, geschaffen aus Schnee und Wind, einzutauchen: bildhaft im Kino und tatsächlich in der Gebirgswelt. (Vgl. Zebhauser 2001, S 21; Haarstark 2001, S 37 f) Denn zeitgleich startete mit den ersten Schiliften der Wintersport auf zwei Brettern seine Karriere – als wichtiger Devisenbringer und als Modernisierungsfaktor für Österreichs Bergregionen sowie als Bestandteil der populären Vergnügungs- und Freizeitindustrie in der westlichen Industriegesellschaft. (Vgl. Bachleitner 1998)

Den Aufstieg verdankt der Alpentourismus auch und ganz besonders der Auffahrt. Zwischen 1926 und 1937 wurden 12 Seilschwebebahnen, etwa auf die Schmittenhöhe bei Zell am See, den Feuerkogel bei Ebensee, den Patscherkofel bei Innsbruck und auf den Hahnenkamm bei Kitzbühel in Betrieb genommen. Alfons Walde war für den Bau der Berg- und Talstation der Hahnenkammbahn als Architekt tätig, gleichzeitig lässt er Tourengeher aufsteigen, sie ohne „mechanische

Hilfen" – der Begriff kommt allerdings erst in den Wiederaufbaujahren nach dem Zweiten Weltkrieg in Umlauf – die Gipfel ansteuern. Die technische Erschließung der Alpen, von den alpinen Vereinen zuerst sehr kritisch kommentiert, wurde letztlich doch wohlwollend aufgenommen oder zumindest akzeptiert – als Erweiterung des Horizonts und der touristischen Möglichkeiten. In dieser und in vieler anderer Hinsicht ist der Alpentourismus ein echtes Kind der Moderne. (Vgl. Tschofen 2000)

Der technische Fortschritt im Gebirge wurde auch zu einer der zentralen Metaphern für den nationalen Aufstieg, die touristische Eroberung der Höhe ein wahrhaft österreichisches Bild. Der Blick von oben als Ausdruck der Überlegenheit, der geistigen Erhebung über die anderen, die Inbesitznahme der panoramatischen Totalität, die Ästhetik der Gipfelerlebnisse, die Erfahrung des Körpers und die Überwindung von Grenzen – all dies hatte schon Jahrzehnte für Lese- und Diskussionsstoff in den alpinen Zeitschriften gesorgt, die damals noch nicht Sprachrohre der Sport- und Freizeitindustrie waren, sondern sich als Bildungs- und Kulturmedien und wichtige Akteure im Diskurs um Modernisierung und Bewahrung von Tradition verstanden.

Den Aufstieg bewältigen – der Gang auf die Berge hat seit dem Mittelalter eine hohe kulturelle Symbolkraft. (Vgl. Peskoller 1997) Hinauf, nur hinauf – das war auch eine Metapher für die bürgerliche Karriere und die Gipfelpose, dieser erhöhte Standpunkt, bietet unzählige Assoziationen zur Vorstellung der eigenen Befreiung. Sie wurde aber auch in den politischen Strudel hinuntergezogen, endete mehrfach in der Beschwörung einer Wesensverwandtschaft von Krieg und Alpinismus. (Vgl. Holzer 1996) Mit der Inszenierung des „politischen Weitblicks" vom Obersalzberg kam es zu symbolisch-mythischen Beziehungen zwischen Alpenpanorama und Hitlerkult, wurde das Tausendjährige Reich gewissermaßen vom Alpensitz aus regiert. (Vgl. Rapp, 1997, S 47 ff) Auch die Agitation und Durchhalteparolen wie Goebbels' Redensammlung „Der steile Aufstieg" hatten sich der Vertikalen, die einst als „Aufschau zu Gott" (vgl. Honold 2000, S 522) verstanden worden war, bedient, spielten mit den Symbolen von Faszination und Höhe, akquirierten damit naturferne Stadtmenschen für die alpine Heimat und die nationalsozialistische Bewegung, zu der die zahlreichen Alpen- und Heimatvereine schon längst freiwillig übergelaufen waren. (Vgl. Amstädter 1996) Die ideologische Besetzung der „Berge der Heimat" fand schon 1938 ihren propagandistischen Höhepunkt in der Erstbesteigung der Eiger-Nordwand durch eine – wie symbolisch – österreichisch-deutsche Seilschaft: *Wir haben die Eiger-Nordwand durchklettert über den Gipfel hinaus bis zu unserem Führer.*

Ikonographie des Heimatlichen

Zu diesem Zeitpunkt hatten die Alpen schon ein schönes Stück Diskurs hinter sich. Galten sie bis zu Beginn des 18. Jahrhunderts als Un-Orte des Schreckens und Grauens, wurden sie später von der Wissenschaft vermessen und in Gedichten besungen. Dem Gebirge wurde Erhabenheit und Schönheit zugestanden, die in der Folge zur Verwirtschaftung dieser Naturschönheiten führte. Der Diskurs um die Nutzungsformen – neben dem Tourismus betrifft dies insbesondere den Straßenbau und die Wasser- bzw. Elektrizitätswirtschaft – wurde schließlich abgelöst von der Auseinandersetzung um die Schutzbedürftigkeit dieser kulturell bedeutenden Topographie. In diesen Jahrhunderten wandelte sich auch das Bild der Alpen. Das heutige findet sich wohl am korrektesten in den Prospekten wieder, auf denen Schilifte und Schipisten eingezeichnet, Forststraßen und Gipfelrestaurants angegeben sind.

In der Postmoderne hat der Mythos vom Aufstieg nichts von seiner Attraktivität verloren, nur die Vorstellung von der geistigen Überhöhung des Menschen durch den Gang auf die Berge, der geistige Aufstieg als kulturelles Symbol, hat im Zeitalter des Massentourismus an Glaubwürdigkeit eingebüßt. Höchst aktuell klingt hingegen eine Stellungnahme aus dem Jahr 1919, der zufolge es eine Kulturtat ersten Ranges sei, wenn es gelänge, von einem kleinen Teil der Alpen die menschliche Kultur fernzuhalten. (zit. nach Tschofen 2000, 263)

Es war ein langer Weg von den ersten Schutzgedanken bis zur Alpenkonvention, vom Edelweißgesetz bis zum ratifizierten Verkehrsprotokoll. Die Alpen wurden als „Peripherie des Vergnügens" in die Unterhaltungs- und Freizeitindustrie integriert und der Alpinismus zum Alpentourismus, aus der Naturbewegung eine Erscheinungsform der Massenkultur. Diese Entwicklung nahm ihren Anfang spätestens Mitte der zwanziger Jahre des letzten Jahrhunderts, und erfuhr eine Dynamisierung durch die soziologischen Veränderungen der Gesellschaften, akzentuiert durch Wohlstandsvermehrung, Arbeitszeitverkürzung, Mobilisierung und Motorisierung, und deren Penetration mit modernen Massenmedien wie Fotografie, Plakatkunst, Film und Fernsehen.

Diese Metamorphose wäre nicht zu verstehen ohne die kulturelle und politische Indienststellung der Landschaft als „Heimat". Seit den 1920er Jahren, mit der Gründung der Heimatschutzbewegung nach deutschem Vorbild, die einer spätromantischen rückwärtsgewandten Fortschrittlichkeit verpflichtet war, pflegte die populäre Kultur die katechismusartige Inventur des Schönen und Wertvollen in Natur, Volkskultur und Geschichte, im Eigenen und Nahen. Schon seinerzeit hatte die ideologisierende Ästhetik politische Implikationen, im digitalen Zeitalter der globalen Kultur- und Tourismusindustrie ist dies nicht anders. Die Ablehnung aller

Formen des Internationalen, des Städtischen und des technischen Fortschritts wurde damals von einer kleinbürgerlichen pathetischen Pädagogik getragen und mit der Schaffung von Emblemen heimischer Volkskultur akzentuiert. Die Stilisierung von Trachten zu Abzeichen heimatlicher Volksverbundenheit, von Alpenblumen zu nationalen Symbolen des Natürlichen, von bestimmten Bauformen, wie dem „pseudobäuerlichen Satteldach" (vgl. Kos 1996, 619), zum Erkennungszeichen bodenständigen Bauens, von Brauchtum und Musik zu einem Programm, von Plakaten und Briefmarken zu wiedererkennbaren Chiffren, führten zur wiedererkennbaren Symbolik eines Idealentwurfes von Österreich-Bildern. (Vgl. Österreichisches Museum für Volkskunde 1995)

Das „Land der Berge" wurden nach dem Zweiten Weltkrieg von der expandierenden Kulturindustrie aufgegriffen, und besonders die Heimatfilme der Nachkriegszeit wirkten als identitätsstiftende „Heimatmacher". Im Zentrum dieser Filme stand die schöne Landschaft, als Kulisse für eine schicksalhafte Handlung, die eine bäuerliche Welt so in Szene setzte, wie Stadtmenschen sie sehen wollten: herb, patriarchal, aber auch idealisierend als Sommerfrische. Auf dem Land – so wurde suggeriert – war die „alte" Welt noch einigermaßen in Ordnung. Die filmischen Mythen des Dorflebens enthalten zahlreiche Identitätsbausteine, wenngleich die Wirklichkeit dieser dörflichen Welt längst in einen Modernisierungstaumel geraten war, erfolgte eine Restauration der Ideologie neben der Modernisierung der Wirtschaft und der sexuellen Ökonomie. (Vgl. Seeßlen 1990) Bis 1965 wurden alleine in Österreich 122 Heimatfilme – abgefilmtes Bauerntheater, Filme aus dem bäuerlichen bzw. ländlichen Milieu, Berg- und Schifilme, Operetten- und Touristenfilme etc. – gedreht, vielfach als deutsch-österreichische Koproduktionen. Sie erreichten ein Millionenpublikum[1], war der Heimatfilm doch eines der wenigen ökonomisch und semantisch funktionierenden Genres der Cinematographie der fünfziger und sechziger Jahre im deutschen Sprachraum. (Vgl. Steiner 1987; Seeßlen 1995) Die Provinz heiratete sich in diesen Filmen zwar aus ihrer eigenen ländlichen kulturellen Identität heraus, aber sie wurde zur nationalen, kommerziellen und touristischen Attraktion. Durch diesen medialen Transformationsprozess mutierte die Volkskultur zur Folklore, die von Vermarktung noch weitgehend verschont geblieben wenngleich nicht „unberührte" Landschaft wurde zum konsumierbaren Objekt. (Vgl. dazu Kapeller 1991) Man nahm in diesen Filmen Urlaub von der Geschichte der Nazizeit und warb gleichzeitig für Urlaub in Österreich. (Vgl. Luger/Rest 1996, 659)

---

1 Zur Einbettung dieser symbolischen Angebote in die Lebenswelt der Österreicher vgl. die ethnographische Studie von Kurt Luger: „Es ist alles irgendwie so vorbeigezogen". Erinnerungen an den Alltag, Medienereignisse und Bilder der Zweiten Republik. (Luger 1988)

Die Produktion von Heimatsymboliken kann somit auf eine Kontinuität verweisen. Vom Plakat zum „Veilchenfest in Wien" über die Radio- und Verkehrs AG (die RAVAG war der Vorläufer des ORF in der Ersten Republik, d.A.), die radiophonen Volkstanzunterricht gab, bis zu den Heimatfilmen, den Heimatkalendern und der Heimatliteratur, den Österreich-Bildbänden und Schulbüchern, von den Heimatschnulzen bis zum heutigen „Grand Prix der volkstümlichen Musik", von der Tourismuswerbung bis zur Souvenirindustrie, die auf den drei Säulen Edelweiß, Enzian und Alpenrose aufbaute, liefert die Populärkultur eine facettenreiche Ikonographie für die Sehnsuchtslandschaft Alpen. Das Land, das nach verlorener imperialer Größe fast zwangsläufig seine nationalen Symbole im Alpinen, der österreichischen Steigerungsform des Naturschönen, suchte, kann auf ein durchmodelliertes Motivrepertoire zurückgreifen. (Vgl. Breuss/Liebhart/Pribersky 1995)

Diesen Bildern von Berglandschaften und unpolitischem Kulturerbe, der Konstruktion eines „Gefühlsraums" (vgl. Edenhauser 2001), wird heute in der Tourismuswerbung verstärkt Rechnung getragen. (Vgl. Judson 2000) Sie konstruieren das Österreich-Image im In- und Ausland und bilden die Erlebnis-Software für Erholungs- und Abenteuersuchende, tragen dazu bei, die Betten des postmodernen Tourismus zu füllen. (Vgl. Schachner 1995) Dass die Inhalte der alten Volkslieder, die Trachtenkapellen, die Holzschnitzereien, das meiste, was als Volkskultur bezeichnet wird, mit der heutigen Wirklichkeit natürlich nicht übereinstimmt und teilweise ausschließlich für den zahlenden Gast inszeniert wird (vgl. Kapeller 1991), finden auch die Einheimischen problematisch.[2] Die Bewohner von Tourismusgemeinden versuchen neue Lebensformen mit dem Tourismus zu entwickeln, ihre „Hinterbühne" zu schützen. Dennoch schreitet die Musealisierung des traditionellen Brauchtums fort, weil es für die Lebensbedingungen, Hoffnungen und Wünsche der Menschen von heute kaum noch Bedeutung hat. (Vgl. Hüttenbrenner 1996, Hoffmann/Luger 1997)

Umso aufwendiger erfolgt die Beschwörung eines musikalischen Klangbildes von Heimat in Hörfunk und Fernsehen. Das Musikland Österreich hat durch die Entwicklung der volkstümlichen Musikshow mit alpenländischen Schlagern als eigenes Fernsehgenre Pionierarbeit geleistet. 1981 wurde der erste „Musikantenstadl" ausgestrahlt, der mittlerweile im gesamten deutschsprachigen Raum zahlreiche Nachfolgersendungen gefunden hat. Sendungen dieser Art vermitteln die Illusion einer harmonisch-heilen Welt. Sie liefern ein kleines Paradies in die Wohnzimmer, lenken von einer scheinbar immer bedrohlicher werdenden Welt ab und

---

2   Etwa die Hälfte der Befragten der repräsentativen Studie „Grundlagenforschung im kulturellen Bereich" (IFES 1989) befürchtet, dass das „alte Leben" verloren geht oder in der touristischen Inszenierung zu Kitsch und Souvenir verkommt.

bieten so einen Kompensationsraum für eine zusehends „entfremdet" empfundene Heimat. (Vgl. Obermüller 1995) [3] Dieser wird mit der kommerziellen aber auch mit der selbst praktizierten Volkskultur, etwa in Trachten- und Blasmusikvereinen, eine geradezu gegenkulturelle Utopie einer „naturbelassenen", nicht entfremdeten alpenländischen Heimat, gegenübergestellt. (Vgl. Köstlin 1994)

Ein anderes Beispiel für die populärkulturelle Konstruktion der alpinen Sehnsuchtslandschaft liefert das Hollywood-Filmmusical „The Sound of Music", das mit Julie Andrews in der Hauptrolle der Maria Trapp 1965 in Salzburg und Umgebung gedreht wurde. An der Schwelle zum audiovisuellen Zeitalter war der Film die effizienteste und billigste Österreich-Werbung bzw. Salzburg-Image-Kampagne aller Zeiten. In den ersten Jahren der Filmauswertung verdoppelte sich die Zahl der US-Amerikaner in Salzburg, drei von vier Touristen nennen noch heute den Film, der im amerikanischen Fernsehen mehrmals im Jahr läuft, als Motiv ihrer Reise nach Österreich bzw. Salzburg. Die Mozart-Stadt verdankt ihre Bekanntheit als Touristenattraktion eben nicht nur den Festspielen, die seit 80 Jahren Liebhaber von klassischer Musik und des Schauspiels aus aller Welt anziehen, sondern auch seinem klar umrissenen Image in der globalen Unterhaltungsindustrie, das es zu einer begehrten Destination des kulturell motivierten Massentourismus gemacht hat. (Vgl. Luger 1994, 184 ff; Huber 2001)

Im Laufe der Jahre hat die touristische Vermarktung Österreichs entsprechende Sehenswürdigkeiten, Souvenirs und kulturelle Besonderheiten in den Verwertungszusammenhang integriert. Kaffeehaus, Lipizzaner, Donauwalzer, Neujahrskonzert, Mozartkugel, Tirolerhut, Berggipfel – Bilder von Österreich wurden zu zugkräftigen Kurzformeln und Klischees verarbeitet. Verweisen die einen auf die Donau-Monarchie, so inszenieren die anderen die Alpen-Republik, das „Land der touristisch verwertbaren Berge". Die von Alfons Walde in den 30er Jahren geschaffenen Interpretationen der sichtbaren alpinen Welt, der Berglandschaft und ihrer Bewohner, sind zum Bestandteil unserer Sehgewohnheiten geworden. Die Perfektion der Marketingtechniken und der Suggestivkräfte der Massenmedien formten aus Bildern der Natur großflächige Panoramen der Illusionen, Einladungen zur alpinen Bilderbuch-Identifikation, ohne die der Alpentourismus nicht auskommen kann und ohne die sein steiler Aufstieg wohl nicht möglich gewesen wäre.

---

3   Seit 20 Jahren zählt der „Stadl" zu den reichweitenstärksten Hauptabendsendungen des deutschsprachigen Fernsehens. Die Umsätze mit Tonträgern der einschlägigen Musikrichtungen sind steigend und haben in Österreich einen Marktanteil von rd. 5 Prozent erreicht. Seit 1994 werden auch Reisen zu den „Stadln" angeboten, die im Ausland produziert werden. 5000 Stadltouristen flogen etwa nach Toronto mit. 10 Tage mit dem Moderator Karl Moik zum „Stadl" nach Australien kosteten Flug, Unterkunft und Eintrittskarte inklusive € 1.155,50 (vgl. Luger 1998)

2. Ein Abstieg

Seit die Stadt ins Dorf gekommen ist, haben die jungen Männer an-
gefangen, sich von den Mädchen im Tal abzuwenden. Die auswär-
tige Kellnerin im Gasthof oder das Dienstmädchen der Touristen
sind viel attraktiver. Das Mädchen aus dem Tal wird nur dann noch
begehrt, wenn es ,die Welt' gesehen und bewiesen hat, dass es sich
in der Fremde zurechtfindet. Wenn es einige Jahre in der Stadt
oder in einem anderen Tal gearbeitet hat und in die Heimat zurück-
kehrt, legt es die Tracht nicht wieder an. Damit passt es sich dem
Wunsch der jungen Männer an, die keine Bäuerin, sondern eine
Frau aus der Stadt wollen. Lucie Varga

Mit der touristischen Nachfrage wuchs auch das Angebot. Im Laufe der Jahre ent-
wickelte sich eine das gesamte Land und die Alpen übergreifende Infrastruktur aus
Straßen, Aufstiegshilfen, Beherbergungsbetrieben, welche die Alpenrepublik zu ei-
ner der tourismusintensivsten Regionen der Welt gemacht haben. Insbesondere der
Westen des Landes profitierte von den Investitionen des Europäischen
Wiederaufbaufonds (Marshall-Plan). Erste Priorität war die Instandsetzung und
Modernisierung des Hotelbestands, wobei die Tourismusregionen, die am ehesten
ausländische Gäste ins Land brachten, den Vorzug erhielten. Acht Jahre nach
Kriegsende übertrafen die Nächtigungszahlen jene von 1936/37, und ab 1955
stellten die Ausländer 50 Prozent der Gäste in Österreich. Dem Ziel, die negativen
Handelsbilanzen durch Deviseneinkünfte aus dem Tourismus auszugleichen, kam
man rasch näher, und ein Drittel der Deviseneinkünfte entfiel in den 1950er Jahren
alleine auf den Tiroler Ausländerfremdenverkehr. (Vgl. Bischof 1999)
   Im Laufe der sechziger und siebziger Jahre trieb die Motorisierung und Auto-
mobilisierung der europäischen Industriegesellschaften den Tourismus in ungeahnte
Dimensionen, von denen auch der Alpentourismus und ganz besonders der Winter-
sporttourismus profitierten. Der individuelle Aktionsradius wurde erheblich aus-
gedehnt und der zusehends automobilisierte Verkehr der Fremden entwickelte sich
zum Tourismus der Massen, den die Österreicher zunehmend als Gäste, in noch
größerem Ausmaß aber als Bereiste erlebten. Kamen 1954 erst 42 Prozent der
Ausländer mit ihrem Auto nach Österreich, waren es 1960 bereits 84 Prozent.
(Vgl. Brusatti 1984, 160) Das Lebensgefühl wandelte sich vom Statischen zum
Mobilen, zum Wohnen und Verkehren. Die neuen Kommunikationsmittel, PKWs
und Autobahnen, Flugverkehr und Fernsehen brachten die Hierarchie zwischen
Nähe und Ferne zusehends durcheinander und förderten gleichzeitig die Bildung

von Identitäten, die das Fremde im Eigenen zu absorbieren versuchten. Massenkultur wie Tourismus wurden zu Fluchthelfern aus einer industrialisierten Welt und die Vermarktung der Sehnsüchte zu einer eigenen Industrie.[4]

Die ökonomische Entwicklung erlaubt es heute fast zwei Drittel der Bevölkerung, selbst Urlaubsreisen durchzuführen. Die andere erlebt den Tourismus vorwiegend aus der Sicht von Bereisten, und ist mit einer enormen Intensität des Incoming-Tourismus konfrontiert. Im Zeitraum von etwa 40 Jahren wurde der Tourismus in Österreich zu einer der größten Wirtschaftsbranchen. Der Prozess der Industrialisierung von Kultur und Tourismus im Sinne einer Freizeitwirtschaft hat sich durch die Ausdehnung des industriewirtschaftlichen Lebensmodells in Westeuropa mit einer ungeheuren Dynamik ausgebreitet. Etwa 6 % betrug der Wertschöpfungsanteil des Tourismus am österreichischen Bruttoinlandsprodukt. In den westlichen Bundesländern, wie z.B. in Salzburg, wo zwei von drei Arbeitsplätzen direkt oder indirekt mit dem Tourismus verbunden sind, hat dieser eine ganz entscheidende Auswirkung auf die wirtschaftliche Entwicklung der Region. In Tirol z.B. entfallen mindestens 25 %, in Salzburg fast 15 % und in Vorarlberg rd. 8 % des Regionalproduktes auf die Tourismuswirtschaft. (Vgl. Smeral 2001; Lehar 2001) In ganz Österreich sind rd. 19.000 gewerbliche und rd. 46.000 (Winter) bzw. rd. 54.000 (Sommer) private Zimmervermieter in dieser Branche tätig. Etwa 160.000 Menschen sind direkt und rd. 400.000 indirekt beschäftigt. (Vgl. Bundesministerium für Wirtschaft und Arbeit 2001) Standen bis in die siebziger Jahre das starke quantitative Wachstum bei Betten- und Nächtigungszahlen im Vordergrund, wird seither verstärkt auf Qualität geachtet und in die Verbesserung des Komforts investiert. Die beträchtlichen Investitionen führten aber zu einem enormen Verschuldungsstand in der Gaststätten- und Beherbergungsbranche, der z.B. 1993 rund 8 Milliarden € betrug. (Vgl. Hartl 1996) Die Beurteilung der Branchenbonität durch den Kreditschutzverband hat sich zuletzt weiter verschlechtert, das Gaststätten- und Beherbergungsgewerbe weist eine Eigenkapitalquote von minus 20 Prozent auf. (Vgl. ebd., ferner: „Anhaltende Finanznöte", Salzburger Nachrichten vom 27.10.2001, 24).

Im vergangenen Jahrzehnt wurden ein Rückgang von rd. 130 Millionen auf rd. 110 Millionen Nächtigungen pro Jahr in der Alpenrepublik registriert. Rund drei Viertel der Österreich-Touristen kommen aus dem Ausland, der Rest sind Österreicher. Zwei Drittel der ausländischen Gäste, die im Tourismusjahr 1999/ 2000 insgesamt rd. 12,35 Mrd. € in Österreich ausgaben, waren Deutsche. Das Pro-Kopf-Einkommen der Österreicher aus diesem Wirtschaftszweig liegt höher als in jedem anderen Land, im Jahr 2000 betrug es 1.523 €.

---

4   Zum Konzept der „mobilen Privatisierung" vergleiche ausführlich Luger/Rest 1996.

Talfahrt und Kritik des Tourismus

War früher der Sommer die weitaus wichtigste Saison, so entfallen heute mehr als 45 Prozent des gesamtösterreichischen Tourismusaufkommens auf die Wintermonate, denn rd. die Hälfte aller Schneeurlaube der Europäer führen nach Österreich. Schiweltmeisterschaften, Olympische Spiele und die Siege und Ehrenplätze der österreichischen Schisportler machten Österreich als internationalen Wintersportplatz populär. Jährlich werden mehr als eine halbe Milliarde Passagiere mit den Schiliften und Seilbahnen bergwärts befördert, 1972 betrug die Zahl erst ein Fünftel davon. Seit der Errichtung des ersten Schlepplifts (1908 auf das Bödele bei Dornbirn) wurde das Angebot an technischen Aufstiegshilfen ständig erweitert und modernisiert. 1952 existierten 44 Sessellifte und 74 Schlepplifte, 1968 stieg deren Zahl auf über 2000. Zu Beginn der 1990er Jahre standen rd. 600 Hauptseilbahnen (Seilbahnen und Mehrfachsesselbahnen) und etwa 2700 Schlepplifte zur Verfügung. (Vgl. Puwein 1993, 399) Das letzte Jahrzehnt brachte zwar keine Erschließung neuer Schigebiete und auch keine nennenswerte Ausweitung der Gesamtzahl der Bergbeförderungsanlagen, jedoch enorme Investitionen in die „Qualitätsverbesserung" im Seilbahnverkehr und eine Erhöhung der Beförderungskapazität. Nach dem Bericht über die Lage der Tourismus- und Freizeitwirtschaft 2000 erwirtschaften 255 Seilbahnunternehmen mit ihren 3157 Seilbahn- und Schleppliftanlagen einen durchschnittlichen Jahresumsatz von 799 Mio €. Gleichzeitig investierten sie durchschnittlich 312 Mio € in den Ausbau[5], die Modernisierung und die Sicherheit der Anlagen. Die Sessel- und Schlepplifte wurden vielerorts durch moderne – und teure – kuppelbare Umlaufseilbahnen ersetzt. Durch wirtschaftlich erforderliche Konzentrationen nimmt die Zahl der Unternehmen kontinuierlich ab, und die ökonomische Situation ist für das Gros der verbleibenden Seilbahnbetreiber angespannt.

Mit den Indikatoren des Wohlstandes und dem „Wirtschaftswachstum ohne Industrialisierung" (vgl. Hanisch 1994) begann aber auch eine Diskussion über die Folgekosten der touristischen Erschließung, die schließlich in eine heftige Tourismuskritik mündete. Ursprünglich ausschließlich als Beschaffer von Arbeitsplätzen und Devisen höchst positiv eingestuft, gerieten manche touristische Formen bzw. Folgen immer mehr in Diskussion. Schließlich wurde der Tourismus als ganzer in seinen Konsequenzen problematisiert. Die enorme Entwicklung der Tourismusbranche hat in den vergangenen Jahrzehnten zur intensivierten Thematisierung nicht nur ihrer ökonomischen sondern auch der sozialen, kulturellen und ökologi-

---

5   Prodinger/Prodinger 2001, 4f geben etwas niedrigere Investitionszahlen an. Diese Angaben sind entnommen dem Bericht über die Lage der Tourismus- und Freizeitwirtschaft in Österreich 2000. (Bundesministerium für Wirtschaft und Arbeit 2001)

schen Auswirkungen geführt. Das Diskussionsspektrum reicht von der euphorischen Beurteilung des Tourismus als prägendem Faktor für ökonomisches Wachstum, Völkerverständigung und soziokultureller Entwicklung bis zur Beschuldigung, er sei ein Umwelt- und Kulturzerstörer. (Vgl. Bachleitner 2001)

Bereits in der ertragreichen Boomphase des Tourismus ab den späten 1970er Jahren begann diese kritische Auseinandersetzung, und es entstand die Forderung nach einer umweltverträglichen, „sanften" Form des Reisens. Alsbald wurden dem ökonomischen Nutzen auch die sozialen und ökologischen Kosten des Tourismus gegenübergestellt. Während die ökonomischen Vorteile in der Regel jedoch recht einfach bestimmbar und berechenbar erscheinen, sind die ökologischen Auswirkungen meist nur über einen längeren Zeitraum messbar, kaum auf einen Einflussfaktor zurückzuführen und daher schwer quantifizierbar. Empirisch erwiesen scheinen durch den Tourismus mitverursachte Umweltbelastungen wie die Landschaftsveränderung, Versiegelung des Bodens, Zersiedelung, Urbanisierung und ästhetische Ortsbildverfremdung, sowie die Bedrohung des ökologischen Gleichgewichts durch Müll- und Abfallbelastung, Bodenerosion und Wasserverunreinigung. (Vgl. u.a. Hopfenbeck/Zimmer 1993, 45). Jenni (2001, 48) verweist auf die „sieben Umweltsünden" Landschafts-, Wasser-, Luftverschmutzung, Pflanzen- und Tiergefährdung, Landschaftszerstörung und -zersiedelung. Solche Folgen treten in aller Regel dann ein, wenn die Belastbarkeitsgrenzen einer Bergregion überschritten werden, die „carrying capacity" überfordert ist. (Vgl. Sharma 2000; Baumgartner 2002, 85 ff) In den vergangenen Jahren wurde die Kritik an den ökologischen Auswirkungen des Tourismus deutlich leiser. Intensive Eingriffe in die Natur seitens der Tourismuswirtschaft wurden seltener, zusätzlich fand das Prinzip der Nachhaltigkeit Niederschlag in einigen Angeboten. Die Berichterstattung über alternative Tourismusformen nahm zu, und lokale Medien äußerten sich zusehends kritisch über weitere Erschließungen. (Vgl. Jenni 2001) Mit den Rückgängen ausländischer Gäste trat aber die Sicherung der Marktposition Österreichs als Tourismusdestination wieder ins Zentrum der Tourismusdebatte.

Seitens der Touristen wird heutzutage ein ökologisch mehr oder weniger intaktes Produkt vorausgesetzt. (Vgl. Salzburgerland Tourismus 1999; Respect 2000) Dies führte auf Seiten der Anbieter entweder zu einem Umdenken in der Tourismuskonzeption und zu Neupositionierungen in der Produktgestaltung oder zur Einführung eines den Bedürfnissen Rechnung tragenden Marketings bzw. zur Integration verschiedener „kosmetischer" Maßnahmen. Unbeschadet dessen blieben viele der Probleme bislang ungelöst, wenngleich die Kritik auch aufgrund von Gewöhnungseffekten abgeflacht ist.

Der Auspuff Europas

Eines der gravierenden ungelösten Probleme betrifft das Verkehrsaufkommen, das jährlich zwischen zwei und drei Prozent wächst. Wenngleich in der Diskussion vielfach übersehen wird, dass der Großteil des Verkehrs „hausgemacht" ist und auf Kurzstrecken entfällt, muss der Tourismus als Mit-Verursacher des Verkehrszuwachses gesehen werden. Rund 70 Prozent der Österreich-Touristen kommen mit ihrem eigenen PKW (vgl. Info Research International 2000), aber allein der Bestand an Personenkraftwagen stieg in Österreich in den drei Jahren von 1997 bis 2000 um 314.000 Stück oder 8,3 Prozent auf 4,1 Millionen PKW an. Im Transitland Österreich entfällt ein erheblicher Anteil des Verkehrsaufkommens auch auf den Durchreiseverkehr zu und von den Sommersonne-Urlaubsorten in Italien und Kroatien. An den „Stauwochenenden" während der Hauptreisezeiten im Sommer bricht der Verkehr auf den Transitrouten bisweilen zusammen. Beispielsweise wurden auf der Tauernautobahn im Bundesland Salzburg am 29. Juli 2000 insgesamt 69.636 Kraftfahrzeuge, zwei Tage davor allein 10.620 Lastkraftwagen gezählt.[6] An einigen Winterwochenenden ist die Verkehrsbelastung durch die An- und Abreise zu den inneralpinen Wintersportorten ähnlich hoch. So passierten beispielsweise am 2. Januar 1999 nicht weniger als 56.356 Kraftfahrzeuge die Zählstrecke Tenneck auf der Tauernautobahn. Das durchschnittliche tägliche Verkehrsaufkommen an diesem Checkpoint erhöhte sich im Zeitraum 1995 bis 2000 von 32.300 auf 35.700 Kraftfahrzeuge und somit um mehr als 10 Prozent. An den intensiven Reisewochenenden steigt das Verkehrsaufkommen fast auf das Doppelte im Vergleich zum Durchschnittstageswert an. Während im Jahr 1970 die Verkehrsintensität auf der Tauernautobahn (Zählstelle Tenneck) noch bei rund 2,7 Millionen Kraftfahrzeugen lag[7], stieg dieser Wert bis 1990 auf rund 10 Millionen an und erreichte im Jahr 2000 mehr als 13 Millionen Kraftfahrzeuge.

Die Verkehrsbelastung wuchs auch aufgrund des wachsenden Gütertransportaufkommens. Der Güterverkehr auf Österreichs Straßen stieg in den drei Jahren von 1997 bis 2000 um 19,2 Mio Tonnen, jener auf den Bahnstrecken trotz verstärkter Verlagerungsbestrebungen „nur" um 10,1 Mio Tonnen. Nach wie vor wird fast das vierfache Volumen auf der Straße transportiert. Der Anstieg des Gütertransportvolumens auf der Straße beträgt ähnlich der Steigerung des Gesamtverkehrsaufkommens jährlich ca. 2 Prozent. Im Jahr 2000 betrug das Transportaufkommen österreichischer Straßengüterfahrzeuge insgesamt 277,0 Mio Tonnen. Auf den Inlandverkehr entfiel im Berichtsjahr mit 241,2 Mio Tonnen ein Anteil von

---

6   24 Stunden-Werte, Quelle: Amt der Salzburger Landesregierung, Verkehrsplanung.
7   Damals war die Tauernautobahn noch nicht fertiggestellt und nicht durchgehend befahrbar.

87 Prozent des gesamten Transportaufkommens, auf den „Grenzüberschreitenden Straßengüterverkehr" 13 Prozent bzw. 35,8 Mio Tonnen.

Die Verkehrsproblematik liefert ein gutes Beispiel für die Notwendigkeit einer holistischen Sichtweise und die Erfordernis einer integrativen Problemlösung. Im Oktober 2000 wurde in Luzern nach langjährigen Verhandlungen das „Verkehrsprotokoll" als Ausführungsrichtlinie im Rahmen der Alpenkonvention von den zuständigen Ministerinnen und Ministern der Alpenstaaten Italien, Österreich, Deutschland, Liechtenstein, Frankreich, Schweiz und Monaco sowie der Europäischen Union unterzeichnet. Bei all ihren Schwächen eröffnet die Alpenkonvention die historische Chance einer abgestimmten und strategischen Vorgangsweise zur nachhaltigen Entwicklung des Alpenraumes. Das Verkehrsprotokoll verpflichtet die Vertragsparteien Umweltaspekte zu berücksichtigen und umweltgerechte öffentliche Verkehrssysteme zu forcieren (Artikel 9). Ferner sind verkehrsberuhigte und verkehrsfreie Zonen zu schaffen, autofreie Tourismusorte zu etablieren sowie Maßnahmen zur Einschränkung des motorisierten Verkehrs in den touristischen Zentren zu fördern und die Auswirkungen weiterer touristischer Erschließungen auf den Verkehr zu prüfen (Artikel 13).

In den letzten Jahren wurde der Alpentourismus auch von Naturkatastrophen und Unfällen bisher nicht gekannter Dimensionen erschüttert. Sie rückten die Grenzen der touristischen Nutzungsmöglichkeiten des alpinen Raumes ins Blickfeld. Tunnelbrände (Mont Blanc-Tunnel, Tauerntunnel, Gotthard-Tunnel), Überschwemmungen und Murenabgänge, Canyoning- und Raftingunfälle sowie Lawinenabgänge mit zahlreichen Todesopfern dominierten die öffentliche Wahrnehmung des Alpentourismus. Die Medienberichte stellten insbesondere den Sensationscharakter und die stark emotionalisierenden menschlichen Tragödien in den Vordergrund der Berichterstattung. (Vgl. Neissl 2001, 270) Die Lawinenkatastrophe im Tiroler Ferienort Galtür (1999) und der Tunnelbrand in der Gletscherbahn auf das Kitzsteinhorn bei Kaprun (2000) stehen nunmehr im Zentrum einer neu aktualisierten tourismuskritischen öffentlichen Berichterstattung. In erster Linie steht jenes von der Tourismusindustrie geschaffene Alpenbild unter Beschuss, das in Hochglanzprospekten als unproblematisch zu genießende Spielwiese und Sportartikel angepriesen wird.[8]

---

8   Zur Kritik des „schönen Alpenblicks" sei auch auf den Ausstellungszyklus „trans alpin" (Aarau, Krems, Wien 1997) verwiesen, der sich der zeitgenössischen Kunst und dem Alpinen widmete. „Der Alpenblick war so gründlich verstellt, dass man geradezu von einem mentalen Alpenblock sprechen könnte", meint Wolfgang Kos zum Konzept der Ausstellung. Ziel der Ausstellung war es, den „abgenutzten" Alpenblick durch neue Zugänge in den ästhetischen Diskurs zurückzuführen. (Vgl. Kos 1997)

Die Auswirkungen dieser Unglücke auf das Image des Alpentourismus treffen eine Hotelbranche, die sich seit längerem in einer kritischen wirtschaftlichen Situation und in einer tiefgreifenden Umstrukturierung befindet. Für den gesamten Alpenbogen gilt, dass hochprofessionelle Tourismusunternehmen zusehends Kleinbetriebe verdrängen, sofern diese nicht durch ihre Stammgäste, die familiäre Betreuung schätzen, Auslastung und Umsätze finden. Der Strukturwandel in Richtung Qualität ist voll im Gang, führt zu einer Marktbereinigung und zwingt zu Spezialisierungen und zur Entwicklung von Nischenangeboten wie etwa Wellness- oder Kinderhotels. Die hohe Verschuldung des Gaststätten- und Beherbergungswesens und die sich weiter verschlechternde Eigenkapitalausstattung vieler Unternehmen mit suboptimaler Betriebsgröße in Österreich führen zu enormen Schwierigkeiten bei notwendigen Investitionen. und der wirtschaftliche Erfolg bleibt vielfach aus. Die zunehmende Globalisierung der Tourismus- und Freizeitmärkte verstärkt die Probleme der kleinen und mittleren Betriebe. Eine Polarisierung der Branche ist unübersehbar.[9]

Globalisierung der Freizeitindustrie

Der ökonomische Abstieg betrifft inzwischen weitere Segmente der Tourismuswirtschaft. Neben den Anbietern von Unterkünften geriet im vergangenen Jahrzehnt auch die lange besonders erfolgreiche Seilbahnwirtschaft zunehmend in Bedrängnis. Wenngleich Österreich als „Land mit den modernsten Seilbahnanlagen Europas" (Prodinger/Prodinger 2001, 5) gilt, hat die äußerst expansive Investitionspolitik im Bereich von Bergbeförderungs- und Schneeanlagen seit der zweiten Hälfte der 1980er Jahre zu einer besorgniserregenden Ertragslage geführt. Die österreichischen Seilbahnen beschäftigen rund 12.000 Mitarbeiter, davon 5.350 Ganzjahresmitarbeiter. (www.seilbahnen.at/presse/leistungsbericht99)

Umsätze und Investitionen der Seilbahnwirtschaft in Österreich

(Wirtschafts-) Jahr	Index	Umsatz in Mio. €	Investitionen in Mio €	Verhältnis Investitionen zu Umsatz in %
1991/1992	114,0	755,8	152,6	20,2
1992/1993	118,5	712,2	218,0	30,6
1993/1994	122,6	704,9	130,8	18,6
1994/1995	126,0	770,3	247,1	32,1
1995/1996	128,4	777,6	283,4	36,4
1996/1997	131,3	726,7	247,1	34,0
1997/1998	132,9	784,9	290,7	37,0
1998/1999	133,9	806,7	247,1	30,6
1999/2000	135.0	792,1	239,8	30,3

Erstellt nach Daten von Prodinger/Prodinger 2001, 4f.

9   Eine ausführliche Darstellung der österreichischen Hotelwirtschaft bietet www.hotelverband.at.

Während der Verbraucherpreisindex im Vergleichszeitraum 1991–2000 um 18,4 Prozent stieg, stagnierte der Umsatz der österreichischen Seilbahnwirtschaft (1991/92 bis 1999/2000: + 4,8 Prozent). Indexbereinigt ist der Umsatz um 11,4 Prozent gefallen. „Die Investitionen, die aber nicht in Markterfolge umgesetzt werden können, sind ein starkes Indiz für künftige Insolvenzen bzw. Strukturprobleme dieses Wirtschaftszweiges." (Prodinger/Prodinger 2001, 5). Nur etwa ein Fünftel bis ein Viertel der österreichischen Seilbahnunternehmen können jene Unternehmenskennzahlen erfüllen, die eine Erhaltung der Betriebsfähigkeit auf längere Sicht darstellen. Bei zahlreichen Seilbahnunternehmen steht die Selbständigkeit und sogar das Überleben am Spiel.

Auch die Schweizer Bergbahnwirtschaft, die im vergangenen Jahrzehnt ein gleichgewichtiges Wachstum von Angebot und Kapazität aufwies, bleibt ökonomisch „weiter am Boden". (Greuter 2000) Dies dokumentiert eine Zunahme der Verschuldung um 150 Prozent. Ein Drittel der Schweizer Seilbahnunternehmen ist aufgrund mangelnden Cash-Flows höchst gefährdet, weitere 30 Prozent sind massiv verschuldet. (Vgl. Prodinger/Prodinger 2001, 14). Nach einer Analyse des Instituts für öffentliche Dienstleistungen und Tourismus an der Universität St. Gallen erreichen sogar 70 Prozent aller untersuchten Betriebe die für gesunde Bergbahnunternehmen erforderlichen wirtschaftlichen Eckdaten nicht. (Vgl. Greuter 2000) Demnach soll der Cash-Flow mindestens 20 Prozent des Umsatzes oder 3 Prozent des investierten Kapitals ausmachen, soll die Eigenkapitalquote bei wenigstens 40 Prozent liegen, sollen die Personalkosten nicht mehr als 35 Prozent des Umsatzes betragen und jährlich sollten 20 bis 25 Prozent des Umsatzes reinvestiert werden. Von den Experten wird eine Konzentration auf zwei Typen von Großunternehmen prognostiziert: einerseits die Entstehung einiger „Integrators", die regional verankert sind und wie in den USA neben der Betreibung der Seilbahnen die gesamte Wertschöpfungskette einer Tourismusdestination auf sich vereinigen, andererseits die Etablierung von etwa drei international ausgerichteten spezialisierten „Multiplicators", die mit ihrem Angebot im gesamten Alpenraum auf den wichtigsten Skistationen präsent sein werden.

In den USA wurde zwischen 1983 und 1990 rund ein Drittel der Schigebiete stillgelegt. Prodinger/Prodinger erwarten auch in Europa eine Konzentration auf zwei Typen von Schidestinationen:

a) Kleine regionale Schigebiete mit Tagestouristen, die für den Gesamttourismus unbedeutend bleiben und

b) Große an der Börse notierte Destinationen, die das gesamte Feld der Nachfrage (Hotel, Verpflegung, Unterhaltung, Schiausrüstung, Schilauf, Service) rund um die Uhr abdecken.

Um konkurrenzfähig zu bleiben und die enormen Einkommenseffekte des Tourismus für die österreichische Wirtschaft zu sichern,verlangen die Autoren großzügige Forderungsnachlässe der Banken, Steuererleichterungen und die Bildung lokal orientierter strategischer Holdinggesellschaften nach Schweizer Vorbild.

Kulturelle Orientierungslosigkeit und Alpenkitsch

Tourismus gilt als eine wesentliche Triebfeder kulturellen Wandels. Die Modernisierungs- und Mobilisierungsprozesse haben die früher so stabilen sozialen Strukturen weitreichend verändert, bisweilen zerstört und zu neuen Gebilden geführt, die Unterschiede zwischen Land und Stadt teilweise verkehrt. Der Arlberg etwa bildet heute einen gigantischen und reibungslos funktionierenden Vergnügungsbetrieb. Von der bergbäuerlichen Struktur ist nach 70 Jahren Schitourismus nichts bis wenig geblieben. Neue Identitäten haben sich um die „Wiege des Schisports" gebildet, „regionale Erzählungen" wie Erfolgsgeschichten und Entwicklungsmythen finden ihren Niederschlag auch in den individuellen Biografien der Menschen und in den Heimatmuseen. (Vgl. McGibbon 1999) Die – keineswegs nur durch den Tourismus, sondern mehr noch durch neue Kommunikationsmittel und -strukturen evozierte – „Beschleunigung des Lebens" erschwert die Bildung neuer Gemeinschaftsstrukturen, durch den zeitaufwändigen Kontakt mit den Gästen wird die Zeit für private Kontakte und menschliche Beziehungen verringert. Tourismus provoziert den Bruch mit traditionellen Werten und die Übernahme materialistischer Ideen. (Vgl. Rest 1995) Das muss an sich noch nicht bedauert oder als Abstieg gesehen werden. Immerhin war das Leben in unseren Alpentälern bis zur Etablierung des Tourismus ein wahrlich entbehrungsreiches „Wurschteln", dem niemand der davon Betroffenen auch nur eine Träne nachweint. Doch nicht immer gelingt in diesem radikalen Umbruch die Schaffung tragfähiger neuer Orientierungsmuster oder Leitkulturen, die in der Regel stark transkulturelle Formen aufweisen. (Vgl. Welsch 1994) In dieser kulturellen Instabilität spaltet sich die Lebenswelt in eine touristische und eine nichttouristische. Die Einheimischen werden Akteure einer Dienstleistungskultur, das Dorfleben als für den Tourismus öffentlich inszeniertes Theater auf der „Vorderbühne" gespielt. Die „Hinterbühne" wird zu dem Ort, an den man sich zum Schutz vor den Gästen zurückzieht, wo man seinen eigenen Rhythmus und seine „eigene" Kultur zu leben versucht. (Vgl. Goffmann 2000, 156) Die Einheimischen spielen ihre Doppelrolle bald ebenso perfekt, wie es ihnen gelingt, „einerseits die Infrastruktur zu modernisieren und andererseits das Image des Natürlichen, Gesunden, Älplerischen als Stereotyp und Markenzeichen zu pflegen". (Hanisch 1994, 110f)

27

Wenngleich durch die Interaktion mit Gästen aus aller Welt kulturelle Einflüsse unvermeidbar sind und es zur Schwächung traditioneller Bindungen kommt, so trägt der Tourismus auch zur Festigung und Förderung persönlicher Identität bei, indem er die Grundlage für mehr Freiheiten zur Verwirklichung einer individuell als sinnvoll erachteten Lebensweise schafft. Dies trifft vor allem auf Frauen aus dem patriarchalischen-agrarischen Milieu zu.[10]

Durchaus ambivalent sind auch die Einflüsse des Tourismus auf die „Volkskultur" zu sehen. Manch erhaltenswert scheinendes altes Brauchtum ist längst, wie verschiedene Einzelbefunde zeigen, zur Volkskultur aus zweiter Hand mutiert (vgl. Kammerhofer-Aggermann/Keul 1998, 96). Aber durch den Tourismus erfährt das „alte Leben" auch eine neue Wertschätzung. Überlieferte Praktiken werden wieder belebt und in mancher Hinsicht wäre ohne den Tourismus Volkskultur in der heutigen Form nicht denkbar. (Vgl. Bauer 2001, 40; Thiem 1994)

Die Folklorisierung der Volkskultur durch Marketingaktivitäten zielt auch nicht auf historische Wahrheiten, sondern will Gästegruppen ansprechen, die Hotel- und Pensionsbetten füllen und das Geschäft ankurbeln. Derartige Maßnahmen verlangen daher Fingerspitzengefühl bzw. eine fachliche Beratung, wenn sie nicht in Kitsch oder Dodelei abgleiten sollen. (Vgl. Johler 1995) Die Volkskundlerin Kammerhofer-Aggermann kritisiert z.B. den „Salzburger Bauernherbst", eine seit Mitte der 1990er Jahre wirtschaftlich erfolgreiche Marketing-Aktion zur Verlängerung der Sommersaison. Die als Volkskultur präsentierte Inszenierung der „Wunschträume von Geschichte und Bäuerlichkeit" hätten nichts mit einem damaligen Alltag von vor 100 Jahren zu tun und mit dem heutigen Alltag der Bauern schon gar nichts. (zit. nach Bauer 2001, 130 f)

Schon in den siebziger Jahren, vor der großen Kulturkritik am Tourismus, beginnt für den Sommertourismus in den Alpen ein weiterer „Abstieg". Die Landschaft beginnt zum Bühnenbild zu werden, zur Szenerie der Tourismus- und Freizeitinszenierungen oder zum besonders teuren Baugrund. Der stark von Landschaftswahrnehmung geprägte Sommertourismus („Wanderbares Österreich" lautet eine seit langem vernehmbare Werbebotschaft) bringt zwar Gäste und gute Auslastungszahlen, aber in diese Zeit fällt die Wende in Richtung Erlebnismarketing. Landschaft alleine genügt nun nicht mehr, sie ist noch kein „Produkt" und bedarf daher der kulturellen und symbolischen Aufladung, einer Inszenierung – „der aufgesuchte, ferne Raum wird nicht einfach angetroffen oder gefunden, er wird gemacht" (Wöhler 1999, 40) – somit ist er aber austauschbar. Jeder touristifizierte

---

10 Vgl. dazu etwa die Erinnerung von Glemmtaler (Schweinberger 2001, 84-90) oder Gasteinertaler (Rest/Luger 1994, 169-175) Bäuerinnen, die in den Tourismus umgestiegen sind.

Ort steht demzufolge in einem globalen Standortwettbewerb – die Alpen mit dem Barrier Reef, Gastein mit Kho Samui und Lech mit Lanzarote.

„Touristifizierte Räume werden demzufolge entleert, sozial, kulturell, ökonomisch und ökologisch. Gleichzeitig haben sie sich für ein Massenpublikum wieder aufgefüllt als Badeorte, Strandleben, Skigebiete oder Erlebnisstädte. (...) Touristische Produkte – und dies sind Räume – sind demnach so flexibel zu halten, dass sie sich dem Markt bzw. den Kundenwünschen anpassen, und dies bedeutet, dass Räume von externen Prozessen und Praktiken geformt werden." (Wöhler 1999, 45)

Mit den Trendsportarten Mountainbiking, Riverrafting, Paragliding, Canyoning usw. kommt der Bergsommer mit einem neuen und jüngeren Image wieder auf Touren und vollzieht damit eine Modernisierung, die der Wintermassentourismus (Schilauf durch Seilbahnunterstützung) bereits 25 Jahre vorher erlebte.

„Für einen Wanderer ist es undenkbar, die gleiche Wanderung mehrmals am Tag oder mehrere Tage hintereinander zu wiederholen, weil er Landschaft jeweils neu und anders erleben möchte, aber für einen Skifahrer macht dies Sinn, weil es ihm auf die Bewegungs- und Körpersensationen bei der Abfahrt ankommt, die jeweils neu erlebt werden, während die Landschaft zur Kulisse wird. Und bei den modernen Aktivsportarten des Sommers geht es jetzt gleichfalls um spezifische Körper- und Bewegungserlebnisse, bei denen die Landschaft unwichtig und die gebaute Infrastruktur und die Ausrüstung zentral wichtig wird." (Bätzing 2000a, 198)

Die Wintersportorte in den Alpen stehen zwar auch in diesem globalen Wettbewerb um glückliche Kunden, behaupten sich aber besser als die alpinen Sommerreiseziele, die keine Sonnengarantie geben können. Es hängt vermutlich auch mit der Einzigartigkeit des Sports zusammen, dass die Touristen pro Tag und pro Kopf mehr ausgeben als im Sommerurlaub. Schilauf in Österreich ist das beste Produkt im Winter, trotz Lawinenkatastrophen und Seilbahnunglücken, und es fasziniert sämtliche Altersgruppen. Die Innovationen im Sportartikelbereich der letzten Jahre haben zu einer Verjüngung des Schisports geführt und die Verheißungen des „Winters in den Bergen", das millionenfach nachgefragte „Alpen-Spektakel", punkten auch gegen die Billigkonkurrenz des Ferntourismus. In manchen Regionen können die Alpen, das „Turngerät Europas", der Fülle von Bergsportarten und dem Massenansturm von Besuchern kaum noch standhalten. (Vgl. Bourdeau 1998, 255)

„Das Recht auf Wintersport: das ist, ironisch zugespitzt, die Forderung des Tages. Der Winter beginnt genau dann, wenn im Spätherbst der erste Schnee fällt, d.h. wenn pünktlich Anfang November die Schneemaschinen in Betrieb gesetzt werden, weil die Natur meistens versagt. So werden die Alpen industrialisiert, instrumentalisiert und in ein weißes Paradies verwandelt: in einen Lunapark." (Schmidt 1997, 250)

Die Diversifizierung der Lebensstile, die zunehmend hedonistische Lebenseinstellung und die daraus erwachsende Nachfrage nach multioptionalen Produkten erschwert die Angebotsprofilierung. Der „neue" Urlauber der Jahrtausendwende will fast alles haben: Ruhe und Rummel, Individualität und Eintauchen ins Massenvergnügen, Naturerlebnis für alle und intakte Landschaft. Er ist gesundheits- und körperbewusst, verlangt nach höherer Qualität und besteht auf eine intakte Umwelt. Er will Abstand zu seinem Alltag finden, sich selbst verwirklichen, ist neugierig auf traditionelle oder exotische Kulturen und will seinen Erlebnishunger stillen. Was in Jahrzehnten an Bildern über die Alpen, den Urlaub in den Alpen aufgebaut wurde, hat noch Anziehungskraft im Winter, aber es ist nicht die Landschaft allein. Die Kunden wollen mehr oder etwas anderes oder es anders empfinden: intensiver, alleine oder in Massen – und immer wieder etwas Neues. Die Konstruktion Alpen ist im Umbruch. Immer neue Trendsportarten am Berg mit immer höherem Risiko und „Speed", Pop-Konzerte auf den Gipfeln, „Events" in jedem Tal. Dem entspricht gewissermaßen auch der Weg, den das Alpenimage zurückgelegt hat. Vom *Schrecken*, den die Alpen vor der Renaissance verbreitet haben, über die *Erhabenheit*, die von ihnen ausgegangen ist und sie ob ihrer Schönheit gepriesen und besungen wurden, über die *Nutzung*, der sie unterworfen wurden (Landwirtschaft, Energie, Tourismus usw.) bis zur *Schutzbedürftigkeit* (181.489 Quadratkilometer überforderter Gebirgsraum), die für sie heute beansprucht wird. Nicht das Staunen, die Ergriffenheit und Erhabenheit stehen im Mittelpunkt, sondern handfeste wirtschaftliche Interessen und ökologische Anliegen. (Vgl. ebd. 251)

Vom alten und vom neuen Leben in den Alpen

Die Heftigkeit und Radikalität der Umbrüche, welche die (bäuerliche) Lebens- und Arbeitsweise in den Alpen in den vergangenen 50 Jahren unwiderruflich verwandelt haben, lassen auf eine tiefsitzende Krise nicht nur der Landwirtschaft, sondern der Gesellschaft überhaupt schließen. Diese Krise steht in Verbindung mit dem Tourismus, der die Natur zur Inszenierung braucht. Aber die Generalthemen dieses Diskurses heißen vielmehr Unterwerfung der Natur, Primat der Ökonomie vor der Ökologie, sowie kurzfristige Profitmaximierung. Gleichzeitig stellen sie unser industriewirtschaftliches Gesellschaftsmodell – und damit auch manche Tourismusformen – grundlegend in Frage.

In dieser Welt der temporeichen Lebensstile und der raschen Umbrüche bildet die kleine Welt des Dorfes, die Sicherheit, Zugehörigkeit und Glück im Vertrauten vermittelt, eine Projektionsfläche antiindustrieller Sehnsüchte und urbaner Harmoniebedürfnisse. (Vgl. McGibbon 1999, 92 f; Haas 1992).[11] Die romantischen Bilder der Städter vom Dorf finden angesichts der anhaltenden Krise und des Niederganges des Dorfes aber keine reale Entsprechung mehr, das „alte" Leben wird vollends zur Kulisse. Während früher die meisten Wirtschaftsleistungen in einem dörflichen oder regionalen Wirtschaftskreislauf erbracht werden konnten, geriet die dörfliche Ökonomie in eine zunehmende Abhängigkeit von fern zugelieferten Leistungen der vor- und nachgelagerten Industrie, und sie wurde immer weiter auf die ökonomisch wenig ertragreiche Urproduktion zurückgedrängt. Die attraktiveren Veredelungsschritte konzentrieren sich auf wachsende und immer weiter entfernte Ballungsräume. Der Strukturwandel, das Fehlen wirtschaftlicher Alternativen und nicht zuletzt die Abwanderung der Jugend und die immer stärker reduzierte Infrastruktur im ländlichen Raum begleiten die andauernde Identitätskrise des Dorfes. Dies trifft v.a. auf weniger touristifizierte Gebiete der Alpen zu.

Tatsächlich leben heute 58 Prozent der Alpenbevölkerung auf nur 22 Prozent der Alpenfläche und wohnen in diesen Räumen rund um die meist am Alpenrand gelegenen größeren Alpenstädte. Hier konzentrieren sich sogar 66 Prozent aller Arbeitsplätze des Alpenraumes. (Vgl. Bätzing 2000, 97)[12]

Seit etwa einem Jahrzehnt wollen alle – so heißt es – wieder eine „bäuerliche" und nachhaltige Landwirtschaft, die der inzwischen üblichen und schon „traditionellen" industriellen Landwirtschaft gegenüber steht. Mit deren Tradition ist es allerdings nicht weit her, sie ist ein Kind der Modernisierung nach dem Zweiten Weltkrieg. Die Menge des zur Agrarproduktion verwendeten Nitrates hat sich in den letzten Jahrzehnten vervielfacht.[13] Als Folge davon verschlechterte sich auch die Qualität der Wasservorräte und die Resistenz der Schädlinge gegen die Agrargifte nimmt besorgniserregend zu. Die Anzahl der Bauern hat sich in der EU im Vierteljahrhundert von 1965 bis 1990 halbiert. In Deutschland haben im vergangenen Jahrzehnt mehr als eine halbe Million Bauern ihre Arbeitsplätze verloren (Bauernstimme, Nr. 2 vom Februar 2001) und in Österreich ist die Zahl der Erwerbstätigen in der Land- und Forstwirtschaft während der letzten neun Jahre von mehr als 210.000 auf 140.000, also um ein Drittel, zurückgegangen. (Grüner

---

11 Die dörflichen Transformationsprozesse bzw. die symbolische Beziehung zwischen Stadt und Dorf sind beispielhaft dargestellt in Dachs 1992; vgl. darin v.a. die Beiträge von Hanns Haas, Städtische Dorfbilder, Vom Scheitern agrarromantischen Wunschdenkens, und von Brunhilde Scheuringer, Das Dorf im Spannungsfeld des sozialen Wandels.

12 Eine ausführliche Analyse der Alpenstädte und ihrer unterschiedlichen funktionalen Charakteristik liefert Perlik, 2001.

13 Die von Heindl 2001 angegebenen Zahlen zeigen in der Periode von 1945-1975 eine Steigerung um das Achtfache.

Bericht 2001, 228; Tab. 3.3.1) Ähnlich wie im Tourismus sind zum „Überleben" landwirtschaftlicher Betriebe immer größere Betriebsflächen und eine immer höhere Zahl von Tieren erforderlich. Die Agrarwissenschaft hat über Jahrzehnte die Position vertreten, dass es ernährungsphysiologisch unerheblich sei, ob unsere Nahrung auf dem Felde gewachsen, vom Tier erzeugt oder durch eine technische Fabrik synthetisch gewonnen wird, sofern sie nur alle erforderlichen Nährstoffe enthält. (Vgl. Heindl 2001, 1)

Von dieser „Tradition" wandte sich jene Art der Landwirtschaft ab, die man heute „biologisch" nennt. Diese stand vor zwanzig Jahren noch als „Verrat am wissenschaftlichen Fortschritt bzw. als Verweigerung der allgemeinen Mobilmachung zur Eroberung des Weltmarkts" in üblem Ruf. Inzwischen bietet sie sich als gern zitierte Alternative zu jener Landwirtschaft an, die von ihren traditionellen Rezepten (...) nicht lassen kann." (Ebd.)

Immerhin hat die öffentliche Diskussion um Tierseuchen und nahrungsbedingte Gesundheitsgefährdung wieder zu einer gesellschaftlichen Aufwertung einer nachhaltigen Agrarkultur und zur Verbesserung des Images der Bauern geführt. (Vgl. Bauer 2001, 35-38; Lanner 1996, 152) Oft bleibt es beim Lippenbekenntnis, und es bleibt auch die Kluft zwischen der von den Demoskopen erhobenen Behauptung, rund 90 Prozent aller Konsumenten wünschten eine „bäuerliche" Landwirtschaft und deren konkretem Konsumverhalten, durch das sie das angeblich Gewollte dem Ruin preisgeben. (Vgl. market 2001; ferner: Küllinger 1999) Wen wundert es, dass sich viele Bauern und mit ihnen das Dorf angesichts der widersprüchlichen Erwartungen überfordert und verunsichert fühlen? Oder ist die Unsicherheit rund um das eigene Selbstverständnis nur der Ausdruck der allverbreiteten Ziel- und Orientierungslosigkeit unserer postmodernen Gesellschaft, die zwar die „bäuerliche" Landwirtschaft aus dem Bilderbuch gerne hätte, gleichzeitig jedoch alles tut, um ihre Existenz zu gefährden?

Im romantischen Bild der Alpen, das mit seinen idyllischen und vielfach realitätsfremden Motiven nur in vermarkteten Formen der Volkskultur sowie in der Tourismus-Werbung überlebt hat, bleibt das „alte Leben", die „bäuerliche" und nachhaltige Landbewirtschaftung ein dominierendes Sujet. Das trifft v.a. auf die Prospekte zu, die ökologisch intakte Räume wie Nationalparks als Tourismusdestinationen anbieten. Darin wird der ländliche Raum zu einem „Projektionsraum der moralischen Integrität". Die Region präsentiert sich in der Symbolik einer rückwärtsgewandten Heimat; Natur und Landschaft werden zum Kompensationsraum und zur Glücksidylle. (Vgl. Gutternig 2000, 209)

In Kontrast dazu stand die mit dem Erreichen bzw. Überschreiten von Belastungsgrenzen zu Beginn der 90er Jahre grassierende „Tourismus-Müdigkeit" und die heftige Kritik am praktizierten Tourismus. Diese wurde teilweise sogar in den eigenen Reihen lautstark formuliert. Die den Tourismus-Pionieren nachfolgende Generation rebellierte, in den Dörfern regte sich öffentlicher Widerstand gegen das Übermaß und die ungleiche Verteilung der Vor- und Nachteile aus dem Geschäft mit den Fremden. (Vgl. Smeral 2000, 50) In etlichen Alpenregionen wie dem Salzburger Land, in Vorarlberg, Tirol, Graubünden und im Wallis wurden in der Folge Pro Tourismus-Kampagnen durchgeführt, Werbespots geschaltet und Bildungsmaterialen unter die Leute gebracht, um sie wieder zu motivieren, ihre Tourismusgesinnung zu erhöhen und die positiven Aspekte des Alpentourismus in Erinnerung zu rufen. (Vgl. Hoch 1994) Mit dem Ausbleiben von Gästen und dem Rückgang der Nächtigungen in den Folgejahren verflachte die Kritik und wurde den Beschäftigten dieser Branche auch ihre Abhängigkeit von diesem Erwerbszweig drastisch vor Augen geführt. In diese Zeit fällt auch der radikale Umbruch auf dem Käufermarkt, der nicht mehr allein mit neuen Marketingtechniken zu bewältigen war, sondern ein höheres Ausmaß an Innovationsbereitschaft erforderte. Die positive Bearbeitung dieser Krise führte in der Branche zu einem Investitionsschub in Richtung Qualität und neuen, teilweise richtungsweisenden Produkten, zu einer weiteren Ausdifferenzierung der Angebote und in mancherlei Hinsicht auch zu einem Neu-Denken des Alpentourismus.

3. Die Mühen der Hochebene

Aus der Stadt kommt nun ein neuer, halbreligiöser Begriff ins Dorf, ein dynamischer Begriff mit revolutionären Implikationen: Fortschritt. Der Fortschritt, das sind die neuen Hotels, der Tourismus, der Sport und das Geld. Der Fortschritt, das ist die städtische Kultur: Stadtkleidung, Grammophon, moderne Tänze, Kino usw. Fortschritt heißt, sich an die Stadt anzupassen. Damals – und noch heute – wurde oft gesagt: ‚Die Stadt ist uns 100 Jahre voraus, so wie Europa den Barbaren hundert Jahre voraus ist.' Fortschritt heißt, ein Teil Europas zu sein, und Europa, das sind für unsere Region vor allem Deutschland und die Schweiz. (...) Die Folge ist, dass die bäuerlichen Trachten immer mehr verschwinden. So ergeben sich manchmal merkwürdige Situationen: Die Frauen und Töchter von Touristen kleiden sich bäuerlich, während die bäuerliche Jugend die städtische Mode übernimmt. Lucie Varga

In den Alpen wie in vielen anderen heutigen Urlaubsparadiesen hat der Tourismus die früher gültigen Lebenszusammenhänge der Einheimischen, ein oftmals „recht notiges Sein" (vgl. Rest/Luger, 1994, 173), verändert. In den wirtschaftlich rückständigen Tälern der Alpen war er der zentrale Modernisierungsfaktor, Bahnbrecher zur Erschließung mit Straßen, Eisenbahnen und Seilbahnen. Die Geschichte des Ötzer Wirtes Johann Tobias Haid, der im 19. Jahrhundert den Fremdenverkehr mit dem Bau einer Straße ins Ötztal brachte, ist symptomatisch für die widersprüchliche Sichtweise. Er wurde von traditionsversessenen Dorfbewohnern bespuckt, weil er diesen „schönen Teil der Weltöffentlichkeit preisgeben wollte" und weil sie befürchteten, dass der Fremdenverkehr auch eine Zerrüttung der Sitten bringen werde. Diese Ängste waren auch in der Nachkriegszeit, als es um die wirtschaftspolitische Weichenstellung in den österreichischen Alpenregionen ging, noch nicht überwunden. (Vgl. Bischof 1999, 149) Bis heute stellt sich die Frage, ob der Nutzen, den der Tourismus für eine Region stiftet, die Nachteile aufwiegt. Kulturellen Aspekten wie Identität, Brauchtum, Lebensstil, werden ökonomische und soziale wie Arbeitsplätze, Migration, Wohlstand, oder ökologische wie Bodennutzung und Verkehr, ästhetische wie Architektur und Landschaftsgestaltung gegenübergestellt, gewissermaßen gegeneinander „aufgerechnet" und Bewertungen unterzogen. Aufgrund fehlender empirischer Parameter (Wie wird Identität gemessen? Sind ökonomische Indikatoren wichtiger als ökologische oder kulturelle?) bleiben die Argumente oftmals unverbindlich und ohne kausalen Zusammenhang, tragen daher auch wenig zur Versachlichung der Debatte bei.

Aufwachsen im kleinen Paradies

Die Jugendlichen in den Gemeinden des Salzburger Landes sehen den Tourismus unbelastet von solchen Debatten, akzeptieren ihn als Faktum und Bestandteil ihres Lebensalltags. (Vgl. Luger/Tedeschi 1996; Gautsch/Pfuner 1999) Pinzgau und Pongau gehören zu den schönsten, reichsten und intensivsten Tourismusgebieten Österreichs. Die Jugendlichen in dieser nach wie vor ländlich geprägten Region sind längst keine „Landeier" mehr. Durch die Medien, moderne Kommunikationstechniken, eine Wirtschaftsentwicklung, die zu Wohlstand und quasi industriegesellschaftlichen Lebensformen geführt hat, und nicht zuletzt durch die Interaktion mit Touristen, die zumeist Städter aus dem wohlhabenden Teil Europas sind, erfolgte im Laufe der letzten Jahrzehnte eine Urbanisierung im Kopf, eine Verstädterung der Landbevölkerung hinsichtlich ihrer Lebensformen, Ansprüche und Aussprüche. Die Jugendlichen, frühe Anwender jeglicher Innovation, wurden zumindest im Freizeitsektor zu „agents of change", die neue Leitbegriffe wie „coolness" aber auch Interessantes oder Verrücktes als erste aufnehmen und praktizieren. So gehören im Nationalpark Hohe Tauern seit einigen Jahren auch beach volleyball oder inlineskaten zu trendigen Jugendsportarten, unbeschadet aller topographischer Widrigkeiten, und sind klare Fälle von medial geschaffenen Bedürfnissen.

Dem Tourismus, den sie als einen der Garanten für weiteren Wohlstand einschätzen, stehen die Jugendlichen positiv gegenüber, ohne sich auf ihn in der Gesamtheit seiner Komplexität einzulassen. Er schafft Einkommen und Arbeitsplätze, aber trotz Jugendarbeitslosigkeit in den beiden Bezirken bleiben Lehrstellen im Tourismus- und Gastgewerbe aufgrund der oft schwierigen Arbeitsbedingungen offen. Die unter Jugendlichen weitverbreitete Lebenseinstellung „Zuerst der Spaß, dann das Vergnügen" lässt sich nur mit sehr wenigen Tourismusberufen fusionieren. Freundschaften kommen zu kurz, in der Saison steigt die Belastung und sinkt das Toleranzniveau gegenüber der Kollegenschaft, psychische Störungen und Krankheiten erfassen nur die ganz Robusten erst nach Saisonende. Jugendliche, die nicht im elterlichen Betrieb tätig sind, sehen nur geringe Aufstiegs- und Karrierechancen, sind mit der Bezahlung und ihrer Tätigkeit oft unzufrieden, bleiben aber in der Branche aus Mangel an Alternativen.

Alle Jugendlichen der beiden Salzburger Bezirke haben Kontakt mit Touristen, und sie empfinden dies als positiv. Nur 10 Prozent der Pongauer Jugendlichen meinen, es wären bereits genug Touristen in den Dörfern, auf den Pisten und auf den Straßen. In Skiorten mit touristischer Monostruktur wie Flachau, Heimatdorf des Ski-Idols Hermann Maier, sagen das 40 Prozent, aber die Hälfte davon meint nur die Hochsaison. Zwei Drittel der Jugendlichen sind der Meinung, es wären durchaus mehr Touristen zu verkraften, denn in die Orte käme durch sie erst Leben und sie selbst könnten die touristische Infrastruktur mitbenutzen. Die Burschen schätzen v.a. die Kurzkontakte zu skandinavischen Schiamazonen, und auch die heimischen Mädchen pflegen den Diskurs mit den großen Blonden aus dem Norden. Fremdenverkehr, so plakatierte vor Jahren einmal die „Österreich Werbung", funktioniere dann, „wenn Kai-Uwe schon bei der Auffahrt auf die Resi abfährt". Im Tourismus sehen nicht nur die Jugendlichen einen Förderer interkultureller Kommunikation. Auf der interpersonellen Ebene wird somit wettgemacht, was durch die braunen Schatten über dem Land und den Antritt der konservativ-rechten Regierung zerstört wurde. Bis zur Schubumkehr durch die Präsidentschaft Waldheims und die Partei-Führerschaft Haiders galten die Österreicher als die „enfants chéris de la terre", und dazu hatten vor allem die unbeschwerten Urlaubserlebnisse der Europäer beigetragen. (Vgl. Luger, 2000)

Nur ein kleiner Teil der Jugendlichen kritisiert, dass Bürgermeister und andere Entscheidungsträger nach der Pfeife der Gäste tanzen und deren Bedürfnissen zuerst nachkommen. Während der Saison bliebe für sie nur eine zugige Ecke in der

Gaststube, obwohl sie ihren nicht unerheblichen Alkoholkonsum über das ganze Jahr verteilen, also eigentlich „Ganzjahres-Stammgäste" wären. Je nach Ortschaft meint bis zu einem Drittel der befragten Jugendlichen, dass der Tourismus das Dorfleben beeinträchtige. Er verursache Verkehrsprobleme und das Brauchtum würde nur noch für die Gäste inszeniert, verkomme zur Musikantenstadl-Folklore. Der Tourismus sei auch ein Umweltzerstörer, aber seitdem der Ausbau neuer Schigebiete eingeschränkt wurde und die schneearmen Winter die Beschneiungsanlagen auch in höheren Lagen wirtschaftlich rechtfertigen, ist das ökologische Argument kein massiver Kritikpunkt mehr – weder unter den Jugendlichen, noch unter den Erwachsenen. (Vgl. Bachleitner/Penz, 2000) Der Tourismus – und das dürfte wohl auf die meisten Alpenregionen, in denen der Tourismus eine Rolle spielt, zutreffen – wird von den Einheimischen als Bereicherung des Lebens empfunden. Sofern negative Effekte wie etwa das enorme Verkehrsaufkommen entlang der großen transalpinen Verkehrsrouten mögliche positive Auswirkungen nicht ganz klar übertreffen, sind die Bewohner der Alpentäler bereit, den Tourismus in ihre Lebensgestaltung zu integrieren, um daraus ihre gesellschaftlichen Perspektiven wie ihre kulturelle Identität zu entwickeln. (Vgl. CIPRA 1999)

Vom Leitbild zum Diskurs der Nachhaltigkeit

In den neunziger Jahren, im Gefolge des Weltklimagipfels 1992, setzte sich auch im Alpentourismus ein konstruktiver Diskurs über Grenzen der Belastbarkeit und die Tragfähigkeit (carrying capacity) einer Region für Tourismus durch. Die bis dahin auf akademischer Ebene betriebenen Auseinandersetzungen wurden von Medien, Reiseveranstaltern und den Tourismusbetreibern vor Ort aufgegriffen. Schlagworte wie „Nachhaltigkeit" oder „Zukunftsfähigkeit" ergänzten oder erweiterten den tourismuspolitischen Diskurs und bereicherten die Marketingliteratur. (Vgl. etwa Baumgartner/Röhrer 1998; Middleton/Hawkins 1998)

Während heute „sanfter Tourismus" oder „Ökotourismus" eher als Nischenprodukte gesehen werden, hat sich mit dem Begriff des „nachhaltigen Tourismus" (sustainable tourism) eine Vision von einer Entwicklung verschiedener Sektoren im Gleichgewicht durchgesetzt. (Vgl. East/Luger 1998) Ein solcher Tourismus ist langfristig möglich, kulturell verträglich, sozial ausgewogen, ökologisch tragfähig, wirtschaftlich sinnvoll und ergiebig. Er bezieht sämtliche Anspruchsgruppen, Einheimische, Unternehmen und Dienstleister, sowie die Gäste als „Stakeholder" in Planung und Umsetzung ein. Damit weicht eine solche Konzeption vom traditionellen und nach wie vor weit verbreiteten Verständnis ab, Tourismus sei in erster Linie wenn nicht überhaupt nur ein Wirtschaftssektor wie jeder andere, der für möglichst viele Arbeitsplätze und möglichst hohe Gewinne zu sorgen habe, und darüber hinaus eigentlich keine gesellschaftliche Verantwortung trage. Im neuen Denken werden moderne Marketing- und Managementansätze – Einbindung der Anspruchsgruppen, und das sind alle Gruppen oder Individuen, die am Tourismus Interesse haben und sich aktiv einbringen wollen, egal ob sie unternehmerische Interessen verfolgen oder als Bewohner eines touristisch genutzten Gebietes in Erscheinung treten (vgl. Freyer 1999) – mit den Prinzipien der Nachhaltigkeit (Sustainability) verknüpft. Diese beruhen auf den Übereinkünften der Konferenz für Umwelt und Entwicklung in Rio de Janeiro 1992 (Agenda 21) bzw. dem daraus folgenden globalen Diskurs (Kommission der Konferenz für Nachhaltige Entwicklung – CSD).[14]

Agenda 21, 5. Umwelt-Aktionsprogramm der Europäischen Union, Österreich Agenda 21, Salzburg Agenda 21 und Umsetzung auf lokaler Ebene – so ist gedacht, globale Pläne auf kommunaler Ebene zu verwirklichen, wobei es eben nicht um den Sektor Tourismus im besonderen geht, sondern um dessen Einbeziehung wie jeden anderen auch in den Agenda-Prozess. Österreich schuf z.B. bereits 1995 einen politisch verbindlichen Orientierungsrahmen mit dem Nationalen Umweltplan, aber die Umsetzung auf regionaler und lokaler Ebene erfolgt eher zögerlich, weil sie Interessensgegensätze offen legt und damit Widerstände erzeugt. Bemerkenswerte Maßnahmen im Tourismus wie die *Initiative autofreier Tourismusorte* sind noch selten, aber mancherorts hat sich ein neues Verständnis von Zusammenarbeit, der Notwendigkeit von Bündelung der Kräfte und integrativer Kommunikation und Planung durchgesetzt. (Vgl. Gandler 2001) Ausgehend von einem OTP – dem „overall tourism product", das sämtliche Dienstleistungen und Angebote einer Destination umfasst – wurden in Österreich lokal- bzw. regionsspezifische Nachhaltigkeitsstrategien etwa im Lechtal, im Lesachtal oder im Bregenzerwald umgesetzt. Aufgrund ihrer holistisch angelegten Konzeption sind sie zu best practice-Beispielen mit Modellcharakter geworden. (Vgl. Zimmermann 1998; Matouch 1997; Baumgartner/ Röhrer 1998; Paumgartner 2000 und www.bregenzerwald.at)

Ausgangspunkt für Vernetzungen, für die Bildung von Zusammenschlüssen oder Regionalverbänden waren zum einen die Leitbildprozesse, die in etlichen Tälern bzw. Tourismusgemeinden seit etwa 15 Jahren im österreichischen Alpentourismus zu finden sind.[15] Zum anderen lässt die wachsende Konkurrenzsituation im globa-

---

14   Detaillierte Informationen über den CSD-Prozess in Bezug auf Berggebiete gibt das Mountain Forum (www.mtnforum.org), speziell auf Tourismus bezogen u.a. www.iitf.at, www.un.org /sustdev/tourism.htm, www.unepie.org/tourism/, Mailinglisten sind zu finden unter www.egroups. com/group/tourism-csd bzw. www.groups.yahoo.com/group/planeta:_europe. Eine elaborierte Darstellung des Nachhaltigkeits-Diskurses im Tourismus findet sich in Baumgartner, 2002.

15   Im Tiroler Fremdenverkehrsgesetz wird die Erstellung eines Leitbildes für Tourismusorte sogar zwingend vorgeschrieben.

len Tourismus die Konkurrenten näher zusammenrücken. Dies zwingt nicht nur kleinere Anbieter, sondern ganze Regionen zur Konzentration und Kooperation, zur Bildung von „Destinationen". Destination-Management heißt daher auch Management des Netzwerkes bzw. Verbundes, verlangt einen hohen Kommunikationsaufwand, aber garantiert – trotz Einbindung der Stakeholder – noch nicht die Berücksichtigung einer nachhaltigen Strategie. (Vgl. Fischer/Margreiter 1999) Eine solche verfolgt eben ökologische, ökonomische, soziale und kulturelle Ziele im Rahmen einer integrierten Konzeption. Für einen integrativen, d.h. nachhaltigen Tourismus, sind sechs Prämissen von Bedeutung (vgl. Baumgartner, 2002, 40 ff):

- Intakte Natur- und Lebensräume sind die Voraussetzung für den Tourismus der Zukunft (=ökologische Dimension)
- Tourismus ist integrierter Teil einer nachhaltigen, regionsspezifisch vernetzten Wirtschaft (=ökonomische Dimension)
- Das Image von Urlaubsregionen wird geprägt von selbstbestimmter kultureller Dynamik, und sozialer Zufriedenheit der Bevölkerung sowie der im Tourismus Arbeitenden (=soziokulturelle Dimension)
- Intensiv genutzte touristische Zielgebiete müssen betriebliche und kommunale Umweltmanagement-Systeme sowie Nachhaltigkeitsstrategien (lokale Agenda 21) entwickeln und anwenden
- Der Mensch steht als Gestalter der Tourismuspolitik im Mittelpunkt – die gesamte Bevölkerung ist gleichberechtigt in die Entscheidungen einzubinden (=institutionelle Dimension)
- Die Tourismus-Quellregionen der Ballungsräume sowie übergeordnete politische Systeme übernehmen Mitverantwortung für die touristischen Effekte in den Tourismusgebieten.

Der integrative Tourismus, in regionale Strategien umgesetzt, wird in den Alpen das Zeitalter der Pioniere, der großen Patriarchen und Dorfkaiser ablösen. Er fordert vielmehr eine über den Ort hinausreichende Verantwortung, qualifizierte Manager, die vernetzt denken und Interessensausgleiche umsetzen können. Er basiert nicht nur auf Moral, sondern baut auf Logistik, Planung und Kontrolle, auf erstklassige Information, Forschung und Kommunikation. Der ganzheitliche Management-Ansatz wurde von der Welttourismus Organisation WTO propagiert und in Form von „guiding principles" für lokale Planer aufbereitet. (WTO 1993) Darin ist eine große Übereinstimmung mit den Prinzipien nachhaltigen Wirtschaftens gegeben.

Schon fast im Sinne von Handreichungen sind die Empfehlungen für das „neue" Tourismus-Marketing zu verstehen. Middleton/Hawkins (1998, 133 ff) haben eine „10 R-Regel" entwickelt, die den Tourismus ökologischer und wirtschaftlich erfolgreicher machen soll, dem Gast mehr Vergnügen bieten will und gleichzeitig eine hohe Lebensqualität in den bereisten Gebieten garantieren soll:

- Re-educate: durch Information und im Dialog das bisherige Verhalten behutsam in Richtung Nachhaltigkeit ändern
- Recognize: den Kreislauf der Natur und sich als Teil davon erkennen
- Retain: Öffentlichkeit informieren, weiterbilden, am kommunalen Vorgehen teilhaben lassen
- Re-engineer: traditionelle Organisations-, Management- und Produktionsformen überdenken, neue Alternativen überlegen und probieren
- Refuse: auf umweltschädliche und sozial unverträgliche Produkte verzichten
- Reduce: Abfall und Ressourcenverbrauch reduzieren
- Reuse: Aufbereitung von Abfallstoffen und verbrauchten Ressourcen für die Wiederverwendung (Plastik, Wasser, Metall ...)
- Recycle: Wiederverwertung von Abfallstoffen, Kompostieren ...
- Replace: bestimmte Produktionsmaterialien durch umweltfreundliche Stoffe ersetzen
- Reward: durch Belohnung der Öffentlichkeit (Bevölkerung, Unternehmen etc.) etwa in Form von Prämien, Auszeichnungen, Festakte, überträgt sich die Nachhaltigkeits-Philosophie und die Bindung bzw. Motivation wird gestärkt.

Einiges von den Empfehlungen wird im Alpentourismus seit längerer Zeit umgesetzt, manches verlangt umfassende Änderungen in der bestehenden Praxis. Nachhaltigkeit kann aber nicht erreicht werden, wenn ein Ort, ein Hotel, ein Seilbahnunternehmen die Grundsätze und Praktiken nachhaltigen Wirtschaftens übernimmt, sondern erst dann, wenn die gesamte Branche sich dazu bekennt und umsetzt, wenn sie Management- und Steuerungstechniken einsetzt, mit denen partikuläre Interessen überwunden und ein verantwortungsbewusster Umgang mit den Ressourcen praktiziert werden kann. Unsere Vorfahren dachten, dass der Berg dadurch, dass er über die Wolken hinausragt und den Himmel berührt, eine Kommunikation mit der Welt über uns, mit dem Paradies, mit dem Wohnsitz der Götter ermögliche. Vielleicht schaffen es Management und Demut zusammen, jene neue Qualität der Beziehung zu den Elementen, zwischen Mensch und Natur herzustellen, die nicht von Eroberung und Unterwerfung geprägt auch den kommenden Generationen ihren „ökologischen Fußabdruck" sichert.[16]

---

16 Der ökologische Fußabdruck macht sichtbar, wie viel biologisch produktive Fläche notwendig ist, um einen gegebenen Lebensstil dauerhaft aufrecht zu erhalten. Er bildet ein einfaches Maß zur Berechnung von Nachhaltigkeit.

„Dies ist die Paradoxe des Hochgebirges: daß alle Höhe auf der Relativität von Oben und Unten steht, bedingt ist durch die Tiefe – und hier nun doch als das Unbedingte wirkt, das nicht nur die Tiefe nicht braucht, sondern gerade erst, wenn diese verschwunden ist, sich als volle Höhe entfaltet. Hier gründet sich das Gefühl des Erlöstseins, das wir der Firnlandschaft in feierlichsten Augenblicken verdanken, am entschiedensten auf dem Gefühl ihres Gegenüber-vom-Leben. Denn das Leben ist die unaufhörliche Relativität der Gegensätze, die Bestimmung des einen durch das andere und des anderen durch das eine, die flutende Bewegtheit, in der jedes Sein nur als ein Bedingtsein bestehen kann." (Simmel 1983, 118)

Literatur

Ammann, Gert (2001a): Alfons Walde 1891–1958. Katalog zu den Ausstellungen in Tulln und Kitzbühel. Innsbruck.

Ammann, Gert (2001b): Alfons Walde 1891–1958. Nur ein Tiroler Maler? In: Parnass, Heft 1, 44-53.

Amstädter, Rainer (1996): Der Alpinismus. Kultur – Organisation – Politik. Wien.

Bachleitner, Reinhard (Hg., 1998): Alpiner Wintersport. Innsbruck-Wien.

Bachleitner, Reinhard/Penz, Otto (2000): Massentourismus und sozialer Wandel. Tourismuseffekte und Tourismusfolgen in Alpenregionen. München.

Bachleitner, Reinhard (2001): Alpentourismus: Bewertung und Wandel. In: Aus Politik und Zeitgeschichte/Beilage zur Wochenzeitung „Das Parlament" vom 16.11.2001/B 47/2001, 20-26.

Bätzing, Werner (2000): Erfahrungen und Probleme transdisziplinärer Nachhaltigkeitsforschung am Beispiel der Alpenforschung. In: Brand, Karl-Werner (Hg.): Nachhaltige Entwicklung und Transdisziplinarität. Berlin 2000, 85-110.

Bätzing, Werner (2000a): Postmoderne Ästhetisierung von Natur versus „Schöne Landschaft" als Ganzheitserfahrung. Von der Kompensation der „Einheit der Natur" zur Inszenierung von Natur als „Erlebnis". In: Arndt, A. u.a. (Hg.): Hegels Ästhetik. Die Kunst der Politik – die Politik der Kunst. Hegel-Jahrbuch Zweiter Teil, Berlin, 196-201.

Bauer, Stefan (2001): Tourismus in ländlichen Regionen und Tourismusmarketing am Beispiel des Bauernherbstes im Salzburger Land. Diplomarbeit, Salzburg.

Baumgartner, Christian (2002): Prozessorientiertes Bewertungsschema für Nachhaltigkeit im Tourismus. Dissertation, Wien.

Baumgartner, Christian/Röhrer, Christine (1998): Nachhaltigkeit im Tourismus. Umsetzungsperspektiven auf regionaler Ebene. Wien-Köln-Aarau/Bern.

Bieger, Thomas (2000): Management von Destinationen und Tourismusorganisationen. München-Wien-Oldenburg.

Bischof, Günther (1999): Der Marshall-Plan und die Wiederbelebung des österreichischen Fremdenverkehrs nach dem Zweiten Weltkrieg. In: Bischof, Günther/Stiefel, Dieter (Hg.): 80 Dollar. 50 Jahre ERP-Fonds und Marshall-Plan in Österreich 1948–1998. Wien, 133-182.

Bourdeau, Philippe (1998): Die Alpen als Turngerät Europas. In: Internationale Alpen-schutz-Kommission CIPRA (Hg.): Alpenreport 1. Bern-Stuttgart-Wien, 252-259.

Breuss, Susanne/Liebhart, Karin/Pribersky, Karin (1995): Inszenierungen. Stichwörter zu Österreich. Wien.

Brusatti, Alois (1984): 100 Jahre österreichischer Fremdenverkehr. Historische Entwick-lung 1884–1984. Wien.

Bundesministerium für Wirtschaft und Arbeit, Sektion Tourismus und Freizeitwirtschaft (Hg. 2001): Bericht über die Lage der Tourismus- und Freizeitwirtschaft in Österreich 2000. (download: www.bmwa.gv.at/organisation/sekviifo/21fa/LB2000.pdf)

Bundesministerium für Wissenschaft und Verkehr (Hg., 2000): Eisenbahn- und Seilbahn-statistik (Schienenbahnen, Straßenbahnen, Oberleitungs-Omnibuslinien, Seilbahnen und Schlepplifte) der Republik Österreich für den Berichtszeitraum 1999/2000. Wien.

CIPRA (1999, Hg.): Jung sein – alt werden im Alpenraum. Zukunftsperspektiven und Generationendialog. Tagungsband zur Jahresfachtagung im Oktober 1999 in Benediktbeuern. CIPRA-Eigenverlag.

Edenhauser, Fabienne (2001): Sehnsuchtsland Tirol. Vom „Starken Land" zum Gefühls-raum. Diplomarbeit, Salzburg.

Fischer, Daniel/Margreiter, Josef (1999): Grenzüberscheitende Kooperation von Destina-tionen im Alpenraum. In: Pechlaner, Harald/Weiermair, Klaus (Hg.): Destinations-Management. Führung und Vermarktung von touristischen Zielgebieten. Wien, 243-260.

Freyer, Walter (1999): Tourismus-Marketing. Marktorientiertes Management im Mikro- und Makrobereich der Tourismuswirtschaft. München-Wien-Opladen.

Gandler, Marita (2001): Integrierte Planung als Kommunikationsaufgabe. Bestandsauf-nahme und Überlegungen zum Aufbau einer nachhaltigen Entwicklung im Oberpinz-gau. Dissertation, Salzburg.

Gautsch, Simone/Pfuner, Ulrike (1999): Freizeitmöglichkeiten der Jugendlichen im Pongau. Studie über die Lebenssituation der Jugendlichen im Pongau, Salzburg Land. Salzburg.

Goffman, Erving (2000): Wir alle spielen Theater. Die Selbstdarstellung im Alltag. München.

Greuter, F. (2000): Die Schweizer Seilbahnen bleiben weiter am Boden. In: Neue Zürcher Zeitung, Nr. 139, vom 17.6.2000, 29.

Grüner Bericht (2001): 42. Grüner Bericht. Bericht über die Lage der österreichischen Landwirtschaft 2000. Herausgegeben von der Republik Österreich, vertreten durch den Bundesminister für Land- und Forstwirtschaft, Umwelt und Wasserwirtschaft Wien.

Gutternig, Michael (2001): Ästhetisierung von Natur. Eine Untersuchung anhand der Imageprospekte ausgewählter Nationalparkgemeinden sowie des Nationalparks Hohe Tauern. Diplomarbeit, Salzburg.

Haarstark, Günther (2001): Dramatische Berge. Die großen Filme des Arnold Fanck. In: König, Stefan/Panitz, Hans-Jürgen/Wachtler, Michael (Hg.): 100 Jahre Bergfilm. Dramen, Trick und Abenteuer. München, 36-43.

Haas, Hanns (1992): Städtische Dorfbilder. Vom Scheitern agrarromantischen Wunschdenkens. In: Dachs, Herbert (Hg.): Das gefährdete Dorf. Grundsätzliches zur Dorferneuerung. Erfahrungen am Beispiel Salzburg. Salzburg, 9-19.

Hanisch, Ernst (1994): Wirtschaftswachstum ohne Industrialisierung. Fremdenverkehr und sozialer Wandel in Salzburg 1918–1938. In: Haas, Hans/Hoffmann, Robert/Luger, Kurt (Hg.): Weltbühne und Naturkulisse. Zwei Jahrhunderte Salzburg-Tourismus. Salzburg, 104-112.

Hartl, Franz (1996): Finanzierung, Investition und Verschuldung im Tourismus. In: Weiermair, Klaus (Ed.): Alpine Tourism. Sustainability – Reconsidered and Redesigned. Innsbruck, 55-71.

Hoch, Isabell (1994): Tourismus geht uns alle an. In: Medien Journal, 18. Jg., Heft 4, 52-56.

Hoffmann, Robert/Luger, Kurt (1997): Tourismus und sozialer Wandel. In: Hanisch, Ernst/Kriechbaumer, Robert (Hg.): Zwischen Goldhaube und Globalisierung. Geschichte der österreichischen Bundesländer nach 1945. Das Bundesland Salzburg. Salzburg, 168-209.

Holzer, Anton (1996): Die Bewaffnung des Auges. Die Drei Zinnen oder eine kleine Geschichte vom Blick auf das Gebirge. Wien.

Honold, Alexander (2000): Zum Kilimandjaro! Über die Faszination exotischer Berge und die Stationen ihrer Entzauberung. In: Tourismus Journal, Heft 4, 519-537.

Hopfenbeck, Waldemar/Zimmer, Peter (1993): Umweltorientiertes Tourismusmanagement. Strategien, Checklisten, Fallstudien. Landsberg am Lech.

Huber, Thomas (2000): Wie Julie Andrews Mozart verdrängte. In: Kammerhofer-Aggermann, Ulrike/Keul, Alexander (Hg.): The Sound of Music zwischen Mythos und Marketing. Salzburg, 401-426.

Hüttenbrenner, Josefa (1996): Der Gast als Fremder, der Fremde als Gast. Tourismus und kulturelle Identität in der Dachstein-Tauern-Region. Diplomarbeit, Salzburg.

IFES–Institut für empirische Sozialforschung (1989): Grundlagenforschung im kulturellen Bereich. Wien.

Info Research International (2000): „Unsere Gäste unter der Lupe". Gästebefragung Sommer 2000. Die Salzburger Ergebnisse im Vergleich. Dokumentation, Salzburg.

Jenni, Manfred (2001): Tourismusberichterstattung in Österreich. Der „sanfte Tourismus" in Österreich in ausgewählten österreichischen Medien. Eine quantitative und qualitative Inhaltsanalyse. Diplomarbeit, Salzburg.

Johler, Reinhard (1995): Volkskultur – oder: Die Geschichte des „Steirerhütels". In: Medien Journal, 19. Jg., Heft 3, 3-10.

Judson, Pieter (2000): Land der Potemkinschen Berge. In: Der Standard vom 20.5.2000.

Kammerhofer-Aggermann, Ulrike/Keul, Alexander G. (1998): Erlebniswelten – Die Kommerzialisierung der Alpträume: Touristensommer und Bauernherbst. In: Rieder, Max/Bachleitner, Reinhard/Kagelmann, Jürgen (Hg.), ErlebnisWelten. Zur Kommerzialisierung der Emotionen in touristischen Räumen und Landschaften. München-Wien, 95-101.

Kapeller, Kriemhild (1991): Tourismus und Volkskultur. Folklorismus – Zur Warenästhetik der Volkskultur. Graz.

Kos, Wolfgang (1996): Imagereservoir Landschaft. Landschaftsmoden und ideologische Gemütslagen seit 1945. In: Sieder, Reinhard/Steinert, Heinz/Tálos, Emmerich (Hg.): Österreich 1945–1995. Gesellschaft Politik Kultur. Wien, 599-624.

Kos, Wolfgang (1997): Alpenblick Revisited – Ein Bildverbot und seine Erosion. In: Kos, Wolfgang/Kunsthalle Wien (Hg.): Alpenblick. Die zeitgenössische Kunst und das Alpine. Wien, 17-27.

Köstlin, Konrad (1994): Reisen, regionale Kultur und die Moderne. In: Pötler, Burkhard/Kammerhofer-Aggermann, Ulrike (Hg.): Tourismus und Regionalkultur. Wien 1994, 11-24.

Küllinger, Leonhard (1999): Vorstellungen Jugendlicher von der Landwirtschaft. In: Der Förderungsdienst spezial, 47. Jg., Heft 3, 5-10.

Lanner, Sixtus (1996): Der Stolz der Bauern. Die Entwicklung des ländlichen Raumes. Wien.

Lehar, Günther (2001): Der Fall Tirol. In: CIPRA (Hg.): Alpentourismus. Ökonomische Qualität – ökologische Qualität. Tagungsband zur Jahresfachtagung der CIPRA in Trient, Oktober 2000. CIPRA-Eigenverlag, 65-72.

Luger, Karin (2000): Dieses Land, das wir so liebend gerne hassen. Österreich-Berichterstattung in den französischen Medien 1986–1992. Wien.

Luger, Kurt (1998): Populärkultur und Identität. Symbolische Ordnungskämpfe im Österreich der Zweiten Republik. In: Saxer, Ulrich (Hg.): Medien-Kulturkommunikation. Opladen, 115-138.

Luger, Kurt (1994): Salzburg als Bühne und Kulisse. Die Stadt als Schauplatz der internationalen Unterhaltungsindustrie. In: Haas, Hans/Hoffmann, Robert/Luger, Kurt (Hg.): Weltbühne und Naturkulisse. Zwei Jahrhunderte Salzburg-Tourismus. Salzburg, 176-187.

Luger, Kurt (1990): Mozartkugel und Musikantenstadel. Österreichs kulturelle Identität zwischen Tourismus und Kulturindustrie. In: Medien Journal, 14. Jg., Heft 2, 79-96.

Luger, Kurt (1988): „Es ist alles irgendwie so vorbeigezogen". Erinnerungen an den Alltag, Medienereignisse und Bilder der Zweiten Republik. In: Fabris, Hans Heinz/Luger, Kurt (Hg.): Medienkultur in Österreich. Wien-Köln-Graz, 45-101.

Luger, Kurt/Herdin, Thomas (2001): Der eroberte Horizont. Tourismus und interkulturelle Kommunikation. In: Aus Politik und Zeitgeschichte. Beilage zur Wochenzeitung „Das Parlament" vom 16.11.2001, B 47/2001, 6-19.

Luger, Kurt/Rest, Franz ([2]1996): Mobile Privatisierung. Kultur und Tourismus in der Zweiten Republik. In: Sieder, Reinhard/Steinert, Heinz/Tálos, Emmerich (Hg.): Österreich 1945–1995. Gesellschaft Politik Kultur. Wien, 655-670.

Luger, Kurt/Tedeschi, Claudio (1996): Gratwanderung zwischen Tradition und Modernität. Studie über die Lebenssituation der Jugendlichen im Pinzgau, Salzburger Land. Salzburg.

market Institut (2001): Dokumentation der Umfrage BR377. Linz. (n=600. Ergebnisse einer repräsentativen telefonischen Befragung unter der Salzburger Bevölkerung ab 15 Jahre. Erhebungszeitraum 18.1. – 6.2.2001; statistische Toleranzspanne bei einem Signifikanzniveau von 95 Prozent: +/- 4,10 %. Linz.

Matouch, Simone (1997): Das Lesachtal: einst „Österreichs vergessenstes Tal" – heute eine Beispielsregion für Europa. In: Oberösterreichische Umweltakademie (Hg.): Wo i leb ... Kulturlandschaften in Österreich. Katalog zur Ausstellung des Stadtmuseums Linz-Norico. Linz, 199-207.

McGibbon, Jacqueline (1999): The Business of Alpine Tourism in a Globalising World. An Anthropological Study of International Ski Tourism in the Village of St. Anton am Arlberg in the Tirolean Alps. Rosenheim.

Middleton, Victor/Hawkins, Rebecca (Eds., 1998): Sustainable Tourism. A Marketing Perspective. Oxford.

Moschig, Günther (2001): Die Rolle der Fotografie im malerischen Werk von Alfons Walde. In: Ammann, Gert (2001a), 153-160.

Neissl, Julia (2001): Tödliche Bergwelt Österreich? Zur Katastrophenberichterstattung in Boulevard- und Qualitätsmedien. In: Fabris, Hans Heinz/Rest, Franz (Hg.): Qualität als Gewinn. Salzburger Beiträge zur Qualitätsforschung im Journalismus. Innsbruck-Wien-München-Bozen, 267-273.

Obermüller, Peter (1995): Volkskultur im Fernsehen. Analyse volkskundlicher Darstellungsformen in ausgewählten Sendungen des Österreichischen Fernsehens von 1955–1995. Dissertation, Salzburg.

Österreichisches Museum für Volkskunde (Hg., 1995): Schönes Österreich. Heimatschutz zwischen Ästhetik und Ideologie. Wien.

Paumgartner, Gabriele (2000): Kommunikationsstrategien für nachhaltigen Tourismus in Alpenregionen. Dargestellt am Fallbeispiel „Natur & Leben Bregenzerwald". Diplomarbeit, Salzburg.

Perlik, Manfred (2001): Alpenstädte – Zwischen Metropolisation und neuer Eigenständigkeit. Geographica Bernensia P38, Bern.

Peskoller, Helga (1997): BergDenken. Eine Kulturgeschichte der Höhe. Wien.

Prodinger, Erwin/Prodinger, Lukas (2001): Die österreichische Seilbahnwirtschaft auf dem Prüfstand. www.prodinger.at; Aufruf am 19.10.2001.

Puwein, Wilfried (1993): Der Seilbahnverkehr in Österreich. In: Monatsberichte des österreichischen Instituts für Wirtschaftsforschung, Heft 7, 395-401.

Rapp, Christian (1997): Höhenrausch. Der deutsche Bergfilm. Wien.

Respect-Zentrum für Tourismus und Entwicklung (2000): „Ich kann doch nichts ändern...?" Sozial- und umweltverträglicher Tourismus im Kontext der Österreichischen Entwicklungszusammenarbeit. Wien.

Rest, Franz (1995): Kulturelle Identität und transkulturelle Heimat. Tourismus als Bewahrer und Bedroher kultureller Identität. In: Luger, Kurt/Inmann, Karin (Hg.): Verreiste Berge. Kultur und Tourismus im Hochgebirge. Innsbruck, 81-94.

Rest, Franz/Luger, Kurt (1994): „Urlaub hamma überhaupt nia ghabt ..." Erfahrungen mit dem Tourismus im Gasteiner Tal. In: Haas, Hanns/Hoffmann, Robert/Luger, Kurt (Hg.): Weltbühne und Naturkulisse. Zwei Jahrhunderte Salzburg-Tourismus. Salzburg, 169-175.

Salzburgerland Tourismus (1999): Marketingkonzept. Salzburg

Schachner, Max (1995): Tourismus zwischen Inszenierung und Authentizität. Aspekte kultureller Identität im „Gastgeberland" Österreich. In: Luger, Kurt (Hg.): Kultureller Wandel und kulturelle Identität. Österreich im System der globalen Kulturindustrie. Forschungsbericht, Institut für Kommunikationswissenschaft der Universität Salzburg.

Scheuringer, Brunhilde (1992): Das Dorf im Spannungsfeld des sozialen Wandels. In: Dachs, Herbert (Hg.): Das gefährdete Dorf. Grundsätzliches zur Dorferneuerung. Erfahrungen am Beispiel Salzburg. Salzburg, 20-36.

Schmidt, Aurel (1997): Geschichte der Alpen. In: Kunz, Stephan/Wismer, Beat/Denk, Wolfgang (Hg.): Die Schwerkraft der Berge 1774–1997. Katalog zur Ausstellung „trans alpin 1", Aargauer Kunsthaus Aarau/Kunsthalle Krems. Basel, 247-251.

Schweinberger, Christa (2001): Der Bauer als Hotelier. Der Aufstieg Saalbach-Hinterglemms zum Weltdorf im Kontext sozialer und kultureller Begleiterscheinungen. Diplomarbeit, Salzburg.

Seeßlen Georg (1995): Die Unschuld vom Lande. Einige Anmerkungen zum deutsch-österreichischen Heimatfilm. In: Medien Journal, 19. Jg., Heft 3, 31-37.

Seeßlen, Georg (1990): Der Heimatfilm. Zur Mythologie eines Genres. In: Blümlinger, Christa (Hg.): Sprung im Spiegel. Filmisches Wahrnehmen zwischen Fiktion und Wirklichkeit. Wien, 343-362.

Sharma, Pitamber (Ed., 2000): Tourism as Development. Case Studies from the Himalaya. Kathmandu-Innsbruck.

Simmel, Georg (1983): Philosophische Kultur. Über das Abenteuer, die Geschlechter und die Krise der Moderne. Gesammelte Essais. Berlin.

Smeral, Egon (2001): Wirtschaftliche Rolle des Tourismus in den Alpen. Massnahmen zur Verbesserung der Wettbewerbsposition. In: CIPRA (Hg.): Alpentourismus. Ökonomische Qualität – ökologische Qualität. Tagungsband zur Jahresfachtagung der CIPRA in Trient, Oktober 2000. CIPRA-Eigenverlag, 49-60.

Smeral, Egon (1994): Tourismus 2005. Entwicklungsaspekte und Szenarien für die Tourismus- und Freizeitwirtschaft. Wien.

Steiner, Gertraud (1987): Die Heimatmacher. Kino in Österreich 1946–1966. Wien.

Thiem, Marion (1994): Tourismus und kulturelle Identität. Bern.

Tschofen, Bernhard (2000): Berg – Kultur – Moderne. Volkskundliches aus den Alpen. Wien.

Varga, Lucie (1991): Ein Tal in Vorarlberg – zwischen Vorgestern und Heute. In: Varga, Lucie: Zeitenwende. Mentalitätshistorische Studien 1936–1939. Frankfurt.

Welsch, Wolfgang (1994): Transkulturalität. Lebensformen nach der Auflösung der Kulturen. In: Luger, Kurt/Renger, Rudi (Hg.): Dialog der Kulturen. Die multikulturelle Gesellschaft und die Medien. Wien-St.Johann im Pongau, 147-169.

Wöhler, Karl-Heinz (1999): Sustainibilisierung des Tourismus. Zur Logik einer postmodernen Wachstumsstrategie. In: Bachleitner, Reinhard/Schimany, Peter (Hg.): Grenzenlose Gesellschaft – grenzenloser Tourismus? München, 38-54.

www.seilbahnen.at/presse/leistungsbericht99. Abfrage am 12.12.2001.

Zebhauser, Helmuth (2001): Am Anfang war die Camera obscura. Vom eingefrorenen Abbild zur Kinematographie. In: König, Stefan/Panitz, Hans-Jürgen/Wachtler, Michael (Hg.): 100 Jahre Bergfilm. Dramen, Trick und Abenteuer. München, 15-22.

Zimmermann, Friedrich (1998): Nature, Society and the Economy in Partnership. European Perspectives in Mountain Tourism. In: East, Patricia/Luger, Kurt: Sustainability in Mountain Tourism. Perspectives for the Himalayan Countries. New Delhi-Innsbruck, 71-94.

Kurt Luger, Dr., Univ.Prof., Vorstand des Instituts für Interdisziplinäre Tourismusforschung und Leiter der Abteilung Internationale und Interkulturelle Kommunikation am Institut für Kommunikationswissenschaft der Universität Salzburg. Vorsitzender der Gesellschaft für ökologische Zusammenarbeit Alpen-Himalaya – Öko Himal, und der Gesellschaft für Kommunikation und Entwicklung – KommEnt. Herausgeber der Bücher „Verreiste Berge – Kultur und Tourismus im Hochgebirge" und „Sustainability in Mountain Tourism". Mitherausgeber der Buchreihe Tourismus: transkulturell & transdisziplinär
E-Mail: kurt.luger@sbg.ac.at

Franz Rest, Dr., Institut für Kommunikationswissenschaft und Institut für Interdisziplinäre Tourismusforschung der Universität Salzburg. Langjähriger Vorsitzender des Bergland-Aktionsfonds. Bauer in Dorfgastein. Mitherausgeber der Buchreihe Tourismus: transkulturell & transdisziplinär
E-Mail: franz.rest@sbg.ac.at

I. Entwicklungsgeschichte des Alpentourismus

Einleitung

„Alle Menschen werden die Wahrnehmung machen, dass man auf den hohen Bergen freier atmet und sich geistig heiterer fühlt" – mit solchen Elogen auf die hinreißende Berglandschaft beginnt das Zeitalter des alpinen Tourismus in der zweiten Hälfte des 18. Jahrhunderts. Die Berge und Täler wurden gewissermaßen für das Vergnügen neu entdeckt, von Adeligen und später vom städtischen Bürgertum, das die Berge als Kontrast und als Ergänzung zum urbanen Leben aufsuchte. An der Funktionalisierung der Gebirge hat sich bis heute nicht viel geändert, nur sind die Inszenierungen der Alpen professioneller geworden und die besitzergreifende Naturaneignung durch den Tourismus zu einer der größten Wirtschaftsbranchen.

Zu Beginn des touristischen Zeitalters war die Infrastruktur bescheiden. Erst mit der Eisenbahn fanden etliche Orte in den Bergen Anschluss an das städtische Leben, denn sie brachte die Urlauber, Sommerfrischler und Tagesgäste, nach „Inner Gebirg". Von „Events" war damals noch keine Rede, dennoch war die Kritik an den beobachtbaren Auswirkungen des Fremdenverkehrs schon sehr herb. Den Fremden stand man vorerst sehr skeptisch gegenüber und von glühenden Traditionsbewahrern und Heimatschützern wurde der Verlust von Ursprünglichkeit der lokalen Kultur als Schreckensvision an die Wand gemalt. Seit damals sind die Berge eine bevorzugte Projektionsfläche der Kulturkritik geblieben.

Die im Namen des zivilisatorischen Fortschritts erfolgte „Zurichtung" der Alpen zur größten Unterhaltungsmaschinerie Europas hat zu einer beeindruckenden anthropogenen Überformung der Schönheiten der Natur geführt, die Landschaft geprägt und die Berge zur Kulisse in einem einmaligen Erlebnisraum gemacht. Einen beispielhaften Eindruck von der Berg und Tal umspannenden Industrie gibt die Auflistung der touristischen Infrastruktur Österreichs. Das Land verfügt über 50.000 km markierte Wanderwege, 10.000 km markierte Radwege, 22.000 km Schipisten, 16.000 km Loipen, 11.000 Schilehrer, 3.150 Seilbahnanlagen, 500 Schischulen, 250 Schikindergärten, 8 Ganzjahresschigebiete, 1.250 Freibäder, 900 Hallenbäder, 100 Windsurfschulen, 60 Segelschulen, 4.840 Tennisplätze in 1.000 Orten, 95 Golfplätze, 53 Schauhöhlen und -bergwerke, 69 Naturparks und fünf Nationalparks, 500 Orte mit Reitmöglichkeiten und mehr als 60.000 Beherbergungsbetriebe mit über einer Million Betten usw. Man versteht, dass die Freiheit, die in den Bergen lockt, zu einer Massenbewegung geworden ist, die im Lebensstil der Einheimischen wie der Besucher Spuren hinterlässt.

Im Laufe der letzten 150 Jahre erlebten die Alpen, jene periphere und rückständige Region, die mit Montanwesen und bergbäuerlicher Landwirtschaft ihr

Auskommen finden musste, als Tourismusregion einen ungeheuren Bedeutungs-gewinn, veränderte sich die Wirtschaftsstruktur von der Agrikultur zur Dienst-leistung. Der Tourismus bietet der früher agrarischen Bevölkerung eine neue Grundlage, er verhindert Absiedlungen, provoziert Wohlstand auch in den einst-mals entlegensten Bergregionen. Damit in Verbindung stand ein beeindruckender kultureller und sozialer Wandel. Mit dem Engagement von Frauen als Tourismus-Unternehmerinnen erfolgte sogar eine Modernisierung der Geschlechterbeziehun-gen. Die Zimmervermietung auf Bauernhöfen war und ist bis heute oft das Ge-schäft der Bäuerin und große Hotels wurden und werden von Frauen erfolgreich geführt. Bezeichnenderweise wurden etliche der Tourismus-Pionierinnen erst nach dem Tod ihrer Gatten zu erfolgreichen und selbstbewussten Unternehmerpersön-lichkeiten.

Im Zuge des Modernisierungsprozesses veränderten sich Lebenswelten und Mentalitäten. Neue Lebensformen haben sich als „dritte" Kulturen zwischen ur-banen und ländlichen Lebensstilen herausgebildet. In den Alpendörfern entstand eine das Alltagsleben prägende touristische Dienstleistungskultur, in der traditio-nelles Brauchtum oft nur als Kalendermotiv erhalten geblieben ist. Die „Landkarten der Bedeutung" haben sich verändert, weil – nicht nur durch den Tourismus ver-ursacht – das Leben heute einem anderen Rhythmus unterliegt, die Identitäten an Festigkeit verloren haben und die Kulturen weitaus durchlässiger und pluraler ge-worden sind. Bessere Bildung, höhere Einkommen, größere Mobilität und die Penetration der Haushalte mit den modernen Massenmedien haben den Horizont erweitert.

Bewahrt hat sich aber das romantisierende Bild der Alpen als einer pastoralen Idylle. Unbeschadet der Härten des alpinen Tageswerks oder ökologischer Be-drohungslagen lebt es fort vor allem in der Tourismuswerbung, deren Aufgabe in der Verzauberung der Menschen besteht und die Wirklichkeitsflüchtigen für die Schönheit einer Destination gewinnen will. Bilder sind die traditionelle Metapher für den trügerischen Schein, schrieb der Philosoph Vilem Flusser, denn sie ver-stellen uns den Blick auf das wirkliche Sein. Das Bild der Städter von den Alpen besteht aus Idealbildern, weil sie die Berge aus einer Sommerfrischenperspektive betrachten. Es sind Bilder eines Erlebnisraumes, eine Montage von Idealvorstel-lungen, die in der Tourismuswerbung auf den Punkt gebracht werden. Im ortlos gewordenen globalen Tourismus haben alpenkodierte Produkte einen guten Marktwert, und selbst in einem Alpenmilch-Joghurt lebt der Mythos des Hoch-gebirges als unbefleckter Naturraum weiter, wird den Alpen eine Innozenz zuge-schrieben, die sie nie besaßen.

Die Menschen leben heute nicht in der Welt, nicht einmal in der Sprache. Sie leben vielmehr in ihren Bildern, in den Bildern, die sie sich von der Welt, von sich und von den anderen Menschen gemacht haben. So gesehen sind auch und besonders die Alpen eine Konstruktion, ein Kulturzustand, der seine Beschaffenheit ständig ändert, Lebenswelt und Erlebniswelt gleichermaßen, und in dieser Symbiose authentisch.

Quelle: Archiv Josef M. Meidl

Hanns Haas

Die Zurichtung der Alpen

Mensch und Berg im touristischen Zeitalter

Einleitung

Dieses Buch befasst sich mit kulturpolitischen Fragen des Alpentourismus, und zwar nach zwei Richtungen, in Bezug auf die Erwartungen der Gäste an die Urlaubsdestination und in Bezug auf die Haltung der Einheimischen zum Tourismus. (Zum Thema vgl. Wimmer 1993; Ziak 1949; Sieferle 1984; Gall 1996) Urlaub bedeutet die Gegenwelt zum Alltag mit recht unterschiedlichen Zuschreibungen als Zeit der Erholung, des Abenteuers, der Sinnerfüllung, der Horizonterweiterung. (Bachleitner 2000; Kagelmann 2000) Einem gängigen Klischee entsprechend vermarkten freundliche Alpenbewohner eine intakte authentische Natur- und Kulturlandschaft an die aus ihren urbanen und naturfernen Zonen geflüchteten Gäste. In Wahrheit erfordert der Tourismus von jeher die Umgestaltung der Umwelt für neue Nutzungsanforderungen. Mein Beitrag befasst sich mit der Frage, wie die Alpen für den Tourismus zugerichtet wurden und wie im historischen Längsschnitt Gestaltungseuphorie und Überfremdungsängste einander begleiteten. Denn zwischen diesen beiden Extremen pendelt seit Anbeginn der Alpentourismus. Die dabei geltenden Leitmotive entstammten jedoch nicht primär der Erfahrung „Alpen", sondern den zeitgenössischen intellektuellen Diskursen. Die Alpen sind lediglich das Spielmaterial in den umfassenden Auseinandersetzungen zwischen Veränderungswille und Kulturkritik.

Das Entdeckungszeitalter

Diese Zusammenhänge werden schon in der Frühphase des Alpinismus erkennbar. Damals im ausgehenden 18. Jahrhunderts begleitete die Alpenreisenden die zivilisatorische Zuversicht eines aufgeklärten Zeitalters. Die Aufklärung ist in den blumigen Worten des französischen Mentalitätshistorikers Paul Hazard eine Reise in den drei Dimensionen der Zeit, des Raumes und ins Innere der Menschen; Geschichtsschreibung, Geographie und Psychologie verdanken dieser Neugierde ihre Existenz. Die Lust nach Erfahrung, Wissenserweiterung und Experimentierfreudigkeit brachten damals eine elitäre Schicht von Wissenschaftlern und ihren Gönnern ins Gebirge. Die Alpen wurden entdeckt, bestiegen, vermessen, kartographiert, abgebildet. Die zeitgenössischen Forschungsberichte überliefern uns die Herrschsucht dieser Naturaneignung. Als vor 200 Jahren endlich der Gipfel des Großglockners erreicht war, stellten die Astronomen „ihre Waffen und Werkzeuge gegen den Thron des Glockners auf", einige Expeditionsteilnehmer „hielten botanischen Kriegsrath", wieder andere berechneten rasch die Entfernung des Gipfels von der Meereshöhe. (Vierthaler 1816, 255) Auch die bildliche Darstellung des denkwürdigen Ereignisses ist als Siegeszug menschlicher Kühnheit über die Natur konzipiert, wenn der Maler Josef von Leonhardshoff die Expeditionsgruppe vor der Kulisse des pyramidenartig verfremdeten Glockners verewigte – ganz im Banne des ein Jahr zurückliegenden Napoleonischen Feldzuges nach Ägypten. Die literarische Verarbeitung thematisierte sogar die bildliche Verwandtschaft. „Die ungeheure Eispyramide (des Glockners) verdiente mehr als die größte Pyramide Aegyptens ein astronomischer Punckt zu seyn", befand der Expeditionsteilnehmer Franz Michael Vierthaler. (Vierthaler 1816, 272)

Diese besitzergreifende Naturaneignung befriedigte jedoch nicht bloß menschliche Neugierde; sie war im Selbstverständnis der Aufklärung zugleich gottgefällig. Die neuzeitliche mechanistische Kosmologie reservierte Gott lediglich die Rolle als Erschaffer der „Weltmaschine", welche seither ohne sein Eingreifen funktioniere. Dieser Denkansatz versöhnte zugleich mit der Natur: sie war nicht mehr das Ergebnis des Sündenfalls und ein Symbol für die Vertreibung aus dem Paradies, sondern sie war als Werk Gottes schön, gut und nützlich. Ihre Harmonie und Schönheit zu erforschen und ihre Schätze bedenkenlos zu nützen (Groh 1991, 113), das war förmlich der biblische Auftrag an die Christenheit, eine neue Variante dieses: „Macht Euch die Welt untertan". Auf dem Glocknergipfel wurde daher ein Kreuz aufgerichtet und gleich daneben ein Barometer und ein Thermometer in einem hölzernen Kasten deponiert. (Ebd. 272)

Diese neue Weltsicht ästhetisierte zugleich den Schrecken, den bisher die „zerborstene" alpine Szenerie verursacht hatte. Die großen Schauspiele der Natur offenbarten jetzt „die ganze Schönheit und Größe der Schöpfung". (Gierse 1977, 309) Die Natur selbst „predigt ... schön und gewaltsam das Wort Gottes". Ja, sie wurde geradezu ein Weg zu Gott, und daher bildeten „ein hohes, bis in die Wolken ragendes Gebirge, eine unübersehbare Meeresfläche und ein herabstürzender Strom die untersten Stufen vom Throne des Allmächtigen". (Vierthaler 1799, 311) Diese ganze Bilderwelt entstammt übrigens einer tatsächlichen Erfahrung, und zwar der englischen Kavaliere des 17. und 18. Jahrhunderts auf ihrer Bildungsreise über die Alpen nach Italien. Sie waren es, welche das Erhabene mit den Bergen identifizierten.

Freilich war es nicht allen vergönnt, dieses „Prächtig-Fürchterliche" selbst herausfordernd zu genießen. Eine Mehrheit von Touristen konsumierte die schaurigschöne Natur lediglich auf sicheren Wegen und aus künstlich errichteten Beobachtungsposition. Für ihr Nutzungsbedürfnis wurden in den nächsten zwei Jahrhunderten die Alpen zugerichtet. Anfangs begnügte sich der „Blicktourismus" mit der sicheren Talposition. (Herzog/Mazohl-Wallnig 1998) In diese Zeit fallen die beschaulichen Fußreisen durch die Alpentäler und die bequeme Durchquerung per Extrapost. Diese Aneignung aus der Ferne wurde in der Schweiz erlernt. Bald jedoch erweiterte sich der alpinistische Aktionraum. Das im Vormärz vor 1848 als Destination interessante Tirol hatte vor der Schweiz sogar den Vorteil, „daß alle seine unendlichen Schönheiten an der Landstraße liegen". Man musste hier nicht „links und rechts abweichen und mühsam herum klettern, um die versteckten Reize der Natur zu belauschen", lobte der Literat August von Kotzebue das Land Tirol. (Zitiert in: Herzog/Mazohl-Wallnig 1998, 47) Sodann errichtete man Aussichtswarten an lohnenden Punkten des Gebirgsrandes, weiters Wege und Fahrstraßen bis tief ins Gebirge, schließlich Reit- und Fahrwege bis auf mittlere Höhen und Gehsteige in die engsten Klammen und Schluchten. Zur „Bequemlichkeit" der Reisenden wurde im Krimmler Wasserfall eine „Gloriette" errichtet und beleuchteten Lampions den Kessellfall im Kaprunertal. So gelangten die Reisenden zwar ins Gebirgsland, doch sie beobachteten die Alpen lediglich wie Bilder, die sich durch Addition zu Panoramen verdichteten. Der Begriff „Bild" ist wörtlich zu nehmen; die Reiseführer selbst sprechen von „Gemählden" (Hans-Jörgels Reise 1344, 152) und „eingerahmten Bildern" (Peters 1867, 149) aus der „echten Genußhöhe" der Beobachtungspositionen. (Schaubach 1846, 5) Arthur Schnitzler wurde in Bad Ischl den Gedanken nicht los, dass diese ganze Bergszenerie über dem eleganten Ambiente der Kurpromenade aufgemalt sei. Heimito von Doderer beschreibt die Natur „wie ein Springtuch, bemalt mit allen diesen Bergen und Wäldern". (Doderer

1982, 178) Auf diese Weise wurde die alpine Szenerie gleichsam zur Staffage einer urbanen bürgerlichen Inszenierung mitten im Gebirge.

Sommerfrische

Das hauptsächliche Gestaltungsinteresse der Gründerzeit konzentrierte sich aber auf die Stationen für den längeren Aufenthalt über den ganzen Sommer. Die Zwischenstationen dieser punktuellen Urbanisierung entlang der Eisenbahn illustriert Robert Hoffmann an Salzburger Beispielen. Weitere Typen wären beispielsweise der alpine Kurort, die Höhenstationen für Lungenkranke und das Alpenhotel der Belle époque. (Bergier 1983, 317-323) Ich möchte als spezielles Ambiente die Sommerfrische des fin de siècle in Erinnerung rufen. (Haas 1992; Haas 1994a) Die Sommerfrische war tatsächlich eine urbane Kunstwelten im ländlichen Umfeld, mit ihren gepflegten Straßen, Kastanienalleen, Parkanlagen, Promenadenwegen, Rastplätzen und Pavillons, ihren Restaurants, Kaffeehäusern, Konditoreien, Friseusen, Schneiderinnen, Fremdenlisten und vor allem: mit eleganten Hotels und Sommerwohnungen für die ganze Familie. Diese Szenerie entstammte dem Zusammenwirken von Einheimischen und den als Stammgästen oder in ihren Villen heimisch gewordenen Städtern. Die Sommerfrische war zwar die Antithese zum Alltag, aber sie war zugleich urbanisiertes Land. Die eigene Sommervilla gehörte zum guten Ton der gehobenen Bürgerlichkeit der Großstädte Wien, Budapest, Prag und München. So wurde der Sommer zum eigentlichen Mittelpunkt des groß-, später mittelbürgerlichen Wiener Lebens. Nur für wenige Wochen belebten sich diese urbane Inseln; selbst Bad Ischl wurde „immer nur während der Sommermonate Wirklichkeit", schreibt Friedrich Torberg. (Torberg 1986, 78)

In Stilfragen orientierte sich die Sommerfrische, wie der ganze Alpentourismus, an vorgeblich alpinen Mustern. Diese ästhetische Geschmacksrichtung entstammt dem romantischen Kanon einer Suche nach Ursprünglichkeit und Volkstümlichkeit. Damals erst wurden die Alpen zu einer liebenswerten, weil rückständigen und naturbelassenen Zone. Die Romantik suchte die schuldlose pastorale Idylle, die glückliche Armut, die reinigende Kraft der Berge. Stilbildend wurden jetzt die popularen alpinen Sitten, Trachten und Bauweise, und zwar in ihren angeblich authentischen Schweizer Formen. Weil aber die Wirklichkeit dem Ideal nicht (mehr?) entsprach, wurde das Gebirgsland nach diesem Wunschbild geformt. So wurde beispielsweise um 1850 im Pinzgauer Dorf Krimml mitten unter einfachen Holzhäusern ein schmuckes Schweizerhaus errichtet. In mondänen Zonen wie dem Salzkammergut amalgamierte die Villenarchitektur repräsentative klassizistische und alpine Motive. (Oberhammer 1983) Bekanntlich wanderten diese alpinen

Bauten sehr bald hinaus in die Städte mit ihren Villenkolonien. Knapp nach 1900 korrigierte die Heimatschutzbewegung die ausufernden alpinen Moden durch die Pflege standardisierter regionaler Sonderformen. Dennoch findet man auch in den Alpen vereinzelt Zeugnisse des alternativen „alpinen" bunten Karpatenstil, welcher huzulische und slowakische Vorbilder variierte. Solche Anleihen besorgten vor allem adelige Jagdgesellschaften, etwa Erzherzog Franz Ferdinand im Salzburgischen Blühnbachtal. Der „Wiederaufbau" nach 1945 verharrte kaum zehn Jahre bei den bescheidenen Dimensionen der Heimatschutzgesinnung und ihren Baumaterialien Holz und Stein. Bald folgten für eine immens ansteigende Zahl von Touristen in den Westalpen die großen Kolosse in Stahlbeton und Glas, in den Ostalpen die über eine ganze Tallandschaft gestreuten Kleinhäuser mit Fremdenzimmern. Oft ummanteln diese Neubauten förmlich den pittoresken inneren Ortskern aus Bauernhäusern und bescheidenen Gasthöfen, beispielsweise in Kurzras im Südtiroler Schnalsertal. (GEO 1984, 28) In den Westalpen wiederum veröden neben den Touristenzentren die Bauerndörfer oder werden bestenfalls museal konserviert.

Die touristische Penetration des Gebirges und die eklektistischen Kulturformen waren jedoch seit Anbeginn umstritten: zuerst aus pragmatischer Sorge, dass Menschen und Landschaft trotz des „touristischen Eroberungsdranges unserer Zeit" ihre „naive Ursprünglichkeit" behalten sollten (Mitteilungen 1910), dann aus kulturkritischer Sorge um angebliche alpine Authentizität. Das Massenpublikum zerstöre die Unschuld der Natur: dieses Leitmotiv der Tourismuskritik ist so alt wie der Alpintourismus selbst. Dazu einige Schweizer Beispiele. So klagte schon 1791 der Maler Joseph Anton Koch, die Schweiz müsse ihre erhabenen Reize verlieren, wenn sie weiter „die ästhetischen Zugvögel lockt ... die im Sommer das Land durchkäfern". (Zitiert nach Schug 1984, 60) Hundert Jahre später bezog Ernst Rudorff, der Begründer der deutschen Heimatschutzbewegung, seine Kritik bereits auf die touristische Umgestaltung am Beispiel des Hotels Rigi-Kulm: „Es ist hier wirklich gelungen, vor lauter Zurüstungen für den Naturgenuß so gut wie gar keine Gelegenheit übrig zu lassen, um im wahren Sinne des Wortes 'Natur' zu genießen. Eine wahre Manie hat die Welt ergriffen, die Natur in ihrem eigensten Wesen zu zerstören unter dem Vorgeben, daß man sie dem Genuß zugänglich machen will." (Rudorff 1880, 263) Es war ja wirklich peinlich, dass Geschäftstüchtigkeit hier ein mondänes Hotel errichtete, welches in Wahrheit den Blick auf den Kultberg verstellte. Tatsächlich gelang es der Heimatschutzbewegung nach 1945, das riesige Hotel durch ein weniger groß dimensioniertes im Alpenstil zu ersetzen. Natur wurde damit freilich nicht rekonstruiert, sondern allenfalls eine mildere Form ihrer Veränderung. Kurz gesagt, der ästhetische Sinn der Kulturkritik orientierte sich am Lustgewinn der privilegierten Entdecker; er war elitär in seiner Ablehnung des modernen Tourismus. Wer seinerzeit die Landschaft zu Fuß durchwandert hatte, der hatte wenig Freude an der Eisenbahn, welche „Legionen von Städtern aus den naturlosesten Kulturgebieten in diese herrliche Einsamkeit" wirft, denn diese „Flut wir noch in das letzte Berg- und Waldtal die Ätzstoffe der Kultur ohne Gegengifte tragen", so lautete eine Stimme 1878, diesesmal zur Erschließung des Schwarzwaldes. (Fischer 1922, 399)

Alpinismus

Auch im Bereich Alpinismus orientierte sich die Kritik an den vom Massentourismus verursachten Veränderungen der frühen touristischen Begegnungswelt. (Haas 1994b; 1994c) Der Bergtourismus folgte bekanntlich den spektakulären Erstbesteigungen erst in einem zeitlichen Abstand von zwei Generationen, als die Eisenbahn die Menschen ins Gebirge brachte. Wieder suchte eine neue Erfahrungsgruppe das Exotische mitten auf dem europäischen Halbkontinent. Voller Verachtung blickten die Bergtouristen auf die Szenerie der Sommerfrische. Sie bestiegen die Berge, eroberten und – auch sie verformten die Natur. Jetzt wurde eben auch das Hochgebirge touristisch genützt und zugerichtet. Die ersten Bergsteiger klopften ganz wild die Ammoniten aus den Juraschichten heraus; die Alpenvereine bauten Wege und Kletterpfade bis hinauf in die Gipfelregion; sie markierten förmlich schöne Aussichten und ein schönes Echo mit roter Ölfarbe; oben folgten die Hütten, bald jedoch schon ganzjährig bewirtschaftete Schutzhäuser und zuletzt das Alpenhotel mit Telefon. Damit nicht genug, erschlossen seit den Achtzigerjahren des 19. Jahrhunderts auch Alpenbahnen diverser Systeme die modischen Aussichtsberge, im 20. Jahrhundert gefolgt von den Seilbahnen bis in lichte Höhen, die Jungfrau-Bahn im Berner Oberland sogar bis auf 3500 Meter. Sogar auf den Beinahe-Viertausender Großglockner waren zeitweise eine Adhäsionsbahn und später eine Seilbahn geplant.

Dieser Gestaltungseuphorie folgte jedoch erneut eine Gegenbewegung, denn die zivilisatorische Erschließung hatte nun alle alpinen Stockwerke und Zonen erreicht, man konnte ihr kaum mehr ausweichen. Es blieben nur noch wenige unberührte Szenerien und Erlebnispunkte, beispielsweise das führerlose Gehen im Hochgebirge, dann die besonders gefährlichen Aufstiegsrouten über steile Felswände, die Besteigungen im Winter, das Wettklettern, das free climbing ohne technische Hilfsmittel. Wer konnte, wich in fortwährender Suche nach dem Exzentrischen in ferne Gebirge und fremde Erdteile aus. So ersetzten bald die Karpaten, der Kaukasus, der Kilimandscharo und zuletzt das Himalaya-Massiv, wenn nicht gar die Großwildjagd in die englischen Kolonien oder die Villa in Oberägypten die überlaufenen und zugerichteten Alpen. Dieser Szenenwechsel war freilich nur wenigen vorbehalten, übrigens auch einer kleinen Gruppe von Bergsteigern, die der Deutsche und Österreichische Alpenverein subventionierte, um den Ruhm des deutschen Bergsteigens in die Welt zu tragen.

Den anderen blieb nur die Klage über das Verlorene und das Verlangen nach Schutz von angeblich unberührten Restzonen. Der zivilisatorische Auftrag der Alpenvereine stand zur Diskussion, dieser ganze Wildwuchs an Hütten und Wegebauten, Aufstiegshilfen und Erschließungen. (Zum Folgenden Günther 1998) Die Wende kam schon im fin de siècle mit dem Beschluss des Deutschen und Österreichischen Alpenvereins auf der Klagenfurter Vereinssitzung von 1897, nur noch wirklich notwendige Hütten und Wege zu subventionieren und keineswegs alpine Wirtshäuser zu fördern. (Günther 1998, 89) Doch nach dem Weltkrieg erfolgte erst recht ein neuerlicher Bauboom für eine enorm ansteigende Zahl von Bergwanderern und Bergsteigern. Dieser ganzen Gestaltungseuphorie stellte sich eine kulturkritische Minderheit in den Alpenvereinen entgegen, welche nun in den Alpen bestimmte Schutzzonen für die spezielle Nutzung durch den Hochtouristen einrichten wollte. Diese Zonen sollten dem Idealismus einer Elite von Bergsteigern reserviert bleiben, während die Masse der Bergwanderer mit den ohnehin überlaufenen mittleren Lagen und einigen modischen Bergen vorlieb nehmen sollte. Es sollte also in Sonderzonen eine authentische touristische Szenerie rekonstruiert werden. Die Verbalisierung dieses Anliegens erleichterten Anleihen aus dem zeitgenössischen kulturkritischen Diskurs um „Vermassung" und „Materialismus". Jetzt erst entstand aus Sehnsucht nach der angeblichen Reinheit das griffige Bild einer Dichotomie von Natur und Kultur. An ihr orientierte sich die Naturschutzbewegung, die mit dem bescheidenen Anliegen des Pflanzenschutzes begann und immer größere Bereiche der intensiven humanen Nutzung entziehen wollte.

Energie, Verkehr, Montanwesen, Siedlungsverdichtung

Doch nicht nur der Tourismus selbst, sondern auch andere Modernisierungsschübe gefährden die touristischen Nutzungsansprüche und ästhetischen Zuschreibungen. Daraus resultierten Konflikte auf den Feldern Verkehrserschließung, Energiegewinnung, Trink- und Nutzwasserreserven, Montanwesen und schließlich der urbanen Siedlungsverdichtung. Dramatisch sind vor allem die Eingriffe die Energiewirtschaft, welche mit ihrer großen Veränderungskapazität großräumig die alpine Topographie verändern und beispielsweise aus Hochtälern künstliche Binnenseen machten. Im Widerstand gegen die Speicherkraftwerke entstand bekanntlich vor dem Ersten Weltkrieg die Naturparkbewegung, welche damals schon ganze Gebirgsstöcke vor dem Zugriff der Energiewirtschaft schützen wollte. (Straubinger 1989) Auch dieser Diskurs bezog sich auf die touristische Nutzung. Mit den Schönheiten der Fremdenverkehrslandschaft argumentierte man beispielsweise gegen das schon damals geplante Speicherkraftwerk Kaprun im Salzburger Pinzgau, welches den gut besuchten Mooserboden samt seinem pittoresken Hotel austränkte. Gegen Kaprun brachte der Pfarrer von St.Veit 1929 außerdem religiöse und moralische Bedenken ins Spiel und ergänzte sie durch wirtschaftliche Überlegungen. „Daß durch den Bau der Fremdenverkehr keinen Schaden erleiden wird, wird wohl kein vernünftiger Mensch zu behaupten wagen. In die vom Barabern angefüllten und von ihnen unsicher gemachten, durch den Bau aufgewühlten Tauerntäler werden sich die besseren Fremden nicht mehr hineinwagen, der Fremdenstrom fließt in eine andere, ruhigere Gegend, und die Hoteliers, die oft genug auf Spekulationen gebaut haben, werden einer nach dem anderen verkrachen." (Salzburger Quellenbuch 1985, 200-201) Immer wieder orientierte sich also der kritische Befund an den im touristischen Zeitalter eingelernten ästhetischen Ordnungen. Nicht zuletzt verteidigten die Alpengemeinden – wenngleich oft vergeblich – ihre Verfügungsrechte über das Wasser gegen auswärtige Nutzungsansprüche. (Bätzing 1991, 168)

Freilich wirkte auch in diesem Bereich die Ästhetik des Neuen. Denn die Großbauten suggerierten in positiver Konnotation die geglückte Symbiose von Kultur und Natur und erreichten damit eine breite Anhängerschaft. Schon die Baustelle der Semmeringbahn war 1848/49 ein beliebtes Ausflugsziel der Wiener. Ganze Sonderzüge brachten das Publikum auf die Passhöhe. (Kos 1984, 86-99) Gewiss wandten die Konstrukteure der Bahn große Mühe an, durch Stilanleihen und Materialien das Bauwerk in die Landschaft einzufügen. Daher wiederholten die Trasse über die Kalte Rinne das altrömische Motiv des Wasserviadukts und die Bahnhöfe das Motiv des Schweizerhauses – allerdings in Bruchsteinmauerwerk, welches aus den südlichen Provinzen des habsburgischen Kaiserreiches entlehnt wurde. Mittlerweile ist ja dieses Stück früher Moderne in freier Natur schon zum Weltkulturerbe erklärt. Wie übrigens auch Hallstatt, als Stück naturumrahmter Kultur.

Nicht anders war es beim Bau der Glocknerstraße in den Dreißigerjahren des vergangenen Jahrhunderts. Immer noch ging es um das Anliegen, die Alpen für einen denkbar großen Kreis von Interessierten zuzurichten, daher diese bequeme Aufstiegshilfe hinauf in die Berge und der Rastplatz über dem Firnfeld. Jetzt konnte man ganz unbeschwert mit dem Auto eine Gipfeltrophäe für die Windschutzscheibe erobern, dieser einen PKW umschließende Buchstabe „G" für Großglockner. Fotografie und Bergfilme suggerierten außerdem durch Ausschnitte und Ausblendung die Schönheit der technischen Lösungen. Schließlich kam auch bei diesem Anliegen die nationale Sinnstiftung nicht zu kurz. So wurde der Bau dieser Hochalpenstraße zum Zeichen ökonomischen Aufbauwillens in den sonst tristen Rezessionsjahren, und zwar sowohl für das Bundesland Salzburg wie für das ganze, vom Nationalsozialismus hart bedrängt ständestaatliche Österreich. (Hanisch 1988, 1102) In kleinerem Maßstab wiederholte der italienische Faschismus dieses Penetrationswerk mit dem Bau der Dolomitenstraße. Sogar die Schauplätze des Ersten Weltkrieges mutierten zur touristischen Attraktion im heiligen Schauer über das Ringen der Menschen unter Giganten, gleichgestimmt Mensch und Berg.

Das Motiv einer Verschmelzung von Natur und Kultur wurde sodann bei den großen Speichern zur Bewässerung von Kulturland und zur Energiegewinnung abgewandelt. An den Kanälen und Aquädukten beeindruckte vor allem die Überwindung der großen Entfernungen bis hinaus in die Ebenen, an den Kraftwerksanlagen die monströsen Dimensionen mitten in der Bergwelt. Wie Dachrinnen fassen die Speicher, Stollen und Bacheinleitungen die Wasser des Glocknermassivs zusammen und leiten sie zu den künstlichen Seen der Kaprunwerke. Die Wahrnehmung solcher massiver Eingriffe in die Natur war ambivalent. Als „bezähmte Gewalten" apostrophierte sie der viel gelesene Kaprun-Roman des Kurt Maix, um zuletzt doch versöhnlich auszuklingen: „Harmonisch fügen sich die Sperren in die gewaltige Landschaft ein". (Maix 1964, Bild 30) Diese Stilisierung suggerierte geradezu, dass erst durch diese anthropogene Überformung die Schönheit der Alpenwelt zum Ausdruck komme. Kaprun wurde förmlich zum Symbol des österreichischen Wiederaufbaues nach 1945, unter Verdrängung der peinlichen Erinnerung, dass in Wahrheit in nationalsozialistischer Herrschaft ein Heer von Zwangsarbeitern am Bau beteiligt war. Unter den Kräften der Veränderung ist nicht zuletzt der Strukturwandel der alpinen Landwirtschaft seit dem Zweiten Weltkrieg zu nennen, welcher durch neue Nutzungsformen, beispielsweise Viehwirtschaft statt Mischwirtschaft sowie die Aufgabe von Grenzertragsböden, etwa der Hochmähder, in den Ostalpen, und durch den Zusammenbruch der Landwirtschaft ganzer Täler auf der südwestlichen trockenen Seite der Alpen relevant wurde.

Freilich liegen Gestaltungseuphorie und Fortschrittsskepsis oft sehr eng benachbart. In zwei Jahrzehnten ist der Stolz auf die Europabrücke im Tiroler Wipptal den massiven Protesten gegen den anschwellenden Transit durch Tirol gewichen. Erst recht bringen uns solche Tragödien, wie sie die österreichische Winterdestinationen Galtür und Kaprun erlebten, die Grenzen der Machbarkeit bei der Erschließung der Bergwelt für einen großen Nutzerkreis zum Bewusstsein.

Die Auseinandersetzungen mit den neuen Dimensionen von Veränderung bewirkte eine weitere Akzentverschiebung im Naturbegriff. Es war es nicht mehr ausreichend, bestimmte Zonen der anthropogenen Nutzung zu entziehen, wenn auf der anderen Seite die Fernwirkungen der Katastrophe von Tschernobyl über tausende Kilometer die Alpen erreichten. Die fruchtlose Gegenüberstellung von Kultur und Natur wurde durch eine ökologische Denkweise ersetzt, welche auf einem partnerschaftlichen Verhältnis von Mensch und Natur beruht. Damit erfolgte gleichsam eine Rückkehr zu den physikotheologischen Konzepten der Aufkärung, nur dass die Harmonie in den Beziehungen von Mensch und Natur vom Menschen selbst und bewusst durch nachhaltige Nutzung respektive durch partiellen Verzicht auf Verwertung wiederhergestellt werden muss. (Schramm 1989, 103-104) Daher geht es auch in den Alpen nicht mehr bloß um die Herauslösung einzelner Bereiche aus der anthropogenen Überformung, sondern um den Schutz der ganzen Umwelt. Die alpinen Naturparks umschließen zugleich die mehr oder weniger naturbelassene Hochgebirgswelt wie ihre anthropogen gestalteten, vor allem landwirtschaftlich geprägten vorgelagerten Zonen der Almen, Wälder, Gebirgstäler in ihrem „ökonomischen Gefüge". (Bätzing 1997, 180) Freilich erfordert die Realisierung solcher Konzepte wiederum Überzeugungsarbeit unter den Menschen vor Ort und Anpassleistungen, die oft nicht weniger aufwendig sind als die seinerzeitige Erziehung zum bedenkenlosen Gestalten.

Die Bereisten

Zum Abschluss widme ich mich den Bereisten selbst. Auch sie wurden für den Tourismus zugerichtet, doch nicht durch direkten Zwang, sondern durch Überredungskünste. Wieder stammte das Gestaltungsmodell dem aufgeklärten Interesse mit seiner Suche nach dem „guten Wilden". Zugleich mit den Naturschönheiten entdeckte man die Vielfalt des Popularen, das einfache Volk mit seinen Kulturleistungen in Brauchtum und Tracht, das helvetische Ideal ursprünglicher bäuerlicher Demokratie. (Faesler 1991) In den Bergen wohnt die Freiheit, so die Botschaft eines Jean-Jacques Rousseau.

Zum Leitmotiv wurde der unverfälschte Älpler jedoch erst in der Romantik. Reisebeschreibungen lieferten jetzt suggestive Bilder ländlicher Bescheidenheit. So begegnete der vormärzliche Modereisende Joseph Kyselak im kärntnerischen Mallnitz diesen gleichsam traumhaft dahinlebenden Älplern, die in ihrer „Art Republik" wie eine „Anachortenfamilie ... säen, ernten und verzehren, was der Boden oder Viehzucht spendet". Sie vermittelten dem stressgeplagten Städter nun die Botschaft vom einfachen glücklichen Leben ohne Geld und Leidenschaften. (Nachdruck Kyselak 1982, 63) Auch die bekannte Münchner Malerschule, weiters der Salzburger Malerkreis um Johann Fischbach und Josef Mayburger, der Wiener

Realismus um Ferdinand Georg Waldmüller und Friedrich Gauermann popularisierten in vielfach stereotypen Varianten dieses Bild alpiner Unschuld. (Schaffer o.J.) Sie alle arbeiteten gleichsam gegen die Zeit, wenn sie Bilder einer eben durch den Tourismus veränderten Welt in die städtischen Salons und Wohnzimmer lieferten – übrigens zeitgleich mit Spitzweg, der ja selbst 1870 aus dem Gedächtnis eine Zollstation in Tirol rekonstruierte, drei Jahre nach der Eröffnung der Brennerbahn. (Heliogravüre im Deutschen Postmuseum in Frankfurt a.M.) Ihre suggestiven Stahl- und Holzstiche, Heliogravüren und Vierfarbendrucke sowie die Gemälde in Dutzendware kamen beim Publikum gut an. Diese heile Welt suchte der Tourist in den Bergen und die touristischen Destinationen formten das Ambiente nach diesen Bildern. Maler wie Albin Egger-Lienz und Alfons Walde passten im 20. Jahrhundert die Bildgestaltung zeitgenössischen Ausdrucksformen an.

Freilich musste der edle Wilde erst tourismustauglich werden, und das bedurfte gewisser Erziehung. Vor allem die professionell mit den Touristen konfrontierten Einheimischen, wie Bergführer, Wirte und Kutscher wurden schrittweise dem Kunstbild des zivilisierten Älplers angenähert. Insgesamt sollte die metropole Überheblichkeit das Land „mit zivilisatorischer Seife befreunden", heißt es in einer programmatischen Schrift von 1878. (Hoffinger 1878)

Doch das war eine nicht immer gelungene Gratwanderung, um nicht zugleich mit der kulturellen Verfeinerung und Modernisierung jene publikumswirksamen alpine Besonderheiten zu gefährden, die „einen wertvollen Anreiz für den Fremden" bildeten. (Mitteilungen 1910) Auch hier konnte nur die Revitalisierung von Traditionselementen das authentische Flair schaffen. Die Traditionsinnovation konzentrierte sich auf verwertbare Elemente wie Tracht, öffentliches Brauchtum, Mundartdichtung, Musikkapellen, Singrunden und Volksschauspiele. Diese Überlieferungen wurden nun aus ihrem agrarisch-dörflichen Wirkzusammenhang gelöst, künstlerisch verfeinert und zum Schaubrauchtum veredelt. Bei Bedarf wurden ganz unbefangen Anleihen aus fremden Kulturbereichen übernommen. So gelangte durch wandernde böhmische Blasmusikanten und ehemalige Militärangehörige die Blasmusik ins Salzburger Land. (Volksmusik 1986) Das ländliche Brauchtum kam in Wahrheit aus der Stadt. Es waren städtische Eliten, welche in der auch sonst so genussvoll in Überlieferungen kramenden historistischen Gründerzeit das Brauchtum vereinsmäßig wiederbelebten, um durch die gemeinsam gestaltete Freizeit Lebenssinn zurückzugewinnen.

Anfangs beherrschte auch die Trachten- und Brauchtumsgruppen folkloristischer Wildwuchs, bis im fin de siècle die strengen Volkskundler gemeinsam mit geschäftstüchtigen Gewerbetreibenden die Traditionselemente in angeblich originalgetreuen regional- und lokalspezifischen Formen standardisierten. (Haas 1990;

Haas 1998, 170-172 – Als Beispiel einer Brauchtumsinnovation vgl. Kammerhofer-Aggermann 1993) So wurde beispielsweise die Tracht des Salzburger Vereins „Alpinia" mit der ländlichen Jägerkleidung zur „allgemeinen Salzburger Tracht" verschmolzen. Diese Alpinmode diffundierte recht zögernd zurück aufs Land, und zwar nach dem Trend der allgemeinen Vereinsausbreitung zuerst in die Zentralorte und bürgerliche Zirkel. Erst hundert Jahre später erreichte sie in den 1960er Jahren das flache und gebirgige Land, als eine Begleiterscheinung von Modernisierung, Freizeitkultur, Egalisierung des Konsums und Fremdenverkehr. „Touristifizierung des Brauchtums" nennen Reinhard Bachleitner und Otto Penz diese Vermarktung heimischer Sitten. (Bachleitner/Penz 2000, 80) Auf diese Weise wurde das reanimierte Brauchtum nun zu einem wesentlichen Element der Fremd- und Selbstdarstellung, und die seinerzeit von Touristen stilisierten Alpenbilder zu ländlichen Identitätszeichen. Dass diese Traditionsstile ein Element der Moderne darstellen, zeigt am Salzburger Beispiel unzweideutig der Demoskopische Trendbericht von 1980. Gefragt war dabei unter anderem nach der Eigenheit der Salzburger Bevölkerung „in ihrer Lebensweise (und) Mentalität" im Vergleich zu den anderen österreichischen Bundesländern. Dabei ergab sich, dass die Wahrnehmung großer bis sehr großer Unterschiede mit den Faktoren Urbanität und höherer Bildung korrespondierte, während die ländliche Bevölkerung sowie jene mit Pflichtschulbildung solche Unterschiede eher nicht wahrnahmen. (Demoskopischer Trendbericht 1981, 61-130)

Schluss

Ich fasse zusammen: Gestaltungseuphorie und Verfremdungsängste liegen thematisch eng beieinander. Der Veränderungswille bezieht sich auf eine zukünftige Balance zwischen Natur und Kultur, die Verfremdungsängste auf angeblich „unberührte" Natur, in Wahrheit zumeist auf frühere Formen anthropogener Nutzung und zuletzt auf die vom Tourismus selbst geschaffenen Erlebnislandschaften. Es sind vornehmlich die Alpenbildern von gestern und vorgestern, an denen sich die Ästhetik der Tourismuskritik orientiert. Solche Nostalgie rekonstruierte in ihren produktiven Perioden die schöne alpine Welt und verschmolz damit in Wahrheit mit der Gestaltungseuphorie. Erst in dieser kulturellen Stilisierung erreichten Mensch und Land ihr unverwechselbares alpines Flair. Doch die Egalisierung des Fremdenverkehrs veränderte laufend diesen Kulturzustand und verlangte immer wieder Anpassungsleistungen. Was gestern noch Zeichen von Überfremdung war, ist heute schutzwürdiges Erbe einer authentischen Geschichte. (Man denke an den nostalgischen Wert der frühen Kraftwerksanlagen aus der Zeit vor dem Ersten

Weltkrieg oder an die Dolomitenfront des Ersten Weltkrieges.) Dieser ursprünglich von außen herangetragene Diskurs um „echt" und „falsch" verbindet längst Gäste und Einheimische in der touristischen Begegnungswelt. Sie alle sind an der Definition der touristisch wesentlichen kulturellen Leitfiguren wie Natur, Umwelt, intakter Lebensraum und ästhetisches Maß beteiligt, wenn auch in den unterschiedlichen Funktionen als Anbieter und Nutzer. Sie beide konstruieren permanent Authentizität.

Literatur

Bachleitner, Reinhard (2000): Konturen einer Tourismusgesellschaft. In: Gesund durch Erleben? Beiträge zur Erforschung der Tourismusgesellschaft. (Tourismuswissenschaftliche Manuskripte 8). München-Wien 2000, 7-11.

Bachleitner, Reinhard/Penz, Otto (2000): Massentourismus und sozialer Wandel. Tourismuseffekte und Tourismusfolgen in Alpenregionen. (Tourismuswissenschaftliche Manuskripte 10). Salzburg.

Bätzing, Werner (1991): Die Alpen. Entstehung und Gefährdung einer europäischen Kulturlandschaft. München.

Bätzing, Werner (1997): Kleines Alpen-Lexikon. Umwelt. Wirtschaft. Kultur. München.

Bergier, Jean-Francois (1983): Die Wirtschaftsgeschichte der Schweiz von den Anfängen bis zur Gegenwart. Zürich-Köln, 317-323.

Demoskopischer Trendbericht (1981): Demoskopischer Trendbericht – Bundesland Salzburg II. Landes-Syposium (Schriftenreihe des Landespressebüros. Serie Salzburg Diskussionen.2). Salzburg.

Doderer, Heimito v. (²1982): Die Strudelhofstiege. Roman. Band 1. München.

Faesler, Peter (1991): Reiseziel Schweiz. Freiheit zwischen Idylle und „großer" Natur. In: Bausinger, Hermann/ Meyer, Klaus/Korff, Gottfried (Hg.): Reisekultur. Von der Pilgerfahrt zum modernen Tourismus. München, 243-248.

Fischer, Friedrich Theodor (1922): Wieder einmal über die Mode. In: Kritische Gänge. 2. Aufl. Bd 5. München. 399.

Gall, Lothar (1996): Natur und Geschichte – eine spezifische Antinomie des 20. Jahrhunderts (Heidelberger Universitätsreden.11). Heidelberg.

GEO (1984): Das neue Bild der Erde. 10/1984, Die Alpen. 10-52.

Gierse, Ludwig (1977): Das Salzburger Tagebuch des Malers Friedrich Baudri aus dem Jahre 1836. In: Mitteilungen der Gesellschaft für Salzburger Landeskunde 117 (1977), 269-370.

Groh, Ruth und Dieter (1991): Weltbild und Naturaneignung. Zur Kulturgeschichte der Natur. Frankfurt a.M.

Günther, Dagmar (1998): Alpine Quergänge. Kulturgeschichte des bürgerlichen Alpinismus (1870 – 1930). Frankfurt-New York.

Haas, Hanns (1990): Zu den Anfängen der Salzburger Brauchtumspflege. Ländliches Brauchtum aus der Stadt. In: Salzburger Landesfest 1990. 100 Jahre Brauchtumspflege. Salzburg, 9–25 (Schriftenreihe des Landespressebüros und der Salzburger Heimatpflege).

Haas, Hanns (1992): Die Sommerfrische – Ort der Bürgerlichkeit. In: Stekl, Hannes/Urbanitsch, Peter/Bruckmüller, Ernst/Heiss, Hans (Hg.): „Durch Arbeit, Besitz, Wissen und Gerechtigkeit". Wien-Köln-Weimar, 364-377.

Haas, Hanns (1994a): Die Sommerfrische – Eine verlorene touristische Kulturform. In: Haas, Hanns/Hoffmann, Robert/Luger, Kurt (Hg.): Weltbühne und Naturkulisse. Zwei Jahrhunderte Salzburg-Tourismus. Salzburg 1994, 67-75.

Haas, Hanns (1994b): Die Eroberung der Berge. In: Haas/Hoffmann/Luger (Hg.): Weltbühne, 29-37.

Haas, Hanns (1994c): Massentourismus und Ich-Suche. Bergsteigen um 1900. In: Haas/Hoffmann/Luger (Hg.): Weltbühne, 52-59.

Haas, Hanns (1998): Bilder vom Heimatland Salzburg. In: Kriechbaumer, Robert (Hg.): Liebe auf den zweiten Blick. Landes- und Österreichbewußtsein nach 1945. (Geschichte der österreichischen Bundesländern seit 1945 Bd. 6). Wien-Köln-Weimar, 149-201.

Hanisch, Ernst (1988): Die Erste Republik. In: Dopsch, Heinz/Spatzenegger, Hans (Hg.): Geschichte Salzburg. Stadt und Land. Bd. II., 2. Teil. Salzburg, 1057-1120.

Hans-Jörgels Reise (1344): Hans-Jörgels Reise nach Oberösterreich, Salzburg und Bayern, oder: Abenteuer auf einer Fahrt nach Steyer usf. Ein unentbehrliches Handbuch für Alle, welche auch so reisen wollen. In Briefen an den Schwager Maxel in Breselau. Wien.

Herzog, Mirko/Mazohl-Wallnig, Brigitte (1998): „....Zauberische Aussichten, wohl unterhaltene Chausseen,..." Per Extrapost durch Tirol: „Blicktourismus" um 1800.In: Der Weg in den Süden. Reisen durch Tirol von Dürer bis Heine. Attraverso le Alpi. Appunti di viaggio da Dürer a Heine. Bozen 1998, 47-80.

Hoffinger, V. (1878): Zur Geschichte der Alpenreisenden. In: Der Alpenfreund 9 (1878), Heft 1.

Kagelmann, H. Jürgen (2000): Erlebnisse, Erlebniswelten, Erlebnisgesellschaft. Bemerkungen zum Stand der Erlebnistheorien. In: Gesund durch Erleben? Beiträge zur Erforschung der Tourismusgesellschaft. (Tourismuswissenschaftliche Manuskripte 8). München-Wien, 90-101.

Kammerhofer-Aggermann, Ulrike (1993): Der Lamberghut oder die Schaffung von Tradition und „Echtheit". In: Trachten nicht für jedermann? Heimatideologie und Festspieltourismus dargestellt am Kleidungsverhalten in Salzburg zwischen 1920 und 1938. (Salzburger Beiträge zur Volkskunde). Salzburg, 51-82.

Kos, Wolfgang (1984): Über den Semmering. Kulturgeschichte einer künstlichen Landschaft. Mit Photographien von Kristian Sotriffer. Wien, 86-99.

Kyselak, Joseph/Gehmacher, Ernst (1982): Zu Fuß durch Österreich. Wien-München (Nachdruck).

Maix, Kurt (1964): Kaprun. Bezähmte Gewalten. Roman. Wien.

Mitteilung der Landesverbände für Fremdenverkehr in Tirol, Salzburg, Vorarlberg und Liechtenstein 4 (1910), Heft 11.

Oberhammer Monika (1983): Sommervillen im Salzkammergut. Die spezifische Sommerfrischenarchitektur des Salzkammergutes in der Zeit von 1830 bis 1918. Salzburg.

Peters, Karl Ferdinand (1867): Aus meinen Erinnerungen an den Pinzgau. In: Oesterreichische Revue 1867, Tl. 2, 149.

Riedel, Wolfgang (1999): Der Blick vom Mont Ventoux. Zur Geschichtlichkeit der Landschaftswahrnehmung bei Petrarca. In: Jacobi, Rainer-M.E. (Hg.): Geschichte zwischen Erlebnis und Erkenntnis. (Selbstorganisation 10) Berlin, 123-152.

Rudorff, Ernst (1880): Über das Verhältnis des modernen Lebens zur Natur. In: Preußische Jahrbücher 45.

Salzburger Quellenbuch (1985). Von der Monarchie bis zum Anschluß. Salzburg Dokumentationen. Schriftenreihe des Landespressebüros 86. Salzburg, 200-201.

Schaffer, Nikolaus (o.J.): Johann Fischbach 1797–1871 (Monographische Reihe zur Salzburger Kunst 11). Salzburg.

Schaubach, Adolph (1846): Die Deutschen Alpen. Ein Handbuch für Reisende durch Tyrol, Österreich, Steyermark, Illyrien und die anstoßenden Gebiete. 3. Theil: Das Salzburgische usf. o.O.

Schramm, Engelbert (1989): Ökologie und Gesellschaft – ihr Verhältnis in der Geschichte. In: Calließ, Jörg/Rüsen, Jörn/Striegnitz, Meinfried (Hg.): Mensch und Umwelt in der Geschichte (Geschichtsdidaktik.5). Pfaffenweiler 1989, 97-108,

Schug, Albert (1984): Über das Erhabene und über naive und sentimentalische Landschaftsmalerei. In: Heroismus und Idylle. Formen der Landschaft um 1800. Köln.

Sieferle, Rolf Peter (1984): Forschrittsfeinde? Opposition gegen Technik und Industrie von der Romantik bis zur Gegenwart. München.

Straubinger, Johannes (1989): Die Geschichte des Naturschutzes im Bundesland Salzburg. Von den Anfängen bis 1945. Hausarbeit aus Geschichte. Salzburg.

Torberg, Friedrich (1986): Die Tante Jolesch oder der Untergang des Abendlandes in Anekdoten. 10. Aufl. München.

Vierthaler, Franz Michael (1799): Reisen durch Salzburg. Salzburg.

Vierthaler, Franz Michael (1816): Meine Wanderungen durch Salzburg, Berchtesgaden und Österreich. 2.Theil. Wien.

Volksmusik (1986): Volksmusik in Salzburg. VII. Landes – Symposium am 4. Oktober 1986 (Schriftenreihe des Landespressebüros. Salzburg Diskussionen.8). Salzburg.

Watteck, Nora (1978): Lappen, Fexen und Sonderlinge in Salzburg. In: Mitteilungen der Gesellschaft für Salzburger Landeskunde 118 (1978).

Wimmer, Clemens Alexander (1993): Die Alpen. Vom Garten Europas zum Stadion Europas. In: Hermand, Jost (Hg.): Mit den Bäumen sterben die Menschen. Zur Kulturgeschichte der Ökologie. Köln-Wien-Weimar, 81-117.

65

Ziak, Hermann (1949): Berg und Mensch. Eine kleine Weltgeschichte des Alpinismus. Wien.

Zusammenfassung

Gestaltungseuphorie und Verfremdungsängste liegen im Alpintourismus eng beieinander. Der Veränderungswille bezieht sich auf eine zukünftige Balance zwischen Natur und Kultur, die Verfremdungsängste auf angeblich „unberührte" Natur, auf frühere Formen anthropogener Nutzung der Alpen und zuletzt an den vom Tourismus selbst geschaffenen Erlebnislandschaften. Es sind heute vornehmlich die Alpenbildern von gestern und vorgestern, an denen sich die Ästhetik der Tourismuskritik orientierte. Solche Nostalgie rekonstruierte in ihren produktiven Perioden die schöne alpine Welt und verschmolz damit in Wahrheit mit der Gestaltungseuphorie. Erst in dieser kulturellen Stilisierung erreichten Mensch und Land ihr unverwechselbares alpines Flair. Doch was gestern noch Zeichen von Überfremdung war, ist heute schutzwürdiges Erbe einer authentischen Geschichte. Dieser Diskurs um „echt" und „falsch" verbindet längst Gäste und Einheimische in der touristischen Begegnungswelt. Sie alle sind an der Definition der touristisch wesentlichen kulturellen Leitfiguren wie Natur, Umwelt, intakte Lebensraum und ästhetisches Maß beteiligt.

Hanns Haas, Dr., O.Univ.-Prof. am Institut für Geschichte, Universität Salzburg, * 1943, Studium: Geschichte/Germanistik in Wien und Salzburg, Tschechische Sprache in Prag, seit 1964 Tätigkeit als Wissenschaftliche Hilfskraft an der Universität Salzburg, 1978 Universitätsdozent für „Österreichische Geschichte", seit 1996 Univ.-Prof. Wissenschaftliche Arbeiten in folgenden Themenkreisen: Regionale Gesellschafts- und Kulturgeschichte, Bürgertum im 19. und 20. Jahrhundert, Nationalbewusstsein und Volksgruppenfragen, Internationale Beziehungen zur Zwischenkriegszeit, Tourismusgeschichte.
e-mail: hanns.haas@sbg.ac.at

Robert Hoffmann

Die touristische Erschließung des Salzburger Gebirgslandes im 19. und frühen 20. Jahrhundert

1. Die romantische „Entdeckung" Salzburgs

Salzburg blickt heute auf fast 200 Jahre touristischer Erschließung zurück und zählt damit zu den ältesten Tourismusregionen Europas.[1] Schon im 19. und frühen 20. Jahrhundert spielte der Fremdenverkehr im wirtschaftlich rückständigen Gebirgsland eine gewisse Rolle. In überregionaler Perspektive zählte Salzburg dennoch zum strukturschwachen alpinen Raum, der im Kontext der Industrialisierung zur Peripherie herabgesunken ist und erst in der zweiten Hälfte des 19. Jahrhunderts allmählich wieder „durch den Belle-Epoque-Tourismus, durch auf Wasserkraft gestützte Industrieanlagen und durch die Verkehrsgunst der neuen Eisenbahnlinien punkt- und linienförmig aufgewertet wurde". (Vgl. dazu v. a. Bätzing 1993, 7)

Das Land Salzburg verlor durch die politischen Veränderungen der napoleonischen Ära nicht nur seine Eigenstaatlichkeit. Die Eingliederung in den Großraum der Habsburgermonarchie brachte außerdem eine eindeutige Verschlechterung der wirtschaftlichen Rahmenbedingungen mit sich. (Schallhammer 1880, 147 ff.) Durch die Verlagerung der alpenüberquerenden Handelsströme verringerte sich die vormals durch den Straßenverkehr gegebene überregionale Nord-Süd-Kommunikation durch das Gebirgsland. Zieht man in Betracht, dass noch im ausgehenden 18. Jahrhundert Tausende Fuhrwerke jährlich die nach dem Brenner bedeutendste Ostalpentransversale über den Radstädter Tauern frequentierten, dann

---

[1] Zur Fremdenverkehrsgeschichte Salzburgs vgl. allg. Haas/Hoffmann/Luger 1994; Stadler 1975; Schmidt 1990.

wird klar, dass Mobilität in den Salzburger Durchgangstälern bis dahin eine gesellschaftliche Grunderfahrung gewesen ist. (Vgl. Klein 1965) Dazu kam die ökonomische Bedeutung des alpenüberschreitenden Fernhandels für das Salzburger Gebirgsland. (Schallhammer 1880, 153; Mayr 1956, 72) Neben der Frächterei und Säumerei, die im Gebirge zu den traditionellen Formen des Haupt- und auch Nebenerwerbs zählten, zogen vor allem die Wirte beträchtlichen Gewinn aus dem Durchzugsverkehr. Das alles fiel nun weg, zudem waren die Gebirgsgaue auch vom rapiden Niedergang des vormals florierenden Montanwesens betroffen.

Während sich also einerseits die wirtschaftliche Abseitslage des salzburgischen Gebirgslandes Ende des 18. und Anfang des 19. Jahrhunderts dramatisch verschärfte, setzte andererseits unter dem Einfluss der salzburgischen Spätaufklärung zur selben Zeit die „Entdeckung" des Berglandes durch die städtische Intelligenz ein. Beseelt von patriotischer Entdeckerfreude und durchdrungen von der ästhetischen Naturwahrnehmung der Frühromantik durchwanderten die Gelehrten das Land, „um den Mitbürgern Kunde von den entfernten Gegenden und ihren Bewohnern zu geben". (Haas 1998, 160) Pionier der topographischen Landesbeschreibung war der Geistliche Lorenz Hübner. Um auch das Land „inner Gebirg" einer breiteren Öffentlichkeit bekannt zu machen, widmete er den zweiten Band seiner 1796 erschienenen, dreibändigen „Beschreibung des Erzstiftes und Reichsfürstentums Salzburg" dem „Salzburgischen Gebirgsland", das „bey weitem den größten und gesegnetsten Theil des Erzstiftes" ausmache.[2]

Hübners Topographien und Reisehandbücher standen noch in der Tradition der physiokratischen und merkantilistischen Lehren; sie beschrieben Land und Leute, Staat und Wirtschaft in etwas altertümlicher Weise. Mit ihrer enzyklopädischen Auflistung des Sehens- und Wissenswerten befriedigten sie jedoch das Bedürfnis aller Bildungsreisenden nach umfassender Information. Wie aus vielen Reisebeschreibungen der Folgezeit hervorgeht, regten Hübners Werke zum Besuch von Salzburg an, und so gebührt dem Gelehrten eigentlich der Ruhm eines Pioniers der Salzburger Fremdenverkehrswerbung.

Auch Franz Michael Vierthalers topographische Hauptwerke, die „Geographie von Salzburg" (1796) und seine „Reisen durch Salzburg" (1799), trugen dazu bei, das Interesse einer bildungsbürgerlichen Öffentlichkeit für das Salzburger Gebirgsland zu stimulieren. (Vierthaler 1799; Vierthaler 1816) Als dritter bedeutender Literat der Spätaufklärung brachte der Domherr Friedrich Graf Spaur Salzburg einem breiten Leserkreis näher. Seine „Reise durch Oberdeutschland", die „Nach-

---

2   Hübner 1796. Der zweite Band trägt den Untertitel „das Salzburgische Gebirgsland" und ist der Beschreibung des „Pongau, Lungau und Pinzgau" gewidmet.

richten über das Erzstift Salzburg" und die „Spaziergänge in den Umgebungen von Salzburg" (Spaur 1800; Spaur 1805; Spaur 1813/15) vermittelten ein gleichermaßen durch rationale Beobachtung und romantisches Empfinden geprägtes Bild von Stadt und Land. (Salzmann 1985, 74f.) Indem sich die Salzburger Gelehrten in ihren Werken eben nicht mehr ausschließlich darauf beschränkten, die „Merkwürdigkeiten" (Hübner 1792/93, 572) dieser Region aufzuzählen, lenkten sie erstmals den Blick einer breiteren Öffentlichkeit auf die landschaftlichen Schönheiten Salzburgs, wobei sie sich innerhalb des Gebirgslandes freilich noch mit den Tälern begnügten. Nur allmählich überwand die wissenschaftliche Neugierde die Angst vor den schroffen Bergen. 1842 zeigte sich der bekannte Reiseschriftsteller Johann Georg Kohl anlässlich seines Salzburgbesuchs verwundert darüber, „dass wir in vielen Beziehungen von manchen amerikanischen Gebirgen früher besser unterrichtet waren als von den Alpen". Im Gasthaus zum Ochsen fand er dann aber „eine ganz vortreffliche Gesellschaft von Alpenkennern und Gebirgsliebhabern" vor, und er gratulierte sich, „in der lehrreichen Gesellschaft dieser Herrn zubringen und von ihren Gesprächen profitieren zu können". (Kohl 1842, 256 u. 266) Bis zur Mitte des 19. Jahrhunderts hatten Bergtouren ins hochalpine Gelände den Charakter von Entdeckungsreisen und erst im Eisenbahnzeitalter entwickelte sich der Alpinismus zu einem vom städtischen Bürgertum getragenen Massenphänomen. (Haas 1994a)

Den Spuren der salzburgischen Gelehrten folgten nach 1816 zunächst Scharen von Künstlern, denen Salzburg und seine Umgebung alsbald wie keine andere Stadt und kein anderes Land Österreichs als „die äußerste Steigerung des romantischen Ideals" galten. (Schwarz 1936, 13) Um 1830 war die künstlerische Entdeckung der Stadt Salzburg und ihrer weiteren Umgebung schließlich abgeschlossen. Was auf literarischem Gebiet bereits in den 1790er Jahren eingesetzt hatte, war von den Malern und Zeichnern der Romantik vollendet worden. Auf dem Weg von der Aufklärung zur Romantik verengte sich jedoch der Blick. Während die Gelehrten noch versucht hatten, die Realität des Lebens darzustellen, vermittelten die Künstler fast schon nach Art späterer Fremdenverkehrswerbung das „Bild" einer von der „Natur mit der üppigsten Vegetation und den mannigfaltigsten Reizen" (Löser 1845/46, 5, zit. n. Gröner 1981, 91) ausgestatteten Region.

Die soziale Realität war vergleichsweise trist. Stadt und Land befanden sich während des gesamten Vormärz in einem Zustand wirtschaftlicher und politischer Stagnation, wobei dem Land „außer Gebirg" der Anschluss an moderne Wirtschaftsmuster eher noch gelang als den Gebirgsgauen, die nicht zuletzt auch vom rapiden Niedergang des vormals florierenden Montanwesens betroffen waren. Ein Indikator dafür ist die demographische Entwicklung. Im Zeitraum von 1831 bis

1861 absorbierte das Flachland den gesamten landesweiten Bevölkerungszuwachs von 12.000 Menschen, während die Gebirgsgaue 1000 Einwohner verloren. (Haas 1994b, 11)

Während in die Stadt alljährlich zur Sommerzeit Scharen von Touristen kamen, blieb das Gebirgsland vom biedermeierlichen Tourismusboom vorerst ausgespart. Vor dem Bau der Eisenbahn begrenzte der Pass Lueg mit den Salzachöfen den touristischen Aktionsradius im Süden der Stadt Salzburg. Nur wenige Fremde reisten weiter hinein ins Gebirge. Eine Ausnahme stellten die Badegäste von Gastein dar, deren Zahl im Biedermeier stark zunahm. Die Reise ins Bad war jedoch zeitraubend und mühsam. Nur wer die Gewalttour (und die hohen Kosten) einer sechzehnstündigen ununterbrochenen Kutschenfahrt auf sich nahm, konnte sein Ziel von Salzburg aus an einem Tag erreichen. (Salzburger Zeitung vom 15. 7. 1862) Im Großen und Ganzen hatte das moderne Phänomen Tourismus das Land „inner Gebirg" zur Jahrhundertmitte erst am Rande gestreift. Dies gilt auch für den frühen Alpinismus. Als handelte es sich um unerforschtes Terrain in Afrika, waren die Alpen noch in den 1860er Jahren – aus der Perspektive der „Salzburger Zeitung" – das Ziel wagemutiger „Expeditionen"[3]. Zwar gab es bereits in der ersten Jahrhunderthälfte ambitionierte Führerliteratur für Reisen ins Gebirge – etwa von Braune (1821), Schaubach (1865) oder Weidmann (1845). Gerade diese Werke zeigen jedoch, dass die touristische Infrastruktur nach wie vor völlig unterentwickelt war. Bis in die 1860er Jahre änderte sich daran nur wenig. Da der mit modernem Komfort verwöhnte Reisende im Gebirgsland „zu wenig Entgegenkommen, zu wenig Anstalten zu seiner Bequemlichkeit" vorfände, schrieb 1863 die „Salzburger Zeitung", wären es nur Wenige, die „einen Zug ins Innere" wagten. (Salzburger Zeitung, Nr. 97, 29.4.1863)

2. Eisenbahnbau und Sommerfrischentourismus

Verkehrsgeographisch befanden sich die Gebirgsgaue um die Mitte des 19. Jahrhunderts in einer ausgesprochenen Abseitslage. Während weite Teile des Kontinents bereits den Anschluss an das rasch wachsende Eisenbahnnetz gefunden hatten, sah sich das Gebirgsland auch im Rahmen der traditionellen Formen des Verkehrs benachteiligt. Ein Beispiel mag dies illustrieren: 1851 war die Stadt Salzburg Ziel- und Ausgangspunkt von 56 regelmäßig durchgeführten Botenfahrten. 39 dieser Fahrten verbanden die Stadt mit dem Land „außer Gebirg" bzw. den benachbarten Teilen Oberösterreichs und Bayerns; nur 13 Botenfahrten führten dage-

---

3   So der „Österreichischen photographischen Alpen- und Gletscher-Expedition" von 1863, Salzburger Zeitung, Nr. 164, 22.7.1863.

gen in das Land „inner Gebirg" und davon wiederum nur jeweils drei in den Pinzgau und Lungau. (Salzburg-Atlas 1955, Kartenteil Bl. 45)

Seit den frühen 1850er Jahren bemühte sich insbesondere die Salzburger Handelskammer um den raschen Bau einer Ost-West-Verbindung, welche Salzburg einerseits mit dem Zentrum der Habsburgermonarchie, andererseits mit den deutschen Mittelstaaten sowie darüber hinaus mit Frankreich und Großbritannien verbinden sollte. Denn, so die Hoffnung der Handelskammer: „Welche Zahl von Fremden wird erst den in den salzburgischen, oberösterreichischen und bairischen Alpen liegenden reichen Naturreizen zuströmen, wenn dieselben aus allen Richtungen durch eine Eisenbahnverbindung leicht zugänglich werden gemacht worden sein? Es wird eine wahre Pilgerfahrt für Erholungsbedürftige und Touristen werden". (Bericht 1855, 57f.)

Die verkehrsmäßige Benachteiligung der Gebirgsgaue wurde jedoch durch die Einbindung der Landeshauptstadt Salzburg ins Eisenbahnnetz im Jahr 1860 zunächst noch unterstrichen. Die zeitliche Verkürzung des Reisens ließ Städte und Regionen einander näher rücken, sofern sie an einem Schienenweg lagen. War das nicht der Fall, dann machte sich ein konträres Phänomen bemerkbar: (noch) nicht von der Eisenbahn erschlossene Gegenden wie die Salzburger Gebirgsgaue schienen mit einem Mal als besonders „entlegen". Der nördliche Alpenrand und hier vor allem das Salzkammergut profitierten dagegen vom Bau der Westbahn: unmittelbar nach ihrer Eröffnung erschienen mehrere Reisehandbücher, die „theils einzelne Partien dieser Strecke, theils die Ausflüge längs der ganzen Bahnlinie behandelten".[4]

Die entscheidenden Impulse zur Erschließung des Gebirgslandes durch die Eisenbahn gingen in weiterer Folge dennoch weniger von den Gemeinden des Gebirgslandes als von der Stadt Salzburg aus. Hier wiederum war es vor allem die von Großhändlern dominierte Handels- und Gewerbekammer, die unermüdlich auf das Beispiel der touristisch fortschrittlichen Schweiz verwies. In einer Denkschrift vom 29. Oktober 1869 ist zu lesen: „...zudem ist unser Gebirgsland an Naturschönheiten so überreich, daß seine herrlichen Alpentäler und Berge und Seen, seine Gletscher und Wasserfälle, seine Heilquellen und Bäder Hunderttausende in das Land locken werden, sobald es bequem mit Lokomotiven zugänglich sein und Salzburg dann in bezug auf den Fremdenverkehr mit Glück der Schweiz Konkurrenz machen wird". (Bericht 1872, 187f.) Auch Tirol wirkte als Vorbild. Hier hatte bereits die Inbetriebnahme der Eisenbahnlinie München-Kufstein-Innsbruck im Jahr 1858 eine größere Zahl von Fremden ins Land gebracht, bevor die

---

4   Gettinger 1868; III; schon früher erschienen war: Weidmann 1859.

Eröffnung der Brennerbahn im Sommer 1867 einen weiteren touristischen Aufschwung nach sich zog. Die Hoffnungen auf einen raschen wirtschaftlichen Aufschwung waren daher groß, als mit der Eröffnung der „Salzburg-Tiroler-Bahn", der „Giselabahn", und gleichzeitig auch der Selzthalbahn am 6. August 1875 nach nur zweijähriger Bauzeit endlich auch das Salzburger Gebirgsland an das internationale Eisenbahnnetz angeschlossen wurde. (Vgl. Hoffmann 1994)

Ob man die Eisenbahn angesichts des insgesamt noch bescheidenen Wirtschaftswachstums bereits in dieser Phase als Schlüsselinnovation für den im alpinen Raum einzustufen kann, ist allerdings fraglich. (Wysocki 1991, 2737) Für das Wirtschaftsleben vieler Gebirgsorte, unter ihnen Golling, Werfen, Radstadt, Lofer oder Leogang, bewirkte die Eisenbahn zunächst sogar eine Verschlechterung. So stellte die Verlagerung des überregionalen Waren- und Personentransports von der Straße auf die Schiene Handel und Gewerbe im ländlichen Bereich nicht selten vor die Existenzfrage. Betroffen von der Verödung der Straßen waren alle mit dem Transportwesen mittel- oder unmittelbar verbundenen Wirtschaftszweige, insbesondere das Gastgewerbe, das einen guten Teil seines bisherigen Geschäfts verlor, ohne dass der Tourismus sogleich einen Ausgleich gebracht hätte. Auf die lauten Klagen der ländlichen Wirtschaftstreibenden reagierte die Salzburger Handelskammer mit der Überheblichkeit des fortschrittsgläubigen Bürgertums: „Man kann von einer – vor dem Zustandekommen der Salzburg-Tiroler-Bahn – von der großen Welt nahezu abgeschlossenen und von Vorurteilen aller Art mehr oder weniger durchtränkten ländlichen oder kleinbürgerlichen Bevölkerung nicht sofort verlangen, dass sie all die Vorteile, die derselben aus den Fremdenverkehr erwachsen, auch sofort erkenne und kostspielige Investitionen vornehme, um allen Anforderungen zu entsprechen". (Statistischer Bericht 1883, 310)

Einem raschen Aufschwung des Fremdenverkehrs stand jedoch nicht nur das geringe wirtschaftliche Anpassungsvermögen der Gebirgsregionen entgegen. Hauptursache der zaghaften touristischen Erschließung des Salzburger Gebirgslandes war vor allem die langanhaltende Wirtschaftkrise der 1870er und frühen 1880er Jahre, welche das reiselustige Bürgertum zu Sparsamkeit zwang. Die Bahnverwaltung sah sich deshalb schon bald nach der Eröffnung der „Salzburg-Tiroler-Bahn" veranlasst, die Personenverbindung zwischen Salzburg und Innsbruck auf nur ein Zugspaar täglich zu reduzieren. (Mueller 1976, 36)

Dennoch brachte das neue Verkehrsmittel erstmals Touristen in größerer Zahl in das Salzburger Gebirgsland. Der Fremdenverkehr des frühen Eisenbahnzeitalters konzentrierte sich aber auf wenige Orte wie Badgastein, Zell am See, Lofer und St. Johann i. P., wo die Voraussetzungen für einen Aufschwung des Fremdenverkehrs in idealer Weise gegeben waren. (Vgl. u.a.: Führer durch Lofer 1896)

Am eindrucksvollsten zeigten sich die Vorzüge eines Eisenbahnanschlusses in Zell am See, das sich innerhalb weniger Jahre zum bedeutendsten Fremdenverkehrsort im Gebirge entwickelte, mit 9.000 Besuchern im Jahr 1880. (Vgl. Führer durch Zell am See 1890) Der direkte Zusammenhang von Eisenbahnanschluss und Fremdenverkehr lässt sich unschwer aus der Gästestatistik einiger Fremdenverkehrsorte herauslesen. Dank besonders günstiger landschaftlicher Rahmenbedingungen – herrliche Umgebung, Lage am See, gut erreichbare Aussichtsberge wie die Schmittenhöhe, Möglichkeit zu hochalpinen Touren – nahm der Ort unbeeinflusst von der Wirtschaftskrise einen raschen Aufstieg. (Stadler 1975, 245; Hölzl 1975, 116 ff. u. 248f.)

Die Eisenbahn schuf nicht nur die infrastrukturellen Voraussetzungen für den touristischen Aufschwung, nicht selten beteiligten sich die Bahnverwaltungen selbst am Geschäft mit dem Fremdenverkehr. Vor allem die Bahnhofsrestaurationen erwiesen sich als sommerliche Goldquelle. Mitunter wagten die Bahnverwaltungen aber auch größere Unternehmungen. Kaum hatte die Südbahngesellschaft 1877/78 mit der Errichtung eines Hotels im Südtiroler Toblach einen Anfang gemacht, folgte die Westbahn-Gesellschaft mit dem Bau des Großhotels „Kaiserin Elisabeth" in Zell am See. (Mechtler 1954, 260)

Auch St. Johann im Pongau zog unmittelbaren Nutzen aus dem Eisenbahnanschluss. Innerhalb weniger Jahre profilierte sich der Markt als überaus beliebter Luftkurort. Entscheidend trug dazu allerdings die erst 1876 touristisch erschlossene Liechtensteinklamm bei. Dank der Eisenbahn entwickelte sich das Naturwunder rasch zu einer der meistbesuchten Touristenattraktionen im Land Salzburg mit 9000 Besuchern im Jahr 1877 und bereits 12.000 im Jahr 1880. (Kohlberger 1952, 306f.; Stadler 1975, 250) Die Kitzlochklamm bei Taxenbach wurde ebenfalls sofort nach dem Bahnbau zugänglich gemacht und sah in der Folge bis zu 10.000 Besucher jährlich. (Lahnsteiner 1952, 38)

Obwohl Badgastein nicht an der neuen Bahnlinie lag, profitierte der traditionsreiche Kurort dennoch von den wesentlich verbesserten Verkehrsbedingungen: die Gästezahlen stiegen von 3208 (1874) auf 4744 (1881) und 6588 (1890). (Stadler 1975, 254f.) Einen freilich zeitlich befristeten Vorteil aus der neuen Bahnverbindung zog Lend, das als Anschlussbahnhof für die Weiterreise nach Gastein den Rang einer Schnellzugstation innehatte. Zahlreiche Postkutschen und Privatgefährte mit hunderten Pferden standen zum Transport der Badegäste durch die wildromantische Gasteiner Klamm bereit. Nach der Eröffnung der Tauernbahn bis Badgastein 1905 nahm die Blüte des Transportgewerbes jedoch ein jähes Ende: „Lend war erledigt". (Hoffmann 1983, 313; Pfeiffenberger-Scherer. o.J.; Zimburg 1955)

Andere Orte verstanden es erst allmählich, aus ihrer Lage an der Eisenbahn touristischen Nutzen zu ziehen. „Nach der Eröffnung der Bahn", heißt es etwa in einem Bericht aus dem vormals wirtschaftlich vom Verkehr auf der Straße geprägten Marktort Golling, „war alles Leben einige Zeit wie abgekehrt", und nur allmählich rafften sich die Bewohner Gollings „nach der ersten Bestürzung" zu neuen Aktivitäten auf.[5]

Nach 1880 bestätigte sich aber, was die fortschrittsorientierte Salzburger Handelskammer immer schon behauptete hatte: erst die Eisenbahn gewährte die Chance, dem Vorbild der Schweiz nachzueifern, wo sich die „Fremden-Industrie" schon seit Jahrzehnten überaus erfolgreich entwickelt hatte.

Gerade wegen der allgemeinen wirtschaftlichen Rezession bekamen nun auch aufstrebende, kleinere Orte wie Golling und Saalfelden mit ihrem billigem Quartierangebot eine Chance. Anerkennung als Sommerfrische fanden insbesondere jene Gemeinden, die außer landschaftlicher Schönheit und günstigen klimatischen Verhältnissen ihren Gästen einen „gewissen Comfort" boten. Voraussetzung dafür war neben der Modernisierung des gastgewerblichen Infrastruktur vor allem die bequeme Erreichbarkeit mittels Eisenbahn. (Hoffmann /Müller 1991, 585; Hinterseer 1992, 304 ff.) Der direkte Zusammenhang von Eisenbahnanschluss und Fremdenverkehr lässt sich unschwer aus der Gästestatistik herauslesen, sodass der Bahnbau mit gutem Recht als Schlüsselinnovation für das gesamte Wirtschaftswachstum im alpinen Raum einzustufen ist. (Wysocki 1991, 2737)

Salzburgs wichtigste Fremdenverkehrsorte 1890:

	Besucher *	Jahr des Eisenbahnanschlusses
1. Salzburg-Stadt	61.349	1875
2. Zell am See	15.853	1875
3. St. Johann i.P.	10.093 **	1875
4. Badgastein	6.588	1905
5. Saalfelden	4.500	1875
6. Taxenbach	2.990	1875
7. St. Gilgen	2.235	1893
8. Hofgastein	1.022	1905
10. Golling	900	1875
11. Lofer	783	–
12. Mattsee	249	–
13. Seeham	84	–

* *Besucherzahlen aus Stadler 1975, 255f.*
** *Einschl. Besucher der Liechtensteinklamm*

5 Der Markt Golling und der Park. In: Salzburger Fremden-Zeitung, 29. 5. 1888.

Die Bahn brachte den Fremdenverkehr, der bürgerliche Tourist wiederum großstädtische Sitten. Da die Städter auf dem Lande ihren gewohnten Lebensstil beibehielten, entwickelten sich die Sommerfrischen in der Ferienzeit gleichsam zu Filialen der städtisch-bürgerlichen Kultur. Nicht immer war der „Fortschritt" willkommen. Ein zeitgenössischer Chronist aus Saalfelden bemerkte bitter, dass man die Hebung des allgemeinen Wohlstands durch die Eisenbahn begrüßen könnte, „wenn nicht auch angeregt durch den Verkehr mit fremden Menschen und feineren Sitten, leider ein gesteigertes Bedürfnis und ein größerer Luxus gleichen Schritt" hielten. (Hinterseer 1992, 306)

Noch sparte die fremdenverkehrsmäßige Erschließung die Weite des regionalen Raumes aber aus. Der ganze Oberpinzgau, die Seitentäler der Hohen Tauern und vor allem der entlegene Lungau profitierten vorerst kaum vom Eisenbahnzeitalter. Eisenbahnprojekte gab es zwar zur Genüge, jedoch nur wenige überdauerten die Finanzkrise der 1870er Jahre, welche in ganz Österreich-Ungarn dem gründerzeitlichen Eisenbahnbauboom ein jähes Ende bereitete. Zu den dennoch gebauten Linien zählte die „Kronprinz-Rudolfs-Bahn" von Attnang nach Steinach-Irdning, die 1877 das oberösterreichische und steirische Salzkammergut erschloss. Für den Bau der Verbindungsbahn von Salzburg nach Bad Ischl war jedoch kein Geld mehr vorhanden, und das Seengebiet rund um den Schafberg blieb trotz des zunehmenden Fremdenverkehrs noch benachteiligt. (Ziller 1988, 93)

Erst nach der allmählichen Überwindung der Rezession begann in den 1880er Jahren eine zweite Phase des Bahnbaus. Lokal- und Kleinbahnen erschlossen nunmehr zumindest einige der bisher bahnabgelegenen und damit wirtschaftlich benachteiligten Landesteile. (Mueller 1976, 59f.) Günstige gesetzliche Rahmenbedingungen ermöglichten in Salzburg zwischen 1885 und 1910 den Bau von insgesamt sieben derartigen Bahnen, von denen fünf beträchtliche touristische Bedeutung erlangten.

Als erste ging 1886 die „Salzburger Localbahn" auf der Strecke vom Salzburger Hauptbahnhof über Hellbrunn, Anif und Grödig bis zur vorläufigen Endstation Drachenloch an der Staatsgrenze bei St. Leonhard in Betrieb. (Mackinger 1990) Diese „Dampftramway", der Erhard Buschbeck ein literarisches Denkmal gesetzt hat (Buschbeck 1946), diente vor allem dem Ausflugsverkehr in den Süden der Landeshauptstadt und erfreute sich schon bald bei Einheimischen wie Touristen größter Beliebtheit. Nach der Verlängerung der Lokalbahn über die Staatsgrenze bis nach Berchtesgaden im Oktober 1907 und der Elektrifizierung 1909 folgte bis 1914 eine kurze Blüte des regen Verkehrs zwischen Salzburg und Berchtesgaden, wobei in den Sommermonaten sogar Eilzüge auf dieser Strecke geführt wurden. (Vgl. auch Harrer/Holcombe 1980, 9–13) Dem Ausbau der touristischen

Infrastruktur im Umfeld der Landeshauptstadt dienten zwei weitere Bahnprojekte der SETG: 1892 wurde die Drahtseilbahn auf die Festung, 1893 die Lokalbahnteilstrecke nach Parsch in Betrieb genommen, womit die Talstation der 1887 eröffneten Gaisbergbahn eine direkte Verkehrsverbindung zur Innenstadt erhielt.

Zahnradbahnen brachten seit den 1870er Jahren erstmals ein touristisches Massenpublikum in hochalpine Regionen. Europas erste Zahnradbahn führte seit 1871 auf den Rigi in der Schweiz. Danach setzten rührige Unternehmer auch hierzulande auf die rasche Erschließung beliebter Aussichtsberge wie Gaisberg, Schafberg und Schmittenhöhe. Der Börsenkrach von 1873 machte vorerst aber alle derartigen Pläne zunichte, was den erfolgreichen Betrieb von Hotels auf den jeweiligen Bergspitzen freilich nicht verhinderte. (Auf dem Schafberg gab es schon seit 1862 ein Hotel, auf der Schmittenhöhe seit 1874 und auf dem Gaisberg seit 1881.)

1885 war endlich die Finanzierung der Gaisbergbahn gesichert. Als Bauträger trat die Berliner Firma Svederop & Co. auf, die bereits andere Zahnradbahnen errichtet hatte. Vermittelt wurde das Geschäft übrigens durch den Schweizer Ingenieur Riggenbach, dem Erbauer der Rigibahn. (Martin 1942/43, 9; Gaisbergbahn 1900; Harrer1984; Baumgartner o.J.) Mit der feierlichen Eröffnung der Zahnradbahn am 25. Mai 1887 stand das vielgerühmte Panorama des Salzburger Hausbergs auch dem bequemen Durchschnittstouristen offen. Die Zahnradbahn bewältigte die 856 Meter Höhenunterschied in nur 45 Minuten, (Mueller 1976, 111f.) und schon in der ersten Saison wurden 40.000 Touristen auf den Berg befördert. Damit war allerdings auch das Ende der letzten Sesselträger gekommen, die auf dem Residenzplatz ihr Standquartier gehabt hatten. (Martin 1942/43, 10)

Die Zahnradbahn auf den Schafberg ließ dagegen noch einige Jahre auf sich warten. Voraussetzung dafür war zunächst der Bau der Salzkammergut-Lokalbahn von Salzburg nach Bad Ischl. Erst als das Konjunkturbarometer Ende der 1880er Jahre endlich wieder steigende Tendenz zeigte, bildete sich unter Federführung des Salzburger Fabrikanten Ludwig Zeller ein Aktions-Komitee von Finanziers, das 1890 die Konzession für den Bau beider Bahnen erhielt. (Ziller 1988, 95) Die Baudurchführung lag bei der überaus erfolgreichen Firma Stern & Hafferl, die bis zum Ersten Weltkrieg insgesamt 29 Lokalbahnen und eine Reihe von Kraftwerken errichtete. (Ziller 1988, 95)

Die Strecke zwischen Salzburg und Mondsee konnte 1891 dem Verkehr übergeben werden, dann dauerte es wegen der schwierigen Terrainverhältnisse zwischen Mondsee und Wolfgangsee noch bis Juni 1893, ehe die gesamte Strecke zwischen Salzburg und Bad Ischl fertig gestellt war. (Mueller 1976, 86) 1896 benutzten bereits 243.627 Personen die Salzkammergut-Lokalbahn, (Mueller 1976,

87) deren Bedeutung für den Fremdenverkehr gar nicht hoch genug eingeschätzt werden kann. Endlich setzte nun auch im westlichen Salzkammergut, das bis dahin im Schatten von Bad Ischl, Gmunden und Bad Aussee gestanden war, ein bemerkenswerter touristischer Aufschwung ein. St. Gilgen und Strobl stiegen rasch zu anerkannten Sommerfrischen auf und die nach einem Standardmuster gebauten Bahnstationen entwickelten sich schon bald zum Lebensmittelpunkt aller an der Bahn liegenden Orte. Sogar Eugendorf, das kaum landschaftliche Attraktionen aufzuweisen hatte, wurde dank der „Ischlerbahn" zu einer freilich bescheidenen Sommerfrische. (Radauer 1987, 138) Das abseits gelegene Fuschl verlor dagegen an Bedeutung: während im aufstrebenden St. Gilgen um die Jahrhundertwende zahlreiche Sommervillen und Landhäuser entstanden, blieb das stille Fuschl ein „unberührtes Bauerndörflein mit 69 Häusern und 400 Einwohnern". (Ziller 1981, 50)

Parallel zur Fertigstellung der Salzkammergut-Lokalbahn erfolgte 1892/93 der Bau der Schafbergbahn. Die „Warte des Salzkammerguts" wurde rasch zum „Ziel aller Touristen". (Meyers Reisebücher 1895, 122) Zehntausende Besucher – z.B. im August 1905 21.777 Passagiere – ließen sich Jahr für Jahr rasch, bequem und – bis heute – unfallfrei in hochalpine Gefilde befördert. Die Lokalbahngesellschaft erwarb auch das Hotel auf der Bergspitze und als sie wenig später die Wolfgangsee-Schifffahrt in ihren Besitz brachte, befanden sich alle wesentlichen Verkehrseinrichtungen im westlichen Salzkammergut in einer Hand. (Ziller 1988, 100)

Für die touristische Erschließung von Seenregionen war im übrigen die Einführung der Dampfschifffahrt ebenso wichtig wie ein Eisenbahnanschluss. Auch hier ging Oberösterreich voran. Schon seit 1838 verkehrten auf dem Traunsee Dampfschiffe, seit 1869 bzw. 1872 auch auf Attersee und Mondsee. Der rasche touristische Aufschwung von Orten wie Unterach oder Mondsee hing somit eng mit der Einführung dieses neuen Verkehrsmittels zusammen. Auf dem Wolfgangsee begann das Zeitalter der Dampfschifffahrt am 20. Mai 1873. Vor allem für St. Gilgen bedeutete dieser Tag einen Wendepunkt in der Entwicklung, denn nun begann der Aufstieg zur bedeutendsten Sommerfrische im salzburgischen Salzkammergut. (Ziller 1988, 59)

Ein Jahr nach dem Salzkammergut wurde auch der Lungau – allerdings von der Steiermark aus – durch eine Schmalspurbahn erschlossen. Die Murtalbahn von Unzmarkt nach Tamsweg verbesserte allerdings weder die Verkehrsverbindungen ins übrige Kronland Salzburg – die Bahnfahrt Tamsweg-Salzburg dauerte mehr als 14 Stunden! – noch brachte sie Touristen in nennenswerter Zahl in Salzburgs abgeschiedensten Gau. Nicht in Erfüllungen gingen auch die Hoffnungen der

Lungauer auf eine Führung der Tauernbahn-Trasse durch das Zederhaustal in Richtung Süden, was zweifellos eine Belebung des Fremdenverkehrs nach sich gezogen hätte. (Aumayr 1989, 201–210)

Beträchtliche touristische Bedeutung hatte auch die Pinzgauer Lokalbahn, denn mit ihrer Eröffnung im selben Jahr waren endlich der „gesamte Oberpinzgau von Zell bis Krimml und sämtliche an Naturschönheiten so reichen Tauerntäler, welche auf dieser Strecke zum Salzachtal münden, sowie auch die berühmten Krimmler Wasserfälle den weitesten Kreisen des reisenden Publikums zum bequemen Besuch eröffnet".[6] Der Fremdenverkehr entwickelte sich rasch zum wichtigen wirtschaftlichen Faktor und überall im Oberpinzgau schossen in den wenigen verbleibenden Jahren bis zum Ersten Weltkrieg „Hotels und Herbergen, Berghäuser und Restaurants wie Pilze aus den Boden", wobei „viele davon ihren Kopf zu früh in die Luft" reckten und alsbald „vom Rauhreif der wirklichen Bedürfnisse wieder geknickt" wurden. (Lahnsteiner 1956, 149)

Der Erste Weltkrieg beendete die Ära des Bahnbaus. Die Verschlechterung der wirtschaftlichen Verhältnisse verhinderte nach 1918 sämtliche größeren Bauvorhaben. Außerdem zeichnete sich bereits der Aufstieg des Automobils zum Verkehrsmittel der Zukunft ab. Immerhin blieb die vorrangige Position der Eisenbahn im Personentransport und damit im Tourismus bis zum Zweiten Weltkrieg im wesentlichen unangefochten. Wie bedeutsam nach wie vor ein Eisenbahnanschluss oder auch nur die Nennung im Österreichischen Kursbuch für die touristische Entwicklung eines Ortes sein konnte, illustriert das Saalbacher Beispiel. Nach Ansicht des ambitionierten Saalbacher Wintersportvereins waren erst durch die – 1927 erfolgte – Umbenennung der Bahnstation „Maishofen" in „Maishofen-Saalbach" die Voraussetzungen für einen Aufstieg des damals noch fast unbekannten Bergdorfs zum erfolgreichen Wintersportort gegeben. (Weitlaner 1984, 362)

3. Übergang zum Massentourismus

Die vom Zusammenbruch der Habsburgermonarchie bewirkten geopolitischen Veränderungen ließen die räumliche Positionierung Salzburgs innerhalb Mitteleuropas bereits in zeitgenössischer Perspektive in einem neuen Licht erscheinen. Stadt und Land Salzburg vertauschten 1918 ihre vormals oft beklagte Randlage im räumlichen Wirtschaftsgefüge der Habsburgermonarchie mit einer Zentrallage im neuen Staatswesen. Das Gebirgsland profitierte von diesem Positionswechsel

---

6   Österreichische Touristenzeitung, 18. Mai 1896, zit. nach: Effenberger 1990, 445.

während der Zwischenkriegszeit allerdings in weitaus geringerem Ausmaß als die Stadt. Während diese nicht nur ihre Position als Fremdenverkehrszentrum über alle politischen Zäsuren hinweg behauptete und durch die Gründung der Salzburger Festspiele (1920) darüber hinaus zu einer Kulturmetropole von Weltrang aufstieg, verharrte das agrarische Gebirgsland nach wie vor in einem Zustand relativer Stagnation. Zwar setzte der Skitourismus bereits in den 1920 und 1930er Jahren einige neue saisonale Impulse. Die am 31. Dezember 1927 in Betrieb genommene Seilbahn auf die Schmittenhöhe bei Zell am See blieb jedoch für zwei Jahrzehnte die einzige mechanische Aufstiegshilfe für Wintersportzwecke im Lande. Der Bau der Gaisbergstraße 1929 und vor allem jener der Glocknerstraße 1935 entsprachen den Bedürfnissen eines sich allmählich entfaltenden automobilen Tourismus, zogen jedoch aufgrund der tristen internationalen Wirtschaftslage vorerst noch keine Besuchermassen ins Land.

Die unter modernisierungstheoretischer Perspektive aufgestellte These (E. Hanisch), dass Salzburg als Ganzes zu jenen Regionen zähle, „die den Industrialisierungsprozeß gleichsam übersprangen und das Wirtschaftswachstum zum großen Teil über den tertiären Sektor der Dienstleistungen" – also über den Fremdenverkehr – bewerkstelligten, erscheint demnach fragwürdig. (Hanisch 1985, 817) Tatsächlich blieb der Sommerfrischen- und Besichtigungstourismus bis zur Mitte dieses Jahrhunderts innerhalb des Gebirgslandes punktuell auf einige wenige, durch die Eisenbahn erschlossene Touristenzentren beschränkt. (Hoffmann 1980, 124f.) Das Land außerhalb der wenigen Städte und Märkte war agrarisch strukturiert und profitierte vom Fremdenverkehr nur in bescheidenem Maße. In überregionaler Perspektive zählte der inneralpine Teil des Bundeslandes Salzburg bis 1950 unzweifelhaft zum strukturschwachen alpinen Raum. Die Rückständigkeit des Salzburger Gebirgslands manifestierte sich nicht zuletzt im Bildungswesen: vor 1953 gab es außerhalb der Landeshauptstadt keine einzige höhere Schule, was die Bildungs- und somit Aufstiegschancen der Gebirgsbevölkerung gravierend beeinträchtigte.

Erst nach dem Zweiten Weltkrieg – im Zuge der Ausweitung des industriewirtschaftlichen Gesellschaftsmodells und der Festschreibung von arbeitsfreien Zeiten – verzeichneten die Alpen als Erholungsraum für die europäischen Zentren einen beträchtlichen Bedeutungsgewinn. (Vgl. Bätzing 1993, 7ff.) Der sich dynamisch entfaltende Massentourismus repräsentiert jedoch nur eine Komponente des Strukturwandels. Als mindestens ebenso bedeutsam erwies sich die Aufwertung des alpinen Raums als Wirtschaftsstandort. Während „klassische" Wirtschaftsregionen an Bedeutung verloren, entstanden im Zuge der beschleunigten Transformation der Industrie- zur Dienstleistungsgesellschaft neue dynamische Wirtschaftszentren, und zwar bemerkenswert häufig in unmittelbarer Nähe des Alpenraums. Die Intensität des alpinen Strukturwandels war regional allerdings unterschiedlich ausgeprägt. Während manche Regionen der West- und Südalpen vom allgemeinen Aufschwung wenig profitierten, zum Teil sogar einen Bevölkerungsrückgang hinnehmen mussten, vollzog sich in Teilen der Schweiz, in den bayerischen Alpen, in Vorarlberg, Tirol (Nord und Süd) sowie im Bundesland Salzburg ein im gesamteuropäischen wie auch im jeweiligen nationalen Vergleich bemerkenswerter demographischer und ökonomischer Aufschwung. (Bätzing 1993, 7ff)

Optimale landschaftliche Voraussetzungen für den Sommer- und Winterfremdenverkehr wie auch die – zielbewusst genutzte – Möglichkeit zur autonomen Wirtschaftsgestaltung auf föderaler Grundlage boten auf regionaler Salzburger Ebene außergewöhnlich günstige Bedingungen für eine dynamische Tourismusentwicklung. Im Fremdenverkehr fand ein Teil der agrarischen Bevölkerung eine neue Existenzgrundlage, weshalb die Landwirtschaft auch im eigentlichen Bergbauerngebiet nicht wie vielfach in den West- und Südalpen völlig zusammenbrach. Somit ist für das Salzburger Gebirgsland das tradierte „klassische" Alpenbild unzutreffend, das die Alpen als ländlichen Raum wahrnimmt, „der tendenziell flächenhaft touristisch erschlossen ist und in bestimmten Regionen touristische Monostrukturen aufweist" (W. Bätzing – Bätzing/Perlik 1995, 43). Zwar wird die alpine Landschaft in ihrem Erscheinungsbild heute vielfach durch die touristische Infrastruktur (Hotellerie, Seilbahnen, Straßen etc.) geprägt, wobei insbesondere die allgegenwärtige pseudoalpine Architektur dem touristischen Klischee eine immense Breitenwirksamkeit verschafft. (Vgl. Höllbacher /Rieder 1995) Gemeinden mit touristischer Monofunktion sind dennoch die große Ausnahme. Auch in den am stärksten touristisch geprägten Salzburger Bezirken St. Johann (Pongau) und Zell am See (Pinzgau) resultiert das demographische und zu einem guten Teil auch das ökonomische Wachstum der letzten Jahrzehnte vor allem aus dem Aufschwung der zentralen Orte in den Tal- und Beckenlagen.

Die immense Bedeutung insbesondere des Wintertourismus für die wirtschaftliche Aufwertung des Gebirgslandes steht dennoch außer Frage. Vielleicht am eindrucksvollsten spiegelt sich die Dynamik der massentouristischen Erschließung des salzburgischen Gebirgslandes im Aufstieg von Saalbach zu einer der ganz großen Wintersportmetropolen der Alpen: um die Jahrhundertwende noch ein abgelegenes Dorf fern aller Verkehrsverbindungen übertrafen die Nächtigungszahlen von Saalbach 1981 bereits jene des gesamten Bundeslandes Salzburg im Fremdenverkehrsjahr 1929/30, dem erfolgreichsten der gesamten Zwischenkriegszeit; 1995 nahm die kaum 3000 Einwohner zählende Gemeinde mit rund zwei

Millionen Übernachtungen hinter Wien den zweiten Platz in der österreichischen Fremdenverkehrsstatistik ein.

Bezogen auf die gesamte Region resultiert die im innerösterreichischen Vergleich beachtliche Erfolgsbilanz der Salzburger Wirtschaft nach 1945 dennoch nur zum Teil aus dem Fremdenverkehr. Parallel zum touristischen Aufschwungs nach dem Zweiten Weltkrieg vollzog sich im bis dahin kaum industrialisierten Bundesland die Herausbildung eines differenzierten industriell-gewerblichen Sektors auf klein- und mittelbetrieblicher Ebene, der dem traditionell starken Handels- und Dienstleistungssektor eng verbunden blieb. Symptomatisch dafür ist vor allem die regionale Verzahnung von Bauwirtschaft und Fremdenverkehrswirtschaft, man denke nur an den Straßen-, Hotel- und Seilbahnbau. Beiden Wirtschaftszweigen gemeinsam kommt im regionalen Wachstums- und Konjunkturgeschehen eine eindeutige Führungsrolle vor allem aus drei Gründen zu: „erstens durch ihre Verteilung über das ganze Land, (...) zweitens durch ihre hochgradigen und breitgestreuten Multiplikatoreffekte auf andere Wirtschaftszweige und drittens durch ihre hohe Beschäftigungsintensität". (Dirninger 1991, 2751f.)

Der Tourismus hat entscheidend dazu beigetragen, dass die traditionelle Agrargesellschaft des Salzburger Gebirgslandes vom allgemeinen Urbanisierungsprozess weit intensiver erfasst wurde als viele nicht touristische Regionen. Die Veränderung der Wirtschaftsstruktur, die Erosion früher verbindlicher Regeln des familiären und dörflichen Zusammenlebens, die Penetration der Haushalte durch audiovisuelle Medien und nicht zuletzt der langjährige Kontakt mit Touristen unterschiedlicher Kulturen und sozialer Milieus haben im Laufe weniger Jahrzehnte zu einer grundlegenden Veränderung des Landlebens geführt. Entwicklungsschübe, Entgrenzungen und Beschleunigung des Alltags sind zwar allgemeine Konsequenzen der Moderne, haben die Bewohner von Tourismusregionen aber einem besonders starken Veränderungsstress ausgesetzt, unter dessen Einfluss sich neue kulturelle Muster der Alltagsbewältigung herausgeformt haben. Vor allem hat die Verdichtung der Räume dazu beigetragen, dass – mit Ausnahme sehr peripherer Gebiete – urbane Lebensformen auch auf dem Land Fuß fassten und sich heute insbesondere die Landjugendlichen wie „Städter im Kopf" fühlen. (Vgl. Luger 1996, 6) Die traditionellen mentalen Barrieren zwischen den Menschen des Salzburger Gebirgslandes und den Touristen sind somit weitgehend abgebaut, was allerdings nicht heißt, dass zugleich auch jene Distanz überwunden wurde, die Reisende und Bereiste, Gäste und Gastgeber zu allen Zeiten und in allen Kulturbereichen voneinander trennt. (Vgl. Haas 1992)

Literatur

Aumayr, Walter (1989): Heimat Zederhaus. Zederhaus. 201-210.

Bätzing, Werner (1993): Der sozio-ökonomische Strukturwandel des Alpenraumes im 20. Jahrhundert. Eine Analyse von „Entwicklungstypen" auf Gemeinde-Ebene im Kontext der europäischen Tertiarisierung. Bern (Geographica Bernensia P 26).

Bätzing, Werner/Perlik, Manfred (1995): Tourismus und Regionalentwicklung in den Alpen 1870– 1990. In: Luger, Kurt/Inmann, Karin (Hg.): Verreiste Berge. Kultur und Tourismus im Hochgebirge. Innsbruck-Wien, 43-79.

Baumgartner, A. (o.J.): Die Gaisbergbahn. Eine Ausführliche Beschreibung mit Panorama. Salzburg.

Bericht (1855): Bericht der Handels- und Gewerbekammer für das Herzogthum Salzburg in den Jahren 1852 und 1853. Salzburg.

Bericht (1872): Bericht der Handels- und Gewerbekammer für das Herzogthum Salzburg an das hohe k.k. Handelsministerium über die Produktions- und Verkehrsverhältnisse nach den Ergebnissen des Jahres 1870. Salzburg.

Braune, Franz Anton von (1821): Salzburg und Berchtesgaden. Ein Taschenbuch für Reisende und Naturfreunde. Wien.

Buschbeck, Erhard (1946): Die Dampftramway, oder, Meine alten Tanten reisen um die Welt. Ein Salzburger Familienidyll. Wien.

Der Markt Golling und der Park. In: Salzburger Fremden-Zeitung, 29. 5. 1888.

Dirninger, Christian (1991): Konjunkturelle Dynamik und struktureller Wandel in der wirtschaftlichen Entwicklung des Landes Salzburg im 20. Jahrhundert. In: Dopsch, Heinz/Spatzenegger, Hans (Hg.): Geschichte Salzburgs. Stadt und Land. Bd. 2, 4. Teil. Salzburg, 2743-2812.

Effenberger, Max (1990): Heimatbuch Piesendorf. Piesendorf.

Führer durch Lofer (1896): Führer durch Lofer und die angrenzenden Gebiete von Unken und Waidring. St. Johann im Pongau.

Führer durch Zell am See (1890): Führer durch Zell am See und Umgebung. Würzburg, Wien. (Woerl's Reisehandbücher).

Gettinger, Theodor (1868): Das Salzkammergut, das salzburgische Hochgebirge und Berchtesgaden, dann Ausflüge von den Stationen der Westbahn zwischen Linz und Salzburg. Wien.

Gröner, Margret (1981): Salzburger Land: Garten Gottes. In: Mit den Augen des Touristen. Zur Geschichte des Reisebildes. Tübingen, 87-94.

Haas, Hanns (1992): Städtische Dorfbilder. Vom Scheitern agrarromantischen Wunschdenkens. In: Dachs, Herbert (Hg.): Das gefährdete Dorf. Grundsätzliches zur Dorferneuerung. Erfahrungen am Beispiel Salzburg. Salzburg, 9-19.

Haas, Hanns (1994a): Die Eroberung der Berge. In: Haas/Hoffmann/Luger, 29-37.

Haas, Hanns (1994b): Salzburg in vortouristischer Zeit. In: Haas/Hoffmann/Luger, 9-15.

Haas, Hanns (1998): Bilder vom Heimatland Salzburg. In: Kriechbaumer, Robert (Hg.): Liebe auf den zweiten Blick. Landes- und Österreichbewußtsein nach 1945. Wien-Köln-Weimar, 149-203.

Haas, Hanns/Hoffmann, Robert/Luger, Kurt (Hg., 1994), Weltbühne und Naturkulisse. Zwei Jahrhunderte Salzburg-Tourismus. Salzburg.

Hanisch, Ernst (1985): Wirtschaftswachstum ohne Industrialisierung: Fremdenverkehr und sozialer Wandel in Salzburg 1918-1938. In: MGSL 125 (1985), 817-835.

Harrer, Heinrich (1984): Gaisbergbahn. Salzburger Zahnradbahn 1887 bis 1928. Wien.

Harrer, Heinrich/Holcombe, Bruce (1980): Salzburger Lokalbahnen. Wien.

Hinterseer, Josef (1992): Aufbruch in den Jahren 1860–1900. In: Chronik Saalfelden. Bd. 1. Saalfelden, 304-321.

Hoffmann, Robert (1980): Soziale Entwicklung. In: Huber, Wolfgang (Hg.): Landeshauptmann Klaus und der Wiederaufbau Salzburgs. Salzburg, 89-128.

Hoffmann, Robert (1983): Kindheit und Jugend im ausgehenden 19. Jahrhundert. Die Erinnerungen einer Salzburger Gastwirtstochter. In: MGSL, 123 (1983), 297-317.

Hoffmann, Robert (1994): Reisen unter Dampf. In: Haas/Hoffmann/Luger, 38-44.

Hoffmann, Robert/Müller, Guido (1991): Fremdenverkehr in Golling. Wasserfalltourismus und bürgerliche Sommerfrische. In: Hoffmann, Robert/Urbanek, Erich (Hg.): Golling. Geschichte einer Salzburger Marktgemeinde. Golling, 580-608.

Höllbacher, Roman/Rieder, Manfred Maximilian (1995): Die Beliebigkeit der Zeichen. Bemerkungen zur Ästhetik von Landschaft und Architektur im Tourismus. In: Luger, Kurt/Inmann, Karin (Hg.): Verreiste Berge. Kultur und Tourismus im Hochgebirge. Innsbruck-Wien, 125-142.

Hölzl, Ferdinand (1975): 1200 Jahre Zell am See. Eine Heimatschronik. Zell am See.

Hübner, Lorenz (1792/93): Beschreibung der hochfürstlich-erzbischöflichen Haupt- und Residenzstadt Salzburg und ihrer Gegenden verbunden mit ihrer ältesten Geschichte. 2 Bände. Salzburg (Neuauflage Salzburg 1982), Bd. 1.

Hübner, Lorenz (1796): Beschreibung des Erzstiftes und Reichsfürstenthums Salzburg in Hinblick auf Topographie und Statistik. 3 Bde. Salzburg 1796 (Neuauflage 1983).

Klein, Herbert (1965): Brenner und Radstädter Tauern. In: Beiträge zur Siedlungs-, Verfassungs- und Wirtschaftsgeschichte von Salzburg. Festschrift zum 65. Geburtstag von Herbert Klein. Salzburg. (MGSL Erg.-Bd. 5), 411-425.

Kohl, Johann Georg (1842): Hundert Tage auf Reisen in den österreichischen Staaten. 5. Theil: Reise in Steiermark und im bairischen Hochlande. Dresden-Leipzig.

Kohlberger, Albert (1952): Chronik von St. Johann im Pongau. St. Johann im Pongau.

Lahnsteiner, Josef (1952): 1000 Jahre Taxenbach. Salzburg.

Lahnsteiner, Josef (1956): Oberpinzgau von Krimml bis Kaprun. Hollersbach. Salzburg.

Löser, Rudolph (1845/46): In: Salzburg und seine Umgebungen. München 1845/56.

Luger, Kurt (1996) (Projektleiter): Gratwanderung zwischen Tradition und Modernität. Studie über die Lebenssituation der Jugendlichen im Pinzgau, Salzburger Land. Salzburg.

Mackinger, G. (1990): Als Grödig noch einen Bahnhof hatte. In: Grödig. Aus der Geschichte eines alten Siedlungsraumes am Untersberg. Grödig.

Martin, Franz (1942/43): Der Gaisberg im Wandel der Jahrhunderte. In: MGSL 82/83 (1942/43), 1-10.

Gaisbergbahn (1900): Die Gaisbergbahn bei Salzburg. Salzburg.

Mayr, Josef Karl (1956): Kaiser Franz in Salzburg. In: MGSL 96 (1956), 67-133.

Mechtler, Paul (1954): Die staatliche Förderung des Fremdenverkehrs in Österreich bis zur Errichtung eines Ministeriums für öffentliche Arbeiten im Jahr 1908. In: Mitteilungen des Österreichischen Staatsarchivs, 7 (1954), 16-267.

Meyers Reisebücher (1895): Deutsche Alpen. 2. Teil. Leipzig-Wien.

Mueller, Adalbert (1976): Die Eisenbahnen in Salzburg. Geschichte der Schienen und Seilbahnen. Salzburg.

Pfeiffenberger-Scherer, E. (o.J.): Land als Durchzugs- und Poststation. In: Lend/ Embach – eine Gemeinde im Wandel der Zeit. Salzburg, 106-109.

Radauer, Andreas (Hg., 1987): Eugendorfer Heimatbuch. Seekirchen.

Salzburg-Atlas (1955), Hgg. v. Egon Lendl. Salzburg.

Salzmann, Ulrich (1985): Friedrich Graf Spaurs Leben. In: Begleitband und Register zur Neuauflage der Werke Spaurs, Salzburg 1985, 74f.

Schallhammer, (Franz) Ritter von (1880): Über die Verhältnisse des Handels, des Geldkurses und des Mauthsystems. In: Koch-Sternfeld, Joseph Ernst Ritter von (Hg.): Salzburg und Berchtesgaden in historisch-, statistisch-, geographisch- und staatsökonomischen Beyträgen. Salzburg, 145-177.

Schaubach, Adolph (²1865): Salzburg, Obersteiermark, das Oestreichische Gebirge und das Salzkammergut für Einheimische und Fremde geschildert v. A. Sch. Jena. (Die Deutschen Alpen III.).

Schmidt, Anna (1990): Die Entwicklung des Fremdenverkehrs und der Fremdenverkehrspolitik im Bundesland Salzburg. Salzburg: Diss. phil.

Schwarz, Heinrich (1936): Salzburg und das Salzkammergut. Die künstlerische Entdeckung der Stadt und der Landschaft im 19. Jahrhundert. Wien.

Spaur, (Friedrich Graf) (1800): Reise durch Oberdeutschland. In Briefen an einen vertrauten Freund. Leipzig. (In Faksimile neu aufgelegt 1985).

Spaur, (Friedrich Graf) (1805): Nachrichten über das Erzstift Salzburg nach der Säkularisation. 2 Bde. Passau. (In Faksimile neu aufgelegt 1985).

Spaur, (Friedrich Graf) (1813/1815): Spaziergänge in den Umgebungen von Salzburg. Salzburg Bd. 1: 1813, Bd. 2: 1815, Neuauflage 1834. (In Faksimile neu aufgelegt 1985).

Stadler, Georg (1975): Von der Kavalierstour zum Sozialtourismus. Kulturgeschichte des Salzburger Fremdenverkehrs. Salzburg.

Statistischer Bericht (1883): Statistischer Bericht über die gesamten wirtschaftlichen Verhältnisse des Kronlandes Salzburg in den Jahren 1871–1880. Salzburg.

Vierthaler, Franz Michael (1799): Reisen durch Salzburg. Salzburg.

Vierthaler, Franz Michael (1816): Meine Wanderungen durch Salzburg, Berchtesgaden, und Österreich. 2 Bde. Wien.

Weidmann, F. C. (1845): Touristen-Handbuch auf Ausflügen und Wanderungen in Salzburg und den Hochtälern Pongau's, Lungau's und Pinzgau's. Nebst einem Anhange: Darstellung Berchtesgaden's. Wien.

Weidmann, F. C. (1859): Der Tourist auf der Westbahn von Wien nach Linz. Wien.

Weitlaner, Siegfried (1984): Heimatbuch Saalbach-Hinterglemm. Vom armen Bergbauerndorf zum internationalen Fremdenverkehrsort. Saalbach-Hinterglemm.

Wysocki, Josef (1991): Die Wirtschaft Salzburgs im 19. Jahrhundert. In: Dopsch, Heinz/ Spatzenegger, Hans (Hg.): Geschichte Salzburgs. Bd. II/4. Salzburg. 2713-2742.

Ziller, Leopold (^{2}1981): Fuschl am See. Heimatbuch einer jungen Fremdenverkehrsgemeinde. Fuschl.

Ziller, Leopold (^{2}1988): Vom Fischerdorf zum Fremdenverkehrsort. Geschichte von St. Gilgen am Aber-(Wolfgang-)See, 2. Teil (1800 bis 1938). St. Gilgen.

Zimburg, Heinrich (1955): Die letzte Fahrt der Pferdepost nach Bad Gastein und die Eröffnung der Nordrampe der Tauernbahn im Jahre 1905. Bad Gastein.

Zusammenfassung

Salzburg blickt heute auf fast 200 Jahre touristischer Erschließung zurück und zählt damit zu den ältesten Tourismusregionen Europas. Schon im 19. und frühen 20. Jahrhundert spielte der Fremdenverkehr im wirtschaftlich rückständigen Gebirgsland eine gewisse Rolle. In überregionaler Perspektive zählte Salzburg dennoch zum strukturschwachen alpinen Raum, der im Kontext der Industrialisierung zur Peripherie herabgesunken ist. Während sich die wirtschaftliche Abseitslage des salzburgischen Gebirgslandes Ende des 18. und Anfang des 19. Jahrhunderts dramatisch verschärfte, setzte zur selben Zeit die „Entdeckung" des Berglandes durch die städtische Intelligenz ein.

Die entscheidenden Impulse zur Erschließung des Gebirgslandes erfolgten allerdings erst ab den 1870er Jahren durch den Eisenbahnbau, wobei die Initiative weniger von den Gemeinden des Gebirgslandes als von der Stadt Salzburg ausging. Das neue Verkehrsmittel brachte erstmals Touristen in größerer Zahl in das Salzburger Gebirgsland. Der Fremdenverkehr des frühen Eisenbahnzeitalters konzentrierte sich aber auf wenige Orte wie Badgastein, Zell am See, Lofer und St. Johann i. P., wo die Voraussetzungen für einen Aufschwung des Fremdenverkehrs in idealer Weise gegeben waren.

Nach dem Ersten Weltkrieg vertauschten Stadt und Land Salzburg ihre vormals oft beklagte Randlage im räumlichen Wirtschaftsgefüge der Habsburgermonarchie mit einer Zentrallage im neuen Staatswesen. Das Gebirgsland profitierte von diesem Positionswechsel während der Zwischenkriegszeit allerdings in weitaus geringerem Ausmaß als die Stadt. Erst nach 1945 vollzog sich der Aufstieg des Salzburger Gebirgslandes zu einer der führenden Tourismusregionen Europas. Optimale landschaftliche Voraussetzungen für den Sommer- und Winterfremdenverkehr wie auch die – zielbewusst genutzte – Möglichkeit zur autonomen Wirtschaftsgestaltung auf föderaler Grundlage schufen nunmehr die Voraussetzungen für eine dynamische Tourismusentwicklung. Im Fremdenverkehr fand ein Teil der agrarischen Bevölkerung eine neue Existenzgrundlage, weshalb die Landwirtschaft auch im eigentlichen Bergbauerngebiet nicht wie vielfach in den West- und Südalpen völlig zusammenbrach.

Robert Hoffmann, Ao. Univ.-Prof. Dr., Vorstand des Instituts für Geschichte der Universität Salzburg und Institut für interdisziplinäre Tourismusforschung an der Universität Salzburg. *E-mail: robert.hoffmann@sbg.ac.at*

Taxifahrt in Golling   Quelle: Archiv Josef M. Meidl

Bernhard Tschofen

Tourismus als Alpenkultur?

Zum Marktwert von Kultur(kritik) im Fremdenverkehr

Prolog: Die weltalte Majestät oder *blurring mountains*

„Tourismus als Alpenkultur" – die leise Provokation im Titel braucht heute keine Erklärung mehr. Das Unglück am Kitzsteinhorn im Herbst des Jahres 2000 hat nicht nur einen schweren Schatten auf den Alpentourismus geworfen – ein Schatten, aus dem er nur schwer wird wieder heraustreten können. Es hat auch die Nachtseiten touristischer Alpenkultur in einer Art und Weise sichtbar gemacht, die aus Respekt vor den Opfern und ihren Angehörigen der Tourismusforschung zunächst einmal Zurückhaltung geboten hat. Andererseits wird sie, werden wir auch in Zukunft die Augen nicht verschließen können und die Katastrophe mitzudenken haben, wenn wir unsere Analysen nicht zu einem Spiel ohne Realitätsbezug verkommen lassen möchten. Jedenfalls kann nicht genug daran erinnert werden, dass die Toten vom Kitzsteinhorn nicht nur Opfer natürlicher und technischer Gewalt wurden, sondern zuallererst einer Sehnsucht und der darauf gebauten Industrie zum Opfer gefallen sind. Und wir wissen nicht erst seit Hans Magnus Enzensbergers (Kulturkritik kulturkritisch nachvollziehbar machender) Tourismustheorie (Enzensberger 1964), dass der moderne, bürgerliche, Tourismus nichts anderes ist, als der – ein Stück weit hoffnungslose – Versuch, selbstgeschaffenen Realitäten zu entkommen. Ein Fluchtversuch, der – auch das wissen wir in Ansätzen, seit sich Menschen mit der Kultur des Reisens beschäftigen – auf Fluchthelfer, auf Techniken und Praxen eben der geflohenen Kultur angewiesen ist und in seinen Sehnsuchtslandschaften, den *escapescapes*, im Grunde die Strukturen wiederholen lässt, denen der Traum des Entkommens galt.

Im Tourismusland Österreich – daran muss erinnert sein – hat dieses Wechselspiel einen Grad erreicht, der die einstmals verschieden organisierten Welten längst in eins fallen lässt. Ferienlandschaften alpintouristischen Zuschnitts etwa gehören einer komplex gewordenen Moderne an und sie sind damit auch den Spielregeln der Risikogesellschaft unterworfen. (Beck u.a. 1996; Beck 1986) Das gilt im übrigen, wie der öffentliche, zumal der mediale Umgang mit der Katastrophe zeigt, auch auf einer reflexiven Ebene (vgl. Ranftl 2000) und führt mitten hinein in das eigentliche Thema: Die Polyvalenz von Alpenbildern und die Schwierigkeiten, die von verschiedenen Seiten an das Gebirge herangetragenen Anforderungen in verträgliche Bahnen zu lenken.

Seit zumindest zweihundert Jahren sind die Alpen eine Projektionsfläche für Kulturkritik; ihr verdanken sie nicht nur Entdeckung und Erschließung, sondern auch die fortgesetzte Neupositionierung als Ideallandschaft (vgl. Bozonnet 1992): die rebellischen, die widerständigen Alpen sind ihre vorläufig jüngste Spielform. An die Stelle abgegriffener Bilder gesetzt und (nur scheinbar paradox) den kulturkritischen Gestus mit den Bedürfnissen der Kulturindustrie verbindend, sind sie gerade im Begriffe zu einem neuen Leitmotiv der Alpenliebe zu werden: Eine im Frühjahr 2000 im 3. Jahrgang erschienene Zeitschrift „Planet Alpen" reklamiert für sich im Untertitel „Das neue Bild vom Lebensraum". Das aufwendig, aber konventionell gemachte Magazin wirbt für sich selbst (und um neue Abonnenten) mit dem Bild einer Distel und dem Motto „Widerständig!". Es ließen sich, wollte man exemplarisch arbeiten, ohne Mühen weitere Beispiele für die ständig neuen Forderungen und Anforderungen, die an die Alpen gestellt werden, benennen. Das auf ökologische Strapazen gemünzte Bild vom „überforderten Gebirge" gilt mehr noch und schon lange in ästhetischer und ideologischer Hinsicht. Was das meint, ließ sich auf der EXPO 2000 in Hannover erfahren (Lehmann 2000) oder noch besser am österreichischen Nationalfeiertag 2000.

Eine Stärkung seiner „Österreichkompetenz" hatte das ORF-Fernsehen für das Jahr 2000 in Aussicht gestellt. Gleichsam als Höhepunkt des Programmjahres war für den Abend des Nationalfeiertags die „Universum"-Dokumentation „Glockner – Der schwarze Berg" angekündigt worden. Der Filmemacher Georg Riha hat dem Großglockner ein Portrait gewidmet: perfekte Naturaufnahmen, der Zeit enthoben und ohne jeden Bezug zu Alltag und Gesellschaft. Dafür wird die Dokumentation nicht müde zu betonen, dass der Protagonist auch Mythos, ja Symbol ist. Dazu Riha, der vor einigen Jahren mit dem Stephansdom bereits das als Wahrzeichen urbane Gegenstück der Kultur entrissen und der Natur unterstellt hat, im Interview: „Es sind die besten Plätze – Kraftplätze oder Symbole, Orte, an denen sich etwas manifestiert, das Bedeutung für die Menschen hat, wo sie hinziehen, aufschauen. Das will ich nachprüfen, die Schwingungen spüren, die höhere Sicht der Dinge nachvollziehen." (Zit. n. Freihsl 2000)

Die Schlaglichter auf den rezenten Kult um den Großglockner sind Hinweis genug: es geht hier um eine Affinität, die zu einer Selbstverständlichkeit modernen Denkens geworden ist, es geht um die Alpen und ihre Nähe zu Natur und Kultur, die Alpen und ihre Nähe zu Identitäten in lokaler, regionaler und nicht zuletzt in nationaler Dimension.

Letztere ist in den gegenwärtigen Diskursen um österreichische Kultur und Politik verstärkt in den Vordergrund gerückt worden. „Mit dem Eintritt der FPÖ in die österreichische Regierung sind uns die Alpen wieder ein Stück näher gerückt", schrieb etwa die Berliner Tageszeitung taz (11. April 2000) in einer Besprechung meines Buches „Berg Kultur Moderne". (Tschofen 1999) „Auch wenn Jörg Haider an keiner Stelle erwähnt wird, kann man doch etwas über ihn und das von ihm repräsentierte antieuropäische Ressentiment lernen", heißt es da. Ein Blick auf die Rezeption meiner im Herbst 1999 erschienenen Studie kann ein Licht auf gegenwärtige Alpenbilder werfen, auf Diskurse, die in ihrer offensichtlichen Inhomogenität womöglich Spuren zu historischen Paradigmen legen könnten. Wo immer das Buch besprochen oder präsentiert wurde, war von den „nationalisierten Bergen" die Rede, von Rolle und Position der Alpen in der gegenwärtigen politischen Landschaft und von der (berechtigten?) Angst, das Alpine könnte sich auf seinem Vormarsch des symbolischen Haushaltes der Republik ermächtigen. In jüngerer Zeit jedenfalls war – ich erinnere – das Alpine zur Markierung ambivalenter Positionen und Sachverhalte omnipräsent: Jörg Haiders Geburtstagsfest auf der winter-touristisch zugerichteten Kärntner Alm ist in der kritischen Berichterstattung ganz folgerichtig als die versuchte Liaison von mediengeübter Popularkultur einerseits und als heimisch konnotierter traditioneller Natur- und Kulturwerte andererseits, als Koalition einer politisierten „Stadl"-Romantik mit der juvenilen Eventkultur der Erlebnisgesellschaft charakterisiert worden. (Vgl. Der Standard 31.01.2000; The Sunday Telegraph, International News 30.01.2000)

Und während in der politologischen Analyse immer häufiger das Wort vom „Alpen-Populismus" (Camus 1997; vgl. Der Standard, 11/12.03.2000) aufgetaucht war und die Hamburger „Zeit" den verschneiten Ostalpenkamm zur Illustration der von der österreichischen Regierung verursachten europäischen Barriere quer – und in Farbe – über das gesamte Titelblatt setzte (Die Zeit, 10 02 2000), sprach der neue Bundeskanzler dieser Regierung von dem „unschuldigen Alpenvölkchen", dem durch die Bandagen der europäischen Sanktionen Unrecht getan werde. (vgl. Nass 2000) Freilich, die Bilder liegen nahe beieinander und verhalten sich doch zueinander wie ein Negativ zu seinem Abzug: Die Gleichung Alpen ist gleich Populismus und die Konnotation von der Verdorfung und Versumperung, wie sie bereits nach dem Ersten Weltkrieg Hugo Bettauer in seinem berühmtem Roman „Stadt ohne Juden" (1922) vorweggenommen und als Vordringen alpenländischer Symbole und Praxen in die bürgerlich-liberale Großstadt beschrieben hat, sind nicht zu denken ohne das gleichzeitige Gegenüber einer patriotisch gestimmten Alpenliebe. Umgekehrt und in andere Terminologien gebracht hieße dies, dass die kulturkritische Konterkarierung des Mythologems „Alpen" Bestandteil dieses selbst ist. (Vielleicht könnte das eine These sein.)

1. Die vormodernen Alpen – Lebensraum

Wie man die Bilder auch wendet – nach diesen Vorstellungen wirken die Alpen als Verstärker kultureller Besonderheiten, das gilt als Selbstverständlichkeit und scheint in der ‚Natur‘ der Sache zu liegen. Doch die Frage nach Herkunft und Wirkung dieses Bildes wird nicht ausreichend zu beantworten sein, solange sie eine Frage von Naturraum und Wissenschaft bleibt. Sie führt kaum weiter als zu den bekannten Befunden, dass die Alpenbegeisterung eine Angelegenheit der bürgerlichen Moderne ist. (Stremlow 1998) Doch die Rede von der ‚Entdeckung‘ suggeriert, zumal wenn sie ins Kultürliche gewendet wird, stets die Polarität moderner Entdecker auf der einen und eines entdeckt Authentischen auf der anderen Seite. Für das ethnographische Alpenbild hatte diese im kulturkritischen Gestus alpiner (wie anderer) Kulturbilder des 19. Jahrhunderts grundgelegte Sichtweise weitreichende Folgen. Sie ließ die Absonderung einer alpinen Kultur jenseits des modernen Interesses an den Alpen zu: zeitlos, natürlichen Kreisläufen gehorchend und durch und durch agrarisch und autark. So glich das Bild der vormodernen Alpen einer unberührten, abgeschlossenen, ja statischen Idylle. Und wir leben nach wie vor mit der Illusion, dass diese Idylle unter und neben den korrumpierten Kulturschichten noch existieren müsste.

Der Münchner Volkskundler Helge Gerndt nimmt noch 1997 in seinem Aufsatz „Die Alpen als Kulturraum" letztlich eine mühsam defolklorisierte Kultur ins Visier, um die Verantwortung der Kulturwissenschaft in Naturdingen postulieren zu können: „Wer heute genuine Alpin-Kultur erfassen will, muss zuerst die Kulissenwelt der Kulturindustrie durchdringen und das zum Abziehbild verformte alpine Leben aus dem Netz der Vermarktungsstrategien befreien." (Gerndt 1997, 10)

Dieser grundsätzliche Widerspruch scheint solange nicht konsequent auflösbar zu sein, solange ‚Alpin-Kultur‘ und ‚Kulturindustrie‘ nicht zusammengedacht werden. Vermisst man indes die Schnittmengen von Diskursen, die bislang meist getrennt oder als konkurrierende Entwürfe gesehen wurden, ergibt sich ein anderes Bild. Dann treten die Korrespondenzen zwischen naturlieber Freizeitnutzung als anerkannt moderner Alpensicht (Kramer 1983) und den Alpen als Natur- und Lebensraum, wofür eine antiquarisch ethnographische Wissenschaft früh ihre Zuständigkeit angedeutet hatte, deutlicher zu Tage.

2. Die modernen Alpen – Erlebnisraum

Recht gleichzeitig betraten die Alpen nämlich das Interessenfeld einer sich institutionalisierenden Alpenforschung (Burckhardt-Seebass 1999) einerseits und einer zur umfassenden Kulturpraxis entwickelten Bergsteigerei andererseits. Da trugen sie auch bereits das Etikett eines spezifischen Erfahrungsraumes, eines Raumes, in dem das Andere in Natur und Kultur quasi vor der Haustüre auf Entdeckung wartete. Blick und Interesse dafür begannen Bestandteil des Alltags zu werden, es zu finden gestaltete sich zur erlern- und vermittelbaren Kulturtechnik. „Beobachtungen über Land und Leute" werden zum Gegenstand bürgerlicher Apodemik (Kaltenbrunner 1882), und das Deutungsparadigma des Alpinen wird nicht zuletzt in diesem Kontext konkret und populär.

Im Alpinismus (wo sonst?) erlebt auch der Begriff ‚alpin' seine erste Konjunktur, und zwar wenige Jahre, nachdem das Wort im „Deutschen Wörterbuch" der Brüder Grimm noch gar keiner Erwähnung würdig war. Dort fehlt 1854 – kein Jahrzehnt vor Gründung des Alpine Club in London und seiner wenig späteren deutschsprachigen Pendants – auch ein Eintrag als Verweis auf ‚die Alpen' heutigen Sprachgebrauchs. Diese klingen lediglich in einigen Komposita an und in der Übersetzung des Singulars ‚Alpe' mit *mons* und *pascuum montanum* sowie in ähnlich lautenden Ausführungen unter dem Eintrag ‚Albe' (Grimm, Lemmata *Albe*, *Alpen*).

Der organisierte Alpinismus bedient sich des Wortes ‚alpin' hingegen von Anfang an häufig und in zwei unterschiedlichen Bedeutungen: Es zielt einerseits auf das rein Naturräumliche, andererseits auf die kulturelle Praxis der Bergsteigerei und nähert sich damit der Bedeutung von ‚alpinistisch'. Jedenfalls ist seit den sechziger Jahren von ‚alpinen Fahrten (Wanderungen)' und ‚alpinen Berichten', von ‚alpiner Literatur' und später auch von ‚alpinen Problemen' und ‚alpinen Fähigkeiten' die Rede. ‚Alpine Kränzchen' gibt es, ‚alpine Auskunftsstellen' werden eröffnet und ‚alpine Plaudereien' und ‚Sittenbilder' veröffentlicht, während Berichte von ‚alpinen Unglücksfällen' die Gazetten füllen und ‚Internationale alpine Congresse' abgehalten werden. Dass dann mit der Einführung und Weiterentwicklung des Skilaufs in den Alpen die neue Sportart die Beifügung ‚alpin' zur

Unterscheidung vom nordischen Skisport erhalten sollte, ist also nur konsequent. (Bilgeri 1910)[1]

Gleichzeitig aber gewinnt der Begriff an Kontur zur Kennzeichnung kultureller Verhältnisse und vor allem ihrer Objektivationen: 1892 veröffentlicht der Germanist und Nibelungenübersetzer Ludwig Freytag seine „Proben aus der Bibliographie des alpinen Volksthums". Was dort wohl kommentiert zusammengestellt ist, sind folkloristische Sammlungen im besten Sinne des Wortes[2]: also Kollektionen von Sagen und Märchen, von altem Wissen und alten Sprüchen sowie Genreprosa aus der Feder reisender Literaten und Feuilletonisten. Erklärtes Ziel Freytags ist es nämlich, den interessierten Alpenreisenden und Bergsteigern, „die ausser ihren fünf Sinnen auch noch ein Gemüth haben", Handreichungen für das kulturelle Verstehen mit auf die Wanderschaft zu geben: „Alles ist für den Reisenden geschehen und geschieht für ihn – nur in einer Beziehung nicht, und das ist die Kenntnis des gerade in den Alpen vielfach noch so eigenartigen und selbständigen Volksthums." (Freytag 1892, 408)

Mit dem 19. Jahrhundert beginnt also die Ausstattung der Alpen als moderner Erlebnisraum; sie werden zur Selbsterfahrungslandschaft des Bürgertums par excellence, bürgerliche Tugenden werden dort erprobt und ein neues Natur- und Körperverständnis diskursiv ausgemittelt. (Günther 1998) Das Erleben einer naturhaft gedeuteten Kultur ist Teil moderner Bergerfahrung und kann sich auch noch seinen Platz bewahren, als sich mit dem beginnenden Massentourismus das Bild der Alpen als das einer Freizeitlandschaft verfestigt. Ungeahnt der realen Verhältnisse, einer – kulturindustriellen und damit ökonomischen – Unterwerfung weiter Alpengebiete, wird an die Alpen nach wie vor der Anspruch des Unvermittelten gestellt: Doch das Unberührte nützt sich besonders schnell ab, und bald beginnt die Suche nach exklusiven Erlebnisräumen, in denen die nunmehr populär gemachten Sehnsüchte und Erfahrungen unter vermeintlich authentischen Bedingungen geprobt werden können. Reinhold Messners vehement vorgetragenes Postulat nach einer Sperre einzelner Teile der Gebirge für die Masse der Touristen, die dann den 'echten' Bergsteigern vorbehalten bleiben sollen, ist ein später Beleg dieses alten und grundsätzlichen Dilemmas moderner Gebirgsliebe. (Messner 1997)

---

1   Der Ski-Oberst Bilgeri verweist auf den Kontext der Alpintruppen – ein Begriff, der seit dem Ersten Weltkrieg synonym für Gebirgstruppen verwendet wurde.
2   Einen Überblick gibt Richter 1894. Detailstudien betreffen etwa Themen wie „Hausindustrie", „Hausforschung", „das älplerische Volkslied", „Wetterläuten und Wetterschießen" oder auch „Vorarlberger Volkstrachten". Vgl. auch Tschofen 1999, 52

3. Alpine Kultur – Erlebnisräume im Lebensraum (oder umgekehrt?)

Will man an dieser Stelle eine Zwischenbilanz versuchen, so lässt sich aus den Verwerfungen, die das Zusammentreffen von Alpenliebe und ethnographischem Sehen hinterlassen hat, auf eine nur vordergründig als Paradox erscheinende Tendenz schließen: Die durchgängige Anwendung der Vorstellung von der naturräumlichen Prägung alpiner Kultur hat diese weniger nachhaltig naturalisiert als sie die Alpen kulturalisiert hat. Das liegt an der langen Einübung in eine theoretische und praktische Zurichtung des Gebirges als Projektionsfläche von Kulturkritik und damit in eine Sichtweise, nach der es unter (oder: zeitlich vor) den kulturindustriell überformt geglaubten Schichten noch eine andere, 'bessere' alpine Kultur geben müsste. Anders gesagt, die mehr oder weniger massenkulturell organisierten Praxen, die sich die Moderne für die Begegnung mit dem sog. Alpinen geschaffen hat (Alpinismus, Tourismus, Bergfilm, alpin-heimatliche Ästhetisierungen des Alltags), wirkten zugleich wie eine Schule der Kulturkritik. Denn ganz wie in den alpinistischen Diskursen um die Popularisierung alpinen Erlebens neuere Formen stets gegen die „echte Bergsteigerei" abgegrenzt wurden (Günther 1998), schwingt in der Rede von alpiner Kultur immer das Bewusstsein des Nebeneinanders vermittelter und weniger vermittelter Formen mit.

In dieser gerne der Durchlässigkeit spätmoderner Wissensproduktion zugeschriebenen Eigenart liegen vielleicht die Gründe der überraschenden Erneuerungsfähigkeit des Alpenbildes, das sowohl die Beschädigungen der Kulturindustrie als auch jene ihrer fundamentalen Kritik wieder und wieder zu überwinden vermag. Trotzdem war nach 1945 und den folgenden kulturkonservativen Versuchen, die alpine Gesellschaft gerade in den „Alpenrepubliken" Schweiz und Österreich zum kernigen Leitbild zu erheben, mit den Alpen bei der kritischen Intelligenz zunächst einmal kein Staat zu machen war. Dazu bedurfte es einer folgenreichen Neuentdeckung, die in der Retrospektive als Neumontage aus alten und älteren Bildern erscheinen muss, deren Etablierung sich aber selbst als revolutionärer Akt verstanden wissen wollte. Nicht zufällig in die zweite Hälfte der 1960er Jahre, als auch international die Entdeckung der populären Widerständigkeit einsetzte, sind daher die ersten Ansätze der vermeintlichen Befreiung des Alpenbildes von seinem bürgerlichen Ballast zu datieren: Eine Gesellschaft, die sich selbst als fragil und unsicher empfand, die sich folgenreichen Veränderungen ausgesetzt sah und diesen ihre eigene Richtung geben wollte (1968!) begann damals in den empfindlichen Überlebensgemeinschaften der Alpen ihre Vorbilder zu erkennen. Ein dynamisches Alpenbild ließ die als alpin gedeutete Kultur in einem neuen Licht erscheinen, Solidarität, Rebellion und Sensibilität für das ökologische Gleichgewicht waren mit einem Mal ihre Hauptmerkmale geworden. Später dann deutend begleitet von den populär aufbereiteten Wilderer- und Feuergeschichten eines Roland Girtler (z. B. 1988) und eines Hans Haid (z. B. 1994), hat inzwischen der vermeintliche Paradigmenwechsel in der Ausstattung und Wahrnehmung des Erfahrungsraumes Alpen selbst seinen Niederschlag gefunden.

4. Tourismus als Kultur – Kultur(kritik) als Kapital – Lebensräume erleben

Der fortgesetzte Transfer ‚kritischer', Natur und Kultur neu vermessender Modelle in die alltagskulturelle Gegenwart des Alpinen hat auch vor touristischem Erleben nicht halt gemacht. Eine wachsende Allianz der Tourismuswirtschaft mit den ästhetischen Orientierungen der neuen ökologischen Bewegungen hat dafür die Voraussetzungen geschaffen, und – um einmal einschlägige Buchtitel von Hans Haid zu variieren – das „alte Leben" (1986) wurde nicht nur zum Vorwurf für ein „neues Leben in den Alpen" (1989), sondern ist auch zu einem wichtigen Fundus einer Neupositionierung touristischer Nischen „mit menschlichem Maß" (Kramer 1997) geworden. Was in den siebziger und achtziger Jahren teils aus tourismuskritischer, teils aus einer regelrecht antitouristischen Haltung heraus entwickelt worden ist und sein Profil jedenfalls aus echter Sorge um die ökologische und soziale Zukunft des Alpenraumes gewonnen hat, nähert sich heute mitunter bereits der Sphäre des *big business*. So heißt es etwa von einem großen Hotelprojekt in der Unterengadiner Gemeinde Tschlin, für das Peter Zumthor, der Architekt der vielbesprochenen Graubündner Therme Vals gewonnen werden konnte: „Dieses Hotel ist kein Tourismusprojekt [...], es ist ein Kunst- und Kulturprojekt. Es soll ergänzen, was bei uns schon vorhanden ist: die Landschaft, die Kulturlandschaft, Geist und Tätigkeiten der Menschen." (Neue Zürcher Zeitung, 09 11 2000, 51)

In den gesamten Alpen verbreitet sind indes Phänomene von der Dimension eines – sit venia verbo – kulturalisierten Wandertourismus, wie er einerseits in lokalen Angeboten entwickelt wird und andererseits regionenvernetzend etwa durch Umweltinitiativen forciert wird. Kaum ein Alpental, das seine Gäste nicht auf „alten Schmugglerpfaden" (Tschofen 1999, 267 ff) wandern lässt, und kaum ein Wanderbuchverlag, der nicht das gesammelte Wissen für das soziale Wandern – auf den Spuren von Kultur und Natur – bereithält: „Grabe, wo Du gehst" – so benennt etwa das Autorenpaar eines solchen Büchleins (Bauer/Frischknecht 1995, o S.) sein Motto in Anlehnung an die demokratische und den Alltag nobilitierende Losung der „Barfußhistoriker". 1999 ist – graphisch wie inhaltlich bestens gemacht – ein Wegbegleiter für den von den „Naturfreunden Schweiz NFS" lancierten „Kulturweg Alpen" quer durch die Schweiz erschienen. (Gruber 1999) Mit Unterstützung des „Schweizer Bäcker-Konditorenmeister-Verbandes SBKV" (der durch den Verkauf eines eigens kreierten „Alpenbrots – das Brot zum Teilen" das Seine beitragen will) will dieses „Modell für einen nachhaltigen Tourismus", Natur und Tradition in den Alpen neu lesen helfen. Ein Modell, das eine ganze Reihe von alpenländischen Projekten – die Fortsetzung des „Kulturweges" durch Österreich wurde 2001 eröffnet – zum „Internationalen Jahr der Berge 2002" inspiriert hat.

Solches liest sich heute wie ein Panorama aus Widerständigkeit und Bodenständigkeit, mit einer neuen Ästhetik versehen, hat es das runderneuerte ethnographische Wissen über „Land und Leute" zur distinguierten Praxis werden lassen. Dabei gehört gerade bei den alpinen Protestkulturen der Einsatz der tradierten Zeichen des Alpinen zum selbstverständlichen Widerstandsrepertoire. Die ‚besseren Älpler' geben sich gerne besonders trachtlich und sind in grobere Stoffe gehüllt, als ihre Vorfahren sie je trugen; sie singen die ‚echteren' Lieder, halten sich an ‚urigere' Speisegewohnheiten und schüren – wenn ‚Widerstand' not tut – die größeren Feuer. (Haid 1994; Gindl/Tauss 1998, 104f.) Das Spiel mit historischen Gesten von Widerständigkeit und Rebellion hat das Alpine schließlich auch den Künsten wiedergeöffnet, ein lange währendes Abbildungsverbot konnte so im Guten hintergangen werden, indem mit Naturkraft thematisierendem Habitus oder aber mit Reflex auf entlarvte Konstruiertheiten kritisch an älteren Vorstellungen gekratzt wurde. (Kunz u.a. 1997; Kos 1998). „Der Ursprung des Landes in den Bergen schien schon fast verschwunden", heißt es in einer Besprechung von Gerhard Trumlers Photoband über Tirol „Bergkristall. Land im Gebirge" (1998), von dem gesagt wird, der Künstler hätte ihn (den Ursprung) wiederentdeckt. (Universum, Feb. 1999, 24) Ähnlich eröffnete sich der Musik ein unerschöpflich erscheinender Fundus für das politisch korrekte *Crossover*. (Bachmann-Geiser 1999) Noch einmal: Kulturkritik als populäre (Alltags) Praxis, als „geheimer Kitt der Gesellschaft". (Lindner 1995, 31)

Kulturkritisch war der Alpinismus, als die für den Fremdenverkehr in Berggebieten stilprägende kulturelle Bewegung, von Anbeginn an; daneben eignete ihm ein deutlich reflexives Moment. (Tschofen 1999, 228) das ganz im Sinne moderner Selbstvergewisserung (vgl. Günther 1998, 336) auch den Traditionssinn des Alpinismus formiert. So besehen sind die Alpen mithin nicht erst heute in ein reflexives Zeitalter eingetreten, aber die Breite des Phänomens und die Tatsache, dass auch die weithin als „geschichtslos" verrufenen Bereiche des Massentourismus zumindest davon infiziert sind, lassen eine neue Qualität vermuten. Was wir in den Alpen beobachten können, ist eine Musealisierung des Erfahrungsraumes durch die Entdeckung des (historischen) Tourismus als Thema des (jungen) Tourismus. Anders gesagt, mit der Kulturalisierung der Angebote, ihrer narrativen Ausstattung und ihrer Einbindung in Geschichte und Kultur der Regionen ist auch die touristische Vergangenheit zu einer integrierenden Erzählung geworden. Dafür sprechen Museums- und Ausstellungsprojekte in den Alpen – in Schruns, Meran und Altenmarkt – wie auch ein noch kaum zu überschauender Bereich einer allgemeinen Neubewertung des Überkommenen.

Selbst Seilbahnunternehmen sind – offensichtlich in Einvernehmen mit ihrem Publikum – in den letzten Jahren darangegangen, aus der Kulturgeschichte der Seilbahnfahrt einen neuen Mythos zu wirken: In Kitzbühel, Bregenz und anderswo entstehen Seilbahnmuseen, auf der Zugspitze werden Ausstellungen gezeigt, Großfotos aus der Pionierzeit des Seilbahnwesens helfen die Wartezeiten in den Stationen zu verkürzen, und historische Gondeln werden zum musealen Aufputz der Parkplätze und Skiflächen. In Innsbruck wurde in Zusammenarbeit mit dem Denkmalamt das gesamte Ensemble der Nordkettenbahn einer behutsam das verlorengegangene Image aufmöbelnden Restaurierung unterzogen. Und man träumt davon, nach einigen technischen Verbesserungen diese als ‚stadtnahe Kulturbahn' positionieren zu können, während größere Eingriffe in die Substanz den ‚Heimatschutz' auf den Plan rufen: Einen Heimatschutz, der die einstmals heftig umkämpften Bahnen als Teil des historischen Erbes zu schützen empfiehlt und Innovationen als Bildstörungen im gewachsenen (technischen) Kulturraum zu vermitteln weiß. (Der Standard, 06.11.2000, 9)

Modernisierung zeigt hier ihre doppelte Konsequenz: sie lässt Relikte anfallen; und sie verlangt nach deutender Sinnstiftung. Die kleinen Erzählungen und Erlebnispräparate, die wir inzwischen zunehmend in und um die Seilbahnzentren aufgetischt bekommen, wollen dabei behilflich sein. Was als Veränderung erfahren und als spezifischer Fortschritt reflektiert wird, fassen sie in Worte und Bilder – und neuerdings auch wieder in vielbeachtete Architektur. So steht auch die Gegenwart im Zeichen eines die Geschichte der Alpenerschließung begleitenden Prinzips: Was als Entzauberung der Alpen beklagt wird, ist – und das heute bloß rasch und unmittelbar erscheinend – in ihren Zauber integriert.

6. Tourismusforschung jenseits der Genres – die Herausforderung des reflexiven Tourismus

Doch die Spielregeln in den kulturalisierten Ökonomien der Gegenwart gelten längst nicht nur für die klassischen touristischen Felder. Das bewusste Näherrücken der Märkte hat in der Reiseerfahrung angelegte und eingeübte Sichtweisen weit in die spätmodernen Alltage hineingetragen. Anders gesagt und die Entwicklung in ihrer Paradoxie auf den Punkt bringend: Tourismus ist nicht mehr eine Angelegenheit der Ferienzeit, Tourismus bestimmt Wochenenden und Feierabende und lagert sich zunehmend in alltägliche Konsumgewohnheiten ein. Angebote wie der Salzburger „Bauernherbst" (eine Nachsaison-Offensive mit den Koordinaten Natur, Kultur und Region) setzen auf diese Tendenz und sind zugleich ihr stärkster Motor; sie helfen die eigene Umwelt touristisch zu sehen. Das hat freilich im Tourismusland Österreich mit seiner einmaligen Allianz von Fremdenindustrie und Nationswerdung Tradition: Wenn Fremd- und Selbstbilder ineinanderfließen und Elemente der touristischen Repräsentation zu den herausragendsten Identitätsmerkmalen werden, ermächtigen sich selbst die alten Binnenmärkte einer anderen Grammatik.

Wir wissen heute, dass ein Produkt ohne Label, als nicht stilisierte Marke, weder auf dem Erlebnis- noch auf dem Agrarmarkt zu plazieren ist (wobei überhaupt zu fragen wäre, ob es im Konsum- und Dienstleistungsbereich noch einen anderen als einen erlebnisorientierten Markt gibt). Und dieses Labeling geschieht vor allem dadurch, dass man die Produkte und Angebote mit Geschichten ausstattet, Geschichten, die möglichst unverwechselbar und authentisch scheinen und die in einer Zeit der ortlos gewordenen Märkte so etwas wie die Wurzeln des Produkts in seiner jeweiligen Region und deren Milieu verkörpern sollen. Das gilt auch für breite Ausschnitte des Nahrungs- und Getränkeangebotes in Handel, Gastronomie und Tourismus. Das Beispiel eines deutlich ‚alpin' kodierten Produktes soll das verdeutlichen helfen: jenes der Vorarlberger Produzenten von „Walserstolz". Sie machen einen hochpreisigen „Bio-Käs' exklusiv aus dem Bio-Dorf Marul" und sind zur Lancierung ihres Produkts in den österreichischen Supermärkten eine Vertriebspartnerschaft mit einem Großhändler eingegangen; dafür haben sie auch einen kleinen Prospekt drucken lassen, der in großer Auflage über Herkunft und kulturelle Hintergründe von „Walserstolz" informiert. Auf seiner Rückseite verbürgen sich die „Walser Bauern und Senner" mit ihren – in anmutiger Ungelenkheit absolute Ehrlichkeit suggerierenden – Unterschriften für die Qualität, während auf dem Titelblatt und im inneren ein Bilderbogen von Land und Leuten, Vieh und Arbeit entrollt wird. Er lässt den Griff in private Fotoalben vermuten und stellt aktuelle, dezent kolorierte Bilder neben historische Schwarzweiß-Aufnahmen. Geschichte und Gegenwart fließen so in eins, erzählter Bergbauernalltag wird zum Bestandteil des Produktes selbst.

Die ökonomischen Hintergründe dieser Entwicklung sind in mehrfacher Hinsicht in den Verschiebungen zu suchen, die den Agrar- und Lebensmittelsektor vor allem in den Jahrzehnten seit dem Zweiten Weltkrieg völlig neu strukturiert haben. Besonders in den Wohlfahrtsstaaten des Westens ist als Folge von Überproduktion, Transport- und Wettbewerbserleichterung der Anteil der Kosten für Marketing am Gesamtwert beständig gestiegen; er hat in den USA in den neunziger Jahren bereits die Zweidrittel-Marke überschritten, während für Produktion nur mehr ein Viertel zu veranschlagen ist und der Anteil des Bauern unter zehn Prozent gefallen ist. (Vgl. Pretty 1995) Ein ähnliches Wertschöpfungsproblem kennzeichnet – mit der Verspätung weniger Jahre – den europäischen Agrarmarkt. Man geht etwa davon aus, dass von jeder für Lebensmittel ausgegebenen Deutschen Mark gerade noch ein Fünftel an die (bäuerlichen) Produzenten geht (in den fünfziger Jahren lag der Wert noch bei etwa 75 %) und Teuerungen bei den Konsumentenpreisen bestenfalls zu einem Drittel an die Bauern weitergegeben werden. In dieser von der Agrarökonomie und Ernährungswissenschaft gut untersuchten und mitunter in interdisziplinärer Diskussion (Härdtlein u.a. 2000) kritisch kommentierten ökonomischen Schere spielt sich das Szenario ab, dessen kulturelle Implikationen hier zum Gegenstand gemacht werden sollen und die – auch, aber nicht nur – als ökonomische Strategien der Produzenten verstanden werden können. Was etwa in der anglo-amerikanischen Agrardebatte programmatisch als Versuch zur Rückeroberung der verlorenen Mitte („taking back the middle") beschrieben wird, lässt sich zwar auch in Worte von Unmittelbarkeit, Vertrauen oder gar Solidarität fassen, zielt aber zuallererst auf die ersehnte ökonomische Balance.

Mit dem sogenannten europäischen Agrarmodell der Agenda 2000 ist schließlich auch die Europäische Union von der früheren Agrarpolitik abgekommen, die sich weitgehend auf die Stützung der Preise konzentrierte und so die Landwirtschaft in eine vielfach als ausweglos wahrgenommene Situation hineinmanövriert hat. Die heute forcierte Multifunktionalität der Landwirtschaft – bis 2006 sind dafür gut 2 Milliarden Euro budgetiert – macht die Gemeinschaft zu einem mächtigen Agenten der Kulturalisierung des Agrar- und Nahrungsmittelmarktes. Es ist daher nur konsequent und spricht für die angerissenen semantischen Affinitäten, wenn Agarkommissär Franz Fischler die europäischen Konzepte den Lesern einer in Zusammenarbeit mit „Ja!Natürlich", der Bio-Marke des Billa-Merkur-Konzerns, gestalteten Sonderbeilage der Alpinzeitschrift „Planet Alpen" ausbreitet: „Für die finanzielle Unterstützung von Projekten, die auf Privatinitiative beruhen, hat die EU das neue Gemeinschaftsprogramm LEADER+ entwickelt. Mit dieser Initiative werden zwei Zielsetzungen verfolgt: einerseits von lokalen Aktionsgruppen durchgeführte innovative Pilotvorhaben zu unterstützen, andererseits den Erfahrungsaustausch sowie die länderübergreifende Zusammenarbeit in diesem Bereich zu fördern." (Fischler 2000, XVIII)

Die Alpenländer gelten dabei einmal mehr als Modell und Labor, und ihr naturräumlich bedingter und in populärer ethnographischer Tradition konturierter Zeichenvorrat scheint sie für die erlebnisorientierte Plazierung ihrer Ressourcen zu prädestinieren (wie ihnen ja die gleichfalls naturräumlich bedingten Kostennachteile wenig Alternativen lassen)[3]. Wobei ein von der „Arbeitsgemeinschaft der Alpenländer" herausgegebener „gemeinsamer Führer durch traditionelle landwirtschaftliche Produkte, die seit Jahrhunderten im Einklang mit der Natur in den Alpenländern erzeugt werden" (Kulinarische Köstlichkeiten 1999, o S.) in seinen Bild- und Textarrangements auch die Mühen erahnen lässt, die in narrative Ausstattung und symbolische Anreicherung von Käse, Speck und Schnaps auch dann noch zu investieren sind, wenn mit der oftmals mühsam erstrittenen „geschützte[n] Herkunftsbezeichnung" oder „EU geschützte[n] Ursprungsbezeichnung" die Grundlagen für ein Label einmal geschaffen sind.

Weil die Konsumenten selten vor Ort sind, versucht man sie über neue Vertriebswege zu erreichen und die Distanz zusätzlich durch emotionale Nähe zu überwinden. Deshalb wird die Herkunftsgeschichte zum zentralen Motiv der Erzählungen: „Never eat anything that doesn't have a name!", lautet die Doktrin, und vor allem: „Overcoming the distance". (DeLind 1997) So informiert etwa das angeblich aus biologischer Landwirtschaft stammende Huhn, das sich in Wiener Supermärkten erwerben lässt, sowohl über Ort und Datum seiner Geburt, als auch über sein Zuhause („aufgewachsen in..."). Der vertrauliche Tonfall – wir haben es dabei mit freiwillig gemachten Angaben zu tun – macht dabei aus der Information mehr als eine schlichte Herkunftsdeklaration, wie sie die angesichts neuer BSE-Fälle und -Ängste beschlossene Etikettierungsverordnung der EU für Rindfleisch zur Vorschrift gemacht hat. Zivilisationsgeschichtlich begründete Hemmnisse verhindern (gerade noch?), dass das Tier wieder seinen Namen bekommt und damit die Separierungs- und Anonymisierungsstrategien der Moderne unterlaufen werden. (Kathan 1993)

Was in der amerikanischen und kanadischen „local food"-Bewegung angedacht und mitunter weit fortgeschritten ist, was in Europa dank der gezielten Förde-

---

3   Anregungen verdanke ich Dieter Kramer, Wien und Frankfurt a. M.

rung etwa durch die „LEADER"-Progamme der Europäischen Union entwickelt wird, suggeriert eine neue Vorstellung des Lokalen: weniger auf räumlichen Koordinaten angesiedelte Qualität, sondern affektive Konsumentenbeziehung. In der Selbstbeschreibung liest sich das so: „In a word, local food is a connector. It connects eaters to area producers, to a bioregion, to a place and to a future." (DeLind 1997) Der strapazierte Begriff des „local food" bezeichnet also nicht nur den städtischen Bauernmarkt mit Produzenten aus dem Umland, der inzwischen zum festen Repertoire eines Nahwelttourismus à la Salzburger Bauernherbst gehört, oder die Stärkung des regionalen Sortiments im Lebensmittelhandel, sondern auch und vor allem die globale Logik dessen, was Konrad Köstlin einmal als „Soul Food in der Moderne" bezeichnet hat. (Köstlin 1991)

In einer medial kurzgeschlossenen Welt stehen Diskurse wie die angerissenen miteinander in ständigem Dialog. Das hat dafür gesorgt, dass es im Kontext des Alpinen nur eines Reizwortes bedarf, um die nächste scheinbare Harmlosigkeit (gerade war sie es noch) als nationales Symbol mobil zu machen. Anders gesagt und exemplarisch erläutert: Überall auf der Welt, wo Wasser aus Bergquellen geschöpft wird, schmücken Gebirgsmotive die Mineralwasserflaschen (Bozonnet 1996), und überall, wo aus Bergwassern Elektrizität erzeugt wird, gibt es einen Stolz auf die gewinnbringende technische Bewältigung einer wilden Natur. (Knodt 1994, 116) Wenn aber Gerüchte die Runde machen, dass die Besitzverhältnisse unklar werden und „fremde" Kräfte nach den Ressourcen greifen wollen, dann wird das „eigene" Wasser zum höchsten Gut, mit dessen Selbstverwaltung nationale Identität steht und fällt. „Unsere Natur", das meint in Österreich mit einem bestimmten Blick nach Europa „unsere Alpen" – Nettigkeiten werden dabei im Handumdrehen zu Kampfmitteln oder Auslösern irrationaler Ängste.

So können dieselben stereotypen Agenturbilder, die vermittels Tourismusprospekten zur Besichtigung einladen und im Lande selbst als Kalendermotive die Botschaft vom schönen Österreich repetieren, im entsprechenden Kontext auch eine verschärfte Konnotation erfahren. (Vgl. Hamberger u. a. 1998) Als etwa im Zuge der österreichischen Beitrittsverhandlungen zur Europäischen Gemeinschaft die Grundverkehrsgesetze zur Verhandlung standen, waren es stets Alpenhäuser in anheimelnd heimischen Ideallandschaften, die zur Illustration drohenden Verlustes durch fremder Hände Zugriff herhalten mussten. Die Verteidigung des angegriffenen Guts verläuft nach einem eingespielten Schema: Die Bilder werden nachgebessert, und die Arbeit daran beschäftigt ständig. Wenn das allgemein und wiederholbar Gewordene (wieder) einen authentischen Anstrich verliehen bekommen soll, bedarf es der innovativen Pflege. Der Tourismus ist nur eine der daran beteiligten Agenturen, das muss von Zeit zu Zeit in Erinnerung gerufen werden; aber er ist eine, in der Fäden aus Ökonomie und Politik, aus Wissenschaft und Medien zusammenlaufen und in der individuelle Lebenstilkonzepte auf tradierte Sinnkomplexe treffen. Das empfiehlt jedenfalls Distanz zu manchen Trugbildern, die reale Interessen mit ‚Kultur' zu kaschieren trachten, und das empfiehlt auch Vorsicht im Umgang mit eigenen ästhetischen und ideologischen Dispositionen. Denn das Thema neigt dazu, diese zum Maßstab zu machen.

Wenn hier zum Schluss für eine reflexive Tourismusforschung plädiert wird, dann heißt das, dass wir nicht nur die dargestellten Dialektiken des Alpinen in den kollektiven Erinnerungshaushalten unserer touristifizierten Gesellschaften mitzudenken haben, sondern auch den eigenen Anteil an diesen Konstruktionsprozessen. Wir sind nicht nur eine wichtige Sinnagentur, weil wir das Reisen, aber auch das Leiden daran, plausibel zu machen wissen, wir sind auch in einen permanenten Vermittlungsprozess zwischen Vergangenem und Gegenwärtigen, zwischen Fremdem und Vertrautem, zwischen Nebensächlichem und Interessantem verwickelt. Unser Wissen ist ein Stück weit auch das der Kulturgesellschaft, und unsere Deutungen enthalten zugleich das Potential für Erlebnisangebote, für ihre narrative Ausstattung in Text- und Bilddiskursen.

Wir sollten aber keinesfalls darüber klagen, dass unsere Kritik von gestern (Marcus/Fischer 1986) – in vielleicht verdünnter Form – in die Strategien des Destinationenmanagements eingeflossen sind, unsere Gegenbilder marktkompatibel geworden sind (womöglich in ganz anderer Form als beabsichtigt). Denn wir müssen auch wissen, dass es sich dabei um keinen eindimensionalen Prozess handelt, sondern wir längst Teil einer Maschinerie geworden sind, in der es ein isoliertes Agieren nicht geben kann. Zu warten ist auf den Tag, an dem eine Tourismusregion das Nachdenken über den Tourismus als Marktpotential erkennt – Ansätze dazu gibt es ja schon reichlich.

Literatur

Bachmann-Geiser, Brigitte (1999): Das Alphorn. Vom Lockinstrument zum Rockinstrument. Bern u.a.: Haupt Verlag.

Bauer, Ursula und Jürg Frischknecht (1995): Grenzschlängeln. Routen, Pässe und Geschichten. Zu Fuß vom Inn an den Genfersee. Zürich: Rotpunktverlag.

Beck, Ulrich (1986): Risikogesellschaft. Auf dem Weg in eine andere Moderne. Frankfurt a. M.: Suhrkamp.

Beck, Ulrich; Anthony Giddens und Scott Lash (1996): Reflexive Modernisierung. Eine Kontroverse. Frankfurt a. M.: Suhrkamp.

Bettauer, Hugo (1922): Die Stadt ohne Juden. Ein Roman von übermorgen. Wien: Gloriette Verlag.

Bilgeri, Georg (1910): Der alpine Skilauf. München: Verlag der Deutschen Alpenzeitung (div. Auflagen).

Bozonnet, Jean-Paul (1992): Des Monts et des Mythes. L'imaginaire social de la montagne. Grenoble: Presses Univ. de Grenoble.

Bozonnet, Jean-Paul (1996): Die Alpen aus der Perspektive der Werbung. In: Mythos Alpen. Tagungsband zur CIPRA-Jahreskonferenz 1996. Wien/Schaan: Cipra, 43-67.

Burckhardt-Seebass, Christine (1999): Erhebungen und Untiefen. Kleiner Abriss volkskundlicher Alpenforschung. In: Recherche alpine 1999, 27-38.

Camus, Jean Yves (1997): Extremism in Europe. La Tour-d'Aigues: Editions de l'Aube.

DeLind, Laura B. (1997): Local Food: Overcoming the Distance. In: Synpase, No. 40/ Summer 1997 [Webzine <www.nrec.org>].

Enzensberger, Hans Magnus (1964): Eine Theorie des Tourismus. In: Ders.: Einzelheiten I. Bewusstseinsindustrie. Frankfurt a. M.: Suhrkamp Verlag, 179-205.

Fischler, Franz (2000): Das europäische Agrarmodell und die Entwicklung des ländlichen Raumes. In: Planet Alpen. Das neue Bild vom Lebensraum, Nr. 2/Frühjahr 2000, XVII (Spezial).

Freihsl, Roman (2000): Schwingungen am schwarzen Berg: In: Der Standard, Rondo vom 20. 10. 2000, 32.

Freytag, L[udwig] (1892): Proben aus der Bibliographie alpinen Volkstums. In: Zeitschrift des Oesterreichischen und des deutschen Alpenvereins, 23/1892, 408-426.

Gerndt, Helge (1997): Die Alpen als Kulturraum. Über Aufgaben und Verantwortung der Kulturwissenschaften. In: Salzburger Volkskultur, 21/1997, April, 7-22.

Gindl, Michaela und Ulrike Tauss (1998): „Pro Vita Alpina". Ein diskursanalytischer Versuch. In: Österreichische Zeitschrift für Volkskunde, LII(101)/1998, H. 2, 191-220.

Girtler, Roland (1988): Wilderer. Soziale Rebellen im Konflikt mit den Jagdherren. Linz: Landesverlag.

Grimm, Jacob und Wilhem (1854 ff.): Deutsches Wörterbuch. Nachdruck der Erstausgabe Leipzig 1854 – Berlin 1954. 33 Bde. München: Deutscher Taschenbuch-Verlag 1971–1984.

Gruber, Herbert (Red. 1999): Kulturweg Alpen. Zu Fuss vom Lac Léman ins Val Müstair. Hrsg. von den Naturfreunden Schweiz. Zürich: Limmat-Verlag.

Günther, Dagmar (1998): Alpine Quergänge. Kulturgeschichte des bürgerlichen Alpinismus (1870 – 1930). (= Campus Historische Studien 23). Frankfurt a. M./New York: Campus Verlag; zugl. Florenz Europ.Univ.Diss. 1996.

Haid, Hans (1986): Vom alten Leben. Vergehende Existenz- und Arbeitsformen im Alpenbereich – eine aktuelle Dokumentation. Wien: Herold Verlag.

Haid, Hans (1989): Vom neuen Leben. Alternative Wirtschafts- und Lebensformen in den Alpen. Innsbruck: Haymon-Verlag.

Haid, Hans (1994): Feuer in den Alpen. In: Haid, Gerlinde u. Hans (Hg.): Alpenbräuche. Riten und Traditionen in den Alpen. Bad Sauerbrunn: Edition Tau, 99-124.

Härdtlein, Marlies u.a. (Hg., 2000): Nachhaltigkeit in der Landwirtschaft im Spannungsfeld zwischen Ökologie, Ökonomie und Sozialwissenschaften (= Initiativen zum Umweltschutz 15). Berlin: Schmidt Verlag.

Judson, Pieter M. (2000): Land der Potemkinschen Dörfer. In: Der Standard vom 20. Mai 2000, Album, 7.

Kaltbrunner, David (1882): Der Beobachter. Allgemeine Anleitung zu Beobachtungen über Land und Leute für Touristen, Exkursionisten und Forschungsreisende. Zürich: J. Wurster [zuerst frz. 1879].

Kathan, Bernhard (1993): Die Geflügelschlachtschere oder die Erfindung der Tierliebe. Innsbruck: Sudienverlag.

Knodt, Reinhard (1994): Ästhetische Korrespondenzen. Denken im technischen Raum. Stuttgart: Reclam Universal-Bibliothek.

Kos, Wolfgang (Hg., 1997): Alpenblick. Die zeitgenössische Kunst und das Alpine. Ausstellungskatalog Kunsthalle Wien (= Trans alpin 2). Wien u. Basel/Frankfurt a. M.: Stroemfeld/Roter Stern.

Köstlin, Konrad (1991): Heimat geht durch den Magen. Oder: Das Maultaschensyndrom – Soul Food in der Moderne? In: Beiträge zur Volkskultur in Baden-Württemberg, 4/1991, 157-174.

Kramer, Dieter (1983): Der sanfte Tourismus. Umwelt- und sozialverträglicher Tourismus in den Alpen. Wien: Österreichischer Bundesverlag.

Kramer, Dieter (1997): Aus der Region – für die Region. Konzepte für einen Tourismus mit menschlichem Maß. Wien: Deuticke.

Kulinarische Köstlichkeiten (1999): Kulinarische Köstlichkeiten ohne Grenzen. Traditionelle landwirtschaftliche Produkte aus den Arge Alp Ländern. Trient: Arge Alp.

Kunz, Stephan, Beat Wisner und Wolfgang Denk (Hg., 1997): Die Schwerkraft der Berge. 1774 – 1997. Ausstellungskatalog Aargauer Kunsthaus Aarau und Kunsthalle Krems (= Trans alpin 1). Basel/Frankfurt a. M.: Stroemfeld/Roter Stern.

Lehmann, Oliver (Hg., 2000): Land der LebensKunst Österreich (= Universum Magazin Extra). Wien.

Lindner, Rolf (1995): Kulturtransfer. Zum Verhältnis von Alltags-, Medien- und Wissenschaftskultur. In: Kaschuba, Wolfgang (Hg.): Kulturen – Identitäten – Diskurse. Perspektiven Europäischer Ethnologie (= zeithorizonte 1). Berlin: Akademie Verlag, 31-44.

Marcus, George E. and Michael M.J. Fischer (1986): Anthropology as cultural critique. An experimental moment in the human sciences. Chicago et al.: University of Chicago Press.

Messner, Reinhold (1997): Berg Heil, Heile Berge? Rettet die Alpen. München u.a.: BLV.

Nass, Matthias (2000): Bann über Österreich? Wo die Freiheit in Gefahr ist, muss sich Europa einmischen. In: Die Zeit, Nr. 7 vom 10. Feb. 2000, 1.

Pretty, Jules N. (1998): The living land. Agriculture, food and community regeneration in rural Europe. London: Earthscan Publications.

Ranftl, Otto (2000): Die unvermeidbare Katastrophe. In: Der Standard, 14. Nov. 2000, 38.

Recherche alpine. Les sciences de la culture face à l'espace alpin (1999): Berne/Bern: Académie suisse des sciences humaines et sociales/Schweizerische Akademie der Geistes- und Sozialwissenschaften.

Richter, Eduard (1894): Die wissenschaftliche Erforschung der Ostalpen seit der Gründung des Oesterreichischen und des deutschen Alpenvereins. In: Zeitschrift des Oesterreichischen und des deutschen Alpenvereins, 25/1894, 1-94.

Stremlow, Matthias (1998): Die Alpen aus der Untersicht. Von der Verheißung der nahen Fremde zur Sportarena. Kontinuität und Wandel von Alpenbildern seit 1700. Bern/Wien: Haupt Verlag; zugl. Zürich, Univ.Diss. 1998.

Trumler, Gerhard (1998): Bergkristall. Land im Gebirg – Tirol. Mit Vorworten von Hans Haid u. Kristian Sotriffer. Weitra: Bibliothek der Provinz.

Tschofen, Bernhard (1999): Berg Kultur Moderne, Volkskundliches aus den Alpen. Wien: Sonderzahl Verlag.

Zusammenfassung

Seit zumindest zweihundert Jahren sind die Alpen eine Projektionsfläche für Kulturkritik, doch „abgegriffen" hat sich unser Bild der Alpen dadurch kaum: die Berge scheinen die an sie gestellten wechselnden ästhetischen und ideologischen Anforderungen ebenso zu überstehen wie die Beschädigungen durch die Massenkultur. Um dieses Paradox zu verstehen, schlägt der Beitrag Korrekturen an unseren Vorstellungen zum Verhältnis von Alpenkultur und Kulturindustrie vor. Sie betreffen die Korrespondenzen zwischen den Alpen als Natur- und Lebensraum und einer naturlieben Freizeitnutzung und fragen nach den Bedürfnissen und Mechanismen, die wiederholt ältere Schichten alpiner Kultur zu Gegenentwürfen stilisieren und der touristischen Verwertung offerieren. Es geht also um Erzählungen von den Alpen und um die Grammatik der deutenden Begleitung ihrer Veränderungen. Angesichts eines nicht erst heute ins reflexive Zeitalter eingetretenen (Alpen-)Tourismus ist schließlich die Frage nach dem Potential (und der Verträglichkeit) solcher moderner Alpenfolklore zu stellen.

Bernhard Tschofen, Mag. Dr., Univ.Doz., studierte Empirische Kulturwissenschaft und Kunstgeschichte in Tübingen und lehrt und forscht am Institut für Europäische Ethnologie der Universität Wien, Schwerpunkte: Symbol-, Stadt- und Bergforschung, Museologie.
E-mail: tschofb7@mailbox.univie.ac.at

Josef Rohrer & Paul Rösch

Alpine Erinnerungswelten

Auf Schloss Trauttmansdorff bei Meran wird zur Zeit das Südtiroler Landesmuseum für Tourismus eingerichtet. Die Eröffnung ist für Frühjahr 2003 geplant. Der Tourismusbranche ein Denkmal zu setzen – damit will sich das Museum nicht begnügen. Es möchte vielmehr den Reisenden und Bereisten eine Geschichte erzählen: Wie sich das verschlossene Land der Tiroler Bauern in 200 Jahren zur heutigen Destination Südtirol mauserte, wie sich dabei sein Bild wandelte und was sich in den Einheimischen veränderte.

„Was soll darin zu sehen sein? Etwa ein Frühstückszimmer mit Bröseln auf dem Boden, Vitrinen voller Werbeprospekte und an einen Nagel gehängte Wanderschuhe?" Als in Südtirol vor einigen Jahren mit dem Aufbau des *Tourismusmuseums Schloss Trauttmansdorff* begonnen wurde, gab es zunächst viel ungläubiges Staunen. Ein ganzes Museum nur über Tourismus? Der Umgang mit den Fremden war offenbar so selbstverständlich geworden, so fest verankert in den alltäglichen Erfahrungen, dass er eigentlich nicht klärungsbedürftig erschien. Wozu Tourismus in einer Erinnerungswelt rekonstruieren, wenn die Alltagswelt so voll davon ist? Die Frage lässt sich genauso gut verkehrt herum stellen: So viel Tourismus und noch nirgends ein Museum?

Den vielfältigen Aspekten des Fremdenverkehrs widmet sich die Tourismusforschung zwar immer intensiver. Die Wissenschaft von der „schönsten Zeit des Jahres" hat in vielen Disziplinen Konjunktur. In den vergangenen zehn Jahren nahmen sich denn auch große Ausstellungen der thematischen Fülle an: „Die Eroberung der Landschaft" in Niederösterreich oder „Endlich Urlaub. Die Deutschen reisen" in Bonn, um nur an zwei der bekanntesten zu erinnern. Erstaunlich gering aber sind die Spuren, die Tourismus in der Museumslandschaft hinterlässt. Gemessen an seiner wirtschaftlichen, sozialen und kulturellen Bedeutung ist die museale Aufarbeitung bisher mager ausgefallen. Wohl verweisen etliche Regional- und Heimatmuseen auf die Tourismusgeschichte ihrer Umgebung. Auch nähern sich einige große Museen dem Tourismus über ihre Fachgebiete: das Verkehrshaus der

Schweiz in Luzern etwa über die Verkehrsgeschichte. Und im Südtiroler Nieder-dorf, im Vorarlberger Montafon, in Zürich und Interlaken behandeln Kleinmuseen regionale Teilaspekte des Fremdenverkehrs. Aber noch nirgends ist ein spezielles Museum für Tourismus entstanden, das sich ausschließlich und umfassend mit dem vielschichtigen Thema auseinander setzt. Ist es die berechtigte Sorge, dass sich die für den Tourismus fundamental wichtige Gefühlswelt – Sehnsucht nach einer intakten Gegenwelt, Abenteuerlust, Reisefieber, Gastfreundschaft – in einem Museum nur schwer rekonstruieren lässt? Ist es die Erkenntnis, dass selbst der größte Museumsbau nur einzelne Facetten dieses äußerst komplexen Phänomens aufnehmen kann, Bruchstücke nur, ohne dem Ganzen habhaft zu werden? Ein Museum für Tourismus einzurichten heißt, sich auf ein schwieriges und angreif-bares Terrain zu begeben.

Wo die Kaiserin Ferien machte

Dass in Meran dennoch der Versuch gewagt wird, ist letztlich einer glücklichen Fügung zu verdanken. 1977 war das Land Südtirol Eigentümer von Schloss Trautt-mansdorff geworden. Die Landesverwaltung hatte es im Rahmen der Autono-mieverhandlungen vom italienischen Staat geschenkt bekommen. Es befand sich

Schloss Trauttmannsdorff steht auf einem Hügel östlich von Meran

in einem sehr schlechten Zustand; eine Folge seiner zuletzt unglücklich verlaufenen Geschichte. Im Mittelalter entstanden, war es im 18. Jahrhundert ein erstes Mal verfallen. Mitte des 19. Jahrhunderts – Meran machte eben seine ersten Gehversuche als Kurort – kaufte der steiermärkische Graf Joseph von Trauttmansdorff die Ruine auf und erneuerte das Schloss im Stile der Romantik. An einem sonnigen, windgeschützten Südhang gelegen, abgeschieden und doch nahe der Stadt, wurde Schloss Trauttmansdorff und sein Park bald zu einem beliebten Ausflugsziel für die Meraner Kurgäste. Die reizende Lage entging auch dem Wiener Hofmeister nicht, der 1870 für Elisabeth von Österreich und deren kranke Tochter eine standesgemäße Bleibe für einen Kuraufenthalt suchte. „Vom rauschenden Wellenschlag des städtischen Lebens verschont" – so schrieb damals der *Tiroler Bothe* – verbrachte die scheue Kaiserin zwischen Oktober 1870 und Juni 1871 sieben Monate in dem Schloss. Die Wiener Gazetten konnten währenddessen melden, dass es der kleinen Marie-Valerie im milden Meraner Klima zunehmend besser gehe. Für den Kurort war das eine unbezahlbare Publicity.

Um die Jahrhundertwende ging Schloss Trauttmansdorff in den Besitz eines fränkischen Barons über. Er vergrößerte es, eine neue Blütezeit schien anzubrechen. Doch der deutsche Schlossherr wurde unmittelbar nach dem Ersten Weltkrieg vertrieben, Trauttmansdorff zusammen mit anderen Besitzungen deutscher Staatsbürger von Italien als Wiedergutmachung für Kriegsschäden enteignet und einer nationalen Frontkämpfervereinigung übertragen. Vergeblich versuchte diese in den folgenden Jahrzehnten die Immobilie zu Geld zu machen. Nach und nach ging die Einrichtung verloren, Möbel, Bilder, Teppiche verschwanden. Trauttmansdorff stand eine Weile leer, wurde dann zur Notunterkunft für zugewanderte Fabriksarbeiter, später zum Lager für einen landwirtschaftlichen Betrieb. Als das Schloss schließlich vom Land Südtirol übernommen wurde, war nur noch wenig von seinem einstigen Glanz vorhanden, Teile drohten gar einzustürzen. Auch der neue Eigentümer wusste zunächst nicht, was er mit dieser Immobilie anfangen sollte. Umbau in ein Wohnhaus, in ein Pflegeheim, in ein Jagdmuseum? Die Suche nach einer passenden Verwendung zog sich über zwölf Jahre hin.

Erst während dieser Suche entstand allmählich die Idee, dass dem Ferienland Südtirol doch ein Museum für Tourismus gut anstünde. Ein Konzept gab es noch nicht, aber die Idee genügte vorerst, damit 1990 der einstige Feriensitz der Kaiserin für ein Südtiroler Tourismusmuseum reserviert wurde. Ohne das Schloss und ohne den Zwang, eine Verwendung dafür zu finden, wäre es vielleicht nie dazu gekommen. Gleichwohl war der Zeitpunkt kein Zufall. Denn Ende der achtziger Jahre stand der Südtiroler Tourismus an einer Zeitenwende, am Ende einer dramatischen Aufbauphase.

30 Jahre vorher war das Land noch eine Krisenprovinz. Die Landwirtschaft befand sich im Umbruch, die Zahl ihrer Beschäftigten ging innerhalb weniger Jahre von 49.000 auf 31.000 zurück. Industrie war kaum vorhanden, jeder Zehnte blieb ohne Arbeit. In der Wohlstandsskala der italienischen Provinzen rutschte Südtirol beständig nach unten. An die 15.000 Südtiroler suchten ihr Glück im Auswandern – immerhin fünf Prozent der damaligen deutschsprachigen Bevölkerung. Zudem führten die ethnischen Spannungen zu einer Serie von Bombenanschlägen. Es war nicht zuletzt auch die politische Lage der „deutschen Brüder und Schwestern im Süden", die das Land später zu einem bevorzugten Ziel der Reiseweltmeister aus Deutschland machte.

Piefke-Saga auf südtirolerisch

In den 1960er Jahren begann ein kaum für möglich gehaltener Aufschwung. Stille, ländliche Dörfer wie Schenna oder Dorf Tirol wurden innerhalb von nur 20 Jahren zu emsigen Touristenzentren, verschlafene Seitentäler zu Skizentren. Die Abwanderung konnte gestoppt werden, Vollbeschäftigung setzte ein, eine Goldgräberstimmung machte sich breit. Was immer in den Tourismus investiert wurde, schien sich auf fantastische Weise bezahlt zu machen. Wie in Nordtirol wandelten sich auch südlich des Brenners unter einer älplerischen Einheitsarchitektur Bauernhäuser zu Skistadeln, Scheunen zu Drei-Sterne-Hotels. Ende der siebziger Jahre lief der Motor der Südtiroler Tourismusbranche mit so hoher Drehzahl, dass eiligst ein Bettenstopp verfügt wurde, um ein Überhitzen zu verhindern. Der Stopp konnte nicht vermeiden, dass etliche der mit hohen Krediten gebauten Hotels unter den Hammer kamen. Die Gletscherregion Schnalstal und der tragische Freitod ihres überschuldeten Erfinders Leo Gurschler wurde zu einem Symbol für diese Zeit. So schnell waren Bauerndörfer zu Hochburgen des Tourismus geworden, dass sich auch viele Südtiroler in Felix Mitterers Piefke-Saga erkennen mussten.

Der Schweizer Tourismuswissenschafter Jost Krippendorf meint, nicht die Intensität des Tourismus führe bei den Bereisten zu Problemen, sondern die kurze Zeit, die sie haben, um sich an die vom Tourismus bewirkten Veränderungen zu gewöhnen. Ist die Zeit zu kurz, komme es zu Akzeptanzproblemen. In Südtirol war die Adaptionszeit trotz der bereits langen Tourismusgeschichte sehr knapp, explosionsartig breitete sich der Massentourismus aus. Innerhalb von nur 20 Jahren schnellte die Zahl der Nächtigungen von 3,4 Millionen im Jahr 1961 auf über 20 Millionen (1980) empor. Umfragen ergaben, dass sich die Einheimischen in ihren Dörfern bald nicht mehr daheim fühlten, Jugendliche bekannten, Touristen zu hassen, die Revolte gegen Materialismus und Umweltzerstörung fand im Tourismus ihr Feindbild.

Ende der achtziger Jahre kam es dann zur erwähnten Zeitenwende. Der Höhepunkt war erreicht, die Nächtigungszahlen pendelten sich bei 25 Millionen ein. Seitdem werden weitere Zuwächse kaum noch für möglich gehalten. Der Massentourismus hatte sich mit dem Land verwoben. Die Kritik an ihm wich der Einsicht, dass er entscheidend zum Wohlstand beiträgt. Auch waren die Einheimischen mittlerweile selbst geübte Touristen. Zugleich fand ein Generationswechsel statt: nicht nur bei den Touristen, wo die treuen Stammgäste zunehmend von Kurzurlaubern abgelöst wurden, sondern auch bei den Gastgebern. Die Generation, die die Aufbauleistung in den wilden sechziger und siebziger Jahren vollbracht hatte, nicht selten auf Kosten des Familienlebens, machte den Töchtern und Söhnen Platz, die mit einer veränderten Einstellung an die Arbeit gingen: An Fachschulen ausgebildet, mit Destinationsmarketing und Kostenoptimierung vertraut und nicht mehr bereit, sich wie ihre Eltern für die Gäste zu verausgaben.

Eine Epoche wird entsorgt

Diese Zeitenwende in Südtirol wurde durch tiefgreifende Veränderungen ergänzt, die sich auch außerhalb abspielten. Traditionelle Urlaubsländer wie Italien, Österreich und Deutschland verspürten gerade seit dem Ende der achtziger Jahre eine verstärkte globale Konkurrenz. Sie ließ die Aufenthaltsdauer sinken, löste Bindungen an den Urlaubsort auf und fand später im weltweiten Informationsnetz ihre markanteste Erscheinungsform. Die wachsende Erlebnisorientierung zwang zu teurer Angebotspolitik. Auch schienen die Grenzen touristischer Belastbarkeit vieler Alpinregionen endgültig erreicht zu sein. „Das Aufkommen des geschichtlichen Blicks ist meist auch ein Krisensymptom", glaubt der Südtiroler Historiker Hans Heiss. „Er lebt immer dann auf, wenn eine Zeiterscheinung, ein Ereignis unwiderruflich abgeschlossen ist und von der Gegenwart weg in die Vergangenheit entschwindet." Auf die Südtiroler Tourismusgeschichte traf dies ohne Zweifel zu.

Ende der achtziger, Anfang der neunziger Jahre bot es sich also an, die abgeschlossene Periode des Aufbaues museal zu entsorgen. Noch fehlte es aber an einer Vorstellung, wie dem komplexen Thema des Tourismus beizukommen wäre. Eine vage Anleitung für die äußere Form fanden die Gestalter des künftigen Museums beim englischen Museologen Kenneth Hudson, der 1996 provokant in einem Vortrag feststellte: „Nach meiner Meinung sind jene Museen in größter Gefahr, deren Daseinsberechtigung hauptsächlich darin liegt, zu informieren. Der Mensch kann sich heutzutage auf sehr vielfältige Weise Informationen holen. Man bekommt sie über Computer, man sieht sich Videos an. [...] Ich glaube also an eine Zukunft für Museen mit Charme und an wenig Zukunft für die Informationsmuseen." Folgerichtig hieß es in einem ersten Grobkonzept für das *Tourismusmuseum Schloss Trauttmansdorff*: „Stellen Sie sich vor, Sie gehen in ein Museum und Sie verlassen das Haus nicht müde, sondern freudig, schmunzelnd, angeregt."

Mit Charme und einem Schuss Ironie

Man wollte nicht einfach Vitrinen mit Objekten füllen. Vielmehr soll Schloss Trauttmansdorff ein „Charme"-Museum werden – unterhaltsam, mit eindrücklich gestalteten Räumen und einem Schuss Ironie. In der Vergangenheit war an touristischen Dingen nur wenig gehortet worden. Anders als bei anderen Museumsgründungen gab es kein vorhandenes Depot voller geheiligter Objekte, die unter allen Umständen unterzubringen waren: keine Serie blitzender Silberbestecke, geschnitzter Skier oder gestärkter Kochhauben. Ein Depot war erst aufzubauen. Ein Mangel, aber auch ein Vorteil. Denn so konnten die Gestalter – abgesehen von den Einschränkungen, die ein denkmalgeschütztes Schloss mit vielen engen Räumen nun mal mit sich bringt – ohne das Diktat einer bestehenden Sammlung ans Werk gehen. Zum primären Gestaltungselement dürfen und müssen lebendige Inszenierungen werden. Ihnen fällt die Rolle zu, den Hauptstrang der Geschichte zu erzählen: kurzweilig, eingängig, auf einen Blick begreifbar. Modelle, Dioramen, ein mechanisches Theater, Lichteffekte, Töne, Videoclips und immer wieder ironische Einsprengsel bilden den Grundstock der Inszenierung. Gezielt gesuchte Objekte werden dort eingesetzt, wo sie etwas zu sagen haben. Sie dienen als Beweisstücke, erlauben Vertiefungen und ziehen den Blick aufs Detail.

Für den Aufbau eines Tourismusmuseum bieten sich etliche Schemen an. Etwa eine Gliederung nach Sachthemen: Welche Bilder vom Urlaubsgebiet hat der Tourist schon vor seiner Anreise im Kopf, was sind seine Erwartungen? Was fühlen die Bereisten, und welche Techniken benutzen sie, um bei aller Gastfreundschaft den Touristen dennoch auf Distanz zu halten? Wie werden Ferienerlebnisse materialisiert, um sie als Erinnerungen mit nach Hause nehmen zu können? Ein Tourismusmuseum kann auch nach dem klassischen Dreischritt jeglichen Reisens eingerichtet werden: Aufbruch aus dem Alltag, Aufenthalt in der Gegenwelt und Rückkehr als „neuer" Mensch. Naheliegend ist schließlich auch eine chronologische Gliederung, die die geschichtliche Entwicklung des Tourismus in den Vordergrund rückt. Schloss Trauttmansdorff wird eine Mischung aus allen drei Gestaltungsmustern sein – mit einem Schwerpunkt auf der Chronologie. Schließlich waren in den vergangenen 200 Jahren im südlichen Tirol Geschichte und Tourismus stets aufs engste miteinander verknüpft.

- Als Vorbote der Moderne haben der Tourismus und mit ihm technische Neuerungen wie Eisenbahn, Elektrizität und Telegrafie neue Lebensformen ins Land gebracht – nicht immer zum Vorteil der Gesellschaft, aber doch als wichtige Anreicherung.

- Zweimal, Ende des 19. Jahrhunderts und in den 1960er Jahren, hat der Tourismus die Krise der Landwirtschaft abgefedert und dem wirtschaftlich und sozial schwachen Großraum Tirol auf die Beine geholfen.

- In Zeiten nationaler Bedrohung hielt der Tourismus nicht nur eine starke Bindung an den deutschsprachigen Raum aufrecht. Er führte er auch zur Verständigung mit den Italienern und zur ethnischen Entkrampfung.

Tourismus und Tiroler Zeitgeschichte sind also kaum voneinander zu trennen. In der chronologischen Aufarbeitung bleibt der Blick allerdings nicht auf Tirol beschränkt. Als Landesmuseum handelt Schloss Trauttmansdorff zwar hauptsächlich vom Tourismus in Südtirol (vor 1919 in Gesamttirol). Zwischendurch werden aber Fenster nach außen geöffnet, Vergleiche gezogen, Verhaltensweisen dargestellt, die auch in anderen Destinationen zu beobachten sind. Laut den didaktischen Zielen, die sich das *Tourismusmuseum Schloss Trauttmansdorff* gesetzt hat, werden Antworten auf die folgenden Fragenkomplexe gesucht:

- Wie ist diese touristische Region zu dem geworden, was sie heute ist? Was hat dazu geführt, dass Südtirol zum Tourismusland wurde? Wie haben sich dabei die Landschaft, das tägliche Leben seiner Bewohner und die Bewohner selbst verändert?

- Wie „funktionieren" Reisende und Bereiste? Der Tourist soll sich im Museum mit seinen Urlaubsmotivationen, Verhaltensweisen, Illusionen und Erwartungen erkennen. Wiederfinden soll sich auch der Bereiste in seinen Gefühlen und Verhaltensweisen den Touristen gegenüber. Dies sollte zu gegenseitigem Verständnis und Akzeptanz von Touristen und Bereisten führen.

- Wie funktioniert Tourismus als Branche? Am Beispiel der Region Tirol/Südtirol sollen die Aus- und Nachwirkungen auf Touristen und Bereiste sowie auf Wirtschaft, Kultur und Landschaft aufgezeigt werden, damit die Besucher sich selbst als Teil des komplexen Systems erkennen und von Südtirol aus auf andere Tourismusgebiete schließen können.

Das primäre Gestaltungsprinzip auf Schloss Trauttmansdorff wird zwar das eines unterhaltsamen „Charme"-Museums sein. Es sollen aber auch die Hausaufgaben eines klassischen Museums – sammeln, konservieren, ausstellen – erledigt werden. Dafür steht das Museum auf drei Säulen. Die Dauerausstellung ist das Herzstück des Museums. Sie erstreckt sich über zwei Stockwerke des Schlosses und erzählt in 22 Räumen chronologisch die Geschichte des Tourismus in Tirol/ Südtirol von seinem Beginn im ersten Drittel des 19. Jahrhunderts bis in die Gegenwart. Wegen der inszenierten Darstellungsform und des durchkomponierten Erzählflusses dürfte die Dauerausstellung auf das größte Publikumsinteresse stoßen.

Darüber, in einem weiteren Stockwerk, befindet sich als zweite Säule ein für alle zugängliches Studiendepot. Es verzichtet weitgehend auf Inszenierungen. Dafür wird der gesamte ausstellungswürdige Bestand des Museums, sofern er nicht in der Dauerausstellung Verwendung findet, nach Themen (Werbung, Souvenir, Essen und Trinken usw.) geordnet. So kann der Besucher die Entwicklungsgeschichte der jeweiligen Objektgruppe verfolgen. Da dieses Depot sich erst mit der Zeit füllen wird, sind die Vitrinen so konstruiert, dass Neuzugänge laufend angefügt werden können. Das gibt dem Museum andauernde Aktualität. Detaillierte Informationen zu den einzelnen Objekten wie Herkunft, Funktion und Herstellungsjahr sind auf Computern abrufbar. Wechselausstellungen, die in loser Folge touristische Themen aufgreifen und ausführlich darstellen, bilden die dritte Säule.

Die Doppelattraktion Trauttmansdorff

Das *Tourismusmuseum Schloss Trauttmansdorff* steht nicht für sich allein. Rund um das Schloss wurde in den letzten Jahren ein zwölf Hektar großer botanischer Garten angelegt – eine Paradieslandschaft mit touristischem Bezug. Schließlich wurde die Kurstadt Meran auch wegen ihrer Promenaden, den Parks und den üppigen Villengärten bekannt. *Die Gärten von Schloss Trauttmansdorff* zeigen die Vielfalt der Pflanzen, die im milden Meran und in ähnlichen Klimazonen der Erde wachsen. Der im Sommer 2001 eröffnete Garten und das Museum für Tourismus sollen zu einer einzigen Attraktion verschmelzen – liegt doch beiden dasselbe Thema zugrunde: Sowohl Gärten als auch touristische Destinationen sind Gegenwelten; künstlich konstruierte, verlockende Paradiese, die zum Eintritt verführen, aber keine Dauergäste dulden.

Nachdem er sich den Eintritt erkauft hat, muss der Gast im „Paradies Trauttmansdorff" entscheiden, von wem er sich als erstes verführen lassen will. Unten am Schlosshügel locken Palmen, betörend duftende Blumen und zauberhafte Labyrinthe in den Garten. Ein Wirtspaar aber wirbt den Gast vom Garten ab, bittet ihn durch eine unscheinbare Tür. Die Gestik von Wirtin und Wirt ist einladend,

Um das Schloss liegt ein 12 Hektar großer botanischer Garten

untertänig: Willkommen, König Gast, stets zu Euren Diensten. Im geschnitzten Mienenspiel der beiden Figuren ist zwischen der Unterwürfigkeit aber auch die Geschäftstüchtigkeit und das Selbstbewusstsein eines stolzen Standes zu erkennen. Man gibt dem Gast das Gefühl, dass er der König sei, ist sich aber wohl bewusst, dass der wahre König der Gastgeber selber ist. Der Gast muss zahlen für das, was er bekommt; Gastfreundschaft gibt es im Tourismus nur gegen Geld.

Stimmen heißen den Besucher dann willkommen, typische, stereotype Begrüßungsformeln: Herzlich willkommen [...] schön, dass Sie uns die Ehre geben [...] angenehmen Aufenthalt. Doch zwischen der professionellen Herzlichkeit dringen auch Wortfetzen von der Hinterbühne des Tourismus hervor, von jenem Teil der hektischen, aufreibenden Maschinerie, die die Branche am Laufen hält: Ach, jetzt kommt der von Zimmer 16 [...] was will der jetzt schon wieder [...] Es ist ein Janusgesicht, der blitzschnelle Wechsel zwischen Vorder- und Hinterbühne, der die Arbeit im Tourismus prägt und der hier bewusst gemacht werden soll. Doppelbödig geht es auch anschließend weiter. Der Besucher steht plötzlich vor einem riesigen Abbild des typischen Südtirols. Es ist ein Patchwork aus Almwiesen und Weinseligkeit, Bergspitzen und bäuerlicher Gemütlichkeit, eben die millionenfach reproduzierten Werbebilder. Hier an dieser Wand sind sie allerdings karikierend verfremdet und zu einer Fassade zusammensetzt. Aus Fassaden besteht vieles im touristischen Angebot.

Satire zur Einstimmung

Nach dieser satirischen Einstimmung steigt der Besucher über einen unterirdischen Aufgang in den Schlosshof hinauf und trifft dort auf das Pendant des Wirtspaares. Im Hof stehen, als wären sie eben angekommen, die Figuren zweier Touristen: selbstbewusst, schließlich ist man ja wer und hat sich den Urlaub redlich verdient. Urlaub ist ein Ausnahmezustand, der den Gast erhöht, über seinen Status daheim hinaushebt. Doch die beiden Figuren strahlen auch Unsicherheit aus. Touristen wissen, dass sie unter Beobachtung stehen. Der Ferienmensch, „diese erbärmliche Clonung aus Trottel und Barbar" (Christoph Hennig), ist bei aller Freundlichkeit, mit der man ihm begegnet, doch auch ein belächelter Zeitgenosse. Von einem Balkon des Schlosses schaut Kaiserin Elisabeth auf die Ankommenden herab. Ihr Aufenthalt in Meran hat damals den Kurort geadelt, und auch heute noch zieht es die Massen dorthin, wo die Berühmten dieser Welt sich aufhalten.

Die eigentliche Dauerausstellung beginnt gleich hinter dem Schlosseingang mit einer Inszenierung des Alltages. Es ist ein dunkler, bedrückender Raum. Über Bildschirme huschen kurze Filmsequenzen. Sie zeigen eine Frau und einen Mann mittleren Alters sowie ein Schulkind in typischen Alltagsszenen: im hektischen, lauten

Im Innenhof des Schlosses steht ein geschnitztes Touristenpaar

Stadtverkehr, in der Anspannung einer Klassenarbeit, in Stress und Eintönigkeit am Arbeitsplatz. Der Alltag wird in kurzen Abständen von traumhaft schönen Bildern aus Urlaubsparadiesen unterbrochen – sie tauchen plötzlich auf wie Gedanken aus der Tiefe der Erinnerung. Es sind die Tagträume von einer scheinbar intakten Gegenwelt – Sehnsuchtsbilder, die immer wieder und in scheinbar immer kürzeren Abständen das Reisefieber auslösen. Die Tourismuswerbung, die mit ihren verlockenden Bildern den Alltag überflutet, trägt das Ihre dazu bei, dass die Sehnsucht nie mehr erlischt. Woran mangelt es im Alltag, dass das Reisefieber stets von Neuem aufflammen kann, woher kommt dieser unbändige Wunsch nach Abwechslung? Dieser erste Raum soll dazu anregen, über die eigenen Urlaubsmotivationen nachzudenken.

Die Dauerausstellung beginnt also mit dem ersten Teil des klassischen Dreischritts. Im nächsten Raum wird der Besucher um gut 200 Jahre in der Zeit zurückversetzt und findet sich unversehens im „schröcklichen Gebirg'" des 18. Jahrhunderts wieder. Es ist die Zeit vor Beginn des eigentlichen Tourismus. Damals verhieß das Reisen noch kein Vergnügen. Es war mühsam, teuer und gefährlich. Besonders die Alpen konnten voller Schrecken sein. Eine zwischen düster aufragenden Felsen stehende Kutsche und jähe Abgründe lassen erahnen, dass sich kaum jemand ohne zwingenden Grund in diese Welt gewagt hat. Wer dennoch unterwegs war – Händler, Pilger, Künstler – trug schwer an der Angst vor wirklichen oder eingebildeten Gefahren. Die Reisenden jener Zeit fanden allerdings bereits ein gut entwickeltes Transportsystem vor: die Post verkehrte auf festen Routen und zu recht genauen Zeiten, in Poststationen – sicheren Inseln inmitten einer unwirtlichen Gegend – war alles Wesentliche zu finden. Ein detailgetreues Modell gibt mit Stallungen, Schmiede, Reparaturwerkstätte, Badehaus, Gast- und Schlafstube Einblick in die Funktion der Poststationen. Wirtsordnungen zeigen, dass der spätere Tourismus auf einer bereits entwickelten Kultur der Gastfreundschaft aufbauen konnte. Münzen aus jener Zeit liefern das Anschauungsmaterial für Preisbeispiele. Die Entwicklung der Zahlungsmittel zieht sich als einer von mehreren roten Fäden durch den gesamten Parcours.

Andreas Hofer, die erste Marke

Ende des 18. Jahrhunderts begann sich die alpine Landschaft zu erhellen. Die Schweizer Berge wirkten bald nicht mehr schrecklich, sondern majestätisch erhaben. Angezogen auch vom Reiz eines königlosen Staates machten sich die ersten Touristen auf, das Land der Eidgenossen „zwecklos", nur um des Vergnügens und der Landschaft willen, zu bereisen. Rousseaus Beschreibungen der Schweizer

Landschaft trugen dazu bei. Tirol dagegen blieb noch für einige Zeit ein Transitgebiet, die Berge entlang der Passstraßen waren für einen Aufenthalt offenbar nicht spektakulär genug. Erst als die Tiroler Bauern dem mächtigen Napoleon die Stirn boten und Andreas Hofer zum tragischen Helden aufstieg, entdeckten Engländer und Deutsche den Reiz auch dieser Gegend. Im Museum treffen Hofer und Napoleon in einem mechanischen Puppentheater aufeinander. Es erzählt in Comic-Form, wie der Sandwirt zum Mythos und seine Heldenfigur gewissermaßen zum ersten touristischen Markenzeichen wurde.

Um die gleiche Zeit entstand – im Gegensatz zur Vorstellung von den schrecklichen Bergen – eine Fülle von Zeichnungen und Malereien, in denen die Tiroler Landschaft, ihre „edlen Wilden" und die zahlreichen Burgen zum Idealbild eines Lebens in reiner Natur verschmolzen. Es war eine Gegenwelt zu den rasch wachsenden verstädterten Industriegebieten. Dieser romantischen Sicht auf die Landschaft, der später auch Schloss Trauttmansdorff seinen Wiederaufbau verdankte, ist ein ganzer Raum gewidmet. In Mitteleuropa machten sich unterdessen zahlreiche Badeorte, von denen einige bereits eine lange Tradition vorweisen konnten, einen Namen: Karlsbad, Marienbad, Baden bei Wien, Baden-Baden... In ihnen traf sich der Adel zur Erholung und gab sich dem gesellschaftlichen Leben hin. Kuranlagen wurden ausgebaut, Promenaden angelegt. Meran hatte zwar keine Heilquellen wie diese alten Bäder, aber ein mildes Klima und einen findigen Bürgermeister. Im Museum beginnt eine Büste von ihm zu sprechen. Der Bürgermeister redet wie um das Jahr 1840 auf die Meraner ein und versucht sie unter Hinweis auf die Erfolge der bekannten Bäder davon zu überzeugen, die Häuser für Touristen zu öffnen und das Geld für eine Promenade zu spendieren. So erhielt Meran um 1850, früher als die meisten anderen Kurorte, eine Kurverwaltung mit eigenem Vergnügungsarrangeur und wandelte sich zur bekanntesten Destination auf dem „Südbalkon der Monarchie".

Thomas Cook organisierte die ersten Pauschalreisen. Reiseführer wiesen mit Sternen darauf hin, was würdig war, besichtigt zu werden. Auch über Tirol erschien nun eine Flut von Beschreibungen. Der Tourismus war dabei, zur Branche zu werden. Ein überdimensionales, aufgeschlagenes Buch führt im Schloss in eine Bibliothek mit der ganzen Fülle der Tirol-Führer jener Zeit. Sie beschrieben die Landschaft und den Charakter ihrer Bewohner, führten zu den Stätten der Tiroler Freiheitskämpfe. Doch so sehr sie das Land auch bekannt machten und zur weiteren Ausbreitung des Tourismus beitrugen – das Reisen war noch immer mühsam und langwierig. Erst als die Bahn den Kontinent wie ein Spinnennetz überzogen und das Eisenross 1867 auch den Brenner bezwungen hatte, war dem Tourismus der Weg geebnet. Im Museumsparcours erzählt die Nachbildung eines

Zugwaggons von der fantastischen Geschwindigkeit, mit der die Landschaft nun „im adlergleichen Fluge" durchquert werden konnte. Die Entfernungen schrumpften, die Alpen rückten gleichsam an die Städte heran, und wo die Bahn hinführte, ließen sich die Touristen in zunehmender Zahl nieder.

Vom Ansturm überfordert

Die Tiroler waren von dem Ansturm erst einmal überfordert. Entlang der alten Durchzugsstraßen gab es zwar einige gut geführte Gasthöfe. Der „Elephant" in Brixen war allseits hoch gelobt und Emma Hellenstainer, die Wirtin des Schwarzen Adler in Niederdorf, genoss einen geradezu legendären Ruf. Doch um die vergleichsweise große Zahl der Gäste, die nun ins Land kamen, bewirten zu können, fehlte es an passenden Unterkünften. Touristen beklagten die Eintönigkeit der Speisen und den Mangel an Zerstreuung – vielerorts war man mit den Ansprüchen der Fremden noch nicht vertraut. Außerdem war das Misstrauen ihnen gegenüber groß. Denn Konservative und Teile des Klerus warnten eindringlich vor dem Fremdenverkehr. Er sei ein Werk des Teufels, darauf ausgerichtet, Anstand und Moral im heiligen Land Tirol zu untergraben. Im Parcours steht denn auch vor einem stilisierten Bahnhof ein Priester schützend vor einem barfüßigen Bauernkind, als könnte er noch verhindern, dass die ankommenden Touristen in diese heile Welt eindringen. Doch zu verlockend waren die Chancen, die der Umgang mit den Fremden eröffnete. Im letzten Drittel des 19. Jahrhunderts war Tirol verarmt, die Landwirtschaft durchlitt eine schwere Krise: der Fremdenverkehr bot Aussicht auf einen besseren Verdienst. So sind hinter dem Rücken des Priesters bereits Bauersleute angetreten, um in Tracht und mit Musik die ankommenden Gäste zu begrüßen. Tatsächlich wurden trotz der Widerstände der Konservativen in zahlreichen Orten Verschönerungsvereine gegründet, Bauernsöhne boten ihre Dienste als Fremdenführer an, für die Gäste wurden Zimmer hergerichtet. Gerade für die Rolle der Frau setzte damit eine stille Revolution ein, bot doch die Aufnahme der Gäste erstmals eine gewisse finanzielle Autonomie. Das ausgehende 19. Jahrhundert brachte unter den Wirtinnen einige starke Persönlichkeiten hervor, denen eine Nische des Parcours gewidmet wird.

Berge als nationaler Kampfplatz

Waren die Berge bis gegen 1870 stets nur von unten betrachtet worden, so wurden sie nun zum touristischen Aufmarschgebiet. Nach der Gründung des Alpine Club in London und einigen von Engländern durchgeführten Erstbesteigungen in den Dolomiten schossen Sektionen des Deutschen und Österreichischen Alpenvereins wie Pilze aus dem Boden. Hinter ihrem primären Ziel, die Berge zu erschließen, verbargen sich auch nationale Motive. In den wachsenden Spannungen, die schließlich zum Ersten Weltkrieg führten, spielte die symbolische Besetzung der Alpen eine nicht zu unterschätzende Rolle. So wurde ein Großteil der in Tirol gebauten Schutzhütten von Alpenvereinen in deutschen und österreichischen Städten finanziert. Im Museumsparcours ist an einer hohen Felswand zu sehen, wie die Alpen mit Schutzhütten und Steigen erobert und mit Wegweisern und Markierungen domestiziert wurden. Beschreibungen der Bergabenteuer, vor allem aber die sich schnell ausbreitende Fotografie trugen wesentlich dazu bei, dass das Bergsteigen und Wandern im Hochgebirge zu eigenständigen Spielarten des Tourismus wurden. Die Serienproduktion von Bildern machte die Landschaft als preiswerten Gebrauchsartikel in Form von Postkarten, Fotoalben und Bildbänden verfügbar. Die Fotografie als ein Ritual des touristischen Aufenthaltes ist von hier an ein fester Bestandteil im Museumsparcours.

Um auch den Unsportlichen den nahen Anblick von Fels und Eis zu ermöglichen, entstanden nicht nur im Tal, sondern auch in großen Höhen imposante Grandhotels. Selbst dort oben boten diese in den Bergen vor Anker liegenden Luxusliner dem ans städtische Leben gewöhntem Publikum jede erdenkliche Annehmlichkeit. Ein detailgetreu nachgebautes Modell vom Grandhotel Karersee am Fuß des Rosengartens gewährt Einblick in die üppige Ausstattung und in die aufwendige Personalstruktur dieser Paläste. Kaiserin Elisabeth hat in dem Hotel gewohnt, Arthur Schnitzler wurde von seinem Ambiente zum Theaterstück „Ein weites Land" angeregt. Das Karerseehotel wurde zu einem Symbol für die Belle Époque in Tirol. In dieser Zeit um die Jahrhundertwende konnte Tirol als touristische Destination alle übrigen Kronländer der Monarchie überholen, selbst das bis dahin führende Böhmen. Erstmals durfte es sich mit der Schweiz vergleichen. Promenaden, Kurhäuser und Villen entstanden, das mondäne Meran baute nicht mehr nur auf sein vielfältiges Kurangebot, sondern auch auf sein reiches gesellschaftliches Leben. Für den Museumsparcours wird das große Treppenhaus von Schloss Trauttmansdorff als Hotelhalle inszeniert. Nobel bekleidete Gäste blicken von einer Brüstung herab. Was ihnen damals geboten wurde, zeigen originale Veranstaltungsplakate. Walzermusik ertönt und lässt die rauschenden Feste der Belle Époque erahnen.

Die Feststimmung der Jahrhundertwende konstrastiert mit einem düsteren, engen Durchgang, der ins erste Obergeschoß führt. Unversehens war aus dem Erholungsgebiet Tirol ein Kampfgebiet des Ersten Weltkrieges geworden. In die Hotels zogen die von der Front kommenden Verletzten ein, die wenigen im Land

Einheimische erwarten am Bahnhof den ersten Ansturm der Touristen

noch verbliebenen Touristen wurden wegen der sich zuspitzenden Lebensmittel-
knappheit angefeindet, der blühende Tourismus brach innerhalb kurzer Zeit zusammen. Am Ende des Krieges war aus dem „Südbalkon der Monarchie" die nörd-
lichste Provinz Italiens geworden. Fortan war Tirol auch in seiner touristischen
Entwicklung geteilt.

Vom Süden Tirols zum Alto Adige

„Visitate le Dolomiti". Mit Plakaten und Filmen forderte das staatliche Tourismus-
büro die Italiener nun auf, die neue Provinz in Augenschein zu nehmen und auch
touristisch zu besetzen. Und sie kamen in Scharen. Waren italienische Touristen
im Südtirol der Vorkriegszeit nur eine verschwindend kleine Minderheit, so stellten sie bereits Ende der zwanziger Jahre die Hälfte aller Gäste. Das Nebeneinander
zweier annähernd gleich starker Gästegruppen und die logistischen Schwierigkeiten, beide zufrieden zu stellen, prägen bis heute den Südtiroler Tourismus.
Deutsche erwarten ein ergiebiges Frühstück, hasten dann in die Berge, als sei das
Urlaubsvergnügen an die Anzahl der gesammelten Höhenmeter gekoppelt und erscheinen pünktlich am späten Nachmittag zum Abendessen. Italienern reicht mor-

gens ein starker Kaffee, der Gang in die Berge ist in Wirklichkeit ein kurzer Spaziergang und zum Abendessen erscheinen sie irgendwann. Am liebsten sehr spät. Ein Vorliebenprofil zum Schmunzeln macht diese Unterschiede deutlich.

Die Inszenierung der zwanziger Jahre wird aber hauptsächlich von einer Wand aus großflächigen Plakaten bestimmt. Eine bunte Fassade als Symbol für den vergleichsweise raschen Aufschwung, den der Tourismus in den angeblich goldenen Zwanzigern nahm. Bereits 1925 waren in Südtirol die Vorkriegszahlen wieder erreicht. Zwischen den farbenprächtigen Plakaten hindurch geht der Blick aber auf eine andere Wirklichkeit. Die Zeit zwischen den Kriegen war brüchig, sie blieb voller Unsicherheiten. Adel und Großbürgertum hatten im Krieg und in der nachfolgenden Wirtschaftskrise ihre elitäre Rolle verloren und fielen als Gästeschicht weitgehend aus. Die großen Hotels, die den Tourismus der Vorkriegszeit geprägt hatten, erholten sich nie mehr von der Krise. Eine hohe Schuldenlast schwächte die gesamte Branche. Die politische Lage bremste den unternehmerischen Elan. Das Regime Mussolinis verbot die Alpenvereine, enteignete die Schutzhütten, schaffte deutschsprachige Bezeichnungen ab. Dafür bildeten Urlaubsregelungen für Arbeiter und die Freizeitorganisationen der Nationalsozialisten und Faschisten die Wurzeln für den späteren Massentourismus.

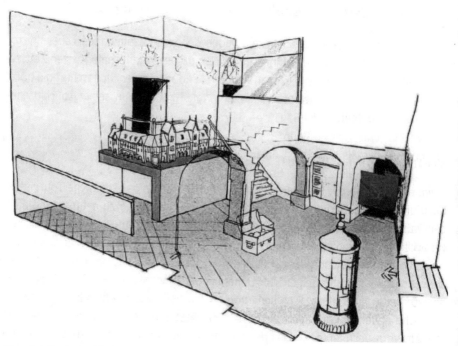

Das detailgetreue Modell eines Grandhotels der Jahrhundertwende

Der Inbesitznahme Südtirols durch italienische Touristen stand auf deutscher Seite eine heroische Aufwertung der Berge gegenüber. Aus dem unteren Stockwerk ragt an dieser Stelle des Parcours die für den Alpinismus errichtete Felswand empor. Hier im zweiten Obergeschoß dient sie nun als Projektionsfläche für die Bergfilme von Luis Trenker. Der in ihnen behandelte Mythos vom ewigen Kampf zwischen Mensch und Natur prägte nachhaltig den Blick auf die Alpen. Das populär werdende Skifahren lässt deren spätere Rolle als Sportarena bereits erahnen. Aber das touristische Zwischenhoch endete 1939, noch vor Ausbruch des Zweiten Weltkrieges, mit dem Optionsabkommen zwischen Hitler und Mussolini. Hoteliers mit deutscher Staatsbürgerschaft – davon gab es insbesondere in Meran einige – mussten ihren Besitz abtreten, jüdische aus dem lange sicheren Meran flüchten. Und ausländische Touristen hatten, bereits Wochen vor Kriegsausbruch, Südtirol innerhalb von Stunden zu verlassen.

In Massen nach bella Italia

Als erste kamen nach 1945 zwar die italienischen Touristen wieder. Italien hatte sich schneller vom Krieg erholt. Aber auch in Südtirol waren es dann die Deutschen, die den Massentourismus prägten. Aus grauer Trümmerstädte Mauern sehnten sie sich nach heiler Welt. Schon in den fünfziger Jahren nahm der so genannte Individualverkehr stark zu, er blieb in den folgenden drei Jahrzehnten eng mit der Ausbreitung des Tourismus verbunden. Im Museumsparcours ist ins Rückfenster eines Wohnwagens ein Bildschirm integriert, auf dem in der Perspektive eines Vespafahrers der fünfziger Jahre die Dolomitenpässe erklommen werden. Eine Vespa und ein Motorroller aus der damaligen Zeit stehen als Symbole für das Reisefieber jener Zeit im Raum. Schnappschüsse, Postkarten, Reisetagebücher erzählen, wie damals eine Fahrt über die Alpen erlebt wurde. Schlager schwärmen von Bella Italia, die züchtige Erotik von Italienfilmen lassen die fünfziger Jahre wieder auferstehen, Heimatfilme veredeln ländliche Gegenden zu Sehnsuchtsorten. Mit Auto und Motorrad machte man sich auf die Suche nach ihnen. So löste sich der Tourismus von der Eisenbahn und konnte vom Ende der fünfziger Jahre an verstärkt auch in entlegene Täler vordringen.

Es begann jene Ausbreitungsphase, die schließlich in die bereits erwähnten wilden Sechziger und Siebziger führte. Neben den schon etablierten Tourismusgebieten aus der ersten, 1914 beendeten Aufbauphase wagten sich nun neue Gebiete und neue Anbieter in die Branche. Vermehrt waren es jetzt Bauersfamilien, die sich vom Vermieten von Fremdenzimmern ein Zusatzeinkommen erhofften. Während die italienischen Gäste auch weiterhin das Hotel und den Wirtsbetrieb bevorzugten, fanden die deutschen Urlauber bei den neu ins Gewerbe kommenden Zimmervermietern alles, wonach sie suchten: günstige Preise, rustikales Ambiente und eine noch unbeholfene, herzliche Gastfreundschaft mit Familienanschluss. Im Parcours weist die stilisierte Fassade eines kleinen Bauernhauses mit dem Schild „Zimmer frei" auf diese Gastfreundschaft mit Stallgeruch hin. Die Fassade – zwei Räume später wird sie zur Drei- oder Viersterne-Pension wachsen – erlaubt den Blick in die Stube, in der privater Wohnraum der Vermieter und Aufenthaltsraum der Gäste eins geworden sind. Dieses Verwischen der Grenzen, das Eindringen der Touristen ins Privatleben der Bereisten, wird zu einem der Merkmale der nun einsetzenden Tourismusexplosion.

In einer Nische des Parcours liegt ein verbogenes Eisengerüst – Sinnbild jener von Bomben gefällten Strommasten der frühen sechziger Jahre. Die ethnischen Spannungen brachten Südtirol in die Schlagzeilen. Die Zahlen der italienischen Gäste gingen erst einmal drastisch zurück. In Deutschland und Österreich bewirkten die Anschläge und die Berichterstattung darüber das Gegenteil. Deutsche und Österreicher sahen es nun geradezu als nationale Pflicht an, den bedrängten Brüdern durch einen Urlaub in ihrem Land zu Hilfe zu kommen. Die Zeit der Anschläge währte nur kurz. Für das Südtirol-Bild im In- und Ausland hatten sie jedoch eine lang anhaltende Wirkung. In dieser Zeit erhielt der Südtiroler Tourismus seine bis heute anhaltende deutsche Dominanz.

Als Verkehr noch Leben bedeutete

Im nächsten Raum wird der Parcours durch die Tourismusgeschichte als ein Stück Autobahn inszeniert. 1959 war mit dem Bau der Europabrücke südlich von Innsbruck begonnen worden. Ähnlich wie knapp 100 Jahre zuvor die Bahnlinie dem Tourismus den Weg geebnet hatte, verhalf ihm nun die Brennerautobahn zu einem weiteren starken Aufschwung. Hatten sich die VW-Käfer bis dahin auf der kurvenreichen Landstraße und durch jährlich immer länger werdende Staus nach Süden quälen müssen, so erleichterte die Brennerautobahn nun beträchtlich den Weg ins Urlaubsparadies. „Verkehr ist Leben" lautete das bekannte Motto des Tiroler Landeshauptmanns Eduard Wallnöfer. Tatsächlich wurde der Individualverkehr zum Turbo für den auf Touren kommenden Tourismus. Die Masse rauschte zwar gen Süden den Stränden der Adria zu. Dank der nun leichten Erreichbarkeit füllten sich aber auch die Tiroler Täler. Unmittelbar neben der stilisierten Autobahn hängt im Museumsparcours die metallene Gondel eines Korbliftes aus den sechziger Jahren. Der Besucher kann einsteigen und auf Bildschirmen die triumphalen Fahrten eines Gustav Thöni zwischen den Torstangen verfolgen. Die TV-Übertragungen von Olympischen Winterspielen, von Weltcup-Schirennen und von der 1970 in Gröden ausgetragenen Ski-WM trugen wesentlich zur steigenden Popularität des Skifahrens bei. In immer größerer Zahl wurden Ski- und Sessellifte gebaut. Dank der Aufstiegsanlagen wurde das Skifahren zum Breitensport und der Winter zur vollwertigen zweiten Saison. „Fließend deutsch & Warmwasser" – so warb Südtirol Ende der sechziger Jahre. Der Slogan fasste zwei Botschaften zusammen: Deutsche konnten sich, obwohl im Ausland, wie daheim fühlen. Und man war mit Zentralheizungen für die Wintersaison gerüstet.

Kein anderes Phänomen hat Südtirol und seine Landschaft in so kurzer Zeit und so nachhaltig verändert wie die folgenden „wilden Siebziger". Die äußeren, sichtbaren Veränderungen: Betten, Straßen, Aufstiegsanlagen, Nächtigungsrekorde und ein das Land überschwemmender Wohlstand. Symbolhaft und nicht ohne Ironie zeigt im Parcours das Modell einer typischen Fremdenpension diese äußeren Veränderungen. Sie wandelt sich in mehreren Schritten und dank immer weiterer Zubauten vom kleinen Bauernhof zur protzigen Bettenburg. Die inneren Veränderungen, die in dieser Zeit im Wesen der Einheimischen vor sich gingen, waren weniger augenfällig, aber nicht geringer. „Sag du zu Südtirol": Dieser Werbeslogan aus den siebziger Jahren verriet die Bereitschaft, sich voll und ganz in den Dienst des Tourismus zu stellen. Die Kinder wurden während der Saison in den Dachboden ausquartiert, um auch ihr Zimmer noch vermieten zu können; das Familienleben hatte sich auf die Zeit außerhalb der Saison zu beschränken; die D-Mark wurde das Maß aller Dinge. Für die Touristen trug man Tracht, Folklore erhielt einen touristischen Zweck, kirchlichen Prozessionen wurden zur Sehenswürdigkeit. Im Museum bildet eine holzüberladene Törggelestube den äußeren Rahmen für die Darstellung dieses inneren Wandels. Als Reaktion auf diesen „Ausverkauf der Heimat" bekam die Kritik am Tourismus Konjunktur, Künstler nahmen sich in bösen Karikaturen des Themas an, die gesellschaftlichen Auswirkungen des Fremdenverkehrs wurden zum viel diskutierten Thema. Die Erschließung letzter unberührter Landschaften, die Müllproblematik, die dramatische Zunahme des Verkehrs – in einer derart intensiv genutzten Ferienlandschaft musste die Ökodiskussion auch zu einer Generalabrechnung mit dem Tourismus werden.

Die Perspektive der Dachbodenkinder

Und heute? Der Parcours der Tourismusgeschichte führt in den Raum der Reflexionen. Die Dachbodenkinder von einst, Wirte und Angestellte, die den damaligen Aufbau geleistet haben, sowie Touristen, die die Entwicklung beobachten konnten, schauen in tiefschürfenden Interviews zurück auf diese Zeit. Eine Filmschleife, zusammengesetzt aus vielen nachdenklichen Stimmen, versucht, eine Bewertung über die Veränderungen der letzten 30 Jahre zu geben. Es ist zugleich ein Bilanzieren über den Tourismus an sich: Entspricht der wirtschaftliche, soziale und kulturelle Gewinn, den die Bereisten erzielen, dem Preis, den sie zu zahlen haben?

Am Ende der Dauerausstellung findet sich der Besucher in einem Wohnzimmer wieder. Die Frau, der Mann und das Kind aus den Filmszenen im Alltagsraum sitzen nun hier als Familie vereint und sehen die selbst gedrehten Urlaubsfilme an. In den Alltag hinein liefern Bilder, Töne, Gerüche, Mitbringsel aller Art die „magische Präsenz jenes anderen Lebens" (Christoph Hennig), in denen alles harmonischer und gelungener erscheint. Der Wein aus Kaltern, die Schnitzerei aus Gröden, das Kochbuch mit den Knödelrezepten – es sind Reliquien, die die Erinnerung an „die schönste Zeit des Jahres" aufrecht erhalten und zugleich die Sehnsucht nach dem nächsten Aufbruch wach halten. Wie zufällig endet der Museumsparcours im ersten Obergeschoss an der Stelle, an der er im Erdgeschoss begonnen hat. Die Rückkehr in den Alltag ist der Beginn für den nächsten Aufbruch.

Literatur

Bothe für Tirol und Vorarlberg (1870): 22. 10. 1870, 1196.

Krippendorf, Jost (1997): „....erst wenn der Leidensdruck noch weiter steigt". In: Voyage. Jahrbuch für Reise- und Tourismusforschung, 1997, 62.

Heiss, Hans (1999): Tourismusgeschichte. Die Zukunft der Vergangenheit. Vortrag am 12. 3. 1999 in der Landesberufsschule Savoy, Meran.

Hudson, Kenneth (1996): Perspektiven für ein Museum des nächsten Jahrhunderts. In: Museen und ihre Besucher. Berlin 1996, 266.

Hennig, Christoph (1997): Reiselust. Touristen, Tourismus und Urlaubskultur. Frankfurt a.M./Leipzig 1997.

Weitere Informationen zum Museum und zur Geschichte von Schloss Trauttmansdorff: www.trauttmansdorff.it. Auf dieser Internet-Seite sind auch die geplanten Inszenierungen aller Räume zu sehen.

Zusammenfassung

1977 hat das Land Südtirol vom italienischen Staat das leerstehende Schloss Trauttmansdorff bei Meran bekommen. Die Suche nach einer sinnvollen Verwendung zog sich über zehn Jahre hin – bis Anfang der Neunziger die Idee entstand, in dem Schloss ein Museum für Tourismus einzurichten. Die Zeit ist reif dafür. Denn der Südtiroler Tourismus steht am Ende einer Aufbauphase, die das Land und seine Bewohner innerhalb von 30 Jahren nachhaltig verändert hat. Zwar reicht die Geschichte des Südtiroler Tourismus in das frühe 19. Jahrhundert zurück. Bis zum Zweiten Weltkrieg konzentrierte er sich aber auf Meran und einige Dolomitengebiete. Aber mit dem Individualverkehr und dem Massentourismus dehnte er sich dann explosionsartig auf nahezu das gesamte Land aus. Innerhalb von kurzer Zeit verwandelten sich verschlossene Bauerndörfer in quirlige Tourismusorte. Mit lebendigen Inszenierungen und ausgewählten Objekten erzählt das Tourismusmuseum Schloss Trauttmansdorff in über 20 Räumen, wie sich das verschlossene Land der Tiroler Bauern in 200 Jahren zur heutigen Destination Südtirol mauserte, wie sich dabei sein Bild wandelte und was sich in den Einheimischen veränderte. Die Fertigstellung des Museums ist für Frühjahr 2003 geplant.

Josef Rohrer und *Paul Rösch* bilden zusammen mit einem Architekten und einem Grafiker das Gestaltungsteam für das Tourismusmuseum Schloss Trauttmansdorff. *Paul Rösch* ist Volkskundler und Koordinator für das Tourismusmuseum. *Josef Rohrer* ist Journalist und freier Autor. E-mail: *tourismusmuseum@provinz.bz.it*

Watzin   Watzerln   Watz

Die Familie Watz.

Es ist bekannt in unserem Land
Daß stets die Watzin
       beim Watzen stand
Daß mitten drinn
       die Watzerln steh'n
Wird Jedermann wohl selbst einseh'n.

Doch, daß ein Berg zum andern spricht
Begreifet wohl ein Jeder nicht,
Drum höret hier, wie das geschieht,
Die höchste Liebe es vollzieht.

Liegt noch beim ersten Morgenroth
Im Thale unten alles todt,
Hallt Glockenton aus tiefem Grund:
Die Watzen thun sich Liebe kund.

Die Watzin ruft: Grüß Gott Dich, Watz
Der Watz begehrt der Watzin Schmatz.
Nun bitten auch die kleinen Wätzchen
Die treuen Eltern um ein Schmätzchen.

W. Swatek.

Quelle: Archiv Josef M. Meidl

„... Ihre Frau Mutter ist ihrer Lebensaufgabe gewachsen"

Pionierinnen des frühen Tourismus.
Drei biographische Skizzen

Am 1. Juli 1866 schrieb der 29jährige Stadtapotheker Ignaz Peer aus Brixen/ Tirol seiner künftigen, nur wenige Straßen entfernt lebenden Verlobten Therese Mayr einen ausführlichen Brief, in dem deren Mutter eine zentrale Position einnahm:

„Ich habe [...] Ihre Frau Mutter näher kennengelernt, vor deren Strenge ich früher eine zu große Meinung hatte. Ich habe jetzt eine ebenso große Meinung vor ihrer Tüchtigkeit, denn für eine allein stehende Frau gegenüber solchen Lebensaufgaben, gehört eine Tüchtigkeit, eine Zähigkeit, wie man selten finden dürfte. Und Ihre Frau Mutter ist ihrer Lebensaufgabe gewachsen. Es hat der fortwährende Umgang mit rohen ungebildeten Dienstbothen, die stäten Verdrießlichkeiten mit deren Intriguen, Kummer und Sorge in jedem Winkel ihre Außenseite etwas rauh und hart gemacht [...] aber in ihrem Innern trägt sie ein Herz empfänglich für alles Gute und Edle, all mütterlicher Sorgfalt für ihre zwei Kinder, für deren Zukunft sie alle physische und psychische Kraft fortwährend in Thätigkeit hat. Wenn sie auch manchmal zu streng erscheinen möchte, bin ich doch vollständig überzeugt, sie meints schließlich vom Herzen gut. Und im Grunde liegt in ihrer Strenge ein großer Theil ihrer geschäftlichen Tüchtigkeit." [1]

---

1   Archiv Hotel „Elephant", Brixen – Briefwechsel zwischen Ignaz Peer und Therese Mayr.

Die durch den Schreiber auffallend betonte „geschäftliche Tüchtigkeit" der künftigen Schwiegermutter bezog sich auf eine Branche, die all ihre Arbeitskraft forderte, auf das Gastgewerbe. Die Wirtin Franziska Steger, Witwe Mayr (1824–1907), war zu diesem Zeitpunkt 42 Jahre alt, seit knapp einem Jahrzehnt verwitwet, hatte zwei Töchter und führte einen der bekanntesten Gasthöfe Tirols, den „Elephanten" in Brixen. Seine Inhaber hatten sich seit Mitte des 18. Jahrhunderts neben der Bedienung von lokaler Kundschaft und Fuhrwesen auf die Bewirtung von Reisenden verlegt, die auf ihrer *Grand Tour* von und nach Italien unterwegs waren und nutzten damit frühzeitig die Chance des aufkommenden Tourismus.

Die Biographie der Therese Steger war im 19. Jahrhundert gewiss ein Ausnahmefall. Die durch den Witwenstatus ermöglichte Selbständigkeit als Gastwirtin eröffnete zwar unternehmerische Freiräume und den Weg zu manchem Erfolg, nötigte jedoch die Frau zu Höchstleistungen, die extremen Einsatz abverlangten. In ihrem lokalen Umfeld hielten sich Bewunderung und Skepsis die Waage, obwohl die selbständige Tätigkeit einer Frau im Gastgewerbe sozial akzeptiert war. Der Hinweis des künftigen Schwiegersohns Ignaz Peer auf die „etwas hart und rauh" beschriebene „Frau Mutter" deutet die fragile Balance zwischen öffentlicher Akzeptanz und unterschwelliger Kritik der kleinstädtischen Gesellschaft an.

Eben dieser mühsam ausgehandelte Kompromiss zwischen sozialer Norm und gesellschaftlicher Praxis, zwischen dem öffentlich Zulässigen und individuell Realisierten ist für die folgenden Überlegungen von Interesse. Begreift man „Gesellschaft" als Verflechtung und Ineinanderwirken von Strukturen, Normen und Praktiken (Sieder 1998), betrachtet man sie nicht als Gefüge scheinbar klar konturierter sozialer Gruppen, sondern als Feld der Vermittlung zwischen den Intentionen und Spielräumen individueller und kollektiver Akteure, berücksichtigt man deren persönliche und allgemeine Voraussetzungen und das Einwirken kontingenter Elemente auf das Gewollte und Mögliche, so steht dieser Prozess des Aushandelns und Vermittelns im Vordergrund sozialhistorischer Untersuchung.

Selbständige Frauen im Gastgewerbe erfuhren Vereinbarkeit und Diskrepanz zwischen Normen und Lebenspraxis besonders eindringlich, arbeiteten sie doch in einem Berufsfeld, das auf den ersten Blick bekannte Aufgaben der Haushaltsführung in sich schloss. (Heiss 2000) Die Tätigkeit in der Küche, in Wareneinkauf, Vorratswirtschaft und Wäschebesorgung und schließlich die Führung der Dienstboten waren grundsätzlich vertraut, mochte auch ihr Umfang den eines großen Privathauses oft weit übertreffen. Die oikomorphe Struktur von Wirtshäusern, Gasthöfen und Hotels spornte als betrieblicher Hintergrund Frauen an und versetzte sie auch mitunter in die Lage, ihre eigenen Männer in den Schatten zu stellen.

Tourismus war in Städten und ländlichen Räumen vieler europäischer Regionen zur Mitte des 19. Jahrhunderts eine neue und aufsteigende Branche. (Spode 1999) Sie entsprach einem Bedürfniswandel adeliger Gruppen und der gehobenen Mittelklasse, die immer stärker die Anziehungskraft der von unmittelbar zweckhaften Bedürfnissen befreiten Reise verspürten. Geschäft, Gesundheit und Frömmigkeit blieben zwar weiterhin ein grundlegendes Reisemotiv, hinzu kam jedoch bald die Reise aus schierer „Lust" am Ortswechsel. Dahinter stand ein grundlegender mentaler Wandel, boten doch Ortsveränderung und Aufenthalt in einem neuen Raumkontext, in Italien oder am Rhein, an der See oder im Kurort, im sanften Hügelland oder im Hochgebirge, auch die Chance, subjektive Individualität vertieft zu erleben und die eigene Persönlichkeit und Familie im Feld neuer oder veränderter sozialer Kontakte und Beziehungen zu erproben.

Der Wunsch nach vertiefter Raumerfahrung und die Möglichkeit ihrer Realisierung seit dem späten 18. Jahrhundert war das Ergebnis einer doppelten Mobilisierung: Zum einen verschoben sich die sozialen Differenzen zwischen Adeligen aller Schattierungen und Angehörigen der Mittelklassen, sodass innerhalb der jeweiligen Gruppen das Bedürfnis nach Distinktion und Selbstvergewisserung auffallend wuchs. Reisen waren konstitutive Momente der Wahrnehmung sozialer Differenz und gesteigerter Selbstwahrnehmung, erwiesen sich damit als zentrale Sensoren in diesem Prozess gesellschaftlicher Mobilisierung und trugen zu seiner Beschleunigung bei.

Ferner erreichten die Möglichkeiten der Ortsveränderung im 19. Jahrhundert ein bisher nicht vorstellbares Ausmaß. Die Verbesserung der Straßen, ab 1820 die Beschleunigung traditioneller Verkehrsmittel wie des Post- und Wagenverkehrs, ab 1840 dann die Durchsetzung der Eisenbahn markierten die Entwicklung. Am Ende des Jahrhunderts stand dann auch das Auto einem wohlhabenden Nutzerkreis zur Verfügung, als bereits erprobtes, nahezu serienreifes Produkt der Zweiten Industriellen Revolution. Die Verkehrsrevolution beschleunigte den Aufstieg des Tourismus und prägte ihn um: Nicht nur durch das zunehmend enger verflochtene Verkehrsnetz, sondern auch durch neue Infrastrukturen wie von Hotels an den Bahnrouten sowie vor allem dank der Hervorbringung eines neuen Blicks auf Landschaft und Raum.

Frauen kam im Umfeld des aufsteigenden Tourismus eine zentrale Rolle zu. Gastwirtinnen waren – so eine Kernthese dieses Beitrags – besser als viele Männer in der Lage, den touristisch angestoßenen Bedürfniswandel wahrzunehmen und auf ihn einzugehen. Manche von ihnen erkannten rasch den unterschiedlichen, beinahe täglich wechselnden Status ihrer Gäste und reagierten flexibel auf deren vielfältige Wünsche. Die säkulare Asymmetrie der Geschlechterbeziehungen, die Frauen auf das „Innere" des Hauses verwies und Männern die Außenräume zuordnete, (Hausen 1993) kam Unternehmerinnen im Gastgewerbe zugute. Ihre Perspektive auf das „Innenleben" des Tourismus justierte frühzeitig ihr Gespür für den touristischen Markt und regte ihre unternehmerischen Fähigkeiten an.

Die Rolle von Frauen im aufsteigenden Tourismus des 19. Jahrhunderts lässt sich unter mehreren Gesichtspunkten diskutieren: Auf welche Weise konnten sie in dem sich allmählich entfaltenden Sektor eine Pionierfunktion übernehmen und zu seiner Entwicklung und Ausdifferenzierung beitragen? Welchem Wandel unterlagen Lebensführung und Leitbilder von Frauen, die an führender Position im Gastgewerbe tätig waren?

Diesem Entwurf liegt die Ausgangshypothese zugrunde, im Gastgewerbe habe sich zur Mitte des 19. Jahrhunderts in seltener Deutlichkeit jener Wandel der Geschlechterrollen geäussert, den Forscherinnen im Verhältnis zwischen bürgerlichen Männern und Frauen überzeugend nachgewiesen haben. Im Wandel der Geschlechterverhältnisse schufen Männer und Frauen sukzessive einen neuen sozialen Kontext, der sich geschlechterspezifisch ausdifferenzierte. Der Weg bürgerlicher Frauen in Deutschland, Frankreich und England führte – so die Grundthese fundamentaler Arbeiten zur Geschlechtergeschichte – nach 1820/30 aus der bislang überwiegenden Konzentration auf die praktische Sphäre der Haushaltsführung in eine neue Richtung. (Davidoff/Hall 1987; Hausen 1988) Die Position von Frauen, die bis dahin Haus, Küche und Familie vor allem in ihrer konkreten Dimension, mit umfassenden Agenden von Haushaltsökonomie, Vorratswirtschaft und Kontrolle der Dienstboten, wahrgenommen hatten, begann sich anders zu gewichten. Neben der anhaltend fordernden und planvoll zu organisierenden Haushaltsführung übernahmen Frauen nunmehr auch die Aufgabe verstärkter emotionaler Betreuung von Mann und Familie. Die Sorge um eine Atmosphäre der Intimität, angereichert mit neuen symbolischen Formen, die „Kulturalisierung" von Haushalt und Familie legte sich um die praktische Seite des Haushalts, dessen Arbeitslast jedoch kaum leichter wurde. Das Betriebssystem Haushalt wurde nunmehr jedoch zunehmend umsponnen von „liebevoller" Obsorge der Frau, eingebettet in kulturelle Momente wie der Pflege von Musik, von Literatur, vor allem aber durch ein Ambiente kultivierter Intimität für Mann und Kinder, aber auch für Verwandte und Gäste. (Kammerhofer 1997)

Tourismus reflektierte spürbar diesen Wandel. Der Aufstieg des neuen Metiers erfolgte ab 1850 leicht zeitversetzt zur Redefinition der Geschlechterverhältnisse und förderte die Ausprägung beider Seiten von Frauenarbeit: Tourismus verlangte Frauen in Leitungspositionen einerseits hohe Führungs- und Organisationsqualifikationen ab. Zugleich aber regten der soziale Wandel und die Bedürfnisse des neuen Sektors weibliche Unternehmerinnen dazu an, die von ihnen geführten Gastbetriebe mit neuen atmosphärischen Elementen zu besetzen, die Gäste anzogen und ihren Aufenthalt attraktiv gestalteten. Rebekka Habermas (in Anlehnung an Micaela Di Leonardo) hat hierzu treffend bemerkt, „[...] dass es sich hierbei sehr wohl um Arbeit handelte, um «work of kinship» nämlich: Im klassischen ökonomischen Sinn von Marx und im übertragenen Sinn von Bourdieu wurde hier Wert geschöpft". (Habermas 2000, 60)

Der vorliegende Aufsatz skizziert den analogen Wandel von Geschlechterverhältnissen und Tourismus am Beispiel dreier Frauen. Emma Hausbacher und Therese Steger wurden 1817 bzw. 1821 geboren, Elise Kopf 1848. Lebensraum und Tätigkeitsfeld der Pionierinnen war das österreichische Kronland Tirol, seit 1900 die erste Tourismusregion der Habsburgermonarchie. (Leonardi 1996) Die knappen Aufrisse bieten nur einige Anregungen zu einer umfassenden Geschichte weiblicher Unternehmerinnen im Tourismus, in lockerem Parcours von Quellen- und Literaturauswertung. (Langreiter 2001)

1. „... Man hat halt getan was möglich war ...": Emma Hausbacher-Hellenstainer

Die Sage will es so: Kurz vor der Jahrhundertwende erhielt die Gastwirtin Emma Hellenstainer im Pustertaler Niederdorf eine Postkarte aus Übersee mit der lakonischen Adressierung: „Frau Emma in Europa, Autriche". (Frenzel 1994) Die geglückte Zustellung des Poststücks sprach für die Findigkeit der beteiligten Poststellen, wurde jedoch vor allem dem Bekanntheitsgrad der Empfängerin gutgeschrieben und seither immer wieder in Erzählungen kolportiert. Über 40 Jahre lang, von ca. 1845 bis um 1885, galt „Frau Emma" als Synonym für Gastfreundschaft und unternehmerische Tüchtigkeit und rückte im Alter zum verehrten Monument Tiroler Tourismusgeschichte auf, ein Status, den sie offenbar genoss.

Ihre Anfänge fielen in den Vormärz: 1817 in St. Johann in Tirol als Tochter des Kaufmanns, Marschkommissärs und Wirts Johann Hausbacher geboren, sprang sie als Jugendliche im elterlichen „Grauen Bären" ein, nachdem sie bei den Ursulinen in Innsbruck feinere Handarbeiten erlernt und an den „Drei Alliierten" in Salzburg eine fundierte Ausbildung im Kochen erhalten hatte.

Emma verlor bereits frühzeitig den Vater. Aus seinem Erbe fiel ihr eine Brauerei in Toblach im südlichen Tirol zu, dessen Leitung sie mit 20 Jahren übernahm.

Die junge Frau blieb nicht lange ledig, da sie 1842 den Gastwirt Joseph Hellenstainer heiratete. Hellenstainer besaß den „Schwarzen Adler" am Hauptplatz in Niederdorf, einem aufstrebenden Dorf an der Pustertaler Straße, der Direktverbindung zwischen Tirol und den österreichischen Kernländern. Die Position als Mautstation und Knotenpunkt an der 1833 ausgebauten Ampezzaner Route sicherte dem Ort erhebliche Einkünfte aus dem Transitverkehr; zugleich war das Hochpustertal seit der Frühen Neuzeit Standort beliebter Bäder und Sommerfrischen. (Bidermann 1887) Die Ehepartner operierten erfolgreich in den jeweiligen Geschäftsbereichen: Joseph zog zwischen Lienz und Brixen ein Stellwagenunternehmen auf, um vom wachsenden Passagierverkehr zu profitieren, während Emma das Angebot des „Schwarzen Adler" verbesserte. Küche und Einrichtung wurden systematisch aufgewertet, sodass neben den Durchreisenden auch Dauergäste im Hause Quartier bezogen. Zugleich entwickelte sich der Nahraum zu einem der Brennpunkte des Alpinismus in Tirol: Josiah Gilbert und George C. Churchill erkundeten seit den späten Fünfzigern die Ampezzaner Dolomiten, wenig später zog auch der Wiener Alpinist Paul Grohmann nach. (Gilbert/ Churchill 1864; Grohmann 1862) Erste Höhepunkte waren die Besteigungen der Großen Zinne und der Dreischusterspitze (jeweils 1869); Niederdorf und der „Schwarze Adler" befanden sich mit Landro, Toblach und Cortina unter den Ausgangspunkten alpinistischer Exploration.

Joseph Hellenstainer starb bereits 1858 an einem Nierenleiden und hinterließ die Witwe mit sechs Kindern: den vier Töchtern Emma, Marie, Josefine, Aloisia und den Söhnen Eduard und Hermann. Trotz der enormen Verantwortung und Arbeitslast, denen sie als Witwe entgegenging, heiratete Emma Hellenstainer nicht mehr. Neben ihrer hochgerühmten Küche und dem gewinnenden Umgangston mit den meisten Gästen bewies sie alsbald unternehmerischen Weitblick. Dies zeigte sich vor allem beim Bahnbau durch das Pustertal, als Emma aus den veräußerten Grundstücken zur Bahntrasse hohe Erlöse herausschlug und für die Verlegung der Bahnstation nahe an ihr Haus erfolgreich eintrat.

Die im November 1871 eröffnete Bahn Villach-Franzensfeste katapultierte den Tourismus des Hochtals nach vorn; seither zog der Gästezustrom deutlich an, vor allem nach dem Abflauen der Depression 1873 – 1879. In dieser Zeit galt der Gasthof als Oase in der gastronomischen Wüste des Pustertals: „Außer dem Gasthofe der Frau „Emma" in Niederndorf – so das überzogene Urteil eines Reiseschriftstellers – wüsste ich von Lienz bis zu dem Eisenbahnrestaurant in der Franzensfeste keinen Ort, wo ein erträgliches Mittagessen zu haben wäre." (Rasch 1874, 67)

Den Schriftsteller Peter Rosegger weihte Emma Hellenstainer zur Jahrhundertwende in das Geheimnis ihres beruflichen Erfolges ein: „Man hat halt immer ein
bissel was gehabt, wenn aus der Nachbarschaft Herrschaften gekommen sind, sei
es Geflügel, was Aufgeschnittenes, was Gebackenes. Ein gutes Tröpfel Wein auch
immer. [...] Man hat halt getan, was möglich war, und so sind nach und nach auch
Fremde gekommen, Touristen, Stadtfamilien über den Sommer. Aber wenn der
Herrgott seinen Segen nit hätt' mögen geben, so hätt's freilich allmiteinander nichts
geholfen." (Rosegger 1913, 215 f.)

Die Zurückhaltung, mit der Emma Hellenstainer sich hier äußerte, war – so
die Episode authentisch ist – keinesfalls gespielt. Understatement, gezielte Quali-
tätssteigerung, Vermeidung von Großspurigkeit in einem Umfeld von Männern,
die auf Fehler lauerten, waren Grundkomponenten ihres Erfolges. Und auch die
religiöse Grundstimmung war nicht bloß Ausdruck routinierter Devotion. Sie ent-
wuchs vielmehr der Überzeugung, dass sich ihr ungewöhnlicher Erfolg göttlicher
Gnade verdankte, dass aber zum anderen auch die eigene Tätigkeit als Unternehmerin wesentlich als gottgefälliges, beispielgebendes Modell wirken konnte.

Mitte der achtziger Jahre hatte der „Schwarze Adler" seinen Höhepunkt überschritten und seinen Nimbus als ländlicher Geheimtipp auf hohem Niveau verloren.
Emma Hellenstainer und ihr Sohn Eduard zielten inzwischen jedoch bereits auf
weiter gespannte Projekte, die jenseits individuell fein abgestimmter Gästebetreu-
ung lagen. Vorsorglich hatte Emma den unweit von Niederdorf gelegenen Pragser
Wildsee gekauft, der sich, abgeschlossen und unverbaut, vor dem schroff aufragenden Hintergrund der Dolomitfelsen als traumhafte Landschaftskulisse für touristische Nutzung anbot. Ihr Sohn ließ dort 1897–1899 nach einem Projekt des
Wiener Architekten Otto Schmid ein alpines Grandhotel in naturnahem Heimatstil
erbauen, dessen Dimensionen Schweizer Vorbildern nachstrebte. Die betagte Emma
zog mit den unverheirateten Kindern Josephine und Hermann in die immerhin gut
120 km entfernte Kurstadt Meran, wo die Jungen die Pension „Stadt München"
führten. Zudem wurde auf Emmas Betreiben das Posthotel „Neuspondinig" im nahen Vinschgau gepachtet. Nach dem Tod der Mutter errichtete der Jüngere in
Bahnhofsnähe ein Grandhotel, das unter dem Namen „Emma" zum Memorial der
Pionierin wurde.

Die Leistung Emma Hellenstainers entfaltete nachhaltige Wirkung. Über ihren
eigenen gästeorientierten Einsatz hinaus regte sie die Kinder erfolgreich dazu an,
größere unternehmerische Aktivitäten zu entfalten. Die tägliche Kleinarbeit im
Gasthof mochte – zumal in der Anfangsphase – gewiss imagebildend sein, auf längere Sicht reichte sie jedoch keineswegs aus. In einem touristischen Umfeld, das
um 1900 rasch expandierte, war die führende Stellung der Familie nur durch den

Einstieg in die Zukunftsbranche der großen Alpinhotels zu erhalten. „Frau Emma" unterstützte diesen Schritt trotz ihres Alters mit großer Entschiedenheit. Zugleich setzte sie innerhalb ihrer Familie auf bewährte Strategien sozialer Platzierung: Ihre Töchter Emma und Aloisia heirateten in traditionelle Wirtsfamilien ein; die jüngere Louise wurde die Ehefrau von Franz Staffler, einem dynamischen Hotelier und Tourismus-Unternehmer in Bozen. (Kustatscher 1992, 279)

2. Grande Dame im Grand Hotel: Elise Kopf-Überbacher

Emma Hellenstainer stand zweifellos unter dem Eindruck der touristischen Entwicklung ihres unmittelbaren Einzugsgebietes. In Toblach, dem östlichen Nachbarort Niederdorfs, wuchs seit 1890 an der Pustertalerbahn ein vielbeachtetes Hoteldorf heran. Mittelpunkt von „Neu-Toblach" war das „Südbahnhotel", dessen Aufstieg gleichfalls mit einer Unternehmerin einzigartigen Formats verknüpft war.

Elise Kopf-Überbacher gehörte zur zweiten Generation von Pionierinnen, die von Beginn an die Grenzen des alten Gastgewerbes hinter sich ließen. 1878 pachtete sie mit ihrem Mann Ignaz Überbacher ein Hotel, das die k.k. privilegierte Südbahngesellschaft unmittelbar an der Bahnstrecke in Toblach errichtet hatte. (Heiss 1999)

Die Leitung der Bahn suchte durch diesen Attraktionspunkt die schwache Frequenz der Linie stärker auszulasten, um vor allem im Sommer Touristen ins Hochpustertal zu ziehen. Das Haus lag am Eingang des Höhlensteintales, dem malerischen Portal zu den Ampezzaner Dolomiten. Sein Architekt war Wilhelm Ritter von Flattich, Leiter der bahneigenen Hochbau-Abteilung. Der Techniker machte keine stilistischen Zugeständnisse an die zeitgenössische repräsentative Hotelarchitektur, sondern orientierte sich am Modell seiner Bahnstationen: Ein Unterbau aus Granit, der erste und zweite Stock aufgemauert, sparsame Holzdekorationen im alpinen Schweizer Stil an Dach und Giebeln. Mit 80 Betten überflügelte das Südbahnhotel bei seiner Eröffnung 1878 zwar die Wirtshäuser des Einzugsgebietes, war jedoch von einem Grandhotel vorerst noch weit entfernt. Erst der Erfolg seiner Prinzipalin hob das Haus auf diese Stufe.

Elise Kopf stammte aus Lahr im deutschen Großherzogtum Baden, wo sie am 15. Dezember 1848 geboren wurde. Ihren aus dem Kurort Gries bei Bozen gebürtigen Mann hatte sie als 27jährige in München kennengelernt, er führte dort ein Uhrengeschäft. Als kongeniale Partnerin übertraf sie von Beginn an seine unternehmerische Begabung. Angeblich hatte sie den Kontakt zur Südbahn hergestellt und sich erfolgreich um einen Pachtvertrag bemüht. Bald schon suchten die Pächter die Auslastung des Toblacher Hauses zu verbessern. Obwohl die Sommersaison in

Toblach auf 1200 m Seehöhe gute Erlöse abwarf, war eine Verlängerung der Betriebszeiten wünschenswert. Da dies im Gebirge selbst nicht möglich war, wurde sie andernorts gefunden. 1883 übernahm das Ehepaar neben dem „Südbahnhotel" auch das „Bellevue" in Gries von Anton, dem Bruder von Ignaz Überbacher. Zu Sommerbeginn wurden seither Personal und Ausstattung jeweils von Gries nach Toblach verlegt, wo sie bis Oktober verblieben, um dann in den Kurort zurückzukehren. Die „horizontale Saisonverlängerung" Gries-Toblach wirkte in Tirol vorbildlich. Seither sicherten sich Dutzende von Hoteliers durch einen Sommer- und Winterstandort beinahe ganzjährigen Umsatz; erst der Wintersport in der Zwischenkriegszeit brachte den Gebirgsregionen die lebenswichtige zweite Saison.

Die junge Chefin Elise Überbacher übernahm rasch die Regie im Südbahnhotel, dessen Geschichte sie beinahe 50 Jahre lang prägte. Zeitgenossen schildern sie als „stattliche Erscheinung", die mit den Gästen einen einnehmenden Ton fand, aber auch mit Einheimischen und Dienstboten bestens umzugehen wusste. Die rund 70 Bediensteten nannten sie wegen ihres herrschaftlichen Auftretens respektvoll „die Gnädige"; landesweit galt sie bald „als eine ebenso ausgezeichnete Wirthin wie Leiterin".

Zur Jahreswende 1887/88 erwarben die Pächter Ignaz und Elise Überbacher das „Südbahnhotel" von der Bahngesellschaft. Nach dem Tod ihres Mannes im Sommer 1888 führte die Witwe das Hotel vorerst alleine, später mit ihrem zweiten Mann Adolf Minatti, weiter. Das Haus, nach der testamentarischen Verfügung ihres Mannes ihr Alleineigentum, wurde in ungeahnte Dimensionen ausgeweitet. Zubauten in Pavillon-Form brachten den Betrieb bis 1914 auf rund 300 Betten, mit Waldflächen, Tennisplätzen und einer Automobil-Remise, einem eigenen Gaswerk, mit Arzt und Friseursalon im Hause. Bis 1895 war es das einzige Grandhotel Tirols; erst dann zog der „Verein für Alpenhotels" mit großen Häusern am Karersee und in Sulden nach. Aber nicht nur in Tirol bahnte das Grandhotel den Weg: es war auch Vorläufer weiterer, gezielt platzierter Hotelbauten an Schlüsselstellen des Südbahnnetzes. Kurz nach dem Toblacher Prototyp entstanden auf dem Semmering das „Südbahnhotel" (1881), ab 1883 an der „k. u. k. Riviera" in Abbazia die Hotels „Kronprinzessin Stephanie" und „Quarnero".

Der Wechsel zwischen Winter- und Sommersaison, zwischen Gries und Toblach, blieb ein konstantes Erfolgselement für Elise Kopf-Überbacher. Im südlichen Kurort profilierte sich die „Grande Dame" des Tiroler Tourismus auch als Pionierin des Seilbahnbaus, als sie 1912 von Gries aus eine Seilbahn auf den „Reichrieglerhof" errichtete. Auch dieses Hotel in prachtvoller Lage direkt über Bozen war Teil ihres kleinen Imperiums.

Der Erste Weltkrieg knickte die Erfolgskurve des „Grandhotels" und des Standorts Toblach. Seit der Kriegserklärung Italiens an Österreich am 23. Mai 1915 lagen Dorf und Hotel im Schussfeld der feindlichen Artillerie. Zwar überstand das Haus, anders als einige in Trümmer geschossene Nachbarhotels, den Konflikt mit wenigen Treffern; die Erholung nach Kriegsende blieb jedoch nur eine kurze Episode. 1934 musste der Sohn Max den Gang zum Konkursrichter antreten, ab 1939 wurde das „Grandhotel Toblach" zu einer Ferienkolonie umgewidmet. Die Prinzipalin erlebte den Niedergang ihres Lebenswerks nicht mehr. Sie starb am 14. Februar 1926 in Gries, auf dessen Friedhof heute noch ein verwahrloster Grabstein an sie erinnert. Immerhin erlebte ihr Haus kürzlich als landeseigenes Kultur- und Kongresszentrum eine Renaissance.

Trotz mancher Ähnlichkeiten weisen die Biographien von Emma Hellenstainer und Elise Überbacher zugleich entscheidende Differenzen auf. Beiden Frauen eröffnete erst der Tod ihrer Männer Energien und Freiräume, die sie konsequent nutzten. Beide entfalteten sich in einem Metier, das sich in Tirol erst allmählich ausdifferenzierte. Im frühen Tourismus der Region waren die Leitungspositionen noch nicht klar bestimmt, sodass auch Frauen an die Spitze vorstossen konnten. In den alpinen Regionen Österreichs dominierten bis um 1900 fast ausschließlich kleinstrukturierte Familienbetriebe, während große Hotels mit hierarchisch gegliederter Personalstruktur und männlichen Führungsrängen wie in der Schweiz die seltene Ausnahme blieben. Die Führung eines Gasthofes erschien in Tirol noch um 1870 zwar durchaus als professionelle Tätigkeit, zugleich aber auch als Leitung eines erweiterten Hauswesens. Qualitätssicherung und -steigerung in Gastbetrieben, zumal in der Küche, fielen in den weiblichen Kompetenzbereich, sie galten primär als Aufgaben, mit denen Frauen besser als Männer zurechtkamen. Emma Hellenstainer und Elise Überbacher profitierten daher von einer Übergangszeit, die ihrer Selbständigkeit gute Ausgangspositionen sicherte.

Die Unterschiede zwischen den Unternehmerinnen waren erheblich. Hellenstainer kehrte die hausmütterliche Tiroler Wirtin heraus, ein habitueller Part, welcher der Badenserin Elise Kopf schlecht angestanden wäre. Diese beteiligte sich nicht unmittelbar an der betrieblichen Arbeit, sondern legte im Südbahnhotel Normen von Qualität und Stil vor; sie verfing sich nicht in den Details des Alltags, sondern gab Richtlinien und Weisungen aus, sie übte bei Bedarf scharfe Kontrollen aus und verfügte Sanktionen. Die sorgfältige Ausgestaltung des Hotel-Ambientes durch Elise Überbacher, seine Zivilisierung und Kultivierung bis in die Details, die Schaffung von Atmosphäre durch die gewinnende Präsenz der Gastgeberin, waren Aufgaben, die Frauen gehobenen bürgerlichen Standes seit Mitte des Jahrhunderts bevorzugt übernahmen.

Beide Unternehmerinnen vereinte jedoch trotz aller Unterschiede ähnlicher Weitblick: Das fürsorgliche, beinahe naiv anmutende Wirtinnen-Image der Hellenstainerin war die Kehrseite eines strategischen Talents, das die Einflusssphäre ihrer Familie durch familiale Bindungen ausdehnte. Elise Überbacher hingegen setzte auf betriebliche Expansion und den Einstieg in neue, innovationsträchtige Sektoren.

3. Kontinuität und Rückzug: Therese Steger-Mayr

Lebenswelt und -stil der einführend präsentierten Wirtin Therese Steger lagen zwischen dem ländlich geprägten Umfeld von Emma Hellenstainer und der urbanen Rückbindung von Elise Überbacher. Sie stammte aus einer Gastwirte-Familie des Marktorts Mühlbach im Tiroler Pustertal und heiratete 1846 im Alter von 24 Jahren Friedrich Mayr, den 26jährigen Wirt des Brixner „Elephanten". (Heiss 1951) Der Gasthof, seit einem Jahrhundert führend an der Brennerroute, genoss als Logis von Fürsten und Aristokraten bestes Renommee. Im Gästebuch firmierte von König Ludwig I. von Bayern über den Großherzog von Toskana bis hin zu den Kaisern Franz I. und Ferdinand ein erlesenes Publikum. (Lieb 1992) Zugleich aber blieb der „Elephant" ein offenes Haus, in dem an Kirchenfeiertagen Brixens Dutzende Bauern im Stroh übernachteten. Seit 1837 war der Gasthof auch Poststation und damit zentraler Umschlagplatz des Reise- und Briefverkehrs an der Brennerstraße.

In der Ehe von Therese Steger und Friedrich Mayr verschmolzen untrennbar „Emotionen und materielle Interessen". Der junge Mayr hatte sich mit 21 Jahren in die Frau verliebt, die seine Gefühle erwiderte. Der noch erhaltene Briefwechsel der Verliebten offenbart den Umschlag zwischen subjektiver Empfindsamkeit, geschäftlichen Rücksichten und wechselvoller Hoffnungen auf eine gemeinsame Zukunft.[2] Einer Ehe stand jedoch vorerst die Familienräson entgegen, da Mayrs Eltern auf eine bessere Partie für ihren Sohn drängten. Friedrich gab nach, heiratete Anfang 1844 die Tochter eines Postmeisters, mit dessen Haus der „Elephant" gute Verbindungen knüpfen konnte, und ging mithin eine klassische „Konvenienzehe" ein. (Habermas 2000, 279)

Als die junge Frau jedoch schon nach 22 Monaten im Oktober 1845 an Tuberkulose starb, war der Weg frei für die Hochzeit von Friedrich Mayr und Therese Steger. Die bereits im Jänner 1846 vollzogene Ehe war glücklich, wurde jedoch durch den unerwarteten Todesfall des noch jungen Mannes im Herbst 1856 be-

---

2   Archiv Hotel „Elephant", Briefwechsel zwischen Friedrich Mayr und Therese Steger 1840 – 1852.

endet. Friedrich Mayr, der bereits mit einem viersprachigen Prospekt um Gäste warb, verstarb am 15. Oktober 1856 mit nur 37 Jahren, angeblich an einer Rippfellentzündung, nachdem er von der Feldarbeit überhitzt nach Hause geeilt war, um letzte Vorbereitungen für die kurzfristig gemeldete Ankunft des Großherzogs von Toskana zu treffen.

Nach dem Tod Friedrichs wurde Therese Steger beschworen, rasch wieder zu heiraten. Denn die gleichzeitige Führung von Gasthof, Landwirtschaft und Posthalterei, dreier ausgedehnter Geschäftsbereiche, forderte bereits alle Kräfte eines Ehepaares, eine auf sich gestellte Frau musste hingegen – so schien es – an der übergroßen Aufgabe scheitern. Therese blieb hart. Nicht nur die Erinnerung an Friedrich Mayr hielt sie von einer zweiten Ehe ab, sondern auch die selbstbewusste Einsicht, dass im näheren Umfeld kein Mann den eigenen Ansprüchen und jenen des „Elephanten" entsprach. Therese Steger wollte ihr Haus selbst führen. Unterstützung bot jedoch das familiale Netzwerk ihrer Eltern und ihres Bruders, die ihr bis um 1860 beistanden. Hinzu kam die autoritative Schirmherrschaft ihres Vormunds Franz Ostheimer, eines langjährigen Bürgermeisters der Bischofsstadt.

Der „Elephant" und das Vermögen des Erblassers Friedrich Mayr waren den Töchtern Maria und ihrer jüngeren Schwester Therese zugefallen. Der Mutter blieb die Nutzung des Eigentums, der „Fruchtgenuss", bis beide Töchter die Volljährigkeit, mithin das 24. Lebensjahr erreicht hatten; dieser Termin war 1873 fällig.

Neben der Erziehung ihrer Töchter Maria und Therese dirigierte Therese Steger den „Elephanten" durch die Spätjahre des Neoabsolutismus und den Umbruch der Verfassungsära. In Brixen, direkt an der Brennerroute, verspürte man hautnah die Kriege des Risorgimento 1859 und 1866, mit massivem Truppenquartier, viel Hektik und Aufregung. Die Bedeutung des Tourismus wuchs ständig, vor allem seit der Eröffnung der Bahnverbindung Innsbruck-Bozen (24. 8. 1867). Im Gegensatz zu vielen Postmeistern an der Brennerroute, die die Eisenbahn als existenzgefährdend ablehnten, erkannte die Wirtin die Chancen der neuen Kommunikation.[3] Jeden Abend standen die grossen „Omnibusse" des „Elephanten" am Bahnhof und brachten Dutzende von Gästen des Abendzugs aus Italien zur Übernachtung in den 1500 m entfernten Gasthof, der damit trotz räumlicher Distanz zum ersten Bahnhofshotel Brixens aufrückte.

Erst nach der Mündigkeit ihrer Töchter und der Einheirat eines Schwiegersohns trat Therese Steger Ende 1869 die Führung des Hauses ab. Nun begann eine Zeit dornenvollen Übergangs für die noch ungemein leistungsfähige und -willige Frau. Ihrer Leitungskompetenz beraubt, in Küche und Dienstbotenaufsicht ohne selb-

3 Archiv Hotel „Elephant", Haus & Familienchronik 1883–1945, S. 111.

ständigen Wirkungsbereich, kämpfte sie um eine angemessene Position im Haus. Neben einem selbstbewussten Schwiegersohn und einer mühsam vermittelnden Tochter, die ihre Arbeitskraft zwar benötigten, dabei aber die „Frau Mama" immer wieder in die Schranken wiesen, ging Therese Mayr einem sorgenvollen, oft konfliktbeladenen Alter entgegen, das lange währte. Immerhin sicherte ihr ein erhebliches Vermögen noch genügend Eigenständigkeit und Aktivitätsfelder. Sie starb mit 83 Jahren, in die Nachrufe der Hinterbliebenen mischten sich echte Trauer und kaum verhehlte Erleichterung. Ihr großes Verdienst blieb jedoch unbestritten: Therese Mayr hatte in einer Transitionsphase des regionalen Tourismus und ihres eigenen Betriebs entscheidende Weichen gelegt, die Vorteile des neuen Metiers erkannt und dem „Elephanten" grundlegende Zukunftsoptionen gesichert.

4. Frauen als Unternehmerinnen im Tourismus

Eine systematische Auswertung von Unternehmerinnen-Biografien des Gastgewerbes und ihre prosopografische Erschließung im 19. Jahrhundert hätte gute Erfolgsaussichten. Die österreichische Betriebszählung von 1902 erfasste in Cisleithanien 212 Betriebe der Fremdenbeherbergung mit 21 bis 100 Mitarbeitern oder Mitarbeiterinnen.[4] Immerhin 35, rund 16% der Leiter/innen dieser größeren Etablissements, einerlei ob Inhaber/innen oder Pächter/innen, waren Frauen; auch eines der drei wirklich großen Häuser mit über 100 Mitarbeiter/innen wurde von einer Frau geleitet. Dabei handelte es sich wohl um Anna Sacher (1859–1929), die das „Sacher" in Wien von mittleren Anfängen auf legendäres Niveau hob; auch ihr Erfolg kam vor allem nach dem Tod ihres Mannes Eduard 1892. (Hagen 1976)

Der wesentliche Anteil von Frauen an gastronomischen Spitzenpositionen im 19. Jahrhundert macht deutlich: Im aufsteigenden Tourismus war die Mischung von hauswirtschaftlichen und kulturellen Kompetenzen, die Frauen bürgerlicher Herkunft ins Metier einbrachten, von großem Nutzen. Die Abstimmung von hausfraulicher Kontrolle und kultivierter Ausgestaltung von Gastbetrieben kam Frauen besonders entgegen. Der zweite Aspekt rückte während des 19. Jahrhunderts in die Mitte der Lebensgestaltung von Bürgerinnen und Bürgern: Zivilisierung und Moralisierung in Ausstattung, Ton und Umgangsformen waren neue Formen der Wertschöpfung kulturellen Kapitals unter den gehobenen Mittelschichten. Für diesen Kulturalisierungsprozess boten die sozialen Räume von Gasthöfen und Hotels eine Fülle an Umsetzungschancen, die im Umgang mit immer neuen Gästen erprobt, verbessert und vertieft werden konnten. Mit der Kultivierung des Alltags

---

4   Bureau der k.k. statistischen Zentralkommission (Bearb.): Ergebnisse der gewerblichen Betriebszählung vom 3. Juni 1902, 1. Heft/1. Abteilung, Wien 1908, S. CXIX.

wurde das Ausmaß an Arbeit keinesfalls geringer, sondern erfuhr eine deutliche Steigerung. Der Wechsel zwischen Alltagsroutine, Repräsentationsaufgaben und den Anforderungen sozialer und kultureller Reproduktion erlebten Frauen oft als ungemein belastend.

Die Vereinigung dieser Qualifikationen in einer Person war mithin eine mühevolle Gratwanderung, in stetem Austarieren von Handlungsebenen und Rollenzumutungen. Hinzu kam die Sorge um die Familie, vor allem um die im Gastgewerbe aufwachsenden Kinder.

Und schließlich führte das starke Potenzial von Frauen im Tourismus oft zu erheblichen Rivalitätsproblemen mit den eigenen Männern, mit männlichen Beschäftigten, Konkurrenten und Lieferanten. Letztgenannte versuchten sie oft zu übervorteilen oder auszuspielen, die Männer in Küche und Service, vor allem die Küchenchefs, stellten ihre Autorität auf eine oft harte Probe.

Und in der Ehe schließlich war es längst nicht jedes Mannes Sache, in den betrieblichen Agenden zugunsten seiner Frau zurückzustecken und sich mit ihr über Aufteilung und die rechte Ausübung von Kompetenzen zu verständigen, sodass Konflikte vorprogrammiert waren. Der Witwenstatus eliminierte zwar derartige Konflikte, zurück blieb jedoch der stille Dialog mit dem Abwesenden, dessen stumme Präsenz oft auch nach Jahren spürbar blieb. Mithin ist auch für die Geschichte gastgewerblicher Unternehmerinnen der integrative Blick auf die Dynamik zwischen beiden Geschlechtern unerlässlich.

Literatur

Bandhauer-Schöffmann, Irene/Bendl, Regine (Hg., 2000): Unternehmerinnen. Geschichte & Gegenwart selbständiger Erwerbstätigkeit von Frauen. Frankfurt am Main-Berlin-Bern-Bruxelles-New York-Oxford-Wien.

Bidermann, Hermann Ignaz (1887): Hochpusterthal. In: Zeitschrift des Deutschen und Österreichischen Alpenvereins, 23-57.

Davidoff, Leonore/Hall, Catherine (1987): Family Fortunes. Men and Women of the English Middle Class 1780 – 1850. London: Hutchinson.

Frenzel, Monika (1994): Frau Emma Hellenstainer, eine Pionierin des Tiroler Fremdenverkehrs. In: Tiroler Almanach 1994.

Frevert, Ute (Hg., 1988): Bürgerinnen und Bürger. Göttingen: Vandenhoeck und Ruprecht.

Frevert, Ute/Haupt, Heinz-Gerhard (Hg.) (1999): Der Mensch des 20. Jahrhunderts. Frankfurt am Main-New York: Campus.

Josiah Gilbert/Churchill, George C. (1864): The Dolomite mountains. London: Longman & Co.

Grohmann, Paul (1862): Wanderungen in den Dolomiten. Wien: Gerold.

Habermas, Rebekka (2000): Männer und Frauen des Bürgertums (Bürgertum. Beiträge zur europäischen Gesellschaftsgeschichte, Band 14). Göttingen: Vandenhoeck & Ruprecht.

Hagen, Ernst (1976): Hotel Sacher in deinen Betten schlief Österreich. Wien-Hamburg.

Hausen, Karin (1988): „ ... eine Ulme für das schwache Efeu". Ehepaare im deutschen Bildungsbürgertum. Ideale und Wirklichkeiten im späten 18. und Jahrhundert und frühen 19. Jahrhundert. In: Frevert, 85-117.

Hausen, Karin (1993): Wirtschaften mit der Geschlechterordnung. Ein Essay, in: Hausen Karin (Hg., 1993): Geschlechterhierarchie und Arbeitsteilung. Zur Geschichte ungleicher Erwerbschancen von Männern und Frauen. Göttingen: Vandenhoeck und Ruprecht, 40-67.

Heiss, Wolfgang (Hg., 1951): Von der Herberge am Hohen Feld zum Brixner Gasthof und Hotel „Elefant". Brixen: Eigenverlag.

Heiss, Hans (1999): Grandhotel Toblach. Grand Hotel Dobbiaco. Pionier des Tourismus in den Alpen. (All'Avanguardia del turismo nelle Alpi.) Wien-Bozen: Folio.

Heiss, Hans (2000): Selbständigkeit bis auf Widerruf? Zur Rolle von Gastwirtinnen bis 1914. In: Bandhauer-Schöffmann/Bendl, 49-87.

Kammerhofer, Ulrike (1997): Die bürgerliche Gastgeberin – „unter Aufbietung aller Kräfte". In: Kammerhofer-Aggermann (Hg.): „Herzlich willkommen!" Rituale der Gastlichkeit (Salzburger Beiträge zur Volkskunde, Band 9), Salzburger Landesinstitut für Volkskunde: Salzburg, 91-109

Kustatscher, Erika (1992): Die Staffler von Siffian. Eine Rittner Familie zwischen Bauerntum und Bürgerlichkeit (Schlern-Schriften, Band 291). Innsbruck: Wagner.

Langreiter, Nikola (2001): „Ich hab das dann wieder gerne getan". Frauenkarrieren und Orientierungsleistungen im Hotel- und Gastgewerbe. In: Voyage. Jahrbuch für Reise- & Tourismusforschung 2001, 155-162.

Leonardi Andrea (1996): L'economia di una regione alpina. Le trasformazioni economiche degli ultimi due secoli nell'area trentino-Tirolese. Trento: Temi.

Lieb, Norbert (1992): Die ältesten Gästebücher des „Elephanten" in Brixen. In: Der Schlern, 66/1992, Heft 7, 440-457.

Rasch, Gustav (1874): Touristen-Lust und Leid in Tirol. Tiroler Reisebuch. Stuttgart: C. F. Simon.

Rosegger, Peter (1913): Alpensommer. Gesammelte Werke, Bd. 5. Leipzig.

Sieder, Reinhard (1998): „Gesellschaft" oder die Schwierigkeit, vernetzend zu denken. Die zweite Republik Österreich. In: Geschichte und Gesellschaft, 24 (1998), Heft 2, 199-224.

Spode, Hasso (1999): Der Tourist. In: Frevert/Haupt, 113-137.

Zusammenfassung

Frauen erfahren in der tourismushistorischen Forschung spät und langsam die gebührende Aufmerksamkeit. Dabei verspricht – angesichts der starken Präsenz von Frauen in Leitungspositionen – eine eingehende Untersuchung vielfältigen Ertrag. Der Beitrag stellt drei Pionierinnen des Gastgewerbes im Raum Tirol vor und skizziert dabei ihre herausragende Bedeutung für den Tourismus seit Mitte des 19. Jahrhunderts. Emma Hausbacher-Hellenstainer, Elise Kopf-Überbacher, Therese Steger-Mayr erbrachten in unterschiedlicher regionaler Herkunft, Generationslage und sozialräumlicher Verortung außerordentliche Leistungen. Die starke Position verweist darauf, dass sich für Frauen im Tourismus des 19. Jahrhunderts an der Schnittstelle zwischen hauswirtschaftlicher und kulturell-emotionaler Sphäre erhebliche Chancen eröffneten, wenn auch zum Preis enormer Belastungen.

Hans Heiss, geb. 1952, stellvertretender Direktor des Südtiroler Landesarchivs Bozen, zugleich kulturelle, zivilgesellschaftliche und wissenschaftliche Arbeitsfelder. Forschungsinteressen: regionale Zeitgeschichte, Geschichte des Bürgertums, Stadt- und Tourismusgeschichte. *E-mail: hans.heiss@provinz.bz.it*

Roland Halbritter

»Wie reist frau in Oberbayern und Tirol?[1]«

Reisende Frauen in den Alpen und ihre Wahrnehmung des Gebirges am Beispiel einer Reisebeschreibung aus dem Jahre 1911[2]

Abbildung 1:
Photographie
„Hier oben
knipsten wir
ein Bildchen
von uns".
Fine
Heydkamp
aus Barmen
mit ihren
Reisegefähr-
ten in den
Tiroler
Bergen im
Jahre 1911 –
hier auf der
Dahmann-
spitze (Ötz-
taler Alpen).

1   Der Titel ist dem hier analysierten Reiseführer (Kinzel 1910) entlehnt, dessen Autor sich aus-
     giebigst in der Einleitung an reisende Frauen wendet bzw. Männern dazu rät, ihre Frauen auf
     Reisen mitzunehmen.
2   Reisetagebuch der (Johanna Josef-)Fine Heydkamp am Tourismusmuseum Schloss Trauttmans-
     dorff in Meran – Inv.-Nr. 4 08 2048. 36 Folioblätter aus cremefarbenem Karton. Gebunden
     in grünem Leineneinband. Format 27 x 33,5 cm.

143

„Ihnen und ihrem Führer verdanke ich es, dass ich mit meinem Mann eine schöne Fusstur (sic!) durch Oberbayern und Tirol machen durfte ... Auch meinen Dank für Ihre Vorrede zum Führer. Es war doch schöner mit Frau als – wie sonst – ohne". (Ein Pfarrerehepaar aus Dresden 1908)

Liest man die Einleitung des Reiseführers »Wie reist man in Oberbayern und Tirol?« von Karl Kinzel, der 1910 in der 9. Auflage erschien, so stellt man mit Verblüffung fest, dass der Autor seine Zeilen vornehmlich an Leserinnen zu richten scheint. Seine zahlreichen, unterschiedlich ausgerichteten Führer für den Alpenraum waren beim Publikum äußerst beliebt, wovon Äußerungen in Zeitschriften, Leserbriefen und nicht zuletzt die hohen Auflagen seiner Publikationen Zeugnis ablegen. Zuschriften, wie etwa die einleitende Bemerkung oben, erscheinen dann selbst werbewirksam in den Vorsätzen der Reiseführer. Wie kam es aber, dass er gerade Frauen mit seinen hilfreichen Informationen zur Seite stehen wollte? Dazu mögen die gemeinsamen Erfahrungen, die er zusammen mit seiner Frau Marie in den Bergen erlebte, beigetragen haben – nicht umsonst hat er ihr auch jenen Reiseführer gewidmet. Überhaupt lobt er in der Einleitung des hier zitierten Führers die Vorteile mit Frauen gemeinsam zu reisen.

Warum das Interesse gerade an jenem Reiseführer? Anlass dazu bot die Transkription einer handschriftlichen Reisebeschreibung von 1911. Die Autorin, Fine Heydkamp, eine Lehrerin aus Barmen, nahm während der Reise ihren „Kinzel" zur Hand, um die Alpen zu erkunden. Die von ihr wahrscheinlich mitgeführte Ausgabe von 1910 konnte ermittelt werden. Im Untertitel des Führers heißt es „Ein Buch zum Lust- und Planmachen", was in der handschriftlichen Reisebeschreibung folgendermaßen erwähnt wird: *„Manche Stunde hatte der Vorbereitung und der genaueren Durcharbeitung des Plans gedient, und meine Erwartungen waren aufs höchste gespannt".* So galt es nun diesen Reiseführer zu analysieren – bald war klar, dass es jene Ausgabe gewesen sein musste, die sie seinerzeit auf ihrer Reise durch die Alpen begleitete. Sie ließ sich von den vorgeschlagenen Routen leiten, übernahm Textpassagen daraus und kombinierte sie mit eigenen Eindrücken. Tradierte Bilder und reflektiertes Wissen aus dem Reiseführer fließt bei ihr in die eigene Erlebniswahrnehmung ein, welches schon mit Aufkommen von Pilger- oder Wanderführern im Mittelalter seinen Niederschlag in den Reiseberichten, bzw. den Apodemiken gefunden hatte. (Vgl. Huck 1978, 34) Hier wie dort waren Vorkenntnisse bereits bekannt, die dann in den eigenen Niederschriften zum Ausdruck kamen. Reiseführer sind Vermittler in der Fremde und Rezeptionsquelle zugleich, die zur „selektiven Wahrnehmung" anregen. (Gorsemann 1995, 58; vgl. auch Lauterbach 1989 u. 1992; Fendl/Löffler 1994)

Wer war also diese im Hochgebirge von Tirol reisende Fine Heydkamp? Die Informationen zu ihrer Person sind vornehmlich aus der Transkription erwachsen, da sich sonst keinerlei Unterlagen von ihr erhalten haben. Sie stammte aus Barmen, einem heutigen Stadtteil von Wuppertal, und war dort als Lehrerin an der katholischen Volksschule tätig. Die vorliegende Reisebeschreibung war ihre erste „Annäherung" an die Alpen überhaupt. Sie berichtet von ihrer Bergtour, die sie vom 17. August bis zum 9. September 1911 unternahm. Über die Stationen München und Innsbruck zog sie, begleitet von ihrem Bruder Walther sowie einem Freund namens Walther Bruchhaus, in die Höhenregionen der Tiroler und Südtiroler Alpen von Schutzhütte zu Schutzhütte. Sie schilderte ihre Route, ihre Eindrücke und fügte der Beschreibung neben zahlreichen Postkarten auch eigene Photographien bei.[3]

Exkurs – Berg und Gebirge im Wahrnehmungswandel der Zeit

Zu Beginn des 20. Jahrhunderts, als Fine Heydkamp ihre Reise unternahm, waren die Alpen längst als Reiseland erschlossen und für Touristen zur attraktiven Reisedestination geworden, wenngleich noch kein Massenphänomen, schon gar nicht für Frauen. Die Alpen als Reiseziel selbst wurden erst im 18. Jahrhundert zu dem, was wir heute mit ihnen assoziieren. Längst haben sie ihren einstigen Schrecken verloren und es schauderte die Reisende nicht mehr bei ihrem bloßen Anblick. Ein langer Prozess veränderte die subjektive Erfahrung der Berge und gehörte zur vertrauten Wahrnehmung der Touristen. Die Schweizer Alpen erlangten bereits im 18. Jahrhundert ihre Popularität durch die Vermittlung von Literaten wie Jean Jacques Rousseau oder Albrecht von Haller, einhergehend mit der Wertschätzung der Berge als Heil- und Erholungsraum. Es zeichnete sich ein Wahrnehmungswandel ab, der auch seinen evidenten Niederschlag in späteren Reisebeschreibungen erfuhr. „Alle Menschen werden die Wahrnehmung machen, dass man auf hohen Bergen, wo die Luft rein und dünn ist, freier atmet und sich

---

3   Anfragen im Wuppertaler Stadtarchiv ergaben einige Angaben zu den Personen, wofür ich mich ganz herzlich beim Direktor des Stadtarchivs, Dr. Uwe Eckardt, bedanken möchte. (Johanna Joseph-)Fine Heydkamp (1880-1930) war an der Katholischen Volksschule tätig. Sie blieb unverheiratet. Ihr Bruder Walter Heydkamp (1870-1934) war späterer Teilhaber und stellvertretender Geschäftsführer der Firma Carl Dicke & Cie., einer Chemikaliengesellschaft in Barmen. Seit 1893 in der Firma angestellt, war er zum Zeitpunkt seiner Tirol-Reise als Prokurist dieser Firma tätig. Walter Bruchhaus (1870-1930) stammte ebenfalls aus Barmen und besaß eine Strumpf-, Woll- und Kurzwarenhandlung. Beide Männer waren demnach zum Zeitpunkt der Tirolreise bereits 41 Jahre alt und verfügten über eine solide finanzielle Basis.

körperlich leichter und geistig heiterer fühlt", so formuierte es einst Jean Jacques Rousseau.[4] (Rousseau 1761, zit. nach Zebhauser/Tretin-Mayer, 1996, 38)

Gerade im 18. Jahrhundert galt die Dichtkunst Vergils als höchster Maßstab der Literatur und so finden sich bemerkenswerte Parallelen zu jenem Dichter des ersten vorchristlichen Jahrhunderts, dem sich auch Rousseau verpflichtet sah. Arkadien beispielsweise, ein unwirtlicher Landstrich in Griechenland (Peloponnes) mit zum Teil schroffem Karstgebirge, wird in Vergils Bucolica[5] neu entdeckt und zur glückseligen, idealen Idylle verklärt – ein Hirtenland, dem spätere Hirtenstücke auch in der Malerei verpflichtet blieben. Arkadien ist für Vergil ein konkret umrissenes, wirkliches Land mit eigenem historischen Traditionskomplex (Wendel 1933, 14), als Name eines Landes, das einen bestimmten Bereich von idyllischen Bildern und Stimmungen umschließt. (Wendel 1933, 6) Vergil meint zwar das wirkliche Arkadien, verschmolz jedoch dessen Bild mit seinen Erinnerungen und Vorstellungen weiterer Orte miteinander (Oberitalien als Heimat Vergils – Sizilien als die Heimat Theokrits) womit sich schon das Bestreben Vergils anbahnt, Arkadien aus seiner geographischen Einmaligkeit und Gebundenheit zu lösen. (Wendel 1933, 35) Später, zu Zeiten der Grand Tour, in Um-Interpretation als das Sehnsuchtsland Italien gepriesen, bekannte auch Goethe »et in arcadia ego« auf seiner Italienischen Reise. Arkadien ist somit spätestens im ausgehenden 18. Jahrhundert zum Inbegriff der Sehnsucht nach einem friedvollen, naturnahem Leben geworden. Für Goethe ist Arkadien schon zum verheißungsvollen Sehnsuchtsland geworden. Leider war er zu bedacht darauf endlich in Italien anzukommen, als dass er sich länger mit den Alpen beschäftigte, nur wenige Zeilen seiner »Italienischen Reise« widmete er ihnen.

Veränderten zum einen die literarischen Zeugnisse über die Alpen deren Wahrnehmung, so propagierte zum anderen auch die Malerei diesen neuen Zeitgeist, wohl erst vermittelt durch die Wechselbeziehung der Englischen Landschaftsgärten, die ihrerseits auf ältere Landschaftsmalerei zurückgreifen. Einhergehend ist ein Wahrnehmungswandel im Landschaftsbild festzustellen, sowohl in der Darstellung als auch in der literarischen Rezeption – so wandeln sich die Alpen von den furchteinflößenden Bergen zu einer erhabenen Gebirgsidylle. Berge und Gebirge waren seit je her feste Elemente der Landschaftsdarstellung. Die Natur wurde häufig durch den *„Filter des Künstlichen betrachtet"* und man beurteilte *„die natürli-*

---

4   Rousseau nimmt dabei die mittelalterliche Liebesgeschichte des Abaelardus (Abélard) und der Héloise als Ausgangsstoff und kleidet sie in die Zeit des 18. Jahrhunderts, wohl angeregt durch die Bucolica des Vergil. Rousseau kannte Vergil ganz sicher über die Vermittlung von Bernardin de Saint-Pierre. (Vgl. hierzu Wendel 1933, 112).

5   Mit den 10 Hirtengedichten Bucolica (Eclogae) um 42-39 v. Chr. knüpfte Vergil an die Idyllen von Theokrit an.

che Landschaft nach den Maßstäben eines Gemäldes". (Brilli 1997, 58)[6] Adjektive
in der Landschaftsbeschreibung wie »malerisch«, »pittoresk« oder »bildschön«
zeugen von dieser bildvermittelnden Wahrnehmungsweise. Die Ästhetisierung der
Landschaft wandelte sich, geordnete Kulturlandschaft galt zuvor als Maß der
Schönheit, nun trat die »wilde« Natur in Konkurrenz dazu. Vermittelt wird diese
Veränderung in evidenter Weise erst durch die Etablierung der Englischen Gärten
zu Beginn des 18. Jahrhunderts, die aus dem Widerstand gegen die vorherrschenden französischen Parks absolutistischer Gesinnung erwuchsen, in denen alles geometrischen Gesetzmäßigkeiten unterworfen war. Zuvor in Gemälden dargestellt und in der Literatur thematisiert galt es nun solche inszenierte Landschaften im Dreidimensionalen entstehen zu lassen.

Bereits in früherer Gartenarchitektur gehörte der Berg zum festen Bestandteil
der Inszenierung. Die Beziehung Berg-Garten zeichnet in prägnanter Weise Géza
Hajós nach. (Hajós 1992, 449-460) Er führt das Beispiel eines in dem Renais-
sancegarten von Gaillon (um 1570) befindlichen, künstlichen Berges an, der in einem quadratischem Bassin als gezähmtes Stück Natur lag, vergleichbar einem
Löwen in einem Käfig. Hier wie dort spielt die ungezähmte Wildheit der Natur,
die es zu bändigen galt, eine bedeutende Rolle. Das Fremde, Unbekannte und Gefährliche, was zu erschrecken vermochte, implizierte gleichzeitig die Neugierde
nach jenem Phänomen. Dies lässt sich auf andere Erscheinungen übertragen, wie
etwa die Tiefen der Meere (vgl. Corbin 1994, passim), die höchsten Gipfel der
Welt oder noch unbekannte Regionen der Erde, die eine Abenteuerlust evozieren.
(Vgl. Köck 1990, passim) In dem erwähnten Garten von Gaillon war der Berg natürlich unzugänglich, nur ein Weg führte um ihn herum. Bezeichnenderweise befand sich in unmittelbarer Nähe eine gepflegte, geometrisch angelegte Gartenpartie
für einen geordneten, ungefährlichen Spaziergang, der den Blick auf den »gefährlichen« Berg zuließ. An ihm konnte man sich genüsslich erschauern, während
man auf gelenkten, sicheren Pfaden wohl behütet flanierte. Natur, wie sie vor allem Adelige auf ihrer obligaten Bildungsreise, der Grand Tour, wahrnahmen, wurde zum neuen Maßstab in der Gartengestaltung. Inszenierte Spazierwege,
Blickrichtungen und eine gezielte Abfolge von Sehenswürdigkeiten, wie »pittoreske« Felswände, »malerische« Ruinen, künstliche Wasserwege oder Versatzstücke
klassischer Architektur, selbst Naturerscheinungen, wie Vulkane oder Wasserfälle
wurden in englischen Parks zu einem idyllischen Konglomerat inszeniert und präg-

---

6   Brilli analysiert die aufklärerischen Essays von Gilpin. Vgl.: Gilpin, William: Three Essays: On
    Picturesque Beauty; On Picturesque Travel; and On Sketching Landscape. London 1792. Vgl.
    hierzu auch Herzog (1989). Der Autor führt den Beweis, dass der Garten wie eine Aneinan-
    derreihung romantischer Bilder wirken sollte, welche erlebt werden konnten.

ten damit wiederum die touristische Wahrnehmung. Die englischen Reisenden mussten nicht länger beschwerliche Wege zum ersehnten »Arkadien« zurücklegen, vielmehr entwickelte sich aus der einstigen Grand Tour durch Europa eine Garden Tour im eigenen Land. Die von Garten zu Garten „Tourenden" wurden zu Touristen, weshalb es nicht weiter verwundert, dass dieser Begriff gerade in der Hochblüte des englischen Landschaftsparks zunächst in England geprägt wurde. Erst durch die Vermittlung einer scheinbar ursprünglichen Natur in inszenierten Englischen Gärten, wurde authentische, einst schreckensreiche Natur »gezähmt« und avancierte selbst zur lohnenswerten Sehenswürdigkeit. Burkhard Fuhs nennt diesen Prozess „*Pazifizierung der Natur*" und registriert daraus eine zunehmende „*emotionalisierte Naturvorstellung*". (Fuhs 1992, 84) Der Wahrnehmungswandel von den schrecklichen zu den erhabenen Bergen war das Resultat umfassender gesellschaftlicher Veränderungen. (Vgl. Stremlow 1998; Stremlow 1999; Tschofen 1999) Der Englische Garten popularisierte eine neue ästhetische Landschaftswahrnehmung, die dann im 19. Jahrhundert einher ging mit einer zunehmenden Begeisterung an wissenschaftlichen Erkenntnissen. Auch die nun vermehrten Erstbesteigungen in den Alpen weckten so kontinuierlich das Reisebedürfnis. Hier waren ebenso Briten wegweisend, der erste Alpenverein wurde jenseits des Gebirges in England gegründet.

Die Veränderung der Landschaftswahrnehmung gründet auch im Reiz des Sehens, der Neugierde nach dem Unbekannten, der „Sehsucht". (Vgl. Sehsucht 1993; Sehsucht 1995; Tschofen 1999, 228ff.) Augustinus hätte diese »Sehsucht« als lasterhafte »curiositas« bezeichnet, auf heutige Sicht übertragen definierte sie Helmut Hundsbichler treffend als „*oberflächliche, schnelllebige, rein reizbefriedigende Funktion der Wahrnehmung im Rahmen des modernen Tourismus, die Eroberung durch das Auffinden des Originellen und objektiv oder subjektiv Interessanten*". (Hundsbichler 1992, 382) Damals wie heute liegen die Wurzeln der Wahrnehmung wohl auch in der »curiositas«. Geprägt werden diese Wahrnehmungen auch durch den Spaziergang in der Landschaft, wenn man selbst für andere Betrachter zur Staffage wird.[7] Dies zeigte sich auch im veränderten Charakter von Kuranlagen um 1800 und die nun heilende Wirkung in ihnen lustzuwandeln. (Fuhs 1999, 188f)

Im ausgehenden 18. Jahrhundert begleiteten oft Künstler adelige Reisegesellschaften auf ihren Weg über die Alpen und lieferten Reiseeindrücke für ihre Auftraggeber, die später stilbildend wirkten. Exemplarisch seien hier Ferdinand Runk

---

7   Dieser Aspekt kann an dieser Stelle nicht umfassender erläutert werden, ich verweise nur auf zwei weiterführende Publikationen (König 1996; Steiner 1995).

(1764–1834) oder in der Folge auch Thomas Ender (1793–1875) genannt, die für Erzherzog Johann alpine Landschaften festhielten, beispielsweise Runks »Sammlung der vorzüglichsten Mahlerischen Gegenden von Tyrol«, zu der er 1801 den Auftrag bekam. (Koschatzky 1999, 61) Diese Maler waren an der früheren Landschaftsmalerei geschult und hatten seinerzeit schon stereotyp geprägte Bilder im Kopf. Entstanden im 16. und 17. Jahrhundert vorwiegend Phantasieschöpfungen idealer Landschaften, so versuchten die Maler der Romantik aktuelle Bezüge zu tatsächlichen Gegebenheiten herzustellen, auch wenn diese dann mit Staffagen und Arrangements zu ebenso inszenierten Landschaften interpretiert wurden. Sehenswürdigkeiten, die an Aussichtsplateaus der englischen Landschaftsgärten durch gelenkte Blicke betrachtet werden, vergleichbar einer Aneinanderreihung von Gemälden in einer Bildergalerie, sind häufig idealen Landschaftsgemälden nachempfunden und mündeten im ausgehenden 19. Jahrhundert, vermittelt durch die bahnbrechende Erfindung der Photographie, in »Postkartenidyllen« der Promenadenkultur.[8] Nicht zuletzt tritt in der Folgezeit die authentische, also in etwa naturbelassene Landschaft in Konkurrenz zur domestizierten, arrangierten Natur der Englischen Landschaftsgärten.

Las Vegas kann hier als letzte Blüte des modernen Vergnügungskomplexes angeführt werden, hier spucken Vulkane ihr computergesteuertes, »ungefährliches« Feuer, wie sie seinerzeit schon im Englischen Garten inszeniert wurden, gleiten Gondeln im 2. Stockwerk eines gigantischen Hotelkomplexes im gechlorten Canal Grande mit Venedigambiente – auch dies gab es bereits in den artifiziell angelegten Wasserkanälen des 18. Jahrhunderts, Venedig gab es auch schon in Wien im ausgehenden 19. Jahrhundert, wenngleich nicht im 2. Stockwerk eines Gebäudes – während unweit Cheopspyramide oder Eiffelturm ihre Silhouette offenbaren.[9] Auch »echte« Abenteuer gibt es noch dort, wenn im stündlichen Takt Piratenschiffen geentert, versenkt und wieder aus den Fluten auferstehen. Cheopspyra-

---

8 Der Bogen ließe sich noch weiterspannen bis zum heutigen Tag, mit dem im Juni 2001 eröffneten Botanischen Garten – den Gärten von Schloss Trauttmansdorff – in Meran. Stilpluralistische Elemente vergangener Landschaftsgestaltung vermischen sich mit neuem Amüsementcharakter, in Form von gestalteten Informationspavillons und einer unterirdischen Grotte mit Multivisionsshow. Erdteilübergreifende botanische Vielfalt in arkadischer Umgebung, pittoreske Architektur, verschneite Gipfel in der Ferne, Promenaden unter Palmen, Kaskaden oder stille Teiche mit Amphitheater erinnern uns wieder an Wahrnehmungsmuster vergangener Tourismusgeschichte, die als Kernstück in Schloss Trauttmansdorff (vgl. den Beitrag von Josef Rohrer und Paul Rösch im vorliegenden Band) selbst inszeniert werden wird und bündeln sie zu einer neuen, kurzweiligen Gemeinschaftsattraktion des beginnenden neuen Jahrhunderts. Augustinus wäre entsetzt – die »curiositas« in ihrer Vollendung.

9 Die Idee, beliebte Stadtveduten oder Landschaften nachzubilden ist schon in der Renaissance fassbar, etwa mit der römischen Brunnenanlage Rometta, die in der Villa D'Este in Tivoli zu finden ist.

mide und Eiffelturm in Las Vegas entsprechen in gewisser Weise den palladiani-schen Nachbauten oder dem Gothic Revival des 18. Jahrhunderts im englischen Park. Historische Parallelen sind auch im Glücksspiel zu finden, Kurorte verdan-ken häufig gerade diesem Laster ihren Aufschwung. (Vgl. Fuhs 1992, 278-290) Womöglich gibt es in Las Vegas schon die Idee, in einer Schublade versteckt, ei-nen Hotelkomplex mit Alpenpanorama auf den Strip zu zaubern. Wann werden wohl die ersten TouristInnen mit Ski- oder Bergsteigerausrüstung nach Las Vegas aufbrechen, Gipfel erstürmen und mit einem panoramatischen Blick Alpenmassive, Venedig, New York, Paris, Ägypten oder weitere Stadtveduten gleichzeitig in ih-ren Wahrnehmungskanon aufsaugen? Zugespitzt formuliert mag sich dann in Zukunft jemand fragen, wenn er tatsächlich einmal einen der Originalschauplätze aufsucht, warum dann beispielsweise in den Alpen kein Eiffelturm steht.

Reisende Frauen und Touristinnen in den Alpen

Zurück zu den authentischen Alpen. Sie galten den Reisenden, Pilgern und Händ-lern lange nur als schwer überwindbare Hindernisse auf ihrem Weg nach dem Süden. Beschwerliche Mühen mussten aufgebracht, Schmutz, unzureichende Unter-bringungsmöglichkeiten in Kauf genommen werden, weshalb es nicht weiter ver-wundert, dass Frauen sich diesen Strapazen nicht aussetzen wollten, zumal es ih-nen meist angeraten wurde es zu unterlassen – es sei zu gefährlich. In vortou-ristischer Zeit stand reisenden Frauen nur die Möglichkeit in Form von Gesell-schaftsreisen, Pilgerreisen oder Wallfahrten und ähnliches zur Auswahl – Grand Tour unternahmen meist nur männliche Adelige. Schnell gerieten alleinreisende Frauen in Verruf. Exemplarisch sei hier auf die Lebens- und Liebesgeschichten der als Händlerin umherreisenden „Tyrolerin" aufmerksam gemacht. In moralisieren-der Romanform wurden die Geschichten besagter Tirolerin 1744 vorgelegt (Le Pensif 1744): Sie handelt vor allem von Clare aus Innsbruck, die u.a. auch in den Alpen umherreiste und dabei sich und ihre Waren feil bot. Der Begriff »Tyrolerin« wurde im 18. Jahrhundert zum Synonym für Prostituierte.

Wie reisende Engländer im 18. Jahrhundert die Alpenbegeisterung auslösten, so waren es nun vor allem an den Rhein, in die Schweiz oder nach Italien reisen-de Engländerinnen des 19. Jahrhunderts, die das Ansehen der Touristinnen fe-stigten und zur Selbstverständlichkeit werden ließ. Das 19. Jahrhundert eröffne-te den reisenden Frauen die Loslösung von althergebrachten Konventionen auf dem Weg zur Emanzipation. (Vgl. Pytlik 1991, 14)

In diesem Kontext gehört auch der von Fine Heydkamp mitgenommene Reise-führer von Karl Kinzel, der bereits in seiner Einleitung ausgiebigst Frauen motiviert Bergtouren zu unternehmen und aufschlussreich Otto Funke zitiert. Frauen, so Funke, müssten *„sich erst bessern"*, die *„deutschen Frauen seien [zu] ermahnen, dass sie sich wie ihre englischen Schwestern fleißig im Marschieren üben"* mögen. Ferner spricht er die mangelnde Anspruchslosigkeit an, die auf einer Bergtour erforderlich sei, also *„nicht tausenderlei Sachen und Sächelchen"* mitzuführen. Trotz dieses fortschrittlichen Ansatzes führt er althergebrachte Klischees über die häuslichen Pflichten der Frauen an. (Kinzel 1910, 4)

In früheren Zeiten unternahmen Frauen nur selten Ausflüge in die Höhenregionen der Alpen – Ziel lag auch hier jenseits der Alpen, seien es Pilgerinnen oder Kulturreisende. Die Alpen galten als notgedrungene Durchzugsetappe, selten waren sie indessen vor dem 18. Jahrhundert selbst Ziel einer touristisch orientierten Reise. Als absolutes Ausnahmebeispiel kann wohl die Besteigung der Laugenspitze in Südtirol im Jahre 1552 von zwei Frauen angesehen werden. (Habel o. J., 29) Es folgten weitere Berge, vor allem in den Schweizer Alpen, etwa 1760 der Pilatus oder 1808 der Mont Blanc, die von Frauen bezwungen wurden. Der weitere geschichtliche Werdegang der Besteigungen in den Alpen durch Gipfelstürmerinnen sei jedoch hier nicht weiter verfolgt. Vielmehr soll ein Bild reisender Touristinnen in den Alpen nachgezeichnet werden.

Die Malerin Marianne Kraus am Ende des 18. Jahrhunderts dürfte auch da keine Ausnahme bilden, selbst wenn sie in ihrem Tagebuch festhält, dass *„wenn ich diesen weeg nochmals zu machen häte ... ich würde zu fuß laufen und die herrlichkeiten mit Aug, hänt und füss bedrachden ..."* (Zit. nach Pelz 1993, 122; vgl. auch Barbierato 1998, 149f.) Sie ist demnach auch keine eigentliche Alpenreisende, da ihr Ziel und die Sehnsucht ebenso jenseits der Alpen lagen. Als Pionierin kann hier noch die Engländerin Hester Lynch Thrale Piozzi angeführt werden, die ihre Reiseeindrücke durch Tirol von 1787 bereits zwei Jahre später publizierte. (Vgl. Stannek 1998, 131) Für das frühe 19. Jahrhundert sei hier stellvertretend noch Josepha von Drouin angeführt, die ihre Reiseschilderungen durch Tirol 1823 publizierte und sich auch längere Zeit in Südtirol aufhielt. Im Vorwort der Reisebeschreibung ihrer zwischen den Jahren 1814 bis 1820 unternommenen Tour nach Italien erfahren wir, dass es zunächst nicht ihre Absicht gewesen sei, ihre Reiseerinnerungen zu publizieren, sondern Freunde hätten sie dazu bewogen – dies wird nahezu zur stereotypen Aussage fast aller publizierenden Frauen der Zeit. Als *„Frauenzimmer"* verzichte sie aber auf *„allen Anspruch von Gelehrtheit"*. (Drouin 1823, III) Höchst aufschlussreich ist auch das dem Vorwort folgende Subskribentenverzeichnis, da es Einblick in den näheren Bekanntenkreis der Verfasserin gibt. Insgesamt waren bereits 185 Exemplare gesichert absetzbar. Die Abnehmer waren meist Privatpersonen aus dem Münchner Adel und gehobenem Bürgertum, aber auch Institutionen wie ein Münchner Museum oder die Landständische Archivsbibliothek befanden sich darunter. Aus ihrer Beschreibung wird deutlich, dass nicht die Alpen selbst ihr Ziel waren, obgleich sie in romantische Schwärmerei gerät beim Anblick der Berge – der *„Colosse".* Vielmehr lag ihr eigentliches Ziel jenseits der eigentlichen Alpenregion, in Kaltern. Hier wohnte sie bei Verwandten, von wo sie kleinere Exkursionen in die nähere Umgebung unternahm. Etwa in den Sommerfrischeort Klobenstein, den sie auf dem Rücken eines Pferdes in Begleitung eines Führers aufsuchte. Ihre Äußerungen auf dem Pfad dorthin sind noch stark von den Vorstellungen des 18. Jahrhunderts geprägt, als die Alpen noch keineswegs als schönes Gebirge angesehen wurden.

„Der Abgrund, welcher nach dem Thale geht, wo die Eisack fluthet, und der schmale Weg kamen mir schauerlich vor, daher ich meinen Führer fragte: ob hier wohl Gefahr wäre?". (Drouin 1823, 125)

Man fühlt sich an die Worte Jean Jacques Rousseaus erinnert, der nach *„Sturzbäche … Berge … steile Pfade … und Abgründe"* verlangte, die ihm Furcht einjagen. Kaltern war willkommener Zwischenstop auf ihrer Reise nach Italien, die sie mit den Worten *„Endlich ging … die Reise nach Italien an"* (Drouin 1823, 129) in ihrer Reisebeschreibung kommentierte. Abgesehen von der kleinen Unternehmung zur Sommerfrische nach Klobenstein kann man Josepha v. Drouin auch nicht gerade als Hochtouristin bezeichnen, vielmehr schildert sie immer wieder aus sicherer Entfernung ihre Eindrücke.

Die Reisetätigkeit adeliger Frauen im 19. Jahrhundert darf hierbei nicht unterschätzt werden. Als Beispiel seien hier noch Therese von Bayern (Siebert, 1998, passim) oder Kaiserin Elisabeth von Österreich genannt. Als Inbegriff einer reisenden Frau kann wohl Elisabeth gelten, die aufgrund ihrer exzessiven Reiseleidenschaft rastlos unterwegs war. Oft unternahm sie Wanderungen in die Berge, dabei kam es vor, dass sie ihrer zu bewahrenden Anonymität wegen diese Unternehmungen auch nachts zu veranstalten pflegte, wie etwa im Jahre 1885, als sie mit Laternen in Zell am See zur Schmittenhöhe aufbrach. (Hamann 1996, 371) Ihre Begeisterung für die Bergwelt, gepaart mit dem glamourösen Luxusanspruch, führte sie auch in das legendäre Grandhotel Karersee, in den Dolomiten auf über 1600 m Höhe gelegen, von wo aus sie Bergexkursionen unternahm. Damit leistete sie entscheidenden Vorschub in der Reisemotivation der zweiten Hälfte des 19. Jahrhunderts. Ihre Reisestationen, die nach ihrem Besuch meist zum Aufschwung und zur Popularität des erwählten Ortes nicht minder beigetragen haben dürften, ziehen sich wie ein roter Faden kreuz und quer durch Europa. Im wahrsten Sinne des Wortes wurden sie durch ihre Anwesenheit geadelt. Die aufgesuchten Orte, von denen sie sich einst Ruhe und Inkognito erhoffte, abseits gro-

ßer Menschenmengen, sind paradoxerweise heute zu beliebten Tourismussehens-
würdigkeiten avanciert und ziehen die Massen an.

Wechselbeziehungen Reisetagebuch – Reiseführer

Diese Untersuchung zeichnet also weniger Touren von Extrembergsteigerinnen in
den Alpen nach und will sich auch nicht weiter mit der Identifikation der Frau am
Berg beschäftigen. (Vgl. Günther 1998, 277ff) Ebensowenig soll hier vor-
touristisches Reisen von Frauen, wie bspw. Fern- oder Forschungsreisende Gegenstand der Untersuchung sein.[10] Vielmehr soll anhand der exemplarischen
Reisebeschreibung einer Lehrerin ihre Reiseroute nachvollzogen, ihre Motivationen,
Eindrücke und kulturellen Sichtweisen beleuchtet werden. Frauenreisen ist ein
recht junges Forschungsthema und weckte erneut das Interesse an historischen
Reiseberichten von Frauen. Dabei richtete sich der Blick weniger auf Normal-
touristinnen, vielmehr galt es, oft unter emanzipatorischen Gesichtspunkten, ein
Bild von Frauen zu zeichnen, die ihren Mann/ihre Frau standen. Ulla Siebert kritisiert zurecht, dass die Frauenreiseforschung auf der *„Suche nach der Ausnah-
mefrau (...) ungewollt oder auch beabsichtigt dazu beitrug, reisende Frauen zu
idealisieren"*, weil man sich besonders auf außergewöhnliche Reisebiographien kon-
zentriere. (Siebert 1998, 18f.) Reiseberichte fanden verstärkt um die Jahrhundertwende in Frauen- und Familienzeitschriften Eingang und dienten als Reisemotivation. (Vgl. Siebert 1994, 148) Ebenso wirkte die Flut von Reiseromanen.
Insofern mögen solche Veröffentlichungen, wie Romane oder Zeitschriftenartikel,
Fine Heydkamp dazu veranlasst haben im Jahre 1911 selbst auf eine Reise in die
Alpen zu gehen und diese »schriftstellerisch« zu verarbeiten. Beispiele von
Reisezeitungen oder Fremdenblättern waren gerade im ausgehenden 19. und beginnenden 20. Jahrhundert beliebte Organe – so »Dillinger's Reise- und Fremden-
zeitung« (vgl. Paulhart 1990, 63) oder »Der Weltcourier – Illustrierte Zeitschrift
für Gesellschaft und Reise«, die unter anderem auch das Alpengebiet behandelten. Aber auch eine der renommiertesten Zeitschriften der Zeit »Die Gartenlaube«
widmete sich ebenfalls ausgiebig den Alpen. (Stremlow 1998, 147ff.)[11]
Unterschieden werden muss jedoch zwischen publizierten und rein memorativen
Berichten, die ausschließlich als Erinnerungstagebuch fungierten und wohl nur wenigen Lesern zugänglich waren, wie es im untersuchten Beispiel vorliegt. Hand-

---

10 Es sei verwiesen auf den umfassenden Tagungsband von Jedamski u.a. (1994); hier v.a. Jehle,
    Hiltgund: »Gemeiniglich verlangt es aber die Damen gar nicht sehr nach Reisen...«. Eine
    Kartographie zur Methodik, Thematik und Politik in der historischen Frauenreiseforschung.
    Ebd. 16-35.

schriftliche Reisetagebücher zeichnen sich im Gegensatz zur publizierten Form dadurch aus, dass sie meist viel intuitiver und unkritischer sowie weniger konstruiert niedergeschrieben wurden als die gefälligen Massenwaren für den Buchmarkt. Die Problematik um authentischeres, vermeintlich objektives Berichten in handschriftlichen Aufzeichnungen wird jedoch weit weniger kritisch zu werten sein, als jene publizierten Reiseberichte, weshalb private Reisebeschreibungen ihren eigenen Reiz besitzen. Sie dienen der Erinnerung und sind damit zugleich Souvenir für die unternommene Reise.

Reisetagebücher lösten in gewisser Weise die umfangreichen Berichterstattungen in Briefen ab, wovon auch Reisebeschreibung in Form fingierter Briefe Zeugnis geben. Damit sollte den Reiseberichten eine höhere Authentizität verliehen werden. Vorbilder werden in Schiffslogbüchern bzw. in den Schriften von Handelsreisenden gesehen. (Berwing/Roser 1984, 179) Hans-Joachim Lange sieht in Reiseberichten eine Art Teilerfüllung des Reisetraumes, der niemals ganz in Erfüllung gehen kann und deshalb zu sichern (Lange 1999, 103), ja zu konservieren versucht wird. Reisen kann als Metapher der unentwegt sich verändernden Wahrnehmungsweise verstanden werden. Reiseführer beeinflussen und strukturieren das Reiseverhalten der Touristen/innen. Eine neue Gattung der Reiseliteratur etablierte sich – der Reiseführer – und fand zu Beginn des 19. Jahrhunderts immer größere Verbreitung und avancierte zum steten Begleiter von Touristen und Touristinnen. Diese Epoche wird in prägnanter Weise von Karl Baedeker in Deutschland (ab 1827 als Buchhändler, später als Verleger) und John Murray in England (ab 1836) mit seinen »red books« vertreten. Bezeichnenderweise entstanden recht früh englische Versionen im Baedeker Verlag, die den gerne reisenden Engländern/innen im 19. Jahrhundert als Konkurrenzprodukt zu den Reiseführern von John Murray geboten wurden.[12] Es brach eine wahre Flut von Reiseführern auf die Reisenden des 19. Jahrhunderts herein. Fine Heydkamp griff sowohl zum »Kinzel« als auch zum »Baedeker«.

---

11 Er kommt zu dem Ergebnis, dass dort nur Männer zum Thema Alpen publiziert hätten. Stereotype Muster einer idealtypischen Beschreibung der Alpen, wie sie der Autor dort nachweisen konnte, finden sich auch in der Reisebeschreibung von Fine Heydkamp. Auch das einleitende Gedicht von Fine Heydkamp dürfte wohl unmittelbar von solchen Alpenpoeten angeregt/übernommen worden sein, was schon in ihrem Reiseführer in ähnlicher Form den Auftakt bildete.

12 Bspw. der erste englischsprachige Rheinführer im Jahre 1861, dem auch schon Teile der Schweizer Alpen gewidmet waren.

Das Reisetagebuch der Fine Heydkamp

Vor diesem kurz umrissenen Hintergrund möchte ich die Reisebeschreibung der Lehrerin Fine Heydkamp von 1911 analysieren und sie in den Kontext ihres Reiseführers stellen. Den „Baedeker" dürfte einer ihrer Begleiter mitgeführt haben, weshalb Informationen aus ihm weniger in ihre Reisebeschreibung einfloss. Betitelt hat sie ihre handschriftlichen Aufzeichnungen mit „*Tirol!*" und leitet diese, angeregt durch ihren »Kinzel«, mit folgenden Zeilen ein: „*Und willst du an der Welt dich freun'n, / Am besten wird's von oben sein. / Frisch auf, den Fuß gehoben! / Laß Tintenfaß und Bücher ruhn / Und klimm in die Nagelschuhn / Nach oben!*".[13] Glücklicherweise hielt sie sich nicht selbst daran und griff sehr wohl zum Schreibzeug und hinterließ uns eine kulturhistorisch interessante Reisebeschreibung, die sie mit 65 eingeklebten Postkarten und elf eigenen Photographien bereicherte. Sie wurde damit zum individuellen Souvenir ihrer Bergtour. Das Album entstand erst nach der Reise und dürfte wohl auf ein während der Reise geführtes Tagebuch zurückgehen, welches sich jedoch nicht erhalten hat. Der „*Neuling auf alpinem Gebiete*", wie sie sich bezeichnete, unternahm die Reise mit Ihrem Bruder Walther sowie einem Freund, Walther Bruchhaus, die sie in München traf. Zu dritt hatten sie ihre Wandertour sorgfältig geplant. Schon während ihrer Eisenbahnfahrt durch den Spessart geriet sie ins Schwärmen beim Anblick der „*ausgedehnten Waldungen*" und der „*lieblichen Täler*", ehe sie am Abend des ersten Tages nach einer langen Zugfahrt im Münchner Kaiserhof abstieg. Die nächsten Tage widmete sie der für sie neuen Stadt mit Besuchen am Karlsthor oder in der Frauenkirche, aber auch Einkäufe im Touristen-Ausstattungsgeschäft Schwaiger standen auf dem Programm. Sie erliegt der touristischen Versuchung, am Odeonplatz die Tauben zu füttern und ein Bild vom Markusplatz in Venedig wird in ihr reiseführervermittelt wachgerufen.[14] Ihre genaue Route in München wird nach-

---

13   Der von ihr mitgeführte „Kinzel" stellt folgende Zeilen an den Anfang: „Da ist die goldne Ferienzeit! Den Bergstock frisch zur Hand. Die Nagelschuhe sind bereit. Auf, auf ins Alpenland! ... und klimm hinauf zur Bergeshöh...". Am Ende ihrer eigenen Reisebeschreibung übernimmt sie auch diese Zeilen des Reiseführers wortgetreu mit anderem Anfang: „Und kommt die goldene Ferienzeit, den Bergstock frisch zur Hand! Die Nagelschuhe sind bereit. Auf, auf ins Alpenland!".

14   Es dürfte kein Zweifel daran bestehen, dass sie sich genau an die Route ihres „Kinzels" hielt, der mit dem Karlstor beginnend zur Frauenkirche, zur Residenz und zur Feldherrnhalle führt. Selbst die Erwähnung, dass sie sich an Venedig erinnert fühlt, steht wörtlich in ihrem Führer „welcher an San Marco in Venedig erinnert". Aufgrund der Tatsache, dass sie selbst beschreibt, dass dies die erste Annäherung an die Alpen ist, darf bezweifelt werden, ob Fine je selbst in Venedig war, sondern vielmehr das Muster von „Bildern im Kopf" übernehmend dann mit dem Odeonplatz in München vergleicht. So übernimmt sie bspw. ganze Textpassagen aus dem Reiseführer, etwa zur Alten Pinakothek: „Alles zu sehen ist bei einem Besuche unmöglich und hat nur für den Kunststudierenden Wert. Ebenso wertlos ist es, nur durchzugehen und die Blicke schweifen zu lassen ..."

vollziehbar, sie beschreibt kunsthistorische Details, aber auch Angaben zu Turmhöhen und dergleichen, die sie aus ihrem Reisführer schöpft. Schlussendlich erreichte sie die Alte Pinakothek und nahm ihren „Kinzel" zur Hand, der sie mit knappen Angaben durch die Sammlung führte. Illustriert werden ihre Aufzeichnung durch gekaufte Postkarten von Stadtansichten sowie zwei ihrer Lieblingsbilder dieser Sammlung. Bezeichnenderweise gefiel ihr in der Schack-Galerie der Hirtenknabe von Lenbach, welcher sich zu dieser Zeit bereits zu einem stereotypen Darstellungsmotiv der Ansichtskartenproduktion etabliert hatte, sowohl Reproduktionen von Kunstwerken der Münchener Malerschule, als auch in den nachgestellten Szenen, die sich auf solche Vorbilder beziehen. (Vgl. Halbritter 2001) Am Nachmittag indessen unternahm sie einen Ausflug zum Starnberger See, wo sie mit einem Ausflugsdampfer nach Leoni weiterfuhr. Mit der Drahtseilbahn gelangte sie zur Rottmannshöhe, spazierte zum Bismarckturm und folgte damit im Wesentlichen den Vorgaben ihres Reiseführers. Am Abend kehrte sie nach München zurück und besuchte am nächsten Morgen das Kreislehrmittel-Museum, wo sie die Schultafeln mit biblischen Bildern von Schnorr von Carolsfeld bewunderte, ehe sie anschließend Schloss Nymphenburg aufsuchte. Dort interessierte sie sich vor allem für die Herstellung von Porzellan, was wohl für ihren Unterricht als Lehrbeispiel gedient haben mag, da sie alle Details des Herstellungsprozesses auflistet. Als Pflichtprogramm in ihrer Tätigkeit als Lehrerin ist wohl auch der Besuch des Deutschen Museums zu werten, denn danach kehrte sie mit ihrem „*Tagewerk vollauf zufrieden zum Hotel zurück*". Den folgenden Sonntag begann sie mit dem Besuch der Hl. Messe, ehe sie zum Frühstück in den Kaiserhof zurückkehrte. Es folgten Besuche der Neuen Pinakothek, des Englischen Gartens, des Südlichen Friedhofs sowie des Theaterstücks »Der Protzenbauer«, welches ihr die Möglichkeit bot sich „*an die Sprache der Gebirgler zu gewöhnen*" um dann abends am Bahnhof ihre beiden Wandergenossen mit „*einem inzwischen gelernten recht kräftigen* »*Grüß Gott*«" abzuholen.

Am nächsten Morgen, den „*Gigler*" in den Koffer gepackt, zog sie „*den Touristen*" an. (Vgl. Abb. 1) Mit dem „*Gigler*" dürfte sie wohl ein schönes Stadtkleid gemeint haben, während der „Tourist" als zweckmäßige Wanderbekleidung anzusehen ist. Alsdann, mit „*festen Nagelschuhen*" an den Füßen und einem Rucksack ausgerüstet, begann die gemeinsame Reise – „*den Bergen entgegen*" nach Innsbruck. Dort wurden die größeren Koffer und Reisetaschen nach Latsch im Vinschgau aufgegeben und im Anschluss die Stadt besichtigt. Vermutlich kauften sie sich, der Empfehlung des Reiseführers folgend, bei Ausrüstungs- und Andenkenladen Witting einen Bergstock und speisten anschließend im Grauen Bären. Mit der Stubaitalbahn erreichten sie Fulpmes, wo sie sogleich mit ihrer Wanderung begannen. Unter der *„ungewohnten Last des Rucksackes"*, konfrontiert mit schlechtem Wetter, erhielten ihre *„neuen Capes bei dieser Gelegenheit ihre Wassertaufe"*. Völlig durchnässt gelangten sie an ihr erstes Ziel, Neustift im Stubaital, wo sie im Gasthof zum Salzburger abstiegen. Dieses erste Ereignis über das Unwetter hielt sie mit einer längeren Beschreibung fest, ehe die drei sich am nächsten Tag auf den teilweise völlig überschwemmten Weg machten in Richtung Ranalt. Der Führer Georg Egger kam ihnen hierhin nach. Gemeinsam stiegen sie zur Bsuch-Alm und zur Nürnberger Hütte auf, von der sie eine Postkarte mit der Ansicht der knapp 2300 Meter hoch gelegenen Schutzhütte in ihrem Reisetagebuch einfügte. Vom Inneren der groß angelegten Schutzhütte berichtet Fine, dass das Speisezimmer mit einer *„stets fließenden Quelle"* ausgestattet sei, die ein wohlschmeckendes Wasser spendet. Hier wird zum erstenmal wohl auch ein Fremdenbuch durchblättert, wo sie sich sicherlich selbst auch entsprechend eintrug. Sie berichtet von einem Wandergruß des Herrn Witte aus Remscheid, der auch in späteren Fremdenbüchern wieder entdeckt wird. Die ersten Kontakte sind schnell geschlossen, zumal man sich schon in Ranalt flüchtig begegnete und nun auf der Hütte genauer kennenlernte – es sind dies die *„angenehmen"* Ernst und Else Friese aus Berlin sowie die weniger angenehmen Schnerbels aus Schlesien, beide Paare sind auf ähnlich geplanter Tour unterwegs wie Fine Heydkamp mit Bruder und Freund. Zuvor im Tal schon mit schlechtem Wetter konfrontiert, war ihnen die Aussicht auf den Bergen ebenso wenig vergönnt – Fine berichtet mehrfach davon. Am nächsten Tag, noch vor 7 Uhr am Morgen, ging es weiter durch den Nebel, die sie um die Ostseite der Urfallspitze auf das erste Schneefeld brachte. *„Es ist unmöglich das Gefühl zu beschreiben, das in dieser erhabenen Schnee- und Gletscherwelt das Herz höher schlagen läßt"* hält Fine in ihrer Reisebeschreibung fest. Angeseilt stiegen sie nun über das Schneefeld zum Wilden Freiger mit über 3400 Meter Höhe auf. Hier ist die Klage groß, denn der Nebel verhindert jegliches ersehnte Bergpanorama auf die umliegenden Gipfel. Der Nebel hätte aber auch sein Gutes für *„neugebackene Bergfexe"*, wenn er sich *„huldvoll"* über die Abgründe des Südgrates lege. Unten am Gletscher angelangt tröstet *„ein überwältigender Anblick (...) wir standen plötzlich vor einer immens großen Gletscherspalte"*, die sie mit Tropfsteinhöhlen vergleicht. Danach ging es wieder in die Höhe auf den »Becher« und in die Schutzhütte »Kaiserin Elisabethhaus«, die als wohl eingerichtet empfunden wird, jedoch keine Quelle wie in der Nürnberger Hütte aufweist – hier wird das Wasser aus dem eingeschmolzenen Schnee gewonnen. Wir erfahren auch wieder von den Notizen des Herrn Witte im Fremdenbuch, der 14 Tage zuvor hier oben verweilte. Die Sehnsucht nach einem herrlichen Panorama, was ihr bislang verwehrt geblieben war, äußert sie folgendermaßen in einer längeren Passage:

„Wir waren heute in 5 1/2 Std. mit 38000 Schritten 1129 m gestiegen und hofften für unsere Anstrengungen durch gute Aussicht belohnt zu werden. Aber der Wettergott hatte es anders beschlossen. Der Nebel begann sich immer enger um die Hütte zu drängen. Ein Sturm umheulte das Haus, und der Wind pfiff an allen Ecken herein. Prasselnd schlug der Regen, der zuweilen mit Schnee vermischt war, gegen die Scheiben. Nachdem wir den üblichen heißen Tee getrunken, glaubten wir daher nichts Besseres tun zu können, als unsere müden Glieder auszustrecken und geschäftlich nachzudenken. Aber in den Schlafräumen war es bitterkalt, sodass schon gegen 4 Uhr sich einer nach dem anderen in dem gemütlichen durchwärmten Speisezimmer wieder einfand. Der Regen hatte nachgelassen, aber der Nebel wollte noch nicht weichen. Plötzlich jedoch ertönte der Freudenruf: Aussicht!!! Und alle stürzten zur Tür hinaus und eilten vor die Hütte. Wirklich erschien aus dem Nebel allmählich ein Bergriese der Stubaier Alpen nach dem anderen. Zuckerhütl und Wilder Pfaff mit der am Fuße dieser Berge gelegenen Müllerhütte und dem neuen Erzherzog Karl Franz Joseph Schutzhaus schauten sogar ganz klar aus dem Nebel hervor. Man konnte jetzt erkennen in welch großartiger Umgebung wir uns befanden. Doch die Freude war nur von kurzer Dauer; bald war wieder die ganze Gegend in Nebel gehüllt, und wir eilten händereibend und zähneklappernd an den warmen Ofen zurück, trotz allem froh, dass uns wenigstens diese Aussicht beschieden war".

Mehrere Male erwähnt sie die Schrittzahl in dem Reisetagebuch, die sie im Laufe des Tages gegangen sei – sie war demnach mit einem Schrittzähler ausgestattet, der ihre Leistungen dokumentierte. Wurde bisher die Reisebeschreibung mit einmontierten Postkarten illustriert, auf denen sie hin und wieder auch den genauen Wegverlauf durch eingezeichnete Pünktchen festhielt, so klarte es im Laufe des nächsten Tages auf, so dass an *„photographische Aufnahmen"* zu denken war. Mittlerweile war man in der erwähnten Müllerhütte angekommen und stellte fest, dass der Photoapparat wohl im Becherhaus liegen geblieben war. Der Bergführer eilte zurück um ihn zu holen. Dann berichtet sie in der Reisebeschreibung: *„Leider konnten wir jetzt nur noch eine Aufnahme von dem stark zerklüfteten Überthalferner machen, denn das Zuckerhütl und der Wilde Pfaff hatten bereits wieder eine Nebelkappe"*. Hier halfen dann die Postkarten, die es vor Ort zu kaufen gab, um die Reiseerinnerung zu komplettieren.

Der weitere Streckenverlauf zog sich zum Gipfel des Wilden Pfaff hinauf, dessen Besteigung Fine als recht anstrengend empfand, doch die Mühe wurde mit einem erneuten, schönen Ausblick belohnt, ehe der Abstieg über den Pfaffensattel und über den Sulzenauferner angetreten wurde, den Fine mit den Worten kommentierte: *„Nun ging es in nicht zu schildernder Herrlichkeit der erhabenen Alpennatur stundenlang über ein blendend weiß schimmerndes Schneefeld"*. Über

Abbildung 2:
Seilschaft am Wilden
Pfaff und Zuckerhütl
vom Überthalferner

Pfaffengletscher und Gaiskargletscher hinweg erreichten sie die Hildesheimer Hütte, wo sie ihren Führer für seine Dienste entlohnten, da nun der weniger anstrengende Weg nach Sölden anstand, wenngleich sie einen Wegweiser erwähnt, der *„von launiger Touristenhand geschrieben, eine treffende Bezeichnung Folterweg"* erhielt. Schmal, steinig, feucht und schlüpfrig wurde er ihr zu Qual. In Fiegl's Gasthof stieg die Reisegesellschaft ab, von dem man aber eher enttäuscht war, da er als *„Gasthof primitivster Art"* bezeichnet wurde. In gleichem Gasthaus wurden auch das nun mitwandernde Ehepaare Friese und die später eintreffenden Schnerbels untergebracht, teils in der Wirtstube selbst. Am nächsten Tag erreichte man Sölden und stieg im Gasthof Grüner zum Alpenverein ab, womit sie wohl der Empfehlung ihres Reiseführers gefolgt waren. (Kinzel, 1910, 103) Über Vent weiter wandernd, wo sie im Gasthaus »Zum Tappeiner« übernachteten, gelangte

159

sie zusammen mit Frieses durch das Rofental über den Vernagtferner hinauf zur Vernagt Hütte auf über 2700 m Höhe, wo die Wirtschafterin mit der Gitarre ihre Gäste zu unterhalten vermochte. Am nächsten Morgen, den 28. August 1911, zog man weiter über den Gußlarferner, der Schneebrillen erforderte, dann weiter dem Brandenburger Steig folgend über das Brandenburger Jöchl zum Kessel- wandferner und zum Brandenburger Haus.

Die 1910 erbaute Schutzhütte wird von Fine Heydkamp als luxuriös beschrie- ben, sie sei *„wunderschön eingerichtet, für diese Höhe"* und in den Schlafräumen würden den müden Wanderer *„Steiners Paradies-Betten"* erwarten. *„Der große und helle Speiseraum ist mit gutem Wandschmuck versehen, die Stühle tragen in Brandmalerei die Stifternamen der Sektionsmitglieder, ein Haxenchlag'r in Holz- schnitzerei"* prange in der Ecke, Koch- und Leuchtgas sei vorhanden und auf *„den*

Abbildung 3: Brandenburger Haus um 1911 – Fine Heydkamp beschreibt diese
Schutzhütte in ihrer Reisebeschreibung.

Ruf einer elektrischen Klingel" erscheine eine freundliche Wirtin, die in *„fabelhaft kurzer Zeit alle billigen Wünsche ihrer Gäste erfüllt, die verhältnismäßig gar nicht so teuer bezahlt werden müssen"*. Da das Wetter unvergleichlich schön war, entschloss man sich noch die Dahmannspitze zu erklimmen. *„Der Abend setzte dem Genuss des Tages die Krone auf. Der Sonnenuntergang ist in Worten kaum zu schildern. Die Farbenpracht vom schönsten Rot bis zum grünlich abgetönten Gelb muss man gesehen haben, um diese überwältigende Schönheit mitempfinden zu können"*.

Auf dem Gipfel angelangt *„knipsten"* sie ein Bildchen (Abb.1). Es zeigt Fine in einem Lodenrock mit vornliegender Knopfleiste, einer Bluse mit kleinem Spitzenkragen und Kopftuch sowie den in Innsbruck erworbenen Bergstock, ihre beiden Begleiter mit Eispickel, den Walther Bruchhaus von dem Führer *„Josef Scheiber, (...) erstanden hatte [und] auf den er nicht wenig Stolz war"*, was in dem Bild auch zum Ausdruck kommt. Karl Kinzel rät Frauen zur Ausrüstung folgendes:

> „Das Damenkleid aus Loden oder leichtem Wollstoff, sei bequem und so, dass die Taille oder Lodenbluse bei besonders heißem Wetter durch eine waschbare Bluse ersetzt werden kann, die man im Ränzel mit sich trägt (...) zwei große Taschen im Kleiderrock sind unbedingt erforderlich. Statt der Unterröcke, die lästig und ganz unturistisch sind, wird als beste Unterkleidung die Reformhose getragen".   (Kinzel 1910, 18f.)

Am nächsten Tag zog man schon gegen 5 Uhr früh los über den Gepatschferner, der große Aufmerksamkeit erforderte. Fine berichtet davon Folgendes: *„Der schlimmste Teil wurde in einem großen Bogen umgangen, und über die anderen Spalten führten teils Schneebrücken, teils mußten wir springen. Bei dieser Gelegenheit sauste Elschens zweiter Stock in die Tiefe (...) traurig sangen wir das Lied »Ming Stock is fort«"*. Der Weg führte dann weiter über das Gepatschhaus hinab ins Kaunertal bis Feuchten, wo der Führer mit 45 Kronen entlassen wurde. Danach ging es in einer Wagenfahrt nach Prutz. Fine beschreibt ihre beängstigenden Eindrücke dieser Fahrt mit folgenden Worten:

> „Das Kaunsertal [sic!] in seiner wunderbaren Zusammenstellung des Grotesken und Lieblichen einerseits, und andererseits an jeder Wegbiegung auf dem schmalen Pfade neben dem unten wild brausenden Bach das beängstigende Gefühl: Jetzt fällt die Karre um! – ließ mich diese Fahrt mit sehr gemischten Empfindungen genießen. Wie berechtigt dieses Angstgefühl war erklärt der Umstand, dass wir etwa 5 Minuten vor dem Ziel gezwungen waren auszusteigen, da sich ein Rad gelöst hatte und bei der nächsten Drehung unfehlbar gefallen wäre. Das Rad wurde notdürftig wieder eingesetzt und wir zogen per pedes in Prutz ein".

Hier trennten sich dann ihre Wege – die auf der Reise kennengelernten Frieses fuhren nach Landeck weiter, während Fine und ihre Begleiter mit der Post durchs Oberinntal nach Pfunds kamen, wo man in dem neu erbauten »Gasthaus Post zur Rose« unterkam, so wie es die Reiseführer Baedeker und Kinzel empfahlen. Am nächsten Morgen ging es über die Hochfinstermünzstraße, von der Fine etwas enttäuscht war, lediglich der Anblick des alten Turms von Altfinstermünz zog ihre Aufmerksamkeit auf sich. Die beiden Männer mit der Extra-Post, sie jedoch im Hochsitz einer „Mail-Coache" weiterreisend, gelangten sie zum Bahnhof von Mals, wo sie sich über den angeschlagenen Wetterbericht „*Neugung zu Gewitterbüldung*" (sic!) amüsierten, ehe sie mit der Vinschgau-Bahn nach Latsch weiterfuhren, wo sie ihr vorausgeschicktes Gepäck im Gasthof zum Hirschen erwartete. Nach Tagen sehnten sie sich nun nach der Badeanstalt im Ort. Fine beschreibt diese Situation vor Ort:

> „Zu unserer Freude gab es in dem kleinen Ort eine Badeanstalt, in der wir zu gleicher Zeit drei warme Bäder bekommen konnten. Doch diese Freude wurde leider bald sehr beeinträchtigt. Der Weg zur Badeanstalt war weit und führte durch lauter Winkel und Gäßchen, dann begann ein Gewitter sich zu entladen, und als wir glücklich im Badehause angelangt waren, ließ die ganze Geschichte bezüglich ihrer Reinlichkeit viel zu wünschen übrig. Wir beeilten uns deshalb sehr und mußten dann, da es inzwischen vollständig dunkel geworden war, mit Hilfe der elektrischen Taschenlaterne den Rückweg suchen. Eine Frau, die wir um Auskunft fragten, hielt uns wohl, irregeführt durch den plötzlich aufblitzenden und wieder verschwindenden Schein unserer Laterne, für leibhaftige Teufel, denn sie drückte sich fest an das Scheunentor und wagte keinen Laut. Wir fanden uns indessen auch alleine zurecht und hatten kaum das Hotel erreicht, als ein wolkenbruchartiger Regen niederging, und das Gewitter mit großer Heftigkeit von allen Seiten losbrach".

Anderntags ging es für einige Tage durch das Martelltal weiter über Gand, wo sie den Bergführer Heinrich Eberhöfer engagierten, der „*nebenbei auch Pächter der Zufallhütte*" gewesen ist, wohin man beabsichtigte zu gehen. Zunächst übernachteten sie jedoch im Zufritthaus, von wo aus man „*einen prächtigen Blick auf die blendend weiße Eispyramide des Cevedale*" genoss. Der nächste Tag führte sie hinauf zur Zufallhütte.

> „Wir befanden uns hier 2273 m hoch noch im Bereich der bewachsenen Region. Die einfache Hütte liegt auf einem kleinen mit Zirben bestandenen Plateau, das einen großartigen Ausblick auf den Cevedale gewährt. Im Westen senkt sich der mächtige Zufallferner ins Tal und zur Rechten ragen die Madritsch- und die Hintere Schöntaufspitze verlockend hervor. Wir waren jetzt in Zweifel darüber, ob wir das wunderbare Wetter benützend, heute auf

den Cevedale steigen, oder die Gratwanderung antreten sollten, die uns über die Madritsch- Butzen- und Eisseespitze zur Halleschen Hütte führte, von der wir dann morgen dem erhabenen Bergriesen unsere Aufwartung machen konnten. Nach einigem Hin- und Herreden über das Für und Wider entschlossen wir uns, unserem Glück vertrauend, zur Gratwanderung. Reichlich mit Proviant versehen gingen wir um ½ 10 von der Zufallhütte fort. Die nun folgende Tour war außerordentlich schwierig und anstrengend. Nach kurzer Zeit begann der Weg rasch und steil zu steigen. Eberhöfer führte uns absichtlich etwas vom gekennzeichneten Wege ab zu den „Äußeren Wandln", und wer beschreibt nun meine Freude, als ich mit einemmal an einer schroffen Felswand die herrlichsten Edelweiß blühen sah. Für W.B. war das Erblicken dieser Alpensterne und das Hinanklettern das Werk eines Augenblicks. Ich wollte in der ersten stürmischen Freude gleich nach, doch mußte ich, dem Führer gehorchend, erst auf gefahrlosem Wege mit ihm nach oben klettern, um von hier angeseilt vorsichtig wieder abzusteigen. Für mich war das Erreichen der Edelweiß nicht gar so leicht, meine Freude und mein Stolz dafür später auch um so größer".

Abbildung 4: Postkarte mit Ansicht der Zufallhütte und des Cevedale

163

Zunächst an den Hut gesteckt, machte sie das Edelweiß wieder *„steigefreudig"*, zu Hause angelangt montierte sie das getrocknete Edelweißsträußchen in ihre Reisebeschreibung ein, dem sie ein Gedicht beistellte, welches ihre Mühen beim Aufstieg unterstreicht. Der Weg wurde immer schlechter, loses Schiffergeröll ließ sie fast keinen festen Schritt mehr unternehmen, so sei es drei Stunden aufwärts gegangen.

> „Aber noch war die Spitze nicht erobert. Nach einem erfrischenden Schluck Tee gab ich meinem Herzen einen letzten energischen Stoß und kam in ½ Std. glücklich oben an! Hier erwartet uns ein großartiges Panorama, ein herrlicher Lohn für alle Mühe (…) und nun gaben wir uns ungeteilter Gipfelfreude hin. (…) wir sahen Königsspitze, Zebru und den Ortler, Krailspitze und Schrötterhorn, überschauten die Eisseespitze und die Butzenspitze, denen wir noch heute einen Besuch zugedachten und begrüßten im Süden den für morgen aufgesparten Cevedale".

Nach zwei Stunden Ruhepause ging es über die erwähnten Gipfel hinweg zur Halle'schen Hütte[15], wo großer Betrieb war, viele Touristen tummelten sich dort. Schon in der Frühe um 2 Uhr standen die ersten Bergwanderer wieder auf, die auf die Königsspitze steigen wollten, um ½ 4 Uhr stand auch Fine auf, um eine Stunde später den Marsch hinauf zum Cevedale zu beginnen. Schon am Haus wurden sie angeseilt, *„denn es galt vom ersten Tritt an eine ansehnliche Schneestampferei"*. Oben angelangt war der Genuss *„derart wunderbar, dass er allem bisher Genossenen die Krone aufsetze"*. Zurück an der Halle'schen Hütte angelangt, nahmen sie ihre Rucksäcke wieder auf und wanderten zur Schaubachhütte, ehe es über den Suldengletscher hinweg, über Möranenschutt nach St. Gertraud ging. Im Posthotel zum Ortler erfuhren sie, dass ein preußischer Offizier am Ortler tödlich verunglückt sei. Am nächsten Tag, nun wieder zu dritt vereinigt, ging es mit der Post nach Gomagoi und wieder ansteigend nach Trafoi hinauf, dem sich ein Spaziergang zum Wallfahrtsort Heilige Drei Brunnen anschloss. Ihre Höhentour beschlossen sie mit einer Bergwanderung an der Stilfserjochstraße entlang zur Ferdinandshöhe empor und mit der Post und Vinschgaubahn ging es noch am selben Abend nach Meran.

> „Der erste Eindruck war großartig. Die Bahn fährt in einer Schlangenlinie an die Stadt heran, die wie ein großes Lichtermeer vor uns lag. Da in der »Sonne« kein Platz war, wohnten wir im »Andreas Hofer« (…) Donnerstag den 5. Sep-

---

15 In der Sektion Halle des DAV hat sich das Gästebuch von 1911 erhalten. Beide trugen sich dort als Mitglieder der Sektion Barmen ein und gaben als Ziel den Cevedale an. Für die Recherche danke ich Manfred Reichstein aus Halle. Andere Recherchen zu den Gästebüchern blieben bislang erfolglos.

tember nahmen wir zuerst in dem herrlich eingerichteten Kurmittelhaus ein erfrischendes Schwimmbad, dann bummelten wir die Gilfpromenade. Es war ein Unterschied wie Tag und Nacht. Gestern noch am ewigen Eis und Schnee, heute in sengender Hitze."

Mit letztem Satz übernimmt Fine wieder Passagen aus ihrem Reiseführer, der als stereotypes Element in zahlreichen Reiseführern zu finden ist. Man genießt noch den Spaziergang über den Tappeinerweg ehe man noch am Nachmittag nach Bozen weiterfuhr, wo sie im Hotel Gasser abstiegen. In Bozen wieder im Stadtkleid, dem „Gigler", zu dem sie noch in den Bozener Lauben einen passenden Reisehut kaufte, erkundete man die Stadt und nicht zuletzt die bekannten Restaurants »Schwarzer Greif« sowie das »Batzenhäusl«, ehe sie am 6. September 1911 die Rückreise antraten, die sie über Innsbruck, München und einem Tagesaufenthalt nach Nürnberg brachte. Mit Nürnberger Lebkuchen bepackt ging die Reise dann weiter über Würzburg, Köln nach Barmen zurück.

Fine Heydkamps Alpenwanderung war damit zu Ende. „Unsere Tour ist zu Ende! Lange noch werden wir uns in der Erinnerung ihrer freuen ..." Mit vielen neuen Eindrücken bereichert und zahlreichen Postkarten in ihrem Gepäck, bleibt ihr die Reise noch lange in Erinnerung, nicht zuletzt deshalb, weil sie aus ihren wohl während der Bergtour niedergeschriebenen Notizen, den Postkarten und den Photographien, dem Edelweißsträußchen, welches sie so mühevoll erreicht hatte, ein individuelles Souvenir ihrer Alpentour konservierte.

Fine Heydkamp war keine Frau, die sich durch ihre Reise emanzipieren wollte, sondern eine engagierte und begeisterte Normal-Touristin in den Hochalpen – nicht mehr, aber auch nicht weniger.

Literatur

Barbierato, Mara (1998): Visioni di donne attraverso le Alpi. In: Der Weg in den Süden (1998). Essay-Band, 143-165.

Bausinger, Hermann/Beyrer, Klaus/Korff, Gottfried (Hgg.): Reisekultur. Von der Pilgerfahrt zum modernen Tourismus. München: C.H. Beck.

Berwing, Margit/Roser, Sebastian (1984): Reisetagebücher. In: Berwing, Margit/ Köstlin, Konrad (Hgg.): Reise-Fieber. Begleitheft zur Ausstellung des Lehrstuhls für Volkskunde der Universität Regensburg. (Regensburger Schriften zur Volkskunde Bd. 2) Regensburg, 179-201.

Brilli, Attilio (1997): Als Reisen eine Kunst war. Vom Beginn des modernen Tourismus: Die Grand Tour. Berlin: Wagenbach.

Corbin, Alain (1994): Meereslust. Das Abendland und die Entdeckung der Küste. Berlin: Fischer Taschenbuch.

Der Weg in den Süden Reisen durch Tirol von Dürer bis Heine / Attraverso le Alpi Appunti di Viaggio da Dürer a Heine. (Ausstellung des Landesmuseum Schloß Tirol vom 2.08. –6.11.1999). Essay-Band / Katalogband. Meran: Medus.

Drouin, J[osepha Elisabeth] v. (1823): Meine Reisen von München nach Tyrol, Wien, Mayland, Venedig und nach Ober-Italien in den Jahren 1814, 1815, 1819 und 1820. München: Zängel'sche Schriften.

Fendl, Elisabeth/Löffler, Klara (1994): „Man sieht nur, was man weiß". Zur Wahrnehmungskultur in Reiseführern. In: Kramer, Dieter/Lutz, Ronald (Hg.): Tourismus-Kultur. Kultur-Tourismus. (Kulturwissenschaftliche Horizonte 1) Hamburg, 55-77.

Fuhs, Burkhard (1992): Mondäne Orte einer vornehmen Gesellschaft. Kultur und Geschichte der Kurstädte 1700 – 1900. (Historische Texte und Studien Bd. 13) Hildesheim-Zürich-New York: Georg Olms.

Fuhs, Burkhard (1999): Die heilende Kraft der waldigen Höhen. Die Bedeutung der Kur für die Erschließung der Umgebung Wiesbadens als Gesundheitslandschaft. In: Hessische Blätter für Volksund Kulturforschung. NF, Bd. 35; Berg-Bilder. Gebirge in Symbolen – Perspektiven – Projektionen. Marburg, 187-204.

Götte, Johannes (Hg., ⁴1960): Landleben. Bucolica, Georgica, Catalepton. München: Ernst Heimeran. [1. Aufl. von 1949]

Gorsemann, Sabine (1995): Bildungsgut und touristische Gebrauchsanweisung. Produktion, Aufbau und Funktion von Reiseführern. (Internationale Hochschulschriften Bd. 151) Münster-New York: Waxmann.

Günther, Dagmar (1998): Alpine Quergänge. Kulturgeschichte des bürgerlichen Alpinismus (1870–1930). (Campus Historische Studien Bd. 23) Frankfurt a. M.-New York: Campus.

Habel, Verena (o. J.): Frauen am Berg. In: Alpenverein Museum. Katalog (Hg.: Österreichischer Alpenverein Innsbruck) Innsbruck: Athesia-Tyrolia o. J. (um 1995).

Hajós, Géza (1992): Der Berg und der Garten. Mythisches Abbild – Künstliche Natürlichkeit – Promenadennatur. In: Kos (Hg.), 449-460.

Halbritter, Roland (2001): Touristisch gelenkte Blicke – Stereotype Arrangements von Ansichtskarten in Südtirol. Ein Beitrag zur investigativen Postkartenforschung. In: Der Schlern 75/2001, Heft 2, 67-100.

Haller, Albrecht [von] (1734): Dr. Albrecht Hallers Versuch von Schweizerischen Gedichten. (Zweyte / vermehrte und veränderte Auflage). Bern: Niclaus Emanuel Haller.

Hamann, Brigitte (¹⁰1996): Elisabeth. Kaiserin wider Willen. München: Piper.

Herzog, Günther (1989): Hubert Robert und das Bild im Garten. (Grüne Reihe – Quellen und Forschungen zur Gartenkunst Bd. 13) Worms.

Huck, Gerhard (1978): Der Reisebericht als historische Quelle. In: Huck, Gerhard/Reulecke, Jürgen (Hg.): ... und reges Leben ist überall sichtbar! Reisen im Bergischen

Land um 1800. (Bergische Forschungen – Quellen und Forschungen zur bergischen Geschichte, Kunst und Literatur Bd. XV) Neustadt a.d.Aisch: Ph.C.W. Schmidt, 27-44.

Hundsbichler, Helmut (1992): Symbolwert »Landschaft«. Wahrnehmung und Eroberung von Landschaft im Mittelalter. In: Kos (Hg.), 381-390.

Jedamski, Doris/Jehle, Hiltgund/Siebert, Ulla (Hg., 1994): »Und tät das Reisen wählen!«. Frauenreisen – Reisefrauen. (Dokumentation des interdisziplinären Symposiums zur Frauenreiseforschung, Bremen 21.–24. Juni 1993). Zürich- Dortmund: efeF.

Kinzel, Karl (⁹1910): Wie reist man in Oberbayern und Tirol? Ein Buch zum Lust- und Planmachen. Schwerin: Fr. Bahn.

Köck, Christoph (1990): Sehnsucht Abenteuer. Auf den Spuren der Erlebnisgesellschaft. Berlin: Transit.

König, Gudrun (1996): Eine Kulturgeschichte des Spazierganges. Spuren einer bürgerlichen Praktik 1780 – 1850. (Kulturstudien Sonderband 20). Wien-Köln-Weimar: Böhlau.

Kos, Wolfgang (Hg., 1992): Die Eroberung der Landschaft. Semmering–Rax– Schneeberg. Katalog zur Niederösterreichischen Landesausstellung Schloss Gloggnitz 1992. Wien: Falter.

Koschatzky, Walter (1999): Kunst als geistiges Programm. Erzherzog Johann von Österreich und seine Kammermaler. In: Ausstellungskatalog des Landesmuseums Schloß Tirol (28. März–28. August 1999) Ferdinand Runk. Sammlung der vorzüglichsten Gegenden von Tyrol – Raccolta delle più memorabili vedute del Tirolo. Meran: Medus, 61-65.

Lange, Hans-Joachim (1999): Er-fahren des Woanders. Wahrnehmungen zum Reisen als Lebensmodus. In: Tourismus-Journal 3. Jg. (1999) Heft 1, 101-120.

Lauterbach, Burkhart (1989): Baedeker und andere Reiseführer. In: Zeitschrift für Volkskunde 85 (1989), Heft 2, 206-233.

Lauterbach, Burkart (1992): „Von den Einwohnern". Alltagsdarstellungen im Spiegel des Reiseführers. In: Zeitschrift für Volkskunde 88 (1992), 49-66.

Le Pensif, Jaques [Pseud.] (1744): Merckwürdiges Leben einer sehr schönen und weit und breit gereiseten Tyrolerin, nebst vielen andern anmuthigen Lebens- und Liebes-Geschichten. Franckfurth und Leipzig. (Reprint Frankfurt-Berlin-Wien: Ullstein 1980).

Paulhart, Anneliese (1990): Heimweh nach der Ferne. Touristische Leitbilder und Sehnsüchte in Dillinger's Reise- und Fremden-Zeitung (1890–1913). Wien: Dipl.-Arb.

Pelz, Annegret (1991): Reisen Frauen anders? Von Entdeckerinnen und reisenden Frauenzimmern. In: Bausinger u.a. (1991), 174-178.

Pelz, Annegret (1993): Reisen durch die eigene Fremde. Reiseliteratur von Frauen als autogeographische Schriften. (Literatur – Kultur – Geschlecht 2) Köln-Weimar-Wien: Böhlau.

Pytlik, Anna (1991): Die schöne Fremde – Frauen entdecken die Welt. (Ausstellungskatalog 9.10.–21.12.1991) Stuttgart: Württembergische Landesbibliothek.

Rousseau, Jean Jacques (1761): Julie, ou la nouvelle Heloïse. Lettres de deux amans, habitans d'une petite Ville au pied des Alpes. Amsterdam: Marc Michel Rey.

Sehsucht (1993): Sehsucht Das Panorama als Massenunterhaltung des 19. Jahrhunderts. (Hg. Kunst- und Ausstellungshalle der Bundesrepublik Deutschland GmbH) Bonn: Stroemfeld/Roter Stern.

Sehsucht (1995): Sehsucht. Über die Veränderung der visuellen Wahrnehmung. (Schriftenreihe Forum Bd. 4) Göttingen: Steidl.

Siebert, Ulla (1994): Frauenreiseforschung als Kulturkritik. In: Jedamski u.a. (Hg., 1994), 148-173.

Siebert, Ulla (1998): Grenzlinien. Selbstrepräsentationen von Frauen in Reisetexten 1871 bis 1914. (Internationale Hochschulschriften Bd. 246). Münster-New York-München-Berlin: Waxmann.

Stannek, Antje (1998): Frauen reisen in Tirol. Zur geschlechtsspezifischen Mobilität und Berichterstattung. In: Der Weg in den Süden (1998). Essay-Band, 129-141.

Steiner, Gertraud (1995): Gehlüste. Alpenreise und Wanderkultur. Salzburg-Wien: Otto Müller.

Stremlow, Matthias (1998): Die Alpen aus der Untersicht. Von der Verheissung der nahen Fremde zur Sportarena. Kontinuität und Wandel von Alpenbildern seit 1700. Bern-Stuttgart-Wien: Paul Haupt.

Stremlow, Matthias (1999): Postkarten aus dem „Dachgarten Europas". Skizzen einer Geschichte touristischer Alpenbilder. In: Tourismus Journal, 3. Jg. (1999), Heft 2, 255-274.

Tschofen Bernhard (1999): Berg – Kultur – Moderne. Volkskundliches aus den Alpen. Wien: Sonderzahl.

Wendel, Herta (1933): Arkadien im Umkreis bukolischer Dichtung in der Antike und in der französischen Literatur. (Giessener Beiträge zu Romanischen Philologie Heft 26) Giessen: Meyer.

Zebhauser, Helmuth/Trentin-Mayer, Maike (Hg., 1996): Zwischen Idylle und Tummelplatz. Katalog für das Alpine Museum des Deutschen Alpenvereins in München. München: DAV.

Zusammenfassung

Die Alpen als Reisedestination waren lange keine Selbstverständlichkeit. Sie galten vor dem 18. Jahrhundert und häufig auch lange Zeit danach vor allem als Durchzugsregion auf dem Weg in den Süden, für Männer wie für Frauen. Erst allmählich änderte sich nach und nach der Zugang zu ihnen – die Alpen wurden literarisch verklärt, ihre Gipfel erobert, als Destination erkannt, in der romantischen Malerei idealisiert und in Landschaftsgärten domestiziert. Einhergehend ist ein sich ständig verändernder Wahrnehmungswandel spürbar, der das Gebirge immer attraktiver als Reiseziel werden ließ. Vor allem im Laufe des 19. Jahrhunderts entdeckten Engländerinnen, aber auch reisende, adelige Frauen des übrigen Europa die Berge und popularisierten sie. Ein handschriftliches Reistagebuch einer durch die Alpen reisenden Frau, die weder ausgewiesene Gipfelstürmerin noch Forschungsreisende, sondern als normale Touristin in den Bergen im Jahre 1911 unterwegs war, war Anlass, sich diesem Gebiet der Frauenreiseforschung zu widmen, zumal dies bislang kaum in einen kulturwissenschaftlichen Kontext gestellt wurde.

Roland Halbritter, M.A.; Kulturwissenschaftler. Studium der Volkskunde, Kunstgeschichte und klassischen Archäologie in Würzburg und Bologna. Seit 1998 als wissenschaftlicher Mitarbeiter am entstehenden Tourismusmuseum Schloss Trauttmansdorff in Meran beschäftigt.
E-mail: Roland.Halbritter@web.de

Alpengasthof zur Gerlosplatte, um 1928

Gasthaus Pass-Thurn, um 1920

II. Hintergründe, Befunde, Analysen – Die gegenwärtige Diskussion um den Alpentourismus

Einleitung

Die Geschichte des Tourismus war eine ökonomische Erfolgsgeschichte. Österreich-weit, alpenweit, weltweit. Und der Tourismus liegt gesamt gesehen trotz aller frag-würdigen Begleiterscheinungen weiter auf einer wirtschaftlichen Erfolgsstraße. Auch wenn man berücksichtigt, dass etwa in Österreich die Gesamtaufwendungen für Tourismus und Freizeit in der Dekade 1990 – 2000 mit durchschnittlich 3,8 Prozent pro Jahr schwächer angestiegen sind als das nominelle Bruttoinlands-produkt (+4,4 Prozent; vgl. Bundesministerium für Wirtschaft und Arbeit 2001, 16).

Die Wertschöpfung aus dem heimischen Tourismus ist laut dem vom Wirt-schaftsforschungsinstitut und der Statistik Austria erstellten „Tourismussatelliten-konto" trotz stagnierender Nächtigungszahlen seit Jahren kontinuierlich im Stei-gen. Die direkte (Ausgaben des Gastes am Urlaubsort) und indirekte (Vorleistungen der vom Tourismus betroffenen Unternehmen) Wertschöpfung des österreichischen Tourismus (ohne Dienst- und Geschäftsreisen) lag 2001 nach vorläufigen Zahlen bei 19,4 Mrd. € oder 9,1 Prozent des Bruttoinlandprodukts. Im Jahr 2000 wa-ren es noch 18,2 Mrd. €, 1999 17 Mrd. €. (APA 0216 vom 18.1. 2002). Diese Steigerung der Wertschöpfung bei stagnierenden Nächtigungszahlen ist auf ein er-hebliches Anwachsen des Realaufwandes je Nächtigung zurückzuführen. Den ge-stiegenen Umsätzen stehen jedoch auch gestiegene Aufwendungen gegenüber.

Mit rund 6,6 Millionen touristischen Betten hat sich der europäische Alpenraum als eine bedeutende Tourismusdestination mit jahrzehntelang anhaltenden Wachstumsraten etabliert. Seit etwa der Mitte der 1980er Jahre ist das Wachs-tum der Nächtigungszahlen jedoch ins Stocken geraten und vielfach wird eine Stagnation im Alpentourismus – und hier insbesondere im Sommer – konstatiert. Die internationalen Tourismus- und Freizeitmärkte haben sich seit dieser Zeit er-heblich dynamischer entwickelt als die Nachfrage nach Alpen-Aufenthalten, die sich immer stärker auf große, hoch gelegene Tourismuszentren, den Tourismus in gro-ßen Alpenstädten und auf professionelle Betriebsstrukturen konzentrieren. Da-durch gehen die Einkommenseffekte für breite Schichten von Alpenbewohnern, die den Alpentourismus bisher auszeichneten, deutlich zurück. Diese Stärke des Alpentourismus, seine breiten regionalwirtschaftlichen Effekte, ist durch die man-gelhafte Bündelung der Anbieter von touristischen Dienstleistungen gleichzeitig ein Hindernis auf dem Weg zur von den Ökonomen immer stärker geforderten Professionalisierung und Konzentration. Diese Entwicklung betrifft nicht nur Österreich, das in diesem Band stellvertretend für den gesamten Alpenraum im Zentrum der Analysen steht, ähnliche Entwicklungstendenzen finden wir auch in den italienischen Alpen, wie der Beitrag von Fabrizio Bartaletti in diesem Band dokumentiert. Doch auch der französische und der schweizerische Alpentourismus ist von analogen Entwicklungen bestimmt.

Die Vielzahl der Einflussfaktoren auf das Nachfrageverhalten, die auf unterschiedlichsten Ebenen (Individuum, Situation, Reiseziel, Trends, Gesellschaft, Wirtschaft, Politik) angesiedelt sind und die gleichzeitig einer starken Veränderungsdynamik unterliegen, erfordert eine gründlichere wissenschaftliche Analyse und höhere Innovationsbereitschaft, um im massiven Wettbewerb auf einem immer stärker globalisierten Tourismusmarkt bestehen zu können. Doch sind immer weiter steigende Nächtigungszahlen wirklich der einzige Gradmesser für den Erfolg?

Diese veränderte Wettbewerbssituation trifft auf eine angeschlagene wirtschaftliche Situation vieler „traditioneller" Familienbetriebe – den vorherrschenden Anbietern des klassischen Alpentourismus –, die durch mangelhafte Eigenkapitalausstattung, wachsende Verschuldung und ökonomisch gesehen suboptimale Betriebsgrößen gekennzeichnet sind. So vermietete der durchschnittliche österreichische Beherbergungsbetrieb im Jahr 2000 nur knapp 40 Betten (1996: 37,4 Betten). (Bundesministerium für Wirtschaft und Arbeit 2001, 23).

Neben dem schon seit geraumer Zeit unter starkem ökonomischen Druck stehenden Gaststätten- und Beherbergungswesen hat der wirtschaftliche Konzentrationsdruck im letzten Jahrzehnt auch weitere Tourismussektoren – etwa die Seilbahnwirtschaft – erfasst.

Auf der Suche nach neuen Auswegen aus der „Krise" des Alpentourismus werden zahlreiche und widersprüchliche Strategien diskutiert und – mit unterschiedlichen Erfolgen – auch bereits angewandt. Ein relativ neues Konzept sind künstliche Ferienwelten und Themenparks in den Alpen, das neben etlichen erfolgreichen Beispielen – wie den Kristallwelten in Wattens – auch erste Bruchlandungen und Pleiten – siehe das Play Castle bei Seefeld in Tirol oder die bereits in der Konzeptphase gescheiterte „Alpenwelt Mittersill" – hervorgebracht hat.

Zur gleichen Zeit werden immerhin aber auch ganz andere Wege diskutiert und beschritten, die aufbauend auf den Stärken des klassischen Alpentourismus eine integrierte und umfassende nachhaltige Entwicklung regionaler Lebenswelten propagieren, in denen Tourismus nur ein Faktor neben vielen in einem Konzept eigenständiger Regionalpolitik ist; in denen Lokalität und Modernität zusammengeführt werden sollen. Regionsspezifisch vernetztes Wirtschaften unter verstärkter Einbeziehung der Landwirtschaft, des Gewerbes und des Dienstleistungssektors sieht ein Leben mit und nicht für den Tourismus vor, unter aktiven Beteiligungsmöglichkeiten der lokalen Bevölkerung. Dieses Konzept einer sowohl ökonomisch als auch sozial und ökologisch nachhaltigen Entwicklung von multioptionalen Regionen, in denen die Verbesserung der Lebens- und Arbeitsbedingungen und des sozialen Umfeldes sowie lokale Kulturtraditionen mit dem jeweiligen touristischen Angebot von Destinationen enger verknüpft werden können, stellt sich als mögliches Alternativkonzept dar. Diese Strategie des „Bewahrenden Fortschritts" (siehe den Beitrag von Karlheinz Wöhler in diesem Buch) verlangt eine ökonomisch nachhaltige Basis aus der heraus soziale und ökologische Nachhaltigkeitsziele gesichert werden können.

Immerhin ist die Tourismuswirtschaft alpenweit gesehen entgegen der landläufigen Betrachtungsweise nicht der dominierende Wirtschaftsfaktor. Vielmehr liegt der Schwerpunkt von Wirtschaft und Bevölkerung in den tieferen Tal- und Beckenlagen. Gewarnt werden muss jedenfalls, gerade in Zeiten einer in den Hintergrund getretenen Diskussion um die negativen ökologischen und soziokulturellen Auswirkungen des Massentourismus, vor touristischer Monostruktur und der vorschnellen Aufgabe der „kleinen" Tourismusregionen.

Bad Hofgastein, um 1898   Quelle: Archiv Josef M. Meidl

Werner Bätzing

Der Stellenwert des Tourismus in den Alpen und seine Bedeutung für eine nachhaltige Entwicklung des Alpenraumes

Vorbemerkung

Üblicherweise betrachtet man den Tourismus im Alpenraum aus der Perspektive der Tourismusbranche bzw. aus der von Tourismusorten und -regionen, und weitet dann den Blick auf die „übrigen" Alpen aus. Dagegen geht dieser Artikel bewusst vom gesamten Alpenraum aus (Basis: Auswertungen von sozio-ökonomischen Strukturdaten *aller* Alpengemeinden) und fragt nach dem Stellenwert des Tourismus in den Alpen. Durch diesen Wechsel der Blickrichtung ergeben sich wichtige neue Bewertungen und Erkenntnisse.

1. Der quantitative Stellenwert des Tourismus in den Alpen

Das weitverbreitete, touristisch geprägte Alpenbild lässt die Alpen erst oberhalb von 1000 Metern beginnen und schließt damit die dicht besiedelten inneralpinen Tal- und Beckenlagen aus den Alpen aus. Dies ist jedoch aus zahlreichen Gründen nicht gerechtfertigt: Die tiefen Lagen sind mit dem Höhenstockwert durch naturräumliche Prozesse eng verflochten, und auch in kulturgeschichtlicher, wirtschaftlicher, politischer Hinsicht sowie im Bereich der regionalen Identitäten gibt es sehr viele wichtige Gemeinsamkeiten. Die Alpenkonvention hat deshalb bei ihrer Alpenabgrenzung die inneralpinen Tal- und Beckenlandschaften richtigerweise zu den Alpen gezählt (zur Alpendefinition und -abgrenzung siehe Bätzing 1997, 23-27).

175

Damit ergeben sich aber im Unterschied zum touristischen Alpenbild völlig neue demographische und wirtschaftliche Gewichtungen: Weil die oberen Lagen im Alpenraum vergleichsweise dünn besiedelt sind, liegt das Schwergewicht von Wirtschaft und Bevölkerung in den tiefen Lagen, und hier findet auch das große Wachstum im 20. Jahrhundert statt – der Tourismus verliert damit automatisch seine privilegierte Position (siehe Tabelle 1). Lediglich im obersten Höhenstockwerk findet sich ein Bevölkerungswachstum von + 27% zwischen 1870 und 1990, aber dieses geht ausschließlich auf das Oberengadin, Davos und Arosa zurück und ist kein alpenweites Phänomen. Und selbst dieses Wachstum reicht nicht aus, um den demographischen Bedeutungsverlust der beiden oberen Stockwerke zu kompensieren: Lebten 1870 90% der Alpenbevölkerung unterhalb von eintausend Höhenmetern, so sind es 1990 bereits 94%!

Tabelle 1: Die Bevölkerung der Alpen 1870–1990 nach Höhenstufen

Anteil der Alpenbevölkerung, die in Gemeinden der entsprechenden Höhenstufe (Lage des Gemeindezentrums) leben			Bevölkerungsentwicklung (1870 = 100%)
Höhenstufe	1870	1990	1870 – 1990
30 m – 499 m	44%	53%	189%
500 m – 999 m	46%	41%	140%
1.000 m – 1.499 m	9%	6%	104%
1.500 m – 2.042 m	0,9%	0,7%	127%

Quelle: Bätzing 1993

Ein zweites, sehr banales Argument unterstreicht diese Relativierung des Tourismus: Die „klassischen" Tourismusgemeinden, die sich aus Bauerndörfern entwickelt haben, sind klein und besitzen heute oft nur 1000 bis 3000 Einwohner. Dagegen gibt es in den tiefen Lagen viele Städte mit mehr als 10.000 Einwohnern und zahlreiche Auspendlergemeinden in der Nähe dieser Städte, die heute mehr als 5.000 Einwohner aufweisen.

Trotz dieser ersten Relativierung sind die Alpen eine der größten und wichtigsten Tourismusregionen der Erde, und in ihnen spielt sich ein relevanter Teil des globalen Tourismusgeschäfts ab. Allerdings ist dieser Anteil wegen der schwierigen und unvollständigen Datenlage kaum zu quantifizieren. Da Übernachtungszahlen in Frankreich nicht erhoben werden, in der Schweiz lückenhaft und in Italien unzuverlässig sind, ist es am sinnvollsten, mit dem Indikator „touristische Betten" zu arbeiten. Alpenweit gibt es etwa 1,5 Mill. Hotelbetten, die gut erfassbar sind. Schwierig wird es dagegen mit der sog. „Parahotellerie" (Ferienwohnungen, Gruppenunterkünfte, Schutzhütten, Campingplätze u.ä.), die auf gut 5 Mill. Betten geschätzt wird (siehe Tabelle 2). Eigentlich müssten auch die zahlreichen privaten

Zweitwohnungen mitgezählt werden, die eine nicht unproblematische „Schatten-wirtschaft" darstellen: Wenn ihre Eigentümer in einer Wirtschaftskrise gezwun-gen wären, diese Wohnung zu vermieten, könnte ein Überangebot an Betten ent-stehen, das die Preise zusammenbrechen ließe (Keller 1990).

Tabelle 2: Die touristischen Betten im Alpenraum (1988 – 1995)

Staat	1	2	3	4	5	6	7
A	0,986	1,025	19	36	3,1%	0,307	30,0%
CH	0,747	1,004	37	46	4,3%	0,418	41,6%
D	0,129	0,156	29	5	1,8%	0,032	20,5%
F	2,000	2,320	57	91	5,2%	1,176	50,7%
I	0,820	2,115	41	125	7,1%	1,106	52,3%
SLO	0,030	0,027	4	3	6,1%	0,015	55,5%
Alpen	4,712	6,647	35	306	5,0%	3,054	45,9%

1: Schätzung der touristischen Betten incl. Parahotellerie nach Siegrist 1998, 420 (in Millionen)
2: Schätzung der touristischen Betten incl. Parahotellerie nach Bartaletti 1998, 23 (in Millionen)
3: Anzahl der touristischen Betten pro Quadratkilometer Alpenfläche
4: Zahl der Gemeinden mit mehr als 5.000 touristischen Betten
5: Anteil der Gemeinden von Spalte 4 an der Gesamtzahl der Alpengemeinden in Prozent
6: Zahl der Betten in den Gemeinden mit mehr als 5.000 touristischen Betten (in Millionen)
7: Anteil der Betten in den Gemeinden von Spalte 4 an der Gesamtzahl der Betten (Spalte 2) in
   Prozent
Datenbasis für Spalten 3–7 (auf Gemeindeebene erhoben): Alpengemeindedatenbank Bätzing/Perlik.
Für D: Der Fremdenverkehr in Bayern 1990; für F: CEMAGREF nach INSEE-SCEES, inventaire com-munal 1988; für I: Analyse von Fabrizio Bartaletti; für A: ÖSTAT: Der Fremdenverkehr in Österreich 1991;
für CH: BFS 1987 (Parahotellerie) und 1990 (Hotellerie); für SLO: Anton Gosar, Ljubljana.

Die 6,6 Mill. touristischen Betten bedeuten alpenweit eine Tourismusintensität von knapp 0,5 Betten/Einwohner, bei einer Gewichtung nach Wertschöpfung (Ho-telbett Faktor 1, Parahotelleriebett Faktor 0,2) ergibt sich eine Intensität von 0,2 Betten/Einwohner. Allerdings ist diese Intensität sehr unterschiedlich im Alpenraum verteilt: Bei einer Analyse von 41% aller Alpengemeinden besaßen 40% der Ge-meinden gar keinen Tourismus (weniger als 0,1 B/E), 40% der Gemeinden wie-sen eine geringe (0,1 bis 0,5 B/E), 12% eine mittlere (0,5–1,0 B/E) und 8% eine hohe touristische Intensität (über 1,0 B/E, jeweils gewichtet nach Wertschöpfung) auf (Bätzing/Perlik 1995, 63). Der Tourismus ist also räumlich stark konzentriert.

Fragt man nicht nach hohen Intensitäten, sondern nach hohen Bettenzahlen, so gibt es 306 Alpengemeinden mit mehr als 5000 touristischen Betten (siehe Tabelle 2 und Alpenkarte auf der Innenseite des Buchumschlages im vorliegenden Band), unter denen jedoch eine Reihe von Großstädten sind (Grenoble, Annecy,

Innsbruck, Salzburg, Bozen, Lugano u.a.). Obwohl diese Gemeinden nur 5% aller Alpengemeinden umfassen, konzentrieren sich in ihnen 46% aller touristischer Betten (Spalte 7 in Tabelle 2). Die räumlichen Konzentrationen sind in den französischen und italienischen Alpen besonders stark ausgeprägt (die slowenischen Alpen sind auf Grund ihrer extrem niedrigen Bettendichte ein Sonderfall), in den Schweizer Alpen finden wir einen Mittelwert (das Wallis besitzt eine ähnliche Struktur wie Savoyen), und die österreichischen und v.a. die bayerischen Alpen weisen eine ausgesprochen dezentrale Tourismusstruktur auf.

In einer Reihe von Fällen sind die Gemeinden aber nicht mit den Tourismusorten identisch bzw. es ist schwierig zu bestimmen, wo die Grenzen sind, wenn mehrere Gemeinden bzw. Orte mittels Skilift oder Skipass miteinander verbunden sind. Setzt man eher engere Grenzen an, dann ist Chamonix-Mt. Blanc mit 56.251 touristischen Betten der größte Tourismusort der Alpen, gefolgt von sechs weiteren französischen Stationen (siehe Tabelle 3). Nimmt man dagegen eher weite Grenzen und bezieht sich auf räumlich miteinander verbundene Skigebiete, dann steht die Region „Trois Vallées" in Savoyen (Stationen Les Menuires, Courchevel, Méribel, Val Thorens) mit 98.254 Betten einsam an der Spitze im Alpenraum.

Def !   Weder die Zahl der touristischen Betten noch die touristische Intensität allein sind aber hinreichend, um eine Gemeinde im regionalwirtschaftlichen Sinne als „Tourismusgemeinde" (Gemeinde mit touristischer Monostruktur) zu klassifizieren. Dazu muss zusätzlich der dritte Wirtschaftssektor dominant sein, und es darf sich nicht um eine „Auspendlergemeinde", eine „Kleingemeinde" oder um eine „Stadt" handeln (Details siehe Bätzing/Perlik 1995, 62-66). Nach dieser Definition gibt es alpenweit gut 600 Tourismusgemeinden (10% aller Alpengemeinden). Da es sich bei ihnen jedoch oft um kleinere Gemeinden handelt, leben in ihnen nur 8% der Alpenbevölkerung. Aber da es häufig hochgelegene Gemeinden sind (je höher eine Gemeinde im Gebirge liegt, desto größer ihre Fläche), umfassen diese 600 Gemeinden 20% der gesamten Alpenfläche. Bei dieser Angabe handelt es sich jedoch lediglich um die betreffenden Gemeindeflächen, die nur zum kleinen Teil touristisch erschlossen sind; die touristisch genutzten Flächen selbst sind nur sehr schwer zu ermitteln, und sie liegen deutlich unter 5% der Alpengesamtfläche (Siegrist 1998, 434).

Diese 600 Tourismusgemeinden sind häufig zu Wander- oder Skigebieten zusammengeschlossen, und sie bilden alpenweit etwa 300 Skigebiete. Die verschiedenen „Skiatlanten", die stets eine Auswahl treffen, verzeichnen meist nur um die 200 Skigebiete. Diese Gebiete verteilen sich jedoch sehr ungleich im Alpenraum: Nur im Bereich der westlichen Ostalpen (Bayern, Vorarlberg, Tirol, Salzburg, Kärnten, Südtirol) besitzt der Tourismus einen halbwegs flächenhaften

Charakter, genauer gesagt: hier sind fast alle Neben- oder Seitentäler stärker oder schwächer touristisch geprägt, während die Haupttäler (mit der großen Mehrheit der Bevölkerung und der Arbeitsplätze) linienhaft verstädtern.

Tabelle 3: Die großen Tourismusorte in den Alpen

		Betten
A:	Saalbach-Hinterglemm / S	17.390
	St. Kanzian / K	15.859
	Salzburg, Stadt / S	14.250
	Sölden / T	13.985
	Mittelberg / V	13.371
	Velden-Woerth / K	11.667
CH:	Crans-Montana / VS (4 Gemeinden)	30.351
	Bagnes / VS	27.161
	Davos / GR	22.810
	Lugano / TI	17.460
	Zermatt / VS	17.355
	Nendaz / VS	15.319
D:	Oberstdorf	10.981
F:	Chamonix-Mt. Blanc / 74	56.251
	St. Martin-de-Belleville / 73 (Les Menuires)	44.107
	Val-d'Isère + Tignes / 73 (2 Gemeinden)	44.010
	La Plagne / 73 (3 Gemeinden)	42.439
	Megève / 74 (2 Gemeinden)	42.132
	Morzine / 74 (2 Gemeinden)	40.088
	Serre-Chevalier / 05 (3 Gemeinden)	32.955
	St. Bon-Tarentaise / 73 (Courchevel)	31.892
I:	Bardonecchia / TO	28.607
	Pinzolo / TN (Madonna di Campiglio)	27.118
	Castione di Presolana / BG	24.669
	Limone Piemonte / CN	22.874
	Frabosa Sottana / CN	22.637
	Cortina d'Ampezzo / BL	21.478
	Valtournenche / AO	20.376
SLO:	Bled	5.027

Quelle: Siehe Tabelle 2, Spalte 3–6; Zeitraum: 1987–1991

Größere Konzentrationen von punktförmigen Tourismusorten gibt es im Berner Oberland, im Wallis, in Graubünden, in Savoyen und Hoch-Savoyen, in den Dolomiten, in der Region Aosta, im Susa-Tal/Piemont und auf der Nordseite der

Ligurischen Alpen, während die übrigen Alpenregionen sehr wenig Tourismusorte oder gar keinen Tourismus aufweisen.

Damit ist der Tourismus nicht – wie immer wieder behauptet wird – der dominante oder gar der stärkste Wirtschaftszweig in den Alpen, denn nur maximal 10–12% aller Arbeitsplätze dürften touristische Arbeitsplätze sein. Und ebenso wenig ist der Tourismus ein flächenhaftes Phänomen, sondern räumlich hochkonzentriert in 10% aller Alpengemeinden und in wenigen Alpenregionen.

2. Der Strukturwandel der Alpen im 19. und 20. Jahrhundert

In der öffentlichen Diskussion wird ein starkes Bevölkerungswachstum im Alpenraum fast immer mit einer touristischen Entwicklung in Verbindung gebracht. Um diese Sichtweise zu relativieren, ist es sinnvoll, den gesamten Strukturwandel der Alpen zu thematisieren.

Bis zum späten Mittelalter sind die Alpen keineswegs ein benachteiligter Raum, sondern Teile der Alpen gehören stets zu den Gunstregionen Europas (Bätzing 1997, 278-283). Mit dem Beginn der Neuzeit jedoch verlieren die Alpen allmählich diese Position: Die neuen wirtschaftlichen Innovationen (Intensivierung der Landwirtschaft und Ausbreitung des Gewerbes) konzentrieren sich immer mehr auf das Flachland und auf gut erreichbare Hafenstandorte, und sie erreichen in den Alpen nur die tiefen Tal- und Beckenlagen, deren Bevölkerung deutlich wächst, während sie in den oberen Lagen stagniert (Mathieu 1998). Verschärft wird dies durch die politische Entwicklung Europas: Im Rahmen der Herausbildung der absolutistischen Flächenstaaten werden die Alpen zur Grenzregion und zur Peripherie gemacht, die weit von den neuen Machtzentren entfernt ist, obwohl sie eigentlich zentral mitten in Europa liegt.

Die fundamentale Zäsur setzt aber erst mit der industriellen Revolution ein, weil jetzt alle traditionellen Wirtschaftsaktivitäten im Alpenraum entwertet werden (Landwirtschaft, Handwerk, Bergbau vorindustrielle Erzverarbeitung und andere Gewerbe, dezentraler Saumverkehr). Dies bedeutet das Ende der jahrtausendelangen flächenhaften bzw. flächendeckenden Nutzung des Alpenraums. Die neuen industriellen Wirtschaftsaktivitäten gelangen erst relativ spät in die Alpen (Eisenbahnbau als Voraussetzung), und sie sind dadurch charakterisiert, dass sie jeweils nur kleine Teilflächen punkt- oder linienhaft aufwerten. Es handelt sich dabei um die Alpenstädte entlang den neuen Eisenbahnlinien, die die Entwicklung der europäischen Industriestadt verzögert und verlangsamt mitmachen (ab 1854: Semmeringbahn bzw. 1867: Brennerbahn), um Industrieanlagen auf der Basis der Wasserkraftnutzung (ab 1890, v.a. in Westalpen wegen Relief), der Bodenschätze (ab 1870 Aufbau Schwerindustrie in der Mur-Mürz-Furche in der Steiermark) oder des Arbeitskräftepotentials (ab 1830 in der Ostschweiz) sowie um den Aufbau des ersten Massentourismus (ab 1880), des sog. „Belle-Epoque-Tourismus", der unmittelbar mit der Industriegesellschaft verbunden ist. Dieser Tourismus produziert eine hohe Wertschöpfung in riesigen „Palast-Hotels", die sich meist an wenigen Orten (v.a. an den Ufern der Alpenrandseen und in hochgelegenen Talschlüssen) sehr stark konzentrieren und die über einen Eisenbahn-/Zahnradbahnanschluss verfügen. Im Jahr 1913 gibt es etwa einhundert solcher Tourismusorte, die zu 80% in den Schweizer Alpen liegen (v.a. Genferseeregion, Berner Oberland, Vierwaldstätterseeregion, Oberengadin, 50 Gemeinden mit mehr als 0,5 Betten/Einwohner, 80 Gemeinden mit mehr als 200 Betten: Böhlen/ Dällenbach 1994).

Daneben entstehen zwischen 1880 und 1914 auch dezentrale Tourismusstrukturen (kleine lokale Hotels, Alpenvereinshütten, Wanderwege), die eine Reihe von Gebirgsgruppen touristisch erschließen. Es handelt sich hierbei jedoch um wertschöpfungsschwache Aktivitäten und um kleine Gästezahlen. In dieser Zeit wird von vielen Orten und Tälern ein touristisches „Image" aufgebaut, das später zu einer zentralen „Ressource" in der Tourismusentwicklung werden wird.

Mit dieser neuen Entwicklung im Industriezeitalter wachsen in den Alpen die räumlichen Disparitäten sehr stark: Einerseits findet eine flächenhafte Entwertung der Alpen statt, was zu Abwanderung und Bevölkerungsrückgang führt, andererseits werden kleinere Teilflächen sehr stark aufgewertet, was mit einem starken Bevölkerungswachstum verbunden ist.

Zwischen 1914 und 1955 wird diese Dynamik durch die beiden Weltkriege und die Weltwirtschaftskrise deutlich gedämpft und teilweise werden die traditionellen Wirtschaftspotentiale zur Eigenversorgung wieder etwas aufgewertet. Im Unterschied zur Entwicklung der Alpenstädte und der alpinen Industrie gerät der Tourismus in dieser Zeit – v.a. in der Form der „klassischen" Belle-Epoque-Struktur – in die Krise, verliert an Wirtschaftskraft und reduziert seine räumliche Konzentration.

Wenn man diese Entwicklung auf Gemeindeebene quantitativ analysieren will, so kann man erst 1870 beginnen, weil erst zu diesem Zeitpunkt alpenweit verlässliche Gemeindedaten vorliegen. Im Zeitraum 1870 – 1960 wächst die Bevölkerung der gesamten Alpen deutlich, allerdings liegt das Wachstum von +43% signifikant unter dem der europäischen Industriestaaten; damit werden die Alpen als benachteiligte Region fassbar. Im Innern der Alpen sind die räumlichen Gegensätze jedoch sehr stark ausgeprägt: 52% der Alpengemeinden verzeichnen in dieser Zeit einen (oft starken) Rückgang, und 48% wachsen (Bätzing 1999, 6). Analysiert man, welche Gemeinden das gesamtalpine Wachstum entscheidend prägen, so sind es in erster Linie die Alpenstädte und in zweiter Linie die Industriegemeinden, während die Tourismusgemeinden dabei fast keine Rolle spielen.

Die Zeit von 1955 – 1980 kann in Europa und in den Alpen als „Übergangsphase" von der Industrie- zur Dienstleistungsgesellschaft bezeichnet werden, und sie ist durch wichtige Veränderungen geprägt. Erstens verzeichnen die Alpenstädte weiterhin ein starkes Bevölkerungs- und Wirtschaftswachstum, wobei dank dem Bau neuer Straßen und Autobahnen zusätzliche Alpenstädte in diese Entwicklung einbezogen werden. Zweitens erhalten die Alpen in dieser Zeit neue industrielle Impulse: Da in den industriellen Zentren Vollbeschäftigung herrscht, werden in den gut erreichbaren Alpentälern zahlreiche Zweigbetriebe („verlängerte Werkbänke") angesiedelt, in denen v.a. (ehemalige) Bergbauern arbeiten. Dadurch werden zahlreiche Arbeitsplätze neu geschaffen. Drittens entwickelt sich ab 1955 der Massentourismus (ab 1955 Sommer-, ab 1965 Wintertourismus), u.zw. in Westösterreich, Bayern, Südtirol in stark dezentraler, in Frankreich und Italien in stark zentralisierter Form, wobei die jeweiligen staatlichen Rahmenbedingungen eine prägende Bedeutung besitzen. Nur die slowenischen Alpen kennen auf Grund der „sozialistischen" Entwicklung Jugoslawiens keinen touristischen Ausbau, hier findet stattdessen eine dezentrale industrielle Erschließung der Alpentäler statt.

In der Mitte dieser Phase dürfte der Anteil der Arbeitsplätze im zweiten Wirtschaftssektor (Gewerbe, Industrie) im gesamten Alpenraum etwa 55% betragen haben – die Alpen sind also keinesfalls von den Dienstleistungen geprägt, sondern sie weisen die typische Sektoralstruktur der Industriestaaten (Dominanz II. Sektor) auf.

Im Verlauf dieser Entwicklung wird das Wachstum der Alpenbevölkerung nicht nur immer stärker (1960 – 1980: +15%), sondern es setzt auch ein säkularer Trendbruch ein: Bis 1970 lag das Bevölkerungswachstum im Alpenraum stets deutlich *unter* den Wachstumsraten der europäischen Industriestaaten, seitdem liegt es *darüber* – die Alpen verlieren ihren Status als „benachteiligte Region" und beginnen sich zu einem „Gunstraum" zu entwickeln.

Dabei verschwinden aber die räumlichen Disparitäten nicht: Zwar wird die Zahl der Gemeinden mit Bevölkerungsrückgang kleiner (44% aller Gemeinden in der Zeit 1960 – 1980), weil eine Reihe von ehemaligen Problemgemeinden durch Straßenbau, Industrie, Tourismus neue wirtschaftliche Impulse erhält, aber in allen Gemeinden ohne moderne Entwicklung geht die Zahl der Einwohner weiterhin dramatisch zurück – die Gegensätze zwischen Wachstum und Entvölkerung nehmen dadurch sogar noch zu.

Seit 1980 befinden sich die europäischen Staaten und die Alpen in der Phase der Dienstleistungsgesellschaft (Dominanz III. Wirtschaftssektor, Ausbildung europäischer Binnenmarkt und Globalisierung), und die Alpen werden jetzt immer weniger von nationalen und immer stärker von europäischen und globalen Rahmenbedingungen geprägt. Bei wichtigen Entwicklungen gibt es erneut fundamentale Veränderungen: Erstens erleidet die Industrie im Alpenraum einen starken Rückgang, weil diese Standorte im Kontext der globalen Wirtschaft nicht mehr konkurrenzfähig sind. Damit ist ein gewaltiger Abbau von Arbeitsplätzen verbunden, der die Wirtschaftskraft der Alpen erheblich schwächt. Er wird aber von der Öffentlichkeit kaum wahrgenommen, weil im Rahmen des touristisch geprägten Alpenbildes die Industriebetriebe und die tiefen Tallagen aus den Alpen ausgeklammert werden.

Zweitens beginnt seit den 1980er Jahren der Tourismus auf hohem Niveau zu stagnieren, und er wird kaum noch räumlich ausgeweitet (keine Neuerschließung von unberührten Talkammern oder gar Seitentälern), sondern im Gegenteil räumlich konzentriert, indem kleine Tourismusgemeinden mit geringem Infrastrukturangebot im Rahmen der schärfer werdenden Konkurrenz vom Markt verdrängt werden. Damit fallen zwei Ursachen für die positive Entwicklung von Bevölkerung und Wirtschaft im Alpenraum weg, und seit den 1980er Jahren tragen nur noch die Städte das weitere Wachstum, jetzt allerdings in doppelter Weise.

Das Wachstum der Alpenstädte geht kontinuierlich weiter, allerdings verlagert es sich meist von der „Kernstadt" in die angrenzenden Umlandgemeinden, so dass sich aus den Städten sog. „Stadtregionen" entwickeln (Perlik 2001). Da die Alpenstädte trotz ihres Wachstums im europäischen Rahmen kleine Städte darstellen und da die neuen Verkehrsmittel und Kommunikationstechniken die Entfernung zur nächsten Metropole stark verkürzen, besteht für die Alpenstädte mittel- bis langfristig die Gefahr des Bedeutungsverlustes und des Verlustes ihrer Eigenständigkeit (sog. „Vervorstädterung" oder „Metropolisation", siehe Perlik/ Bätzing 1999, 189-193). In den Schweizer Alpen sind die alpenrandnahen Alpenstädte bereits auf diese Weise umstrukturiert worden (Gian Paolo Torricelli in Perlik/Bätzing 1999). Dies wirkt sich zwar nicht negativ auf Bevölkerung und Wirtschaft aus, aber es verringert die Spielräume für eine eigenständige Ausgestaltung der sozioökonomischen Entwicklung auf eine relevante Weise.

Mit dem Übergang von der Industrie- zur Dienstleistungsgesellschaft ändern sich die Standortanforderungen der europäischen Wirtschaft, und es finden großräumige Verlagerungen statt (Nord-Süd-Verschiebung in Deutschland, Frankreich, Großbritannien, Ost-West-Verschiebung in Österreich, Belgien, West-Ost-Verschiebung in Italien). Die neuen, dynamischen Wirtschaftszentren (Stuttgart, München, Salzburg, Mailand, Genf, Zürich, Lyon, Nizza) liegen jetzt so nahe an den Alpen, dass Alpenrandregionen auf Grund ihrer Lebens- und Freizeitqualität bevorzugt als Wohnstandorte dieser außeralpinen Agglomerationen aufgewertet werden. Diese Alpenregionen sind seit 1980 die Spitzenreiter beim alpinen Bevölkerungswachstum und in ihnen leben 1995 bereits 17,4% der gesamten Alpenbevölkerung (Perlik 2001)

Die „klassischen" Entvölkerungsgebiete der Alpen werden im Verlauf dieser Entwicklung zwar noch einmal etwas kleiner, u.zw. jetzt in erster Linie durch die Umstrukturierung zu Wohngebieten außeralpiner Metropolen (in den südfranzösischen Alpen besonders stark ausgeprägt), aber der inzwischen 120- bis 150-jährige permanente Bevölkerungsrückgang hat diese Alpenregionen jetzt fast vollständig entleert. In den Ligurischen Alpen, in großen Teilen der piemontesischen Alpen, im Département Drôme, in den italienischen Ost- und den slowenischen Westalpen sowie in Teilen Graubündens, des Tessins, des Trentinos und der Steiermark gibt es heute bereits „Wildnisgebiete" (Kartendarstellung in Bätzing/ Dickhörner 2001). Und neu ist das Phänomen, dass sich Gemeinden mit einer positiven Bevölkerungs- und Wirtschaftsentwicklung nach 1980 negativ entwickeln (v.a. Industrie-, aber auch einige Tourismusgemeinden).

Quantifiziert man diese Entwicklung seit 1980, dann stellt man zuerst fest, dass das Bevölkerungswachstum der Alpen sich gegenüber dem europäischen Durchschnitt beschleunigt: Lag es im Zeitraum 1970 – 1990 um die Hälfte höher (+11% zu +7%, Bätzing 1998, 7), so beträgt dieser Abstand im Zeitraum 1990 –1996 zwei Drittel (0,63% zu 0,38% pro Jahr, Bätzing 1999, 4), und er scheint weiter zu wachsen. Die Alpen werden im Zeitalter der Dienstleistungsgesellschaft – trotz der Entleerungsregionen – eine Gunstregion in Europa.

Eine funktionale Analyse aller Gemeinden für das Jahr 1990/91 bringt folgendes Ergebnis:

- Die verstädterten Alpengebiete (Städte und Stadtregionen) umfassen 36% aller Alpengemeinden. In ihnen finden sich 59% der Alpenbevölkerung und sogar 66% aller Arbeitsplätze auf nur 26% der Alpenfläche (Perlik 2001). Die Alpen sind damit zwar nicht in Hinblick auf die Fläche, wohl aber im Hinblick auf Bevölkerung und Wirtschaft verstädtert. Da die Alpenstädte im europäischen Maßstab jedoch klein sind, handelt es sich dabei um die Verstädterung eines Peripherieraumes, die sich von der der europäischen Zentralräume signifikant unterscheidet.

- Die ländlichen Alpenräume umfassen 64% der Alpengemeinden mit 74% der Alpenfläche, aber hier leben nur noch 41% der Alpenbevölkerung und die Zahl der Arbeitsplätze beträgt sogar nur 34%. Etwa die Hälfte der ländlichen Alpenräume (31% der Gemeinden, 28% der Bevölkerung, 37% der Fläche) steht demographisch und wirtschaftlich positiv da. Die andere Hälfte (33% der Gemeinden, 13% der Bevölkerung, 37% der Alpenfläche) zeigt Strukturprobleme, die sich in einem Bevölkerungsrückgang seit 1970 ausdrücken (Bätzing 1999, 6 und Alpenkarte auf der Innenseite des Buchumschlages). Von diesen 2020 Gemeinden mit Bevölkerungsrückgang seit 1970 sind genau 1500 (24% aller Alpengemeinden) solche Gemeinden, die seit 1870 kontinuierlich Einwohner verlieren und die heute nur noch wenige Einwohner besitzen; sie umfassen etwa 18% der gesamten Alpenfläche (Bätzing/Dickhörner 2001).

Zusammenfassend lassen sich diese Ergebnisse so bewerten:

- Tiefe Tal- und Beckenlagen in guter Erreichbarkeit zu den europäischen Zentren verstädtern sehr stark; auf diesen kleinen Flächen (26% der Alpenfläche) leben heute knapp 60% der Alpenbevölkerung.
- Im eigentlichen Gebirgsraum bietet nur noch der Tourismus an dezentralen Standorten Arbeitsplätze an, allerdings nicht flächendeckend, sondern konzentriert auf etwa 300 Skigebiete/600 Gemeinden, wobei die räumliche Konzentration allmählich zunimmt.
- Auf 19% der Alpenfläche gibt es wirtschaftliche Probleme; diese Gebiete dürften sich in Zukunft im positiven Fall zu reinen Wohnregionen oder im negativen Fall zu Entsiedlungsregionen entwickeln.
- Auf 18% der Alpenfläche brechen Wirtschaft, Besiedlung und Kultur flächendeckend zusammen, ohne dass ein Ende dieser Entwicklung abzusehen ist.

Oder knapp zusammengefasst: Die Alpen zwischen Verstädterung auf der einen und Verödung auf der anderen Seite, wobei nur der Tourismus eine gewisse Gegenbewegung darstellt, die seit 1980 jedoch zunehmend schwächer wird.

3. Der touristische Strukturwandel seit 1980

Die Schwierigkeit bei dieser Darstellung liegt in der Vielfalt des Alpentourismus, die sehr oft nicht genügend berücksichtigt wird. Unter Bezugnahme auf den vorigen Abschnitt gibt es folgende Tourismusstrukturen:

1. Großstädte/Städte mit relevantem Tourismus (z.B. Innsbruck),
2. Tourismusorte im unmittelbaren Umfeld einer Stadt, aber räumlich von ihr getrennt (z.B. Warmbad Villach),
3. Tourismusorte, die dank langer touristischer Entwicklung zur „Stadt" geworden sind (z.B. Davos),
4. Tourismusorte im Rahmen von randalpinen Wohnregionen (z.B. St. Gilgen am Wolfgangssee),
5. Tourismusorte im ländlichen Raum (z.B. Grindelwald),
6. Tourismusorte in Entsiedlungsregionen (z.B. Limone Piemonte).

Die folgenden Ausführungen beschränken sich auf die Typen 3–6, also auf ehemalige Agrargemeinden mit touristisch verursachtem Bevölkerungswachstum und einer touristischen Monostruktur.

Grundsätzlich gibt es zwei verschiedene Formen von Tourismusorten in den Alpen: Erstens gibt es Tourismusorte, die aus bäuerlich geprägten Dauersiedlungen heraus entstanden sind und die deshalb vergleichsweise tief liegen. Sie unterscheiden sich untereinander erheblich nach der Dauer der touristischen Entwicklung, also ob der Beginn in der Belle Epoque (v.a. in der Schweiz) oder in der Zeit nach 1955 (v.a. in Bayern, Westösterreich, Tirol) liegt und ob sie ab 1965 durch große Zweitwohnungskomplexe überprägt werden (v.a. in Italien und in der Schweiz) oder nicht (v.a. in Bayern, Westösterreich, Südtirol). Zweitens gibt es Tourismusorte, die im Alpgebiet von einer oder mehreren Gemeinden „ex nihilo" angelegt wurden (v.a. in Frankreich, aber auch im Wallis und in Italien); dabei war die bäuerliche Nutzung durch Abwanderung oft stark zurückgegangen, und die Investitionen kamen von außerhalb der Alpen.

Für den zweiten Typ sind kommunale Strukturdaten wenig aussagekräftig, weil Dauerwohnsitz der Einheimischen und Tourismusstation räumlich völlig getrennt sind und sich oft unterschiedlich entwickeln. Hier müsste man eigentlich nur mit den Daten der gemeindeübergreifenden Tourismusstationen arbeiten, die leider im Rahmen der amtlichen Statistik nicht veröffentlicht werden. Im ersten Fall sind kommunale Strukturdaten jedoch sehr aussagekräftig, und es sollen zu Beginn einige Auswertungen gebracht werden, um ein realitätsnahes Bild dieser Gemeinde zu erhalten.

In der Regel handelt es sich bei diesen Tourismusgemeinden um kleinere Gemeinden (1.000 bis 3.000 Einwohner), die nur im Falle einer langen Tourismusentwicklung (Beginn in der Belle Epoque mit Eisenbahnanschluss) die Schwelle von 5.000 Einwohnern überschritten haben. Die gewichtete Tourismusintensität ist meist geringer als vermutet wird, nämlich zwischen 0,5 und 1,5 Betten/Einwohner (Bätzing/Perlik 1995, 64), und höhere Werte werden nur erreicht, wenn in größerem Umfang Zweitwohnungskomplexe errichtet wurden.

Bei diesen Gemeinden dominiert der III. Wirtschaftssektor mit 70 – 85% der Erwerbstätigen. Nicht-touristische Arbeitsplätze sind selten und sowohl die Landwirtschaft als auch die oft relativ starke Baubranche sind eng mit dem Tourismus verflochten. Bei der Pendlerbilanz stellt sich die „typische" Tourismusgemeinde als Einpendlergemeinde heraus (20 – 50% Einpendler), zu der in unmittelbarer Nachbarschaft entweder eine Auspendlergemeinde (z.B. Randa zu Zermatt) oder eine Gemeinde mit Doppelstruktur Auspendler + Tourismus (z.B. Dorfgastein zu Hof-/Badgastein) gehört.

Der touristisch verursachte Strukturwandel verläuft so, dass sich eine solche Gemeinde monofunktional immer stärker auf den Tourismus konzentriert (was andere Wirtschaftsbranchen meist ausschließt), womit ein Bevölkerungswachstum verbunden ist, das in den meisten Fällen zu einer Verdopplung bis Verfünffachung der Einwohnerzahlen seit 1870 führt (die Werte in den verstädterten Tallagen liegen dagegen deutlich höher). Im Verlauf einer langen und erfolgreichen Entwicklung transformiert sich der ländliche Tourismusort allmählich in eine touristisch geprägte Kleinstadt – ein Phänomen, das am Beispiel von Davos am gründlichsten analysiert wurde (Messerli 1989).

Wenn man die Schwelle für „Stadt" in den Alpen mit 10.000 Einwohner/5.000 Arbeitsplätze ansetzt, dann gibt es alpenweit 1991 bereits fünf Tourismusgemeinden, die zur Stadt geworden sind, nämlich Bad Ischl/OÖ, Chamonix-Mt. Blanc/74, Davos/GR, Kitzbühl/T und St. Moritz/GR. Und etwa 20 weitere Tourismusgemeinden zählen 1991 schon mehr als 5.000 Einwohner und werden diese Schwelle wohl in absehbarer Zeit ebenfalls erreichen. Damit setzt sich auch im Tourismus der Prozess der Verstädterung durch – allerdings schwächer und später als in den gut erreichbaren Tal- und Beckenlagen der Alpen.

Lief dieser touristische Strukturwandel seit 1955 für gut drei Jahrzehnte sehr positiv ab, so zeigen sich ab Mitte/Ende der 1980er Jahre im Rahmen der allgemeinen Stagnation des Alpentourismus erste Probleme. Leider stehen die Ergebnisse der Volkszählungen 1999–2001 noch nicht alpenweit zur Verfügung, aber bereits diejenigen von 1990–91 sind im Vergleich mit 1980–81 bereits aufschlussreich: Trotz touristischer Stagnation verstärkt sich die touristische Monofunktion in den Tourismusgemeinden, weil in Landwirtschaft und Bauwirtschaft eine Reihe von Arbeitsplätzen abgebaut werden, und die Zahl der Einpendler fällt, während die der Auspendler steigt. Die Einwohnerzahlen steigen zwar bis 1991 an, aber inzwischen resultiert dieses Wachstum nur noch aus dem Geburtenüberschuss und nicht mehr – wie bisher – auch aus Wanderungsgewinnen, im Gegenteil: Die Binnenwanderungsbilanz 1986–1991 für alle österreichischen Gemeinden weist für alle Tourismusgemeinden deutlich negative Werte auf (ÖROK 1996). Dies sind klare Hinweise auf touristische Strukturprobleme, die in den neuen Volkszählungsdaten noch sehr viel deutlicher werden dürften.

Die Lösung dieser touristischen Strukturprobleme sehen betriebswirtschaftlich ausgerichtete Tourismusexperten in einer konsequenten Professionalisierung des Angebotes (die v.a. in Bayern/Westösterreich/Südtirol zahlreichen Pensionen/ Ferienwohnungen/Zimmer, die als Zuerwerb geführt werden, sollen vom Markt verschwinden) und im Aufbau von touristischen „Großkonzernen" nach nordamerikanischem Vorbild (mit vertikalen oder horizontalen Wertschöpfungsketten), bei dem an die Stelle der traditionellen kleinbetrieblich strukturierten Tourismusorte (mit Abstimmungsproblemen, Konkurrenzen, Widersprüchen zwischen den einzelnen lokalen Akteuren) klar profilierte Tourismusdestinationen treten, in denen die zentralen Angebotsteile von *einem* Wirtschaftsakteur kontrolliert werden (Bieger 1998 und 2000). Grundsätzlich bedeutet das, dass in ganz Europa nur Platz für etwa 80 große Skiarenen ist (davon in den Alpen etwa 70) und dass die „überzähligen" 230 Skigebiete der Alpen entweder auf eine rein regionale Bedeutung zurückfallen oder ganz geschlossen werden, so wie in Nordamerika die Zahl der Skigebiete zwischen 1985 und 1997 um 22% abgenommen hat (Bieger 1998, 53).

In dieser Perspektive haben die relativ kleinen und dezentralen Tourismusstrukturen in Bayern/Westösterreich/Südtirol den allergrößten Problemdruck und Handlungsbedarf, während die Strukturen in den französischen Alpen diesen Anforderungen heute schon weitgehend gerecht werden. Und nicht zufällig gibt es hier mit der „Compagnie des Alpes" auch die größte wirtschaftliche Konzentration im alpinen Tourismus (größter Skiliftbetreiber der Welt mit 5% Weltmarktanteil). Es stellt sich aber die Grundsatzfrage, ob diese rein betriebswirtschaftliche Sicht nicht zu kurz greift, weil sie volks- und regionalwirtschaftliche, v.a. aber soziale, kulturelle und ökologische Gesichtspunkte völlig ausklammert. Und da bei einer solchen Tourismusentwicklung der Alpentourismus sehr stark von großen außeralpinen Kapitalgebern abhängig wird, sinken die Möglichkeiten für eine eigenständige Tourismusentwicklung, die den Anforderungen der Nachhaltigkeit gerecht wird.

Trotzdem müssen diese Analysen sehr ernst genommen werden, weil sie zu recht darauf hinweisen, dass die touristische Entwicklung in den Alpen nicht so weitergehen kann wie bisher.

4. Die Bedeutung des Tourismus für eine nachhaltige Gesamtentwicklung des Alpenraumes

In diesem Aufsatz geht es nicht darum wie der Alpentourismus nachhaltig ausgestaltet werden kann – dazu bräuchte es für die zu Beginn von Abschnitt 3 skizzierten Tourismustypen jeweils unterschiedliche Strategien –, sondern umgekehrt darum, welchen Beitrag der Tourismus für eine nachhaltige Gesamtentwicklung des Alpenraums besitzt.

Die Leitidee für eine nachhaltige Entwicklung der Alpen besteht darin, dass die Alpen als eigenständiger und multifunktionaler Lebens- und Wirtschaftsraum in

Europa erhalten bleiben bzw. dass sie darin gestärkt werden. Dies richtet sich gegen die Vorstellung, aus den Alpen einen reinen Freizeitraum zu machen, ergänzt durch Wassernutzung für Europa, Deponiegebiete und Transitkorridore, also gegen großräumige Funktionsteilungen in Europa (Alpen als funktionale und politische Peripherie), und es richtet sich gegen den ablaufenden Strukturwandel in den Alpen von Verstädterung und Verödung, der bereits in diese Richtung zielt. Da die Alpen aber heute auf der Grundlage einer autarken Wirtschaft nicht mehr existieren können, braucht es als Leitidee die sog. „ausgewogene Doppelnutzung" (Bätzing 1997, 168-170): Die wirtschaftlichen Funktionen der Alpen für Europa und jene für die Alpenbevölkerung selbst müssen so ausbalanciert werden, dass sie sich nicht konkurrenzieren und behindern, sondern wechselseitig stärken und fördern.

Für die Umsetzung dieser Leitidee bedeutet das, dass die Alpen einerseits nach außen hin, gegenüber Europa, einheitlich auftreten müssen, um zu verhindern, dass Alpenregionen gegeneinander ausgespielt werden, um leichter europäische Interessen durchzusetzen, so wie es beim Transitverkehr und im Tourismusbereich (z.B. Einführung Schneekanonen) immer wieder geschehen ist. Mit der Alpenkonvention existiert bereits eine politische Struktur auf der internationalen Ebene, die dafür sehr geeignet ist.

Neben dem einheitlichen Auftreten nach außen müssen andererseits aber im Alpenraum selbst alle Umsetzungsstrategien räumlich ausdifferenziert werden: Die Verhältnisse in den Alpen sind so unterschiedlich, dass einfache alpenweite Patentrezepte zwangsläufig falsch werden müssen. Deshalb braucht es „regionsspezifische" Nachhaltigkeitsstrategien, um den Strukturwandel von Verstädterung und Verödung zu bremsen oder gar aufzuhalten.

Der Tourismus besitzt dabei eine wichtige Aufgabe, weil er heute praktisch die einzige wirtschaftliche Aktivität ist, die im eigentlichen Gebirgsraum dezentrale Arbeitsplätze schafft bzw. erhält. Wird der Tourismus jedoch betriebswirtschaftlich effizient in großen Einheiten ausgeübt, dann geht gerade seine für die Nachhaltigkeit so wichtige dezentrale Dimension verloren und wird durch die touristische Verstädterung ersetzt. Im Sinne der Nachhaltigkeit braucht es daher nicht sektorale, sondern integrative Strategien, die nicht bloß einen Wirtschaftssektor, sondern die gesamte Wirtschaft in ihrer Wechselwirkung mit Gesellschaft und Umwelt berücksichtigen. In dieser Perspektive geht es dann darum, die potentielle Dezentralität des Tourismus zu nutzen, um in Verbindung mit lokalen und regionalen Ressourcen (Land-/Forstwirtschaft, Handwerk, Gewerbe, nichttouristische Dienstleistungen u.ä.) ein Bündel vernetzter Wirtschaftsaktivitäten zu entwickeln das den Tourismus zwar als „Zugpferd" braucht, das aber weit darüber hinausreicht.

Wie das jeweils konkret aussehen könnte, hängt stark vom regionalwirtschaftlichen Kontext ab. Als Grundlage der folgenden regionsspezifischen Nachhaltigkeitsstrategien dient die im Abschnitt 3 angedeutete Gliederung der Alpen in vier Regionstypen (Näheres dazu: Bätzing/Perlik 1995, 53-62).

1. Zentrendominierte Region (Z-Region):

Alpenregion mit einem Zentrum von mind. 10.000 Einwohnern, in der mehr als 55% der Bevölkerung im Zentrum selbst bzw. in den benachbarten Auspendlergemeinden wohnen. Die Z-Regionen umfassen heute etwa 35% der Alpenfläche und 52% der Alpenbevölkerung – in diesen verstädterten Regionen wohnt also bereits die Mehrheit! Es handelt sich bei ihnen um wirtschaftsstarke Regionen, die das gesamtalpine Wachstum von Wirtschaft und Bevölkerung tragen. Sie liegen meist an den internationalen Transitstrecken (an der Brenner-Strecke) besonders stark ausgeprägt).

Während die Wirtschaft wenig Probleme macht (größtes Problem: sehr hohe Bodenpreise wegen relativ kleiner besiedelbarer Fläche), ist die soziale und kulturelle Situation durch eine hohe Dynamik und oft starke Anonymität geprägt. Die Umweltbelastung ist sehr hoch, Luftverschmutzung (durch Inversionswetterlagen der Talkessel/-lagen konzentriert) und Waldsterben (Überlagerung von Pendler- und Transitverkehr) sind stark ausgeprägt, so dass Umweltprobleme die Wirtschaftsentwicklung bereits mittelfristig gefährden könnten.

Regionsspezifische Nachhaltigkeitsstrategie:

Die Verstädterung hat hier zu den typischen großstädtischen Umweltproblemen geführt. Einwohner- und PKW-Zahlen sind zwar geringer als in Berlin oder Paris, aber die alpine Umwelt (Relief, Windsysteme) führt zu einer sehr hohen Konzentration aller Belastungen, die denen der großen Ballungsgebiete gleichkommen. Ziel muss hier eine alpenspezifische Agglomerationspolitik sein, die Umweltbelastungen, den Verkehr und den Lärm reduziert, das Anwachsen der Tagespendler bremst, den Flächenverbrauch stoppt und die Stadt-/Ortszentren als multifunktionale Lebensräume wieder aufwertet (Reurbanisation).

Der Tourismus dient in diesem Kontext in erster Linie zur Diversifizierung der Wirtschaftsstruktur, also zur Verbreiterung der Wirtschaftsbasis und zur besseren Abstützung auf unterschiedliche Branchen. Darüber hinaus stellt ein attraktiver Tourismus einen wichtigen „weichen" Standortfaktor für die gesamte Wirtschaft dar, was als Vorteil gegen den Prozess der „Vervorstädterung" genutzt werden kann. Und ebenso wichtig ist der Tourismus zur Erweiterung des kulturellen Angebots, um die Sogwirkung der benachbarten außeralpinen Metropolen etwas zu verringern.

2. Auspendler-Region (P-Region):

Alpenregion mit wenig Arbeitsplätzen vor Ort, aus der täglich mindestens 18% der Erwerbstätigen zur Arbeit auspendeln, meist in eine der großen Agglomerationen am Alpenrand. Die P-Regionen sind derzeit noch klein (12% der Alpenfläche, mit 17% der Alpenbevölkerung jedoch relativ dicht besiedelt), aber im starken Wachstum begriffen. Sie befinden sich v.a. dort, wo am Alpenrand große Agglomerationen liegen (Salzburg, Wien, Graz, besonders aber Varese-Como-Lecco-Bergamo-Brescia).

Die Mehrzahl der P-Regionen sind wirtschaftsschwach (Zwang zum Auspendeln aufgrund regionalwirtschaftlicher Defizite; Indikator: lange Pendelwege), ein Teil wirtschaftsstark (zentrennahe P-Regionen). V.a. in letzteren gibt es ausgeprägte soziale und kulturelle Gegensätze zwischen den bäuerlich-traditionell geprägten Einheimischen und den urban geprägten Zuzüglern, die leicht eskalieren können und die Ausbildung einer gemeinsamen regionalen Umweltverantwortung behindern. Weil die Landwirtschaft am Alpenrand noch vergleichsweise gut dasteht, haben sich hier häufig großflächig traditionelle Kulturlandschaften erhalten, die trotz Modernisierung und Intensivierung ein großes ökologisches Potential darstellen.

Regionsspezifische Nachhaltigkeitsstrategie:

Zentrales Problem ist das Auseinanderfallen von Wohn- und Arbeitsraum und das daraus resultierende Fehlen einer gemeinsamen Umweltverantwortung. Um zu verhindern, dass diese Regionen zum bloßen Anhängsel der außeralpinen Agglomerationen und damit total fremdbestimmt werden, müssen Arbeitsplätze vor Ort geschaffen und das Regionszentrum gestärkt werden. Die umweltverträgliche Nutzung der vorhandenen endogenen Potentiale (gute Bedingungen für Land-/Forstwirtschaft,) kann von der Standortgunst dieser Region profitieren (sehr großer Kunden-/Nachfrager-Kreis direkt vor der Haustür).

Beim Aufbau von Arbeitsplätzen vor Ort besitzt auch der Tourismus eine nicht unwichtige Bedeutung. Aus Gründen der landschaftlichen Attraktivität und der Erreichbarkeit ist allerdings ein Urlaubstourismus wenig sinnvoll. Sehr große Potentiale bestehen jedoch im Bereich Naherholung. Ziel müsste der Aufbau einer wertschöpfungsintensiven Naherholung in umwelt- und sozialverträglichen Formen sein, die zugleich eng mit der Landwirtschaft und anderen regionalen Potentialen verknüpft ist.

3. Ländliche oder nicht-zentrendominierte Region (N-Region):

Die Mehrheit der Regionsbevölkerung lebt in ländlichen Gemeinden (Agrar-, Tourismusgemeinde u.ä.). Dieser Regionstyp entspricht dem klassischen Alpenbild, er umfasst heute aber nur noch etwa 37% der Alpenfläche mit 23% der Bevölkerung, ist also keineswegs mehr für die Alpen repräsentativ. In den meisten Fällen sind die N-Regionen strukturschwach und kämpfen mit wirtschaftlichen Schwierigkeiten. Sie liegen häufig im Alpeninnern in schlecht erreichbarer Position, abseits der großen Transitstrecken.

Die Hälfte dieser N-Regionen verfügt über einen wirtschaftlich relevanten Tourismus, trotzdem weist ein erheblicher Teil von ihnen viele Merkmale der Strukturschwäche auf. Im kulturellen Bereich ist die traditionelle Kultur oft noch sehr lebendig, in touristischen N-Regionen mit ausgeprägten Überfremdungs- bzw. Abschottungserscheinungen. Die traditionellen Kulturlandschaften sind durch Nutzungsaufgabe und Extensivierung der Ungunstflächen und Nutzungsintensivierung der Gunstflächen bereits stark verändert, was beide Mal mit ökologischen Problemen verbunden ist.

Der weitere Strukturwandel, der aus den N-Regionen Entsiedlungsregionen oder Auspendlerregionen bzw. Regionen mit touristischer Verstädterung macht, würde die ökologischen Veränderungen beschleunigen und damit Gefahren erhöhen.

Regionsspezifische Nachhaltigkeitsstrategie:

Um eine nachteilige Entwicklung zu verhindern, muss die noch bestehende dezentrale Wirtschaftsstruktur durch gezielte regionalwirtschaftliche Vernetzung konsolidiert und durch bessere Nutzung der endogenen Ressourcen in umwelt- und sozialverträglichen Formen gekräftigt werden. Das betrifft Landwirtschaft (Qualitätsprodukte), Handwerk/Kunsthandwerk, Industrie (EDV-Arbeitsplätze), Tourismus und nichttouristische Dienstleistungen.

Je nachdem, ob eine N-Region touristisch geprägt ist oder nicht, ergeben sich unterschiedliche Aufgaben für den Tourismus:

In Regionen *mit touristischer Monostruktur* muss der weitere quantitative Ausbau des Tourismus gestoppt werden, muss die Wirtschaft gezielt diversifiziert werden, um die heikle und krisenanfällige Monostruktur etwas zu reduzieren, muss eine ökologische Sanierung der Umweltprobleme vorgenommen werden und muss eine neue Identität aufgebaut werden, die sich von der touristischen Dominanz löst. Alle diese Maßnahmen, die eine nachhaltige Entwicklung von Tourismuszentren fördern, sind zugleich Maßnahmen gegen die weitere touristische Verstädterung.

In N-Regionen *ohne relevanten Tourismus* ist dagegen der Aufbau eines „sanften", nichttechnisierten Tourismus in enger Vernetzung mit der Landwirtschaft und anderen Bereichen sehr wichtig, um die Wirtschaftskraft dieser Regionen zu stärken.

4. Entsiedlungsregionen (E-Regionen):

Ländliche Regionen mit einem starken Bevölkerungsrückgang seit 1870, der auch 1980 – 90 weitergeht. Die E-Regionen umfassen heute 18% der Alpenfläche mit 8% der Alpenbevölkerung. In ihnen bricht die Wirtschaft und Kultur völlig zusammen. Mit der Strukturschwäche und dem wirtschaftlichen Zusammenbruch ist hier untrennbar eine kulturelle Erstarrung verbunden: Indem die lokale Gesellschaften alle Veränderungen und Innovationen ablehnen, wollen sie zwar die traditionellen Strukturen erhalten, forcieren aber mit diesem Verhalten letztlich den beschleunigten Zusammenbruch. Deshalb stellt hier die kulturelle Frage den Schlüssel zur weiteren Entwicklung dar. In ökologischer Sicht haben sich hier, dank nicht vollzogener Modernisierung in der Landwirtschaft, die traditionellen Kulturlandschaften alpenweit am besten erhalten (einschließlich vieler traditioneller Haustierrassen und Nutzpflanzenarten). Daher ist in den wirtschaftlich bedrohtesten Alpenregionen das ökologische Potential am größten.

Regionsspezifische Nachhaltigkeitsstrategie:

Der Zusammenbruch von Wirtschaft und Gesellschaft hat hier schon zu völlig entsiedelten Seitentälern geführt, die als Wildnis- oder Naturschutzgebiete genutzt werden können. Auf großen Flächen sind aber noch die traditionellen Kulturlandschaften mit ihrem Artenreichtum vorhanden, die aus ökologischen, kulturellen und wirtschaftlichen Gründen unbedingt erhalten bleiben sollten. Im Gegensatz zu den N-Regionen sind hier jedoch die lokalen Strukturen kulturell erstarrt und zusammengebrochen, so dass ein Neuaufbau in neuen, regional vernetzten Strukturen (mit Erwerbskombinationen, Mehrfachbeschäftigung) erforderlich ist. Basis des Wirtschaftens müssen die spezifischen Qualitäten dieser Regionen sein (Landwirtschaft: alte Haustierrassen und Pflanzensorten; Handwerk/Kunsthandwerk: Traditionelle Materialien; Tourismus: Traditionelle Kultur- und Naturlandschaften), die durch moderne Wirtschaftsformen (EDV-Arbeitsplätze in Industrie und nichttouristischen Dienstleistungen) ergänzt werden. Ziel ist dabei nicht die Musealisierung der Vergangenheit, sondern eine lebensfähige und -werte Mischung aus traditionellen und modernen Elementen, die im Rahmen eines gesamtalpinen Finanzausgleichs gefördert werden könnte.

Das größte Problem für eine nachhaltige Tourismusentwicklung in den Alpen stellen die großen Tourismuszentren in E-Regionen dar: Sie sind mit außeralpinem Kapital aufgebaut, und auch der Gewinn fließt vollständig aus der Region ab, so dass vor Ort trotz hohen Tourismusumsätzen die einheimische Bevölkerung weiter zurückgeht. Und die Kapitalgeber haben kein Interesse an einer nachhaltigen Entwicklung, so dass kurz- bis mittelfristig keine Lösungen in Sicht sind.

Abgesehen von diesen – nicht sehr häufigen – Sonderfällen bieten diese E-Regionen gute Möglichkeiten für einen „sanften" Tourismus. Da aber durch die Entsiedlung die Wegbarkeit sehr stark eingeschränkt ist und die Einsamkeit auf den Wanderungen erheblich ist, dürfte sich nur eine ausgewählte Zielgruppe ansprechen lassen, was an die Werbung entsprechende Anforderungen stellt und bei der Gestaltung von konkreten Tourismusangeboten berücksichtigt werden muss.

Im Rahmen der regionsspezifischen Nachhaltigkeitsstrategien kann der Tourismus also eine relevante Rolle spielen, sofern er in seinen Vernetzungen mit Wirtschaft – Gesellschaft – Umwelt gesehen wird und nicht allein auf den betriebswirtschaftlichen Aspekt reduziert wird, und sofern seine unterschiedliche Bedeutung in den einzelnen Regionstypen bewusst wahrgenommen wird.

Die Chancen für eine nachhaltige Entwicklung der Alpen sind mit der Deblokkierung der Alpenkonvention im Herbst 2000 wieder gestiegen. Völlig neue Impulse kommen derzeit von der Europäischen Union, die 1999 ein „Europäisches Raumentwicklungskonzept/EUREK" verabschiedet hat (Bätzing 1999). Darin werden Makroregionen in Europa entworfen (eine von ihnen ist der „Alpenbogen"), die ihre Entwicklung ein Stück weit eigenständig im Sinne der Nachhaltigkeit gestalten sollen, um die Zunahme der räumlichen Disparitäten in Europa zu vermeiden. Es bleibt zwar abzuwarten, was davon (mittels INTERREG III b) wirklich konkret umgesetzt wird, aber es ist nicht auszuschließen, dass daraus neue Impulse für eine nachhaltige Alpenentwicklung erwachsen.

Literatur

Abegg, Bruno u.a. (1999): Der Winter als Erlebnis. Zurück zur Natur oder Fun, Action und Mega-Events? Bensberg: Thomas-Morus-Akademie.

Bachleitner, Reinhard (Hg., 1998): Alpiner Wintersport. Innsbruck-Wien: Studienverlag.

Bätzing, Werner/Dickhörner, Yven (2001): Die Bevölkerungsentwicklung im Alpenraum 1870–1990 aus der Sicht von Längsschnittanalysen aller Alpengemeinden. In: Revue de Géographie Alpine, 89/2001, Nr. 1.

Bätzing, Werner (1999): Die Alpen im Spannungsfeld der europäischen Raumordnungspolitik. In: Raumforschung und Raumordnung 57/1999, Heft 1, 3-13.

Bätzing, Werner (1998): Der Alpenraum zwischen Verstädterung und Verödung. In: Praxis Geographie, 28/1998, Heft 2, 4-10.

Bätzing, Werner (1997): Kleines Alpen-Lexikon. Umwelt – Wirtschaft – Kultur. München: Beck.

Bätzing, Werner/Perlik, Manfred (1995): Tourismus und Regionalentwicklung in den Alpen 1870–1900. In: Luger/Inmann 1995, 43-79.

Bätzing, Werner (1993): Der sozioökonomische Strukturwandel des Alpenraumes im 20. Jahrhundert. Bern: Geographica Bernensia.

Barnick, Helmuth (1994): Der Tourismus in den Alpen – Entwicklung und Bedeutung für Wirtschaft und Umwelt. In: Geowissenschaften, 12/1994, Heft 5-6, 170-173.

Bartaletti, Fabrizio (1998): Tourismus im Alpenraum. Eine alpenweite Bilanz. In: Praxis Geographie, 28/1998, Heft 2, 22-25.

Baumhackl, Herbert u.a. (1995): Tourismusentwicklung in den Alpen. Bilanz – Gefahren – Perspektiven. Bensberg: Thomas-Morus-Akademie.

Bieger, Thomas (2000): Perspektiven der Schweizer Bergbahnbranche. St. Gallen: Institut für Öffentliche Dienstleistungen und Tourismus 2000.

Bieger, Thomas (1998): Vom Kleingewerbe zu Großkonzernen? Entwicklung in den Skigebieten Nordamerikas und ihre Wirkung auf die Schweiz. In: Neue Zürcher Zeitung Nr. 287 vom 10.12.1998, 53.

Böhlen, Roland/Dällenbach, Simon (1994): Der Belle-Epoque-Tourismus im Schweizer Alpenraum. Bern: Geographisches Institut (unveröffentlichte Seminararbeit) 1994.

BWA (Hg., 1998): Internationaler Benchmark Report für den Schweizer Tourismus – der Schweizer Tourismus im internationalen Vergleich. Bern: Bundesamt für Wirtschaft und Arbeit/Dienst für Tourismus.

CIPRA (Hg., 1998): 1. Alpenreport. Daten, Fakten, Probleme, Lösungsansätze. Bern: Paul Haupt.

Jülg, Felix/Staudacher, Christian (Hg.,1993): Tourismus im Hochgebirge. Wien: Service-Fachverlag.

Keller, Peter (1990): Schattenwirtschaft im Tourismus. Der Trend zum Zweitwohnsitz. In: Die Volkswirtschaft, 63/1990, Heft 4, 36-40.

Luger, Kurt/Inmann, Karin (Hg., 1995): Verreiste Berge. Kultur und Tourismus im Hochgebirge. Innsbruck-Wien: Studienverlag.

Mathieu, Jon (1998): Geschichte der Alpen 1500–1900. Umwelt, Entwicklung, Gesellschaft. Wien: Böhlau.

Messerli, Paul (1989): Mensch und Natur im alpinen Lebensraum. Bern: Paul Haupt.

ÖROK (1996): Atlas zur räumlichen Entwicklung Österreichs, 13. Lieferung, Blatt: Binnenwanderungsbilanz 1986–1991. Wien: Österreichische Raumordnungskonferenz.

Perlik, Manfred (2001): Alpenstädte – zwischen Metropolisation und neuer Eigenständigkeit. Bern: Geographica Bernensia.

Perlik, Manfred/Bätzing, Werner (Hg., 1999): Die Zukunft der Alpenstädte in Europa. Bern: Geographica Bernensia.

Siegrist, Dominik (1998): Alpen-Daten und ihre Interpretation – Daten zu Tourismus und Freizeit. In: CIPRA 1998, 418-441.

Stremlow, Matthias (1998): Die Alpen aus der Untersicht. Von der Verheißung der nahen Fremde zur Sportarena. Bern: Paul Haupt.

Zusammenfassung

Die Analyse von sozio-ökonomischen Daten auf Gemeindeebene zeigt, dass der Tourismus in den Alpen weder ein flächenhaftes Phänomen noch die dominante Wirtschaftsaktivität ist, sondern dass er sehr deutlich im Schatten der Verstädterung steht, die v.a. in den gut erreichbaren Tal- und Beckenlagen der Alpen sehr entfaltet ist. Seit dem Ende der 1980er Jahre bricht das jahrzehntelange Wachstum des Alpentourismus ab und macht einer Stagnation auf hohem Niveau Platz; in dieser Phase konzentriert er sich immer stärker auf große Tourismuszentren (touristische Verstädterung) und auf professionelle Betriebsstrukturen, wodurch die Einkommenseffekte für die Einheimischen deutlich zurückgehen. Um diesen Wandel, der den Erfordernissen einer nachhaltigen Entwicklung nicht entspricht, zu bremsen bzw. zu verhindern, braucht es „regionsspezifische Strategien" für die Alpen. Nur in diesem Kontext kann der Tourismus seine wichtige Rolle als Garant dezentraler Arbeitsplätze und Wertschöpfungsprozesse spielen.

Werner Bätzing, Dr., Univ.-Prof., Jahrgang 1949, Professor für Kulturgeographie an der Universität Erlangen. Forschungsschwerpunkte: Nachhaltige Regionalentwicklung am Beispiel des Alpenraumes und der ländlichen Räume in Franken.
E-mail: wbaetz@geographie.uni-erlangen.de

Fabrizio Bartaletti

Tourismus in den italienischen Alpen

1. Kulturräumliche und kulturelle Bedingungen

Die italienischen Alpen erstrecken sich über fast 600 km in Ost-West-Richtung am Südsaum der Alpen, und sie weisen dabei sehr große landschaftliche Unterschiede auf, die für die touristische Entwicklung sehr bedeutend waren und sind. Diese Unterschiede beruhen zum einen auf den sehr unterschiedlichen Niederschlägen, wobei von extrem trockenen Alpenregionen (inneralpine Trockenzonen im Susa- und Aostatal und im Vinschgau) bis hin zu besonders feuchten Alpenregionen (die Voralpen im Bereich des Orco-Tales und des Lago Maggiore und die südlichen Kalkalpen im Bereich der Dolomiten und der Julischen Alpen) alle Abstufungen vorhanden sind, und zum anderen auf den unterschiedlichen Temperaturen, wobei die Bandbreite von ziemlich warmen, mediterran bzw. submediterran beeinflussten Alpenregionen fast ohne Gletscher (Ligurische Alpen, Alpentäler von Cuneo) bis hin zu relativ kühlen, mitteleuropäisch geprägten Alpenregionen mit ausgedehnten Gletscherflächen (Veltlin, Teile von Südtirol) reicht.

Neben diesen naturräumlichen Faktoren spielen auch die sprachlichen und kulturellen Unterschiede zwischen den romanischen West-/Zentralalpen und den germanischen und ladinischen Ostalpen eine wichtige Rolle, die sich in der Bedeutung von Landschaft sowie in der touristischen Struktur sehr deutlich ausdrückt. Darüber hinaus ist die Entfernung von Alpenregionen zur nächsten Großstadt sowie die politische Situation eine wichtige Ursache für unterschiedliche touristische Entwicklungen.

In den Alpenregionen im unmittelbaren Einzugsbereich von Mailand, Turin und anderen Städten existieren häufig baulich störende Hochhäuser und große Wohnblöcke mit Eigentumswohnungen und nur sehr wenige Hotelbetten, während die weiter entfernt liegenden Alpenregionen einen wesentlich höheren Hotelbettenanteil besitzen.

Ebenso wirken sich die politischen Unterschiede zwischen Autonomen Regionen (Südtirol-Trentino, Aosta, Friaul-Julisch Venetien) und Regionen mit Normalstatut (Ligurien, Piemont, Lombardei, Venetien) auf die Tourismusentwicklung aus, weil die Autonomen Regionen ganz gezielt die Berglandwirtschaft und den Tourismus (v.a. kleinere, dezentrale Strukturen) fördern.

Aus allen diesen Gründen ist es sehr schwer, pauschale Aussagen über „den" Tourismus in den italienischen Alpen zu machen.

2. Tourismusentwicklung

Am Ende der Neunziger Jahre verzeichneten die italienischen Alpen etwa 45 Millionen gewerbliche Nächtigungen und wahrscheinlich mehr als 150 Millionen nichtgewerbliche Logiernächte, Zweit- und Ferienwohnungen eingeschlossen: also etwa 200 Millionen Übernachtungen in allen Beherbergungsbetrieben. Die Provinz Bozen ist bei weitem die wichtigste in Bezug auf die gewerblichen Betten (36% der italienischen Alpen) und Nächtigungen (42%), während die Lombardei und das Piemont in Bezug auf die „anderen Betten" (etwa 2 Millionen!) die führenden sind. Tabelle 1 zeigt die führenden Provinzen der italienischen Alpen in bezug auf die gewerblichen Nächtigungen mit ihren gewerblichen Hotelkapazitäten: sehr deutlich fällt der hohe Unterschied zwischen Südtirol/Trient und den übrigen Provinzen ins Auge, sowie die problematische Nächtigungsentwicklung in der letzten zwei Jahren, mit einer Teilausnahme für Trentino und Südtirol, auch wenn die letzte noch weit hinter den Nächtigungen des Rekordjahres 1995 liegt.

Tabelle 1: Die Entwicklung der gewerblichen Nächtigungen in den wichtigsten touristischen Alpenprovinzen (1997 – 1999).

Provinzen und Regionen	1997	1998	1999	gewerbl.Betten (1999)
Aut.Provinz Bozen/Südtirol	18.362.789	18.452.914	18.558.601	145.196
Aut.Provinz Trient/Trentino	9.753.857	10.172.597	10.165.974	94.355
Valle d'Aosta/Vallée d'Aoste	2.537.256	2.518.602	2.414.906	22.902
Belluno	2.179.934	2.190.873	2.118.253	20.498
Sondrio (Veltlin)	1.821.102	1.926.739	1.875.498	19.132

3. Tourismusformen

3.1. Strandtourismus

Unter „Alpentourismus" wird gewöhnlich der „Gebirgstourismus" verstanden. Aber es ist zu berücksichtigen, dass die Orte am Ufer von Garda-, Idro- (Provinz Bozen) und Caldonazzo-See (Provinz Trient) mit ihren hohen Sommertemperaturen und guten Wassersportmöglichkeiten echte Strandbadeorte in einem erstrangigen Landschaftsrahmen sind, von denen etliche Ausflüge zu Kunststädten (Verona, Venezia ...) oder in die nahen Alpentäler erfolgen. An den anderen randalpinen Seen (v.a. Comersee und Lago Maggiore), existiert wegen fehlender Strände und unsauberen Wassers fast kein Ort, der zum Baden und Schwimmen wirklich geeignet ist, so dass die Aufenthaltsmotivation meist in der Betrachtung der herrlichen Landschaft und der üppigen Vegetation sowie in der Besichtigung einiger malerischer Ortschaften liegt. Im Gegensatz zum Gardasee weisen der Lago Maggiore und der Comersee eine kürzere Aufenthaltsdauer, einen höheren Anteil wohlhabender Gäste und einen höheren Anteil der Zweitwohnungen an der Gesamt-Bettenkapazität auf: Am Comersee nähert sich nur Bellagio dem (immer noch) mageren Schwellenwert von 1.000 Hotelbetten. Menaggio, Tremezzo, Griante und Cernobbio – die sich gleich nach Bellagio positionieren – verzeichnen nur zwischen 500 und 700 gewerbliche Betten, währenddessen die Betten in Zweit- und Ferienwohnungen einige Tausend betragen. Dem lombardischen Teil des Lago Maggiore, in dem es keinen Fremdenverkehrsort mit wenigstens 300 Hotelbetten und fast nur Naherholungsverkehr aus Mailand in Zweitwohnungen gibt, steht der piemontesische Teil mit den bekannten Touristenzentren Stresa (etwa 3.000 Hotelbetten), Baveno (2.000) und Verbania-Pallanza entgegen, die gleichzeitig bis 13.000 Betten (Stresa) in Zweit- und Ferienwohnungen verzeichnen. Es ist nicht einfach, die Hotelnächtigungen im Alpenteil der großen Seen Norditaliens zu schätzen, weil die Fremdenverkehrsstatistik keine getrennten Daten für die einzelnen Tourismussorte bietet und das Comer Fremdenverkehrsamt nur die Daten der gesamten Provinz angibt. Jedenfalls können wir am Gardasee von etwa 4,2 Millionen Übernachtungen ausgehen, am Iseo und Idro von etwa 100.000, am Comersee (Provinzen Como und Lecco) von 700.000, am Lago Maggiore von 1,2 Millionen: Insgesamt also von 6,2 Millionen Nächtigungen, das sind mehr als 13% der gewerblichen Nächtigungen der gesamten italienischen Alpen. Damit spielt der Strandbadeurlaub – also eine nichtalpine Form des Tourismus – in den italienischen Alpen eine relevante Rolle.

3.2 Kulturtourismus

Daneben gibt es den „Kunst- und Kulturtourismus", der in den italienischen Alpen eine geringe Bedeutung hat. Die einzelnen Kunststädte sind keine selbstständigen Urlaubsziele, sondern bloß Tages-Ausflugsziele für Touristen, die in anderen Fremdenverkehrsorten übernachten, oder Etappenorte für Touristen, die eine Reise durch Europa machen. Die einzige inneralpine Stadt, die seit einiger Zeit aus kulturellen Motiven und als „strategischer" Ort im Dolomitenraum gut besucht wird, ist Bozen (435.000 Übernachtungen), das seine zunehmende Anziehungskraft auch dem guten Erfolg des „Christkindlmarktes" verdankt. Trient (350.000 Nächtigigungen), Belluno und Aosta haben ebenfalls gute Voraussetzungen, um als Kunststädte und strategische Orte in hocherschlossenen Touristenregionen mehr und mehr besucht zu werden, sofern sie ihre Image wiederbeleben und neue Erholungsmöglichkeiten anbieten; zur Zeit ziehen sie aber die Nächtigungen meist in ihrer Eigenschaft als Geschäftszentren an.

3.3. Thermal- und Gesundheitstourismus

Als dritte Form spielt Thermaltourismus eine geringe Rolle, obwohl die Kurbadeorte sowohl in den westlichen (Bagni di Vinadio, Bagni di Valdieri, Bognanco, Saint Vincent, usw.) wie auch in den zentralen und östlichen italienischen Alpen (S.Pellegrino , Bormio, Boario, Terme di Comano, Pejo, Rabbi, Levico-Vetriolo, Meran, Arta Terme, usw.) sehr zahlreich und wohlbekannt sind. Tatsache ist, dass in den meisten Kurorten die Thermalbäder und -quellen heute nur einer der zahlreichen Anziehungsfaktoren sind, während die Ortschaften mit einer höheren Spezialisierung auf die Thermalkur (Vinadio, Bognanco, Boario, Comano, Arta) insgesamt nur wenige hunderttausend Nächtigungen verzeichnen können. St.Vincent zum Beispiel wird vorwiegend wegen seines Spielcasinos und der Ausflugsmöglichkeiten in die Valtournenche und nach Breuil-Cervinia (Matterhorn) besucht, während Bormio hauptsächlich ein bekannter Wintersport- und Sommerfrischeort ist, der auch die Gelegenheit anbietet, Thermalwasser zu genießen.

3.4. Sommerfrische und Wintertourismus

Damit kommen wir jetzt auf die wichtigsten Formen des Alpentourismus, die Sommerfrische und den Wintersport, auf welche 37 von 45 Millionen Hotelnächtigungen zurückgehen. Es ist bekannt, dass der Tourismus in den Alpen derzeit ein kritisches Stadium erlebt. Zwischen 1996 und 1999 sind die gewerblichen Nächtigungen in Südtirol von 19,8 bis 18,5 Millionen abgesunken, im Aostatal von 2,7 auf 2,4, im Oberen Susatal von 501.000 auf 399.000, während im Trentino sowie in den Provinzen Belluno und Sondrio die Nächtigungen bei rund 10

Millionen bzw. 2,1 und 1,9 Millionen stagnieren. Diese Lage ist durch verschiedene Faktoren verursacht, von denen die klimatischen Bedingungen (kühle und regnerische Sommer, schneearme Winter), die Änderungen der Urlaubsgewohnheiten (zwei oder mehr Reisen jährlich, zunehmende Attraktivität des Meeresurlaubes sowie exotischer Länder oder ausländischer Großstädte) und die Verminderung der Anziehungskraft der Sommerfrische die gewichtigsten sind. Zudem sind die Kosten für einen Urlaub in den Alpen meist wenig konkurrenzfähig im Vergleich zu jenen exotischer Ziele. Die einzigen Touristenzentren, die die aktuellen Schwierigkeiten umgehen können, sind jene, die auf eine bedeutende Wintersaison zählen und die ein größeres Schigebiet besitzen, das durch moderne Seilbahnanlagen den Zusammenhang zwischen zwei oder mehr Tälern erlaubt und das durch ausgedehnte künstliche Beschneiung eine Schneesicherheit garantieren kann. Allerdings scheinen die klimatischen Bedingungen der letzten zehn Jahre den Traum der „Weissen Woche" nachhaltig zu schädigen, so dass Krisenanzeichen auch in Schistationen sichtbar werden, die in der Fachwelt bisher als ungefährdet galten. Abgesehen von der hocherschlossenen, „ewigen" Cervinia auf der Südseite des Matterhorns, die für viele Italiener trotz ihres schlechten städtebaulichen Images nach wie vor ein unverzichtbares Ziel im Winter ist, und dem einsamen La Thuile beim Kleinen Sankt Bernhard-Pass, das infolge der niedrigen Temperaturen gewöhnlich tiefverschneit ist, mussten fast alle Stationen nach 1995 einen Nächtigungsrückgang hinnehmen.

4. Typologie der italienischen Alpentourismusorte

Auf die unbefriedigende Nächtigungsentwicklung der letzten Jahre sowie die schwierige Suche nach einem optimalen Verhältnis zwischen der Sommer- und Wintersaison, werde ich noch zurückkommen. Zuvor scheint es angemessen, eine Typologie der Gebirgfremdenverkehrsorte zu entwerfen, um ihre Rolle im Rahmen des Tourismus und der Alpenökonomie besser zu verstehen. Wissenschaftler unterscheiden gewöhnlich zwischen einem „genetischen" Ansatz (Préau 1968 und besonders Knafou 1978) und einer quantitativen Klassifizierung; im Kontext dieses letzten Ansatzes unterscheidet man zwischen der Beherbergungskapazität und/oder den gewerblichen Logiernächten und der Aufzugskapazität der Lifte und Seilbahnen. (Hannß-Schröder 1984; Bartaletti 1994) Der „genetische" Ansatz, der hier in Rückgriff auf die französische Konzeption der (drei) „Generationen" entwickelt wird, erlaubt uns, jene Fremdenverkehrsorte zu identifizieren, die sich zwischen dem Ende des 19. und dem Beginn des 20. Jahrhunderts als Sommerfrische- und Bergsteigerorte entwickelten, meistens in einem Talboden oder -kessel liegend, von welchem das (spätere) Skigebiet und einige bekannte Aussichtspunkte oft nur durch lange und steile Luftseilbahnen erreicht werden können („Erste Generation"). Typische Beispiele von solchen Stationen sind Courmayeur im Aosta-Tal, Cortina d'Ampezzo und S.Martino di Castrozza in den Dolomiten.

Zu Beginn der Dreissiger Jahre führten der Fiat-Gründer Giovanni Agnelli und sein skibegeisterter Sohn Edoardo eine ganz neue Idee von Städtebau und Schneetourismus aus: die Erschließung einer durchwegs siedlungslosen 2.030 Meter hohen Passhöhe – *Sestrières* –, die optimale Schneebedingungen und ideale Hangformen aufwies, um die Entwicklung des Alpinschilaufs zu fördern. Sestrières (eigenständige Gemeinde seit 1934, italienisiert zu *Sestriere* im Jahr 1935) ist das Muster aller Retortenstationen, die in den Sechziger Jahren dann in Frankreich im Überfluss erbaut wurden. Mit ihren bekannten kreisrunden, beinahe zwanzig Stockwerke hohen Hotels („Duchi d'Aosta" und „Torre", die heute dem Club Méditerranée gehören) weist Sestrières ein markantes städtebauliches Image und eine gewisse raumplanerische Geschlossenheit auf, und unterscheidet sich so von anderen „Zweite-Generation"-Stationen wie Alpe d'Huez (1.800 m) bei Grenoble und Cervinia (2.050 m) im östlichen Aosta-Tal, die ebenfalls erst in den Dreissiger Jahren aufgebaut wurden, sowie von Skizentren wie Prato Nevoso (Cuneo) oder Passo del Tonale (Trient-Brescia).

In den Fünfziger und Sechziger Jahren wurde in Frankreich eine Politik der intensiven, systematischen Erschließung des Berggebietes vorangetrieben und etwa vierzig Retortenstationen mit gewaltigen Baublöcken und Hotelkästen und einer Gesamtkapazität von etwa 600.000 Betten erbaut. In diesen Destinationen können wir die sogenannte „Dritte-Generation" oder „integrierte" Stationen erkennen (La Plagne als das Muster; Les Arcs, Avoriaz, Flaine usw.), in welchen der Initiator des Skizentrums nicht mehr nur als „Parzellenverkäufer", sondern gleichzeitig auch als Erbauer der Hotels und Eigentums-Wohnblocks, der Liftanlagen und der verschiedenen Infrastrukturen auftritt, der sich zudem um die gesamtplanerische Funktionalität und Stimmigkeit des architektonischen Komplexes kümmert. Leider hatte dieses Erschließungsmuster des Berggebietes auch in Italien einen gewissen Einfluss, wo etwa 15 Retortenstationen „nach französischen Vorbild", vor allem in den zentralen und westlichen Alpen, errichtet wurden. Und sogar Südtirol weist ein kleines Muster dieser negativen Form touristischen Erschliessung auf (Kurzras im Schnalstal, in 2.000 m Höhe, mit zwei gewaltigen Baublöcken großstädtischer Art). Von diesen Orten können Saint-Grée, Artesina und Sansicario (Piemont), Alpiaz/Monte Campione (Lombardei) und Marilleva (Trient) als „integrierte" Stationen bezeichnet werden. Das Gesamturteil zu dieser Entwicklung muss unvermeidlich negativ ausfallen, da diese Retorten-Wintersportorte als ökonomische und kulturelle Fremdkörper von außen hineingesetzt wurden, keine Verbindung zur lokalen Gesellschaft aufweisen, und die Entvölkerung nicht verhindern. Die Gemeinde Viola (Cuneo), in welcher die Retortenstation Saint-Grée liegt, verlor zum Beispiel zwischen 1971 und 1991, in der Zeit ihres höchsten touristischen Glanzes, noch 25% ihrer Bevölkerung. Dann ist die Gesellschaft, die die Liftanlagen und Infrastrukturen betrieb, in Konkurs geraten, so dass sich heute die Ortschaft vollständig zu entsiedeln droht.

Was die zweite Möglichkeit der Typisierung betrifft, so nahm bei der Berechnung der quantitativen Rangordnung seit einiger Zeit die Transportkapazität der Seilbahnen und Lifte eine besondere Bedeutung ein, da die Wintersportzentren die zentrale Rolle im Rahmen des Alpentourismus und somit des wirtschaftliches Aufschwungs einnehmen. Hier soll dieser gewohnten Rangordnungsermittlung eine andere hinzugefügt werden, die sich auch auf die Bettenkapazität stützt, um einen besseren Überblick des touristischen Angebotes zu ermöglichen. Allerdings beschränkt sich die folgende Untersuchung angesichts der extrem großen Zahl von Orten mit Tourismus in den italienischen Alpen nur auf jene Touristenzentren, die als „intensiv" klassifiziert werden können, also auf solche die wenigstens 2.000 Hotelbetten, oder 1.000 Hotelbetten und gleichzeitig 10.000 Betten in gewerblichen und nichtgewerblichen Beherbergungsbetrieben aufweisen, sowie auf „mittel-intensive" mit wenigstens 500 beziehungsweise 5.000 Betten. Unter der Voraussetzung dass nur jene Zentren, die mindestens auf 500 m Höhe liegen, berücksichtigt werden, um reine Strandbadeorte auszuschließen (Tabelle 2), zeigt sich, dass von den 43 großen Orten nur Dorf Tirol, Schenna und Partschins keine Liftanlage haben, weil sie als Sommerfrische bei Meran geprägt sind; Molveno verzeichnet sehr wenige Lifte und tritt ebenso vorwiegend als Sommerfrische in Erscheinung. Auch der Kurort Lévico, (trotz des kleinen Skizentrums Panarotta-2002 in seinem Gemeindegebiet), Kastelruth, Mühlbach (Pustertal), Sand in Taufers, Auronzo di Cadore und Asiago sind zweifellos hauptsächlich Sommerfrischeorte, sie verfügen aber über ein nennenswertes Seilbahnanlagennetz und sind auch im Winter gut besucht.

Aus Tabelle 2 geht auch hervor, dass ein großer Unterschied zwischen der gewerblichen und nichtgewerblichen Bettenkapazität in den westlichen Alpen besteht. Beispielsweise gibt es in Bardonecchia ein extrem hohes Ausmaß an Zweitwohnungen: Hier erreichen die nichtgewerblichen Betten (29.000) sogar das Zwanzigfache der Hotelbetten (1.400)! Dieses Phänomen ist dagegen in Südtirol bedeutungslos, mit Ausnahme von Welschnofen (das ist aber kein „intensives" Touristenzentrum), und es hat allenfalls eine mäßige Bedeutung im Trentino (Pinzòlo/Madonna di Campiglio und Folgarìa ausgenommen) und im Städtchen

Tabelle 2: Die großen Fremdenverkehrsorte der italienischen Alpen nach der Beherbergungskapazität

Gemeinde	P Höhe	a	b	c	Gemeinde	P Höhe	a	b	c
Bardonecchia	To 1.312	1.403	29.000	84.253	Ahrntal	Bz 1.054	3.761	1.920	474.164
Sauze d'Oulx	To 1.510	1.655	20.000	73.157	Al Plan/St.Vigil	Bz 1.285	2.159	2.000	309.992
Sestriere	To 2.035	2.465	14.800	195.209	Badia/Abtei	Bz 1.315	4.900	4.770	577.964
Courmayeur	Ao 1.224	2.851	16.800	309.751	Brixen	Bz 559	2.897	2.440	359.195
Valtournenche[1]	Ao 1.508	3.489	17.800	390.000	Bruneck	Bz 838	2.228	1.960	341.792
Aprica	So 1.172	1.272	13.600	138.802	Corvara	Bz 1.568	5.200	2.100	660.635
Bormio	So 1.225	3.483	10.000	378.214	Kastelruth	Bz 1.060	5.457	4.570	788.227
Livigno	So 1.816	4.800	7.500	602.035	Mülbach	Bz 777	3.437	420	498.777
Madesimo	So 1.560	1.006	12.900	101.477	Partchins	Bz 626	2.032	1.240	252.773
Ponte di Legno	Bs 1.257	1.052	14.300	100.000	Sand	Bz 864	2.435	1.380	330.358
Andalo	Tn 1.042	4.062	4.189	529.895	St.Ulrich	Bz 1.234	2.525	3.690	347.056
Campitello	Tn 1.448	2.082	2.897	286.421	Schenna	Bz 600	4.753	860	788.306
Canazei	Tn 1.465	4.476	6.515	571.882	Schnals	Bz 1.327	2.016	690	269.121
Dimaro	Tn 766	2.840	7.527	359.507	Wolkenstein	Bz 1.563	6.004	3.000	773.264
Folgaria	Tn 1.166	3.284	15.514	301.302	Sexten	Bz 1.310	2.225	2140	306.949
Levico Terme	Tn 506	4.307	6.472	424.142	Stilfs[4]	Bz 1.310	2.850	1170	312.070
Moena	Tn 1.184	3.254	6.554	388.284	Tirol	Bz 594	4.074	840	577.094
Molveno	Tn 865	2.455	3.137	249.205	Toblach	Bz 1.256	2.396	3.020	300.364
Pinzolo[2]	Tn 770	5.543	22.782	625.468	Auronzo di C.	Bz 866	1.396	9.900	124.712
Pozza	Tn 1.325	2.551	6.211	309.196	Cortina	Bl 1.211	4.834	19.900	552.099
Siror[3]	Tn 765	2.949	6.441	336.619	Falcade	Bl 1.137	1.340	8.700	166.715
Vigo	Tn 1.382	2.093	2.882	238.027					

P = Provinz (To = Torino; Ao = Aosta; So = Sondrio; Bs = Brescia; Tn = Trient; Bz = Bozen; Bl = Belluno; Vi = Vicenza).
Höhe = Seehöhe
a = gewerbliche Betten; b = nichtgewerbliche Betten; c = gewerbliche Nächtigungen (1999).
*) Schätzung **) Durchschnitt der letzten drei Jahre
1) Mit dem Ortsteil Breuil/Cervinia
2) Mit dem Ortsteil Madonna di Campiglio
3) Mit dem Ortsteil S.Martino di Castrozza
4) Mit dem Ortsteil Sulden

Livigno. Die bedeutendsten Touristenzentren in bezug auf die Hotelnächtigungen (bzw. auf die gewerblichen Betten) sind also Kastelruth, Schenna, Wolkenstein (alle mit über 770.000 Übernachtungen), Corvara, Pinzolo und Livigno (mit jeweils über 600.000), während die führenden Fremdenverkehrsorte der westlichen Alpen

nur 340.000 – 375.000 gewerbliche Nächtigungen (Courmayeur und Valtournenche) verzeichnen, gegenüber sogar 900.000 in nicht-gewerblichen Anlagen.

Tabelle 3: Die „größten" Wintersportzentren und Skiarenen der italienischen Alpen

Rang	Stationen und Skiarenen	P/H/M	P/St	Anl.	d.F/A	Höhe
1	Sella Ronda	44.927	165.949	133	1.248	3269
1a	Alta Badia (Badia-Corvara-Colfosco)	13.490	62.734	49	1.280	2530
1b	Arabba-Marmolada	12.853	33.908	29	1.169	3269
1c	Alta Gardena (Selva-S.Cristina)	10.626	46.107	40	1.153	2300
1d	Canazei	7.163	23.200	15	1.547	2428
2	Via Lattea (I-F)	32.908	113.217	91	1.244	2820
2a	Sestrières-Sauze d'Oulx-Sansicario	22.421	73.900	53	1.394	2820
2b	Clavières-Cesana-Montgenèvre	10.487	39.317	38	1.035	2594
3	Cervinia-Zermatt (I-CH)	19.794	62.359	57	1.094	3915
3a	Cervinia-Valtournenche	12.721	39.029	34	1.148	3478
4	Madonna di Campiglio-Folgarida-Marilleva	17.884	64.533	50	1.291	2504
5	Kronplatz (Bruneck-St.Vigil Enneb.-Olang)	17.145	52.185	26	2.007	2271
6	La Thuile-La Rosière (I-F)	14.391	44.449	35	1.270	2642
7	Livigno	11.342	41.000	31	1.323	2798
8	Champoluc-Gressoney La Trinité	10.490	29.190	21	1.390	2970
9	Cortina d'Ampezzo	10.195	41.234	34	1.213	2924
10	St.Ulrich/Urtijei-Seiseralm	9.472	34.820	28	1.244	2516
11	Alleghe-Zoldo-Selva di Cadore („Civetta")	8.436	31.059	30	1.035	2099
12	Obereggen-Alpe di Pampeago („Latemar")	8.196	32.540	18	1.808	2415
13	Courmayeur	7.400	22.770	21	1.084	2624
14	Passo del Tonale	6.998	29.448	21	1.402	3016
15	Bardonecchia	6.942	23.908	23	1.013	2740
16	S.Martino di Castrozza	6.876	20.167	15	1.344	2354
17	Falcade-P. S.Pellegrino-P.Valles („TreValli")	6.824	24.981	22	1.135	2522
18	Bormio	6.513	15.684	15	1.046	3017
19	Andalo-Fai della Paganella	6.153	21.203	17	1.247	2125
20	Limone Piemonte („Riserva Bianca")	6.036	22.940	28	819	2050

P/H/S: Transportkapazität in Personen/Höhenunterschied/Stunde;
P/St: Förderleistung (Personen/Stunde);
Anl.: Anlagen ;
d./F/A: durschnittliche Förderleistung je Anlage;
Höhe: höchste erreichte Seehöhe der Anlagen.

Berücksichtigt man nun die Skianlagen, so werden jene als „intensiv" klassifiziert, die eine Transportkapazität der Liftanlagen von wenigstens sechs Millionen Personen/Höhenmeter/Stunde aufweisen. Diese Schwelle entspricht der durchschnittlichen Transportkapazität der etwa 100 Alpenwintersportorte Italiens mit mindestens einer Million P/H/S bei einer „durchschnittlichen quadratischen Abweichung" (Standard Deviation) von mehr als 0,5. 24 Orte und Skiarenen, von denen 16 in den zentralen und östlichen Alpen liegen, übersteigen diese Schwelle (Tabelle 3). Von diesen Wintersportorten scheinen nur sechs nicht in der Tabelle 2 auf, unter anderem La Thuile (Aostatal), das die Schwelle von 2.000 Hotelbetten streift, und Limone Piemonte (Cuneo) mit über 20.000 Betten in Zweit- und Ferienwohnungen. Einige dieser Wintersportorte zählen zu den wichtigsten Skiarenen Europas, in erster Linie der Skizirkus Sella Ronda in den Dolomiten (Badia-Corvara-Wolkenstein-Canazei-Arabba), welcher sich hinter den bekannten Trois Vallées (bei Albertville, Frankreich) und den Portes du Soleil (bei Morzine und Champéry, Frankreich/Schweiz) bei den Skiarenen weltweit an dritter Stelle in bezug auf die Transportkapazität positioniert, und die Via Lattea (=„Milchstrasse") in der Cottischen Alpen (Val de Susa), die etwa die Größe der österreichischen Skizentren Wilder Kaiser Skiarena oder Sportwelt Amadé (Flachau) erreicht. Jedenfalls sind fast alle „großen" Wintersportorte der italienischen Alpen gleichzeitig auch wichtige Sommerfrischeorte, was die Notwendigkeit der Zweisaisonalität im Alpentourismus zur Erzielung positiver Wirtschaftsbedingungen unterstreicht.

5. Konzentration vs. Entsiedelung

Es ist kein Zufall, dass sich in den größeren Tourismusorten der Hauptanteil der Übernachtungen, der touristischen Einnahmen und der Kapitalanlagen der italienischen Alpen konzentrieren. Seit den Achziger Jahren ziehen die führenden Wintersport- und Sommerfrischezentren sogar einen wachsenden Anteil von Touristen an, so dass der Alpentourismus in Italien mehr und mehr von ihrem Erfolg abhängig ist. Im Aostatal erhöhte sich der Anteil der Übernachtungen der „großen" Wintersportzentren an den Gesamtnächtigungen der Region von 52% (1985) auf 57% (1995), im Veltlin von 49% auf 54%, in der Provinz Belluno von 47 auf 50%, usw. Im Aostatal verzeichnete als einziger der „großen" Orte das bekannte Courmayeur, das auf Grund seiner morphologischen Beschränkungen keine ausgedehnte konkurrenzfähige Skiarena anbieten kann, keine zufriedenstellende Entwicklung der Nächtigungen. In Südtirol weist dagegen der Anteil der führenden Wintersportzentren nach 1991 einen mäßigen Rückgang auf, welcher im Rahmen eines allgemeinen Rückganges der Nächtigungen abläuft. Tatsache ist aber, dass die Wintersportzentren Südtirols, im Besonderen die ausgedehnten Skiarenen wie der „Kronplatz" (Bruneck-St.Vigil Enneberg-Olang), die „Alta Badia" (Badia-Corvara), Grödnertal-Seiseralm (Wolkenstein-Santa Cristina-St.Ultich/Urtijei) und das Latemar-Skizentrum (Deutschnofen-Predazzo) eine dominierende Rolle für die Fremdenverkehrseinnahmen und das „Erscheinungsbild" der Region spielen.

Abgesehen von wenigen Ausnahmen steht die Position der größeren Wintersportzentren also nicht in Frage, um so mehr, als der gute Verlauf der Wintersaison 2000 – 2001 – nach zwei schneearmen Wintern – wieder eine gewisse Zufriedenheit gebracht zu haben scheint. Während einerseits der Alpentourismus insgesamt in einer Krise steckt, festigt sich andererseits die Rolle der größeren Stationen. Zunehmend dramatisch wird dadurch die Lage des „anderen" Berggebietes ohne Tourismus, das von Entvölkerung gekennzeichnet ist. Diese unausgegliche Entwicklung verursacht negative Auswirkungen, da einem fast unberührten, aber auch verlassenem und einsamem Berggebiet ein gut besuchtes und baulich „gesättigtes" Berggebiet gegenüber steht. Dieser scharfe Gegensatz bewirkt einen deutlichen Schaden am gesamten Image der Alpen als touristischer Region.

6. Aussicht

Man müsste also das „andere" Berggebiet „reizender" und lebendiger machen, mit einer verbesserten Landschaftspflege, einer Aufwertung der Infrastrukturen, einer Revitalisierung der Dörfer sowie der Berglandschaft, und durch die Schaffung vielfältiger Arbeitsmöglichkeiten, um den gesamten Alpenraum nicht nur für einen naturnahen Urlaub sondern auch für die Alpenbewohner selbst attraktiv zu machen. Damit spreche ich mich nicht gegen den Alpinskilauf aus, welcher unbedingt gepflegt werden sollte, da sich der Alpentourismus auf zwei Jahreszeiten stützen können muss um ökonomisch tragfähig zu sein. Das Problem besteht jedoch darin, dass bis heute fast nur die grösseren Stationen von den ökonomischen Vorteilen des Alpinskilauf profitieren und dieser Effekt nicht in die Fläche ausstrahlt. Natürlich gibt es dabei einige Ausnahmen, wie die gut besuchte Skiarena „Kronplatz" – ein „stollenförmiger" Aussichtsberg 2.270 m hoch, mit einem weiten, flachen Gipfel –, von deren positiven Einflüssen nicht nur die Gemeinden Bruneck, Enneberg und Olang, zu deren Gebiet der Berg gehört, profitieren sondern auch weitere Dörfer wie Antholz, St.Lorenzen, Pfalzen und Sand in Taufers, die ziemlich weit vom Kronplatz sind. Diese Dörfer haben mit sieben anderen Orten eine Art von „Verbund" gebildet, um gemeinsam ein gutes Preis-Leistungsverhältnis

Qualität/Preis anzubeiten, wobei die Verbindung mit dem Kronplatz durch einen kostenlos Skibus gesichert ist und außerhalb der Skiarena große, nicht belastete Landschaften erhalten werden konnten, was die Attraktivität dieses Gebietes spürbar erhöht. Das zeigt einen möglichen Weg, wie man die Vorteile des Alpinskilauf dezentralisieren könnte, ohne die Landschaft weiter zu belasten. Es setzt allerdings ein gemeinsames Ziel und einen einheitlichen Willen der Gebirgsbewohner voraus sowie Kreativität und Unternehmungsgeist, um ein reizvolles, ausbalanciertes Image eines solchen Gebietes zu entwickeln, dessen Einzelteile sich nicht stören und konkurrieren, sondern wechselseitig stärken.

Allerdings stellt sich dabei auch das Problem des Landschaftsstellenwertes im Kontext des Alpentourismus, das Werner Bätzing (2000) richtig aufwirft. Im Zeitalter der Postmoderne scheint die Landschaft für die „Aktivsportler" mehr und mehr zur Kulisse zu werden, mit der Konsequenz, dass das einheitliche Alpenbild zerfällt und dass jeder Eingriff, jede Veränderung in den Alpen erlaubt wird, die das „Fun"-Potenzial erhöht. Zweifellos besteht eine konkrete Gefahr, dass sich diese negative Entwicklung verbreitet, aber ich glaube, dass die Schäden noch nicht unwiderruflich geworden sind. Es gibt zum Beispiel noch viele Skifahrer, die ihr Skigebiet auf Grund des Landschafts- und Dorfbildes wählen, und die während ihrer Abfahrten dann und wann halten, um die Landschaft und die Aussicht zu genießen. Man muss also dafür sorgen, dass die Landschaft wieder zum zentralen Stellenwert eines Urlaub (auch wenn er nur kurz ist) in den Alpen wird, gerade auch für Abfahrtskifahrer und Mountaibiker. Dafür spricht auch die bescheidene Anziehung von Orten „ohne Landschaft", die deutlich machen, dass es auch heute nicht allein auf die technischen Infrastrukturen ankommt.

Um dieses Ziel völlig zu erreichen, muss man natürlich die Urlaubsorte auch für die Nicht-„Aktivsportler" reizvoller gestalten, und deutlich machen, dass das Berggebietsangebot im Winter auch eine Gelegenheit ist, um dem Grau, dem Nebel, dem Schmutz und dem Lärm der Großstädte zu entfliehen. Gewiss braucht man besondere Infrastrukturen, Dienstleistungen und „Gemütlichkeiten", um „beschauliche" Touristen im Winter anzuziehen, nämlich ein Netz verschneiter und gut gepflegter Spazierwege, Gartenbänke, „Orientierungstafeln", Imbissmöglichkeiten, die in den westlichen italienischen Alpen selten sind, sowie die Möglichkeit, Aktivitäten wie Eislauf, Curling, Schlittenausflüge usw. zu betreiben, die übrigens in verschiedenen Touristenorten Südtirols schon vorhanden sind. Gewiss sollte man so weit wie möglich die Preise reduzieren, um die Konkurrenz zu den exotischen Zielen zu verringern, die Vielfalt der Angebote im Winter vermehren, und überhaupt das Image der Alpen im Sommer „verjüngen", ohne den „Aktivurlaub" um jeden Preis zu fördern: Auch wenn der überwiegende Teil des Fremdenverkehrs noch in der Sommersaison zu verzeichnen ist, ist das Bild des Sommertourismus im Berggebiet bedauerlicherweise mehr und mehr mit Alten, mit Familien mit Kindern, mit „Langweile" verbunden, und in Italien, im Besonderen in den westlichen italienischen Alpen, gibt es sehr wenige Junge, die gerne Wanderungen im Berggebiet machen.

Aber selbst wenn auch der Alpentourismus einen deutlichen Aufschwung nähme, wäre dies nicht ausreichend, um die Lebensbedingungen in den Alpen zu verbessern. Die Tourismusexperten und die Populärliteratur präsentieren uns die Bergwelt gewöhnlich in ihren anmutigsten Facetten, als ein Paradies von kristallklaren Bächen und Seen, blühenden Almwiesen, lustigen weidenden Tiere, glitzernen Gletschern, grenzenlosen Skipisten, glücklichen Bergbewohnern, kurz: als Idylle. In den meisten Alpengebiet sieht die Realität völlig anders aus, weil das Leben in den Bergen – manchmal sogar in den gut besuchten Touristenzentren – oft schwer und einsam ist und nur wenige Vergnügensmöglichkeiten bietet. Für die Zukunft der Alpen bedeutet das, dass das inländische Wirtschaftspotential gestärkt werden muss, um die Außenabhängigkeit zu reduzieren, und im Fall von Alpenregionen, die in der Nähe von Verdichtungsräumen liegen, ist eine ungerechte Verteilung der Agglomerationskosten an die schwächeren Alpengemeinden zu verhindern. Weiterhin ist die touristische „Berufung" des gesamten Alpenraumes dezentral-flächenhaft zu fördern, allerdings in umwelt- und sozialverträglichen Formen, damit nur minimale Schäden an der Landschaft verursacht werden. In den Tourismuszentren sind darüberhinaus nicht-touristische Wirtschaftsaktivitäten zu fördern, um die Gefahren der negativen Auswirkungen der touristischen Monokultur abzumildern. Und zum Schluss ist zu betonen, dass das gesamte Alpengebiet und im besonderen die Entvölkerungsgemeinden der westlichen Alpen Italiens als Orte wiederentdeckt und aufgewertet werden, in welchen ein ausgeglichenes Mensch-Natur-Verhältnis mit der Berglandwirtschaft als zentraler Aktivität für den Landschafts- und Umweltschutz realisiert werden kann. Insgesamt sind erhebliche Bemühungen erforderlich, damit die Alpen wieder ein gleichwertiger Lebensraum werden können.

Literatur

Arndt, A. u.a. (Hg., 2000): Hegels Ästhetik. Die Kunst der Politik – die Politik der Kunst. Berlin: Akademie Verlag, 2.Teil.

Bartaletti, Fabrizio (1994): Le grandi stazioni turistiche nello sviluppo delle Alpi italiane. Bologna: Pàtron.

Bartaletti, Fabrizio (1997): I prodotti-mercato: le Alpi. In: Settimo Rapporto sul Turismo Italiano 1997, 277-294.

Bartaletti, Fabrizio (1998a): Tourismus im Alpenraum. In: Praxis Geographie, 28/1998, Heft 2, 22-25.

Bartaletti, Fabrizio (1998b): L'evoluzione storica del turismo nelle Alpi. In: Squarcina, 69-89.

Bartaletti, Fabrizio (1998c): Aspetti quali-quantitativi del turismo nelle Alpi italiane. In: Zerbi, 183-209.

Bartaletti, Fabrizio (1998d): Gli impianti di risalita in Italia. Caratteristiche tecniche, distribuzione spaziale, evoluzione temporale. In: Ottavo Rapporto sul Turismo Italiano, 381-396.

Bartaletti, Fabrizio (1998e): Adelboden. Una grande stazione alpina fra tradizione e modernità. In Studi e Ricerche di Geografia, 21/1998, Heft 2, 199-251.

Bätzing, Werner (1988): Ökologische und ökonomische Probleme alpiner Tourismuszentren. Das Beispiel Gastein. In: Haimayer, 245-252.

Bätzing, Werner (1991): Die Alpen. München: Beck.

Bätzing, Werner (1996): Tourismus und nachhaltige Regionalentwicklung im Alpenraum. In: Geographische Rundschau 48/1996., Heft 3, 145-151.

Bätzing, Werner (2000): Postmoderne Ästhetisierung von Natur versus „schöne Landschaft" als Ganzheitserfahrung von der Kompensation der „Einheit der Natur" zur Inszenierung von Natur als „Erlebnis". In: Arndt u.a., 196-201.

Bätzing, Werner/Perlik, Manfred (1995): Tourismus und Regionalentwicklung in den Alpen 1870-1990. In: Luger/Inmann, 43-79.

Bonapace, Umberto (1968): Il turismo della neve in Italia e i suoi aspetti geografici. In: Rivista Geografica Italiana, 75/1968, 157-186 und 322-359.

Haimayer, Peter (Hg., 1988): Probleme des landlichen Raumes im Hochgebirge. (Innsbrucker geographische Studien, Band 16). Innsbruck: Universitätsverlag.

Hannß, Christian und Schröder (1985): Touristische Transportanlagen in den Alpen. In: DISP, 79/1985, 19-25.

Knafou, Rémy (1978): Les stations intégrées des sports d'hiver des Alpes françaises. Paris: Masson.

Luger, Kurt/Inmann, Karin (Hg., 1995): Verreiste Berge. Innsbruck-Wien: Studien Verlag.

Ottavo Rapporto sul Turismo Italiano (1998). Firenze: Turistica-Mercury.

Préau, Pierre (1968): Essai d'une typologie des stations des sports d'hiver dans les Alpes du Nord. In: Revue de Géographie Alpine, 56/1968, 127-140.

Settimo Rapporto sul Turismo Italiano (1997). Firenze: Turistica-Mercury.

Squarcina, Enrico (Hg., 1998): Turismo: fattore di sviluppo o di degrado? Milano: Università Cattolica.

Zerbi, Maria Chiara (Hg., 1998): Turismo sostenibile in ambienti fragili. Milano: Cisalpino.

Zusammenfassung

Die italienischen Alpen sind durch sehr ausgeprägte kulturräumliche und landschaftliche Unterschiede gekennzeichnet. Dazu kommen große sprachliche und kulturelle Unterschiede zwischen den romanischen West-/Zentralalpen und den germanischen und ladinischen Ostalpen. Und auch differenzierte politische Organisationsformen sowie die unterschiedlichen Entfernungen zu den bevölkerungsreichen oberitalienischen Zentralräumen bewirken eine sehr ungleiche touristische Entwicklung des italienischen Alpenraumes. Die vergangenen Jahre brachten eine zunehmende Konzentration der Nächtigungen auf die führenden größeren Tourismusorte. Während einerseits der italienische Alpentourismus insgesamt in einer Krise steckt, festigt sich andererseits die Position der größeren Stationen. Zunehmend dramatisch wird dadurch die Lage des nichttouristischen Berggebietes, das von Entvölkerung gekennzeichnet ist. Einem fast unberührten, aber auch verlassenen und einsamen Berggebiet steht zusehends ein gut besuchtes und baulich „gesättigtes" Berggebiet gegenüber. Die touristische Entwicklung des gesamten italienischen Alpenraumes ist – in umwelt- und sozialverträglichen Formen – flächenhaft-dezentral zu fördern – auch unter Einbezug nicht-touristischer Wirtschaftsformen, um die negativen Auswirkungen der touristischen Monokultur in den bevorzugten Reisezielen abzuschwächen.

Fabrizio Bartaletti, Dr.; Universitätsprofessor für Geographie an der Universität Genua.
E-mail: bartfbi@unige.it

Zell am See in den 1940er Jahren   Quelle: Archiv Josef M. Meidl

Rauris um 1941   Quelle: Archiv Josef M. Meidl

Reinhard Bachleitner & Martin Weichbold

Immer wieder Alpen?

Anfragen zur Nachfrage im Alpentourismus

1. Ausgangslage und Zielperspektive

Seit die linearen Zuwachsraten in den Nächtigungsbilanzen nach einem jahrzehntelangen kontinuierlichen Aufwärtstrend in den Alpen ab den 80er Jahren und insbesondere nach 1992 in Turbulenzen gerieten, rückt das Interesse an den Bedingungen für das veränderte Nachfrageverhalten wieder verstärkt in den Analysemittelpunkt der Tourismusstrategen. Fragen nach den Ursachen und Gründen für die Rückgänge, die Verschiebungen oder auch die teilweise dramatischen Einbrüche sollten Aufklärung bringen, zumal zeitgleich die „Sun-and-Beach-Destinationen" am Hauptherkunftsmarkt Deutschland stark zugenommen haben (vgl. „Winter-Urlaub in Österreich" 1999, 4). Dieser Trend ist auch im österreichischen Inlandstourismus (Sommersaison) in erkennbar.

Betrachten wir dazu das Entwicklungsbild im Bundesland Salzburg (Abb. 1):

Nach einer Aufbauphase bis Mitte der fünfziger Jahre stieg der Tourismus fast linear an. Ab ca. 1973 trifft dies nur mehr für den Wintertourismus zu: der Sommerfremdenverkehr war erstmals in einer Krise, die zehn Jahre später auch das Winterhalbjahr erfasste: der Zeitraum zwischen 1982 und 1992 kann als Phase „allgemeiner Stagnation" (Bachleitner/Penz 2000, 22) bezeichnet werden, die in Summe aber doch einen leichten Zuwachs brachte. Ab 1993 zeigt die Nächtigungskurve wieder deutlich nach unten, gegen Ende des Jahrzehnts ist zumindest ein Ende des Abwärtstrends erkennbar. Auch die Entwicklung in den anderen österreichischen Bundesländern – wie auch jene anderer Alpenregionen – folgt dieser Rhythmik. Erst ab 2000 zeichnet sich wieder ein leichter Aufwärtstrend in der Wintersaison ab.

Abbildung 1: Übernachtungen im Bundesland Salzburg 1950 – 1999

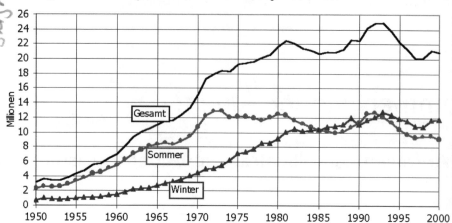

In dieser Entwicklung ist auch eine Trendwende in der Bedeutung der beiden Saisonen enthalten: war es zunächst der Urlaub im Sommer, der für die Alpenregionen typisch war, ist der Anteil der Sommersaison kontinuierlich gesunken und wurde Mitte der achtziger Jahre vom Winterhalbjahr überholt. Die Übernachtungszahlen der letzten Saisonen deuten darauf hin, dass sich dieser Trend weiter fortsetzen wird.[1]

Abbildung 2: Anteil der Sommersaison am Salzburger Tourismus
  (Übernachtungen 1950 – 1999)

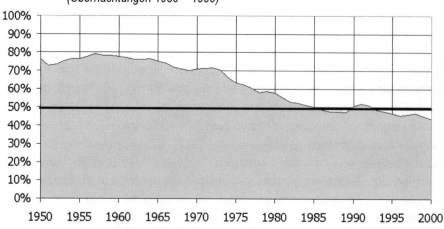

---

1   Die provokante These von Horx im Rahmen eines Tourismuskongresses in St. Johann im Pongau im April 2001, Österreich möge auf Sommertourismus „verzichten", ist wohl die schlechteste Lösungsvariante für Strukturprobleme im Sommertourismus.

Der Zusammenhang dieser Entwicklung mit einem geänderten Reiseverhalten der wichtigsten Zielgruppen schien evident. So wurde in einem ersten Zugang zur Klärung des teilweise abrupten Rückgangs ab 1992 die Umfrageforschung bemüht. Die Ergebnisse zeigen ein Ursachenpanorama, das sich als vielgestaltig und vielschichtig erweist (vgl. IPK „Sommerurlaub Österreich" 1996).

Die damals erhaltene Erklärungsformel für die Rückgänge lautete: Teuer, kalt, und erlebnisarm. D.h. es existieren

a.) ein Preisproblem (insbesondere im Verpflegungsbereich),

b.) ein Wetterproblem (d. h. hier liegt ein geringes Schlechtwetterangebot vor) und

c.) ein Imageproblem sowohl im Erlebnisangebot als auch mit den „Alpen" als eher negativ besetztem Distinktionsfaktor.

Aktuelle Umfragen am Hauptherkunftsmarkt (BRD) signalisieren, dass z.B. das Land Salzburg als Winterdestination in bestimmten Regionen in Deutschland wenig bekannt ist und die jüngste Studie verdeutlicht, dass das Segment Wintersport unter Druck geraten wird, da das Konkurrenzmotiv *„Sehnsucht nach Wärme und Sonne"* sowie generell das Interessenten-Potential der Skifahrer für stärkere Wachstumsraten zu klein ist und auch noch weiter abnehmen dürfte (Winter-Urlaub in Österreich 1999, 18).

Als ein Nebenprodukt wurden anhand dieser Umfragestudien auch Stärken- und Schwächeprofile des touristischen Angebots bzw. der Regionen erstellt, um Ansatzpunkte für ein innovatives Marketing herauszufiltern (dies sind: Natur, Kultur und ganzheitlicher Wintertourismus); ebenso hatten die touristischen Leitbildstudien in dieser Phase Hochkonjunktur. Sie sollten insgesamt die aufkommenden Krisensymptome minimieren und Wege aus der Strukturkrise aufzeigen.

Neben bzw. auch gleichzeitig zur umfrageorientierten Erforschung des veränderten Nachfrageverhaltens folgte eine (intensive) Analyse der touristischen Strukturdaten (Tourismusstatistiken). Dies erbrachte u.a. ein neues Bild der touristischen Nachfrage:

- Der multioptionale, anspruchsvolle und reiseerfahrenen Kunde, der zwar immer öfter, aber dafür um so kürzere Reisen unternimmt (Erst-, Zweit- und Dritturlaub mit unterschiedlicher Ausprägung in einzelnen Quelländer);

- der Stammgast, der nach 40 Jahren Alpentourismus/Alpenurlaub neue Ziele entdeckt;

- die neuen Gästeschichten aus dem ehemaligen Ostblock, wenngleich diese nur einmal die aufgetretene Lücke füllten.

215

Auch das medial erzeugte und zunehmende Fernweh mit dem Trend zu Fern-destinationen löst die angeblich traditionellen und eingeschliffenen Verhaltens-weisen ab und die gewohnten Strukturen auf ("Stammkundenschwund").

Kurz: Das Bild eines global interresierten, qualitätsbewussten und erlebnisorien-tierten Konsumenten, der ständig auf der Suche nach Neuem und Fremdem ist, zeichnet sich ab, womit auch die These des sich deutlich verändernden Nachfra-geverhaltens an Konturen gewann und heute der sogenannte "multioptionale Gast" eine innovative Koordinationsstrategie für seine differenzierten Bedürfnislagen ge-radezu herausfordert.

Ausgehend von diesen gewonnenen Grundlagendaten wurde und wird in der Folge verstärkt auf Dachmarkenstrategie sowie Destinationsmanagement gesetzt, um sich auf dem in Bewegung gekommenen Nachfragemarkt neu zu positionie-ren (vgl. dazu Höferer 1999, Reisezahn/Figl 2000). Die sogenannten "Destina-tionsgesellschaften" (= Holdings) sind im Entstehen.

Nun inkludieren all diese Diagnosen zur Struktur- und Verhaltensanalyse zwei-felsfrei Aspekte, die plausibel und passfähig sind und Erklärungspotential besit-zen, wenngleich man aus einer methodologischen Sicht vieles zur Datenqualität und den Interpretationen bzw. möglichen Umsetzungsperspektiven aus diesen Daten sagen könnte (vgl. u.a. Bachleitner/Keul 1997).

Bevor wir jedoch in eine detailliertere Darstellung einsteigen, sollen einige An-merkungen zu Inhalt und Struktur sowie die möglichen Einflussfaktoren auf den Nachfragebegriff vorangestellt werden, zumal die laufende Diskussion immer wie-der auf Einseitigkeiten und Mängel in den Statistiken bzw. Kennziffern aufmerk-sam macht.[2]

Übergeordnete Zielperspektive ist es jedoch, das Nachfrageverhalten in seinen zeitlichen und räumlichen Variationen zu erfassen und eine möglicherweise auf-tretende Systematik zu entdecken.

2. Strukturmerkmale des Nachfragebegriffs

Der Begriff der Nachfrage – ein zentraler Begriff in der Fachliteratur – erweist sich nun als heterogen und problembeladen. Aufgrund seiner inhaltlichen Breite – er gilt in seiner einfachsten Form als "Bereitschaft, touristische Güter zu er-werben" (Roth 1998, 44) – hat man nun zahlreiche Strukturmerkmale eingeführt, um zu differenzierten Aussagen über das Nachfrageverhalten zu kommen. So wird

---

2   So sinken zwar tendenziell die Nächtigungsziffern, die Umsätze steigen jedoch kontinuierlich an, da die Ausgaben im Zusammenhang mit dem angebotenen Qualitätstourismus steigen. Damit verlieren die Nächtigungsbilanzen als wirtschaftliche Kennzahl an Aussagekraft.

[Handschriftliche Randnotiz: So sieht der reisende ver heut aus]

zwischen den folgenden Dimensionen im Nachfragebereich unterschieden, wobei u.M. n. die (unbewusste) Differenzierung in Daten zum Handlungsvollzug (=statistische Kennziffern) und Daten zur Handlungsstimulation (=Umfragedaten) erfolgt:

- Reiseintensität
- Reisehäufigkeit   statistisch orientierte Daten
- Reisevolumen

- Reiseorganisationsformen
- Reiseziele   umfrageorientierte Daten
- Reisemotive[3]

Einflussfaktoren auf das Nachfrageverhalten:

Entscheidender für unsere Fragestellung sind jedoch jene Faktoren, die auf das Nachfrageverhalten wirken. Die Literaturanalyse liefert dazu das folgende breit strukturierte Faktorenbündel:

- individuelle Faktoren,
- gesellschaftliche Faktoren,
- ökologische Faktoren,
- ökonomische Faktoren,
- Anbieter-Faktoren,
- Staatliche (politische) Faktoren.

In etwas anderer Diktion listet Althof die Einflussbereiche auf: „Einkommen/ Wohlstandsverteilung; Wechselkurse und Kaufkraft, Kosten und Preise, wirtschaftliche Gesamtlage; Arbeitszeit- und Freizeitverteilung; Verkehrsbedingungen; Lebensbedingungen; Kommunikationsmöglichkeiten; Politische Situation und Risiken, Umweltbedingungen, Wetter, Verhalten der Bevölkerung, sowie generelle Modeerscheinungen" (nach Althof 1996, 63-73).

In noch abstrakterer Form versammelt Freyer die Einflussgrößen auf das Nachfrageverhalten, wobei er dann selbstkritisch resümiert: „Diese Aufzählung und Unterteilung gibt nur teilweise Erklärungen (...) für die Reisenachfrage." Und weiter: „Anders als in der üblichen typisch ökonomischen Nachfrageanalyse ist der Einfluss des Preises auf die Kaufentscheidung der Nachfrage von untergeordneter Bedeutung, wichtiger erscheinen andere Einflussgrößen." (Freyer 1995, 51).

---

3 Mit jedem dieser Strukturelemente sind nun erhebliche statistisch bedingte Zuordnungs- bzw. Aussageprobleme verbunden, die insbesondere dann zum Tragen kommen, wenn verschiedene nationalstaatliche Alpenregionen miteinander verglichen oder in gemeinsamen Strukturproblemen dargestellt werden sollen.

Wenden wir uns nach diesen Auflistungsvarianten, die sich für eine empirische Analyse als wenig hilfreichen erweisen[4], der Frage zu, wie denn insgesamt das konkrete Nachfrageverhalten in der Literatur eingestuft wird:

A: „Die Individualisierung der Nachfrage führt zu veränderten, diversifizierten und stetig wechselnden Nachfragepräferenzen der Kunden" (Schörcher 1999, 77).

B: In ebenfalls eher aufzählender Manier führt Roth (1999, 46) die gängigen Einflussvariablen zum Nachfrageverhalten an und meint zusammenfassend: „Die Einflussfaktoren auf die touristische Nachfrage sind im gesamten Spektrum menschlicher Lebensbereiche zu suchen und zu finden."

C: In einem aktuellen Interview meint ein Experte (ÖHV-Präsident Helmut Peter, ORF-Interview 2000): Das Nachfrageverhalten ist rein emotional, es orientiert sich an Sympathie und Antipathie (Imagewerten) für ein Land, eine Region.

Im Sinne der Postmoderne lässt sich hier zusammenfassend argumentieren: „Der Marsch (hier die Reise; d. V.) muss weitergehen, da jeder Ort der Ankunft nur eine zeitweilige Station ist (Baumann zit. n. Lutz 1999, 132).

Diese kurze Skizze verdeutlicht die grundsätzlichen Probleme im Bereich des Nachfrageverhaltens: Einmal ist es die hinlänglich bekannte Vielzahl von Einflussfaktoren, die auf unterschiedlichsten Ebenen (Person, Situation, Destination, Gesellschaft, Politik, Ökonomie) angesiedelt sind, wobei dann selten und wenig homogene Aussagen (Befunde) über Richtung, Intensität und gegenseitige Determination vorliegen; zum anderen unterliegt das Nachfrageverhalten einem sich stetig vollziehenden (rasanten) Wandel. Im Reiseentscheidungsverhalten erweisen sich die Präferenzen und Vorlieben gleichsam als kontingent.

Versuchen wir nun einen empirischen Blick in die Verteilungen der Nächtigungsstatistiken im gesamten Alpenraum sowie in ausgewählten Regionen, für die wir detaillierte Daten erhalten haben, zu werfen, um Verteilungen in den Kerngebieten des Alpenraums zu erhalten.[5] Zur Strukturierung dieses Nachfrageaufkommens wählen wir einen Zugang über die Faktoren Raum und Zeit. Wir können damit nach verschiedenen regionalen und verschiedenen Zeitphasen differenzieren, denn es erweist sich nun in der Tat als wenig zielführend – zumindest beim jetzigen Stand der Forschung – die aufgelisteten Einflussfaktoren der Nachfrage auf ihre Effekte hin zu prüfen. Denn alleine bei dem immer wieder thematisierten Aspekt

---

4 Wenig hilfreich insofern, als erhebliche Operationalisierungsdilemmata auftreten können.

5 Eine klassische Analyse im UV-AV Design der genannten Variablen ist bei den vorliegenden finanziellen Ressourcen in der Tourismusforschung im Gegensatz zur Konsumforschung mit ihrer Analyse von Massendaten (Datamining) nicht möglich, da nur 0,013 % des Bruttoinlandsprodukts (BIP) (nach Smeral in Salzburger Nachrichten im Okt. 2000) für Tourismusforschung eingesetzt werden.

Ökonomie erhält man in Abhängigkeit vom gewählten Indikator unterschiedliche Effektbilder: Zwar zeigt sich eine deutliche und fast lineare Abhängigkeit der Reiseintensität vom Haushaltseinkommen, im Zeitverlauf zeigt sich aber eine zunehmende Entkoppelung der Reiseaktivitäten von ökonomischen Parametern wie Kaufkraftindex oder Wirtschaftswachstum (vgl. Seitz/Meyer 1995, Mund 1998).

Betrachtet man die Tourismusnachfrage – über den Hauptindikator Nächtigung – in den vier Alpenregionen Westösterreich (Vorarlberg, Tirol, Salzburg, Kärnten), Bayern, Schweiz und Südtirol, so fällt eine sehr gleichförmige Entwicklung auf. Lediglich Südtirol zeigt aufgrund des hohen Anteils an Inländertourismus eine relative Linearität; der Ausländertourismus in Südtirol zeigt einen ähnlichen Trend wie die anderen Alpenregionen (siehe Abbildung 3).

Abbildung 3: Tourismusentwicklung in Alpenregionen: Übernachtungen 1970 – 1999.
(aus: Fremdenverkehr in einigen Alpenregionen 1997, 17ff.)

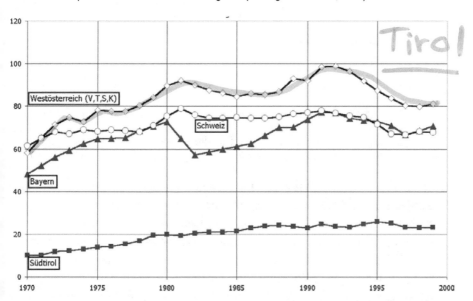

Diese Charakteristik legt den Schluss nahe, dass systematische Einflüsse auf einer Makroebene vorliegen. Das Entscheidungsverhalten *gegen* die Alpen als Destination zeigt sich zum gleichen Zeitpunkt in allen Regionen und zwar mit der Tendenz: je höher das Niveau in den Nächtigungsbilanzen desto höher auch die Schwankungen.

Das veränderte Nachfrageverhalten im österreichischen Alpentourismus ist dabei jedenfalls vor dem Hintergrund eines Wandels in den Reisegewohnheiten der Hauptquellländer zu sehen. Unter den Deutschen, die für knapp unter 50% aller

Nächtigungen in Österreich verantwortlich zeichnen und damit vor den Österreichern selbst (1999: 27% aller Nächtigungen) die wichtigste Gästegruppe sind, hat der Urlaub in der Alpenrepublik stark an Bedeutung verloren (siehe Abbildung 4).

Abbildung 4: Auslandsreiseziele der Westdeutschen. (Nach: Petermann 1999, 83)

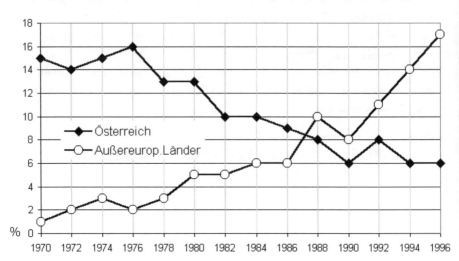

Auf der Suche nach den Ursachen für diese Entwicklung können nun verschiedenste Erklärungsmuster identifiziert werden:

A) Erklärungen auf der Makroebene argumentieren meist mit dem Etikett „Globalisierung des Marktes bzw. der Märkte" mit eben internationaler Konkurrenz. Dieser (meist) reine Benennungsvorgang eines Phänomens ist insofern wenig hilfreich, als sich hinter dem Etikett Globalisierung eine Vielzahl unterschiedlich starker Faktoren stehen und zwar sowohl als Bedingung als auch als Folge (z.B. preiswerte Konkurrenzdestinationen, massive Kapazitätserweiterungen, austauschbarer Club-Urlaub etc.). Ebenso ist anzufügen, dass der Trend zu einer Globalisierung eher auf der Angebotsseite auftritt und wesentlich schwächer auf der Nachfrageseite ausgeprägt ist. So kommt auch Petermann zu dem Resümee: „Die Betrachtung des deutschen Outgoing-Tourismus ergibt, dass die Deutschen zugleich eine hohe Auslandsreiseintensität und eine geringe Fernreiseintensität aufweisen" (Petermann 1999, 88).

B) Auf einer ökonomischen Ebene werden die Liberalisierungen der Flugtarife mit den verbilligten Flugpreise seit Beginn der 90er Jahre als entscheidender Faktor angeführt. Ergänzend und kritisch dazu muss jedoch auch angeführt werden, dass allein die Handlungsoption (hier der Flug) noch kein Garant für die Realisierung dieser Handlungsmöglichkeit darstellt, hier bedarf es weiter Begründungen, die in einer gestiegenen (kulturbezogen) Bereitschaft zur Mobilität liegen können wie etwa die Faszination des Fremden und Andersartigen.

C) Auf einer dritten mikroorientierten Ebene werden spezifische Erwartungshaltungen sowie spezifische Bewusstseinsebenen der Konsumenten angeführt. So soll Image und Prestige, das mit einer Destination verbunden ist, das Distinktionsverhalten steuern, wobei sich die Anspruchshaltungen ständig erhöhen.

Diese Erklärungshierarchie von einer Makro- zur Mikroebene – oder auch umgekehrt – sollte künftig verstärkt eingesetzt werden, da die Nächtigungsbilanzen auch nach ihren raumbezogenen Verteilungen nicht zufällig ausfallen. Vergleicht man in der Entwicklung zwischen 1981 und 1998 Phasen der allgemeinen Tourismusrezession (1980–1985 und 1992–1998) mit der Wachstumsphase 1985 –1992 (vgl. Abbildung 3: Tourismusentwicklung in Alpenregionen), wiederholen sich die regionalen Muster: Gewinne in den Höhenlagen (z.B. südwestliches Tirol, teilweise auch die Schigebiete im Salzburger Pongau und Pinzgau), Verluste in den Tallagen (z.B. Inntal) und an der Alpensüdseite.[6] Summiert man die Verluste und Gewinne in den drei Phasen, zeigt sich folgendes Bild:

Abbildung 5: Gewinner und Verlierer im Tourismus (Vorarlberg, Tirol, Salzburg, Kärnten)

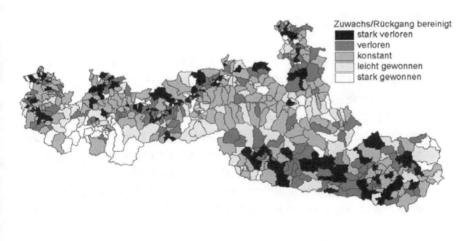

6   Die starken Verluste in Kärnten sind z.T. auch durch den höheren Anteil der Sommersaison in diesem Bundesland zu erklären.

Zusätzliche Brisanz gewinnt diese Entwicklung angesichts der von Klimaforschern erwarteten globalen Erwärmung: bereits in der bisherigen Entwicklung lässt sich ein deutlicher Zusammenhang von Nächtigungszuwachs und Seehöhe zeigen

Abbildung 6: Veränderung der Tourismusintensität nach Höhenlagen

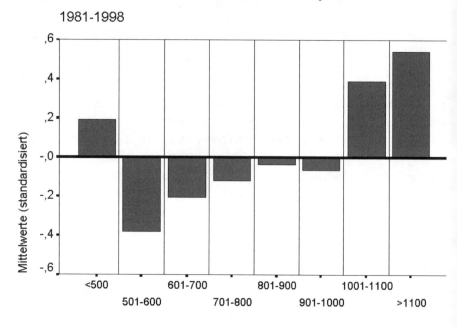

Seehöhe in m

Dargestellt ist hier die durchschnittliche Veränderung der Nächtigungen pro Einwohner zwischen 1981 und 1998[7] in den Gemeinden unterschiedlicher Höhenlagen. Mit Ausnahme ganz niedrig gelegener (Tal-)Gemeinden und Städte, die auch bisher nicht auf Schitourismus setzten, zeigt sich ein linearer Zusammenhang: Gewinner sind Gemeinden über 1.000 m Seehöhe. In Zukunft wird sich dieser Effekt vermutlich noch verstärken.[8] Auch die Österreich Werbung (2000) spricht von einem möglichen Szenario „Winter ohne Schnee", in dem nur mehr wenige und sehr hoch gelegene Schigebiete tatsächlich über gesicherte Schneeverhältnisse verfügen und den klassischen Winterurlaub anbieten können. Dieses

---

7   Standardisiert, d.h. Gesamtmittelwert = 0, Standardabweichung = 1
8   Die Befunde und Prognosen zur „Klimaerwärmung" sind dabei uneinheitlich. Ein Versiegen des Golfstroms, wie von manchen Klimaforschern vorhergesagt, würde für Mitteleuropa entgegen dem globalen Trend ein Sinken der durchschnittlichen Temperaturen bedeuten.

Szenario geht gleichzeitig davon aus, dass die Nachfrage nach dem Schiurlaub sinkt. Dies nicht nur wegen höherer Preise aufgrund des sich verknappenden Angebots, sondern auch weil die Nachfrage nach Schneeurlaub an eigene emotionale Erfahrungen, etwa an Kindheit im Schnee, gebunden ist. Diese Erfahrungen werden – sollte das Szenario Realität werden – seltener.

3. Konklusionen und Perspektiven

Die Analyse der Nachfrageseite hat – wenn wir hier thesenartig zusammenfassen – Folgendes erbracht:

1.) Die Rückgänge im Alpentourismus vollziehen sich letztlich in allen Regionen in beinahe analoger Weise. Lediglich Südtirol fällt aus dieser Rhythmik, da hier der Anteil des Inlandstourismus wesentlich stärker ausgeprägt ist als bei den anderen Alpenregionen. Das bedeutet aber auch, dass das Nachfrageverhalten nicht jener weitgehenden Offenheit und Variabilität unterliegt, wie dies in der Literatur gesehen wird. Hinter der Parallelität der Rückgänge liegen systematische Quellen, die alleine mit wirtschaftlichen Entwicklungsverläufen nicht erklärbar sind. Veränderungen der funktionalen Monokausalität des Urlaubs, veränderte Qualitäts-, Bedürfnis- und differenzierte Erwartungshaltungen werden relevant.

2.) Die gerne in diesem Zusammenhang vorgebrachten Gründe und Ursachen für die rückläufige Tendenzen in den Nächtigungsbilanzen wie

• Globalisierung
• liberalisierte Flugtarife
• Konjunkturverläufe in den Quellenländern

besitzen zwar durchaus Erklärungsrelevanz; die Stärke der Effekte dieser Etikettierungsvariablen ist jedoch nicht so hoch anzusetzen wie dies gerne getan wird; so erweist sich Europa nach wie vor als Destination, die in der globalen Tourismusnachfrage dominiert und generell der intraregionale Tourismus in Europa stärker ausgeprägt ist als der interregionale Tourismus.

3.) Auch die lokalen Analysen auf Gemeindeebene zeigen, dass die Verteilung von Gewinnern und Verlierern in den Nächtigungsbilanzen durchaus systematische Variationen erkennen lassen, d.h. neben zeitbezogenen Trends zeichnen sich auch raumbezogene Trends ab.

Da wir in unserer Analyse bewusst frageorientiert und nicht lösungsorientiert vorgegangen sind, sei abschließend ein Aspekt angedeutet, der eine Lösungsperspektive enthält: So erschient es u.M.n. zielführender die Marketingaktivitä-

ten auf Makroebene (Ö-Werbung) sowie das regionale Management mit lokalen Zufriedenheitsmanagement (Mikroebene) zu verbinden bzw. zu vernetzen, da nicht nur Destinationen einem Lebenszyklus unterliegen, sondern auch individuelles Reiseverhalten in einen Raum- und Zeitzyklus integriert ist, ein Zyklus, der bislang im Zusammenhang mit Nachfrageverhalten wenig analysiert wurde. Die Prüfung der in der Literatur vorfindbaren und aufgelisteten Einflussvariablen auf das Nachfrageverhalten erfordert aufgrund ihrer Komplexität und der konfundierten Zeit- und Kulturbezogenheit des Nachfrageverhaltens erheblich mehr an Analyseaufwand als bisher erkennbar ist, um sich einer „kausalen" Erklärungen nähern zu können. Ein Weg, der allerdings beschritten werden sollte.

Literatur

Althof, Wolfgang (1996): Incoming-Tourismus. München-Wien.

Bachleitner, Reinhard/Otto Penz (2000): Massentourismus und sozialer Wandel. Tourismuseffekte und Tourismusfolgen in Alpenregionen. München-Wien.

Bachleitner, Reinhard/Alexander Keul (1997): Tourismus in der Krise. Der Salzburger Fremdenverkehr im Spannungsfeld von Regionalisierung und Globalisierung. In: Dachs, Herbert/Roland Floimair (Hg., 1997): Salzburger Jahrbuch für Politik 1997. Salzburg-Wien, 68-91.

Höferer, Michael (1999): Alltag raus, Österreich rein. Austria. Holiday Break Away. In: Tourismus Journal, 3/1999, Heft 1, 65-74.

Freyer, Walter (1995): Tourismus. Einführung in die Fremdenverkehrsökonomie. München-Wien.

Fremdenverkehr in einigen Alpengebieten (1997): Hg. v. Landesinstitut für Statistik-Autonome Provinz Bozen-Südtirol. Bozen.

Lutz, Ronald (1999): Traumzeit Berg. Zur Philosophie der Natursportreisen. In: Tourismus Journal, 3/1999, Heft 1, 121-135.

Mundt, Jörn (1998): Einführung in den Tourismus. München, Wien.

Pompl, Wilhelm (1998): Luftverkehr. Eine ökonomische und politische Einführung. Berlin.

Peter, Helmut (2000); Interview im Herbst 2000 in ORF 1, Mittagsjournal.

Petermann, Thomas (1999): Folgen des Tourismus. Band 2: Tourismuspolitik im Zeitalter der Globalisierung. Berlin.

Reisenzahn, Thomas/Figl, Ernst (2000): Österreichs Regionen auf dem Weg zur Destination. Ist-Zustand Jänner 2000. Wien.

Roth, Peter (1999): Grundlagen des Tourismusmarketing. In: Roth, Peter/Axel Schrand (Hg.): Tourismusmarketing. Das Marketing der Tourismusorganisationen, Verkehrsträger, Reiseveranstalter und Reisebüros. München, 27-144.

Schörcher, Ursula (1999): Das Marketing für Deutschland unter dem Dach der Deutschen Zentrale für Tourismus. In: Tourismus Journal, 3/1999, Heft 1, 75-86.

Seitz, Erwin/Wolfgang Meyer (1995): Tourismusmarktforschung. Ein praxisorientierter Leitfaden für Touristik und Fremdenverkehr. München.

Smeral, Egon. In: Information in SN Okt. 2000

Sommerurlaub Österreich 1996. Untersuchung am deutschen Markt. München.

Winter Urlaub in Österreich 1999. Untersuchung am deutschen Markt. München.

Zusammenfassung

Die „Touristiknachfrage" erweist sich gerade in Phasen starken Wandels des Angebots als zentrale Kerngröße des Marketings. Die Struktur der Nachfrage wird dabei nicht nur von zahlreichen Merkmalen beeinflusst, sondern unterliegt auch erheblichem Innovationsdruck, der sich aus der Individualisierung des Nachfrageverhaltens ergibt.

Trotz dieser vielfältigen Determinanten zeigt sich, dass das Nachfrageverhalten im Alpenbereich einige systematische Tendenzen erkennen lässt. So sind die Rückgänge im Alpentourismus nicht zufällig verteilt, sondern vollziehen sich in den Regionen in analoger Weise. Zeit- und raumbezogene Faktoren erweisen sich als Determinanten für Gewinner/Verlierer-Relationen in den Nächtigungsbilanzen, insbesondere die Höhenlage zeigt hier deutliche Effekte.

Reinhard Bachleitner, Dr., Univ.-Prof. an der Universität Salzburg, Institut für Kultursoziologie und Institut für Interdisziplinäre Tourismusforschung (INIT). Studium der Soziologie, Geographie, Pädagogik, Psychologie und Sportwissenschaften.
Arbeits- und Forschungsgebiete: Sport-, Friezeit-, Kultur- und Tourismussoziologie.
E-mail: reinhard.bachleitner@sbg.ac.at

Martin Weichbold, Mag. rer. soc. oec, Dr. phil.; geb. 1969, Studium der Soziologie, Politikwissenschaft und Psychologie, Institut für Kultursoziologie und Institut für Interdisziplinäre Tourismusforschung (INIT) der Universität Salzburg;
Schwerpunkte: Umweltsoziologie, Methoden empirischer Sozialforschung, Statistik.
E-mail: martin.weichbold@sbg.ac.at

Eglsee bei Golling, um 1902

Zell am See, 1898

Franz Hartl

Der Tourismus im Wandel – schaffen wir den Turn-Around?

Ausgangslage

Der Tourismus im alpinen Raum ist vermehrt in den Mittelpunkt der Diskussion – sowohl auf akademischem Niveau als auch unter Praktikern – gerückt. Änderungen im Gästeverhalten, die aufgrund der günstigeren Flugpreise immer größer werdenden Reisedistanzen und die dadurch verstärkte Globalisierung haben dem Tourismus in den Alpenländern zuerst im Sommer – in der Folge aber auch im Winter – neue Konkurrenz beschert.

Die geänderten Gegebenheiten sind kaum beeinflussbar. Die touristischen Akteure müssen sich auf die neuen und schwierigeren Rahmenbedingungen einstellen:

- Die *traditionellen Erfolgsfaktoren* im alpinen Tourismus (günstige Arbeitskräfte, Nähe zu den Quellmärkten, vergleichsweise bescheidene Konsumenten) sind verloren gegangen.

- Die *Tourismusorganisationen* sind auf Gemeindeebene entstanden, wobei sich durch die notwendige politische Konsenssuche unprofilierte Durchschnittsangebote entwickelt haben. Die Gemeindeebene ist üblicherweise zu klein und erfordert hohen Bürokratie- und Abstimmungsaufwand. (Vgl. Tschurtschenthaler, 20)

- Bei stagnierenden Erträgen ist aufgrund des verstärkten Wettbewerbes der Bedarf an *Anpassungsinvestitionen* gestiegen, die sowohl aus nach wie vor bestehenden Qualitätsdefiziten als auch aus dem Bedarf an Zusatzeinrichtungen resultieren. Da die Mehrzahl der österreichischen Tourismusbetriebe mittlerweile einige Jahrzehnte alt ist, müssen zwangsläufig entsprechende Betriebserneuerungen und Anpassungen der Funktionen vorgenommen werden. An Hallenbäder, Saunaanlagen, Hotelhallen, Bars, aber auch Restaurants und Gästezimmer werden heute andere Ansprüche gestellt als vor zwanzig Jahren.

- Die *Banken*, die früher aufgrund steigender Immobilienpreise und fortlaufender Nächtigungszuwächse bereitwillig finanzierten, sind durch den realisierten Wertberichtigungsbedarf und den gesunkenen Verkehrswert von touristischen Immobilien zu einer restriktiven Kreditpolitik übergegangen, welche die Finanzierung notwendiger Investitionen erschwert.
- Der weitgehend *klein strukturierten Hotellerie* – rund 94% der Unternehmen der Hotellerie und Gastronomie beschäftigen weniger als 10 Mitarbeiter (vgl. Wirtschaftskammer 2001) – ist der Zugang zum Markt für Eigenkapital nur in sehr bescheidenem Umfang gelungen. Die Finanzierung betrieblicher Investitionen mit Fremdkapital verringert zusehends die Fähigkeit, witterungs- und/oder konjunkturbedingte Krisen und Rückschläge zu verkraften. Die kleinbetriebliche Struktur stellt sich mit fortschreitender Globalisierung als Hemmschuh heraus, weil die kleinen Unternehmen bei Verhandlungen mit Vertriebspartnern, durch gestiegenen Kommunikationsaufwand und dem Bedarf an notwendiger Infrastruktur auf betrieblicher Ebene etc. zunehmend benachteiligt sind.

Um dem alpinen Tourismus wieder zu Erfolg zu verhelfen, wurde in den letzten Jahren auf „Qualitätstourismus" gesetzt. Man versprach sich neuerdings auch von „Destination Management" und „Destination Marketing" eine Möglichkeit, den neuen Gegebenheiten zu trotzen.

In Österreich hat die Fremdenverkehrswirtschaft im Lauf des letzten Jahrzehnts eine besondere Dynamik bei den Investitionen gezeigt, die vor allem einen Umbau der Qualität des Angebotes bewirkt haben. Dies hatte einerseits eine weitgehend konkurrenzfähige Hardware zur Folge. Andererseits hat im gleichen Ausmaß auch die Verschuldung zugenommen, da nicht in ausreichendem Umfang Eigenkapital gebildet werden konnte. Aber weitere Änderungen stehen noch aus, da sich mittlerweile die Voraussetzungen für den Tourismus wesentlich – und teilweise nachteilig – verändert haben.

Diese Voraussetzungen haben letztendlich dazu geführt, dass die Fremdenverkehrswirtschaft trotz der jüngst erzielten scheinbaren Erfolge – die nach wie vor fast ausschließlich in Nächtigungsziffern gemessen werden – schwierigen Zeiten entgegensieht. Die Darstellung der Veränderung wesentlicher betrieblicher Daten sowohl der 3- als auch der 4/5-Stern-Hotellerie in den letzten Jahren soll das näher erläutern.

Die Unternehmen in der Qualitätsklasse der Kategorie 3 Sterne und darüber haben sich in den letzten Jahren fast durchwegs ständiger Zuwächse bei den Nächtigungen erfreut, während die Unternehmen der 2/1-Stern-Kategorie und die Privatquartiere beträchtliche Rückgänge in der Nachfrage verzeichnen mussten. Mangels einer ausreichenden Datenbasis für die Unternehmen der 2/1-Stern-Kategorie und der Privatvermieter beschränkt sich der Beitrag auf die oberen Qualitätssegmente. Es besteht jedoch berechtigter Grund zu der Annahme, dass die kritischen Analysen und Schlüsse auch – und sogar in vermehrtem Umfang – für die unteren Qualitätsklassen und die Privatvermieter Geltung haben.

1. Entwicklung der Aktiva

Abbildung 1: Entwicklung der Aktiva[1] (Werte in € 1000,--)

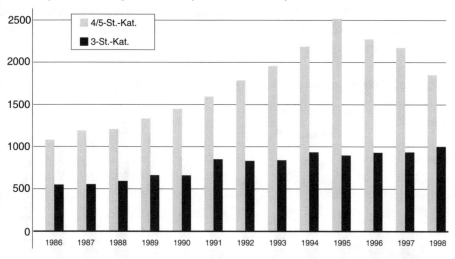

Quelle: TourismusBank

Das Aktivvermögen der 4/5-Stern-Unternehmen ist von durchschnittlich rund € 1,1 Mio. im Jahre 1986 bis auf rund € 2,54 Mio. im Jahre 1995 angestiegen, um in der Folge aufgrund von Zurückhaltung bei den Investitionen bis auf € 1,8 Mio. zu sinken. Eine etwas andere Entwicklung zeigen die Unternehmen der 3-Stern-Kategorie, die ein deutlich langsameres aber kontinuierliches Wachstum von einer durchschnittlichen Aktiva von € 0,55 Mio. im Jahre 1986 bis rund 1 Mio. € verzeichnen können.

---

1   Bei diesen und den folgenden Werten handelt es sich um Mediane (nicht um das arithmetische Mittel). Der Medianwert ist jener Wert einer Stichprobe, der bei einer der Größe nach sortierten Zahl von Werten den mittleren Wert dieser Reihe darstellt. Das heißt, 50 Prozent der Werte werden größer und 50 Prozent werden kleiner sein als der Medianwert. Grundsätzlich ist der Medianwert, da er durch Extremwerte nicht beeinflusst wird, besser zum Vergleichen geeignet als der Mittelwert.

2. Entwicklung der Passiva

Das betriebliche Eigenkapital[2], das einen der wirksamsten Krisenpuffer darstellt, ist trotz der in den letzten Jahren an den Tag gelegten Zurückhaltung bei den Investitionen nach wie vor einer fortschreitenden Erosion ausgesetzt.

Wie aus den nachstehenden Abbildung zu sehen ist, hat sich das negative bilanzielle Eigenkapital trotz der ab 1997 wieder verbesserten Auslastung weiter erhöht, womit die betriebliche Stabilität bei einem Großteil der Unternehmen beeinträchtigt ist. Ein durchschnittliches negatives Eigenkapital von € 0,44 Mio. – wie es der Durchschnitt der 4/5-Stern-Unternehmen im Jahre 1998 aufweist – bedeutet, dass die Schulden des Unternehmens von durchschnittlich € 2,33 Mio. das Aktivvermögen um diesen Betrag übersteigen.

Abbildung 2: Entwicklung von Eigen- und Fremdkapital (4/5-Stern-Kat., in € 1000,--)

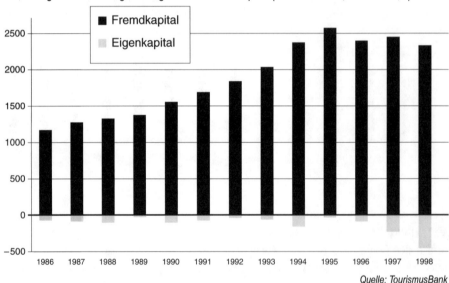

Quelle: TourismusBank

Diese Entwicklung ist umso bedenklicher als es in den letzten Jahren zu einem Rückgang der Investitionen gekommen ist. Durch den Investitionsstop konnte wohl Fremdkapital abgebaut werden, trotzdem ist es durch negative Betriebsergebnisse zu einer Verschlechterung der Eigenkapitalbasis gekommen.

---

2   Bei der automatischen, computergestützten Bilanzauswertung werden sämtliche Privatdarlehen, die in vielen Fällen auch Eigenkapitalcharakter haben, als Fremdkapital verbucht. Würde man die gesamten Privatdarlehen dem Eigenkapital zuschlagen, verbesserte sich die Eigenkapitalsituation um 3–5 Prozent.

Die Dramatik dieser Entwicklung wird vor allem an nachstehender Graphik sichtbar, welche das negative Eigenkapital (also das Ausmaß der Überschuldung der Vermögenswerte durch Fremdkapital) in % des insgesamt verfügbaren Vermögens darstellt. Ein negatives Eigenkapital von 15% – wie er bei den 4/5-Stern-Betrieben 1998 verzeichnet werden musste – bedeutet daher, dass nur mehr rund 85% der aushaftenden Verbindlichkeiten durch betriebliches Vermögen (Anlage- oder Umlaufvermögen) gedeckt ist. Aus diesem Grund ist es nicht weiter verwunderlich, dass die Bereitschaft sowohl der Kreditinstitute aber auch der Anleger Geld in diese Branche zu investieren zurückgeht.

Die schlechte Eigenkapitalsituation, die nicht nur für die Betriebe der oberen Qualitätsklassen des Alpenraumes symptomatisch ist, droht zu einem Pferdefuß für die künftige Entwicklung der Hotellerie im Alpenraum zu werden.

Abbildung 3: Entwicklung des bilanziellen Eigenkapitals (in % der Bilanzsumme)

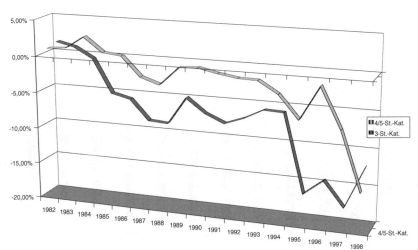

Quelle: TourismusBank

Die Bereitschaft des Anlegerpublikums, der Tourismuswirtschaft Risikokapital zur Verfügung zu stellen, ist in Österreich nach wie vor gering. Über die bisherigen Anlegermodelle konnte nur eine sehr eingeschränkte Anzahl an vergleichsweise großen, von renommierten Hotelmanagement-Unternehmen geführten, meist auch umfangreich renovierten oder völlig neu errichteten Projekten erfolgreich placiert werden. Angesichts der überwiegend kleinbetrieblichen Struktur im österreichischen Fremdenverkehr waren derlei Modelle nur eine Lösung für einen kleinen Teil der Investitionsvorhaben. Keinesfalls waren sie ein taugliches Mittel, die Eigenkapitalproblematik der gesamten Branche zu entschärfen. Die derzeit angebotenen Möglichkeiten für alternative Finanzierung von Klein- und Mittelbetrieben sind nicht geeignet, das Problem der Unterkapitalisierung der Freizeitindustrie zu entschärfen.

3. Entwicklung von Einnahmen und Ausgaben

Während die durchschnittlichen Einnahmen pro Unternehmen in der 3-Stern-Kategorie relativ stabil bei etwa € 0,58 Mio. p.a. liegen, waren die Einnahmen in der 4/5-Stern-Kategorie bei einem durchschnittlichen Niveau von ca. € 1,16 Mio. p.a. sogar etwas rückläufig.

Abbildung 4: Entwicklung der jährlichen Einnahmen (in € 1000,--)

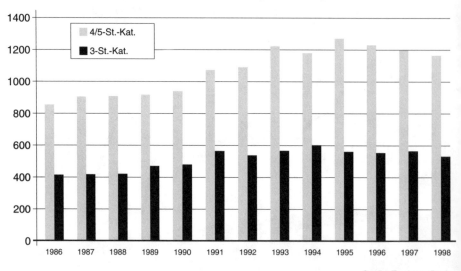

Quelle: TourismusBank

Die Ursache dafür liegt in der unterschiedlichen Entwicklung verschiedener Komponenten. *Während die Auslastung sowohl bei den 3- als auch 4/5-Stern-Betrieben wieder zugenommen hat, ist es nicht gelungen, eine Preisanpassung durchzubringen.*

Darüber hinaus ist die *Auslastung der Restaurantkapazitäten* weiter massiv zurückgegangen, sodass auch im Bereich der Zusatzkonsumationen Verluste hingenommen werden mussten. Diese Entwicklung scheint mit dem Jahr 1998 erstmals zum Stillstand gekommen zu sein. Konnten (in einer zehnjährigen Zeitreihe) bis 1995 die durchschnittlichen Arrangementpreise angehoben werden, so waren die

Nächtigungssteigerungen der folgenden Jahre von Preiseinbußen begleitet. Erst 1998 konnten wieder Preisverbesserungen erreicht werden.

	1995	1996	1997	1998
Verbraucherpreisindex	2,23%	1,98%	1,30%	0,8%
durchschnittlich erzielte Nächtigungs-preise 4/5-Stern-Kategorie	4,72%	- 4,60%	- 2,80%	3,64%
durchschnittlich erzielte Nächtigungs-preise 3-Stern-Kategorie	4,06%	- 1,45%	- 4,56%	8,78%

Abbildung 5: Entwicklung von Auslastung, Preis, Sitzplatzerlös (Kat. 4/5-Stern, Index)

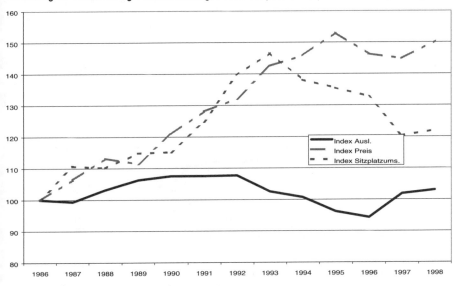

Quelle: TourismusBank

Abbildung 5 stellt die Entwicklung in Form einer Indexreihe der wesentlichen Komponenten des Umsatzes der 4/5-Stern-Hotellerie dar. Die 3-Stern-Hotellerie hat in diesem Bereich eine sehr ähnliche Entwicklung genommen.

Es zeigt sich, dass die Entwicklung der Auslastung der untersuchten Unternehmen dem nationalen Trend folgt. Trotzdem wurden selbst in Jahren rückläufiger Auslastung ab 1993 bis 1995 die durchschnittlich erzielten Nächtigungspreise deutlich angehoben. Bei den Zusatzkonsumationen gab es seit 1993 einen wenig beachteten aber spektakulären Rückgang zu verzeichnen, der bei vielen Unternehmen zu einer Schließung des à-la-carte-Restaurants geführt hat. Erfreulich ist, dass ab 1998 alle Umsatzindikatoren erstmals wieder nach oben weisen.

Ausgabenseitig (vgl. Abbildung 6) war die Entwicklung – so wie in den letzten Jahren – wenig spektakulär: Mit Ausnahme des Personalaufwandes, der sich im Durchschnitt der letzten zehn Jahre von 28 auf fast 34% der Einnahmen[3] erhöht hat, haben alle anderen Ausgabenpositionen leicht sinkende bzw. stagnierende Tendenz. Der deutlichste Rückgang konnte bei den Zinsen verzeichnet werden, die – bedingt durch das allgemein niedrige Zinsniveau – rund 10% der Einnahmen (sowohl bei den 3- als auch 4/5-Stern-Betrieben) ausmachen.

Abbildung 6: Veränderung der Aufwandsanteile (Kat. 4/5 Sterne, in % der Einnahmen)

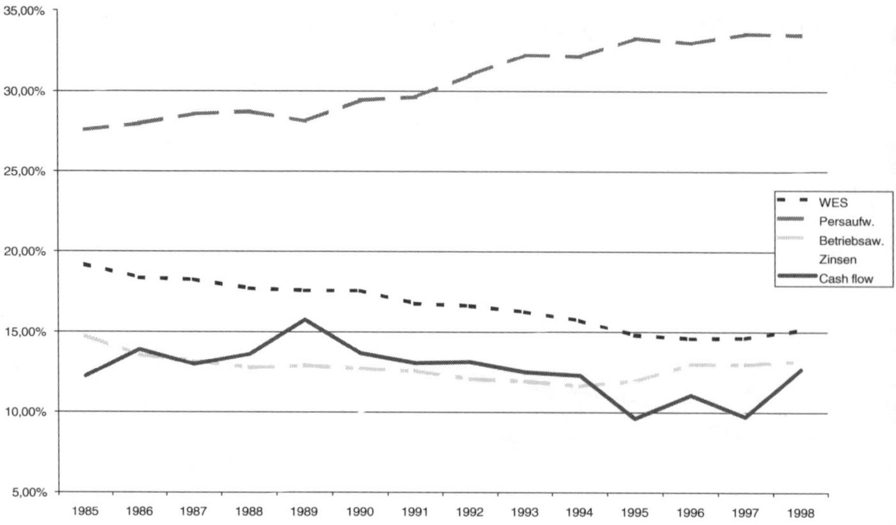

Quelle: TourismusBank

Die unterschiedliche Entwicklung sowohl der Einnahmen- als auch der Ausgabenpositionen hat den Cash-flow – eine wichtige betriebliche Zielgröße – massiv beeinflusst. Bei langfristig leicht sinkender Tendenz konnte allerdings auch hier im letzten der betrachteten Jahre dank Verbesserungen bei den Einnahmen und vor allem rückläufigen Zinsen eine Verbesserung erreicht werden.

---

3   Bei den Betrieben der 3-Stern-Kategorie hat sich der Personalaufwand von 24 ebenfalls auf 32 Prozent der Einnahmen erhöht. Die Werte sind jeweils ohne Berücksichtigung eines Unternehmerlohnes.

4. Entwicklung des Cash-flows

Der Cash-flow vor Zinsen hat in den letzten Jahren eine rückläufige Entwicklung genommen, wobei die Unternehmen der 4/5-Stern-Kategorie 1998 wieder eine Verbesserung erzielen konnten. Unter Berücksichtigung der Zinsen zeigt nachstehende Darstellung einen kontinuierlichen Rückgang der Ertragskraft, die vor allem bei den Unternehmen der 3-Stern-Kategorie besonders ausgeprägt ist.

Das vergleichsweise schlechte Ergebnis ist umso bedauerlicher, als eine Zeit ausgesprochen günstiger Zinsen nicht für eine Verbesserung der betrieblichen Stabilität genutzt werden konnte. Ein spürbarer Anstieg des derzeit herrschenden Zinsniveaus würde die betriebliche Ertragslage weiter belasten und einige Unternehmen in ernsthafte Schwierigkeiten bringen.

Abbildung 7: Veränderung des Cash-flows nach Zinsen (in % der Einnahmen)

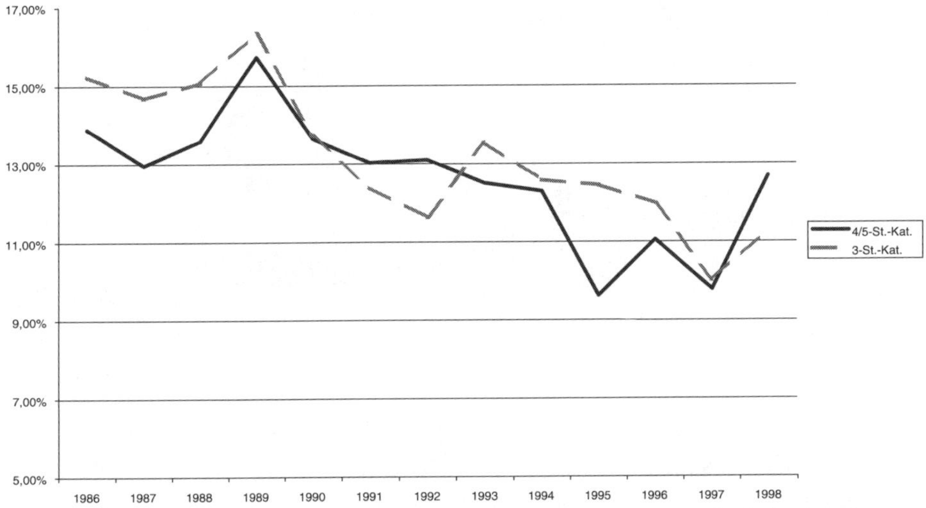

Quelle: TourismusBank

5. Entwicklung der Stabilität – gemessen an dynamischen Kennzahlen

Betrachtet man die dynamischen Kennzahlen zur Verschuldung – das Fremdkapital wird zu Stromgrößen wie Umsatz oder Cash-flow in Beziehung gesetzt – so ist eine weitergehende Verschlechterung der Bonitätslage bei den 3-Stern-Betrieben sowie eine leichte Verbesserung (auf schlechtem Niveau) bei den 4/5-Stern-Betrieben

235

zu erkennen. Eine Verschuldung bis zum Zweifachen des Jahresumsatzes bei Beherbergungsbetrieben und eine Verschuldung etwa in der Höhe eines Jahresumsatzes bei Verpflegungsbetrieben kann noch als akzeptabel angesehen werden. Die Unternehmen der 3-Stern-Kategorie haben diese Grenze bereits überschritten, während die Unternehmen der 4/5-Stern-Kategorie wieder eine leichte Verbesserung erreichen konnten.

Abbildung 8: umsatzbezogene Verschuldung (Fremdkapital/Umsatz)

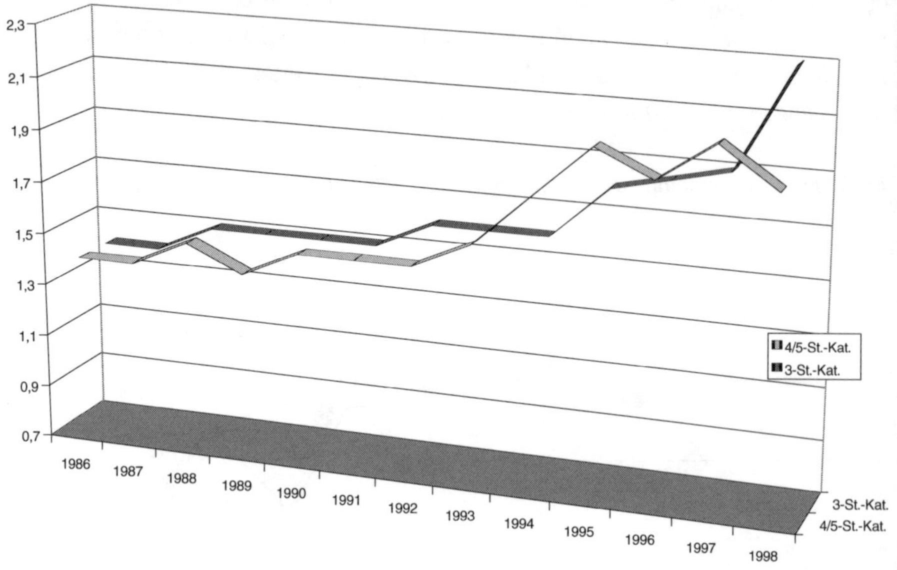

Quelle: TourismusBank

Am prägnantesten von allen Kennzahlen beschreibt das Verhältnis von *Fremdkapital zu Cash-flow* das Maß der gegebenen Verschuldung. Diese Kennzahl wird auch als „dynamischer Verschuldungsgrad" oder „fiktive Fremdkapitalrückzahlungsdauer" bezeichnet, da das Ergebnis auch als jene Zeitspanne interpretiert werden kann, die erforderlich ist, die gesamten Fremdmittel aus dem Cash-flow zurückzuführen[4]. *Derzeit können im Durchschnitt die Unternehmen der 3-Stern-Kategorie nicht und die der 4/5-Stern-Kategorie nur knapp die Einhaltung der vom Unternehmens-Reorganisations-Gesetz (URG) geforderten Grenze realisieren.* Trotz der von den Medien und auch von der Fremdenverkehrswirtschaft gefeierten Erfolge bei den Nächtigungen, wo 1997 erstmals wieder Zuwächse verzeichnet werden konnten,

---

4   Eine Entschuldung sollte entsprechend den Bestimmungen des Unternehmens-Reorganisations-Gesetzes in maximal 15 Jahren möglich sein.

befindet sich somit ein wesentlicher Teil der Fremdenverkehrswirtschaft in einer dramatischen Situation.

Abbildung 9: Entschuldungsdauer in Jahren (Fremdkapital/Cash-flow)

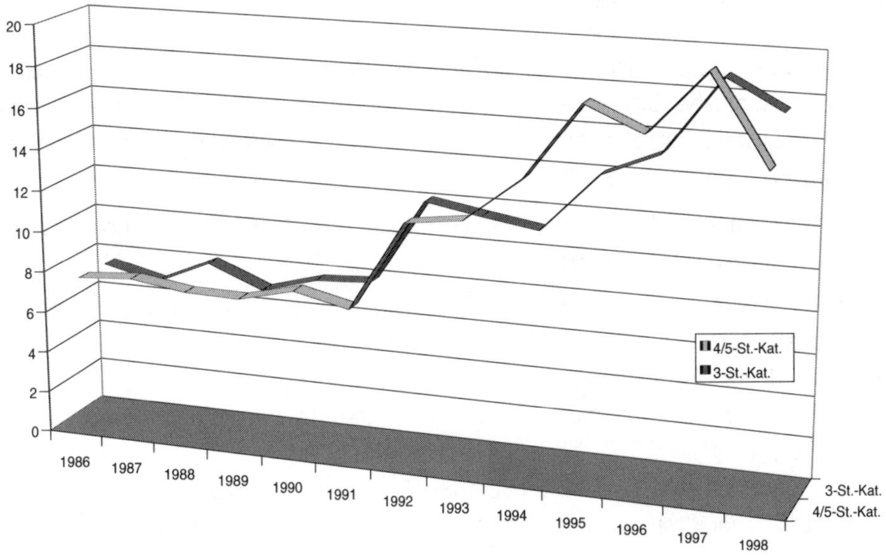

Quelle: TourismusBank

Die betriebswirtschaftliche Analyse der Hotellerie lässt sich zusammenfassen:

- Eine starke Zurückhaltung bei den Investitionen hat dazu beigetragen, die *Verschuldung kurzfristig zu stabilisieren.* Eine rückläufige Entwicklung der Werte des Anlagevermögens lässt langfristig allerdings eine Beeinträchtigung der Konkurrenzfähigkeit befürchten.

- Die verstärkte Nachfrage hat wieder zu einer *Zunahme der Nächtigungen* und damit der *Auslastung der Betriebe* geführt. Dies gilt für die Unternehmen der 3- und 4/5-Stern--Kategorie in gleicher Weise.

- Die *gestiegene Auslastung ist aber zum Großteil über Preisreduktionen erreicht worden*, sodass zusammen mit einem Rückgang der Einnahmen bei den Getränken und Zusatzkonsumationen sogar *ein rückläufiger bis stagnierender Umsatz hingenommen werden musste.*

- Durch eine Inflation der Ausgabenpositionen *hat sich der operative Erfolg* – ausgedrückt im Cash-flow vor und nach Zinsen – *spürbar verschlechtert.*

- *Als Folge davon hat die Überschuldung ausgedrückt in statischen (negative Eigenkapitalquote) und auch dynamischen Kennzahlen (Entschuldungsdauer 15*

237

Jahre und mehr) weiter zugenommen, sodass die Hotellerie im Durchschnitt die vom Unternehmens-Reorganisations-Gesetz (URG) geforderten Kennzahlengrenzen nur knapp erfüllen kann.

6. Die Erfolgreichen

International gilt der Tourismus als Teil der Dienstleistungswirtschaft als eine Wachstumsbranche. Bieger weist nach, dass Tourismusaktien an den Börsen weltweit eine bessere Performance erzielen konnten als die Aktien der Wirtschaft insgesamt. (Vgl. Bernet/Bieger 1999)

Internationale und nationale Beispiele zeigen, dass im Tourismus auch sehr erfolgreich gewirtschaftet werden kann:

* integrierte Destinationen (Vail, Beaver Creek, Sunday River, Whistler Mountain)
* Kreuzfahrtschiffe (mit einer Kapazität von 1000 bis über 3000 Betten)[5]
* Feriendörfer, Ferienclubs
* touristische Großunternehmen wie Verkehrsbüro, Do & Co, Rosenberger, Arcotel
* erfolgreiche Projekte der Ferienhotellerie in Österreich (Stanglwirt in Going, Post in Achenkirch, Hochschober auf der Turrach, Rot Flüh in Tannheim u. a.).

Die vorgestellten internationalen und nationalen Erfolgsbeispiele weisen folgende *Gemeinsamkeiten* auf, mit denen sie sich zum Teil deutlich von der heimischen Struktur unterscheiden:

* Die *Betriebsgröße* liegt weit über dem heimischen Größendurchschnitt.
* Umfangreiche *infrastrukturelle Einrichtungen* sichern Annehmlichkeiten für die Gäste auch bei ungünstiger Witterung.
* Ein großer Teil der gesamten *Dienstleistungskette kann aus einer Hand* abgedeckt werden.
* Eine *kompetente und einheitliche Führung* sichert die *klare Profilierung.*
* Es besteht eine eigenständige stabile Gästeattraktivität, die als *Marke* positioniert.
* *Strategische Planung, Angebotskoordination, Angebotsgestaltung* und vor allem ein wesentlich verbesserter *Zugang* sowohl zum *Markt für Fremd- als auch für Eigenkapital* sichern dauerhaft Wettbewerbsvorteile.

---

5   Das Kreuzfahrtschiff „Voyager of the Seas" kann 3838 Passagiere in 1550 Zimmern beherbergen. Es verfügt neben einem Bordtheater über eine Trauungskapelle, einen Basketballplatz, eine Golfanlage, eine Kletterwand, einen Eislaufring, eine zweistöckige Bibliothek, fünf verschiedene Restaurants, diverse Pubs und Cafés, eine Einkaufsstraße und drei verschiedene Jugendclubs für verschiedene Altersklassen, einen Day- und Night-Club sowie einen Hubschraulerlandeplatz. Das geplante Nächtigungsvolumen erreicht das von Pörtschach und Velden zusammen.

7. Wir haben ein Strukturproblem

Wenn derzeit ein Großteil der heimischen Ferienhotellerie mögliche Erfolge trotz günstiger Zinsen und einer wieder erstarkten Nachfrage nicht erzielen kann, *liegt offenbar ein strukturelles Problem vor*, das unabhängig vom Markt oder sonstigen äußeren Rahmenbedingungen besteht. Die Fremdenverkehrswirtschaft des Alpenraumes befindet sich in einer *Struktur- und nicht in einer Nachfragekrise*. Die in den vergangenen Jahren etwas rückläufige Nachfrage und die Folgen der Globalisierung haben lediglich die *Strukturprobleme* deutlich werden lassen.

Einer der wesentlichen Strukturnachteile ist die *zu geringe Betriebsgröße* von durchschnittlich knapp 40 Betten[6], womit nach heutiger Sicht kaum eine wirtschaftliche Betriebsführung oder eine erfolgreiche Teilnahme am globalen Wettbewerb möglich ist.

Ein weiterer Nachteil besteht in der *Zersplitterung des Angebotes* auf viele verschiedene Anbieter, die jeweils nur einen kleinen Teil der Dienstleistungskette abdecken und die weder dem Gast noch den Vertriebspartnern gegenüber einheitlich auftreten oder eine zielgerichtete Weiterentwicklung des gesamten Angebotes ermöglichen.

8. Einschneidende Änderungen für die Beherbergungswirtschaft

Wie Daten der Tourismusbank zeigen, weist die österreichische Ferienhotellerie in Betriebsgrößen von weniger als 100 Betten in so gut wie allen relevanten Kennzahlen deutlich schlechtere Ergebnisse auf als vergleichbare größere Unternehmen. Beispielhaft seien hier nur die Auslastung und die Eigenkapitalausstattung nach Größenklassen dargestellt.[7]

Die Abbildung 11 zeigt, dass zwischen den Unternehmen unterschiedlicher Betriebsgrößen deutliche Unterschiede in der Auslastung bestehen.[8] In einem Wirtschaftszweig, der so sehr mit fixen Kosten belastet ist wie der Tourismus, ist eine spürbar bessere Auslastung erfolgsentscheidend. Größere Betriebe können

---

6   Die Betriebsgrößen betragen nach Kategorien per Ende 2000: 105 Betten in der 4/5-Stern-, 41 Betten in der 3-Stern- und 23 Betten in der 2/1-Stern-Kategorie. Vgl. Wirtschaftskammer Österreich (Hg.): Tourismus in Zahlen – 2001.

7   Zu ähnlichen Ergebnissen kommt auch Wöber (1999), der signifikante Unterschiede nach Umsatzgrößenklassen feststellt.

8   Ein ähnlich deutlicher Unterschied war auch in der Restaurantauslastung festzustellen, wo bei Unternehmen unter 100 Betten ein jährlicher Sitzplatzerlös von € 1.744,-- erzielt wird. In der Klasse von 101 bis 200 Betten werden € 2.470,-- erreicht und über 200 Betten € 3.270,-- p.a.

Franz Hartl

Abbildung 10: Auslastung in Vollbelegstagen nach Größenklassen (4/5-Stern-Kat.)

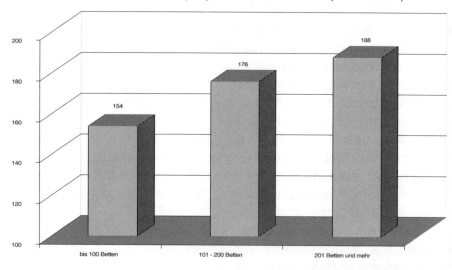

Quelle: TourismusBank

Abbildung 11: Eigenkapitalausstattung nach Größenklassen (4/5-Stern-Kategorie)

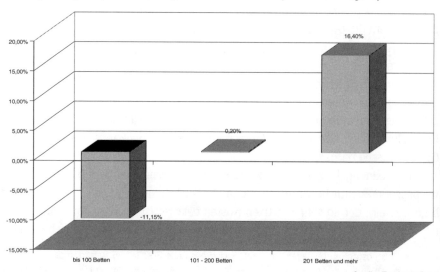

Quelle: TourismusBank

offenbar mit Hilfe der angebotenen Freizeiteinrichtungen Abreisen bei Schlecht-
wetter eher verhindern und sind mit den angebotenen Zusatzeinrichtungen auch
in der Lage, die Saisonen spürbar auszudehnen.

240

Am deutlichsten wird der unterschiedliche Erfolg jedoch in der Eigenkapitalausstattung sichtbar, wo große Unternehmen durch bessere wirtschaftliche Ergebnisse offenbar eine Aushöhlung des Eigenkapitals vermeiden oder auch von dem leichteren Zugang zum Markt für Eigenkapital profitieren können.

Die nach Größenklassen der Unternehmen signifikant unterschiedlichen wirtschaftlichen Ergebnisse legen Folgendes nahe:

1. Das bereits vermutete Vorliegen eines Problems der *unzureichenden Größenstruktur* der heimischen Beherbergungswirtschaft wurde durch die vorliegenden Daten erhärtet.

2. Dieses Strukturproblem besteht schon seit den *Ursprüngen* der alpenländischen Fremdenverkehrswirtschaft. Es wurde nur in der Vergangenheit von den günstigen äußeren Rahmenbedingungen verdeckt.

3. Die heimische Fremdenverkehrswirtschaft steht nicht in seiner Gesamtheit vor finanziellen Problemen sondern nur *die Betriebe mit suboptimalen Betriebsgrößen.* Diese stellen im Alpenraum allerdings die Mehrheit dar.

4. Der *Druck zu größeren wirtschaftlichen Einheiten,* der auch in anderen Branchen – Handel (vgl. Cerha et.al. 1998), Banken, Versicherungen, Kinos etc. – schon zu beträchtlichen Umwälzungen geführt hat, *ist auch in der Hotellerie spürbar und wird sich in den nächsten Jahren verstärken.*

5. Vor allem die *Betriebe mit weniger als 100 Betten* sind gut beraten, nach neuen Wegen zu suchen und dem unausweichlichen *Strukturwandel aktiv zu begegnen.* Dies kann in einem Verkauf des eigenen oder dem Kauf eines benachbarten Betriebes, einer Fusion (Zusammenlegen mehrerer Kleinbetriebe zu einem gemeinsamen Unternehmen), dem Eingehen von (möglichst weitgehenden) Kooperationen, dem Aufspüren und Besetzen von Nischen u.ä. bestehen.

In diesem Zusammenhang sind vor allem die *Unternehmer* gefordert, etwa traditionelles Besitzdenken aufzugeben und neue Verhaltensweisen anzunehmen (wie anteiliges Eigentum an Unternehmen, Ausgliedern von bestimmten Tätigkeiten – wie Einkauf, Wäscherei, Buchhaltung, Controlling, Vermarktung etc. – an Spezialisten). Auch rechtlich bindende (vertikale und/oder horizontale) Kooperationen oder Franchisekonzepte können die Marktposition von Kleinbetrieben verbessern und Vorteile gegenüber dem völlig unabhängigen Einzelunternehmen haben. Eine neue Lösung darf nicht nur durch ihre neue Größe bestechen sondern muss einen deutlichen Mehrwert in Form von Kosteneinsparung, verbessertem Marktzugang, Know-How-Transfer oder Möglichkeiten zu attraktiven Finanzierungen bieten. Auch die *Banken* sind gefordert, etwa im Zusammenhang mit Sanierungen Druck für neue Lösungen auszuüben und diese unter Umständen mit flexiblen Finanzinstrumenten zu unterstützen.

Die *Tourismuspolitik* soll noch deutlicher als bisher auf den Strukturwandel fokussiert werden, mit dem Ziel größere Wirtschaftseinheiten zu formen. Der verstärkte Einsatz der bereits etablierten Kooperationsförderung und des seit heuer zur Verfügung stehenden Garantieinstrumentes zur Betriebsgrößenoptimierung können Impulse setzen und den notwendigen Wandel beschleunigen.

Literatur

Bieger, Thomas (1999): Destinationen – Möglichkeiten und Grenzen. Hotel & GV-Praxis, 14. ÖHV-Sondernummer.

Bernet, Beat/Bieger, Thomas (1999). Finanzierung im Tourismus. Bern-Stuttgart-Wien: Verlag Paul Haupt.

Cerha, C./Reutterer, Th./Schnedlitz, P. (1998). Probleme im Bereich der Nahversorgung. Eigenverlag Institut für Absatzwirtschaft – Handel und Marketing. Band 18. Wien.

Hartl, Franz (1999): Die Finanzierung alpiner Destinationen. In: Tourismus in den Alpen. Festschrift anlässlich des 60. Geburtstages von Prof. Klaus Weiermair. Studia Universitätsverlag.

Keller, Peter (1999): Alpiner Tourismus im globalen Wettbewerb: Sollen Regierungen den Tourismus als strategischen Wirtschaftszweig fördern? in: Tourismus in den Alpen. Festschrift anlässlich des 60. Geburtstages von Prof. Klaus Weiermair. Studia Universitätsverlag.

Klien, Isabella (1991): Wettbewerbsvorteile von Groß- und Kettenhotels und deren Kompensierbarkeit durch Hotelkooperationen. (Schriftenreihe für Empirische Tourismusforschung und Hospitality Management Band 5) Service Fachverlag.

Österreichische Hotel- und Fremdenverkehrs-Treuhandgesellschaft m.b.H. (Hg.; 1994): Die Verschuldung der österreichischen Freizeitwirtschaft – Modelle für alternative Finanzierungslösungen. Studie im Auftrag des BMwA. Wien.

Tschurtschenthaler, Paul (1999): Destination Management/Marketing als (vorläufiger) Endpunkt der Diskussion der vergangenen Jahre im alpinen Tourismus. Unveröffentlichtes Manuskript. Innsbruck.

Wirtschaftskammer Österreich (Hg.; 2001): Tourismus in Zahlen – Österreichische und internationale Tourismus- und Wirtschaftsdaten. 37. Ausgabe.

Wöber, Karl (1999): Betriebskennzahlen des österreichischen Gastgewerbes Bilanzjahr 1997. (Schriftenreihe der Fachverbände Gastronomie und Hotellerie Nr. 9). Wien: Österreichischer Wirtschaftsverlag.

Zusammenfassung

Die heimische Tourismuswirtschaft befindet sich in einer schwierigen Zeit des Strukturwandels, der noch lange nicht abgeschlossen ist. Trotz steigender Anstrengungen von Unternehmerseite bleibt der wirtschaftliche Erfolg oft aus. Die alten Rezepte funktionieren nicht mehr.

Neben Marktanteilsverlusten bei den Nächtigungen haben suboptimale Betriebsgrößen und eine durch günstige Flugpreise ständig stärker werdende internationale Konkurrenz aber auch Einkommensverluste in den Hauptherkunftsländern den Wettbewerb massiv verschärft. Die Unternehmen konnten angesichts der Schuldenlast und einer sich weiter verschlechternden Eigenkapitalausstattung die notwendigen Anpassungsinvestitionen zur Verbesserung der Konkurrenzfähigkeit nur mit Mühe finanzieren.

Internationale und nationale Beispiele zeigen, dass im Tourismus nach wie vor auch sehr erfolgreiche Konzepte verwirklicht werden können. Da derzeit trotz günstiger äußerer Rahmenbedingungen nicht ausreichend wirtschaftliche Erfolge vorzuweisen sind, liegt offenbar ein strukturelles Problem vor, das vor allem in der ungünstigen Betriebsgröße gegeben ist. Dieses Strukturdefizit besteht schon seit längerer Zeit; es wurde nur in der Vergangenheit von günstigen äußeren Rahmenbedingungen verdeckt.

Wie an einer nach Größen geschichteten Stichprobe österreichischer Hotelunternehmen gezeigt werden kann, ist die heimische Hotellerie nicht in ihrer Gesamtheit von der Eigenkapitalschwäche und von Ertragsproblemen betroffen, sondern die Unternehmen mit suboptimalen Betriebsgrößen. Diese Eigenschaft trifft allerdings auf viele Unternehmen im Alpenraum zu. Alleine Österreich verfügt über 14.200 gewerbliche Beherbergungsunternehmen unterschiedlicher Qualität und Größe. Dazu kommen noch rund 4.000 Anbieter von Ferienwohnungen und Jungendheimen sowie 46.000 Privatvermieter. Auf diese Weise werden mehr als eine Million Betten von mehr als 64.000 Betrieben angeboten. (Vgl. Wirtschaftskammer 2001)

Die Globalisierung der Tourismus- und Freizeitmärkte benachteiligt die kleinen und mittleren Betriebe in den traditionellen Destinationen. Die scheinbaren Vorteile und der Charme des traditionellen Familienbetriebes werden durch Nachteile in der Vermarktung, durch die Notwendigkeit des Anbietens von Zusatzleistungen (Hallenbad, Gesundheitsbereich etc.) und vor allem durch die Unfähigkeit die gesamte Dienstleistungskette „Urlaub" in ihrem Ablauf und der gewünschten Qualität zu beeinflussen mehr als aufgehoben.

Wesentliche Merkmale für die künftige Wettbewerbsfähigkeit sind neben einer ausreichenden Zimmerkapazität eine mehr oder weniger weitgehende Verwirklichung des „Destinationsgedankens", d.h. ein möglichst großes Bündel touristischer Leistungen ist aus einer Hand anzubieten.

Traditionelle und neue Finanzierungskonzepte setzen den wirtschaftlichen Erfolg der finanzierten Unternehmen voraus. Dieser kann am ehesten dadurch erreicht werden, dass rasch Wege zur Überwindung der wenig konkurrenzfähigen Betriebsgrößen beschritten werden. Die Bereitschaft für Änderungen muss vor allem von den Unternehmern kommen, wobei sowohl von der Wirtschaftspolitik als auch von den finanzierenden Kreditinstituten Impulse gefordert sind.

Franz Hartl, Dr., Geschäftsführer der Österr. Hotel- und Tourismusbank Ges.m.b.H. und der Tourism Investment Service Ges.m.b.H. sowie Lektor an der Wirtschaftsuniversität Wien. *E-mail: hartl@oeht.at*

Hotel Schmittenhöhe, um 1909   Quelle: Archiv Josef M. Meidl

Dieter Kramer

Tourismus und Lebenswelt: Integrale Strategien

Illustriert mit Beispielen von Kulturprozessen in touristischen Regionen

1. Akzeptanzkrisen und Innenmarketing

Peter Rosegger weiß schon um die Wende vom 19. zum 20. Jahrhundert um die Dilemmatik regionaler Tourismuspolitik: Profitieren möchte man, aber die Folgen sollen überschaubar bleiben. Der österreichische Schriftsteller beschreibt – nur vorsichtig für den Tourismus Partei ergreifend – eine Akzeptanzkrise des Tourismus:

„Man hat bisher gehört, dass sich überall in den Alpen Fremdenverkehrsvereine bildeten. Das war schön und kam nach beiden Seiten zustatten. Nun werden aber in neuester Zeit hie und da Stimmen laut, die von – Fremdenabwehrsvereinen sprechen! Es sei durch die Fremden nicht viel Gutes ins Land gekommen. Sie hätten allerlei neue Meinungen, Sitten, Gebräuche und Bedürfnisse gebracht, die Einheimischen auf ihrer Scholle gelockert, viele unzufrieden gemacht oder gar fortgelockt. Solches Weltgift richte bei weitem mehr Schaden an, als das bisschen Geld, das die Fremden daliessen, Nutzen brächte. Die Leute systematisch erziehen, bilden, das wäre ja schön, aber das Raisonnieren, Locken und unsinnige Prosyletenmachen für den modernen Geist könne nur vieles niederreißen, nichts aufrichten. – Stimmen in diesem Sinne mehren sich von Jahr zu Jahr. – Darum möchte ich allen, die das Glück haben, aufs Land, ins Gebirge zu gehen, nebst meinen Glückwünschen noch das eine herzlich bittend zurufen: Schonet das Volksthum! Schonet eine alte Weltanschauung, mit der es noch möglich war, glücklich zu sein. Schonet eine Ueberzeugung, bei der noch Charaktere gediehen sind. Ihr seid in unseren Bergen die lieben willkommenen Gäste, die Erholung, Anregung, Erweiterung von Kenntnissen und edle Genüsse finden sollen – so freuet euch harmlos mit uns über die herrliche Natur und über die einfachen Menschen, die trotz des kümmerlichen Loses bisher zufrieden gewesen sind bei ihrer treuen Arbeit und schlichten Lebensweise, in einer Art Idylle lebend, wie man sie draussen in der Welt nicht mehr findet. Und soll schon Handel und Wandel sein, so traget nicht mit zu grosser Absicht *Cultur* in die Alpen hinein, freuet euch ihrer *Natur* und nehmet davon ein wenig mit in die Städte." (Rosegger o.J., XVIII)

Was hier im Gewande altväterlich-pastoraler Kulturkritik einhergeht, ließe sich heute leicht übertragen auf ökologische, sozialpolitische, verkehrspolitische oder sonstige Gravamina. Mit Spott oder mild-lächelnder Zurückweisung lässt sich freilich die Kritik an einem Tourismus, der alles verlangt und anscheinend zu wenig zurückgibt, nicht erledigen. Sie problematisiert ja nicht nur den durch den Tourismus oder parallel zu ihm stattfindenden Wandel, sondern sie stellt auch die Frage nach Sinn und Nutzen dieses Wandels bezüglich der Lebensqualität.

Ich möchte, ausgehend von der Nachdenklichkeit Peter Roseggers, etwas weiter ausholen und über die Bedingungen nachdenken, unter denen Tourismus in den europäischen Regionen zum Bestandteil einer auf Lebensqualität und Zukunftsfähigkeit ausgerichteten kulturspezifischen Strategie der Regionalentwicklung werden kann.

Dazu möchte ich zunächst auf die derzeit praktizierten Strategien des „Innenmarketing" und der Pflege von Tourismusgesinnung eingehen, um dann zuspitzend unterschiedliche Wege der Tourismusentwicklung zu skizzieren – großindustrielle und regionalistische –, die schließlich bezüglich ihrer Kompatibilität mit den angestrebten Standards von Europa geprüft werden sollen.

Heutige Reaktionen auf Tourismusfeindschaft und Tourismusmüdigkeit schildert Rainer Schauer 1995 ebenfalls am Beispiel Österreichs: Man versucht, „mit einer internen Aufklärungs- und Imagekampagne eine Meinungswende herbeizuführen und die Akzeptanz des Tourismus als überlebensnotwendigen Wirtschaftsfaktor zu fördern und zu erhöhen. Innenmarketing heißt das neue Schlagwort." (Schauer 1995, R 3; vgl. zum Tourismusverständnis auch: Müller 2001) Dieses Innenmarketing definiert neue Leitbilder für Orte und Menschen und „will gezielt die Meinungsmultiplikatoren Schulen, Kanzeln und Medien für touristische Belange einnehmen, plädiert aber auch für ein kundenorientiertes Denken bei beamteten Mitarbeitern und Führungspersönlichkeiten in den touristischen Zentralen." Das reicht bis hin zur unverblümt geforderten Unterwerfung unter den Tourismus, wie sie von der Tirol Werbung formuliert wird: „Die Landespolitik ist herausgefordert, den Tourismus als zentrales, das geistige und physische Gesicht des Landes entscheidend prägendes Phänomen zu erkennen. Der Tourismus soll vermehrt aus seiner wirtschaftspolitischen Isolation in das Rampenlicht kultur- und gesellschaftspolitischer Reflexion gerückt werden." (Zit.ebd.) Als Label wird „Gastland mit Herz" propagiert. Aber das muss eine ganz schön vordergründige, um nicht zu sagen geheuchelte Herzlichkeit werden, wenn offen zugegeben wird, dass sie erzwungen wird durch die Sachzwänge der Ökonomie: „Nur eine derartig politisch-integrative Fortentwicklung des Tourismus kann einen langfristigen ´Gastlandstatus mit Geist und Herz´ ... absichern." (Ebd.)

Für die Attraktivitätssteigerung greift man heute gern auf die „Events" für die Spaßgesellschaft zurück. „Special Events", wie sie in der Krise des Städtetourismus seit einigen Jahren üblich werden, definiert Ellen Roth im Anschluss an eine Definition des Deutschen Kommunikationsverbandes folgendermaßen: „Inszenierte Ereignisse sowie deren Planung und Organisation im Rahmen der Unternehmenskommunikation, die durch erlebnisorientierte firmen- oder produktbezogene Veranstaltungen emotionale und physische Reize darbieten und einen starken Aktivierungsprozess auslösen. Event-Ziele können sowohl image-, profilbildender oder motivierender Art sein als auch zur Unterstützung des Verkaufs dienen." (Heinze 1999, 147)

2. Industriemäßiger Tourismus

In Österreich und anderswo werden inzwischen ganz neue touristische Großstrukturen geplant und realisiert, die mit spitzer Feder kalkuliert sind und sich nicht mehr und nicht weniger um Tourismusgesinnung und Akzeptanz kümmern müssen als zum Beispiel eine Automobilfabrik: Was zählt, ist der in kurzen Fristen – vor allem denen der Wahlperioden und der Kapitalamortisation – zu erzielende Erfolg, gemessen in Arbeitsplätzen und am Shareholder-Value. Der neue Hit sind Themenparks und Urban Entertainment Center (vgl. Musicals 1999) oder die von Ludwig Morasch propagierte neue Version des alten Erlebniseinkaufes zwischen Vergnügungspark und Shoppingcity, das „Infotainmentcenter". Es schleust seinen Gast, dem Morasch zubilligt, dass er nicht weiß, was er will, gnadenlos aus der Erlebniszone in den Einkaufsladen. Das im Mai 1999 eröffnete, im November 2000 in Konkurs gegangene „Play Castle Tirol" bei Seefeld, von den Kulissenbauern der ehemaligen Prager Branov-Filmstudios mit täuschend echten Felsen aus Styropor ausgestattet, mit eigenem Bahnhof, folgte seinem Konzept. (Vgl. Mittelalter und Multimedia 1999)

Der Prototyp bei Seefeld ist inzwischen trotz des selbstbewussten Auftretens von Ludwig Morasch pleite. Dies muss jedoch keine Indiz für die Chancenlosigkeit des ganzes Programmes sein – in den verschiedensten Versionen treten von

Disneyland bis zur VW-Stadt Wolfsburg oder dem Ravensburger Spiele-Paradies ähnliche Modelle auf. (Vgl. Voyage 1999) Mit dem Konzept Erlebniseinkauf verbündet sich der Handel mit dem Tourismus und entwickelt eine Gegenstrategie zum virtuellen E-Commerce. Tourismuswissenschaftler legitimieren dies, indem sie Einkaufsbummel und den Besuch von Märkten als kulturelle Aktivität werten. (Heinze 1999, 75f)

Kriterien für synthetische Ferienwelten dieser Art und für touristische Industrieeinrichtungen auf der grünen Wiese sind Verkehrsanbindung, Größe und Kaufkraftvolumen des Einzugsgebietes usf.[1] Stärker landschaftsgebunden sind andere Formen, die jedoch gleichfalls großindustriellen Charakter anstreben. Günther Aloys z. B. will die alpine Berglandschaft neu inszenieren und den Bergen eine „neue Magie" verpassen, revolutionäre und erotisierende Wander- und Bergbekleidung eingeschlossen. Der Tourist soll nicht mehr nur wie die Bergsteiger und Wanderer zu Fuß von unten nach oben, sondern auch im Sommer mit „Sport"-Geräten von oben nach unten.[2]

3. Lebenswelten mit Tourismus

Zur gleichen Zeit werden jedoch auch ganz andere Strategien verfolgt. Sie praktizieren als Gegenbild zu den großen synthetischen Lösungen und Mega-Events den integralen Ansatz mit aktiver Beteiligung der lokalen Bevölkerung und sind regionale Lebenswelten *mit* und nicht *für* Tourismus. Sie sind Beispiele für jene intensive Partizipation, die auch Hansruedi Müller/Bern im Anschluss an seine kritische Analyse der Strategien des Innenmarketing propagiert. (Vgl. Müller 2001)

Zitieren möchte ich dazu ebenfalls Beispiele aus Österreich, einem Land mit einer langen Tradition des kleingewerblichen Tourismus. Anscheinend werden in diesem Land derzeit einige Dämme bezüglich der Großstrategien gebrochen, zur gleichen Zeit aber auch vorbildliche andere Lösungen gesucht.

Ulrike Vitovec aus Wien macht bekannt mit neuen Allianzen in der Koppelung von Lokalität und Modernität. Wenn die Autorin nach der „kulturellen Dimension" bei der Nationalparkplanung Hohe Tauern fragt, dann lenkt sie die Aufmerksamkeit auf eine vielfach vernachlässigte Ebene der regionalplanerischen, ökologischen

---

1 Vgl. auch das Projekt „Alpenwelt Mittersill", Rieder/Bachleitner/Kagelmann 1998; vgl. Bretschneider 1999, 6. Vgl. auch: Wayne Ellwood: Disneys Traumwelt. Rund um den Globus verbreitet Walt Disneys Medienimperium westliches Kulturgut. In: Südwind-Magazin (Schweiz) 1–2, Februar 1999, 34–39: „Unsere Welt aus Fleisch und Blut wird in ein Disneyland-Imitat verwandelt: keimfrei, sicher, unterhaltsam und vorhersehbar" (S. 37).

2 Für beides vgl. Der Standard (Wien), 10.02.1999.

und tourismuspolitischen Diskussion. Planungen und entsprechende Maßnahmen entspringen spezifischen, sich wandelnden Werthaltungen, und sie haben Chancen auf Bestand nur mit entsprechender kultureller Grundlegung und mit aufwendig, aber nicht erfolglos organisierter verantwortlicher Partizipation aller beteiligten Akteure. Für eine als Nationalpark touristisch attraktive Region kann es, wie dieses Beispiel zeigt, mit selbstbewussten regionalen Akteuren einen zukunftsfähigen Weg geben, der weder Unterwerfung unter touristische noch unter ökologische Fremdbestimmung bedeutet. (Vitovec 1999)

Nicht Musealisierung oder Fixierung eines agrarisch-vorindustriellen Images ist die zwangsläufige Folge einer Strategie des Schützens von ökologisch wertvollen Landschaftsräumen, sondern sie kann auch eine in ihrer ökologischen Verantwortlichkeit zukunftsfähige Landwirtschaft und eine dynamische Regionalökonomie, touristische Wunschlandschaften eingeschlossen, hervorbringen. Ob dies Luxusformen in Prosperitätsregionen sind, oder ob sie nachahmbares Vorbild sind, das mag zunächst offen bleiben – es hängt nicht zuletzt davon ab, von welchen kulturellen Grundlagen eine Tourismuspolitik getragen wird. (Vgl. Stankiewitz 1997, M 3)

Wenn Michael Weese (1999) ebenfalls für Österreich schildert, wie die Vermieterinnen des österreichischen „Urlaub am Bauernhof" für ihren Teilerwerb konditioniert werden und wie sie sich ihr Leben mit dem Tourismus organisieren, dann wird auch darin ein Bestandteil zukunftsfähiger und elastischer regionaler Strategien der mixed economy erkennbar.

Hier werden neue Standards gesetzt: Tourismus und nachhaltige Lebenserwerbsstrategien können kombiniert werden. Der Prozess schließt freilich, ebenso wie die großindustriellen Strategien eines Ludwig Morasch und alle vergleichbaren, die Gefahr des Scheiterns ein. Die entsprechenden Ansätze werden auch in Ulrike Vitovec' Beispiel immer wieder konterkariert von opportunistischen Strategien, bei denen die Akteure mehr *vom* Nationalpark leben wollen, statt sich auf ein Leben *mit* dem Nationalpark einzurichten. Deswegen wird auch hier immer wieder von den regionalen Akteuren neu ausgehandelt werden müssen, wohin denn die Reise gehen soll.

Jedenfalls: Ein grandioser Kontrast! Synthetische Welten, in denen eine neue Welt nur für den Tourismus „truer than reality" neu geschaffen wird, und auf der anderen Seite reale Landschaften mit realen Menschen, die in ihrer komplexen Lebenswelt *mit* dem Tourismus, aber nicht allein *für* ihn leben wollen. Die Detailbesessenheit könnte als Gemeinsamkeit beider Konzepte verstanden werden: Die Sorgfalt, die im Tauern-Nationalpark den Zäunen und Dächern aus lokalen Materialien gewidmet wird, korrespondiert mit der Detailbesessenheit bei der Konstruktion von Themenparks in Tirol, Japan oder Florida. Welch ein Unterschied aber zwischen den auf Millionen von Besuchern kalkulierten (und spekulierenden) synthetischen Parks (deren Dienstpersonal freilich immer noch reale Menschen bleiben, mit allen sozialen Problemen, die damit verbunden sind) und den österreichischen touristischen Regionen des in die übrigen regionalen Aktivitäten voll eingebundenen Tourismus (oder den schweizerischen oder deutschen Orten und Regionen, in denen ähnliches geschieht)! Auf der einen Seite Planungen, bei denen Natur, Kultur und Menschen beliebig disponible Versatzstücke zu sein scheinen, und bei denen es kaum Mengenbegrenzungen gibt; auf der anderen Seite Landschaften mit lebendigen Menschen, eigendynamischer Kultur und Eigenzeiten von Biosphäre und Geographie, die nicht straflos vernachlässigt werden dürfen.

4. Integrale Regionalpolitik statt touristischer Monokultur

Bleibt es in der Zukunft bei dem konkurrenzlosen Nebeneinander, auch altersgruppenmäßig und sozial differenziert (Kletterer zwar, aber nie Bergwanderer werden sich in Hallen verbannen lassen)? Oder wird angesichts der erwarteten gewaltigen Steigerungsraten des Tourismus auf längere Sicht nur eines dieser Paradigmen erfolgreich bleiben?

Das sind bekannte Alternativen. Viele werden das Gefühl haben, ich renne offene Türen ein. Manche Region wird sich verbal zu der zweiten Version bekennen, oft genug freilich immer noch mit dem bedauernden Unterton: Wir haben leider keine Möglichkeit zu anderem – so wie der Sanfte Tourismus gern die Resthoffnung für die zu kurz Gekommenen ist bzw. war.

Ich möchte im folgenden belegen, warum alle Regionen auf Dauer gut daran tun, sich den großindustriellen Strukturen zu verweigern und auf integrale Regionalplanung zu setzen, in der Tourismus nur ein Faktor neben vielen ist. Ich möchte damit keine beschauliche Idylle propagieren, sondern für intelligente und zukunftsfähige Verknüpfungen von Modernität und Lokalität eintreten (auch am Beispiel der Kultur in solchen Modernisierungen), analog zu der „Glokalisierung", von der im Zusammenhang mit der wechselseitigen Durchdringung von Globalisierung und Regionalisierung, von Deterritorialisierung und Reterritorialisierung heute gern die Rede ist. Es geht daher auch nicht um eine neue Nische für kleingewerblichen Tourismus, sondern um Prinzipien, die in entsprechender Übersetzung auf alle touristischen Zielregionen angewandt werden können bzw. sollen.

5. Instrumentalisierte Kultur im Tourismus

Kultur spielt in solchen Strategien eine entscheidende Rolle, freilich nicht immer in der gewohnten Form. Im Rahmen professionell erarbeiteter touristischer Leitbilder werden immer noch gern Versatzstücke aus der Regionalkultur verwendet – eine Markenartikel-Identität wie in folgendem Beispiel: Im Vorschlag eines touristischen Leitbildes für das *Pustertal* werden von Thomas Heinze und anderen Spezifik und Geschichte des Tales allein in ihrer Nutzbarkeit für das touristische Marketing bewertet. Weder wird über die Verankerung kultureller Formen in der konkreten Lebenswelt (und damit über die Veränderungen der Kultur) nachgedacht, noch wird nach den Interessen und Wünschen der Bevölkerung gefragt. Es wird auch nicht nachgedacht über eine integrale Konzeption der Regionalentwicklung, bei der die endogenen Potentiale (historische und geographische Spezifik eingeschlossen) für mehr als nur (Kultur-)Tourismus reflektiert werden. (Vgl. Heinze 1999)

In den eingangs erwähnten Kampagnen des Innenmarketings und des Identitätsmanagements werden Identitäten nach den Bedürfnissen des Marketings konstruiert. So etwas hat Vorbilder in den Konstruktionen der Identitäten von Nationalstaaten und nationalen Stereotypen. Ein Workshop „Tourismus und Nationalismus" am 26./27. Mai 2000 im Internationalen Forschungsinstitut Kulturwissenschaften in Wien analysierte, wie z. B. für Österreich in anderer Zeit konstruiert wurde: „Bereits in den 1920ern hatten Regierungen die 'Natur-Landschaft' und das 'Kulturerbe' zur Stiftung einer nicht-deutschnationalen Identität entdeckt und symbolisch besetzt. Am internationalen Reisemarkt dienten die Elemente 'Land der Berge', 'Großglockner Hochalpenstraße' und 'Mozart' indes der erfolgreichen Positionierung."[3]

Auch bei dem, was heute als „Brauchtum" bezeichnet und vielfach im Tourismus benutzt wird, handelt es sich in der Regel um moderne Konstruktionen mit historischen Versatzstücken und Erinnerungs-Zitaten. (Vgl. Kramer 2000)

Aber das eigene Gesicht einer Region ist mehr als eine *unique selling position*, mehr als ein Marketing-Instrument, gewebt aus Nostalgie und Tradition. Glaubwürdig und dauerhaft ist das eigene Gesicht nur, wenn es verknüpft wird mit der Praxis und historischen Tiefe aller übrigen Teile der Lebenswelt und wenn es Bestandteil des Lebens in eigener Würde ist.

Regionalkultur ist dabei eine Besonderheit, die Teil der Attraktivität der Region ist, aber nach den eigenen Maßstäben der Akteure entwickelt und verwen-

---

3   Veranstaltungsankündigung IFK, vgl. auch Tschofen 1999.

det sein muss. Maßstab dafür ist nicht eine konstruierte „Reinheit" oder „Ursprünglichkeit", sondern die Integration in die Lebenswelt und ihr Anteil an der Sicherung einer Zukunft mit Rücksicht auf die humanen, kulturellen, sozialen, ökonomischen und ökologischen Ressourcen. Dieses Ziel zu setzen ermöglicht den souveränen Umgang mit dem kulturellen Erbe und die Wahrung der eigenen Würde ebenso wie die Wahrnehmung einer Verpflichtung der Zukunft gegenüber.

„Ursprünglichkeit" und „Authentizität" sind im Rahmen einer solchen Strategie die falschen Begriffe. Alle diejenigen, die eine konstruierte Authentizität festschreiben wollen, sollten sich darüber im Klaren sein, dass sie damit die Souveränität der Akteure über ihre eigene Kultur infragestellen: Die Definitionsmacht wird an die Wissenschaft, die Politik oder das Marketing abgegeben – dort wird dann entschieden, was „Volkskultur" ist. Selbsternannte Gralshüter des „Echten" definieren so, was Sache ist und verhängen mit dem Verweis auf vorgeblich Echtes dann einfach Modernisierungsverbote.

Oft behaupten die Touristen zwar, Authentizität zu suchen (oder es wird ihnen unterstellt), aber auch sie sind, sofern sie mehr als Erholung und erlebnisrationalen Genuss anstreben, besser bedient, wenn sie etwas mitbekommen von der Spezifik des Lebens in der Zielregion und begreifen, warum die Menschen dort auf ihre spezifische Weise leben. Wenn Touristen nur jene Bilder bestätigt sehen wollen, die sie (oder andere) von der Zielregion konstruiert haben, dann bleibt jeglicher Erfahrungsgewinn aus. Ferner: Neue Generationen werden ohnehin nicht auf die gleichen Konstruktionen abfahren wie die bisherigen.

Einschränkend ist zu sagen: Lebendige Kulturen haben gewiss auch das Recht, für den Tourismus Schau-Formen zu entwickeln, so wie anderswo Schauformen des Theaters oder des Sports gestaltet werden. Feste und Bräuche sind Bestandteile der Lebenspraxis. Sie lassen sich als mit mehreren Bedeutungen ausgestattete (*mehrfach codierte*) soziale Handlungen interpretieren, die im Verlauf der Geschichte ihren Stellenwert ändern. Drei Dimensionen z. B. können unterschieden werden:

Schaubräuche tragen erstens bei zur Organisation des Zusammenlebens, schaffen Gemeinschaftserlebnisse und sind als festliche Höhepunkte des Lebens- und Jahreslaufes Bestandteile der gemeinschaftlich generierten Lebensqualität (einschließlich des exzessiven Konsums von gesellschaftlichem und individuellem Reichtum). Flurumritte, Grenzgangsfeste, auch das Fronleichnamsfest als Demonstration der Zugehörigkeit zur privilegierten Glaubensgemeinschaft gehören dazu.

Sie sind zweitens Ausdruck des Selbstbewusstseins sozialer Gemeinschaften (Städte, Gemeinden, Zünfte usf.) und werden aktiviert, wenn es um die Konkurrenz des Ansehens oder des sozialen Ranges geht: Zünfte konkurrierten um den Ruhm des schönsten Festumzuges oder des imposantesten Leichenbegängnisses; Freie Reichsstädte konkurrierten untereinander oder mit Residenzstädten um die prächtigsten Feste; bürgerliche Festkultur versuchte aristokratische auszustechen.

Drittens schließlich sind und waren regionale und lokale Besonderheiten ein Markenzeichnen, eine Marketinghilfe: Vierländer Marktfrauen auf Hamburger Märkten, Spreewälder Ammen in Berlin treten in ihrer luxurierten Tracht auf und zeugen mit ihrer Kleidung für Herkunft und Qualität ihrer Leistungen. Berühmte lokale Feste schließlich lenken Aufmerksamkeit und Kaufkraft in die Gemeinden – heute geschieht ähnliches auch im Zusammenhang mit dem Tourismus.

6. Lokalität und Modernität

Die verschiedenen Ebenen und Funktionen lassen sich nicht willkürlich voneinander trennen. Ihre Verknüpfung ist legitim. Wenn sich allerdings eine einzige Funktion in den Vordergrund drängt (wie z. B. das Marketing oder gar der Tourismus), dann braucht sich niemand über Kritik oder Häme zu wundern: Dann wird die einst in der Lebenswelt verankerte Veranstaltung zu oberflächlichen Event.

Statt sich an Pseudo-Werten wie Ursprünglichkeit oder Authentizität zu orientieren und statt nur für Touristen veranstaltete Vorführungen zu einem uralten Brauch umzulügen, kann man in einer Region auch sagen: Wir bieten ihnen etwas, was sie nur bei uns bekommen, sehen und erleben können. Wir bieten eine nicht wiederholbare Prägung von *Lokalität*.

In sie gehen, wie könnte es anders sein, Elemente von Geschichte und Tradition ein. Aber es gibt auch neue Mischungsverhältnisse von Lokalität und Modernität, eingeschlossen solche von Tradition und Wandel, Ansätze für eine „nicht-pittoresque Volkskultur als Lebenspraxis, Lebensstrategie und Lebenswelt"[4] auch im Zusammenhang mit dem Tourismus.

Dann wird eine alltägliche Lebenswelt in ihren integralen Zusammenhängen für den Fremden, den Touristen aufgrund ihrer bloßen Existenz zum Erlebnis: Die Begegnung mit dem Alltagsleben und den kulturellen Ausdrucksformen *der anderen*, seien es „nur" die alltäglichen Verrichtungen der anderen Lebenswelt, etwa die Fabrik, der Viehtrieb, der Mähdrescher, die Handwerke und Werkstätten, das Richtfest, das Holzfällen oder Holzrücken, oder seien es die Kirmes, das Schlachtfest – all diese Aktivitäten sind *einfach da* und können in ihrer bloßen Existenz ohne zusätzlichen Aufwand für den Touristen ein Erlebnis werden. Aber auch das ist nur in Regionen ohne touristische Monokultur möglich.

---

4   So das Thema einer Podiumsdiskussion des Instituts für Europäische Ethnologie Wien vom 4. April 2000.

Auch für historische Kulturdenkmäler sichert vor allem in den ärmeren Ländern der Erde erst die soziale Einbindung als „living social space" die Zukunft. Die vom Kulturtourismus der wohlhabenden Überflussgesellschaften abhängige „heritage industry" wirkt dort eher kontraproduktiv, betont der Bericht der Weltkommission für Kultur und Entwicklung. (Perez de Cuéllar-Report 2001, 194; 185; vgl. 246)

Bei diesen Diskussionen um regionale Spezifik liegen *Lokalität* und *Tradition* eng beieinander, und die Gefahr, sie in eins zu setzen, war und ist groß. Aber Lokalität muss nicht im Gewande der Tradition einhergehen. Im Mix nicht aus verselbständigter, objektivierter Tradition, sondern aus lokalen *Erfahrungen* einerseits und den modernen Möglichkeiten andererseits entstehen oft genug unter Mithilfe von Spezialisten, Künstler eingeschlossen, die neuen und unverwechselbaren handlungsleitenden Bilder für das aktuelle Dasein und die eigenen Antworten auf die Probleme der Gegenwart. (Vgl. Redecker in Voyage 4/2001)

Zu favorisieren wäre eine lebendige Kultur, nicht eine, die zum Identitätsmanagement verkommt. Zu fordern ist ferner statt einer touristischen Industrieansiedlungspolitik eine integrale Regionalpolitik mit ökologischer Komponente, für die der Tourismus nur Teil ist.

Der Tourismus ist Täter, Opfer und Hoffnungsträger gleichzeitig, wenn es um die Sicherung der Zukunftsfähigkeit einer Region geht: Er kann natürliche und kulturelle Substanz zerstören, er wird zum Opfer beschädigter Lebenswelten, in ihm gründen aber auch Hoffnungen für die Sensibilisierung bezüglich der Zukunftssicherung.

7. Neue Megatrends?

Seit Jahren wird – meist vergeblich – darauf insistiert, dass Tourismuspolitik sich nicht auf Fremdenverkehrsförderung reduziert. Sie muss vielmehr Teil einer weit mehr umfassenden integralen Regionalpolitik sein, die sich auch um Krisenelastizität bemüht (und, das sei hier nur am Rande erwähnt, sie muss auch global sich in die Verantwortung für Nachhaltigkeit, Frieden und Gerechtigkeit einfügen).

Es wäre leichtsinnig, wenn eine Region, ein Land sich allzusehr vom Tourismus abhängig machen würde und die anderen sozialen, kreativen, geographischen Ressourcen vernachlässigen würde. Denn es gilt: Reisen hat sich im Laufe der Zeit grundsätzlich geändert und kann sich in Zukunft wieder ändern. Vom Zweck zum Selbstzweck verläuft in der europäischen Geschichte seit dem Mittelalter zunächst die Richtung, bis sich in der jüngsten Zeit eine Entwicklung vom Selbstzweck zum fremden Nutzen abzeichnete, bei der Freizeit zur Konsumzeit und damit zum Objekt ausgeklügelter Marketingstrategien wurde.

Die Moden und Strategien des Marketing bewirken das Gekräusel der Wellen an der Oberfläche des touristischen Geschehens: Sich in immer schnelleren Rhythmen ablösende und sich überlagernde Moden und Trends sind dafür charakteristisch. Darunter aber ist auch mit völlig neuen Paradigmen durch die Grundwellen des kulturellen Wandels zu rechnen. Aus anderen Teilen der Welt kennen wir religiöse Massenbewegungen, die mit gewaltigen Pilgerströmen zu einzelnen Orten verbunden sind. Ganz andere Muster des Reisens als die unsrigen werden auch dann denkbar, wenn eine Ethik der selbstbegrenzungsfähigen Zivilgesellschaft in den Industriegesellschaften massenwirksam wird (und/oder die Energiepreise beträchtlich steigen).

Dann kann auch bei uns das Reisen selbst ohne den Eintritt großer Krisen, Kriege oder Katastrophen (die nicht auszuschließen sind) sich grundsätzlich wandeln. Wenn Lebensqualität von mehr und mehr Menschen wieder wie in der frühen Neuzeit an sozialkulturellen Standards des *guten und richtigen Lebens* gemessen wird statt an dem Prinzip „Immer mehr vom Gleichen", dann wird sich auch dies auf das Reisen auswirken. Eine neue Innerlichkeit statt einer Event- und Erlebniskultur ist durchaus denkbar. (Vgl. Schulze 2001)

Vielleicht erwachsen sogar aus den neuen Kommunikationsformen neue Trends: Theoretisch wird die Reise ja nahezu überflüssig, wenn man alles an jedem beliebigen Ort haben kann. Vorerst ist diesbezüglich noch mit eher mit gegenläufigen Trends zu rechnen: Virtuelle Kontakte steigern das Interesse an realen Kontakten. Bis jetzt scheint es so zu sein, dass, wenn durch Prosperität und Verkehrswege neue Möglichkeitsräume eröffnet sind, auch mehr gereist wird – nicht weil es *nötig*, sondern weil es *möglich* ist. Aber sowohl Ziele wie auch Gewohnheiten können sich ändern: Gerade in volatilen Märkten sind die Reaktionen der Kunden nicht prognostizierbar und nur in geringem Maße wirkungsvoll zu beeinflussen.

Aber nicht nur wegen der Krisenanfälligkeit, sondern auch wegen der Belastungsgrenzen ist eine diversifizierte Strategie für die Regionen zu favorisieren. Für die Region gilt: Nur wenn es in der Region noch anderes gibt als den Tourismus, dann ist dieser erträglich für Mensch und Umwelt. Lebenszyklen sowie Eigenzeiten von Natur, Mensch und Kultur sind nicht deckungsgleich mit den Ansprüchen des Tourismus, genauso wenig wie sie sich widerspruchslos einfügen in die Amortisationsfristen des Kapitals.

„Wegwerf-Ziele vermeiden" betitelt Jacko Hassenmeier einen Beitrag über Klaus Töpfers Referat beim 8. TUI-Umweltforum, wo dieser eine Initiative aller Reiseveranstalter für einen nachhaltigen Tourismus fordert, denn „Tourismus ohne Umweltvorsorge wird nicht erfolgreich sein", betont Töpfer. (fvw international

ITB 8. März 1999, 27) Die Antwort sind integrale Strategien, bei denen der Zusammenhang von Tourismus und Lebenswelt berücksichtigt wird.

8. Tourismus und die Vielfalt der Regionen in Europa

Solche Strategien passen ausgezeichnet zu jenen Qualitäten, um derentwillen Europa die Sympathien der Menschen verdient und womit es sie erwerben will.

Zu den entscheidenden Qualitäten und Zielen des europäischen Einigungsprozesses gehörte es von Anfang an, das Modell der rivalisierenden homogenisierten Nationalstaaten abzulösen: Nationalstaatenkriege sollten in Europa der Vergangenheit angehören, und es gehört zu den allseits anerkannten Erfolgsgeschichten dieses Europa, dass dies in Kerneuropa auch gelungen ist. Der Preis dafür ist die Anerkennung einer dynamischen kulturellen Vielfalt der europäischen Regionen. Europa soll ein Territorium der ertragenen, der gebilligten und der positiv gewerteten Pluralität sein und – warum nicht? – anderen zeigen, dass kulturelle Vielfalt mit friedlichem Zusammenleben vereinbar ist und der Wohlfahrt der Menschen dienlich ist.

Der vielzitierte Artikel 128 des Maastrichter Vertrages formuliert in Absatz 1: „Die Gemeinschaft leistet einen Beitrag zur Entfaltung der Kulturen der Mitgliedstaaten unter Wahrung ihrer nationalen und regionalen Vielfalt sowie gleichzeitiger Hervorhebung des gemeinsamen kulturellen Erbes." Das ist kein fauler Kompromiss und keine wohlfeile Leerformel, sondern ein politischer Gestaltungsauftrag. Darin liegt eine der besonderen Chancen für Ansehen und Zukunft Europas.

Seit dem Maastricht-Abkommen gibt es in Artikel 128.4 zusätzlich eine sehr lockere, aber durch entsprechende Politik zu präzisierende Kulturverträglichkeitsbestimmung, die auch auf die Tourismuspolitik anzuwenden sein wird: „Die Gemeinschaft trägt den kulturellen Aspekten bei ihrer Tätigkeit gemäß anderen Bestimmungen des Vertrages Rechnung."[5]

Regionale Vielfalt ist, es deutete sich an, immer mit Kultur verbunden. Explizit erscheint Kultur in den europäischen Vertragswerken nur gelegentlich. In der neuen *EU-Charta der Grundrechte der Europäischen Union* wird die „Achtung der Vielfalt der Kulturen, Religionen und Sprachen" noch einmal programmatisch festgelegt. In der Präambel tritt die „nationale Identität der Mitgliedsstaaten" hinzu.

An dieser Stelle ist freilich nachzuhaken. Ist damit eine bloße *Achtung* der Vielfalt gemeint, mit der die Unterschiede einfach nur festgeschrieben werden? Die Gefahr ist nicht von der Hand zu weisen, dass Kulturen dann als unwandelbar betrachtet werden und die Unterschiede nicht mehr aus sich wandelnden historischen und geographischen Faktoren und aus überwindbaren Traditionen abgeleitet werden. Der „Erbfeindschaft" zwischen Deutschland und Frankreich wurde einst dieser ontologische Charakter zugeschrieben; inzwischen ist sie durch die Bildung Europas weitgehend überwunden.

Wenn den Marketingspezialisten und den Identitätsmanagern freie Hand gegeben wird, sich der Konstruktion kultureller Unterschiede zu politischen, wirtschaftlichen oder touristischen Zwecken zu bedienen, um Privilegien für die eigene Region zu sichern, dann ist Kultur wie in der Vergangenheit, so auch in Zukunft mit solcher Fixierung erneut Quelle von Abgrenzung, Hegemoniekämpfen und Gewalt. Dann werden imaginäre Wurzeln beschworen, und die „eigenen Werte" sind nichts als eine plumpe Herrschaftsideologie, vergleichbar mit dem „Identitägsmanagement", mit dem in den Industriestaaten clevere Marketingspezialisten Tradition und Brauchtum für Wirtschaftswachstum vermarkten.

Wenn kulturelle Unterschiede nicht erneut zur Verteidigung von Privilegien und zu Machtkämpfen instrumentalisiert werden sollen wie in den Zeiten der Privilegien schaffenden Nationalstaaten, dann darf Kultur nicht statisch und essentialistisch verstanden werden, als ob den Menschen einer Region eine unveränderliche stabile Identität eingeboren sei. Vielmehr muss Kultur als dynamischer Prozess gesehen werden, in dem Menschen in Auseinandersetzung mit sich verändernden Rahmenbedingungen und wahrgenommener Verantwortung immer wieder gemeinschaftlich neu definieren, was für sie wichtig und lebenswert ist und wie sie „gutes und richtiges Leben" für sich verstehen wollen, statt eingeschworen zu werden auf ein Konstrukt von Identität. Nur dies entspricht der Logik des europäischen Programms der Vielfalt in der Einheit.

Auf einem schmalen Grat ist dabei zu wandeln: Die Interpretationsfigur der „Glokalisierung" weist darauf hin, dass in den Umbrüchen der Globalisierung regionale Besonderheiten – oft, aber nicht immer, anders formuliert als in der Vergangenheit – unverzichtbares Mittel der Selbstbehauptung und des Schutzes sind. Dabei geht es freilich weniger gegen andere Akteure auf gleicher Ebene, als vielmehr um die hegemonialen Ansprüche eines anonymen Marktes. Dies zu begreifen und zu praktizieren setzt einen entsprechenden Diskurs über Kultur und einschlägige Kulturpolitik voraus.

Kulturelle Vielfalt ist kein Selbstzweck. Sie ist Bestandteil von Lebensqualität und, wie der UN-Bericht „Unsere kulturelle Vielfalt" formuliert, angesichts der „Unwägbarkeiten der Zukunft" unentbehrliche Ressource für Zukunftsfähigkeit.

---

5   Vgl. zur europäischen Kulturpolitik auch: Kulturpolitik in Europa – Europäische Kulturpolitik? Von nationalstaatlichen und transnationalen Konzeptionen. Veronika Ratzenböck, Andrea Ellmeier, Béla Rásky. Wien 1997 (Kulturdokumentation).

Kulturverträglichkeit, konkret die Verträglichkeit mit der Wahrung von Vielfalt, muss daher auch für den Tourismus eine Messlatte sein. Gerade deshalb aber darf sie nicht herabgewürdigt werden zu einem bloßen Instrument des Innenmarketing, sondern muss erwachsen aus dem kreativen Umgang mit *allen* Komponenten der Lebenswelt. Unterschiedliche Optionen im zeitgenössischen Tourismus müssen es sich daher gefallen lassen, daraufhin überprüft werden, wie sie mit der kulturellen Vielfalt verträglich sind.

Literatur

Heinze, Thomas (Hg.) (1999): Kulturtourismus. Grundlagen, Trends und Fallstudien. München, Wien: R. Oldenbourg Verlag.

Kramer, Dieter (2000): Das eigene Gesicht. Kulturelles Erbe, Tradition und Event. Vier Thesen zur Rolle von lokaler Kultur im Tourismus. In: Brauchtum und Tourismus – Leitfaden für ein erfolgreiches Marketing. Beiträge aus der DSF-Veranstaltung: Heimatabend, Volks- und Brauchtumsfeste – attraktiv für Gäste? Deutsches Seminar für Fremdenverkehr, Berlin, 1-14.

Mittelalter und Multimedia (1999): Mittelalter und Multimedia. In: Amusement. Technologie & Management, 3/1999, 44-45.

Müller, Hansruedi (2001): Die ortsansässige Bevölkerung und ihr Tourismusbewusstsein. In: Voyage. Jahrbuch für Reise- & Tourismusforschung, 125-136.

Musicals (1999): Musicals und urbane Entertainmentkonzepte. Markt, Erfolg und Zukunft. Zur Bedeutung multifunktionaler Freizeit- und Erlebniskomplexe. Thomas-Morus-Akademie Bensberg.

Pérez de Cuéllar-Report (1995/96): Our Creative Diversity. Report of the World Commission on Culture and Development. UNESCO-Publishing, Paris.

Rosegger, Peter (o.J.): Ein Schwalbenflug über das Bereich der Südbahn. In: Die Südbahn und ihr Verkehrsgebiet Oesterreich-Ungarn. Wien, Brünn, Leipzig o. J. [nach 1898], V-XVIII.

Schauer, Rainer (1995): Wenn der Gast zum Gegner wird. Die Tourismusverdrossenheit am Beispiel Österreichs – „Innenmarketing" als Reaktion. In: FAZ v. 26.1.1995, Seite R 3.

Schulze, Gerhard (2001): Suggestionen und entgangener Gewinn. Zur Transformation der Erlebnisgesellschaft. In: Voyage, Jahrbuch für Reise- & Tourismusforschung, 29-41.

Stankiewitz, Karl (1997): Gepflegter Dachgarten Europas. Neukirchen am Großvenediger wird zum Modell für Agro-Tourismus. In: Frankfurter Rundschau vom 26.4.1997, M 3.

Tschofen, Bernhard (1999): Berg Kultur Moderne. Volkskundliches aus den Alpen. Wien: Sonderzahl.

Vitovec, Ulrike (1999): Zukunftsfähiger Tourismus als Prozess. In: Voyage. Jahrbuch für Reise- & Tourismusforschung, 133-151.

Voyage (1999): Jahrbuch für Reise- & Tourismusforschung (Künstliche Ferienwelten).

Weese, Michael (1999): Köpfe für Höfe. In: Voyage. Jahrbuch für Reise- und Tourismusforschung, 117-132.

Zusammenfassung

Wenn in der Bevölkerung einer Zielregion Widerstände gegen den Tourismus erkennbar werden (Tourismusfeindschaft oder Tourismusmüdigkeit), dann antworten die Verantwortlichen mit (B)Innenmarketing. Aber statt eine rückhaltlose Unterwerfung unter die Anforderungen des Tourismus zu fördern, wäre es perspektivisch interessanter, solche Formen des Tourismus zu entwickeln und fördern, die verträglich sind mit Umwelt, Sozialem und Zukunftsfähigkeit. Dass dies denkbar ist, wird mit Beispielen aus Österreich belegt. Nicht die konjunkturabhängigen und krisengefährdeten industriemäßigen touristischen Großstrukturen können dabei das Vorbild sein, sondern „Lebenswelten mit Tourismus", in denen Menschen mit dem Tourismus leben, aber nicht allein und vorrangig von ihm. Im Mix unterschiedlicher und diversifizierender Strategien der Regionalentwicklung soll die Förderung des Tourismus als eines Erwerbszweiges neben anderen Lebensunterhaltsstrategien eine Rolle spielen. Regionalspezifische Kultur wird dabei nicht für den Tourismus instrumentalisiert, sondern ist mit neuen Mischungen von Lokalität und Modernität ein integraler und dynamischer Bestandteil der Lebenswelt und hilft Elastizität sichern. Ein solches Verständnis von Kultur und kultureller Vielfalt deckt sich mit dem der Europäischen Verträge und dem der Vereinten Nationen.

Dieter Kramer, Dr., ao. Univ.-Prof. (Rep. Österreich), geb. 1940 in Rüsselsheim am Main, Studium in Mainz und Marburg, 1968 bis 1976 wissenschaftlicher Mitarbeiter im Fachgebiet Europäische Ethnologie (Volkskunde) an der Philipps-Universität Marburg/Lahn; 1987 Habilitation an der Universität Wien im Fach Europäische Ethnologie und dort als ao. Univ.-Prof. lehrend. 1977 bis 1990 im Dezernat Kultur und Freizeit der Stadt Frankfurt am Main. Seit 1990 Oberkustos im Museum für Völkerkunde (jetzt Museum der Weltkulturen) der Stadt Frankfurt am Main, Abteilung Europa. 1995 bis 1998 beurlaubt und als Referent des Präsidenten des Goethe-Instituts in München tätig, seit Januar 1999 wieder in Frankfurt am Main. 1978 – 1997 Mitglied im Vorstand der Kulturpolitischen Gesellschaft (BRD, Sitz Hagen), seit 1994 im Vorstand der

Gesellschaft für Ethnographie (Berlin). Mitglied im Kuratorium der Römerberggespräche Frankfurt/M., im Beirat der Zeitschrift für Kulturaustausch u.a. Veröffentlichungen zu Europäischer Ethnologie, Tourismus, Kulturpolitik und der Rolle der Kultur in der internationalen Politik. Mitherausgeber u.a. von Voyage. Jahrbuch für Reise- & Tourismusforschung (Köln: DuMont Verlag). Regelmäßiger Mitarbeiter bei epd Entwicklungspolitik, Kulturpolitische Mitteilungen u.a.

E-mail: dieter.kramer@stadt-frankfurt.de

Bad Hofgastein, um 1907   Quelle: Archiv Josef M. Meidl

Wilhelm Dantine

Alpenkulisse oder lebendiges Angebot? – Notizen zum Alpenkongress

Alpenkulisse oder lebendiges Angebot – ist der Mensch noch das Maß aller Dinge? Horst Stern hat den alpinen Raum als *„Maulwerk der Kühe"* bezeichnet. Was ist also der „alpine Kulturraum" oder wie es Wolfgang Kos kürzlich in einer Beilage der Tageszeitung m Standard formuliert hat: Wem gehört die Bergwiese? In der gleichen Standardbeilage entmystifiziert oder versucht es auf bewährte Weise Daniel Glattauer mit dem Schilehrer-Mythos.

Beiden Autoren geht es aber so wie mir. Das Untrennbare zwischen Mensch und Raum zu belegen, die ideale Kombination aus beidem für das alpine Angebot zu fordern. Oder – wie es Reinhold Messner formuliert – „innehalten und nicht zerschlagen."

Es muss immer um das Miteinander von Mensch und Landschaft, aber auch von Gästen und Gastgebern gehen! *Damit komme ich von der philosophischen zur ökonomischen Fragestellung*:

Nur Kulisse (billig) – zahlt sich das aus? Auch Kulisse (billig) – zahlt sich das aus? (Schein-)lebendiges Angebot – zahlt sich das aus? Wirklich lebendiges Angebot – teuer und rentiert sich das? Wo liegt die optimale Kreuzung von Kosten und Nutzen?

Vordergründig spricht der Kostenfaktor für Kulisse, aber mittel- und langfristig, und gar, wenn man von Nachhaltigkeit redet?

Wie sieht eine mögliche empirische Grundlage für die Beantwortung dieser Fragen aus? Landschaftsreiz (schöne Landschaft), etc. sind wichtig, aber in Öster-

1   Der Beitrag wurde unter Mitarbeit von Wolfgang Aschauer, die explorative Studie zur Beurteilung des Alpentourismus unter Mitarbeit von Elisabeth Kronlachner, Martin Pointinger, Iris Fritsch, Silvia Flasch und weiteren Studierenden der Universität Salzburg erarbeitet.

reich sind es auch die Gastfreundschaft, freundliche Einheimische, das Gefühl willkommen zu sein. Beispiele liefern einige Studien, die Tabellen sprechen für sich.

Tabelle 1: Deutsche Verbraucher: Image von Reiseländern 1997

	Österreich	Süddeutschland	Schweiz
GEMÜTLICH / ERHOLSAM	19	8	3
„NATÜRLICH"	14	5	4
GASTFREUNDLICH	11	4	11*
SYMPATHISCH	12	5	10**
SPORTLICH	11	4	3

Quelle: GfK Marktforschung; N = 2.597; Angaben in %   *) Türkei **) Spanien

Tabelle 2: Wichtigkeit von Urlaubskriterien: Österreich

	Winter		Sommer	
	wichtig	trifft zu	wichtig	trifft zu
gutes Preis-/Leistungsverhältnis	32	27	30	34
gutes Essen und Trinken	28	35	36	47
freundliche Einheimische	21	34	24	42
landschaftlicher Reiz	14	34	20	46

Quelle: Fessel-GfK Image Radar Bundesländer Winter bzw. Sommer 1996, jeweils N = 2.000; Angaben in %

Den Schweizer – sonst seinem Land im Urlaub sehr zugetan – stört das Defizit
an Menschen im eigenen Land, er schielt neidvoll nach Österreich. Die klein- und
mittelständische Struktur des österreichischen Tourismus basierte *immer* auf der
menschlichen Komponente, in der Schweiz waren zunehmend Kulissenschieber und
„Mondaufzieher" unterwegs. „Japaner auf Jungfraujoch, in Zermatt. Ein klarer
Imagevorteil für die Österreicher liegt darin begründet, dass die Einheimischen
noch in der Gastronomie tätig sind. Ich bin sicher, dass in der Schweiz die
Konsequenzen (in den 70ern) so nicht gesehen wurden.

Auch in Österreich sind wir verstärkt auf dem Trip, die schöne Kulisse als Auf-
hänger für Action, Fun, etc. zu verbrauchen, aber doch nicht nur als Selbstzweck,
man begegnet noch immer einheimischen Menschen.

Was zählt langfristig?

Die Identität zwischen Angebot und Anbieter, zwischen Gebotenem und Anbieter,
als Teilhaber der Emotion, die Rückkoppelung der Begeisterung, auch über Sprach-
barrieren hinweg! *„Geteilte Freud ist doppelte Freud"* in einer zunehmend singu-

lären Gesellschaft. Das soll in Zukunft nicht wichtig sein, die Emotion teilt man nur noch dem Notebook mit und chattet zu Hause mit Freunden über das Erlebnis?

Der Alpintourismus muss seine Tugenden nicht nur erhalten, sondern auch pflegen und die bestehen nun einmal aus dieser Einheit von Landschaft und Mensch, will er weiter profitieren.

Tabelle 3: Tourismusakzeptanz in den letzten 12 Monaten

	persönlicher Kontakt		näher kennengelernt	
	-5	6+	-5	6+
TOTAL	30	6	11	3
WIEN	36	5	12	1
NIEDERÖSTERREICH	27	4	9	1
BURGENLAND	29	1	13	2
STEIERMARK	27	6	9	2
KÄRNTEN	36	11	17	9
OBERÖSTERREICH	28	4	9	2
SALZBURG	32	13	16	6
TIROL	35	15	16	7
VORARLBERG	30	8	13	3

Quelle: Fessel-GfK Austrian Life Style 1993, jeweils N = 4.500; Angaben in %

Sicher ist es vordergründig *„Kulissentourismus"* zu betreiben, aber dazu benötigt man eine gute Struktur für das Nebeneinander von Action und Event wie etwa in Ischgl und im Superwintersport in St. Anton, Kultur im unteren Engadin, Einkaufen im Samnaun, Sonne in Serfaus und Ruhe in vielen Tälern und Dörfern und das alles in der Region Tirol-West (eine von drei in Tirol) – dazu bedarf es einer Strukturreform!

Nicht das Lizitieren *„Wer bietet mehr Action"*, sondern von wem und für wen soll das Angebot „wie" sein. Diese Vielfalt sollte auch das immer apostrophische „Upgrading" ermöglichen, höhere Preise bei besserer und verträglicherer Leistung, die auch bessere Bezahlung und damit attraktivere Jobs im Tourismus bedeuten:

Eine bessere *räumliche und zeitliche Verteilung*, sprich *Entzerrung* wäre notwendig. Besser von 400 Millionen kommen je 10% alle 3 Jahre für durchschnittl. 3 Tage = 120 Mill. Nächtigungen mit 100 Euro Tagesausgaben als 5% für durchschnittl. 7 Tage mit 70 Euro Tagesausgaben.

Wie gewinnt man die handelnden Personen?

- Endlich „passende" Marketingjobs für Absolventen / Experten
- Keine Dodeljobs vor Ort, sondern gehobene Tourismusanimationen
- Stufenweiser Abbau der Saisoniers statt ständig höherer Quoten
- EDV, Weiterbildung im Berufsbild zur Senkung der drop-out-Quote statt „Universaltourismusberufe"

Was muss strukturell geändert werden:

- Kooperationswilligkeit auf allen Ebenen (regionale Angebotsgruppen)
- Höhere saisonale Flexibilität
- Regionale Neugliederung (20 österreichische oder länderübergreifende Tourismusregionen, davon 15 in den Alpen: eine für Vorarlberg, drei für Tirol, zwei für das Salzburger Land, zwei für Kärnten, zwei für die Steiermark und Burgenland, jeweils eine für Niederösterreich, Oberösterreich, das Salzkammergut.
- Tourismusmarketing in den Regionen. Die Bundesländer helfen, der Bund koordiniert international
- 5 Prozent des vom Tourismus erbrachten Ertrages geht in Tourismusforschungsfonds z.B. zur Erforschung und Förderung von Tourismusbewusstsein (Attraktivität der Berufe, etc.)
- „Tourismusakzeptanz", neue Tourismusformen
- Statt Arbeitslosengeld: neue attraktive Arbeitszeitmodelle im Tourismus

Erschließung neuer Märkte: der Osten

Tabelle 4: Österreich als Reiseziel von Osteuropäern

	insgesamt	Urlaubsreise	Alpen/Berge	Menschen
UNGARN	22	14	14	4
POLEN	11	7	7	3
TSCHECHIEN	23	12	13	2
SLOWAKEI	47	14	24	13
RUSSLAND	6	4	3	3
WEISSRUSSLAND	8	3	4	4
UKRAINE	6	2	2	3

Quelle: Reiseinteresse für Österreich; IPK München; Fessel GfK-Osttöchter 1997; Angaben in %

Die neuen Märkte müssen verstärkt in den Vordergrund rücken. Von diesen sind in Zukunft stabile Zuwächse zu erwarten – unter den oben geschilderten Prämissen.

In der jüngsten Vergangenheit sind aber schon grobe Fehler unterlaufen, die raschest korrigiert werden müssen (schlechte Behandlung an den Grenzen, so nach dem Motto: „Jeder Pole ein Autodieb"). Hier liegt überhaupt die größte Gefahr für den Alpintourismus und speziell für das österreichische Angebot. Die Unterscheidung und unterschiedliche Behandlung nach „guten" und „weniger guten" „Gästen" – aber das wollen wir doch nicht annehmen müssen!

Die Beurteilung des Alpentourismus

Am Rande der Konferenz über den Alpentourismus im November 2000 wurde von Studierenden des Instituts für Soziologie der Universität Salzburg eine kleine explorative Erhebung durchgeführt. Die Stichprobe betrug 62 Personen und bestand aus Einheimischen, Praktikern, Ausstellungs-Mitarbeitern, Referenten und Besuchern des Symposiums. Als auffälligstes Ergebnis stellt sich der Zusammenhang zwischen Alter und Urlaub in den Alpen heraus.

Abbildung 1: Alpenurlaub nach Altersgruppen

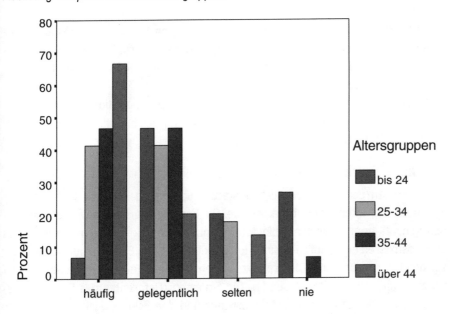

Ältere Personen (Altersgruppe >36) buchen weitaus eher einen Urlaub in den Alpen als jüngere Personen. Ein Phänomen, das übrigens auch für den Himalaya gilt, wie eine kürzlich durchgeführte Studie (www.sbg.ac.at/init) beweist. Berge haben für ältere Personen offenbare eine größere Attraktivität.

Abbildung 2: Wichtigkeit Tourismusarten nach Altersgruppen

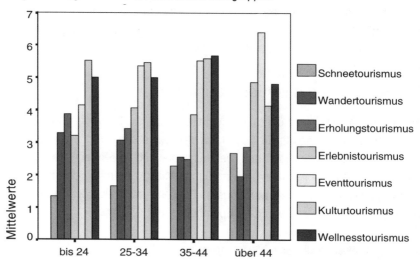

Über 85% der jüngsten Altersgruppe reihen den Schneetourismus an erster Stelle, von der ältesten Altersgruppe hingegen reihen nur ca. 35% den Schneetourismus an erster Stelle. Junge Erwachsene favorisieren, wenn auch nicht so deutlich, den Erlebnistourismus und den Eventtourismus.

Genau gegenläufig ist der Trend beim Wandertourismus. Hier sinkt der Mittelwert der Wichtigkeitsreihung mit steigendem Alter. Auch innerhalb des Erholungstourismus ist ein derartiger Trend zu erkennen.

Prognose Tourismusarten nach Status (siehe Tabelle)

Zwischen den unterschiedlichen Statusgruppen ergaben sich innerhalb der Prognose sehr interessante Unterschiede. Die Experten beispielsweise nehmen eindeutig häufiger an, dass der Wellnesstourismus an Wichtigkeit gewinnen wird und prognostizieren eine ähnlich positive Entwicklung für den Erlebnistourismus sowie für den Kulturtourismus. Die Praktiker geben für diese Tourismussparten eindeutig zurückhaltendere Prognosen ab. Die Experten (Referenten des Symposiums) tendieren auch dazu, den Wandertourismus und den Schneetourismus negativer einzuschätzen. Von den Praktikern hingegen wird eine positive Entwicklung des

		Status der Befragten				
		Referent	Praktiker	Schüler/Student	Ausstellungs-Angestellte(r)	Ausstellungs-Besucher
Bedeutung des Wellnesstourismus	gewinnen	83,3%	57,1%	73,3%	61,5%	50,5%
	gleich bleiben	8,3%	35,7%	13,3%	30,8%	12,5%
	verlieren	8,3%	7,1%	13,3%	7,7%	37,5%
Bedeutung des Erlebnistourismus	gewinnen	75,0%	38,5%	66,7%	61,5%	44,4%
	gleich bleiben	25,0%	38,5%	33,3%	38,5%	55,6%
	verlieren		23,1%			
Bedeutung des Wandertourismus	gewinnen	41,7%	71,4%	53,3%	38,5%	66,7%
	gleich bleiben	41,7%	28,6	40,0%	61,5%	33,3%
	verlieren	16,7%		6,7%		
Bedeutung des Eventtourismus	gewinnen	41,7%	50,0%	60,0%	61,5%	55,6%
	gleich bleiben	25,0%	35,7%	26,7%	38,5%	44,4%
	verlieren	33,3%	14,3%	13,3%		
Bedeutung des Erholungstourismus	gewinnen	58,3%	64,3%	40,0%	46,2%	55,6%
	gleich bleiben	33,3%	28,6%	46,7%	38,4%	22,2%
	verlieren	8,3%	7,1%	13,3%	15,4%	22,2%
Bedeutung des Schneetourismus	gewinnen	83,0%	28,6%	66,7%	46,2%	44,4%
	gleich bleiben	66,7%	71,4%	33,3%	46,2%	55,6%
	verlieren	8,3%			7,7%	
Bedeutung des Kulturtourismus	gewinnen	50,0%	35,7%	26,7%	23,1%	33,3%
	gleich bleiben	50,0%	64,3%	60,0%	69,2%	66,7%
	verlieren			13,3%	7,7%	

Wandertourismus am ehesten propagiert. Einen fortlaufenden Boom des Schneetourismus erwartet mit deutlicher Mehrheit nur die Gruppe der Schüler und
Studenten.

Als größte Bedrohungen für eine positive Entwicklung des österreichischen
Alpentourismus allgemein nennen die Befragten vor allem den Schneemangel bzw.
das Klima, Natur- und Umweltbelastungen, Katastrophen, Billigflüge, die Touris-
musverschuldung und politische Verhältnisse.

Zusammenfassung

Die Alpen als natürlicher Erholungsraum von 500 Millionen Menschen werden auch
weiterhin starken Zuspruch haben, wenn

- mittel- bis langfristige strategische Konzepte angewandt werden und nicht
  kurzfristige Maximierungsaktionen gesetzt werden;
- das „friedliche" Nebeneinander von Erholungs- und Aktionszonen gewährleistet
  ist;
- das „Ursprüngliche" (Menschen und Produkt) die Regel und nicht die Ausnahme ist, also weitestgehende Identifikation zwischen Natur und Kultur besteht;
- Leben, Erleben in den Alpen und nicht museale Kulissen geboten werden;
- die Menschen in den Alpen nicht (mehr) überrannt und vereinnahmt werden,
  sondern wesentliche Träger und Gestalter des alpinen Angebotes sind und bleiben;
- die neuen europäischen Märkte bearbeitet werden.

Wilhelm Dantine ist Bereichsleiter Dienstleistungsforschung im Fessel+GfK-Institut, Wien sowie
Lehrbeauftragter an der Universität Salzburg.
E-mail: wilhelm.dantine@gfk.at

Karlheinz Wöhler

Die alten Alpen?

Nachhaltigkeit und bewahrender Fortschritt

1. Ausgangssituation

Man kann der Tourismuslandschaft Alpen bzw. den Tourismusregionen in den Alpen alles nachsagen – eines aber nicht: dass sie nicht auf externe Veränderungen effektiv reagiert und kontinuierlich ihre Lern- und Problemlösungsfähigkeit gesteigert haben. Mit Surrogaten wie Kunstschnee und Matten hat man beispielsweise eine Schnee- bzw. Winterlandschaft (garantiert) geschaffen. Und es wird immer wieder eine Infrastruktur hingestellt, die den veränderten Touristen- bzw. Gästewünschen nachkommt. Selbst für jene, die als gewöhnliche oder ZEIT-Leser-Wanderer mit dem „Dozenten" Reinhold Messner analysierend und fragend den Naturgehalt der Alpen erfahren wollen, stehen z.B. ebenso „professional mountain guiding teams" internet-abrufbar bereit wie Ausrüstungsgeschäfte, in denen die neuesten und sichersten „Mountain-Equipments" angeboten werden. (Siehe DIE ZEIT vom 10.08.2000: Anzeige und vom 26.10.2000: Reisebericht) Den jeweiligen touristischen Alpenräumen kann also nicht abgesprochen werden, dass ihre Akteure nicht Mittel und Wege suchen, um ihre Region zu entwickeln und weiterzuentwickeln. Aus dieser Perspektive stellen diese Regionen lernende Regionen dar. (Vgl. stellvertretend für viele andere: Hassink 1997)

Worauf diese Regionen reagieren, d.h. anhand welcher Zeichen sie Veränderungen erkennen und deuten sowie auf welcher Grundlage ein gemeinsames Bewusstsein für sich ändernde Situationen geschaffen wird, ist der Freizeittourist, der in Quantitäten erfasst und nur so erkannt wird: Anzahl, Aufenthaltsdauer, Ausgaben. Selbst wenn die Natur bisweilen katastrophenhaft zuschlägt, dienen derartige Ereignisse in der Systemumwelt nicht als Steuerungskriterien für regionale Entwicklungen. Die Fähigkeit, auf diesbezügliche und andere unerwartete plötzliche Ereignisse zu reagieren, wird allein daran gemessen, ob und in welcher Quantität Gäste/ Touristen dennoch oder wieder eine Region bzw. einen Ort aufsuchen.

Diesen Prozess der Anpassung der Alpenlandschaft an den raumfremden Nutzer lässt sich als ein „Verschwinden der Alpen" bezeichnen. (Wöhler 2000) Damit ist selbstverständlich kein physischer Prozess gemeint, sondern ein Strukturwandel, der die Alpen räumlich, sozial, kulturell, ökonomisch und funktional derart verändert, dass man nicht mehr mit der Bezeichnung „Alpen" jene Konfigurationen erfassen kann, die die Alpen einst kennzeichneten. (Vgl. Bätzing 1999; Birkenhauer 1996; Borsdorf/Paal 2000) Der Alpenraum unterliegt einem (neuerlichen) Transformationsprozess in Richtung auf eine Dienstleistungsgesellschaft, die sich im alpinen Raum als eine Tourismusgesellschaft insofern präsentiert, als dem Tourismus in diesem Verwandlungsprozess eine Schlüsselrolle zukommt. (Vgl. Boesch 2000, 132ff.) Dass der Tourismus diese Rolle innehat, die nicht zuletzt auch die passive Sanierung (Abwanderung) stoppt und den alpinen Raum ökonomisch stabilisiert, wird einerseits anerkannt. Auf der anderen Seite wird beklagt, dass nun die touristische Dienstleistungsindustrialisierung und Gentrifikation der Alpen vollends die Landschaft auffrisst und die Natur zerstört. (Vgl. statt vieler Bartaletti 2001) Wenngleich nicht ein verlorenes Paradies beschworen wird, so kann und will man sich nicht damit abfinden, dass der Preis eines sich emanzipierenden (postmodernen) Subjekts die Natur ist, der Subjektcharakter abgesprochen und die nun gänzlich zum Objekt wird. (Vgl. hierzu Schmidt 1990) Um der postmodernen Inwertsetzung des Alpenraumes Einhalt zu gebieten, soll die Natur in das Wirtschaftsleben restituiert werden. Eine nachhaltige Tourismuspolitik wird als „der" heilsbringende Steuerungsmechanismus angesehen – er soll die „alten" Alpen zurückbringen. (Vgl. statt vieler Lindner 2000)

2. Reflexive Touristifizierung

Mit dem Aufkommen des Fern- und Sonnentourismus wird dem Tourismus in „grünen" Regionen wie beispielsweise den Alpen eine gravierende Standortschwäche insofern bescheinigt, als sie zwar „schöne", aber nicht garantiert „schöne", Landschaften vorhalten. Diese Standortschwäche setzte sich als Wettbewerbsnachteil mental fest. Da nun einmal der Raum nicht verlagerbar ist, um Sonne, stets freundlich-devote Gastgeber, überraschende Fremdartigkeiten, Low-Budget-Unterkünfte etc. andernorts als eigenes deutsches, österreichisches, schweizerisches, italienisches usw. Tourismusprodukt anzubieten, machten sich die „grünen" Reiseziele an die umfassende marktgängige Gestaltung des Raumes für Touristen heran. Wie und in welchem Umfang die Alpen diesbezüglich touristisch designt und in Wert gesetzt wurden, ist sattsam bekannt. Was sich dadurch vollzog, kann mit dem Begriff der territorialen Entbettung des Tourismus umschrieben werden: In den nicht-territorial und nach den Touristen(-strömen) fixierten Räumen werden lokale Kulturen, Identitäten und Wissensbestände ausgehöhlt, und es halten globale „spaces of flow" Einzug. (Vgl. Castells 1996, 376f.)

In dem Maße, wie sich diese Aushöhlung und Neufixierung des Alpenraumes als Verfremdung, Enteignung und Zerstörung des sozialen und ökologischen Raumes herausstellte bzw. genauer: als solchermaßen thematisiert wurde, hinterfragten unterschiedliche Akteure die vermeintliche Notwendigkeit der touristisch bedingten Entleerung des Alpenraumes (hier ist insbesondere Krippendorf 1986 zu nennen). Dieses Nachdenken über die Folgen einer fortschreitenden, mechanistischen Touristifizierung kann als „reflexive Touristifizierung" verstanden werden. Im Ergebnis läuft diese „reflexive Touristifizierung" auf eine territoriale Wieder-Einbettung des Tourismus hinaus. (Vgl. Lash/Urry 1994, 253ff.; allgemein: Beck/Giddens/Lash 1996) Eine nachhaltige Tourismussteuerung ist in diesem Kontext eine postmoderne Variante einer „reflexiven Touristifizierung".

2.1 Territoriale Entbettung

Mit dieser Erkennungsformel postfordistischer Gesellschaftsprozesse verbindet sich eine Loslösung des Tourismusgeschehens von den Raumverfasstheiten, d.h., lokale und regionale Bindungen verlieren an Bedeutung. Ohne ins Einzelne zu gehen, sei diese Fremdfixierung an drei zentralen Bestandteilen touristischer Leistungsbündel veranschaulicht. (Zum Folgenden vergleiche beispielhaft neben allfälligen Angebotsprospekten allgemein Kujath 1998 und speziell die Beiträge in Borsdorf/Paal 2000 sowie die Literatur dort):

- *Gastgewerbe.* Wo der Tourist/Urlauber ehedem unterkam, also seine Unterkunft hatte, und was ihm an Verpflegung angeboten wurde, richtete sich danach, wo er sich zeitweilig aufhielt. Er partizipierte gewissermaßen an den jeweils spezifischen Modi der orts- und regionsgebundenen Grundversorgung in Bezug auf Wohnen/Schlafen und Essen. Heute erfolgt die Steuerung des Touristen nicht mehr aufgrund des Vorhandenen, sondern mit Blick auf den „Geschmack" des postmodernen, individualistischen Touristen. Den Touristen nicht mehr von den gebundenen Angeboten her zu versorgen, sondern ihn von seinen Geschmäckern her zu beherbergen, ist nicht nur eine Floskel des Marketings – „Kundenorientierung" und „Servicequalität" –, sondern auch eine Absage an gewachsene örtliche oder innerbetriebliche Wertschöpfungsketten und damit verbunden auch eine Abkehr vom impliziten Wissen bzw. Humankapital. Um es beispielhaft konkret zu sagen: Frühstück vorzubereiten ist nicht mehr abhängig von dem, was (noch) da ist und/oder im Ort beschafft werden kann, sondern es wird zu einer Frage der marktlichen Beschaffung von Waren, die auch andernorts in gleicher Qualität von anderen Vermietern, Hoteliers und Restaurantbetreibern nachgefragt werden. Diese Massierung der Nachfrage lässt einerseits *economies of scale* zu und führt andererseits dazu, dass billigste und niedrigst qualifizierte Arbeitskräfte einsetzbar werden.

- *Freizeitaktivitäten.* Die Eigenständigkeit einer Region verliert sich, wenn Touristen nicht mehr den Landschaftsraum unmittelbar körperlich erfahren. Die Freizeitaktivitäten in den Alpen werden immer mehr von den Freizeittrends her gestaltet, und dies bedeutet nicht nur eine entsprechende infrastrukturelle Erschließung. Die sinnliche und leibhaftige Aneignung erfolgt vom Gerät und/oder von der Ausrüstung her, denen Empfindungsbedeutungen a priori zugeschrieben und die dann vom Touristen ex post „evaluiert" werden. Kurzum, man redet z.B. nicht mehr über die Widrigkeiten des Berges, sondern über marktlich vermittelte Schemata wie z.B. des Snowboardings, des Walkings oder des Mountainbikings sowie des Climbings. Der Alpenraum wird dadurch gewissermaßen „outgesourct", weil nun die Standortsuche für diese Freizeitaktivitäten konstitutiv wird, d.h., alpine Standorte werden austauschbar, weil sich die Freizeittrends überall an geeigneten Plätzen entfalten lassen können. Angesichts dieser „Vertrendisierung" der touristischen Freizeitaktivitäten und der damit einhergehenden immer schwächer werdenden Bindung an die Regionen gerät der Alpenraum in eine globale Tourismusstandort-Konkurrenz. Dies ist die Paradoxie: Meinte man, sich wettbewerbspolitisch zu stärken, indem man Raumnachteile gegenüber „Garantie-Destinationen" via Ausschaltung der Widrigkeiten und Anpassung von Freizeittrends infrastrukturell kompensiert, so steht man heute in einer eigenproduzierten, brancheninternen Hochkonkurrenzsituation.

- *Erleben.* Jeder, der verreist, will etwas erleben – sich mit/im Anderen/Fremden erfahren, testen, bestätigen oder widerlegen. Die Alpenwelt ist seit jeher dafür ein (magisches) Magnetfeld gewesen und ist zeitgeistspezifisch immer wieder dementsprechend aufgewertet worden. Wenngleich dieser Zeitgeist immer der kognitive und affektive Wegbegleiter des Alpentouristen gewesen ist, so gelang oder misslang das Erleben der Alpen stets durch eine Integration in die vorhandene Alltagskultur und Landschaftsnatur. Die kognitive Repräsentation der Alpen i.w.S. beinhaltete das jeweils typisierte „Alpenhaftige". Man mag die damit verbundenen sozialen Konstruktionen der Alpen kritisch hinterfragen, doch man kann nicht so weit gehen und behaupten, dass derartige Prozesse des mental mapping raumlos bzw. alpenavers abliefen. Das Erleben der Alpen ist aber heutzutage „alpenfrei" in dem Sinne, dass es sogenannte „Eventträger" und Eventmanager sind, die sich zwischen die Alpenwelt und den Touristen stellen und als dritte Kraft ein „Alpenerlebnis" erzeugen. Im letzten Jahr ist man gewahr geworden, dass nicht zum ersten Mal nach der Sommerpause skigelaufen oder gesnowboardet wird; sondern ein „Event" oder ein „Opening" hat der Fernsehwelt – und damit der gesamten Welt – gezeigt, dass in Kaprun die Saison mit einem „Opening" begonnen hat. Was „einfach" da ist, ist schon längst nicht mehr erlebbar bzw. gerät nicht mehr in den Erlebnisblick des Touristen. Was die Alpen sind, muss professionell restrukturiert und postmodern organisiert werden.

Eventisierung bzw. Events haben eine durchschlagende Wirkung: Sie entfernen den Gast bzw. Touristen vom Raum und lassen die spezifischen, historisch gewachsenen und „natürlich" gegebenen Erlebnispotenziale verkümmern. Da sich die Events ebenfalls an dem Geschmack der Nachfrager ausrichten, und dieser Geschmack von allen westlichen Ländern samt Japan geteilt wird, fühlen sich bei derartigen Events alle angesprochen, ja zuhause. Diese touristifizierten Alpen internationalisieren sich über Events, Freizeitaktivitäten und das Gastgewerbe.

In den Alpen zu urlauben, macht demzufolge keinen Unterschied zu einem Urlaub anderswo. Dies mag Widerrede hervorrufen, doch – so die Erwiderung: Wo gibt es in den Alpen in den Augen der touristischen Nutzer noch Unvergleichliches, das nicht mit dieser Touristifizierung, sondern mit dem Alpenspezifischen zu tun hat? An immer mehr Orten auf der Welt kann das vorgehalten und produziert werden, das den vermeintlich einzigartigen Alpentourismus ausmacht.

2.2 Territoriale Einbettung

So gesehen können hochgescheite Klagen nicht nachvollzogen werden, die dem touristifizierten Alpenraum vielfältige, nicht zuletzt marktliche Rückständigkeit nachsagen. Das Gegenteil ist der Fall. Der Tourismusraum der Alpen ist hoch flexibel, hoch anpassungsfähig und hochmodern! Wie man durch die neuerliche Katastrophe in Kaprun – zeitungsschwarz auf weiß – weiß, ist in den Alpen nicht nur die ganze Welt am Skilaufen und Snowboarden. Es sind auch alle Altersklassen, Berufe und mithin alle Zielgruppen da. Ganz offensichtlich hat man den Nerv der Zeit getroffen – sprich sich lifestyle-gerecht positioniert. Wenn die ÖW ihre „Eventwerbung" zurückgehalten hat, dann bedarf es keiner weiteren Anmerkungen: Man wusste sehr genau, dass nicht der Berg ruft, sondern das Event; das und nur das will der Nutzer – Verzeihung User – hören!

Die Touristifizierung des Alpenraumes bedeutet eine anhaltende, tiefgreifende ökonomische und gesellschaftliche Umstrukturierung des Alpenraumes. Weil der Alpenraum als konstitutiver Tourismusfaktor verschwindet, gerät er unter global geltende (Unternehmungs-)Entscheidungsbedingungen (vgl. Menzel 1998, 178ff), die da sind:

- die günstigsten Standorte für Freizeitinfrastrukturen, die billigsten oder am besten qualifizierten Arbeitskräfte,
- die geeignetsten Waren- bzw. Faktorlieferanten,
- die vorteilhaftesten Absatzmöglichkeiten und
- die fortgeschrittensten Technologien.

Diese Entscheidungskriterien lenken den Blick darauf, dass Tourismusräume in den Alpen von außen selektiv in Wert gesetzt werden oder auch nicht! Man muss sich nur die Sprache und Texte der Tourismarketingler anhören bzw. anschauen, um festzustellen, dass der alpine Tourismus Resonanzboden externer Einflüsse geworden ist. Dass vor lauter Amerikanismen St. Anton noch nicht wahrhaftig in Stanton umgetauft worden ist, verwundert da schon, würde doch damit die globale Ausrichtung beispielhaft bzw. für jedermann sichtbar zum Ausdruck kommen. Wesentlich sind aber nicht derartige sinnige Aperçus, sondern die Auswirkungen der oben dargelegten Veränderungen der touristischen Produktgestaltung – also die Loslösung der Tourismusprodukte vom gelebten Raum – auf die wirtschaftlichen Aktivitäten, auf die Umwelt und auf die Soziokultur.

Wenn man sich diese Auswirkungen distanziert anschaut, dann muss man die Kirche im Dorf und den Berg in den Alpen lassen. Es besteht auch kein Zweifel mehr, dass der Tourismus negative Auswirkungen hat. Nicht zuletzt an den Leitbildern der alpinen Tourismusorte und -regionen ist jedoch abzulesen, dass der Tourismus problematisiert und hinterfragt wird. Ja, man antizipiert, dass der Tourismus unter den bislang dargelegten Erscheinungsformen und Randbedingungen ein verlagerungsbedrohtes Produkt ist. Um dieses Szenario nicht eintreten zu lassen, betten sich die zentralen Akteure des Tourismus, die KMU (kleine und mittlere Unternehmen), territorial ein bzw. genauer gesagt, es besteht die strategische Möglichkeit, sich in die nun einmal bestehenden Strukturen einzubinden und die Agglomerationsvorteile der Tourismuszentren zu nutzen. Der verfasste Alpenraum muss sich nicht durch den postmodernen Tourismus exterritorialisieren (lassen), der Tourismus kann lokale Räume derart restrukturieren, dass sich die Akteure wieder verorten. (Vgl. Bachleitner 1999) Allein schon dadurch wirkt der Tourismus nachhaltig.

2.3 Nachhaltige Tourismusentwicklung

Will man alle operationalen Definitionen der Nachhaltigkeit an den touristischen Erscheinungen anlegen bzw. einen entsprechenden Abgleich vornehmen, dann hieße dies, einen sofortigen Entwicklungsstop auszusprechen. (Zu Indikatoren siehe Birkmann u.a. 1999) Dies wäre nicht nur unrealistisch, sondern damit würden auch die ökonomischen (stabile wirtschaftliche Entwicklung) und die sozialen Ziele (gerechte Verteilung der Lebenschancen) der Nachhaltigkeit konterkariert. (Zu dieser Zielbestimmung der Nachhaltigkeit zählt noch der Schutz der Ökosphäre; vgl. Dangschat 2000, 76f.) Gerade im Sinne der ökonomischen und sozialen Ziele muss eine touristische (Weiter-)Entwicklung zugelassen werden. Diese Entwicklung muss jedoch nicht zu Lasten des Umweltschutzes gehen, und dies würde im Kontext der reflexiven Touristifizierung bedeuten, dass die touristische Entwicklung in Bezug auf ihre ökologischen Konsequenzen zu bewerten ist. Die ökologische Umwelt als Referenzkriterium anzuwenden soll demzufolge sowohl Entwicklung bzw. Fortschritt zulassen als auch Vorhandenes bewahren.

Bewahren und dennoch fortschrittlich zu sein, dies ist die Herkulesaufgabe der Tourismusakteure. Auch der Touristen? Aus Untersuchungen weiß man relativ genau und zuverlässig, dass der postmoderne Mensch in der Freizeit nicht zum Öko-Asket wird – es sein denn: Er zieht daraus einen eigenen Nutzen, d.h. demnach, dass er kein Altruist ist. Schon gar nicht sind sogenannte Ökotouristen Altruisten. (Vgl. Saretzki 1999; Wöhler/Saretzki 1999, 17ff.) Der Ökotourismus ist vielmehr eine postmoderne Variante des Lifestyle-Tourismus, der erlebnishungrige Kreuzfahrturlauber ebenso umfasst wie Mallorcaurlauber und Snowboarder sowie eben auch Ökotouristen. Von Ökotouristen bzw. vom Verhalten der Touristen her ist keine Rettung zu erwarten. Und ganz nebenbei: Wenn alle Touristen umweltgerecht urlauben, dann erzeugt allein die Masse der Ökotouristen Umweltschäden. Schon deshalb muss die Produktionstechnik den Touristen auf umweltfreundliche Bahnen lenken. Diese Technik, also das Handling der Welt – der Natur- und Kulturwelt –, ist eine Angelegenheit der Anbieter, zu denen auch die Politadministration gehört.

Mit der anbieterseitigen Produktionstechnik sind all jene touristischen Leistungsbereitstellungsmaßnahmen und Prozesse der Inanspruchnahme dieser Leistungsangebote durch den Touristen gemeint. (Vgl. Wöhler 1996) Diese umweltschutzfördernde Produktionstechnik umfasst vom Öko-Audit-Verfahren über die Umwelttechnik an sich auch raumgebundenes Wissen über Natur- und Menschenschutz (etwa Landschaftspflege und Häuserbau). Eine derartige von Tourismusanbietern vorgehaltene Technik kann Bestehendes erhalten, Umweltbelastungen reduzieren, Zerstörtes reparieren und als wertvoll erachtetes Altes zurückholen. Eine touristische Produktionstechnik ist darüber hinaus als nachhaltig bzw.

umweltschützend anzusehen, wenn die raumgebundene oder lokale Wirtschaftsstruktur in die touristische Wertschöpfungsstruktur integriert ist. (Vgl. Boesch
2000, 134ff.) Nachhaltigkeit ist demnach zuallererst eine Aufgabe der Anbieter
und somit des Wirtschaftens. Um den Alpenraum zu bewahren, müssen zunächst
einmal die räumlichen Auswirkungen des touristischen Wirtschaftens in das Blickfeld gerückt werden. Die Touristifizierung des Alpenraumes ist nicht mit einem
ökologischen Bannstrahl zu versehen, sondern es sind die touristischen Pro-
duktionstechniken und -strukturen so anzulegen, dass mit dem Blick auf die postmodernen Markterfordernisse die wirtschaftliche Basis der Tourismusregionen erhalten bleibt. Diese Sichtweise impliziert auch, dass die jeweiligen Soziokulturen
nur bewahrt werden können, wenn sie ökonomisch fundiert sind.

3. Bewahrender Fortschritt

Jegliche einigermaßen reale Nachhaltigkeitsstrategie in den Alpen muss als Rahmenbedingungen anerkennen, dass zum einen in touristischen Ballungsregionen
standardisierte touristische Massenprodukte (entterritorialisiert) her- und bereit-
gestellt werden. Zum anderen existieren Tourismusregionen, in denen viele (touristische) KMU unterschiedliche Leistungsbündel gemeinsam bzw. kooperativ herstellen. Damit die Alpen zumindest in ihrer jetzigen Verfasstheit erhalten bleiben,
d.h. von der ökonomischen Nachhaltigkeit aus soziale und ökologische Nachhaltigkeitsziele realisiert werden können, sind folgende Strategien eines „nachhaltigen
Fortschritts" denk- und machbar. (Vgl. zum Folgenden etwa statt vieler Bätzing
1999; Henkel 2000; Hirsch-Kreinsen 1999; Wissinger/Eggensberger o.J.)

3.1 Touristische Massenproduktion

Der touristifizierte Alpenraum wird auch künftig räumlich geballt für Massen (postmoderne) Produkte bzw. Leistungen bereithalten müssen. In diesen Räumen sind
nicht nur große Unternehmen tätig, sondern auch Konzerne. Konzerne bilden sich
neuerdings verstärkt durch Fusionen etwa der Skigebiete, künftig wohl auch der
Gemeinden heraus. Daneben greifen vornehmlich US-amerikanische, aber auch europäische Seilbahnunternehmen auf alpine Skigebiete zu und durchsetzen die Wertschöpfungsketten, deren Glieder auch für den Sommertourismus genutzt werden.
Gerade dieser Massenproduktion steht heute mit Hilfe neuer Transport-, Informa-
tions- und Kommunikationstechniken eine Vielfalt von Optionen zum Standortsplit-
ting und zu räumlicher Dispersion offen. Mit einfacheren Worten: Auch andere
Räume bzw. KMU in anderen Räumen können von diesen Tourismusagglome-
rationen ebenso profitieren wie KMU in Regionen der Massenproduktion.

Ganz einfach betrachtet, sind es zunächst einmal die Arbeitskräfte, die aus entfernten Standorten dort Beschäftigung finden. Ökonomisch gesprochen: Es werden periphere Regionen erschlossen, ohne dass dort der Tourismus als Raumnutzung Fuß fasst. Der analoge Fall tritt ein, wenn aus diesen Ballungsräumen ganze Produktionssysteme an entfernte Regionen/Standorte verlagert werden. Zu denken ist da in erster Linie an die Verpflegung, modern: das Catering. Kleine Arbeitsmärkte außerhalb von touristischen Agglomerationsräumen sind kein Hindernis für die Ansiedlung entsprechender Betriebe, die für das „Zentrum" nicht nur Waren/ Komponenten (Milch, Fleisch, Brot etc.) liefern, sondern gleich „Versorgungssysteme" – sprich: komplette Gerichte. Darüber hinaus können, neudeutsch gesprochen, Unterkünfte outgesourct werden. Um nur ein Beispiel zu nehmen: Zermatt als Agglomerationsraum lebt auch von Gemeinden außerhalb, in denen Skifahrer übernachten. Diese Touristen fahren umweltorientiert mit der Bahn ins Zentrum.

Diese evidenten Fälle mögen genügen, um das Wesentliche hervorzuheben: Regionen und/oder Orte können hierarchisch in Ballungsregionen der postmodernen, sich stetig fortentwickelnden Freizeitgesellschaft eingebunden werden, und dies bedeutet: Regionale Teilökonomien entwickeln sich, ohne dass in diesen Standort-Räumen die ökologische Umwelt – bei Implantation moderner Technik – leidet. Touristische Agglomerationsräume übernehmen demzufolge Katalysatorfunktionen für die regionale Wirtschaft, die sich entwickeln und stabilisieren kann.

3.2 „Kleine" Tourismusregionen

Es muss einmal gesagt werden: Aufgrund der sogenannten Pfadabhängigkeit – verständlich ausgedrückt: der Geschichte, ja der Familiengeschichte des Fremdenverkehrs – existieren gerade in den Alpen bei den Produzenten des Tourismus wissensintensive Produkte und Dienste. Viele und unterschiedliche KMU, vom Vermieter über den Bäcker bis hin zum Transportunternehmer, sind zwar funktional desintegriert, d.h., sie arbeiten/produzieren für sich, doch ihr Arbeiten bzw. ihre Funktionen sind aufeinander bezogen und wirken im Ergebnis so, dass eine multioptionale, bisweilen hoch postmoderne Tourismusdestination entsteht.

Will ein solchermaßen hergestellter Tourismusort den modernen Markterfordernissen gerecht werden, dann genügt es nicht mehr, sich aufgrund der räumlichen Nähe – man kennt sich – lediglich lose zu koppeln. Man muss sich verlässlich koordinieren und abstimmen, d.h. sogenannte „implizite Kooperationsverträge" abschließen. Hält man diese Absprachen nicht ein, dann drohen Sanktionen etwa derart, dass ein KMU nicht mehr in den Genuss der Kooperationsrente kommt: Für ein Unternehmen wird nicht mehr geworben oder aber dieses Unternehmen fällt aus dem kollektiven Vertriebssystem heraus. Darüber hinaus erstreckt sich eine weitere Sanktionsmaßnahme auf den Wissensausschluss, denn: Ein Ziel dieser selbstorganisierten Netzwerke ist es, Wissen auszutauschen und somit voneinander zu lernen, indem offengelegt wird, wie durch die Verflechtung der endogenen Ressourcen die Anpassungsfähigkeit der Tourismusregion erhöht wird. Derartige Netzwerke haben demzufolge wirtschaftliche Wachstumsressourcen zur Folge. Und dieses bedeutet letztlich: Man kann mit den touristischen Ballungsräumen im globalen Wettbewerb mithalten, ohne dass die angestammte Raumbindung darunter leidet.

Wenn KMU bewusst kooperieren, dann ist jedem einzelnen Anbieter das Überleben wenn nicht gesichert, so doch aber in Aussicht gestellt. Seien es vertikale oder horizontale Kooperationen oder Mischformen, bei denen horizontale und vertikale Kooperationen zusammenwirken, so zeigen Untersuchungen, dass gerade Kooperationen lokale Produktionssysteme sichern und mitunter durch innovative Angebote ihre Wirtschaftskraft stärken. Da die Vielzahl der beteiligten Unternehmen koordiniert werden muss, um ein durchgängiges Orts- oder Regionsprodukt zu gewährleisten, ist ein „Leitunternehmen" vonnöten. Hier liegt eine Herausforderung für die lokalen Tourismusstellen, die diese Aufgabe erfüllen könnten bzw. müssten.

4. Schlussbemerkung

Wenn der Tourismus die Alpen hat verschwinden lassen bzw. die Alpen jeweils spezifisch konstruiert hat, dann würde die Verdammung und Vertreibung des Tourismus die Alpen gänzlich umformen, wenn nicht gar vernichten. Es ist argumentiert worden, dass im Gegenteil der Tourismus als „Alpenbewahrer" zu pflegen ist. Die vorgefundenen und nun einmal gegebenen Raumverfasstheiten sind in den Dienst der Postmoderne und somit des Tourismus zu stellen. Nur so lassen sie sich bewahren, ohne zugleich einen nachhaltigen Fortschritt auszuschließen. Es kann nicht mehr angehen, dass eine „Umkehr" als (wissenschaftliches) Heilmittel angepriesen wird. Die Alpen könnten die alten, sprich heutigen Alpen bleiben, wenn der postmodernen Gesellschaftsentwicklung mit den vorhandenen ökonomischen Ressourcen entsprochen wird. Nur auf einer ökonomisch nachhaltigen Basis lassen sich weitere ökologische Zielvorhaben verwirklichen – und nicht umgekehrt.

Literatur

Bachleitner, Reinhard (1999): Tourismus: Motor des Modernisierungsprozesses im Bundesland Salzburg. In: Dachs, Herbert/Floimair, Roland (Hg.): Salzburger Jahrbuch für Politik 1999. Salzburg und Wien: Residenz Verlag, 135-150.

Bätzing, Werner (1999): Die Alpen im Spannungsfeld der europäischen Raumordnungspolitik. In: Raumforschung und Raumordnung, 57/1999, 3-13.

Bartaletti, Fabrizio (2001): Tourismus in den italienischen Alpen. In: Geographische Rundschau, 53/2001, 48-53.

Beck, Ulrich/Giddens, Anthony/Lash, Scott (Hg., 1996): Reflexive Modernisierung. Frankfurt a.M.: Suhrkamp.

Birkenhauer, Josef (1996): Die Alpen. Gefährdeter Lebensraum im Gebirge. 2. verb. Aufl. Köln: Aulis Verlag Deubner.

Birkmann, Jörn u.a. (Hg., 1999): Indikatoren für eine nachhaltige Raumentwicklung. (Dortmunder Beiträge zur Raumplanung 96). Dortmund: Institut für Raumplanung.

Boesch, Martin (2000): Alpenstadt 2000+: Regionale Transformationsprozesse im Spannungsfeld von Wettbewerbsfähigkeit und Kohäsion. In: Borsdorf/Paal 2000, 128-145.

Borsdorf, Axel/Paal, Michaela (Hg., 2000): Die „Alpine Stadt" zwischen lokaler Verankerung und globaler Vernetzung. Wien: Verlag der Österreichischen Akademie der Wissenschaften.

Castells, Manuel (1996): The Rise of the Network Society. Oxford: Blackwell.

Dangschat, Jens S. (2001): Wie nachhaltig ist die Nachhaltigkeitsdebatte? In: Alisch, Monika (Hg.): Sozial – Gesund – Nachhaltig. Opladen: Leske + Budrich, 71-94.

Hassink, Robert (1997): Die Bedeutung der lernenden Region für die regionale Innovationsförderung. In: Geographische Zeitschrift, 85/1997, 159-173.

Henkel, Knut (2000): Globale Orte/Lokale Welten. In: Raumforschung und Raumordnung, 58/2000, 3-12.

Hirsch-Kreinsen, Hartmut (1999): Regionale Konsequenzen globaler Unternehmensstrategien. In: Schmidt, Gert/Trinczek, Rainer (Hg.): Globalisierung. (Soziale Welt Sonderband 13). Baden-Baden: Nomos Verlag , 115-137.

Krippendorf, Jost (1986): Die Landschaftsfresser: Tourismus und Erholungslandschaft – Verderben oder Segen? 4. Aufl. Bern: Verlag Forschungsinstitut für Fremdenverkehr der Universität.

Kujath, Hans Joachim (Hg., 1998): Strategien der regionalen Stabilisierung. Berlin: edition sigma.

Lash, Scott/Urry, John (1994): Economics of Signs and Space. London u.a.: Sage.

Lindner, Katrin (2000): Nachhaltige Gemeindeentwicklung am Beispiel der Allgäuer Berggemeinde Hindelang (Erlanger Geographische Arbeiten, Heft 61). Erlangen: Selbstverlag der Fränkischen Geographischen Gesellschaft.

Karlheinz Wöhler

Menzel, Ulrich (1998): Globalisierung versus Fragmentierung. Frankfurt am Main: Suhrkamp.

Saretzki, Anja (1998): Präferenzen für die ökologischen Angebote im Tourismus. In: Zins, Andreas (Hg.): Europäische Tourismus- und Freizeitforschung. (Tagungsberichte des Instituts für Tourismus und Freizeitwirtschaft der Wirtschaftsuniversität Wien Bd. 6). Wien: Österreichische Gesellschaft für angewandte Freizeitforschung, 15-34.

Schmidt, Aurel (1990): Die Alpen – schleichende Zerstörung eines Mythos. Zürich: Benzinger.

Wissinger, Edeltraud/Eggensberger, Peter (o.J.): Förderung der Regionalvermarktung in Oberammergau. Abschlussbericht. Garmisch-Partenkirchen: Alpenforschungsinstitut.

Wöhler, Karlheinz (1996): Ökologische Angebotsentwicklung im Tourismus – eine Problemskizze. In: UmweltWirtschaftsForum, 4/1996, 17-23.

Wöhler, Karlheinz (2000): Abschied von den Alpen. In: Academia, 23/2000, 3-5.

Wöhler, Karlheinz/Saretzki, Anja (1999): Umweltverträglicher Tourismus. Grundlagen – Konzeption – Marketing. Limburgerhof: FBV Medien-Verlag.

Zusammenfassung

Der Tourismus hat die Alpen in all seinen Erscheinungsformen unwiderbringlich verändert. Weil sich die touristischen Alpen dem internationalen Markt anpassen (müssen), geraten sie unweigerlich unter ein externes Entwicklungsregime. Um das zu bewahren, was jetzt noch da ist und sich gleichzeitig dem Markt (-fortschritt) nicht zu entziehen, muss sich die Angebotsseite nachhaltig verhalten. Nachhaltigkeit umfasst die ökologische Produktionstechnik und die Integration der Wirtschaftsstrukturen in die touristische Wertschöpfungskette.

Karlheinz Wöhler, Dr., Univ.-Prof. Einzige Professur im deutschsprachigen Raum mit der Denomination „Empirische und angewandte Tourismuswissenschaft". Herausgeber und Schriftleiter der Fachzeitschrift „Tourismus Journal. Zeitschrift für tourismuswissenschaftliche Forschung und Praxis" und Geschäftsführender Direktor des Instituts für Freizeitforschung, Spiel- und Bewegungserziehung an der Universität Lüneburg. Zahlreiche Veröffentlichungen zum Tourismusmarketing, der Touristifikation von Räumen, der Eventisierung und Kulturalisierung des Tourismus sowie des nachhaltigen Tourismus.
E-Mail: woehler@uni-lueneburg.de

Ronald Lutz

Der Kampf um den Gipfel

Von der Eroberung zur Selbstvergewisserung

Vorbemerkung

„Der Berg ruft" ist der emphatische Titel einer Ausstellung in Altenmarkt-Zauchensee, die zum Zeitpunkt des Kongresses, auf dem ich den nachfolgenden Text als Vortrag hielt, eine Hommage an die Berge und ihre Eroberinnen und Eroberer versuchte. Im Zentrum standen dabei die 14 Achttausender in großen, beeindruckenden Bildern, die deutlicher nicht die implizite „Verehrung der Berge" zum Ausdruck hätten bringen können.

Allein schon dieses Detail zeigt, wie nahe meine Interpretation des Bergsteigens, die auf einer kulturellen Idealisierung der Bergwelt und einer gleichzeitigen Personalisierung der Berge ruht, der tatsächlichen Erfahrung von Akteuren und Rezipienten ist. Dennoch oder gerade deswegen schlug mir nach meinem Vortrag insbesondere von anwesenden Besteigern der Berge ein großes Unbehagen entgegen, das mich ratlos machte und zugleich zu weiteren Studien der Bergliteratur anregte. Dabei wurde ich noch fündiger als ich es ohnehin schon war und insofern auch erneut bestätigt.

Ein erstes Fazit dieser Studien, das im folgenden ausführlicher dargelegt werden soll, lautet: Dem Ruf der Berge folgt man zweifellos aus unterschiedlichen Motiven, doch sie scheinen sich zu verdichten (im Sinne einer „dichten Beschreibung"): War es zu Beginn der „Eroberungsphase" eher die Absicht, den Berg „besiegen" zu wollen, indem man ihn erstmalig oder auf einer neuen Route bestieg, so finden sich heute, im Kontext eines sich ausweitenden Expeditionstourismus, Akteure, die vor allem den Sieg über sich selbst wollen. In beiden Motiven aber verdichtet sich der Berg zu einer idealisierten „Person", die einen starken Gegner bietet.

Diese Personalisierung findet sich vielfältig in der Bergliteratur (Expeditionsberichten), so auch im Buch zur obig benannten Ausstellung. Hierin wird ein Ausschnitt aus Kurt Diembergers ergreifendem Bericht „K2 – Traum und Schicksal" publiziert, dessen Titel schon die besondere Beziehung zum Berg verdeutlicht. Darin ist zu lesen: „Will dieser Berg uns nicht mehr hergeben? Nein, sonst hätte er uns schon genommen – Seit dem Absturz sind wir in seiner Hand." (Diemberger. In: Uitz/Salkeld 2000, 211)

1. Idealisierungen

Berge sind kulturell konstruierte Sehnsuchtslandschaften, die bis heute eine immense Ausstrahlung besitzen. Dies zeigt sich auch an ihrer sportiven Nutzung und reicht dabei vom Kampf der Bergsteiger um deren Eroberung, die zugleich der Beweis männlicher Stärke und männlicher Tugenden war, bis zur Selbsterfahrung und zum „thrill", die heutigen Bergsteigern eigen sind und sich als Vergewisserungsrituale darstellen.

Um dieses Ziel zu erreichen mussten Berge aber zum gefährlichen, fast unnahbaren Gegner werden, wie es Diemberger treffend formulierte: „Er ist der große, unnahbare Berg. Ich bin erschüttert. Wir fühlen uns immer kleiner, je näher wir kommen". (Diemberger 1990, 120) Das hat seine konstruktive Logik: Je kleiner der Mensch im Vergleich mit dem Berg desto größer wird seine eigene Leistung, wenn er diesen Giganten besiegt. Sir Edmund Hilary soll die Erstbesteigung des Mt. Everest mit den Worten kommentiert haben: „Wir haben den Bastard erledigt". Bastarde aber sind per se gefährliche und unberechenbare Gegner.

Den Bergen wird ein kulturell entworfener Zauber unterstellt. So kann ihre Entzauberung zur Ehre des agierenden Subjekts werdem. Hunt, einer der Extremen, hat dies fast poetisch zum Ausdruck gebracht: „Wir mussten die geheimnisvolle Schranke überwinden, den Zauber brechen, durch den der Berg den kühnen Eindringling mit eisigem Griff vielleicht für immer als Geisel bei sich behielt." (Hunt 1954, 37)

Entwürfe der Berge als Gegner und deren Besiegung durch den Menschen sind Topoi, die eine große kulturelle Bedeutung entfalten. Dabei wird der Sieg über eine als schrecklich und gefahrvoll konstruierte Natur zur Leistung des tapferen und zu allem bereiten Menschen.

Dieses kulturell konstruierte Bild, das sich von Anbeginn mit der Geschichte des Alpinismus verbindet, stand der bergsteigerischen Eroberung als Leitidee zur Verfügung: „Der menschliche Wille und seine Erkenntnisfähigkeit ermöglichen in der alpinistischen Auseinandersetzung mit dem Berg – im Kampfe mit den Gewalten des Hochgebirges –, die meistens in einer Kriegs- und Kampf-Metaphorik beschrieben wurde, eine Dominanzerfahrung gegenüber der nur noch scheinbaren Über-Macht der Natur. Der Aufbruch in die im 18. Jahrhundert als Rest-Natur empfundenen Alpen kam im Gipfelsieg zu einem Höhepunkt: Die symbolische Unterwerfung und Besiegung des auf einer archaischen Kulturstufe nur mythisch besetzt wahrzunehmenden Raumes durch den rationalistischen Menschen der Moderne. Die überwundene Höhe ermöglichte die Betonung männlich-bürgerlicher Tugenden wie Mut, Aufstiegswille, Beharrlichkeit und Selbstvertrauen und letztlich in einer heroisierenden Wendung die Überhöhung des siegreichen Subjektes. Die Welt lag ihm zu Füßen." (Stremlow 1998, 144/145)

Auf der Basis beklagter Verluste in der Moderne (Entfremdung, Naturzerstörung, Enttraditionalisierung, Parzellierung des Erlebens) entfaltet sich das Bild der Berge in letzter Zeit vermehrt zu „Heilstätten". Dies wird als Leitdiskurs insbesondere in den Werken von Reinhold Messner deutlich aber auch, aktuell, in dem Buch von Helga Hengge, die als erste deutsche Bergsteigerin auf dem Mt. Everest gilt. (Hengge 2000) Die Alpen werden darin zum Symbol der Weltentrückung, eines „Zurück zur Natur" und zum Mythos einer besseren Welt; sie werden zu einem Raum in dem man von den Verletzungen der Alltagswelt genesen kann. Deutlich tritt der „Naturtraum des Kulturbürgers" hervor; eine unberührte Natur wird ästhetisierend zur Zivilisation als herrschaftsfreier Raum entworfen. (Stremlow 1998, 85)

Diese kulturelle Idealisierung der Berge bedeutet in beiden Fällen zwangsläufig eine Idealisierung des Subjekts, das den Kampf mit ihnen siegreich beendete bzw. zur Berg-Natur und zur Menschen-Natur „zurückkehrte". Vor diesem historischen und im Bergdiskurs eingelagerten Bild sollen die aktuellen Praxen der Kämpfe am Berg, insbesondere jene in extremen Höhen, rekonstruiert und gedeutet werden. Deutlich wird, dass sich die Kampfmetaphorik, die in Ausdrücken wie „Gipfelsieg" oder „Gipfelsturm" kulminiert, seit etwa zwei Jahrzehnten im Kontext gesellschaftlichen Wertewandels zu mehr Erleben und Selbsterfahrung in eine Vergewisserungssymbolik wandelt, bei denen Berge immer stärker das Medium eines sich suchenden Selbst werden. Beides aber ruht auf dem kulturell entworfenen Bild der Berge als Orte einer „seinsbestimmenden Auseinandersetzung" und „arkadischer Glückseligkeit" zugleich.

In meiner Darstellung beziehe ich mich auf Texte von Bergsteigern, die, auch früher schon, immer für eine rezipierende und die Darstellungen begierig lesende Öffentlichkeit entworfen werden. Sie argumentieren aus der Moderne heraus und in sie hinein. (Tschofen 1999) In ihrer mittlerweile massenhaften Verbreitung, auch durch Filme wie „Gipfel ohne Gnade" oder, neuerdings, „vertical limit", und Zeitschriften wie GEO, entstehen Bilder mit durchaus diskursprägender und moralischer Kraft. Die Erzählungen berühmter Extremer werden zum Stoff, aus dem die Träume der Unbekannten sind.

Diese Erzählungen sind dabei nicht als eine Dokumentation der Wirklichkeit zu verstehen, die Protagonisten produzieren vielmehr eine kulturelle Inszenierung. Die Texte dienen primär der Selbstvergewisserung ihrer Autoren und ihrem Hang zur Expressivität besonderer Befähigungen. Sie wirken aber doppelt: nach innen und nach außen. Ihre Innenwirkung ist es, die für das außen bedeutungsvoll wird. Was den Autoren Gewissheit ist den Rezipienten Sehnsucht.

Der Fortgang des vorliegenden Textes, der methodisch als diskursanalytische Bearbeitung dieser Bergsteigerberichte zu sehen ist, wird zunächst noch einmal die Kampfmetaphorik beschreiben, die lange Jahre das Bergsteigen prägte. An ihr lässt sich bereits das stilisieren, was heutigen Akteuren eigen ist. Darauf baut notwendigerweise die Ausgestaltung des zentralen Gedankens meiner Argumentation auf: dem kulturellen Entwurf der Berge als Gegner, die aber nur im „Selbstduell" kulturellen Sinn macht. Daran schliesst sich der Diskurs der Gegenwart an, in dem Bergsteigen der Vergewisserung dient und somit zur Selbsterfahrung wird. Beiden Diskursen ist letztlich das „Ozeanische" gemein, die Verherrlichung des Anderen in der Bergnatur, dessen kurze Behandlung den Abschluss darstellen wird.

2. Kampf um den Gipfel

„Auch mich fordert die schlanke Spitze, der plattengepanzerte Gipfelklotz, der zahnige Grat heraus, die letzte Höhe zu gewinnen, sei's auch mit tollem Wagen zu gewinnen, und zu keinem anderen Zweck als dem, oben gewesen zu sein. Doch mein Verlangen ist befriedigt, sobald der starre Fels mein Können gefühlt; hat der als seinem Herrn mir gehuldigt – Bewunderung der Menschen entbehre ich leicht". (Hermann von Barth. In: Siegrist 1996, 91)

In diesem Zitat eines im 19. Jahrhundert lebenden Vordenkers und Vorkämpfers heutiger Bergsteiger, Hermann von Barth, wird bereits in verdichteter Form deutlich, was dem Bergsteigen bis heute immanent ist: Der Berg wird zum Gegenüber stilisiert, zu einem Wesen sui generis, mit dem man sich einen Kampf auf Leben und Tod liefern muss. Dabei findet eine Personifizierung, eine Anthropologisierung der Berge statt; diese werden zum furchterregenden Gegner.

Diese Verlebendigung hat wesentliche Funktionen: „Indem man sich den Berg als Subjekt vorstellt, füllt sich das geforderte Bedrohungsbild mit der nötigen Autorität, ohne dass diese Autoritäten zur echten Bedrohung würden." (Siegrist 1996, 152) Dem Bergsteiger erwächst eine selbst entworfene Gefahr, in der er seinen Mut zeigen, sein Können demonstrieren, seine Männlichkeit darstellen und seine Überlegenheit beweisen kann. Erst die Personifizierung der Berge führt so zu ihrer Domestikation.

Berge sind offensichtlich eine Herausforderung, der sich der Mensch stellen muss. George Mallory, der möglicherweise bereits 1924 zusammen mit seinem Freund Andrew Irvine auf dem Everest stand, soll, so wird erzählt, auf die Frage, warum er den Mt. Everest besteigen will, die denkbar einfachste aller Antworten gegeben haben „weil er da ist". Als Walter Bonatti 1952 erstmalig im Gebiet der Drei Zinnen war, fühlte er sich dazu aufgefordert, diese in einem Zuge und im Winter zu durchsteigen: „Diese wahnwitzigen Felswände aber erzeugten in mir einen ebenso wahnwitzigen Gedanken. Schließlich entstand der verwegene Plan, der mich nicht mehr losließ. Ich hatte mir vorgenommen, mich im Winter mit diesen Nordwänden zu messen, wenn die Verhältnisse am schwierigsten sind und ihre Majestät unnahbar erscheint." (Bonatti 1964, 33f.)

Der Berg zur „Majestät" stilisiert wird zum Wesen, mit dem man kämpfen muss; sein Da-Sein ist unübersehbar und stellt eine Herausforderung dar. Diese Anthropologisierung besitzt beseelende, fast visionäre Implikationen. Der Berg spricht mit Thomas Bubendorfer; er tritt mit ihm in eine eigenartige Interaktion: „Vielleicht spürt der Aconcagua seine Schwäche und wollte ihn auf die Probe stellen." (Bubendorfer 1995, 183) Auch der schon eingangs zitierte Kurt Diemberger verlebendigt mit poetischer Diktion in der Beschreibung seiner persönlichen Tragödie am K2 seinen „Schicksalsberg": „Der Berg hat eine Ausstrahlung von Kraft, Entrücktheit und Größe – die in ihrer Einfachheit völlig gefangennimmt. ... Wenn du an der Wand unterhalb des gläsernen Apfels lehnst, bist du im obersten Bereich – und deine Augen prüfen und forschen ... nun aus der Nähe. Du hast das Gefühl, einen unbegreiflichen Altar mit seinen ebenso unbegreiflichen Opfergaben betreten zu haben – und Scheu erfasst dich. Ja, man kann es ruhig sagen – Angst. Es ist Angst." (Diemberger in Uitz/Salkeld 2000, 185)

Diembergers Worte sind voller Ehrfurcht vor dem Berg, die sich zur Angst steigert; dennoch will er den K2 besteigen, will er seinen Berg erobern, der jahrelang erträumte Gipfel soll nun wirklich ihm und seiner Gefährtin „gehören". So ergibt sich eine Auseinandersetzung zwischen unterschiedlichen Wesen, die auf der Basis einer Heroisierung des Berges (Kraft, Entrücktheit, Größe) zu einem großartigen Kampf gerinnt.

Berge werden als personifizierte Gegner entworfen, die zornig machen, an denen man seinen Mut und seine Kraft beweisen kann und will, die zurück schlagen und sich auch in der Niederlage nicht gefügig zeigen, die im Gegenteil fürchterliche Rache nehmen können: „Das Matterhorn war ein hartnäckiger Feind, wehrte sich lange, teilte manchen schweren Schlag aus, und als es endlich mit einer Leichtigkeit, die niemand für möglich gehalten hatte, besiegt wurde, da nahm es als heimtückischer Gegner, der überwunden aber nicht zermalmt ist, eine fürchterliche Rache." (Whymper. In: Aufmuth 1988, 168)

Nur der so personifizierte Berg bereitet jenen Boden einer Auseinandersetzung, die dem Sieger eine heldenhafte und heroische Tat ermöglicht und ihn diese anschließend als Erzählung inszenieren lässt. Ulrich Aufmuth, Bergsteiger und Wissenschaftler, hat die darin liegende Dramatik auf einen einfachen Satz reduziert: „Der Berg erzürnt uns, er bringt uns in Wut wie ein menschlicher Gegner." (Aufmuth 1988, 168) Hundert Jahre vor ihm hatte dies der schon zitierte Hermann von Barth noch viel poetischer und drastischer zum Ausdruck gebracht: „Es dröhnen die Kare, es zittert die Mauer, auf deren First wir stehen, in weitem Umkreis brüllt das Gebirg. Solchen Schimpf hat keines seiner Häupter noch erfahren, so schwer musste keins noch seine Niederlage büßen." (Barth 1874, 588)

Bergsteigen ist in seiner historisch-kulturellen Konstruktion Kampf und Herausforderung, Suche nach Mannbarkeit und Ehrenrettung. Das aber ist als ein Duell mit dem Berg zu verstehen: „Das ist geradeso, wie wenn in einem todernsten Duell ein Fechter erstmals eine Wunde abbekommt." (Aufmuth 1988, 169) Duelle als kulturelles Muster und soziale Beziehung liefern der Analyse einen entscheidenden Begriff.

3. Duelle mit dem Berg

Duelle nun waren ein kulturelles Muster männlicher Milieus, mit denen Hermann von Barth noch direkt konfrontiert und vertraut war. Doch zwischen ihm und Ulrich Aufmuth liegen hundert Jahre. Die Kampfmetaphorik des Bergsteigens verschwand in diesem Zeitraum hinter Aspekten der Selbsterfahrung. (Siegrist 1996; Stremlow 1998) Während Barth sich noch die Natur untertan machte, machen Bergsteiger heute sich ihre eigene Natur gefügig um sich selbst zu finden. Reinhold Messner hat dies stellvertretend für viele zusammengefasst: „Früher ging es um die Eroberung des Gipfels, mir geht es um ein Abenteuer zur geistigen und moralischen Selbstprüfung. So erreiche ich ein neues Mass meiner selbst." (Messner, in Siegrist 1996, 362)

Berge werde darin zu einer Welt, in der man sich neu findet, seine Identität aufrichtet und zu sich selbst zurückkehrt, wie es Helga Hengge formuliert: „Die Berge um mich herum strahlen unendlichen Frieden aus, und ich habe das Gefühl, mit der unberührten Natur in diesen Höhen zu *verschmelzen*. Die zahllosen Anforderungen des alltäglichen Lebens verflüchtigen sich; nichts bedrängt mich, wenn ich bei

Mondschein ein Firnfeld hinaufsteige. ... In solchen Momenten spüre ich, wer ich wirklich bin – erfasse mein innerstes Wesen –, und ich schöpfe Vertauen in *meine* Körperkraft und in *meine* Phantasie." (Hengge 2000, 33; Hervorhebungen durch den Verfasser)

Auf der Ebene kulturwissenschaftlicher Analyse hat Roland Girtler diese Effekte des zeitgemäßen Bergsteigens pointiert formuliert: „Das Klettern verschafft eine neue Existenz: aus einem jungen, eher zurückhaltenden Individuum wird ein Held in den Felswänden, der mit der Anerkennung seiner Freunde rechnet." (Girtler 1995, 141) Entsprach das Heldentum in früheren Diskursen dem Sieg über den Gipfel so entspringt es heute als Leitidee dem Sieg des Akteurs am Berg über sich selbst.

Bevor der Bergsteiger in der Moderne vor sich, seinen Freunden und der staunenden Öffentlichkeit zum Held aufsteigt muss er aber noch immer auf den Berg. Nur dort kann er sich als Subjekt erleben, das seine eigene Natur besiegt und dies nachher zum Ausdruck bringt. Dieser Sieg, aus dem Selbsterfahrung wächst, lässt sich darin nur als ein Kampf auf Leben und Tod erleben und darstellen. Ulrich Aufmuth hat dies in grandioser Weise beschrieben: „Große Bergsteiger geraten erst dann so richtig in Fahrt, wenn der Gegner Berg sich grimmig und widersetzlich zeigt. ... Der Wille stärker zu sein, aus einer elementaren, wilden Kampfhandlung als Sieger hervorzugehen, bildet bei nicht wenigen Extremen den machtvollen Stimulus ihres rauhen Tuns." (Aufmuth 1988, 26)

Dieser Kampf wird wesentlich mit sich selbst geführt, der anthropologisierte Berg wird dabei Teil des eigenen Selbstentwurfs. Das nun hat sich in den letzten Jahrzehnten noch verschärft. Reinhold Messner hat dies in aller Klarheit zum Ausdruck gebracht: „Seit einigen Jahren steht nicht mehr der Berg im Vordergrund, sondern der Mensch mit seinen Schwächen wie mit seinen Stärken, der Mensch, wie er sich nur im Grenzbereich erlebt, an hohen Bergen etwa oder in der Einsamkeit in der Höhe." (Messner 1979, 58)

Das Kampfgebrüll eines Hermann von Barth, das dem endlich „bezwungenen" Berg galt, ist einer inneren Beziehung gewichen, in der Berge Teile der eigenen Selbstdefinition werden. Nicht der Sieg über den Berg ist dabei das Essentielle, sondern das Duell mit sich Selbst, das Bewältigen des Todes-Risikos, das originär damit verbunden ist. War der Berg zunächst ein Gegner, den es zu bezwingen galt, so wird mit der Zeit der Mensch das Mass aller Dinge: „Den neuen Maßstab setzt in diesem Diskurs nicht mehr der Berg, sondern der Mensch selber." (Siegrist 1996, 340)

Berge werden zu Sportstätten, in denen inszenierte Dramen stattfinden, die nach innen, auf die Bergsteiger, wirken und nach außen Faszination entfalten. Das klassische Duell, das der spektakulären Eroberung der Berge diente, wird heute, da alle Gipfel bestiegen sind, zum Selbstduell, in dem es ausschließlich um die eigenen Erfahrungen der Akteure geht und wofür Berge die Arena und die kulturellen Bilder liefern. Bergsteigen wird selbstreflexiv und betont das Besondere des Individuums. Nicht mehr der Sieg über den Gipfel ist das Ziel sondern das eigene Erleben am Berg. Veränderte gesellschaftliche Hintergründe, Wertewandel und Individualisierung als soziologische Stichworte der Zeit, haben das kulturelle Muster des Kampfes mit dem Berg als eine Eroberung in den Hintergrund gedrängt aber nicht verschwinden lassen. Es hat lediglich seine Form verändert und sich neu gewandet.

Zweifelsohne ist das „moderne" Duell, vor allem als Sportduell bekannt, weit vom klassisch-bürgerlichen Typ entfernt. Ging es im letzteren um Ehre und soziale Pflichten, so geht es im ersteren um Kräftemessen und Leistungsvergleich. (Frevert 1991) Das extreme Bergsteigen sehe ich allerdings weniger als „Sportduell" im engen Sinne, sondern vielmehr als Kampf der Beteiligten um die Wiederherstellung der Unversehrtheit ihrer Person. Sie wollen, wie Hengge es ausdrükkte, spüren wer sie wirklich sind, erfassen, was ihr Innerstes ist. Diese am Berg mitunter tödlich verlaufende Suche ist dabei immer noch ein Kampf, bei dem es neben dem Gipfelsieg, der eigentlich nur noch das Medium darstellt, vor allem um die „Ehrenrettung" des Einzelnen geht. Diesen modernen Kampf um den Gipfel gilt es als Vergewisserung ausführlicher zu erörtern.

4. Der Kampf um die eigene Gewissheit

Das bürgerliche Duell als Pistolen- oder Fechtkampf war der szenische Höhepunkt eines sozialen Dramas, in dem verletzte Persönlichkeitswerte, Ehre und soziale Anerkennung durch einen Akt von existentieller Tragweite wieder hergestellt werden sollten. (Frevert 1991) Diese Duelle hatten reinigende, klärende und somit auch kathartische Funktionen. Sie exponierten die beteiligten Personen und schufen eine Bühne für deren Integrität auf der Basis der Authentizität der Lebensführung und der Einheit von Denken und Handeln. Im Duell triumphierte der Wille über den Körper, die Überwindung der Todesangst galt als Ausdrucksmittel eines unnachgiebigen männlichen Charakters. Dabei ging es weniger um die Tötung des Anderen als vielmehr um den Beweis eigener Mannhaftigkeit, eigenen Mutes. Das letztliche Ziel aber war schließlich soziale Versöhnung.

Duelle waren der Ausdruck eines extremen Individualismus – doch blieb dieser sozial eingewoben. Sie lassen sich deshalb durchaus als Kult der autonomen Persönlichkeit werten, als ein Mittel zur Selbsterhaltung der Person, deren Freiheit und Selbstbestimmung, als Akt der Selbstaufwertung und Selbsttherapie.

Dem Duell als individuellem Ausdrucksakt haftet noch immer ein eigenartiger Zauber an, der aus seinem geheimnisvollen, weltentrückten Charakter, aber auch aus seiner prinzipiellen Todesnähe resultiert. Darin scheinen bis heute Bilder eines Anderen auf, Bilder einer besseren Welt. Diese Funktionen machen das Duell so wertvoll, in allerdings veränderter Form.

4.1. Selbstduelle

Von der Moderne hervorgerufene Sicherheitsverluste, die sich als Auflösung der Selbstverständlichkeit sozialer Integrationen darstellen, geben selbstreflexiven Aktionen zur Konstruktion der Identität Raum, in denen der Einzelne immer mehr sich selbst verorten und somit sich selbst bestimmen muss. Das Selbstreflexiv-werden des klassischen Kampfs um den Gipfel als Selbstduell am Berg, als Selbst-erfahrung, ist eines der neuen Muster. Die Suche nach persönlicher Integrität, der Wille und die Macht über den Körper sowie die Todesangst, die Duelle immer ge-prägt haben, sind dabei Implikationen, die Selbstduelle am Berg als kulturelle Nachfolger für das bürgerliche Duell qualifizieren. Am Ende eines Bergabenteuers steht nämlich Versöhnung mit sich selbst und mit dem Berg, der den Stoff für das Erste lieferte.

Diese Selbstduelle haben sich aber vom sozialen Zwang, der auf den Mitgliedern bestimmter Milieus lastete, zu einem freien Muster der Stilisierung entfaltet; sie sind darin sozial offener geworden und haben sich zudem von ihrem reinen Männlichkeitsdogma entfernt – schließlich finden sich auch immer mehr Frauen am Berg, wie es die hier zitierte Helga Hengge eindringlich belegt.

Die Duellanten agitieren nicht gegen konkrete menschliche Gegner, die im so-zialen Sinne Ehrverletzungen begangen haben. Selbstduelle am Berg richten sich gegen imaginäre und konstruierte Gegner, die als personifizierte Berge vor allem Aspekte des eigenen Selbst darstellen. Diese Selbstduelle ruhen dabei auf einem Unbehagen, das ihre Akteure empfinden, sei es nun der verhockte Körper, der Messner auf den Berg treibt, oder seien es gescheiterte private Pläne, die Krakau-er auf die gefährlichen Gipfel führen, oder seien es sonstige Schwierigkeiten im Alltag, die zum permanenten Auszug aus dem Tal beitragen. Dabei ist der Gegner, der diese Menschen verletzte unklar und verschwommen, die Therapie hingegen nicht. Das kulturell tradierte Bild der Berge liefert die Idee des Kampfes und zu-gleich die Utopie einer anderen und besseren Welt.

Duelle sind Ausdruck von Autonomie und Einzigartigkeit des Individuums, sie haben durch ihre prinzipielle Todesnähe kathartische Funktionen für das Subjekt,

289

sie basieren auf dem Mut des Einzelnen, sie sind darin zudem ein Triumph des Willens über den Körper und sie präsentieren eine Bühne für die Authentizität des Erlebens und die Einheit von Denken und Handeln. Am Ende steht dann eine vorübergehende Beruhigung und Versöhnung des Menschen mit sich selbst. Dies ist allerdings keine soziale Versöhnung mit einer Gemeinschaft, wie es dem bürgerlichen Duell kulturell eingeschrieben war; es ist eher eine Selbstvergewisserung der eigenen Identität, die in der selbstreflexiven Moderne als Zwang auf den Subjekten lastet. So wird aus dem Kampf gegen den Berg, den Hermann von Barth noch in der klassischen Tradition des Kampfes betonte, ein Duell mit sich selbst um neue Formen der Selbstaufwertung und der Selbsterfahrung zu finden, eine Wiederherstellung der Person und deren Integrität.

Integraler Bestandteil des Duelles war und ist dabei das Konzept der Ehre. Nach Max Weber ist dies die „Zumutung einer spezifischen Lebensführung" (Weber 1924), die zu seiner Zeit vor allem ständisch begründet und somit lebensweltlich war. Wer seine Ehre im Alltag demonstrieren bzw. sie wieder herstellen wollte war zu einem bestimmten expressiven Verhalten gezwungen; unter anderem auch zum Duell.

Ähnliches lässt sich durchaus von den modernen Extrem-Bergsteigern behaupten, die immer wieder ihre Ehre am Berge herstellen, indem sie diesen real und symbolisch zugleich erobern. Bergsteigen wird dabei zu einem expressiven Aspekt des eigenen Lebensstils, mit dem man sich im Kontext des eigenen Milieus darstellen kann. Seine Ehre herzustellen oder zu verteidigen wird zum individuellen Gestaltungsmittel des Ausdrucksverhaltens in einer individualisierten Moderne, in der das Besondere des Subjekts und seine Zugehörigkeit zu bestimmten Milieus stetig neu erarbeitet und betont werden muss.

Die symbolische Macht über die fremde und drohende Natur führt dabei den Bergsteiger, so Karl Lenk, über Selbstdisziplin zu sich selbst zurück. (Lenk 1985) Den Gegner Berg zu besiegen verschafft dem Subjekt das Gefühl eigener Macht. Es wird zu einer Person, der Ehre gebührt; es erfährt zudem seine innere Ehre durch äußere Bestätigung.

Dies nimmt darüber hinaus in seiner Betonung des Subjekts anitimodernistische Züge an; was Frevert für das bürgerliche Duell verdichtete gilt auch für das Selbst-Duell: „Ein zentrales Kennzeichen dieser Ehre war ihre antimoderne Stoßrichtung, ihre Bindung an einen Begriff autonomer Persönlichkeit, die gegen die zeitgenössischen Differenzierungsprozesse rebellierte und .., den ganzen Menschen in all seinen sinnlichen und moralischen Trieben umfasste"(Frevert 1991, 187).

War das Duell zu Webers Zeiten der finale Akt zur Wiederherstellung der beschädigten Ehre und rehabilitierte den sozialen Status, so müssen die modernen

Bergsteiger stetig auf den Gipfel, einige waren schon mehrmalig auf dem Mt. Everest, andere versuchen jedes Jahre andere Gipfel zu ersteigen. Joe Simpson hat die Fatalität beeindruckend einfach ausgedrückt: „Was jetzt? Es war ein Teufelskreis. Sobald du dir einen Traum erfüllt hast, bist du wieder da, wo du angefangen hast, und es dauert nicht lange, bevor du dir den nächsten heraufbeschwörst, noch etwas anstrengender diesmal, noch ein bisschen ehrgeiziger – noch ein bisschen gefährlicher." (Simpson 1988)

Der einmalige Sieg über sich selbst genügt offensichtlich nicht. Bergsteigen wird als Gipfel- und Extremerfahrung zu einer Lebensführung auf Dauer, die permanenter Bestätigung bedarf. Jenseits der Verortung in sozialen Milieus müssen die Subjekte in der enttraditionalisierten Gesellschaft ihre Zugehörigkeiten offensichtlich stetig neu erarbeiten.

4.2. Selbstvergewisserung

Der natürliche Raum bietet den Ort für die Selbstthematisierung und wird auf die Weltentwürfe hin interpretiert, Natur und Landschaft erhalten eine Plattformfunktion. (Wöhler 1997) Der Berg wird, als traditionaler Ort des Duells mit der Natur, eines Kampfes mit den Urgewalten der Wildnis, zu einem Ort der Auseinandersetzung mit sich selbst. Diese Auseinandersetzung erweckt aber noch immer den Anschein, dass sie zugleich ein Kampf gegen äußere Bedrohungen sei. Diese Bedrohungen sind aber Gefahren für die Identität, die stets neu zu befestigen ist.

Extrembergsteigern ist oft die Idee eigen, mit ihren Handlungen gegen die Parzellierung des sozialen Alltags in unterschiedliche und konfligierende Rollen zu „rebellieren"; am Berg bspw. werde nämlich der „ganze Kerl" benötigt und erlebe sich gerade dort wieder als solcher. Der Berg fordere das Letzte vom Menschen und damit Alles, sein Bestes nämlich, seinen Willen zum Kampf und zum Leben. Damit wird das „persönliche Erleben" in den Mittelpunkt gerückt.

Es geht offensichtlich um die Authentizität eigener Macht. Aufmuth hat dies deutlich hervorgehoben: „Wir kämpfen so gern mit dem großen und greifbaren ‚Gegner Berg'", weil der erfolgreich bestandene Kampf uns bis in die Knochen und bis in jede Muskelfaser hinein die Gewissheit gibt: Wir waren stark. Wir waren nicht ohnmächtig. Wir waren nicht hilflos. Insbesondere bei schweren Alleingängen ist dieses Erlebnis der Ich-Macht ganz immens." (Aufmuth 1988, 138)

Authentizität führt zur Vergewisserung eigener Identität. Reinhold Messner hat dies, stellvertretend für viele, zum Ausdruck gebracht: „Das Höhenbergsteigen erfordert eine ganze Reihe von Fertigkeiten, Kenntnissen und Erfindungsgaben. Je höher man kommt, desto mehr wird man sich selbst zum Problem. Die Fähigkeit, auch Probleme dieser Art zu lösen, ist es, die den guten Bergsteiger ausmacht. Ich sehe den Nutzen des Bergsteigens nicht in der Weiterentwicklung der technischen Grundlagen, sondern darin, dass Instinkte und Fertigkeiten des Menschen sich erweitern". (Messner 2000, 197/198)

Nur im Kampf am Berg, der anschließend in Erzählungen rekonstruiert und inszeniert wird, so bei Messner und vielen anderen, erlebt sich diese Ich-Macht als real. Ich zitiere noch einmal Ulrich Aufmuth, der dies als Wissenschaftler und Bergsteiger in unnachahmlicher Weise auf den Begriff gebracht hat: „Die wilde Natur des Hochgebirges erfahre ich in vielen Situationen als einen grimmigen Widerstand, so etwa, wenn ich mich gegen einen rasenden Schneesturm voran arbeite oder wenn ich beim Klettern auf einen Überhang stoße. Dann erscheint mir die Natur wie ein leibhaftiger Gegner, gegen den ich mich mit allen meinen Kräften wehren muss. Der Gegner Natur übt greifbare, physische Gewalt gegen mich aus; deswegen fordert er vor allem meine körperliche Kraft und Gewandtheit und Zähigkeit heraus." (Aufmuth 1996, 163/164)

Dieser Kampf um die eigene Gewissheit ist eine Auseinandersetzung auf hohem Niveau, bei dem Berge zu imaginären Gegnern werden. Dies nun befindet sich in einem durchaus engen Zusammenhang mit identitätstheoretischen Überlegungen, in denen das Erleben im Sport und in der Freizeit als Vergewisserungsritual diskutiert wird. Hans Albrecht Hartmann sieht in den modernen Erlebnissportarten, den „thrilling fields" und den „outdoor activities", im Durcharbeiten des Risikos Vergewisserungsrituale für eine individualisierte Identität. (Hartmann 1998) In diesen Ritualen wird über die Dramatik des Risikos und des Erlebens sowie dessen nachträglicher Inszenierung als Tragik und Heil zugleich ein Heilsversprechen realisiert, das der Veredelung des Menschen dient, wie es dem Bergsteigen in seiner Tradition schon immer immanent war. (Tschofen 1993) Dadurch aber erwächst erst jene Gewissheit ein besonders befähigtes und ehrenvolles Subjekt zu sein.

Diese Selbstvergewisserung am Berg ist als modernes Ritual zu verstehen, das auf historischen Idealen aufbaut: der ganze Kerl, der Kampf mit dem „Bastard", die reine Natur. Es speist sich aus dem Bild der Berge und aus der Geschichte des Kampfes um den Gipfel, es nährt sich am kulturellem Muster des Duells, das Unversehrtheit und Ehre als Implikationen hatte.

Der Berg als Symbol, das einerseits für Zivilisationskritik und unberührte Natur stand, andererseits aber mit bürgerlich-männlichen Tugenden wie Tapferkeit, Mut und Kampf verbunden war, ist seit dem Aufklärungszeitalter in der bürgerlichen Kultur verankert. Dieses klassische Bild des 19. Jahrhundert, das unmittelbar und ungebrochen in den neuen Bergdiskurs einging. (Tschofen 1993, 231) findet sich bis heute in Bergsteigerberichten. Die Selbstduelle beleben tradierte Formen neu und knüpfen zugleich an Bilder der erhabenen Berge und der reinen

Natur an. Die Gewinner dieser Selbstduelle werden dabei, in ihren eigenen Augen, zu außergewöhnlichen Menschen, zu Individuen, die zudem aus der standardisierten Masse ausbrechen: „Wenn wir hinaufsteigen auf einen der Hochgipfel, so ist in uns der Wille, aus Maschinen, zu denen uns eine mechanisierte Welt zu machen droht, wieder Menschen zu werden (...) Und wenn dann vom Gipfel unser Blick in die unendliche Weite fliegt, dann spüren auch wir den Atem der Ewigkeit auf dem Thron der Götter." (Ziak 1981, 285)

Diese Betonung der herausgehobenen Persönlichkeit ist kulturtheoretisch äußerst relevant. Hier wird zum einem dem radikalen Individualismus und Hedonismus der Moderne das Wort geredet, dabei wird das adäquate Bewältigen von Risiken das entscheidende Moment. Zum anderen wird zugleich das Bild einer anderen Gesellschaft entworfen, das aus der Vergangenheit kommt und durch den radikalen Individualismus am Berg neu entstehen soll. Die Duelle betonen die Autonomie des Subjekts, sie fordern den ganzen Kerl in all seinen Fähigkeiten und sie feiern die Natur, in der genau dies möglich ist, als das Andere und damit das Bessere der Vernunft. Insofern entsteht ein weiteres, im Bergdiskurs tradiertes Bild, neu: Der Vorschein einer besseren Welt leuchtet; es verdichten sich Symbole eines guten Lebens, eines „richtigen im falschen".

5. Ozeanisches

Der Sherpa Tenzing Norgay, Begleiter von Sir Edmund Hilary bei der Erstbesteigung des Mt. Everest, vermittelt in seinen Erinnerungen „Der Tiger vom Everest" ein „anderes" Bild der Berge, das aber an tradierte Diskurse Westeuropas anschlussfähig ist: „In diesem großen Augenblick, auf den ich ein Leben lang gewartet hatte, war mein Berg nicht mehr ein Gebilde aus Fels und Stein, sondern ein lebendiges Wesen, freundlich und voll Güte, das die anderen Berge wie eine Glucke ihre Küken unter seine Fittiche nahm." (Norgay, in Uitz/Salkeld 2000, 63)

Der „freundliche Berg" ist *die* Metapher für das Andere der Bergnatur, die als ozeanisches Gefühl im Bergdiskurs von Anbeginn verankert ist. Wir finden dies verstärkt in der neueren Bergsteigerliteratur. Dies steigert sich dort sogar zu einer Lobpreisung, die kulturelle Bilder des Anderen besingt und „Alternativen" zur feindlichen Zivilisation entwirft. Der junge Reinhold Messner hat dieses Bild des „freundlichen Berges" wie kein anderer in überwältigender Klarheit zum Ausdruck gebracht: „Die Berge können uns mehr geben. Viel mehr. Sie können uns von der Angst vor dem Leben heilen, sie können aus uns Nummern wieder Menschen machen (für kurze Zeit oder auch für immer). Sie können uns aus diesem tierisch ernsten Leben zwischen dem Gestänge unpersönlicher Fabrikgebäude emporheben. Sie lassen uns an die Hilfsbereitschaft der anderen wieder glauben. Sie zeigen uns ein Leben, für das die Technik keine Zeit lässt, und sie stürzen uns in Wirrnis von Schwierigkeiten, durch deren Mitte wir uns wie Abenteurer durchschlagen. Sie stecken Kraft in unseren verhockten Körper und sparen uns die meisten Krankheiten. Sie lehren uns warten". (Messner 1970, 10)

Messners Bild inthronisiert die Berg-Natur als Gegenwelt und steht Pate bei der weiteren Entwicklung des Leitdiskurses. In seinem wieder aufgelegten Buch „Everest Solo. Der gläserne Horizont" wird dies deutlich: „Es gibt auf unserem ramponierten Planeten kaum noch Freiräume, wo wir unsere Industriegesellschaft vergessen und unbehelligt unsere ureigensten Kräfte und Fähigkeiten erproben können. ... Um in diesem Zeitalter der Technisierung, der Betonwüsteneien, der Entfremdung durch das Eingespanntsein in eine irrwitzige Fabrikations- und Verwaltungsmaschinerie überleben zu können, brauche ich die Berge als Gegenwelt." (Messner 2000, 24)

Die schon zitierte Helga Hengge träumt von der „*Verschmelzung*" mit der Natur. Walter Bonatti schreibt im Vorwort seines 1994 auf italienisch und 2000 auf deutsch erschienenem Buch „Berge meines Lebens": „Es gab von Anfang an keine bessere Welt, um mich zu formen, als die Berge. Sie erlaubten mir, mich zu vergleichen und zu messen, zu erfahren und zu lernen – ein jedem Menschen angeborenes Bedürfnis. Dort oben fühlte ich mich von einem Unternehmen zum anderen lebendiger, freier, wahrer: also verwirklichter." (Bonatti 2000, 8)

Berge als die bessere Welt, als imaginärer Ort individueller „Verwirklichung", ziehen Grenzen zur zweitbesten, den quälenden Realitäten des Alltags. Die heroische Ausübung der Selbst-Duelle grenzt nämlich von jenen ab, die unten im Tal ihrem banalen Job nachgehen: „Bis heute blickt der Bergabenteurer von oben und aussen auf das Zivilisationspanorama der Stadt und kritisiert den urbanen Menschen als der Natur entfremdet. Hinter dieser Vorstellung steht ein kosmologisches Weltbild, an dessen Ausgangspunkt die ganzheitliche, harmonische und technikfreie Beziehung zwischen Mensch und Natur stehen." (Siegrist 1996, 332)

Diese Weltanschauung, ein richtiges Leben im falschen, hat implizite Vorstellungen einer besseren Gesellschaft, einer kosmologischen Weltordnung der Ganzheitlichkeit. Das ozeanische Erleben am Berg verdichtet sich zum utopischen Denken. Am Berg wird schon lange Zeit das „Goldene Zeitalter" gesucht, dieser Mythos hat mühelos überdauert. (Stremlow 1998) Er bleibt integraler Bestandteil des modernen Bergsteigens: „Die Basis der himalayistischen Skepsis gegenüber dem industrialisierten und urbanisierten Alltagsleben bildete dabei die Utopie des unentfremdeten Bergsteigererlebnis in der Wildniss. Der edle Wilde steht hierfür ebenso als Beispiel wie der Gipfel, der die Freiheit hoch oben auf dem Berg ansiedelt.

Es handelt sich um Strömungen, die die bürgerliche Kulturentwicklung mitgeprägt haben: der Wunsch nach einem unentfremdeten – das heißt ganzheitlichen, überschaubaren und sinnvollen – Leben in einer intakten Welt findet sich beim Bergsteigen ebenso wie in Rousseaus 'Zurück zur Natur' oder bei neuen sozialen Bewegungen." (Siegrist 1996, 328)

Das extreme Bergsteigen ist sowohl die Suche nach individuellen und existentiellen Erfahrungen von Menschen, die vielfach Verletzungen erlitten haben und ihre Ehre wieder herstellen wollen. Es ist aber auch das Bild für eine bessere Welt geblieben, die sich über Kameradschaft, Naturnähe und Askese realisieren soll. Bergsteigen ist quasi ein Ventil der Moderne, ein Anderes der Vernunft.

Das Richtige im Falschen ist eine Collage aus Mustern der Leistungs- und Risikogesellschaft und vormoderner Bestände von Natursehnsucht und Ganzheitlichkeit. Es geht darin um eine partielle Wiederverzauberung der Moderne, wobei diese selbst nichts als ein kultureller Entwurf ist. Die Extremen gaukeln sich nämlich einiges an Bildern und Idealen vor, was sich bei genauerem Blick letztlich als Erlebnisindustrie der Moderne darstellt. Schon ein Blick auf die geführten Touren zum Mt. Everest, die jährlich mehr werden, zeigt, dass die scheinbare Exklusivität zu schwinden droht und extrem hohe Berge ebenfalls zur Massenware werden, wie es in den Alpen bereits der Fall ist. Doch dieser Expeditionstourismus ruht auf den Bildern, die ich hier analysiert habe. Sie bedienen und befördern ihn.

6. Schlussbemerkung

Der Berg wird als Sinnstifter bejubelt. Seine Ästhetisierung bringt dabei ein tiefes Bedürfnis nach der Begegnung mit als rein interpretierter Natur zum Ausdruck. Das aber ist überraschenderweise etwas ungemein Beständiges in all dem Flexiblen der modernen Zeiten: „Die Alpen sind immer noch das Sinnbild der Beständigkeit, Gegenpol zum menschlichen Leben. Die Hochgebirgsräume sind die letzten Grenzen unserer europäischen Zivilisation. Beinahe unberührt von den atemberaubenden Umwälzungen unserer Zeit behaupten sie ihren Platz, behalten sie ihren Starrsinn." (Stremlow 1998, 215) Dieser Starrsinn gilt auch für die kulturellen Bilder, die sie umranken.

Literatur

Aufmuth, Ulrich (1988): Zur Psychologie des Bergsteigens. Frankfurt am Main.

Aufmuth, Ulrich (1996): Lebenshunger. Die Suche nach Abenteuer. Zürich und Düsseldorf.

Barth, Hermann von (1874): Aus den nördlichen Kalkalpen. Gera.

Bonatti, Walter (1964): Berge – meine Berge. Rüschlikon.

Bonatti, Walter (2000): Berge meines Lebens. Zürich.

Bubendorfer, Thomas (1995): Senkrecht gegen die Zeit. München.

Colombel, Christine de (2000): Der siegreiche Berg. München.

Diemberger, Kurt (1990): Gipfel und Gefährten. Zwischen Null und Achttausend. München.

Frevert, Ute (1991): Ehrenmänner. Das Duell in der bürgerlichen Gesellschaft. München.

Girtler, Roland (1995): Bergsteigen als Initiationsritual und die Suche nach dem Außeralltäglichen. In: König, Eugen/Lutz, Ronald (Hg.): Bewegungskulturen. Ansätze zu einer kritischen Anthropologie des Körpers. Sankt Augustin 1995, 141-150.

Hartmann, Hans A. (1998): The thrilling fields oder: „Bis ans Ende – und dann noch weiter". Über extreme Outdoor Activities. In: Hartmann, Hans A./Haubl, Rolf (Hg.): Freizeit in der Erlebnisgesellschaft. Opladen/Wiesbaden.

Hengge, Helga (2000): Nur der Himmel ist höher. Mein Weg auf den Mount Everest. München.

Hunt, John (1954): Mount Everest. Kampf und Sieg. Zürich.

Kammerlander, Hans (1999): Bergsüchtig. München.

Krakauer, Jon (1998): In eisige Höhen. München.

Lenk, Hans (1985): „Den wirklichen Gipfel werde ich nie erreichen". In: Berg 85, Jahrbuch des Deutschen Alpenvereins. München 1985, 103-114.

Messner, Reinhold (1970): Zurück in die Berge. Bozen.

Messner, Reinhold (1979): Everest. Expedition zum Endpunkt. Frankfurt.

Messner, Reinhold (1980): Grenzbereich Todeszone. Frankfurt am Main.

Messner, Reinhold (2000): Everest Solo. Frankfurt am Main.

Siegrist, Dominik (1996): Alltagsgeographie und Naturdiskurs in deutschsprachigen Bergsteigerberichten. Zürich.

Simpson, Joe (1988): Sturz ins Leere. München.

Stremlow, Matthias (1998): Die Alpen aus der Untersicht. Von der Verheissung der nahen Fremde zur Sportarena. Bern-Stuttgart-Wien.

Tschofen, Bernhard (1993): Aufstiege – Auswege. Skizzen zu einer Symbolgeschichte der Berge im 20. Jahrhundert. In: Zeitschrift für Volkskunde II/1993, 213-232.

Tschofen, Bernhard (1999): Berg – Kultur – Moderne. Volkskundliches aus den Alpen. Wien.

Uitz, Martin; Salkeld, Audrey (Hg.) (2000): Der Berg ruft!. Salzburg-München.

Wöhler, Karlheinz (1997): Naturerlebnisgebiete – Rettung der Naturerfahrung? Lüneburg 1997 (Materialien zur angewandten Tourismusforschung 25, Neue Folge).

Ziak, Karl (1981): Der Mensch und die Berge. Eine Weltgeschichte des Alpinismus. Salzburg.

Zusammenfassung

Ausgangspunkt meiner Überlegungen ist die These des „Selbstduells", bei dem über eine Personifizierung des „sportlichen Gegners" Berg die Möglichkeit einer Auseinandersetzung mit einem fiktiven Gegner geschaffen wird. Dabei tritt in der jüngsten Vergangenheit der Gedanke einer „Eroberung der Berge" hinter den Aspekt des Erlebens zurück. Diese These wird nun pointiert auf den „Kampf um den Gipfel" zugespitzt. Dabei wird der Frage nachgegangen, welche Bedeutung dieser Kampf für die Selbstvergewisserung der Subjekte hat.

Ronald Lutz, Dr. phil, geb 1951; Professor für die Soziologie besonderer Lebenslagen am FB Sozialwesen der FH Erfurt (University of Applied Sciences); verschiedene Forschungsarbeiten zu Körperkultur, sozialen Bewegungen und besonderen Lebenslagen; lebt mit Frau und zwei Töchtern in Münzenberg in Oberhessen.
E-mail: Lutz_von_M.berg@t-online.de

Thorsäule am Hochkönig

Hochkönig, um 1907

Quelle: Archiv Josef M. Meidl

PURTSCHELLER-HAUS
D. SC. SONNEBERG
D. D. & Q. A. V.
AM
HOHEN-GÖLL 1770mR

Hoher Göll, um 1905

Quelle: Archiv Josef M. Meidl

298

III. Zukunftsfähige Konzepte

Einführung

„Oben auf dem Berg angekommen – bleib nicht stehen!" Dieses Koan könnte für den Alpentourismus Motto sein, stellvertretend für eine Perspektive, die nicht den maximalen Profit als Gipfelsieg versteht, sondern die langfristige Erhaltung der Lebensgrundlage der Alpenbewohner. Der sichere Abstieg ins Tal gehört zur geglückten Bergtour wie zum Verständnis des Tourismus dessen Einbettung in ein komplexes Gefüge von Prozessen und Zusammenhängen gehört, das letztlich eine ganzheitliche Sichtweise erfordert.

Seit dem Ende des Zweiten Weltkrieges hat sich in Europa das industriewirtschaftliche Lebensmodell ebenso durchgesetzt wie die Alpen als Erholungsraum und als Sportarena funktionalisiert wurden. Beide Entwicklungen haben zu einer weitgehend gestörten Beziehung von Mensch und Umwelt geführt. Rezente Studien zeigen, dass die Jugendlichen und jungen Erwachsenen in den neuen Outdoor-Trendsportarten so „cool" sind, dass ihnen das Naturerlebnis nichts mehr bedeutet. Natur liefert keinen Erlebniswert, dient nur als Kulisse für diverse Freizeitaktivitäten. Die jungen „Kühlen" bringen ihren urbanen kulturellen Überbau mit, z.B. in die Schigebiete, wo ihnen mit „boarding, thrills und entertainment" jenes touristische Produkt und das kulturelle Konfekt geboten wird, das ihrer Wertewelt und ihrem Lifestyle entspricht. Organisationen wie die Alpenvereine und Naturfreunde versuchen Jugendliche mit Hilfe didaktische Krücken wie der „Erlebnispädagogik" wieder zu einem behutsameren Umgang mit der Natur hinzuführen. Ein solcher Weg lässt die Jugend auch den Geist der Sonne atmen, aber er setzt der rein instrumentellen Wahrnehmung von Natur und dem egoistischen Austoben ohne Rücksicht auf die Umwelt die Wiederentdeckung der Elemente gegenüber. So soll Beziehungsfähigkeit, Vertrautheit, Sinnfindung und Risikokompetenz aufgebaut werden und die Natur kehrt auf diese Weise wieder in das Sozialsystem zurück, das oft nur abstrakteinhellige Bekenntnis zur Natur, und deren Schutz findet eine Entsprechung auf der Erfahrungs- und Handlungsebene.

Das Beispiel der jugendlichen Bergsportler zeigt auf, dass alleine mit ausgetüfteltem Marketing, durch die Maßschneiderung von touristischen Produkten auf Zielgruppen, den Kriterien für einen nachhaltigen, kultur- und umweltverträglichen Tourismus noch nicht entsprochen wird. Der ausschließlich konsumentenorientierten Zurichtung der Alpen müssen Korrektive gegenüberstehen, die legitimen Bedürfnisse der einheimischen Bevölkerung hinsichtlich Ausgestaltung ihres Lebensraumes ausreichend Berücksichtigung finden. Auf die optimale Gestaltung der Infrastruktur und deren multifunktionalen Einsatz wird daher besonderer Wert gelegt, sind doch erhebliche Investitionen damit verbunden. Spaßbäder und Schi-

Arenen nehmen Anleihen bei den geplanten, „künstlichen" Erlebniswelten, die im Grunde dem Modell der Vergnügungsparks nachempfunden sind. Themen- bzw. Markenparks, zur letzteren Kategorie zählt etwa die perfekte Inszenierung der „Kristallwelten" im Inntal, ziehen Publikum an, verkaufen sich als touristisches Produkt auch sehr erfolgreich, in der Ökobilanz treten sie aber v.a. als Verursacher von zusätzlichem Verkehr in Erscheinung. Alleine um etwa ihren Gastro-Erlebnissen freien Lauf zu lassen, legen die Schweizer jährlich zwei Milliarden Personen-kilometer mit dem Auto zurück. Überlegungen zur Reduktion von Emissionen bis zur Steigerung der Energieeffizienz, zur Förderung des öffentlichen Verkehrs bis zur steuerlichen Entlastung autofreier Haushalte bedürfen der Realisierung und können erheblich zur Verminderung der Umweltbelastung beitragen.

Gegenwärtig konkurrieren zwei Tourismusmodelle mit verschiedenen Misch-formen und Varianten im Alpenraum: Die industriell inszenierten Kompaktangebote mit Glücksgarantie in mehr oder weniger perfekter Form zielen auf die massen-hafte Kundschaft, v.a. auf Wintersportler, die spektakelsüchtig die überbordende Unterhaltungs-Infrastruktur nutzen und für die vernünftige Berge noch keinen Sinn ergeben. Holzschnittartig zusammengefasst geht dieses Modell einher mit touris-tischer Monokultur, mit dem Rückgang der Landwirtschaft bis zur Bedeutungs-losigkeit, mit kultureller Verstädterung, mit wirtschaftlicher Dominanz einiger Großbetriebe und hohem Anteil von Fremdkapital. Das Antipoden-Modell folgt ei-ner integralen Regionalpolitik, einer arbeitsplatzschaffenden Erwerbskombination im Hinblick auf nachhaltige Entwicklung. Zweifellos ist es mehr auf dem Strategie-papier als in der Realität anzutreffen, aber wo dieser Weg gegangen wird, und der Beispiele werden es mehr, erfolgt eine lebhafte Wechselwirkung zwischen den ver-schiedenen Wirtschaftszweigen, von denen der Tourismus einer ist, die Landwirt-schaft ein anderer. Im dezentralen Tourismus – wie er in den Alpen ursprünglich vorhanden war – sehen Experten die größte Chance für nachhaltiges Wirtschaften. Auch von dem Europäischen Raumentwicklungskonzept erwartet man sich Impulse in diese Richtung, speziell für strukturschwache bzw. periphere Regionen.

In nächster Zukunft wie in langfristiger Perspektive wird den neuen Technolo-gien und Managementtechniken, einer höheren Dienstleistungsqualität bzw. einer besseren Qualifikation der im Tourismus Beschäftigten eine größere Bedeutung bei-gemessen werden. Der Tourismus liegt im Spitzenfeld der Anwender von neuen Informationstechniken, intelligente Internet-Plattformen bzw. online-Buchungen werden auch dem alpinen Tourismus helfen, seine Marktposition zu verbessern bzw. zu halten. Neue strategische Partnerschaften mit den Herkunftsmärkten, bei-spielhaft seien hier die Schihallen in Deutschland und in den Niederlanden erwähnt, die eine ganzjährige Eventbühne bilden, können helfen, dem auslaufenden Projektzyklus des Tourismusproduktes Alpen entgegenzuwirken. Alle diese betriebswirtschaftlich motivierten bzw. kleinräumigen, lokalen Bemühungen sind ebenso notwendig wie die Etablierung von Ruhezonen oder Nationalparks, um den regionalen Besonderheiten alpiner Ökologie gerecht zu werden.

Das Jahr der Berge 2002, gleichzeitig als Jahr des Ökotourismus ausgerufen, soll weltweit Aufmerksamkeit auf die fragilen Ökosysteme der Gebirge der Welt und deren zentralen Herausforderungen lenken. Die Kampagne, begleitet von Forschung, Kongressen, Festen und öffentlichkeitswirksamen Events wird dann ihrem Anspruch gerecht werden, wenn es gelingt, die Gebirge und auch den dort stattfindenden Tourismus in allen Facetten einer gründlichen Reflexion zu unterziehen und Wege zu einem respektvollen Verständnis der Beziehung von Mensch und Natur zu finden.

Kaiser-Jubiläums-Schutzhaus am Hochkönig
Quelle: Archiv Josef M. Meidl

Herbert Arlt

Realität und Virtualität[1] der Berge

Zu neuen Aufgabenstellungen für Kulturwissenschaften im Berg-Tourismus

Allgemein wird in der wissenschaftlichen Literatur davon ausgegangen, dass der Berg-Tourismus im 18. Jahrhundert begann. Ende des 19. Jahrhunderts nahm er Massencharakter an. Gegen Ende des 20. Jahrhunderts bekam er auch für die Massen einen globalen Charakter. Auf absehbare Zeit unbestiegen bleiben heute noch die Berge anderer Planeten.

Zumindest in der Anfangszeit war die Entwicklung des Berg-Tourismus durch kulturelle Vorstellungen geprägt und wurde in der Folgezeit zumindest teilweise davon begleitet. Ihre Materialität, ihre Unwirtlichkeit, ihre Gefahren (bis hin zu Ungeheuern) wurden in den Darstellungen seit der Antike hervorgehoben und bestimmten auch die Alltagsvorstellungen. In der heutigen Phase, da die ganze Welt zu einer Karte geworden ist,[2] der höchste Berg der Welt sogar von einem Blinden bestiegen werden kann,[3] gewinnt Kultur in einer anderen Weise wieder zunehmend an Bedeutung für den Umgang vieler Menschen mit den Bergen – und auch die

---

1 In der „Enzyklopädie vielsprachiger Kulturwissenschaften" verweist Birgit Mersmann darauf, dass der Begriff Virtualität bereits in der antiken Philosophie verwendet wird. Vgl: Mersmann, Birgit: Virtualität. Versuch einer terminologischen Verdichtung. Im WWW: http://www.inst.at/ausstellung/enzy/reflexions/mersmann_birgit.htm Abfrage vom 2.9.2001.

2 Im Stück „Broadway-Melodie 1492", einem „Globalisierungsstück" aus dem Jahre 1937, finden sich folgende Verszeilen: „Wo blüht im Land noch unentdeckt/ Ein Apfelbaum im Garten?/ Wo ist der Globus unbefleckt?/ Er wird bekleckt und abgesteckt,/ Und Länder werden Karten." In: Soyfer, Jura (1993): Szenen und Stücke. Wien: Europaverlag. 2., überarbeitete Auflage, 258.

3 Vgl. den Bericht „Profitträchtiges Dach der Welt" in der Tageszeitung „Der Standard", Wien, 31.5.2001.

Kulturwissenschaft. Anzeichen dafür sind die nicht wenigen Ausstellungen[4] der letzten Jahre, die durchaus einen großen Zuspruch fanden und eine zunehmende Zahl von Symposien, Artikeln, Büchern, Filmen und anderem, die über die Berge (insbesondere die Alpen) abgehalten wurden bzw. erscheinen oder gezeigt wurden.[5] In diesem Kontext der „Virtualisierung der Berge" soll über „zukunftsfähige Konzepte" nachgedacht werden, indem nach der möglichen Rolle der Kulturwissenschaften in diesen Prozessen gefragt wird. Dabei geht es weniger um eine Wissenschaftsgeschichte als vielmehr um die (möglichen) Wechselwirkungen zwischen Kulturwissenschaften und dem Berg-Tourismus in allgemeinen gesellschaftlichen Verständigungsprozessen, in denen der Stellenwert der Berge in gesellschaftlichen Prozessen neu bestimmt wird – und zwar sowohl in lokalen als auch in weltweiten Zusammenhängen.

In diesem Zusammenhang erlaube ich mir, zunächst einige ganz allgemeine Gedanken einzuführen. So formulierte John Desmond Bernal bereits im Jahre 1954 in der Einführung zu seinem bahnbrechenden Buch „Science in History": „Unsere heutige Kultur wäre, was ihre materielle Seite betrifft, ohne Wissenschaft unmöglich." (Bernal 1970, 33) Diese These steht im Kontext seines komplexen Wissenschaftsverständnisses: „Erfahrung allein reicht jedoch nicht aus, und sie kann isoliert auch niemals wirksam werden. Bewusst oder unbewusst wird sie unvermeidlich stets von Theorien oder Anschauungen aus dem allgemeinen Bestand der menschlichen Kultur geleitet. Sofern es unbewusst geschieht, wird diese Abhängigkeit von der Tradition blind sein und nur zu einer Wiederholung von Lösungsversuchen führen, die unter den veränderten Bedingungen scheitern müssen. Sofern es jedoch bewusst geschieht, erfordert es eine tiefgehende Kenntnis der gesamten Beziehungen zwischen Wissenschaft und der Gesellschaft, deren erste Voraussetzung die Kenntnis der Geschichte der Wissenschaft und der Gesellschaft ist. In der Wissenschaft ist es mehr als in irgendeinem anderen menschlichen Tätigkeits-

---

4 So waren Ausstellungen zur Bildenden Kunst in Wien und Krems zu sehen, zur Darstellung in Faltprospekten in Innsbruck. Besonders interessant ist in diesem Zusammenhang die Darstellung der Marginalisierung der Berge: Kleinlercher, Toni (2000): demontage. Interventionen in realen und virtuellen Landschaften. Katalog anlässlich der Ausstellung demontage im Alpinen Museum des Deutschen Alpenvereins, München, 26.10. – 11.11.2000. Wien: Triton. Es ist die Widerspiegelung eines Prozesses, der in vielfältiger Weise bereits durch die Industrieproduktion vorweggenommen wurde (Beispiel: der Erzberg in der Steiermark).

5 Siehe dazu auch das Literaturverzeichnis im Anhang, das einige wenige Beispiele anbietet. Im Gegensatz dazu berücksichtigt die Bibliographie des Fernsehsenders ARTE vor allem die Aspekte „Bergsteigen" und „Natur". Und dies, obwohl in der Sendung „Mit offenen Karten" in der ersten Jahreshälfte 2001 in mehreren Folgen auch ausgezeichnete kulturelle Überblicke geboten wurden. Filmfestivals und Kulturseminare finden außerdem in Graz, der Ramsau, Zermatt sowie in einer Reihe weiterer Gemeinden und Städte in Europa statt.

bereich notwendig, die Vergangenheit zu erforschen, um die Gegenwart zu begreifen und die Zukunft beherrschen zu können." (Bernal 1970, 34)

Für diesen Ansatz spielten Natur, Naturwissenschaften, Arbeit, Produktionsmittel usw. eine ausgeprägte Rolle. Trotz der großen Bedeutung, die der Kultur beigemessen wird, konnte gerade im kulturwissenschaftlichen (gesellschaftswissenschaftlichen) Bereich von Bernal noch kein selbständiges Agieren festgestellt werden, das (zumindestens in Europa) erst in den 90er Jahren des 20. Jahrhunderts beginnt, indem auch nicht-staatliche Aufträge in einem Ausmaß vergeben werden, die es einer zunehmenden Anzahl von neuen Forschungsinstitutionen zumindestens ermöglicht, zu überleben.

Geht man vom komplexen Ansatz in Sinne von Bernal aus und berücksichtigt zudem die jüngsten Entwicklungen in Forschung und im Tourismus, dann wird es auch im Zusammenhang mit der Wechselwirkung von Kulturwissenschaften und Tourismus wichtig sein, nicht nur die Hard Facts (Investitionen, Schulden, Umsätze, Zinsen usw.) zur Kenntnis zu nehmen, sondern auch auf (Kultur-)Geschichte, Anschauungen und Theorien einzugehen – und zwar gerade im Bereich Forschungsfeld Berge. In diesem Zusammenhang werden hier verschiedene Aspekte behandelt, um dann abschließend beispielhaft ein konkretes Projekt vorzustellen, das sich als zukunftsfähiges versteht. Ein Projekt, das die hier vorgestellten Überlegungen bereits berücksichtigt und öffentlich entwickelt wird (www.inst.at/berge).

1. Die Zeit der Ängste

Der ursprüngliche Zugang der Menschen zu den Bergen erfolgte in Europa über lange Zeit über praktische Erfahrungen (Reisen vor allem zu Handelszwecken und zu Eroberungen, aber auch Kultivierungen, Bergbau) und über Vorstellungen (Religionen, Künste). Erst in späterer Zeit spielte die sich entwickelnde moderne Wissenschaft eine immer größere Rolle.[6] So ist in den Schriften von Galileo Galilei festzustellen, dass er den Mond am Anfang des 17. Jahrhunderts erst als einen

---

6   Die wissenschaftlichen Arbeiten sind noch bis ins 18. Jahrhundert von Furcht begleitet. Sogar die Existenz von Drachen in den Alpen wird von einem Geologen zu dieser Zeit noch angenommen. Stremlow (1998, 50): „Bis weit ins 17. Jahrhundert wurde mit wenigen Ausnahmen nur diejenige Natur als schön empfunden, die den Schrecken, der von Wildnis ausging, durch die menschliche Bearbeitung verloren hatte. Eine schöne Landschaft war mit dem Attribut ‚nützlich' gekoppelt. [...] Vor allem die Alpen galten als ‚natura lapsa', als verdorbene Erde. Das irdische Paradies dachte man sich ohne Berge. Die Alpen wurden entsprechend als Mahnmale an den Sündenfall und die Sintflut betrachtet. In dieser Sichtweise erschienen sie beispielsweise als Warzen auf der Erdoberfläche. Erst gegen Ende des 17. Jahrhunderts setzten sich [...]

Planeten wie die Erde anerkannte, nachdem er mit Hilfe eines Fernrohrs entdeckt hatte, dass es auch auf dem Mond Berge gäbe.[7] Die Naturwissenschaften waren es auch, die den allgemeinen Anstoß dazu gaben, sich von den Ängsten zu verabschieden, die Berge nicht als etwas Furchterregendes oder gar Böses anzusehen.[8] Statt sich nur Vorstellungen von den Bergen zu machen (wie zum Beispiel jene holländischen Maler, die das Sujet in der europäischen Malerei wieder aufgriffen), wurden die Berge nun bestiegen, vermessen und auch auf diese Weise „entzaubert". Dennoch aber verbleiben bis in die heutige Zeit Mythen und Klischees nicht nur als historisches (Ausstellungs-)Material erhalten, sondern sind Teil des Alltags geblieben. Das zeigen die Bücher von Hans Haid[9], aber in anderer Weise auch die sogenannte Fremdenverkehrs- oder Tourismuswerbung in Österreich.[10] So werden zum Beispiel nach wie vor Klischees von der „unberührten Natur" verwendet, die aus dem 18. Jahrhundert stammen und damals [11] wie heute jeglicher Grundlage entbehren.[12] Auch die Nationalsymbolik im Sinne des 19. Jahrhunderts (um noch ein

---

Strömungen in Theologie, Philosophie und Physik durch, die sich gegen diese düstere und endzeitliche Weltsicht wandten." Dies entspricht auch ganz dem europäischen Kulturbegriff (vgl. Abschnitt 3), der auf die Landwirtschaft zurückzuführen ist.

7 Geographica 1999, 14. Bemerkenswert ist, dass zur Charakterisierung der Länder in diesem Weltatlas auch jeweils der höchste Berg eines Landes oder eines abhängigen Gebietes angeführt wird. Das reicht von einigen wenigen Metern Höhe bis zu den 8000ern im Himalaja.

8 In den Arbeiten von Groh/Groh, Dirlinger, Stremlow und anderen wird vor allem die Physikotheologie als jene Strömung hervorgehoben, welche die Wende in den kulturellen Zugängen zu den Bergen brachte. Zugleich wird von Stremlow herausgearbeitet, dass für eine positive Rezeption auch gesellschaftspolitische Wünsche eine große Rolle spielten (z.B. die Schweiz als freies, demokratisches Land; siehe dazu auch Anm. 27).

9 Vgl. zu Mythen, Riten, Kulten Bräuchen usw. auch das Literaturverzeichnis. Ironisch wird das Klischee zum Beispiel von Cees Nooteboom aufgegriffen: Nooteboom, Cees (1993): In den niederländischen Bergen. Frankfurt am Main: Suhrkamp. Hier finden sich alle Schrecknisse einer „Alpen"-Überquerung.

10 Zum Beispiel Prospekte zu Kals bzw. dem Nationalpark Hohe Tauern aus 2001.

11 Stremlow 1998, 91: „Das Interesse an einer Gegenwelt ‚Natur' muss als Reflex auf grundlegende gesellschaftliche und wirtschaftliche Veränderungen und als ein Unbehagen am Modernisierungsprozeß gewertet werden. In der ästhetischen Vergegenwärtigung von Natur als Landschaft äußert sich ein Bedürfnis nach Begegnung mit der verlorenen Natur. Geprägt durch einen städtisch-intellektuellen Standpunkt wurden dabei die räumlichen und gesellschaftlichen Gegebenheiten der Alpen zu einem idealisierten Weltentwurf zusammengesetzt. Aus der Sicht einer sich verändernden urbanen Kulturerfahrung erschienen die Alpen ursprünglich und unverfälscht. Damit war die Grundlage gegeben, diesen Raum als unabhängig von geschichtlichen Prozessen zu interpretieren. Die Betonung der Geschichtslosigkeit des Alpenraumes ermöglichte die gewünschte Projektionsgrundlage. Man bezog sich dabei nicht nur auf die Alpen, sondern auch auf die einheimische Bergbevölkerung." Diese Schlussfolgerungen stehen ganz im Gegensatz zum Beispiel zur Darstellung der Künste unter dem Titel „Begegnungen in der Nationalparkregion Hohe Tauern-Tirol" von Siegmund Kurzthaler, die der Kunst nur vier Seiten widmet und sie von der kulturellen Gesamtentwicklung abkoppelt. Kurzthaler, Siegmund (1997): Geschichte – Kunst – Kultur. Innsbruck: Edition Löwenzahn.

anderes Beispiel von Virtualisierung zu nennen) spielt in einer Vielzahl von Ländern noch eine bedeutende Rolle.[13]

Doch nicht zuletzt Muren, Lawinen, Steinschlag und weitere Naturkatastrophen zeigen, dass der Mensch zwar in vielerlei Hinsicht die Berge „erobert" haben mag, aber sie dennoch nur sehr bedingt „beherrscht". Hier enden die Möglichkeiten der Virtualität ebenso wie in nicht wenigen Formen der persönlichen Begegnung mit dem Berg.[14]

2. Naturwissenschaften und Bedeutungswandel

Die „Entzauberung der Berge" hat aber ihre Attraktivität nicht geschwächt, obwohl verschiedene Touristiker gerade den „Zauber" auch heute noch gerne verkaufen wollen und „Drachen" zumindestens in Erzählungen wieder einführen.[15] Gerade heute, da die Welt von Satelliten auf das genaueste erfasst wird, die Fortbewegung mit Hilfe einer computergestützten Navigation erfolgen kann, die Welt der Steine, der Pflanzen, der Tiere, der Verdunstung und des Niederschlags auf das Genaueste gewogen, vermessen, analysiert und katalogisiert wurde sowie meteorologische Veränderungen teilweise vorhersagbar wurden, sind es um so mehr Menschen, die gerade durch die Kenntnis dieser kulturellen Informationen Wissen erlangen wol-

---

12 Im Prospekt des „Nationalparks Hohe Tauern" (Matrei i.O. o.J.) heißt es einleitend zum Nationalpark: „Die Kernzone birgt hochalpine Naturlandschaft mit weiten Gletschern und Moränen und ausdehnten, alpinen Rasen. Im Zentrum thront der Großglockner, der mit 3.798m höchste Berg Österreichs. Die Außenzone beherbergt alpine Kulturlandschaft mit seit Hunderten von Jahren gepflegten Almweiden und Bergmähdern." Und unter „Naturland-schaften" findet sich dann die Formulierung „unberührte, weite Rasenflächen" – und dies bei einem nicht gerade geringen Touristenaufkommen. Vgl. dazu auch die Monographie „Die Pflanzenwelt der Hohen Tauern".

13 Als eines von vielen Beispielen zitiere ich aus dem Buch „Naturparadies Julische Alpen" von Ingrid Pilz: „Der Triglav ist für die Slowenen viel mehr als nur der höchste Berg ihres Landes – er ist das Symbol ihres Volkes, seit ihrer Unabhängigkeitserklärung im Juni 1991 Symbol ihrer Republik. Den Triglav ,besteigt' man nicht – auf den Triglav ,pilgert' man. Die Ersteigung ist für viele Slowenen nicht nur eine bergsteigerische Leistung, sondern auch eine Herzens-angelegenheit, eine patriotische Tat, und nicht selten erschallen Chorgesänge vom Gipfel." (Graz, Wien, Köln: Verlag Styria 1999.) Vgl. dazu auch weitere Beiträge über andere post-kommunistische Länder in „Die Namen der Berge" im WWW.

14 Aufgrund eines Erlebnisses, das Uitz (2000, 8) im Prolog zum Buch „Der Berg ruft!" darstellt, kommt er zur Schlussfolgerung: „Ich werde immer Wanderer bleiben. Ich höre den Berg ru-fen, aber da sind Linien, die ich nicht überschreite. Ich lese die Geschichten, die Bergsteiger er-zählen, die diese Linien immer wieder überschritten haben und überschreiten werden." (Ebd., 9)

15 Vgl. dazu in TRANS (http://www.inst.at/trans/): Petzoldt, Leander: Folklore zwischen Globa-lisierung und Kommerz. Der Beitrag erschien im Oktober 2001 in Nr.11 zum Themen-schwerpunkt „Multikulturalität, Gemeinden, Tourismuskonzepte".

len. Sie setzen die Kenntnisse für Abenteuer ein (Klettern, Segelfliegen, Drachenfliegen usw.). Sie genießen Speisen und Getränke, deren Produktion zum Teil auf jahrtausendealten Kenntnissen beruhen, in Wirtshäusern und Hotels.[16] Sie nutzen sie zur Bewegung im Gelände – von den wasserfesten Wanderschuhen über Kletterschuhe mit besten Reibungseigenschaften bis hin zu neuen Notrufmöglichkeiten (zum Beispiel Handys) sowie Rettungsmitteln (zum Beispiel Hubschrauber). Völlig neue Möglichkeiten eröffnen aber auch die Baustoffe[17]. Und selbst die Möglichkeiten der Abbildungen (Virtualisierung durch Fotos, Film, Digitalisierung) wurden durch neue Technologien revolutioniert.[18]

Gerade aber in dieser Phase, da das Verhältnis von Menschenmassen zu den Bergen zutiefst von Wissenschaft im Alltag geprägt wird[19], beginnen nun Kunst und Kultur in neuer Form eine Rolle zu spielen. Das drückt sich auch in einer Reihe von

---

16 Haid 1998, 7 zu seinem Gourmet-Führer: „Es ist ein Buch zum Erwandern, Erfahren, Verkosten und Weiterempfehlen, eine Mund-zu-Mund-Erfahrung, mit Bauch und Herz erlebbares NEUES Leben in den Alpen knapp an der Schwelle zum dritten Jahrtausend. [...] BIO und ÖKO ist (sic) wirkliche Fortschrittlichkeit aus den Wurzeln, aus der neuen AGRICULTUR, tausendfach und seit Jahrtausenden bewährt, dann vergessen, dann chemisch verseucht, dann wiederentdeckt, dann wirkliches LEBENS-Mittel."

17 Im Buch „Häuser der Welt" heißt es im Abschnitt „Häuser in den Bergen": „Sie stellen eine moderne Version jener ersten Konstruktionen dar, die aus historischen und ökonomischen Gründen in dieser besonderen Lage errichtet wurden. Hierbei zeigt sich eine Veränderung der Werte sowie ein Wandel in der Verwendung traditioneller Bauelemente: Architekten nutzten die Möglichkeiten der Technologie in ihren Konstruktionen, um so den klimatischen und geographischen Schwierigkeiten entgegenzuwirken und für zeitgemäßen Komfort und Bequemlichkeit zu sorgen. [...] Die charakteristischen Merkmale der traditionellen Bauweise zeigten den zeitgenössischen Architekten vor allem eines: Ein Gebäude muss schlicht sein, um dem extremen Klima und den schwierigen topografischen Gegebenheiten standhalten zu können, die bezeichnend für das Gebirge sind. [...] In alten Gebäuden wurden die Öffnungen entsprechend klein gehalten, um einen größtmöglichen Schutz vor der Kälte zu gewährleisten. Heute hingegen öffnen sich die Bauwerke der Witterung zum Trotz durch große Fensterfronten nach außen. Der Beitrag der zeitgenössischen Architektur besteht in eben dieser Freiheit, mit der die traditionellen Antworten auf die Probleme der Umgebung aufgegriffen und schier unendlich variiert werden. Ein Gebäude muss sich nicht völlig in seine unmittelbare Umgebung integrieren, es besteht keine Notwendigkeit sich verborgen zu halten oder sich den extremen Bedingungen zu fügen." In: Asensio, Paco (Hg., 2000): Häuser der Welt. Köln: Könemann Verlagsgesellschaft mbH, 828/829.

18 Vgl. zur allgemeinen Entwicklung: Mulligan, Therese/Wooters, David (2000): Geschichte der Photographie 1839 bis heute. Köln: Benedikt Taschen Verlag GmbH.

19 Die Wissenschaft prägte die Veränderung der Lebensverhältnisse indirekt durch die industriellen Revolutionen, die erst die materielle Massenbasis für den Berg-Tourismus schufen. Aber ihre Ergebnisse sind auch im Alltagsdenken wiederzufinden. In der Entwicklung zeigen sich daher zwar – wie wir anhand der sich vor allem seit dem 18. Jahrhundert verändernden Anschauungsformen sehen – Ungleichzeitigkeiten in der Wahrnehmung der Berge in den Wissenschaften und im Alltag. Gerade durch die Nicht-Reflexion der kulturellen Prozesse durch traditionellen Geisteswissenschaften kam es zur Bildung von Klischees und nicht notwendigen, destruktiven Entwicklungen.

Projekten aus, die kulturellen Charakter haben. Und gerade eine Ausstellung wie „Der Berg ruft!" zieht zumindestens doppelt so viele Zuseher an wie sonstige Salzburger Landesausstellungen.[20]

Es zeigt sich weiters, dass es nicht unbedingt die „unberührte Natur" ist, die die Menschen anziehen muss. Massenhaft praktiziertes Hallenschifahren in Japan und neuerdings auch im Ruhrgebiet zeig zum Beispiel, dass es auch anders geht und durch industrielle Fertigungen „reproduzierte Natur" ebenfalls für Massen zur Attraktion werden kann.[21]

Anhand dieser divergierenden Beispiele lässt sich andeuten, dass zwar die Sinnlichkeit der Bewegung, der Ernährung usw. durchaus für viele Menschen eine Rolle spielt, aber zugleich die Vorstellungswelten, die Virtualitäten wieder mehr in den Vordergrund rücken. Soweit die materielle Basis vorhanden ist (die durch Arbeitslosigkeit, Massenbelastungen usw. gesenkt werden kann), kommt es daher auf die Vermittlung kultureller Angebote an. Dass Kultur in heutigen Prozessen nicht automatisch eine Rolle spielt, hat Stremlow in seiner Studie gezeigt.[22] Und diese Studie wirft weiters die Frage auf, ob durch die Nicht-Einbeziehung kultureller Überlegungen in heutige Berg-Projekte gerade auch einiges Destruktionspotential im Umgang mit den Bergen freigesetzt werden kann, das für niemanden wünschenswert ist – weder für das Individuum, das sich sehr rasch in tödliche Gefahr begibt, noch für die Bewohner der Bergregionen noch für diejenigen, die auf das Wasser aus den Bergen, die Funktionen der Berge für das Klima usw. angewiesen sind.

---

20 Siehe den Katalog „Der Berg ruft!" im Literaturverzeichnis. Obwohl er sich auf das Bergsteigen konzentriert, versucht er doch Multiperspektivik zu entwickeln und Alltag einzubeziehen.
21 Diese Form der Virtualisierung wird bereits seit Jahrtausenden in den Künsten praktiziert. Gerade durch die Vorstellungsbildungen, die durch Künste beeinflusst wurden, bekamen auch die Berge im positiven und im negativen Sinne ihre kulturellen Bedeutungen. So wurden seit dem 18. Jahrhundert in Theatern in den Städten Berge „nachgebaut". Es folgte der Boom der Berg-Filme seit den 20er und 30er Jahren des 20. Jahrhunderts. Heutige Virtualisierungen unterscheiden sich bisher hauptsächlich durch den Einsatz einer anderen Technologie und durch einen anderen Stellenwert, der nun scheinbar „beherrschbaren" Berge, aber oft nicht in den Inhalten.
22 Stremlow 1998, 240ff.: Die Alpenwahrnehmung im Aktivsportbereich der 90er Jahre. Hier: 266: „Wenn ich die Alpenwahrnehmung in den untersuchten Aktivsportarten pointiert als Funktionalisierung der Alpen als Sportarena zusammenfasse, stellt sich die Frage, inwieweit das Sporttreiben in den Alpen noch zu einer kognitiven sowie im Gefühl verankerten Beziehung von Mensch und Umwelt beiträgt. Allgemein wird davon ausgegangen, daß gerade Outdoorsport ein Naturerlebnis vermittelt und damit einer Entfremdung der Menschen von der Natur entgegenwirkt. [...] In einer Untersuchung von Hartmann zu den aktuellen Risiko- und Funsportarten [...] taucht schliesslich das Naturerlebnis überhaupt nicht mehr auf."

3. Multiperspektivik – Gemeinsamkeiten und Divergenzen

Mit der obigen Erwähnung von Japan wurde angedeutet, dass es einen gemeinsamen alltäglichen kulturellen Zugang selbst über große Distanzen hinweg gibt. Dies scheint sich auch in der Namengebung auszudrücken. So wird der Begriff „Alpen" nicht nur in Europa, sondern eben auch in Japan oder Neuseeland für Gebirge verwendet.[23]

Ein kurzer Blick auf die Entwicklung zeigt, dass die kulturellen Zugänge der Menschen zu den Bergen weltweit viele Gemeinsamkeiten aufzuweisen haben, zugleich aber auch große (historische) Unterschiede existieren. In diesem Zusammenhang möchte ich einige Beobachtungen anführen, denen im Rahmen des INST[24]-Projektes „Die Namen der Berge" systematisch nachgegangen werden soll. Dieses komplexe Projekt dient der Einrichtung und Errichtung eines Weltmuseums der Berge, einer Weltausstellung der Berge (beide auf 1.700m Höhe) und einer Galerie der Berge (auf 2.700m). Als transdisziplinäres Projekt umfasst es sowohl Forschungen zu den kulturellen Zugängen der Menschen zu den Bergen als auch zu Darstellungsmöglichkeiten für ein Massenpublikum, die in Zusammenarbeit mit KünstlerInnen, PädagogInnen, MuseumsspezialistInnen erarbeitet werden (siehe dazu auch den Abschnitt 5.).

Inhaltlich sind zunächst die Gemeinsamkeiten hervorzuheben, die im Rahmen der INST-Konferenz „Die Namen der Berge"[25] herausgearbeitet wurden. Ausgegangen wurde von Arbeitshypothesen von Otto Kronsteiner (Salzburg) der im Rahmen des Kulturseminars „Berge, Kultur, Politik" in der Ramsau im Sommer 1998 herausgearbeitet hatte, dass sich weltweit Gemeinsamkeiten bei der Benennung der

---

23   Diese Multiperspektivik ist (wie auch anderes) bei Bernal zu vermissen. Bis heute erfolgen die Darstellungen meist nur in additiver Form, womit sich noch weite Forschungsfelder für transdisziplinär und transnational angelegte Forschungen ergeben. Zur Namensgebung in Japan vgl. Naoji Kimura in: „Die Namen der Berge". Im WWW: http://www.inst.at/berge/perspektiven/kimura.htm Abfrage vom 2.9.2001. Und für Neuseeland: Geographica 1999, 110. Diese Form der Namensgebung ist aber nicht unproblematisch und steht zum Teil in enger Verbindung mit einer alten imperialistischen Welt, von der nicht nur die Namen geblieben sind. Edward W. Said plädiert in diesem Zusammenhang für eine neue Orientierung: „But we need to go on and to situate these in a geography of other identities, peoples, cultures, and then to study how, despite their differences, they have always overlapped one another, through unhierarchical influence, crossing, incorporation, recollection, deliberate forgetfulness, and, of course, conflict." In: Said, Edward W. (1994): Culture and Imperialism. New York: First Vintage Books, p.330/331. Eine Veränderungspotentialität, die in einer theoretischen Geographie keinen Platz hat, die enthistorisiert ist. Vgl. dazu den Kulturbegriff in Wirth 1979, 30.

24   Das INST (Institut zur Erforschung und Förderung österreichischer und internationaler Literaturprozesse, Wien) im WWW: http://www.inst.at/

25   Siehe dazu auch das Literaturverzeichnis. Allein im September 2001 kommen ein gutes Dutzend neuer Beiträge hinzu.

Berge finden lassen. Diese wurden durch Beiträge von WissenschafterInnen von allen Kontinenten bestätigt. Mit Stand vom Juli 2001 lassen sich im WWW Beiträge von Andras Balogh (Budapest) zu Ungarn, Donald G. Daviau (Riverside/Kalifornien) zu den USA, Peter Horn (Kapstadt) zu Südafrika, Naoji Kimura (Tokio) zu Japan, Samira Kortantamer (Izmir) zu arabischen Ländern, Dagmar Kostalova (Bratislava) zur Slowakei, Zalina Mardanova (Wladikawkaz/ Nordossetien-Alanien) zum Kaukasus, Alessandra Schininà (Catania) zu Sizilien, Elena Viorel/Wilfried E. Schreiber (Cluj-Napoca/Klausenburg) und Zhang Yushu (Beijing) finden sowie Beiträge von Herbert Eisele (Paris) zu Benennungs- und von Helga Dirlinger (Wien) und Anette Horn (Kapstadt) zu Anschauungsformen.

Zugleich zeigt sich aber auch anhand der „Enzyklopädie vielsprachiger Kulturwissenschaften"[26], dass bereits das Verständnis von Kultur recht unterschiedlich ist. Während der Begriff Kultur in Europa gemeinhin mit der Landwirtschaft verbunden ist (nicht nur von der Sprachgeschichte, sondern auch von der Bedeutungssetzung), ist er im Arabischen mit der Stadt verbunden. Ein Verständnis, das aber dynamischen Veränderungen unterliegt, wie wir im Folgenden noch sehen werden.

Diese und viele andere gemeinsame und unterschiedliche kulturelle Zugänge sind zu beachten, gerade wenn es darum geht, Gäste weltweit für Begegnungen in neuer Qualität zu gewinnen. Dabei geht es nicht darum, künstliche Illusionen zu erzeugen (wie dies im Zusammenhang mit der Schweiz im 18. Jahrhundert der Fall war[27]; ein Klischee, das bis heute nachwirkt und offensichtlich nach wie vor massenwirksam ist). Vielmehr geht der Vorschlag in die Richtung, durch die Schaffung realer Möglichkeiten eine Attraktivität zu erreichen, die Fun-Projekten, die sich in aller Welt gleichen, meist abgeht. Dazu gibt es für finanzkräftige Eliten bereits etliche Möglichkeiten. Für ein Massenpublikum sind andere Ansätze zu finden.

4. Industrialisierung und Virtualisierung

Die neuere Entwicklung im Rahmen des Massentourismus ist also nicht nur geprägt durch eine Rationalisierung der Erkenntnisse, durch die „Eroberung" der Landschaft, sondern auch durch Vorstellungsbildungen, Virtualisierungen. Sie gehen der Neugestaltung der Lebensverhältnisse voran und sind durch vielfältige Faktoren geprägt, wobei bisher die Materialität im Vordergrund stand:

---

26 Vgl. Literaturverzeichnis.
27 Stremlow 1998, 87ff.: „Gerade das reiseliterarische Genre erwies sich unter dem damaligen Diktat der Zensur als taugliche Waffe, auf Missstände hinzuweisen und die eigenen Anliegen, getarnt durch die Projektion in ein fremdes Land, in der Öffentlichkeit zu verfechten. Die Schweiz wurde in dieser auslandsspezifischen Wahrnehmung zu einem freien Land und die Schweizer zu freien Menschen."

4.1.

In der Ramsau am Dachstein (Steiermark/Österreich), wo das INST sein Weltprojekt der Berge in enger Kooperation mit der Gemeinde realisieren wird, sind zum Beispiel entlang eines Wanderweges Tafeln zu finden, die TouristInnen darauf aufmerksam machen, dass es ihre VorgängerInnen im 19. Jahrhundert waren, die den Lebensrhythmus der Bauern (z.B. Essenszeit) neu bestimmt haben. Hintergrund dafür ist die Veränderung der Beziehung zum Land. Es sind nicht mehr nur Adelige, die sich eigene Bauten errichten, um vor allem der Hitze des Sommers in den Städten zu entgehen oder zu jagen, sondern zunehmend auch (reiche) Bürger, die nach Möglichkeiten suchen, „Urlaub" auf dem Lande zu machen. Und Ihnen folgen dann die Arbeiter vor allem aus den Industriebetrieben. Die Vorstellungswelt wird dabei von Traditionen bestimmt, wobei durch den Wandel der materiellen Möglichkeiten neuen sozialen Gruppen in der Gesellschaft erschlossen werden.[28]

4.2.

Ein Einfluss der Stadt auf das Land ist gerade anhand der Ramsau sehr stark zu bemerken: an der Infrastruktur, der Architektur, den touristischen Einrichtungen (Schilifte und anderes, industriell Gefertigtes). Die Industriekultur hat in Materialien und Bauweise nicht nur Spuren hinterlassen, sondern den Alltag und die Landschaft geprägt.[29] Dennoch wirken in der Ramsau zum Teil jahrhundertealte kulturelle Elemente nach wie vor nach: Namensgebung, Besitztümer, Religionen, Alltagsrituale und vieles mehr.[30] In der Bewerbung wirken jedoch trotz aller Modernität die Klischees aus dem 18. Jahrhundert nach.

---

28 Aber nur das Alltagsverhalten im Urlaub ist – soweit dies materiell machbar ist – durch Traditionen geprägt. Ein heutiges Hotel ist meist wesentlich komfortabler als die alten Schlösser. Und die Bewegungsmöglichkeit wurde wesentlich größer geworden. Neu zu entdecken bleibt eine Kultur, die erst aus den neuen Möglichkeiten zu entwickeln sein wird. Hier bieten sich die tatsächlichen Herausforderungen an.

29 Anstatt die neuen (kulturellen) Möglichkeiten herauszuarbeiten, werden die alten Klischees aufgewärmt. So Breitfuss, Toni (unter Mitarbeit von Wilfried Leder, 1998): Führer durch den Europawanderpark der Dachstein-Tauern-Region, Gröbming: Eigenverlag des Regionalbandes der Dachstein-Tauern-Region. 6. Auflage, Seite 7: „Die Bezeichnung ‚Europawanderpark Dachstein-Tauern-Region' ist nicht nur ein neuzeitlicher (sic) Wertebegriff für eine Erholungslandschaft besonderer Güte im Herzen Österreichs, es (sic) ist vielmehr eine Klassifizierung, die alle Vorzüge dieses schönen Erdfleckens in diesem Begriff in treffender Form zusammenfaßt. Es soll damit zum Ausdruck gebracht werden, daß es sich um eine industriefreie Wanderlandschaft handelt, deren Erholungswert für den gesamten mitteleuropäischen Raum von Bedeutung ist."

30 Vgl. zu Elementen der komplexen Ramsauer Tradition und Gegenwart: Cerwinka, Günter (1999): Ramsau am Dachstein. Bauern, Bibel, Berge. Ramsau am Dachstein.

4.3.

Diese Beispiele zeigen, dass der Tourismus nicht nur die Landschaft umgestaltet, sondern auch die Lebensweise der Menschen (äußerlich an den Straßen und Bauten feststellbar, aber auch zum Beispiel an den Speisekarten der touristischen Einrichtungen und in der Präsentation nach außen). Entscheidend ist in diesem Zusammenhang, dass der Tourismus das materielle Lebensniveau in der Ramsau (aber auch in allen anderen Touristenorten) angehoben hat (und zum Teil sogar sehr wesentlich). Die Industrialisierung wirkte sich also nicht nur dort aus, wo Industriebetriebe existierten, sondern auch dort, wo Menschen hingingen, deren materiellen Möglichkeiten von dieser Industrialisierung geprägt waren.[31]

4.4.

Auch in der Ramsau ist man nicht nur davon ausgegangen, dass die natürlichen Gegebenheiten ausreichend sind. Vor allem die Nordischen Weltmeisterschaften 1999 haben gezeigt, dass ganz bewusst Projekte entwickelt werden, um neue Möglichkeiten (erfolgreich) zu erschließen. Im Sport hat die Weltbegegnung in der Ramsau also bereits stattgefunden (und zwar nicht nur im Rahmen der Weltmeisterschaften).

4.5.

Gerade im Zusammenhang mit der Entwicklung von Tourismusprojekten wurden unterschiedliche Industrieerzeugnisse verwendet. Aber auch die Steigerung der Produktivität in der Landwirtschaft (nicht nur in dieser Region) ist unmittelbar mit Wissenschaft und Einsatz von Technologien verbunden.

4.6.

Heute gibt es ein großes Bedauern, weil die alten Fertigkeiten und Bauten durch Elemente der Industrie-Kultur ersetzt wurden. Und schon scheinen diese „Industrieprojekte" der 60er und 70er Jahre in Gefahr. Während anderswo[32] die Bedeutung dieser Kultur erkannt wurde und ihre Bauten bereits zum Teil unter

---

31 Als eine von vielen Darstellungen, die die Umbrüche im Alltagsleben betreffen, vgl.: Petritsch, Wolfgang (2001): Glainach – Eine Kindheit auf dem Lande. In: Coudenhove-Kalergi, Barbara (Hg., 2001): Meine Wurzeln sind anderswo. Österreichische Identitäten. Wien: Czernin Verlag.

32 So im Ruhrgebiet. Ein Beispiel dafür sind aber auch die Gasometer in Wien, die am 31.5. 2001 ihrer neuen Bestimmung übergeben wurden. Sie sind heute eine Verbindung von alten Industriedenkmälern und modernen Wohnungen und Freizeiteinrichtungen. Fallengelassen aber wurde das Projekt, in den Gasometern Schianlagen einzurichten. (Die Schifahrmöglichkeiten in den Bergen der Alpen, die zum Beispiel in der Ramsau am Dachstein im Gletschergebiet auch im Sommer gegeben sind, waren dafür zu nah.)

Denkmalschutz stehen, scheinen in vielen ländlichen Gebieten Industrie-Kulturgüter in Gefahr zu sein, nostalgischen oder „moderneren" Bauten weichen zu müssen, ohne zu verstehen, welche Problematik in diesen Ersetzungen liegt (und wie sie die Attraktivität einer Region senken).

Dies sind nur einige wenige Beispiele, in deren Zusammenhang Kulturwissenschaften systematische Forschungen betreiben und so zu einer Kulturalisierung beitragen könnten. Für die Entwicklung von (touristischen) Strategien sind sie angesichts der Veränderungen in Klima, Lebensweisen, materiellen Möglichkeiten, aber auch im Umgang mit Traditionen und der Entwicklung neuer Kulturprojekte unerlässlich.

5. Das Projekt „Die Namen der Berge"

Das Projekt „Die Namen der Berge"[33] versucht, heutigen Entwicklungen Rechnung zu tragen. Im Kern beinhaltet es den Versuch, „Weltkultur" im Goetheschen Sinne zu realisieren. Oder anders formuliert: mit dem Projekt sollen Angebote an Wissenschaften, aber auch an ein Massenpublikum gemacht werden, die gerade das realisieren, was Goethe als eigentliches Element der Herausbildung einer „Weltkultur" ansah: eine neue Qualität der Begegnung von Menschen.[34] In diesem (kulturellen) Zusammenhang sind einige Hauptgesichtspunkte:

5.1.

Gerade weil es ein Weltprojekt ist, wird es in enger Kooperation mit allen in der Region relevanten Einrichtungen und Organisationen vorbereitet. Es soll nicht Altes vernichten, sondern zum Verständnis von Traditionen beitragen. Aber im Rahmen dieses Projektes sollen auch Vorschläge gemacht werden, um Zukunftsfähiges zu entwickeln. Die Ramsau am Dachstein könnte in diesem Sinne zu einem Ort für einen weltweiten Diskurs werden.

5.2.

Das Projekt nutzt durchgehend vorhandene Einrichtungen (die Almhütte vom Bergsteiger Hans Walcher beim Hotel Dachstein auf 1.700m Höhe für das Weltmuseum, den Grund der Seilbahn im Bereich der Talstation, Räumlichkeiten in der

---

33 Siehe Literaturverzeichnis. Unter der dort angegebenen WWW-Adresse ist auch der jeweils neueste Stand der Projektbeschreibung zu finden. Beiträge werden laufend ergänzt. Und es gibt auch eine offene Plattform für Beschreibungen anderer Berg-Projekte.

34 Dieses Verständnis des Goetheschen Begriffs geht auf Darstellungen und Diskussionen mit Michael Böhler im März 2001 im Rahmen von Veranstaltungen zum Thema „Transnationale Germanistik" in Seoul/Südkorea zurück.

Bergstation). Das Projekt stellt daher keine Belastung der Umwelt dar und berücksichtigt auch in seiner architektonischen Gestaltung sowohl die Traditionen (Almhütte, Talstation der Seilbahn als Industriebau der 60er Jahre) als auch potentielle Möglichkeiten vor allem im Bereich der Virtualisierungen.

5.3.

Im Rahmen des Projektes wird versucht, möglichst viel Material (Benennungen, Bilder, Alltagsgegenstände, Kletterausrüstungen, Küchenrezepte, Möbel, Teppiche, Produktionsmittel, Geräte usw.) weltweit zu erfassen. Obwohl die Räumlichkeiten beschränkt sind, ist durch die Virtualität eine nahezu unbeschränkte Darstellungskapazität vorhanden.

5.4.

Das Projekt ist transdisziplinär im Sinne einer engen Kooperation von Kulturwissenschaft, Künsten, Tourismus, Pädagogik und weiteren Bereichen konzipiert. Es baut auf vorhanden Forschungen auf und versteht sich als langfristiger Prozess. Zu seinen methodologischen Grundlagen vergleiche auch: Arlt 2000.

5.5.

Ein entscheidendes Merkmal des Projektes ist die Multiperspektivik. Bis zum Sommer 2001 waren 70 ProjektteilnehmerInnen aus 50 Ländern einbezogen (bei derzeit 192 Ländern und 85 abhängigen Gebieten weltweit). Unterstützt von der Österreichischen UNESCO-Kommission soll es nun auch im Rahmen der UNESCO etabliert und möglichst viele UNESCO-Kommissionen weltweit zu einer Kooperation gewonnen werden. Der Ausgangspunkt ist dabei die Vielsprachigkeit, die nicht nur in der Vielzahl der Benennungen berücksichtigt wird, sondern auch durch die sprachlichen Kontexte. Hier ergänzen sich die INST-Projekte „Die Namen der Berge" und die „Enzyklopädie vielsprachiger Kulturwissenschaften". Beide sind Teil der komplexen INST-Forschungsstrategie zum Themenbereich „Das Verbindende der Kulturen".

5.6.

Die Darstellung der Materials erfolgt auf der Basis der Kenntnis der modernsten Formen der Präsentation und bezieht sowohl künstlerisches als auch (museums-) pädagogisches Wissen ein. Obwohl von ForscherInnen entwickelt, wendet es sich nicht nur an die WissenschafterInnen, ForscherInnen und KünstlerInnen, sondern auch an ein Massenpublikum.

5.7.

Für die Nachhaltigkeit ist entscheidend, dass eine enge Kooperation mit Wirtschaftsbetrieben (Hotels, Seilbahn), aber auch sehr unterschiedlichen Organisationen weltweit erfolgt. Durch die Möglichkeit der Nutzung vorhandener Infrastrukturen (darunter das Veranstaltungszentrum in der Ramsau) ist erst die Basis gegeben, um den Prozess kurzfristig erfolgreich gestalten zu können.

5.8.

Die Einbeziehung der (Kultur-)Landschaft ist ein Hauptelement des Projektes. So sind zum Beispiel die Materialien der zu errichtenden Weltausstellung Stahl und Beton. Im Winter jedoch ist zu erwarten, dass diese Ausstellung eingeschneit wird und die Natur daher die Möglichkeit hat, ihre Macht zu zeigen. Aber auch Wanderungen, Klettertouren, die Erforschung der landwirtschaftlichen Produktion und Küche bieten sich an. So wie zum Beispiel mit der „Galerie der Berge" auf 2.700m Höhe in der Bergstation der Dachsteinseilbahn die Dachsteinsüdwand mit den künstlerischen Werken konfrontiert werden, so können auch die anderen Elemente des Weltprojektes anhand der Landschaft überprüft bzw. durch sie kontrastiert werden. Die Konfrontation und Verbindung von Realität und Virtualität wird dadurch möglich und kann anders realisiert werden als in einer Stadt, in der es bei der Virtualität bleiben muss.

5.9.

Im Interesse der Begegnungen an einem konkreten Ort treffen sich die Interessen der Kulturwissenschaften und der Tourismuswirtschaft. Gerade im Rahmen dieses Projektes könnte sich daher zeigen, dass Tourismus auch durchaus als Kulturaustausch funktionieren kann – sogar für ein Massenpublikum.

6. Realität und Virtualität

An dieser Stelle möchte ich auf Bernal zurückkommen. Erfahrungen sind etliche gemacht worden und gerade in der Ramsau arbeiten Menschen im Tourismus, die sehr sorgfältig ihre Erfahrungen abwägen. Zugleich ist dieses Projekt aber auch theoriegeleitet. Kerngedanke ist in diesem Zusammenhang, dass es gerade kulturwissenschaftliche Erkenntnisse sein könnten, die aufgrund der gegenwärtigen Entwicklungen neue Impulse einbringen können. Das Projekt „Die Namen der Berge" ist in diesem Zusammenhang ein konkretes Experiment (ein Wort, das sowohl von Bernal als auch von der Avantgarde positiv besetzt wird), das aufgrund bisheriger Erfahrungen sorgfältig vorbereitet wurde. So fand am 4.5.2001 im

Veranstaltungszentrum in der Ramsau die Präsentation des Projektes statt. Anwesend waren unter anderem der Bürgermeister, der Vizebürgermeister, Gemeinderäte, der Pfarrer, der Vorstandsvorsitzende der Seilbahn, VertreterInnen von Tourismusverband, Verkehrsbetrieben, Übernachtungsbetrieben, Kulturinitiativen und vielen anderen Einrichtungen. Von diesem Gremium wurde das Projekt mit dem Projektleiter diskutiert. Und damit fand eine Konfrontation der Virtualität des Projektentwurfs mit der Realität (aber auch Virtualität) der Menschen dieser Region statt. Den Medien wurde das Projekt am 4.6.2001 vorgestellt. Weitere Prüfungen werden folgen: mit der öffentlichen Vorstellung der Modelle am Anfang 2002 in Schulen in Wien und der Ramsau am Dachstein, der Programmteile im Frühjahr 2002 im Rahmen des MuseumsQuartiers in Wien und vor allem dann mit der Eröffnung des Projektes am 7.8.2002 im Veranstaltungszentrum in der Ramsau am Dachstein. Aber auch die Folgejahre werden weitere Prüfungen mit sich bringen. Denn mit der Projekt-Eröffnung soll kein Endprodukt vorgestellt werden. Vielmehr ist davon auszugehen, dass das „Weltprojekt" erst in eine langwierige Wechselwirkung mit seiner näheren und weiteren Umgebung zu treten hat. Und es werden eine Vielzahl von Möglichkeiten angeboten, interaktiv durch die Zur-Verfügung-Stellung von Materialien, von Projektbeschreibungen, von Thesen usw. mitzuwirken. Gerade durch diese Interaktivität, die sowohl via WWW als auch durch Begegnungen vor Ort im Rahmen von diversen Veranstaltungen möglich ist, könnte sich das realisieren, was als relativ alter Begriff von Weltkultur wiederentdeckt wurde, der aber mit neuen Inhalten zu versehen ist.

Literatur

Arlt, Herbert (Hg., 2000): Kulturwissenschaft – transdisziplinär, transnational, online. St. Ingbert: Röhrig Universitätsverlag, 2. überarbeitete und erweiterte Auflage.

Bernal, John Desmond (1970): Science in History. Die Entstehung der Wissenschaft. Reinbek bei Hamburg: Rowohlt.

Buchner, Gerhard (Hg., 1999): Lieder unserer Berge. Bonn: Voggenreiter Verlag.

Der Berg ruft! (2000): Der Berg ruft! Die Alpinismus-Ausstellung im Salzburger Land. Altenmarkt-Zauchensee, 15. April 2000 bis 4. November 2001. Katalog. (Idee, Konzeption und Gesamtleitung: Martin Uitz). Salzburg.

Dirlinger, Helga (2000): Bergbilder: Die Wahrnehmung alpiner Wildnis in der englischen Gesellschaft 1700 – 1850. Historisch-anthropologische Studien. Wien, Frankfurt, Berlin: Schriftenreihe des Ludwig Boltzmann-Instituts für Historische Anthropologie in Wien 2000.

Geographica (1999): Der große Weltatlas mit Länderlexikon. Herausgeber: Penny Martin. Köln: Könemann Verlagsgesellschaft.

Groh, Dieter/Groh, Ruth (1991): Weltbild und Naturaneignung. Zur Kulturgeschichte der Natur. Frankfurt am Main: Suhrkamp.

Groh, Dieter/Groh, Ruth (1989): Von den schrecklichen zu den erhabenen Bergen. Zur Entstehung ästhetischer Naturerfahrung. In: Heinz-Dieter Weber (Hg., 1989): Vom Wandel des neuzeitlichen Naturbegriffs. Konstanz: Konstanzer Bibliothek, Bd.13, 53-95.

Haid, Barbara/Haid, Hans (1998): Bio-Gourmet in den Alpen. Ein kulinarisch-kultureller Wegweiser. Bad Sauerbrunn: Edition Tau.

Haid, Gerlinde/Haid, Hans (Hg., 1994): Alpenbräuche. Riten und Traditionen in den Alpen. Bad Sauerbrunn: Edition Tau.

Haid, Hans (1992): Mythos und Kult in den Alpen. 2., erweiterte Auflage. Bad Sauerbrunn: Edition Tau&Tau Type.

Hartl, Helmut/Peer, Thomas (1992): Die Pflanzenwelt der Hohen Tauern. Herausgegeben von der Nationalparkkommission Hohe Tauern. Klagenfurt: Universitätsverlag Carinthia:. 3., aktualisierte Ausgabe.

Messner, Reinhold (1997): Berg Heil. Heile Berge? Rettet die Alpen. München: BLV Verlagsgesellschaft.

Pohl, Heinz Dieter (1984): Wörterbuch der Bergnamen Österreichs. 1. Kurzgefaßtes Verzeichnis der österreichischen Bergnamen. Salzburg.

Rapp, Christian (1997): Höhenrausch. Der deutsche Bergfilm. Wien: Sonderzahl.

Said, Edward W. (1994): Culture and Imperialism. New York: First Vintage Books.

Stremlow, Matthias (1998): Die Alpen aus der Untersicht. Von der Verheissung der nahen Fremde zur Sportarena. Kontinuität und Wandel von Alpenbildern seit 1700. Bern, Stuttgart, Wien: Verlag Paul Haupt.

Tschofen, Bernhard (1999): Berg Kultur Moderne. Volkskundliches aus den Alpen. Wien: Sonderzahl.

Uitz, Martin/ Audrey Salkeld (Hg., 2000): Der Berg ruft! Salzburg – München: Verlag Anton Pustet.

Wellmann, Angelika (Hg., 2000): Was der Berg ruft. Das Buch der Gipfel und Abgründe. Leipzig: Reclam Verlag.

Wirth, Eugen (1979): Theoretische Geographie. Grundzüge einer theoretischen Kulturgeographie. Stuttgart: B.G. Teubner.

Im WWW:

„Die Namen der Berge". Beiträge zum gleichnamigen Projekt. Im WWW: http://www.inst.at/berge/ Abfrage vom 2.9.2001.

„Enzyklopädie vielsprachiger Kulturwissenschaften". Im WWW: http://www.inst.at/ausstellung/enzy/index.htm Abfrage vom 2.9.2001.

Zusammenfassung

Da der kulturelle Zugang der Menschen zu den Bergen vor allem durch Vorstellungen bestimmt ist, könnte den Kulturwissenschaften bei der Entwicklung künftiger Tourismus-Projekte eine entscheidende Bedeutung zukommen. Vorausgesetzt werden die Kenntnis der Geschichte der Berge in Forschungen, Wissenschaften, Künsten und Pädagogik, eine enge Kooperation mit Praktikern, eine transdisziplinäre Methode sowie Multiperspektivik. Vorgestellt werden nicht nur die Entwicklung der Anschauung der Berge vor allem seit dem 17. Jahrhundert, sondern auch ein Weltprojekt mit dem Titel „Die Namen der Berge", das in der Ramsau am Dachstein realisiert werden soll. Ziel ist es, im Rahmen des Projektes neue Begegnungen in vielfältiger Form zu ermöglichen (darunter unter Einbeziehung von Seilbahn, Verkehrsbetrieben, Gemeinde und diverser Wirtschaftsbetriebe auch auf Massenbasis), um so einen Beitrag zur Entwicklung einer Weltkultur zu ermöglichen.

Herbert Arlt, Dr., geb. 1958. Wissenschaftlicher Direktor des INST – Institut zur Erforschung und Förderung österreichischer und internationaler Literaturprozesse (www.inst.at), Geschäftsführer der Jura Soyfer Gesellschaft (www.soyfer.at), Mitglied der Österreichischen UNESCO-Kommission. Herausgeber von zwei Buchreihen und drei Zeitschriften. Studien zur österreichischen Literatur und weltweiten Kulturprozessen.
Im WWW: www.inst.at/gremien/arlt.htm

Rotgüldensee mit Hafner (3061 m), 1923　　　　　　　　Quelle: Archiv Josef M. Meidl

Panorama der Venedigergruppe, 1914　　　　　　　　Quelle: Archiv Josef M. Meidl

Christian Baumgartner

Best Practise-Modelle
in den Alpen

Von Abkürzungen, Irrwegen und Labyrinthen

„Willst Du wissen, wie der Schuh passt,
musst Du den fragen, der ihn trägt, nicht den, der ihn herstellt."
[Aristoteles]

1. Einleitung

Mit der Unterzeichnung des Schlussdokumentes der Konferenz der Vereinten Nationen für Umwelt und Entwicklung in Rio de Janeiro machten im Juni 1992 die Regierungsvertreter von 150 Staaten die politische Zielbestimmung einer nachhaltigen Entwicklung umfassend verbindlich. Zugleich wurde eine politische Agenda für das 21. Jahrhundert verabschiedet, die als weltweites Programm darauf abzielt, ökologische, soziale und wirtschaftliche Entwicklungsfaktoren zu vernetzen und diese in einem Sustainable-Development-Konzept integriert umzusetzen.

Im April 1999 befasste sich die siebente jährliche Nachfolgekonferenz von Rio, die CSD-7, intensiv mit dem Thema Tourismus und kam zu übereinstimmenden Beschlüssen, die alle „stakeholder" – Politik, Tourismuswirtschaft, Wissenschaft sowie NGOs und schließlich auch Reisende – auf ihre gemeinsame Verantwortung für Nachhaltigkeit im Tourismus hinweisen.

Als Vorläufer der Nachhaltigkeitsdebatte im Tourismus lässt sich der Begriffe des Sanften Tourismus festmachen, der, soweit sich das nachvollziehen lässt, auf eine Veröffentlichung von Robert Jungk in der Zeitschrift GEO aus dem Jahre 1980 (Jungk 1980) zurückgeht, in der er erstmals die Idee des „sanften Reisens" als Alternative zum „harten Reisen" herkömmlicher Art proklamierte. Sanfter Tourismus stand von Anfang an als Begriff im Spannungsfeld zwischen dem bloßem

Schlagwort und einer ernstzunehmenden Alternative, mit der sich entsprechende Chancen auf eine umwelt- und sozialverträgliche Orientierung des Tourismus verbinden.

Nachhaltigkeit ist ein umfassenderes Konzept, das nicht nur auf die Erhaltung der natürlichen Ressourcen in touristisch extensiv genutzten Gebieten abzielt, sondern eine dauerhafte Stabilität ökologischer, ökonomischer und soziokultureller Gegebenheiten im Tourismus insgesamt anstrebt. Dabei ist Nachhaltigkeit im Tourismus eingebunden in die gesamthafte Betrachtung der lokalen Gegebenheiten, wie sie auch in der Charta von Aalborg zum Ausdruck kommt:

„Eine Gemeinde entwickelt sich nachhaltig, wenn sie allen Bewohnern eine Grunddaseinsvorsorge in umweltbezogener, sozialer, kultureller und wirtschaftlicher Hinsicht gewährt, ohne die Lebensfähigkeit der natürlichen, gebauten und gesellschaftlichen Systeme zu bedrohen, auf denen die Grunddaseinsvorsorge beruht. Das Ziel ist die dauerhafte Sicherung der Lebensqualität vor Ort."

Charta von Aalborg 1994

Tourismus konzentriert sich im Alpenraum stets auf ausgewählte kleinere geografische Einheiten (Seeufer, Gebirgstäler, Thermalquellen u.ä.). Anstelle einer gesamtflächenhaften touristischen Erschließung in einer Region sind also extreme räumliche Gegensätze und unterschiedliche Intensitäten anzutreffen. Einerseits gibt es Gemeinden mit sehr hoher Tourismusintensität, sozusagen punktförmige Tourismuskonzentrationen, andererseits solche, die zwar in Tourismusregionen liegen, aber wenig relevanten Tourismus besitzen. Dazwischen liegt eine Reihe von Gemeinden mit mittlerer Tourismusintensität. Solcherartige Gemeindemosaike gruppieren sich in „Tourismusregionen" zu einem vielfältigen räumlichen Muster. Für eine nachhaltige Tourismusentwicklung ergeben sich damit sehr unterschiedliche, „regionsspezifische" Aufgaben.

2. Wo steht der Alpenraum heute?

Regionen erstellen Leitbilder, in denen sie sich oftmals der Nachhaltigkeit verpflichten und Reisende wissen grundsätzlich um die ökologischen und anderen Probleme Bescheid, die sie mitverursachen. (Vgl. Baumgartner, Hlavac 2000c) Was will die tourismuskritische Bewegung mehr? Der Mohr hat seine Schuldigkeit getan, der Mohr kann gehen? Doch irgend etwas hält uns von voreiligen Schlussstrichen unter dem Kapitel „Nachhaltigkeit im Tourismus" ab. Ähnlich ergeht es den Protagonisten Wladimir und Estragon in Samuel Becketts berühmtem Dialog:

Estragon:	*Komm wir gehen.*
Wladimir:	*Wir können nicht.*
Estragon:	*Warum nicht?*
Wladimir:	*Wir warten auf Godot.*
Estragon:	*Ach ja.*

Nachhaltiger Tourismus läuft Gefahr, genau wie der Sanfte Tourismus in den 80er Jahren, zuerst zum Begriff, dann zur Phrase zu werden. Unser „Godot" ist eine nicht nur in Marketing-Phrasen redende, sondern eine nachhaltig planende und umsetzende Tourismuswirtschaft.

Vor uns: Die Weggabelung

Am 13. Mai 2000 ist im Berner Oberland ein 22jähriger Amerikaner beim Bungee-Jumping ums Leben gekommen. Der Mann sprang aus einer Kabine der Schilthornbahn und prallte mit voller Wucht auf den Boden. Die genaue Ursache wurde nach einigen Tagen festgestellt. Die organisierende Firma hatte zum 180 m langen Seil gegriffen, statt zum 100 m Seil ...

Veranstalter war eine bekannte Firma auf dem Gebiet des „Adrenalin-Kicks": Adventure-World. Bei einer im Sommer 99 von der selben Gesellschaft organisierten Canyoning-Tour starben 21 Menschen. Bedauerliche Wiederholung unglücklicher Umstände oder Zeichen einer Tourismuswirtschaft, die an die Grenze kommt?

Man mag von Fun & Action und Event halten was man will, im Nachhinein bekommt der Sommerkatalog von „Berner Oberland Tourismus" vom vergangenen Jahr, als die Wertigkeit von sogenannten „Adrenalin-Sportangeboten" mit Totenköpfen symbolisiert wurde, einen noch makaberen Beigeschmack. Das war in der Schweiz. Könnte das in anderen Teilen der Alpen passieren? Oder ist der Tourismus sonst um so vieles vorsichtiger, baut er auf Glückshormonen auf statt auf Adrenalin?

Beim genauen Hinsehen erkennen wir eine Schere: Die einen wollen Fun & Action, Hannibals Elefanten als nächtlich inszenierte Pistenraupen (Der Standard, 13.3.2001, 9) und Tina Turner am Gletscher, die anderen wollen Urlaub am Bauernhof, Nationalparktouren und Sanfte Radtouren. Manche Regionen werben mit der Stille und dem Slogan „Bei uns ist am Abend nichts los", die Bevölkerung anderer Destinationen hat Probleme mit dem überbordenden Lärm des Après Ski.

Diese Schere ist nicht nur darauf zurückzuführen, dass den Gästen einfach alle Wünsche erfüllt werden sollen, sondern auch auf eine mangelnde Klarheit in der gemeinsamen Positionierung. Der Tourismus in den Alpen ist in einem gewissen Orientierungsnotstand.

323

3. Nachhaltigkeit als gemeinsames Ziel?
Best-Practise als Markierungen am Weg

Auf den Ansatz der Nachhaltigkeit als Zielsetzung können sich die Touristiker wahrscheinlich leicht einigen. Die Kommunikationsprobleme beginnen jedoch schon dort, wo klar wird, um welche komplexe Zielsetzung es sich dabei eigentlich handelt.

Was soll denn erreicht werden? Wie sieht denn das Ziel des Weges aus?

- Ein intakter Natur- und Landschaftsraum sowie betrieblicher Umweltschutz sind Voraussetzungen für den Tourismus der Zukunft. (Die ökologische Dimension)
- Tourismus ist integrierter Teil einer nachhaltigen, regionsspezifisch vernetzten Wirtschaft. (Die ökonomische Dimension)
- Das Image von Urlaubsregionen wird geprägt von selbstbestimmter kultureller Dynamik und sozialer Zufriedenheit der Bevölkerung sowie der im Tourismus Arbeitenden. (Die soziokulturelle Dimension)
- Intensiv genutzte touristische Zielgebiete müssen betriebliche und kommunale Umweltmanagement-Systeme sowie Nachhaltigkeitsstrategien (z.B. Local Agenda 21) entwickeln und anwenden.
- Der Mensch steht als Gestalter der Tourismuspolitik im Mittelpunkt – die Bevölkerung hat Zugang zu allen Informationen und ist gleichberechtigt in alle Entscheidungsprozesse miteingebunden. (Die institutionelle Dimension)
- Die Tourismus-Quellgebiete der Ballungsräume sowie übergeordneter politischer Systeme übernehmen Mitverantwortung für die touristischen Effekte in den Destinationen. (Vgl. Baumgartner, Röhrer, 1998)

Sind diese Voraussetzungen erfüllt, kann Tourismus viel Positives zur Entwicklung von Regionen beitragen. Die Frage ist nun: Selbst wenn der berühmte Weg das Ziel ist, sind die Alpen am richtigen Weg? Gibt es überhaupt einen „richtigen" Weg? Oder irren die Tourismusgestalter zwischen unerlaubten Abkürzungen, Irrwegen und Labyrinthen hin und her?

3.1 Stichwort ökologische Dimension

Keine Tourismusregion ohne ökologisches Leitbild. Alle beschwören die Grundlage „Natur und Landschaft". De facto ist die Ökologie der Bereich mit den größten Gegensätzen. Dort wo Profit erwartet wird, wurde in Umweltschutz investiert. Betrieblicher Umweltschutz reduziert beispielsweise die laufenden Kosten für Energie, Wasser und Abfall beträchtlich. Ein großes ****-Hotel schafft etwa jährliche Einsparungen bis zu EURO 30.000,– (Baumgartner, et al 2000). Auch wenn das vorbildliche Österreichische Umweltzeichen für Tourismusbetriebe bislang nur an 153 Betriebe vergeben wurde – Tendenz steigend – so sind doch die kleinen Maßnahmen schon zur Selbstverständlichkeit geworden. Kaum ein Betrieb serviert mehr Klein-Marmeladepackungen am Frühstückstisch und im Badezimmer wird meist für den seltenen Handtuchwechsel geworben.

Evaluationen (vgl. Baumgartner, et al 2000b) zeigen aber auch deutlich, dass die Akzeptanz für umfassende betriebliche ökologische Ausrichtung unmittelbar mit einem nachvollziehbaren Marketingeffekt verbunden ist. Daher wird gerade in Deutschland ein anderer Ansatz entwickelt: Die neue Deutsche Umweltdachmarke versucht eine starke Marke zu schaffen, die beim Konsumenten positiv – mit Lebensqualität, Luxus und Komfort – besetzt ist und damit das hedonistische Gefühl unserer Zeit anspricht. Die Umweltkriterien kommen quasi durch die Hintertür und werden im Marketing nicht in den Vordergrund gestellt. Bislang existieren die Teilnahmekriterien nur für touristische Unterkünfte, Regionen und Reiseveranstalter sollen folgen.

Eine Herausforderung für viele Regionen ist der touristische Verkehr. Die Mobilität der Gäste am Urlaubsort kann durch entsprechende Infrastruktur wie Shuttletaxi, Radverleih und ähnliches noch beeinflusst werden, aber die große Frage steht im Raum, wie die Gäste dazu gebracht werden können, schon bei der Anreise auf öffentliche Verkehrsmittel umzusteigen. Immerhin sagen 60% der Österreichurlauber, dass sie das bei entsprechender Bequemlichkeit auch tun würden.

Vorbildliche Modelle sind hier die Netzwerke „Sanfte Mobilität" und „Alps Mobility": Mobilitätszentralen legen schon in der Erstinformation der potentiellen Gäste die beste öffentliche Anreiseroute bei, der Gepäcktransport wird automatisch von der Wohnungstür bis ins Hotelzimmer organisiert und Kooperationen zwischen Verkehrsträgern, Reiseanbietern und Organisationen in den Herkunftsländern schaffen ein Bündel an Maßnahmen, das dem Gast mehr Komfort, manchmal auch Preisnachlässe, und den Alpentälern weniger Abgase und Verkehrslärm sichern sollen.

Die neueste Idee basiert auf einer Kooperation zwischen dem holländischen Konzernteil von TUI und dem Salzburger Gasteinertal. Das Gasteinertal will einen Start- und Landeplatz errichten und TUI möchte seine Reisenden mit dem umweltfreundlichen Zeppelin aus den Niederlanden in die Alpen bringen.

Vielerorts ist die beschworene Grundlage Landschaft aber auch reine Staffage. Die aktuellen Diskussionen um Schigebietserweiterungen und -neuerschließungen in Kärnten, Salzburg und Tirol – von der Wilden Krimml bis zum Nassfeld und Wurtenkees – zeugen davon. Aber auch einzelne prominente Hoteliers betrachten die Landschaft, insbesondere die Berge, als Kulisse im wahrsten Sinn des Wortes zur Verwirklichung ihrer persönlichen Träume.

325

3.2 Stichwort regionsspezifisch vernetzte Wirtschaft

Die Karnische Region in Kärnten versucht sich gerade unter der Marke „Abenteuer Alpen" zu profilieren. In zahlreichen Besprechungen in den einzelnen bislang auf eigene Marken setzende Regionsteilen Gailtal – Gitschtal – Weissensee – Lesachtal wurde das Konzept vorgestellt, diskutiert und überarbeitet. Unter anderem fiel in dieser Diskussionsphase der ursprünglich vorgesehene Namensteil „Arena" sowie die zahlreichen englischsprachigen Begriffe – Adventure-Points, Adventure-Guides, u.a. – den regionalen Wünschen zum Opfer.

Im Wesentlichen handelt es sich um eine marketinggerechte Bündelung von touristischen und nichttouristischen Angeboten. Die bäuerlichen Vermieter, die neben ihrem Urlaub am Bauernhof-Angebot noch „Abenteuer-Angebote" wie Bergtouren bei Sonnenaufgang oder Almübernachtungen mit Lagerfeuer anbieten, werden mit den „echten Abenteurern" der Marke Rafting und Mountainbiking und den kulinarischen Abenteuern der Bauernmärkte und Österreichs berümtester Haubenköchin vernetzt. Keine – oder wenig – neue Angebote werden in dieser ersten Phase geschaffen, es bedarf keiner zusätzlichen Infrastruktur, aber die Bündelung führt zu höherer Aufmerksamkeit am Markt und weiters zu besseren Absatzpotenzialen für die bäuerlichen Produkte. Daneben soll eine „Abenteuer-Akademie" die professionelle Aus- und Weiterbildung der Anbieter gewährleisten und im Sinne des Modells der „Lernenden Regionen" einen Nukleus für die Weiterentwicklung der Region darstellen.

Dagegen steht ein Trend, der in den vergangenen 10 Jahren die Alpen aus den USA erreicht hat: Themenparks. Neben der – diskutierbaren – Kulturkritik sprechen reine Wirtschaftlichkeits-Argumente eine deutliche Sprache:

Der österreichische Einzugsraum verträgt maximal drei Anlagen von einer Größe der erfolgreichen Tiroler Kristallwelten in Wattens. Die Firma Lego, die überlegte, in der Nähe Salzburgs ein Legoland zu errichten, argumentierte schließlich gegen den Standort mit der Berechnung, dass für eine Rentabilität ein Einzugsraum von 100 km mit 10 Millionen Einwohnern ohne ähnlichen Angeboten notwendig seien.

Dem gegenüber sprießen die kleinen und kleinsten Anlagen überall aus dem Boden. Das inzwischen in Konkurs gegangene Playcastle Tirol oder der Styrassic Park bei Bad Gleichenberg stehen für Anlagen, die kaum kulturellen Bezug zu und wirtschaftliche Vernetzung mit ihrem Standort haben und diese Beziehungen offenbar nicht suchen. Der Geschäftsführer des Styrassic Parcs sagte beispielsweise ganz offen, dass er froh ist, „dass die Bauern und Grundeigentümer möglichst spät von seinen Plänen erfahren haben, weil sonst wären die Preise gleich wieder hoch gegangen." (Baumgartner, Reeh, 2000a). Kooperationen mit der regionalen Wirtschaft gibt es in diesen Anlagen keine. Weder wird gegenseitig Werbung für andere touristische Einrichtungen gemacht noch wurde – im Styrassic-Park – die marktträchtige Chance auf „Dino-Steak aus heimischer Zucht" oder ähnliches in den anlageeigenen Buffetbetrieben umgesetzt. Mit der fehlenden wirtschaftlichen Einbindung mangelt es vielerorts auch an regionaler Identifizierung und Akzeptanz.

3.3. Stichwort selbstbestimmte kulturelle Dynamik und soziale Zufriedenheit der Angestellten

Ein komplexes Beispiel, das zeigt, wie die Verbesserung der sozialen Lebens- und Arbeitsbedingungen mit der Umsetzung lokaler Kulturtraditionen im touristischen Angebot eng verknüpft sein können, stellt die Käsestraße Bregenzerwald dar:

Die „KäseStraße Bregenzerwald" gilt als *das* Pilotprojekt im Regionalentwicklungsprogramm zur Förderung der Bereiche Landwirtschaft, Tourismus und Wirtschaft. Dahinter steckt eine regionale Philosophie und Strategie zur Bewahrung des Lebensraumes Bregenzerwald. Bei der „KäseStraße Bregenzerwald" handelt es sich nicht um eine Straße im eigentlichen Sinn, sondern vielmehr um eine Käseregion, aus vermarktungstechnischen Gründen wurde aber die Bezeichnung „KäseStraße" gewählt. Hier wird in mehreren Straßenzügen unter dem Motto „Von der Heugabel zur Besteckgabel" die Entstehung von Käse präsentiert. (Vgl. Lechner 2000)

Die Käseproduktion stellt in der Region Bregenzerwald einen bedeutenden Wirtschaftsfaktor dar, sie lässt sich bis etwa 460 v.Chr. zu den Kelten zurückverfolgen. Seit 250 bis 300 Jahren gibt es im Bregenzerwald die Hartkäserei, davor wurde vor allem Mager- bzw. Sauerkäse produziert. Die Entwicklung einer Strategie zur Vermarktung der traditionellen Bregenzer Käselandschaft erfolgte seit 1994.

Der erste Ansatzpunkt zur Entwicklung des Projektes „KäseStraße Bregenzerwald" war der „Erste Vorarlberger Käsegipfel" 1994 in Bezau, bei dem von etwa 80 Vertretern aus den Bereichen Landwirtschaft, Tourismus, Sennereien, Gastronomie, Handel und Gewerbe die Zukunft der Käselandschaft diskutiert wurde. In der anschließenden Sensibilisierungsphase wurde versucht, die Transparenz der Sennereien, Alpen und bäuerlichen Käsemacher durch Feste, Märkte, Prämierungen, etc. in der Öffentlichkeit zu verstärken. In den folgenden Jahren wurde die KäseStraße als LEADER.Projekt geplant und umgesetzt und schließlich im Mai 1998 mit einem Gala-Abend und 72 Veranstaltungen im gesamten Bregenzerwald eröffnet. Seit 1999 etabliert sich die „KäseStraße Bregenzerwald" mit dem dahinterstehenden Verein mit etwa 200 Mitgliedern.

Neben einer anzustrebenden offensichtlichen Wertschöpfungssteigerung wurden für das Projekt „KäseStraße Bregenzerwald" noch weitere Ziele gemeinsam festgelegt.

- Das Projekt „KäseStraße Bregenzerwald" will den Bregenzerwald als Käse-region über dessen Grenzen hinaus bekannt machen und auch für den Touris-mus eine Marke bilden.
- Der Aufbau und das Vernetzen nachhaltiger Strukturen ist für das Bestehen des Projektes in der Region genauso wichtig wie die Bewahrung der natürlichen, kulturellen und menschlichen Ressourcen.

Die Bewahrung des Lebensraumes Bregenzerwald im Sinne einer Agenda 21 ist ein übergeordnetes Ziel. Das Projekt lebt von der guten Vernetzung aller Mitglieder, von Sennereien, Wirtshäusern, den Bergbahnen bis zur Wälder Brauerei, und der Erfüllung der Aufträge nach vereinbarten Richtlinien und Qualitätskriterien. Unter-schiedliche Veranstaltungen auf den Alpen und in den Betrieben von Käsefest-wochen bis zur Schubertiade bilden ein umfangreiches Jahresprogramm und er-höhen die Attraktivität einer Fahrt auf bzw. einen Urlaub in der „KäseStraße Bregenzerwald" und sind oftmals mit vorangehenden Weiter-Bildungsmaßnahmen für die Ausführenden verbunden.

Schon zwei Jahre nach der Eröffnung der „KäseStraße Bregenzerwald" zeigten die ersten positiven Auswirkungen einen Erfolg des erarbeiteten Konzeptes:

- Die Nachfrage in Sennereien und im Gastronomie-Bereich ist stark angestiegen. Der Bergkäse und andere Käseprodukte wurden zum Aushängeschild und zu Leitprodukten der Region, die zu einer Steigerung der regionalen Wertschöp-fung um fünf Mio. € führten. Pro Jahr werden 4850 Tonnen Käse produziert.
- Der Direktverkauf der Produkte in der Region kann heute bereits einen Markt-anteil von über 20% vorweisen.
- Neue Partnerschaften mit dem Handel konnten geschlossen werden. Die Sen-nereien und der Handel erhielten neue Perspektiven, ein branchenübergreifen-der Verein fördert das Projekt.
- Neben dem vielfältigen Käseangebot gehört auch die Abfüllung silofreier Trink-milch zum Angebot der „KäseStraße Bregenzerwald". Ebenso wurden inno-vative Neuprodukte geschaffen: bsp. wurde der Molkebereich intensiviert – Molke galt früher im Bregenzerwald als Abfallprodukt – und eine eigene Nah-rungsmittel-Getränke und Kosmetiklinie aus der Wäldermolke entwickelt.
- Durch derartige Maßnahmen konnten Arbeitsplätze gesichert, neue geschaffen werden und so die Auspendlerrate gesenkt werden.
- Beschilderungen, eine Wortbildmarke und eine eigene Homepage im Internet er-leichtern es jedem Gast, die „KäseStraße Bregenzerwald" anzusteuern, infolge-dessen konnte ein Ansteigen der Tagesfahrten und Ausflüge beobachtet werden.
- Die Bewohner der Region haben ein höheres Regionalbewusstsein und ein ver-stärktes Zusammengehörigkeitsgefühl entwickelt.

- Für diese Leistungen wurde das Projekt mit mehreren Preisen ausgezeichnet, darunter dem Landwirtschaftlichen & Touristischen Innovationspreis, dem Anerkennungspreis des Wissenschaftsministeriums sowie dem Internationalen Preis für sozialverträgliche Tourismusprojekte ToDo.

Der ehemalige Tourismus-Direktor von Lech/Arlberg meinte im Jahr 2000, dass der Tourismus das Thema Ökologie inzwischen soweit integriert hat, dass die nächste große Herausforderung in der Verbesserung der Sozialbedingungen der im Tourismus Arbeitenden liegt. „Und hier sind die Dinge bei weitem nicht so gut, wie uns alle glauben machen wollen. Was ist dabei, wenn der Kellner vor dem Dienstbeginn eine Runde im hoteleigenen Schwimmbad schwimmt oder frühmorgens auch auf den Tennisplatz darf? Die Gäste sehen ihn auch einmal ohne Frack – das ist kein Drama – aber er hat ein weit besseres Arbeitsklima. Und das ohne zusätzliche Kosten für den Hotelbesitzer." (Schwärzle, 2000).

Was in Entwicklungsländern schnell als Folklorisierung der einheimischen Traditionen erkannt werden kann, weil der Inszenierungscharakter als solcher in den touristisch erschlossenen Gebieten Teil des Angebots ist („Stammestänze und Opferrituale im Hotelfoyer"), ist im europäischen Raum viel schwieriger zu identifizieren (Pult, 2000). Von der von der Tourismuskritik immer wieder thematisierten Prostitution der Kultur im Tourismus – Stichwort Tirolerabende – ist man seit den 80ern vielerorts trotz nach wie vor ritualisierter Almabtriebe und Wintervertreibungsbräuche wie dem rätoromanischen „Chalandamarz" (Calendae Martii) – weggekommen.

Authentizität im Kulturbereich ist nur in Zusammenarbeit mit den authentischen Trägern der jeweiligen Kultur möglich. Eine Semesterarbeit an einer Tourismusfachhochschule analysierte kürzlich erstmals die Möglichkeit, die rätoromanische Sprach- und Kulturtradition als USP in der Region Oberengadin zu integrieren (Abderhalden/Camischel/Göldi/Jordi, 2000). Die vielen stimulierenden Vorschläge für eine Berücksichtigung dieser Minderheitskultur reichen weit über die oberflächliche und beliebige Nutzung der Sprache als Namengebungsfaktor für Ferienhäuser hinaus. Auffallend ist aber, dass die angesprochenen Einheimischen innerhalb der Touristiker sich klar gegen einen Gebrauch der Sprache als Mittel zum Zweck wehren. So wird der Geschäftsführer der Ferienregion Oberengadin zitiert: „Die romanische Kultur ist etwas Gelebtes. Man kann sie nicht künstlich erstellen." Der romanische Gruß „Allegra" zur Begrüssung der Touristen wird von ihm abgelehnt, da die Sprache so nur als Werbegag instrumentalisiert wird. (Pult, 2000). Es gibt trotzdem insgesamt eine zunehmende Besinnung auf eigene kulturelle Werte, die man auch trotz und sogar durch den Tourismus hochhalten kann. Der Bereich Soziales dagegen wird nur selten thematisiert.

Der Hotelier und ehemalige Vorsitzende des Tourismusverbandes Günther Aloys aus Ischgl hat unlängst in einem Fernsehinterview gesagt: „Man wird künftig Kunstschnee auch in die Orte schneien lassen, nicht mehr nur auf die Pisten." Damit soll die touristische Idylle auch dann vorgegaukelt werden, wenn die Bedingungen eigentlich ganz anders sind. (Aloys, 2000)

Gerade in Ischgl häufen sich Beschwerden der Einheimischen über den Lärm und die Exzesse beim Après Ski, so dass sogar der oberste Tiroler Tourismuswerber besorgt interveniert. Muss man es hinnehmen, dass Tirol „als Tourismusland ein Ventil für die Gesellschaft geworden" ist, wie Joe Margreiter im Standard zitiert wird? (Der Standard, 13. 3. 2001, 9)

3.4 Stichwort Nachhaltigkeitsstrategien für intensive Tourismusgebiete

In diesem Punkt lassen sich in den Alpen extrem konträre Strategien ausmachen: Als Gegenpole seien hier Lech und Sölden genannt. Die Gemeinde Lech, zu der auch Zürs gehört, hat 1.450 Einwohner, 3.400 Mitarbeiter im Tourismus und über 8.000 Gästebetten. In der Hauptsaison halten sich etwa 14.000 Menschen in der Region auf. Lech und Zürs verbuchen im Jahr etwa eine Million Nächtigungen. Das Skigebiet verfügt über 84 Seilbahnen und Lifte und bietet 260 km präparierte Skipisten und 180 km freies Skigelände an.

Lech versucht mit durchaus kostenintensiven Maßnahmen dem Verkehr und der Überanspruchung der Pisten Herr zu werden. Bereits früh wurde erkannt, dass es Auswüchse und Baubooms zu verhindern gilt. Als eine der ersten Gemeinden hat Lech in den 70er Jahren einen Flächenwidmungsplan erarbeitet. 1992 wurde eine Verordnung über die Festlegung von Baunutzungs- und Höchstgeschoßzahlen beschlossen. Dies bedeutet, dass seitdem bei Neu- oder Umbauten nur in einem genau festgesetzten Verhältnis von Grundstücksgröße und Objektgröße gebaut werden kann. Zudem sieht das räumliche Entwicklungsleitbild der Gemeinde Lech eine Höchstanzahl von 10.000 Gästebetten vor.

Weiters verfügen Lech und Zürs – Zürs ist ein Ortsteil der Gemeinde Lech – über ein System der Skikartenlimitierung. Ab einer Zahl von 14.000 Personen im Skigebiet werden keine neuen Tageskarten mehr ausgegeben.

Lech hat als erste Fremdenverkehrsgemeinde Österreichs ein flächendeckendes Anrufsammeltaxi mit dem Namen *James* in Betrieb genommen. Als direkte Folge verkehrt seit 1997 ein Ortsbus. Ein kostenintensives Untertunnelungssystem ermöglicht die Bewerbung Oberlechs als autofreien Ort – mit Zufahrt bis zum Hoteltreppe.

20 Betriebe vom *****Hotel über Fremdenpensionen bis zu den Skiliften, einer Bank und zwei Landwirten haben sich im „Projekt Lech" mit dem Thema Tou-

rismus und Ökologie. auseinandergesetzt. In den Workshops ging es um Themen wie Energieverbrauch, Wasser, Müllvermeidung oder Umweltmanagement. Eine direkte Folge aus diesen Workshops ist die Errichtung eines Biomasse Heizkraftwerkes zur fast flächendeckenden Versorgung der Gemeinde (vgl. Murxel 1999).

In Sölden dagegen hat der Autor auf den Vorschlag einer vergleichenden Studie zu Nachhaltigkeit im Tourismus, die in eine regionale Strategie münden kann, nur ein unwirsches Verweigern mit dem Hinweis „Des brauch'n unsere Gäst ned" erhalten.

3.5 Stichwort Einbindung der Bevölkerung

1970, zu Beginn der Regionalplanungsgemeinschaft Bregenzerwald, wusste man noch nichts vom Begriff Nachhaltigkeit, die Rio-Konferenz war noch fern, auch der Brundtland Report war noch nicht veröffentlicht. Und trotzdem wurden von Anfang an Prinzipien verfolgt, die sich mühelos unter Local Agenda 21 wiederfinden können.

Von Anfang an wurde
• ... die lokale Bevölkerung aktiv in alle die Region betreffenden Entscheidungen eingebunden
• ... ein Zusammenspiel von Landwirtschaft, Gastronomie, Gewerbe und Tourismus nicht nur gesucht, sondern als selbstverständlich vorausgesetzt. Maßnahmen lassen sich daher auch nicht trennen in solche, die dem Tourismus und solche die der Landwirtschaft oder der regionalen Lebensqualität dienen.
• ... darauf geachtet, auf den lokalen Ressourcen und auf der lokalen Kultur aufzubauen und diese weiterzuentwickeln.

Dieses ausgeprägt regionalpolitische Engagement vieler „Wälder" hat kulturhistorische Ursachen: Bis 1805 gab es im Bregenzerwald eine jahrhundertlang praktizierte, föderal strukturierte „Bauern-Demokratie" (mit eigenem Parlament, Verfassung und eigener Gerichtsbarkeit). Sozial- und gesellschaftspoltisch gesehen prägt sie bis heute das Bewusstsein der einheimischen Bevölkerung.

Deshalb fächern sich Inhalte und Ziele der Agenda 21, die im Bregenzerwald NATUR UND LEBEN – BREGENZERWALD genannt wird, heute in eine für Außenstehende fast schon nicht mehr überschaubare Vielfalt auf. Da sich NATUR UND LEBEN – BREGENZERWALD als ein Programm versteht, das nicht ausschließlich im, sondern auch rund um den Tourismus angesiedelt ist, bezieht es viele indirekte Faktoren mit ein – oder wie es ein aktiver Bergbauer formulierte: „Es geht hier nicht nur um den Wohlstand, es geht hier immer auch um das Wohlfühlen." (vgl. Betz 1997).

Führt man dagegen bespielsweise in Ischgl Gespräche mit den Hotelliers, erfährt man von der hohen Unzufriedenheit mit der eigenen Situation. Eine hohe Betriebs-verschuldung korrespondiert mit intensiven, dauer-stressbehafteten Arbeitseinsatz. Mangelnde Kommunikation über die Ziele des regionalen Tourismus und die Domi-nanz einiger weniger Platzhirschen führt dazu, dass sich mehrere Hotelliers ei-gentlich Entschuldungsprogramme wünschen, auch um Hotelraum in Wohnraum umwandeln zu können. „Damit unsere Kinder sich wenigstens hier noch eine Wohnung leisten können.".

3.6 Stichwort Verantwortung der Quellgebiete

Die Verantwortung der Quellgebiete und Zentren der Politik ist vielfältig und viel-schichtig. Sie reicht von der Entzerrung der Ferienordnung über die Ausrichtung von Förderrichtlinien auf die Zielsetzung der Nachhaltigkeit bis hin zum konkreten Angebot Sanfter Mobilität zur An- und Abreise.

Beispielsweise bedarf es der Implementierung von entsprechenden Rahmenbedin-gungen in die Grundlagen (u.a.) der Naturschutz- und Raumordnungsgesetze (ROGs): 1993 beschlossen, sieht etwa das Salzburger ROG eine Sonderwidmung für Hotelneubauten ab einer Größe von mehr als 60 Zimmern vor, die nicht mehr von der Gemeinde, sondern nur von der Landesregierung erteilt werden darf. Ausschlag-gebend für die Beurteilung ist nicht nur die örtliche Situation, sondern auch die Aus-wirkung der Großprojekte auf die gesamte Region (Raumverträglichkeitsprüfung).

Allerdings fehlt in allen ROGs eine durchgehende Verankerung der RVP, die auch ohne Widmungsänderung bei Großvorhaben durchgeführt werden sollte. Außer-dem sind nicht alle Schwierigkeiten bei der Kompetenztrennung zwischen Land und Bund klar ausjudiziert bzw. im Sinne einer Nachhaltigen Entwicklung geklärt. So fällt beispielsweise die Errichtung von Seilbahnanlagen unter das Eisenbahngesetz, damit in die Zuständigkeit des Bundes, und unterliegt nicht bzw. nur zum Teil den Landes-ROGs. Auch ist bislang die Problematik der Themenparks in den ROGs nicht ausreichend angesprochen.

Einige Jahre theoretischer Befassung mit Nachhaltigkeit im Tourismus und der Umsetzung auf verschiedenen politischen Ebenen zeigen, dass ...

- ... das Interesse an Nachhaltiger Entwicklung seitens mancher betroffener Destinationen sowie der Bundesebene – zumindest in Österreich – vorhanden ist;
- ... die Zwischenebenen der Länder und Kantone die Umsetzung dieses Themas meistens, von Ausnahmen abgesehen, zumindest nicht „offensiv aufgreifen";
- ... die Tourismuswerbung in Österreich und anderen Ländern das Thema Nach-haltigkeit oft negiert oder als reine Marketingstrategie verwendet und gute Initiativen nicht ausreichend unterstützt.

4. Und die Lösungen?

Lösungen müssen natürlich je nach Region unterschiedlich aussehen. Patentrezepte gibt es nicht!! Beispiele können nicht einfach nachgeahmt werden. Den „richtigen" Weg zur Nachhaltigkeit gibt es tatsächlich nicht. Daher sind auch die sogenannten „Best-Practise-Modelle" mit Vorsicht zu genießen. Jede Region hat ihre eigene touristische Situation, für die ein individueller Weg gefunden werden muss. Das Motto kann nur lauten: Kapieren statt Kopieren! Eine nachhaltige Tourismusentwicklung hat also nur dann eine Chance, wenn die konkreten Maßnahmen „regionsspezifisch" ausgearbeitet werden: Tourismuszentren, Entsiedelungsregionen, Ausflugsgebiete und Städte haben so unterschiedliche Probleme – aber auch Möglichkeiten –, dass einheitliche Maßnahmen zu kurz greifen und zwangsläufig unverbindlich und praxisfern werden.

Die Glaubwürdigkeit von Regionen, die mit Nachhaltigem Tourismus werben, steigt, wenn die Nachhaltigkeits-Strategien eine umfassende regionale Entwicklung betreffen.

Beispielsweise benötigt der Tourismus in relativ extensiv genutzten Regionen auch legislative und strukturelle Rahmenbedingungen für das Umsetzen ambitionierter Ideen:

- Die Anpassung der landwirtschaftlichen Marktordnung und Subventionspolitik an die Erfordernisse regionaler Direktvermarktung
- Innovative Ideen, die professionell ausgeführt und z. B. aus den EU-Strukturfonds gefördert werden. Keine Angst, fremdes Know-How ins Land zu holen.
- Regional funktionierende Zusammenarbeit, um Angebots- und Marketingkooperationen einzugehen.
- Bündelung von Innovationen und Aus- und Weiterbildung in Zentren nach dem Modell der „Lernenden Regionen"

In intensiven Tourismusgebieten sind dagegen vor allem Korrekturmaßnahmen in den Problembereichen Verkehr, Lärm, Flächenverbrauch und Landschaftsbelastung nötig, um die langfristige Sicherung des touristischen Kapitals zu erreichen.

- Definition von Belastungsgrenzen – diese können sich beispielsweise über Bettenzahlen, Autos, verkaufte Liftkarten, Abwassermengen o.ä. definieren und daraus folgend eine verbindliche UVP und RVP für touristische Maßnahmen über einer bestimmten Größe.
- Unbedingte Koppelung von Förderungen an definierte (!!!) Kriterien der Nachhaltigkeit.
- Verwendung sowohl betrieblicher wie auch regionsbezogener Gütesiegel und Konzentration der Bewerbung auf diese Betriebe und Regionen.

Im alpinen Wintersport stehen am Weg zur Nachhaltigen Entwicklung sicherlich die größten Herausforderungen: Neben den komplexesten ökologischen Auswirkungen der modernen Freizeitbetätigungen, die von Massen betrieben werden stehen auch massive wirtschaftliche Umbrüche ins Haus und zwar durch einen Faktor auf den wir wenig Einfluss haben: das Klima.

Egal wie und in welchem Ausmaß sich eine Klimaveränderung auswirkt – Tatsache ist, dass z. B. in Graubünden schon heute Folgen zu beobachten sind:

- Kurzfristigere Buchungen
- Abwanderung der Gäste in schneereiche = höhere Gebiete
- Immer weniger Gäste, die ausschließlich alpin fahren
- Abwanderung der Gäste in den Süden
- Bei guten Schneeverhältnissen Ansturm von Tagesgästen in die Regionen, bei schlechten Schneeverhältnissen Abwanderung in die Gletscherschigebiete

Ein Schwachpunkt sind bis jetzt eindeutig die Alternativangebote. Die Akzeptanz seitens der Gäste für Winterwanderungen, Handwerkskurse und historische Spurensuchen sind vielerorts nicht gerade ermutigend.

Das liegt aber nicht nur an der Nachfrage, sondern auch an der biederen, etwas altbackenen Verkaufsphilosophie dieser Angebote: Notwendig sind offensiven Werbelinien für „Deep Temperature Trekking" und anderes – statt der mühevollen Entschuldigungen für zu wenige Schnee und die mühsame Gratis-Schibusfahrt auf den nächsten Gletscher.

5. Fazit:

Also ist Nachhaltigkeit in Sicht? Oder ist das Licht am Ende des Tunnels doch nur die Stirnlampe des entgegenkommenden Zuges?

Prognosen in der Wirtschaft sind ein schwieriges Kapitel. Schon der Zukunftsforscher von Daimler Benz irrte im Jahre 1910 als er meinte „das Absatzvolumen von PKWs wird in Zukunft bei maximal einer Million liegen" (Mertl, 2000). Vielleicht liegt die Weisheit doch im Alter, so hat ein 82-jähriger Bauer während einer Versammlung zum Thema Regionalentwicklung gemeint:

> „Leutln, es is do eh alles klar mit dera Regionalentwicklung und dem nochhaltigen Tourismus. Was mir tun miassn fia a guate Zukunft is einfach zomrucka, nochdenka, fest orbeita und koa Angst vor neichn Sochn ham."

Die Zeichen der Zeit stehen auf Kooperation, wenn wir die Herausforderungen einer Nachhaltigen Entwicklung annehmen wollen. Gemeinsam haben Wissenschaft, Politik, Nationalpark-Verwaltungen und NGOs mit der Tourismusbranche und der betroffenen Bevölkerung als vorrangigen Partner wichtige Aufgaben bei der weiteren Entwicklung der Nachhaltigkeit im Tourismus zu erfüllen.

Best Practise sind in diesem Sinne wichtige Meilensteine und Anhaltspunkte aber keine Kopiervorlagen. Auch wenn Becketts Parabel von Godot – der Nachhaltigkeit des Tourismus in diesem Beispiel – jeden Abend erneut so endet:

„Wladimir:	*Du bringst eine Nachricht von Herrn Godot?*
Junge:	*Ja.*
Wladimir:	*Er kommt nicht heute abend.*
Junge:	*Nein.*
Wladimir:	*Aber er wird morgen kommen.*
Junge:	*Ja.*
Wladimir:	*Bestimmt.*
Junge:	*Ja.*"

Literatur

Abderhalden D./Camischel A./Göldi S./Jordi N. (2000): Romanische Kulturgüter als USP der Ferienregion Oberengadin. Analyse und Konzept für eine bessere Integration des Faktors Kultur im Tourismusangebot. Unveröffentlichte Semesterarbeit der Höheren Fachschule für Tourismus Graubünden. Samedan.

Aloys G., (2000): Interview in „Die Erlebnisgesellschaft" ORF, 12.7.2000, zit. nach: Kronen Zeitung, 16.7.2000.

Baumgartner C./Röhrer C. (1998): Nachhaltigkeit im Tourismus. Umsetzungsperspektiven auf regionaler Ebene. Wien.

Baumgartner C./Reeh T. (2000 a): Erlebniswelten im ländlichen Raum. Ökonomische und soziokulturelle Auswirkungen. Leitlinien zu einer Beurteilung. profil. Wien-München.

Baumgartner C./Leuthold M./Amerstorfer A./Königshofer M. (2000 b): Evaluation des österreichischen Umweltzeichens für Tourismusbetriebe. Studie für das BMLFUW. Wien.

Baumgartner C./Hlavac C. (2000 c): „Ich kann doch nichts ändern ...?". Sozial- und umweltverträglicher Tourismus im Kontext der Österreichischen Entwicklungszusammenarbeit. Einschätzungen der Österreicherinnen und Österreicher.. Wien.

Betz K., (1997): Begründung zur ToDo-Preisverleihung an den Bregenzerwald. http://www.studienkreistourismus.org; gef. 15.3.2001.

Der Standard (2001): Brüllende „Bullen über Sölden", 13. 3. 2001, 9.

Jungk R. (1980): Wieviel Touristen pro Hektar Strand? Plädoyer für „sanftes Reisen". In: GEO Nr.10, 154-156.

Lechner R., (2000): Der Bregenzerwald. In: Tourismus als Fokus einer nachhaltigen Regionalentwicklung – eine weltweite Herausforderung. Die Ergebnisse des Ausbildungskurses Integrativer Tourismus. Wien.

Mertl R. (2000): Die Zukunft des Wintertourismus. Referat im Rahmen des Kongresses „Alpentourismus". Referatsmitschrift des Autors. Altenmarkt.

Murxel L. (1999): Die Situation in Lech. In: Die Ergebnisse des Ausbildungskurses Integrativer Tourismus. Wien.

Pult C. (2000): Ferienkultur oder Kulturferien? – Die Bereisten und ihre Identität im Tourismus. In: Tourismus als Fokus einer nachhaltigen Regionalentwicklung – eine weltweite Herausforderung. Die Ergebnisse des Ausbildungskurses Integrativer Tourismus. Wien.

Schwärzle, M. (2000): Gespräch mit dem Autor im Rahmen der ITB. Berlin.

Zusammenfassung

Der Alpenraum steht heute am Scheidepunkt zwischen einer touristischen Ausrichtung auf Fun & Action und einer – nicht weniger erlebnisbietenden – Orientierung an Nachhaltigkeit. Umsetzungsorientierte Maßnahmen im Bereich Nachhaltigkeit im Tourismus müssen sich an regionsspezifischen Gegebenheiten orientieren. Best Practise darf in diesem Sinne nicht als Kopiervorlage, sondern als Meilenstein und Anhaltepunkt am Weg gesehen werden.

Der Beitrag zeigt regionale Ansätze und Maßnahmen, die den Nachhaltigkeits-Forderungen nach ökologischer Vorsicht, regional-ökonomischer Vernetzung, soziokultureller Selbstbestimmung, Nachhaltigkeitsstrategien für intensive Tourismusregionen, umfassende Mitbestimmung der lokalen Bevölkerung sowie der Verantwortung der touristischen Quellgebiete Rechnung tragen.

Christian Baumgartner, Mag. Dr., Landschaftsökologe, ist Geschäftsführer des Instituts für Integrativen Tourismus & Freizeitforschung und koordiniert seit 1998 auch respect – Zentrum für Tourismus & Entwicklung. Er ist u.a. Mitglied in der beratenden Expertengruppe der Europäischen Kommission zu Tourismus und Nachhaltigkeit und österreichischer Tourismus-Experte in den Verhandlungen zur Biodiversitätskonvention.
E-mail: office@iitf.at; iitf@eunet.at
www.iitf.at

Dominik Siegrist

Das Tourismusprotokoll der Alpenkonvention

Zugpferd für eine integrative Tourismusentwicklung im Alpenraum

1. Einleitung

Bereits in den 1950er Jahren hatte die Internationale Alpenschutzkommission (CI-PRA) die Erarbeitung einer Alpenschutzkonvention vorgeschlagen. Im Rahmen dieser alpenweiten Dachorganisation, in der heute über 100 Nichtregierungsorganisationen (NRO) aus sieben Ländern vernetzt sind, hatte sich die Idee entwickelt, einen internationalen Vertrag für eine gemeinsame Umweltpolitik zu erarbeiten. Dieser sollte sich an den jeweils besten gesetzlichen Standards der einzelnen Alpenstaaten orientieren. (Vgl. Conservation et développement 1979) Nach fünfzig Jahren könnte es nun soweit sein: Wenn alles nach Drehbuch läuft, werden die Vertragspartner im Jahr 2002 die Ausführungsprotokolle der Alpenkonvention ratifizieren. Kann jedoch die Alpenkonvention in ihrer heutigen Form der großen Vision ihrer damaligen Initiantinnen und Initianten noch gerecht werden? Dieser Frage wird im folgenden Beitrag mit einem Fokus auf das Fachprotokoll „Tourismus" genauer nachgegangen.

Nach umfangreichen Vorarbeiten, die neben der CIPRA auch von der zwischenstaatlichen Arbeitsgemeinschaft Alpenländer (ARGE Alp) begleitet wurden, unterzeichneten die Umweltminister der Alpenstaaten und der EU anlässlich der 2. Alpenkonferenz 1991 in Salzburg den Rahmenvertrag der Alpenkonvention. Dieser Rahmenvertrag basierte auf einer 89 Punkte umfassenden Alpenschutz-Resolution, welche die Umweltminister zwei Jahre zuvor in Berchtesgaden beschlossen hatten. In den darauffolgenden zehn Jahren wurden die Ausführungsprotokolle erarbeitet. Die letzten fertiggestellten Protokolle, insbesondere das bis zum Schluss umstrittene Verkehrsprotokoll, konnten anlässlich der Alpenkonferenz im Oktober 2000 in Luzern von den zuständigen Ministerinnen und Ministern unterzeichnet werden. Die Vertragsparteien der Alpenkonvention sind Italien, Österreich, Slowenien, Deutschland, Liechtenstein, Frankreich, Monaco, die Schweiz und die EU.

Gegenwärtig werden die bereinigten Dokumente von den Parlamenten und Regierungen der Vertragsstaaten ratifiziert. Es handelt sich dabei um die Protokolle „Raumplanung und nachhaltige Entwicklung", „Bodenschutz", „Naturschutz und Landschaftspflege", „Berglandwirtschaft", „Bergwald", „Tourismus", „Verkehr", „Energie", „Beilegung von Streitigkeiten" sowie das „Monaco-Protokoll", welches den nachträglichen Beitritt von Monaco zur Alpenkonvention regelt. Für weitere im Rahmenvertrag vereinbarte Sachbereiche wie „Bevölkerung und Kultur", „Luftreinhaltung", „Wasserhaushalt" und „Abfallwirtschaft" wurden die Arbeiten bisher nicht initiiert.

Trotz vielerlei Schwächen kann die Alpenkonvention für sich Modellcharakter beanspruchen. Mit dieser alpenweiten Vereinbarung gelingt es nach jahrzehntelangen Diskussionen erstmals, eine abgestimmte Strategie für Schutz und nachhaltige Entwicklung bei allen Alpenstaaten und bei der EU verbindlich zu verankern. Die dauerhafte Etablierung einer internationalen Zusammenarbeit in Forschung, Umsetzung und Entwicklung, der grenzüberschreitende Erfahrungsaustausch und alpenweite Aktionsprogramme für die nachhaltige Entwicklung bilden denn auch die größten Chancen dieser außerordentlichen Konvention. Bereits vor der definitiven Ratifizierung hat der Prozess um die Alpenkonvention eine besondere Kultur der alpenweiten Zusammenarbeit zwischen den Vertreterinnen und Vertretern von Regierungen und Regionen, der Wissenschaft und den NRO entstehen lassen, mit allen ihren Höhen und Tiefen. (Haßlacher 1998)

Es ist notwendig, die Schwachstellen der Alpenkonvention zu erkennen und auch deutlich zu benennen, um den Prozess der Weiterentwicklung in Gang zu halten. Der größte Schwachpunkt der Alpenkonvention besteht darin, dass ihre Formulierungen und Ziele häufig im Unverbindlichen steckenbleiben. Eine ganze Reihe von ursprünglich recht griffigen Textvorschlägen sind im Verlauf der Verhandlungen abgeschwächt worden. Als weiterer Schwachpunkt fehlt der Alpenkonvention die Möglichkeit, die Nichteinhaltung durch eine Vertragspartei zu sanktionieren, zum Beispiel mithilfe eines unabhängigen Schiedsgerichtes. Solange keine negativen Auswirkungen auf eine andere Vertragspartei eintreten, können gegenüber säumigen Ländern lediglich Empfehlungen ausgesprochen werden. Schwächen bilden auch der geringe Institutionalisierungsgrad und die unzureichenden finanziellen Mittel, die die Vertragsparteien bisher zur Umsetzung der Alpenkonvention bereitstellen. Nach wie vor fehlt ein Ständiges Sekretariat, welches die Beschlüsse der zweijährlich stattfindenden Ministerkonferenzen operationalisiert und die Arbeiten des Ständigen Ausschusses unterstützt.

Eine „Alpenpolitik", d.h. eine gemeinsame Umweltpolitik der Alpenstaaten auf der Basis des größten gemeinsamen Nenners zu entwickeln, lautete die ursprüngliche Kernidee. Im 1991 unterzeichneten Rahmenvertrag der Alpenkonvention schimmert diese ganzheitliche Absicht immer noch durch: „Die Vertragsparteien stellen unter Beachtung des Vorsorge-, des Verursacher und des Kooperationsprinzips eine ganzheitliche Politik zur Erhaltung und zum Schutz der Alpen unter ausgewogener Berücksichtigung der Interessen aller Alpenstaaten, ihrer alpinen Regionen sowie der Europäischen Union unter umsichtiger und nachhaltiger Nutzung der Ressourcen sicher."[1] Im Zuge der langwierigen Verhandlungen um die Protokolle wurde die Alpenkonvention jedoch mehr und mehr zu einem Stückwerk des kleinsten gemeinsamen Nenners. So bleiben eine ganze Reihe von Zielen der Alpenkonvention und ihrer Protokolle deutlich hinter den bereits heute gültigen gesetzlichen Standards in den einzelnen Alpenstaaten zurück.

Diese Negativpunkte bilden keinen ausreichenden Grund, sich von der Alpenkonvention grundsätzlich zu distanzieren. Ein wichtiger Grund dafür, dass die NRO der Alpenkonvention bisher nicht den Rücken kehrten, liegt in den darin enthaltenen Innovationen für die europäische Umweltpolitik. Wegweisende Aussagen finden sich beispielsweise im Protokoll „Raumplanung und nachhaltige Entwicklung". Darin anerkennen die Vertragsparteien die „besonderen Erfordernisse" in den Alpen, wollen „natürliche Erschwernisse", „Leistungen im allgemeinen Interesse" sowie „Einschränkungen der Ressourcennutzung" in ihrer Politik berücksichtigen und sehen gerechte Preise für alpine Ressourcen wie Wasserkraft, Trinkwasser und Landschaft vor. Im gleichen Protokoll anerkennen die Vertragsparteien auch die „besonderen Interessen der Bevölkerung im Alpenraum" und deren „Anstrengungen zur dauerhaften Sicherstellung ihrer Entwicklungsgrundlagen." Das Raumplanungsprotokoll anerkennt erstmals die speziellen Verhältnisse in einer ökologisch besonders sensiblen Gebirgsregion. Bis dies soweit war, musste dieses in einem intensiven Prozess mit den Vertretern der Regionen, darunter insbesondere der schweizerischen Kantone, ausgehandelt werden. Dass dieses Protokoll nicht nur von allen Alpenstaaten einschließlich der zentralstaatlich organisierten Italien und

---

1 Alle Zitate aus der Alpenkonvention entstammen aus Haßlacher 2000.

Frankreich und der EU akzeptiert wurde, ist nicht nur für die Alpenregionen, sondern auch für ein künftiges Europa der Regionen von nicht zu unterschätzender Bedeutung. (Wachter 1993)

2. Das Tourismusprotokoll der Alpenkonvention

Tourismus stellt in den Alpen die klassische moderne, und neben Industrie und Landwirtschaft eine der wichtigsten ökonomischen Nutzungsformen dar. Die Gesamtwertschöpfung durch Übernachtungsgäste lag bereits im Jahr 1997 bei über 20 Mrd. Euro. (CIPRA 1998, 418f.) Zur Tourismusnutzung kommen weitere Formen der Erholungsnutzung hinzu. Untersuchungen über den Freizeitverkehr in den Alpenländern deuten darauf hin, dass der Nah- und Nächsterholungstourismus den Aufenthaltstourismus bezüglich Frequenzen in vielen Alpenregionen überholt hat. (Meier 2000) Dies gilt insbesondere für die agglomerationsnahen Alpenrandgebiete sowie die rasch wachsenden inneralpinen Ballungsräume. (Perlik 1999) Gerade dieser jüngsten Entwicklung hinkt das Tourismusprotokoll hintennach und kann somit dringlichen Problemen nicht gerecht werden.

Weitaus griffiger als das Tourismusprotokoll formuliert der entsprechende Abschnitt im Rahmenvertrag die Ziele. Dort hatten die Vertragsparteien vereinbart, Maßnahmen zu ergreifen im Gebiet von „Tourismus und Freizeit – mit dem Ziel, unter Einschränkung umweltschädigender Aktivitäten, die touristischen und Freizeitaktivitäten mit den ökologischen und sozialen Erfordernissen in Einklang zu bringen, insbesondere durch Festlegung von Ruhezonen."[2] Zu beachten ist hierbei die starke Gewichtung der Ruhezonen, eine Forderung, die in den meisten Alpenländern ungenügend oder gar nicht in die Praxis umgesetzt worden ist. Als einer der wichtigsten Forderungen der Alpenkonvention dürfte der Ausscheidung von Ruhezonen künftig vermehrte Bedeutung zukommen.

Der großen ökonomischen Wichtigkeit dieses Sektors entsprechend prallten bei der Ausarbeitung des Tourismusprotokolls die gegensätzlichen Interessen von Wirtschaft, Raumplanung und Naturschutz, aber auch der einzelnen Alpenländer hart aufeinander. Das beim Tourismusprotokoll federführende Frankreich – nicht zuletzt auch in Bezug auf die Repräsentanz des Tourismus in den staatlichen Organen weltweit eines der wichtigsten Tourismusländer – erzwang eine Reihe von inhaltlichen Kompromissen. Das Tourismusprotokoll wurde 1998 anlässlich der 5. Alpenkonferenz in Bled (Slowenien) unterzeichnet.

---

2   Rahmenkonvention der Alpenkonvention, Artikel 2, Buchstabe i)

Mit seinen zumeist an Natur und Landschaft orientierten, raumwirksamen Aktivitäten bildet der Tourismus einen Querschnittbereich und berührt neben dem Tourismusprotokoll die meisten anderen Ausführungsprotokolle der Alpenkonvention. Dies gilt besonders für die Protokolle „Raumplanung und nachhaltige Entwicklung", „Naturschutz und Landschaftspflege", „Bodenschutz" sowie „Verkehr". Das Tourismusprotokoll bleibt in vielen Formulierungen unverbindlich und wenig konkret. Im Sinne einer Konkretisierung können die weiteren tourismusrelevanten und für die Vertragsparteien ebenso verbindlichen Protokolle herangezogen werden. Eine Beurteilung der Alpenkonvention in Hinblick auf einen integrativen Tourismus (Baumgartner/Röhrer 1998), d.h. auf eine nachhaltige Ausgestaltung des Alpentourismus, darf somit nicht ausschliesslich auf der Basis des Tourismusprotokolls erfolgen, sondern hat das gesamte Protokollwerk in seinen tourismusrelevanten Aussagen und Zielen zu erfassen.

Vor und nach der Unterzeichnung der Alpenkonvention 1991 fanden 1988 in Lindau und 1992 in Schwangau zwei CIPRA-Konferenzen statt, deren Ergebnisse für die Alpenkonvention als wegweisend gelten können. Anlässlich der Lindauer Konferenz legte die CIPRA den Bericht „Umweltpolitik im Alpenraum" vor. (Umweltpolitik im Alpenraum 1989) In diesem Bericht beurteilten zahlreiche Regierungsstellen, Verbände und unabhängige Expertinnen und Experten die Bedeutung und Umsetzung bisheriger, grenzüberschreitend wirksamer umweltpolitischer Beschlüsse im Alpenraum. 1992, ein Jahr nach der Unterzeichnung der Rahmenkonvention der Alpenkonvention, präsentierten die in der CIPRA zusammengeschlossen NRO in Schwangau einen umfassenden Katalog für die Ausarbeitung der Protokolltexte der Alpenkonvention. (Die Alpenkonvention – eine Zwischenbilanz 1993) Zahlreiche Inhalte, die anlässlich dieser beiden Konferenzen diskutiert wurden, finden sich – oft in abgeschwächter Form – in den nun fertig vorliegenden Protokollen wieder.

3. Leitbilder für die nachhaltige Tourismusentwicklung

Anlässlich der Schwangauer Konferenz stellte die CIPRA 1992 die Forderung nach der Ausarbeitung von touristischen Konzepten und Entwicklungsleitbildern auf. Diese seien auf allen Planungsebenen zu erstellen, in denen die Möglichkeiten und Grenzen für die touristische Nutzung und Entwicklung festgelegt werden. Um eine naturschonende Ausübung aller Aktivitäten zu gewährleisten, sollten besondere Lenkungsmaßnahmen ergriffen werden, insbesondere in ökologischen Vorrangflächen. (Die Alpenkonvention – eine Zwischenbilanz 1993, 50) Obwohl die CIPRA mit diesem Anliegen anfangs der neunziger Jahre vielerorts bereits offene Türen einrannte, finden sich solche Vorschläge auch im Tourismusprotokoll, indem eine „geordnete Entwicklung des Angebots" angestrebt und die „Ausarbeitung und Umsetzung von Leitbildern, Entwicklungsprogrammen sowie von sektoralen Plänen" unterstützt werde. In diesem Rahmen sollten verstärkt sozioökonomischen Folgen für die ansässige Bevölkerung, sowie die Auswirkungen der touristischen Entwicklung auf die öffentlichen Finanzen und auf Natur und Landschaft bewertet werden (Artikel 5).

Im Protokoll „Raumplanung und nachhaltige Entwicklung" wird dieser Punkt genauer ausgeführt. Angestrebt wird nämlich eine Harmonisierung der „wirtschaftlichen" – sprich hier tourististischen – Interessen mit dem Umweltschutz (Artikel 3), durch geeignete „Pläne und/oder Programme" (Artikel 8). So verpflichten sich die Alpenstaaten zur Erhaltung und Wiederherstellung des ökologischen Gleichgewichts und der biologischen Vielfalt der alpinen Regionen sowie zur Erhaltung und Pflege der Vielfalt an wertvollen Natur- und Kulturlandschaften sowie Ortsbildern. Im weiteren soll eine umwelt- und landschaftsgerechte Erstellung der für die Entwicklung notwendigen Bauten und Anlagen und die Wahrung der kulturellen Besonderheiten der alpinen Regionen angestrebt werden (Artikel 3). Auch im Raumplanungsprotokoll fehlen allerdings präzise Zielsetzungen, z.B. verbindlich quantifizierbare Obergrenzen für die Parahotellerie.

Das Tourismusprotokoll bezieht die Anliegen des Naturschutzes und der Landschaftspflege in die Tourismusförderung ein, indem „möglichst nur landschafts- und umweltschonende Projekte" gefördert werden sollen. Dieses Ziel widerspricht allerdings der heute in den Alpenländern verbreiteten Politik, in deren Rahmen weiterhin zahlreiche ökologisch bedenkliche touristische Großprojekte finanziell gefördert werden. Dennoch wollen die Vertragspartner in Zukunft die Wettbewerbsfähigkeit des naturnahen Tourismus stärken, indem sie „eine nachhaltige Politik einleiten" (Artikel 6). Von Bedeutung ist in diesem Zusammenhang die geplante Schaffung neuer Großschutzgebiete in den Alpen, wie dies das Protokoll „Naturschutz und Landschaftspflege" vorsieht (Artikel 11). Dieses Ziel steht vor dem Hintergrund einer steigenden Akzeptanz für Nationalparks, Biosphärenreservate und Naturparks mit ihren prognostizierten touristischen und regionalwirtschaftlichen Wertschöpfungseffekten. (Elsasser/Küpfer 2000) Um negative Auswirkungen des Schutzgebietstourismus zu limitieren, verpflichten sich die Vertragsparteien im Tourismusprotokoll zu einer Lenkung der Besucherströme. Die Verteilung und Aufnahme der Besucher soll so organisiert sein, „dass der Fortbestand dieser Gebiete gesichert ist" (Artikel 8). Laut Protokoll „Bergwald" soll die Erholungsnutzung soweit gelenkt und nötigenfalls eingeschränkt werden, dass die Erhaltung und Verjüngung von Bergwäldern nicht gefährdet ist.

Wenig Berücksichtigung finden in der Alpenkonvention aktuelle Themen wie etwa die Natur- und Trendsportarten. Deren Ausübung bedarf auch außerhalb von Schutzgebieten der Regelung, wenn man beispielsweise an Aktivitäten wie Rafting, Canyoning oder Sportklettern denkt. (Siegrist 1998) Die CIPRA hatte verlangt, dass entsprechende Regeln und geeignete Flächen in den Nutzungskonzepten und Entwicklungsleitbildern festzulegen seien. (Die Alpenkonvention – eine Zwischenbilanz 1993, 54) Diese Forderung blieb im Tourismusprotokoll unberücksichtigt. Dieses hält die Vertragsparteien lediglich zu einer Politik zur Lenkung der Sportausübung im Freien an. Erforderlichenfalls seien auch Verbote auszusprechen (Artikel 15).

In Anlehnung an das Tourismusprotokoll fordert das Fachprotokoll „Naturschutz und Landschaftspflege" etwas verbindlicher, dass die Auswirkungen von touristischen Vorhaben auf den Naturhaushalt und das Landschaftsbild, die Natur und Landschaft „erheblich oder nachteilig beeinträchtigen" können, überprüft werden müssten (Artikel 2). Bei unvermeidbaren Beeinträchtigungen wird verlangt, dass Ausgleichsmaßnahmen im Sinne des Natur- und Landschaftsschutzes ergriffen werden. Grundsätzlich seien „nicht ausgleichbare Beeinträchtigungen" nur zuzulassen, „wenn unter Abwägung aller Interessen die Belange des Natur- und Landschaftsschutzes nicht überwiegen" (Artikel 9). Weitaus konkreter äußerten sich bereits 1979 die Regierungschefs der ARGE Alp, wenn auch nur für spezifische Gegebenheiten. Bei Erschließungen des Hochgebirges für den Fremdenverkehr sei „auf die schadlose Beseitigung der Abfälle" und eine „wirksame Klärung der Abwässer" größtes Gewicht zu legen. Besondere Sorgfalt müsste auf diese Maßnahmen bei Erschließungen auf Gletschern und in klüftigen Kalkgebieten verwendet werden. In hydrologisch besonders anfälligen Bereichen sollten keine Erschließungen stattfinden."[3] Dieser Beschluss, der 1988 nach Einschätzung von Regierungsstellen, Verbänden und unabhängigen Experten als sehr wichtig, dessen Zielerfüllung jedoch als ungenügend bewertet wurde, hat bis heute nichts von seiner Aktualität verloren. (Umweltpolitik im Alpenraum 1989, 282)

---

3   Beschluss der Regierungschefs der ARGE Alp am 15.6.79 (zit. n. Umweltpolitik im Alpenraum 1989, 282)

4. Ökologisierung des Intensivtourismus und naturnaher ländlicher Tourismus

Das Tourismusprotokoll unterscheidet zwischen „intensiven" und „extensiven" touristischen Formen und legt entsprechend differenzierte Ziele fest. In Gebieten mit bereits vorhandener, starker touristischer Nutzung wollen die Vertragsparteien ein „ausgewogenes Verhältnis" zwischen den beiden erwähnten touristischen Formen anstreben. Es wird spezifiziert, in welche Richtung sich der Tourismus zu entwickeln habe: Intensiver Tourismus müsse sich an die ökologischen Erfordernisse anpassen, extensiver Tourismus soll mit der Aufwertung des natürlichen und kulturellen Erbes der Feriengebiete einhergehen (Artikel 6).

Angesichts sich verschärfender regionalpolitischer Rahmenbedingungen wird in Europa seit längerem vermehrt nach Entwicklungsalternativen für ländliche, strukturschwache Gebiete gesucht. In vielen Programmen wird hierbei die Stärkung eines sanften, an Natur, Kultur und Landschaft orientierten, ländlichen Tourismus angestrebt. (Bätzing/Perlik 1995, Siegrist 2000) In diesem Sinn hatte die CIPRA für solche Regionstypen in den Alpen vorgeschlagen, nicht-technische Tourismusformen und Freizeitaktivitäten zu fördern, welche sich an den Erfordernissen des Natur- und Landschaftsschutzes, den Nutzungskonzepten und Entwicklungsleitbildern orientierten. (Die Alpenkonvention – eine Zwischenbilanz 1993, 50) Die Vertragspartner der Alpenkonvention wollen sich in diesem Zusammenhang jedoch nicht allein auf touristische Entwicklungsstrategien festlegen und empfehlen lediglich, auf der „geeigneten territorialen Ebene angemessene Lösungen zu untersuchen, um eine ausgewogene Entwicklung von wirtschaftsschwachen Gebieten zu gewährleisten." (Artikel 17).

Eine wichtige Thematik für die nachhaltige Regionalentwicklung bildet die Integration des Tourismus in Wirtschaft und Gesellschaft einer Region. Um touristische Monostrukturen zu vermeiden, sollen insbesondere die Tourismusbetriebe stärker in das gesamte regionale Wirtschaftsgeschehen eingebunden werden. Häufig genannte konkrete Möglichkeiten sind der Direktverkauf regionaler Produkte, die Förderung von Erwerbskombinationen zwischen Tourismus und Landwirtschaft sowie die gezielte ortstypische Angebotsgestaltung in Zusammenarbeit mit den lokalen Anbietern. (Die Alpenkonvention – eine Zwischenbilanz 1993, 53) Das Tourismusprotokoll greift diese Vorschläge auf und formuliert etwas allgemeiner, dass die Vertragsparteien die „Zusammenarbeit zwischen Tourismuswirtschaft, Landwirtschaft, Forstwirtschaft und Handwerk" unterstützen. Im Mittelpunkt stehen dabei insbesondere „arbeitsplatzschaffende Erwerbskombinationen im Hinblick auf eine nachhaltige Entwicklung" (Artikel 20). Um die landwirtschaftlichen Betriebe zu stärken, wollen die Alpenstaaten im Protokoll „Berglandwirtschaft" zusätzliche Erwerbsquellen für die ansässige Bevölkerung besonders in den mit der Landwirtschaft verbundenen Bereichen wie Forstwirtschaft, Tourismus und Handwerk fördern. Die angefügte Formulierung, dass dies „im Einklang mit der Erhaltung der Natur- und Kulturlandschaft" geschehen soll, wird jedoch den raumplanerischen Risiken, welche die Lockerung von Raumplanungsgesetzen und die Öffnung von bisher der Landwirtschaft vorbehaltenen Zonen für neue Aktivitäten mit sich bringt, zuwenig gerecht (Artikel 14).

5. Touristische Qualität bedeutet auch ökologische Qualität

Die Forderung nach Verbesserung der Umweltqualität in touristischen Zentren begleitet die Entwicklung des Intensivtourismus seit den siebziger Jahren. Die CIPRA brachte diese Forderung 1992 folgendermaßen auf den Punkt: „Die Vertragsparteien benennen die im Vertragsgebiet gelegenen touristischen Zentren. In ihnen ist als vorrangiges Entwicklungsziel die Umweltqualität durch Reduktion der Luft- und Wasserverschmutzungen, durch Abfall-, Lärm- und Verkehrsvermeidung sowie durch Rücknahme von Bodenversiegelungen und Bodenbelastungen zu verbessern. Touristische Entwicklungsmaßnahmen (Seilbahnen, Wintersporteinrichtungen, Gastronomie und Beherbergung, Zweitwohnungsbau) haben sich an den Nutzungskonzepten und Entwicklungsleitbildern auszurichten." (Die Alpenkonvention – eine Zwischenbilanz 1993, 50)

Die von NRO-Seite vorgeschlagene offizielle Liste der touristischen Zentren im Alpenraum wurde bisher nicht erstellt. Dennoch fand diese Idee ihren Niederschlag im Tourismusprotokoll, wenn auch in wenig verbindlicher Form: „Die Vertragsparteien leiten eine Politik ein, die ständig und konsequent auf ein qualitativ hochwertiges Tourismusangebot im gesamten Alpenraum abzielt, wobei insbesondere den ökologischen Erfordernissen Rechnung zu tragen ist." Um dies zu erreichen, wollen die Alpenstaaten den Erfahrungsaustausch und die Durchführung gemeinsamer Aktionsprogramme fördern. Dabei sollen folgende Themenbereiche im Vordergrund stehen:

- Anpassung von Anlagen und Einrichtungen an Landschaft und Natur;
- Städteplanung und Architektur (Neubauten und Dorferneuerung);
- Beherbergungseinrichtungen und touristische Dienstleistungsangebote;
- Diversifizierung des touristischen Angebotes durch Aufwertung der kulturellen Aktivitäten (Artikel 7).

In diesem Sinne sprechen sich die Vertragsparteien im Protokoll „Energie" für das Energiesparen und für eine umweltverträglichere Energienutzung aus. In großen

Hotelbetrieben sowie in Transport-, Sport- und Freizeitanlagen wollen sie die rationelle Energieverwendung fördern (Artikel 5). Dadurch werden die bestehenden Ansätze für die Nutzung von brachliegenden lokalen Ressourcen gestärkt, insbesondere für Biomasse- und Sonnenenergie. Regionale Wirtschaftskreisläufe können verbessert und die direkte Zusammenarbeit zwischen Tourismus und Gewerbe weiterentwickelt werden. Der Umweltschutz wird so zu einem integrierten Bestandteil touristischer Qualitätsbestrebungen, dies ganz im Sinne eines umfassenden Qualitätsmanagement.

6. Ruhezonen, naturräumliche Entwicklungsgrenzen und touristische Umweltbildung

Von Beginn der Erörterungen um die Alpenkonvention an bildete die Ausscheidung von nutzungsfreien Gebieten einen wichtigen Diskussionspunkt. Bereits im Jahre 1979 fassten die Regierungschefs der ARGE Alp den Beschluss, dass im Rahmen der überörtlichen Raumordnung Gebiete festgelegt werden sollen, in denen keine technische Erschliessung für den Fremdenverkehr stattfinden dürfe.[4] Einen Schritt weiter ging die CIPRA 1992 mit dem Vorschlag, zusätzlich zeitliche und bzw. oder räumliche Beschränkungen aufzustellen und Ruhegebiete vor allen menschlichen Störungen soweit als möglich freizuhalten. (Die Alpenkonvention – eine Zwischenbilanz 1993, 53) Der Rahmenvertrag der Alpenkonvention und das Tourismusprotokoll greifen diesen Punkt auf und verpflichten die Vertragsparteien, „gemäß ihren Vorschriften und nach ökologischen Gesichtspunkten Ruhezonen auszuweisen, in denen auf touristische Erschließungen verzichtet wird" (Artikel 10). Dass allerdings Ruhezonen als Planungsinstrument allein noch keine Garantie gegen wenig umweltverträgliche touristische Großprojekte darstellen, zeigte sich beispielsweise in Tirol. Dort wurde ein neues Ruhegebiet erst genehmigt, nachdem eine umstrittene Skigebietsverbindung eröffnet worden war.[5]

Mit den naturräumlichen Entwicklungsgrenzen greift das Tourismusprotokoll eine Problematik auf, die bereits seit langem auch von Seiten des Umweltschutzes thematisiert wurde. In der Alpenkonvention wird allerdings darauf verzichtet, Endausbaugrenzen festzulegen. Die touristische Entwicklung soll lediglich auf die „umweltspezifischen Besonderheiten" und die „verfügbaren Ressourcen" des jeweiligen Ortes oder der jeweiligen Region abgestimmt werden. Bei erheblichen

---

4   Beschluss der Regierungschefs der ARGE Alp am 15.6.79. (zit. n. Umweltpolitik im Alpenraum 1989, 282).
5   Vgl. die Auseinandersetzung um die „Wilde Krimml" (Homepage des Oesterreichischen Alpenvereins: www.alpenverein.at)

Umweltauswirkungen wird immerhin eine vorherige Bewertung verlangt, die bei der Entscheidfindung miteinbezogen werden muss (Artikel 9). Konkreter als das Tourismusprotokoll verlangt das Protokoll „Bodenschutz" die Erhaltung der Böden in Feuchtgebieten und Mooren. Um deren Eigenart zu erhalten, sollen Moorböden touristisch grundsätzlich nicht genutzt werden (Artikel 9). Mit dieser Forderung steht die Alpenkonvention im Widerspruch zur heutigen Realität in den Alpen, wo nicht wenige Skipisten in Feuchtgebieten und Mooren künstlich beschneit werden.

Die Verbesserung der touristischen Aus- und Weiterbildung sowie die Information der Öffentlichkeit über den integrativen Tourismus bildet in verschiedenen Alpenländern ein aktuelles Thema. In diesem Sinn wollen die Vertragsparteien der Alpenkonvention die Aus- und Weiterbildung sowie die Information der Öffentlichkeit im Hinblick auf Ziele, Maßnahmen und Durchführung des Tourismusprotokolls und der anderen Protokolle fördern. So wird insbesondere empfohlen, in die Aus- und Weiterbildung zu touristischen und tourismusbedingten Berufen die Vermittlung von Kenntnissen über Natur und Umwelt aufzunehmen. Speziell erwähnt werden Ausbildungen, welche die Anliegen von Tourismus und Umwelt miteinander verbinden, zum Beispiel von „Naturanimateuren", von „Verantwortlichen für die Qualität der touristischen Zentren" oder von „Tourismus-Helfern für Behinderte" (Artikel 23).

7. Landschaftsverträglicher Wintertourismus mit der Alpenkonvention?

Seit Mitte der neunziger Jahre sehen sich die Alpenregionen mit einem Planungsboom zur Erschließung neuer Bahnen und Lifte insbesondere für den Wintersport konfrontiert.[6] Die CIPRA hatte bereits 1992 vorgeschlagen, dass der Bau neuer Aufstiegshilfen, Pisten und Beschneiungsanlagen sowie Pistenerweiterungen und Pistenplanierungen bezüglich seiner Raum- und Umweltverträglichkeit überprüft werden soll. Die Transportkapazität der Bahnen und Lifte wäre demnach an den jeweiligen Nutzungskonzepten und Entwicklungsleitbildern zu orientieren. Die Genehmigung neuer Installationen bzw. die Erhöhung der Transportkapazität vorhandener Aufstiegsanlagen müsste an Auflagen für die ökologische Sanierung von Beeinträchtigungen an Natur und Landschaft im Skigebiet gebunden werden. Mithilfe einer umfassenden Liste sollten die Alpenstaaten gemeinsam festlegen, so die damalige Forderung der CIPRA, für welche touristischen Projekte und Planungen

---

6   CIPRA Info Nr. 54 (1999) und Nr. 55 (1999)

Raum-, Umwelt- und Sozialverträglichkeitsprüfungen durchzuführen seien. (Die Alpenkonvention – eine Zwischenbilanz 1993, 53f.)

Die Alpenstaaten haben auf ein derartiges Vorgehen verzichtet, welches es ermöglicht hätte, über die alpenweite Begrenzung des Skigebietsausbaus zu verhandeln und so das wirtschaftlich risikoreiche Wettrüsten unter den alpinen Skiorten zu beenden. Die Vertragsparteien mochten sich im Tourismusprotokoll lediglich auf die unverbindliche Formulierung zu einigen, dass bei den Genehmigungsverfahren den „Belangen der Sicherheit und Wirtschaftlichkeit" sowie den „ökologischen und landschaftlichen Erfordernissen" Rechnung getragen werden müsse (Artikel 12). Im Protokoll „Bodenschutz" wird ergänzt, dass Großvorhaben im Infrastrukturbereich dem „begrenzten Flächenangebot im alpinen Raum Rechnung zu tragen" hätten (Artikel 7). Bei touristischen Infrastrukturen sollten nachteilige Auswirkungen auf die alpinen Böden vermieden werden (Artikel 14).

Die ARGE Alp beschloss 1977, dass Seilbahnen, Lifte, Skiabfahrten und sonstige Einrichtungen so anzulegen seien, dass sie „weder Erosionen auslösen noch in Schutzwälder schädigend eingreifen oder das Landschaftsbild übermäßig beeinträchtigen."[7] Das Tourismusprotokoll schwächt diesen Beschluss ab und formuliert dafür etwas umfassender, dass der Bau, Unterhalt und Betrieb der Skipisten „möglichst landschaftsschonend" und unter Berücksichtigung „der natürlichen Kreisläufe" sowie „der Empfindlichkeit der Biotope" erfolgen soll. Geländekorrekturen seien soweit wie möglich zu begrenzen (Artikel 14). Deutlicher äussert sich zu diesem Sachbereich wiederum das Protokoll „Bodenschutz", welches die Stabilisierung und Wiederherstellung von durch intensive touristische Nutzung beeinträchtigten Böden vorsieht: „Wenn bedeutende Schäden an Böden und Vegetation festgestellt werden, ergreifen die Vertragsparteien zum frühestmöglichen Zeitpunkt die erforderlichen Maßnahmen zur Wiederherstellung." Zudem solle die weitere Nutzung so gelenkt werden, dass derartige Schäden nicht mehr auftreten. Skipisten in Wäldern mit Schutzfunktion dürften „nur in Ausnahmefällen und bei Durchführung von Ausgleichsmaßnahmen" und nicht in labilen Gebieten genehmigt werden (Artikel 14).

Die Auswirkungen der globalen Klimaänderung auf die Alpen werden im Tourismusprotokoll nicht thematisiert. Ebenso fehlen konkrete Hinweise auf die Förderung von pisten- bzw. schneeunabhängigen Winteraktivitäten, wie beispielsweise das populäre Winterwandern. Als aktuelles Thema wird jedoch die in Zukunft vermehrt zu erwartende Stilllegung von Wintersport-Infrastrukturen angespro-

---

7   Beschluss der Regierungschefs der ARGE Alp am 17.6.77 (zit. n. Umweltpolitik im Alpenraum 1989, 282)

chen. Im Tourismusprotokoll haben die Alpenstaaten vereinbart, dass der Abbau und die Entfernung nicht mehr gebrauchter Aufstiegsanlagen und die Renaturierung nicht mehr benutzter Flächen vorzusehen sei (Artikel 12). Gemäß Protokoll Bodenschutz sind nicht mehr genutzte oder beeinträchtigte Böden, darunter Skipisten, zu renaturieren oder zu rekultivieren, falls die natürlichen Gegebenheiten dies zulassen (Artikel 7).

Die Schneekanonen, die zurzeit in einigen Alpenländern einen regelrechten Boom erleben, sind in der Öffentlichkeit in hohem Maß umstritten. Die NRO haben mehrmals mit Nachdruck auf deren negative ökologische Auswirkungen hingewiesen und verlangt, dass die künstliche Beschneiung auf ein absolut notwendiges Minimum zu beschränken sei. Derartige Anlagen sollten im Wesentlichen der Entschärfung gefährlicher und exponierter Stellen dienen. Die flächenhafte Beschneiung ganzer Pisten sei zu untersagen. (Die Alpenkonvention – eine Zwischenbilanz 1993, 54) In der Alpenkonvention hingegen sucht man klare Aussagen zur Beschneiung von großen Flächen vergeblich. Im Tourismusprotokoll steht lediglich, dass die Alpenstaaten die „Erzeugung von Schnee während der jeweiligen örtlichen Kälteperioden" zulassen können, insbesondere „um exponierte Zonen zu sichern, wenn die jeweiligen örtlichen hydrologischen, klimatischen und ökologischen Bedingungen es erlauben". Im Protokoll „Bodenschutz" wird dieser Punkt ergänzt, indem chemische und biologische Zusätze für die Pistenpräparierung nur dann zugelassen werden dürften, wenn diese „nachgewiesenermaßen umweltverträglich" seien (Artikel 14). Eine Präzisierung dazu, wie dieser umstrittene Nachweis zu erfolgen hätte, wird nicht gemacht, ebenso fehlt ein Hinweis auf zukünftige Risiken im Zusammenhang mit gentechnisch veränderten Zusätzen für die künstliche Beschneiung.

8. Kundenfreundlicher öffentlicher Verkehr, autofreie Tourismusorte und Begrenzung des Motorsports

Die steigende Mobilität stellt heute im Alpenraum ein zentrales Problem dar, welches sich über alle Sachbereiche und Regionen erstreckt. So verzeichnet auch der Freizeit- und der Tourismusverkehr in den Alpenländern ein starkes Wachstum. (Meier 2000) Das Tourismusprotokoll allein kann dieser Problematik nicht gerecht werden. Deshalb kommt dem Protokoll „Verkehr" nicht nur für die Verlagerung des Transitverkehrs auf die Schiene, sondern auch bezüglich der Bereiche Freizeit und Tourismus eine Schlüsselstellung zu.

Im Rahmenvertrag hatten sich die Alpenstaaten dazu verpflichtet, die „Belastungen und Risiken im Bereich des inneralpinen und alpenquerenden Verkehrs auf ein

Maß zu senken, das für Menschen, Tiere und Pflanzen sowie deren Lebensräume erträglich ist." Das Verkehrsprotokoll verpflichtet die Vertragsparteien davon ausgehend zum Prinzip, beim Verkehr den Umweltbelangen grundsätzlich Rechnung zu tragen. So sollen u.a. die Stoffeinträge in die Umwelt begrenzt und die externen Kosten des Verkehrs internalisiert werden (Artikel 3). Die Vertragsparteien verpflichten sich, den „Ausbau kundenfreundlicher und umweltgerechter öffentlicher Verkehrssysteme" zu fördern (Artikel 9). Sie wollen die Schaffung und Erhaltung von verkehrsberuhigten und verkehrsfreien Zonen, die Einrichtung autofreier Tourismusorte sowie Maßnahmen zur Förderung der autofreien Anreise und des autofreien Aufenthalts von Urlaubsgästen unterstützen (Artikel 13). Darüberhinaus einigten sie sich darauf, die Umweltbelastungen des Flugverkehrs einschließlich des Fluglärms soweit wie möglich zu senken. Ebenso solle der Neubau und der erhebliche Ausbau von bestehenden Flughäfen im Alpenraum begrenzt werden (Artikel 12).

Eine altes Postulat lautet, dass der touristische Verkehr weitgehend auf öffentliche Verkehrsmittel verlagert werden müsse. (Die Alpenkonvention – eine Zwischenbilanz 1993, 59) Im Tourismusprotokoll haben die Alpenstaaten lediglich vereinbart, dass die Erreichbarkeit von Tourismusorten mit öffentlichen Verkehrsmitteln und die Benutzung solcher Verkehrsmittel durch die Touristen verbessert werden soll. Daneben wollen sie Maßnahmen fördern, die auf eine Einschränkung des motorisierten Verkehrs in den touristischen Zentren abzielen (Artikel 13). Das Verkehrsprotokoll stellt darüberhinaus die Verbindung zwischen Infrastrukturausbau und Verkehrszunahme her, und die Vertragsparteien vereinbaren, die verkehrlichen Auswirkungen weiterer Erschließungen mit touristischen Anlagen zu prüfen (Artikel 13).

Einen weiteren Konfliktbereich des Freizeitverkehrs bilden die Motorsportarten. Sportgeräte wie Ultraleichtflugzeuge oder Schneemobile verzeichnen in einigen Alpenländern eine starke Zunahme. „Einsatz motorbetriebener Freizeitgeräte strikt limitieren", verlangte die CIPRA 1992. Insbesondere das Heliskiing und die Ultra-Leicht-Fliegerei seien im Alpenraum generell zu untersagen. (Die Alpenkonvention – eine Zwischenbilanz 1993, 54) Das Tourismusprotokoll folgt dieser Forderung teilweise, indem es die Ausübung motorisierter Sportarten „so weitgehend wie möglich" begrenzt oder „erforderlichenfalls" verbietet. Ein Zusatz, nach welchem von den zuständigen Behörden für die Ausübung motorisierter Sportarten bestimmte Zonen ausgewiesen werden können, lässt allerdings grosse Spielräume offen (Artikel 15).

Gemäß Verkehrsprotokoll bemühen sich die Vertragsparteien, das Absetzen aus Luftfahrzeugen außerhalb von Flugplätzen – auch für sportliche Zwecke – so weitgehend wie möglich einzuschränken oder erforderlichenfalls zu verbieten. Verlangt werden insbesondere geeignete Maßnahmen zum Schutz der Wildfauna, indem sie den nichtmotorisierten Freizeit-Luftverkehr zeitlich und örtlich einschränken (Artikel 12). Der ursprüngliche Satz, der das Heliskiing alpenweit verbieten wollte, ist kurz vor der Unterzeichnung aus dem Verkehrsprotokoll herausgestrichen worden: Die allzu unterschiedliche rechtliche Ausgangslage in den einzelnen Alpenstaaten schlug für die Umwelt negativ zu Buch.

9. Fazit: Erfolgversprechende Ansätze und blinde Flecken

Liefert die Alpenkonvention im genügenden Ausmaß Ansatzpunkte für einen umwelt-, kultur- und sozialverträglichen Alpentourismus? Das Fazit in Bezug auf das Tourismusprotokoll muss an dieser Stelle durchzogen ausfallen. Die über weite Strecken unverbindlichen Formulierungen und die bislang weitgehend ausbleibenden Umsetzungsbemühungen der Vertragsparteien lassen befürchten, dass die Alpenkonvention für den Alpentourismus mit seinem großem Handlungsbedarf grauer Buchstabe bleibt. Nachdem dem Tourismusprotokoll die schärfsten Zähne gezogen worden sind, richtet sich die Hoffnung auf die anderen Protokolle, welche in ihren tourismusrelevanten Aussagen teilweise wesentlich präziser und konkreter sind als das Stammprotokoll.

Daneben weist das Tourismusprotokoll auch eine ganze Reihe von blinden Flecken auf. Gemessen an den aktuellen Problemstellungen sind die Lücken in den Protokollthemen nicht unerheblich, und einige aktuelle und brennende Fragen bleiben weitgehend unberücksichtigt. Dies gilt etwa bezüglich der für den alpinen Wintertourismus alarmierenden Ergebnisse der Klimafolgenforschung, für die Trendsportarten und bezüglich Planung und Bau von Freizeitparks in den Alpen. Wintersport-Großveranstaltungen wie die Olympischen Spiele, deren Planung in der Öffentlichkeit hohe Wellen wirft, werden kaum thematisiert. Auch die Auswirkungen des Tourismus auf die einheimische Bevölkerung und auf die lokale und regionale Kultur werden in den Protokolltexten vernachlässigt. Neben seit längerem feststellbaren generellen Defiziten in der Auseinandersetzung um die soziale Dimension des Alpentourismus dürfte dies damit zusammenhängen, dass die Alpenkonvention bisher über kein Protokoll „Bevölkerung und Kultur" verfügt.

Kritisch muss hinterfragt werden, wieso die Alpenkonvention und insbesondere das Tourismusprotokoll auf einem traditionellen Tourismusverständnis basiert, welches den Begriff „Tourismus" mit dem Aufenthaltstourismus gleichsetzt. Der auch in den Alpen immer wichtiger werdende Bereich der Naherholung und der Nächsterholung wird weitgehend ausgeklammert. Die starke Zunahme dieser

Aktivitäten betrifft neben den voralpinen Gebieten im Einzugsbereich der Alpenrandstädte wesentlich auch die Bewohnerinnen und Bewohner der sich urbanisierenden Alpenregionen selber. Generelle gesellschaftliche Entwicklungen machen auch vor den Alpen nicht halt. Für die Nah- und Nächsterholung im Alpenraum dürfte sich deshalb bald ein mindestens ebenso großer Problemlösungsbedarf ergeben wie für den herkömmlichen Alpentourismus.

Die Alpenkonvention und ihre Protokolle sind in einer zeitlichen Phase entstanden, in der intensive Auseinandersetzungen über das „richtige" und das „falsche" Bild der Alpen geführt worden sind (Bätzing 2000). In diesem Sachverhalt mag eine wesentliche Ursache dafür liegen, wieso sich die Konsensfindung zwischen den Vertragsparteien und weiterer alpiner und außeralpiner Interessen weitgehend als unmöglich erwies. Betroffen von diesem Dissens sind Problembereiche, deren Klärung für die zukünftige Entwicklung der Alpen zentral und wichtig wäre und damit die Bevölkerung der Alpenregionen selber. Positiv ist zu werten, dass sich die Vertragsparteien die Möglichkeit offengelassen haben, die Alpenkonvention und ihre Protokolle zu einem späteren Zeitpunkt zu überarbeiten und den neuen Gegebenheiten entsprechend weiterzuentwickeln. In diesem Sinne sollte die Alpenkonvention tatsächlich mehr als ein dynamischer Prozess denn als ein statisches Dokument betrachtet werden. Und sobald die größten politischen Hürden der Ratifizierung einmal überwunden sind, wird sich eine Überarbeitung der Alpenkonvention möglicherweise schon bald aufdrängen. Aus dem Tourismusprotokoll wird dann hoffentlich ein Protokoll „Tourismus und Freizeit", wie dies im Rahmenvertrag ursprünglich vorgesehen war.

Auch mit den erwähnten zahlreichen Einschränkungen bietet die Alpenkonvention durchaus Ansätze für eine integrative Tourismusentwicklung in den Alpen, nicht zuletzt dank der im Rahmenvertrag deutlich formulierten Grundsätze. Wichtige in den Protokollen angesprochene Themenbereiche bilden z.B. die Besänftigung des Freizeitverkehrs, die Festlegung von Ruhezonen und die umwelt- und sozialgerechte Entwicklung des ländlichen Tourismus. Auch einige der punktuell vorgeschlagenen Initiativen könnten in den nächsten Jahren durchaus eine positive Wirkung entwickeln. Zu denken ist an den im Tourismusprotokoll vorgesehenen Wettbewerb, der innovative touristische Initiativen und Produkte, die den Zielsetzungen dieses Protokolls entsprechen, auszeichnen soll. Auch das von den Vertragsstaaten vorgesehene Alpenkonventionslabel kann seine Wirksamkeit entfalten, wenn dafür klare und transparente Kriterien eingeführt werden und deren Einhaltung kontrolliert wird. Oder denken wir an das „Netzwerk Alpiner Schutzgebiete" (Schutzgebietstourismus 2000), in welchem Parks aus den ganzen Alpen zusammenarbeiten und an die Initiative von über hundert Gemeinden aus sieben

Ländern, welche im Gemeindenetzwerk „Allianz in den Alpen" erfolgreich kooperieren. (Aufbruch 2001)

Literatur

Aufbruch in den Alpengemeinden (2001): Fünf Jahre Allianz in den Alpen. Hrsg. vom Gemeindenetzwerk "Allianz in den Alpen". Zürich 2001.

Bätzing, W. (2000): Postmoderne Ästhetisierung von Natur versus "schöne Landschaft" als Ganzheitserfahrung – von der Kompensation der "Einheit der Natur" zur Inszenierung von Natur als "Erlebnis". In: Hegel-Jahrbuch 2000, 2. Teil, Berlin 2000, 196-201.

Bätzing, W./Perlik, M. (1995): Tourismus und Regionalentwicklung in den Alpen 1870 – 1990. In: Luger, K./Inmann, K. (Hg.): Verreiste Berge – Kultur und Tourismus im Hochgebirge. Innsbruck/Wien 1995, 43-79.

Baumgartner, C./Röhrer, C. (1998): Nachhaltigkeit im Tourismus – Umsetzungsperspektiven auf regionaler Ebene. Wien 1998.

CIPRA (1998): Alpenreport. Daten – Fakten – Probleme – Lösungsansätze. Bern 1998.

Conservation et développement d'un patrimoine européen (1979): Symposium international sur l'avenir des Alpes, Trento, 31 août – 6 septembre 1974. Morges 1979.

Die Alpenkonvention – eine Zwischenbilanz (1993): Ergebnisse der CIPRA-Jahresfachkonferenz 1992 in Schwangau. Herausgegeben von Walter Danz und Stefan Ortner (= CIPRA Schriften Nr. 10). München 1993.

Haßlacher, P. (2000): Die Alpenkonvention – eine Dokumentation. Fachbeiträge des Oesterreichischen Alpenvereins. Serie: Alpine Raumordnung Nr. 17. Innsbruck 2000.

Haßlacher, P. (1998): Stand und Perspektiven der Alpenkonvention. In: Hamberger, S. u.a. (Hg.): Schöne neue Alpen. Eine Ortsbesichtigung. Ausstellungskatalog der Gesellschaft für ökologische Forschung. München 1998, 214-216.

Krippendorf, J. (1975): Die Landschaftsfresser. Tourismus und Erholungslandschaft – Verderben oder Segen? Bern 1975.

Küpfer, I./Elsasser, H. (2000): Regionale touristische Wertschöpfung: Fallbeispiel Nationalparktourismus in der Schweiz. In: Tourismus Journal, 4. Jg. (2000) Heft 4, 433-448.

Meier, R. (2000): Daten zum Freizeitverkehr. Methodische Analysen und Schätzungen zum Freizeitverkehr. Verkehr und Umwelt. Materialien des NFP 41, Materalienband M19. Bern 2000.

Perlik, M. (1999): Urbanisationszonen in den Alpen – Ergebnis wachsender Pendeldistanzen. In: Die Zukunft der Alpenstädte. Conférence de Villach, 19.–20.6.1998. Geografica Bernensia P36/Revue de Géographie Alpine 1999 Nr. 2. Bern 1999, 146-165.

Schutzgebietstourismus in den Alpen (2000): Eine Bestandsaufnahme der touristischen Infrastruktur und Besucherfrequenzen sowie relevanter Angaben zur regionalwirtschaftlichen Wertschöpfung. Herausgegeben vom Netzwerk Alpiner Schutzgebiete und von der Schweizerischen Akademie der Naturwissenschaften (= Les dossier du Réseau Alpin, No. 2). Bern/Gap 2000.

Siegrist, D. (2000): Neue Wertschöpfungspotenziale mit dem landschaftsorientierten Tourismus. In: Internationale Alpenschutzkommission CIPRA (Hg.) Alpentourismus. Ökonomische Qualität – ökologische Qualität. Tagungsband der CIPRA-Jahresfachtagung, 12.–14. Oktober 2000 in Trento. Schaan 2000

Siegrist, D. (1998): Extremtendenzen im Naturtourismus. Eine kulturwissenschaftliche Annäherung an den Risikonatursport. In: Tourismus Journal 2 Jg. (1998) Heft 2, 237-252.

Umweltpolitik im Alpenraum (1989): Ergebnisse der Internationalen CIPRA-Konferenz 1988 in Lindau. Herausgegeben von Walter Danz (= CIPRA Schriften Nr. 5). München 1989.

Wachter, D. (1993): Vertiefung sozio-ökonomischer Aspekte der Alpenkonvention und ihrer Protokolle – eine Untersuchung der SAB im Auftrag des BUWAL. Hg.: Bundesamt für Umwelt, Wald und Landschaft (BUWAL-Umwelt-Materialien/Natur und Landschaft Nr. 2). Bern 1993.

Zusammenfassung

Wenn alles wie geplant läuft, werden die acht Alpenländer und die EU im Jahr 2002 die Ausführungsprotokolle der Alpenkonvention ratifizieren. Kann jedoch die Alpenkonvention in ihrer heutigen Form der großen Vision ihrer damaligen Initiantinnen und Initianten gerecht werden? Bietet diese im genügenden Ausmaß Ansatzpunkte für einen umwelt-, kultur- und sozialverträglichen Alpentourismus? Die vorliegende Analyse des Tourismusprotokolls und der weiteren tourismusrelevanten Protokolle fällt durchzogen aus. Die oftmals unverbindlichen Formulierungen in den Protokolltexten und die bislang weitgehend ausbleibenden Umsetzungsbemühungen der Vertragsstaaten lassen befürchten, dass die Alpenkonvention in Zukunft grauer Buchstabe bleibt. Nachdem das Tourismusprotokoll im Zuge der Verhandlungen an Kontur verloren hat, sind die Protokolle „Naturschutz und Landschaftspflege", „Bergwald" und „Bodenschutz" in ihren tourismusrelevanten Aussagen teilweise wesentlich präziser und konkreter als das Stammprotokoll. Trotz der geäußerten Bedenken bietet die Alpenkonvention dennoch Ansätze für eine integrative Tourismusentwicklung in den Alpen, nicht zuletzt dank der im Rahmenvertrag deutlicher als in den Fachprotokollen formulierten Grundsätze. Positiv ist auch zu werten, dass die Vertragsparteien die Möglichkeit offen gelassen haben, die Alpenkonvention und ihre Protokolle zu einem späteren Zeitpunkt zu überarbeiten und weiterzuentwickeln. In diesem Sinne sollte die Alpenkonvention mehr als ein dynamischer Prozess denn als ein statisches Dokument betrachtet werden.

Dominik Siegrist, Dr., Jahrgang 1957, ist promovierter Geograf und arbeitet für das Alpenbüro Netz und für die Hochschule Rapperswil. Er ist Präsident der CIPRA Schweiz und Vorsitzender des Instituts für Integrativen Tourismus und Freizeitforschung (IITF) in Wien.
E-mail: dominik.siegrist@alpenbuero.ch

Kaprun um 1927   Quelle: Archiv Josef M. Meidl

Salzburg, Mönchsbergaufzug um 1900   Quelle: Archiv Josef M. Meidl

Ruedi Meier

Strategien für einen nachhaltigen Freizeit- und Tourismusverkehr

Mehr Freizeit und Einkommen, aber auch effizientere Verkehrsmittel und neue Freizeitangebote haben in den vergangen Jahren zu mehr Freizeit- und Tourismusverkehr geführt. Mit einem weiteren Wachstum ist zu rechnen und die bereits dominante Position des Freizeit- und Tourismusverkehrs wird weiter zunehmen. In wirtschaftlicher und sozialer Hinsicht ist der Freizeitverkehr als weitgehend nachhaltig zu bezeichnen: Der Zusammenhalt einer Gesellschaft und individuelle Identitäten werden in der Freizeit geformt und gestärkt. Freizeitangebote stellen, vor allem auch für Rand- und Berggebiete, aber auch international, einen wichtigen wirtschaftlichen Faktor dar. Hingegen bestehen eklatante Konflikte mit den ökologischen Zielsetzungen: Der Freizeitverkehr verursacht mit seinen hohen CO_2-Emissionen, dem Verbrauch nicht-erneuerbarer Energien, den Lärm- und Bodenbelastungen ernsthafte Probleme. Diese können nur gelöst werden, wenn deutliche Kurskorrekturen auf lokaler, regionaler, vor allem aber nationaler und internationaler Ebene eingeleitet werden.

1. „Freizeit" und „Freizeitverkehr"

Der Freizeitverkehr kann nur verstanden werden, wenn Klarheit über den Begriff Freizeit besteht. Diese ist erstens als *freie Zeit* (quantitativer Aspekt der Freizeit) zu verstehen, das heißt als verbleibende Zeit, die sich nach Abzug der Erwerbszeit, der Erfüllung individueller Pflichten und der „Reproduktionstätigkeiten" (Essen, Schlafen) ergibt. Die Grenzen von effektiv freier Zeit und verpflichteter Zeit sind fließend. Immerhin ist es möglich, statistisch definierte Zeitbudgets zu erfassen und Freizeit als Residualgröße zu bestimmen. Für Freizeitaktivitäten werden bereits heute pro Tag im Durchschnitt rund sechs Stunden eingesetzt. In der Freizeit findet zweitens eine *subjektive Identitätsfindung* (psychologischer und sozialer

Aspekt) statt: Freizeit stellt einen eigenständigen Lebensbereich dar, wobei Abhängigkeiten und Interaktionen von der Arbeitswelt oder den Siedlungsstrukturen nicht übersehen werden dürfen. Drittens umfasst Freizeit eine *Summe von Aktivitäten* (Aspekt der Aktivitäten), die sich im Haus, aber auch außer Haus abspielen und damit Freizeitverkehr auslösen. Als wichtige außerhäusliche Aktivitätsbereiche lassen sich Verwandten- und Bekanntenbesuche, Sport, Kultur/Kunst, Unterhaltung und Reisen bestimmen, wobei fließende Übergänge zwischen den Tätigkeiten zu beachten sind. Der *Besuch von Veranstaltungen* ist als übergeordnete Kategorie von Tätigkeiten zu verstehen, seien es Sport-, Kultur- oder Polit-Veranstaltungen.

Wieviel Freizeit- und Tourismuskilometer werden konsumiert?

In der Schweiz – auf dieses Land bezieht sich die empirische Basis dieses Beitrages – werden von Inländern und Ausländern im Freizeitverkehr rund 63 Milliarden Personenkilometer nachgefragt, was rund 60 Prozent der nationalen Verkehrsleistung von 106 Milliarden Personenkilometern entspricht (Stand der Daten Mitte 90er-Jahre).

Dazu kommen weitere 40 Milliarden Personenkilometer, die Schweizer auf ihren Ausflügen ins Ausland und vor allem bei ihren Ferienreisen ins Ausland konsumieren. Der Freizeit- und Tourismusverkehr ist damit der mit Abstand wichtigste Verkehrszweck.

Modalsplit des gesamten Freizeitverkehrs der Schweizer: 50 Prozent MIV (motorisierter Individualverkehr), 30 Prozent Flug

Die Verkehrsmittelwahl entscheidet in einem erheblichen Ausmaß über die Umweltbelastungen der Mobilität. In Tabelle 1 wird ein Überblick zum Modalsplit des Freizeitverkehrs der Schweizer vermittelt: Neben der Unterscheidung nach Verkehrsmitteln wird nach gefahrenen Kilometern im Inland bzw. im Ausland differenziert und das Total präsentiert. Es zeigt sich, dass die umweltfreundlichen Verkehrsträger im Inland (Öffentlicher Verkehr ÖV, Langsamverkehr – LV; Spezialbahnen/Schiffe) mit 30 Prozent einen relativ hohen Anteil ausmachen. Im Auslandverkehr dominieren klar das Flugzeug (60 Prozent Anteil) und der motorisierte Individualverkehr (MIV) mit 30 Prozent. Der öffentlichen Verkehr hat nur noch einen Anteil von 10 Prozent und für den Langsamverkehr liegen keine brauchbaren Daten vor.

Tabelle 1: Modalsplit Inländer in Mrd. Pkm und Anteile in Prozent am Freizeitverkehr

	Inland		Ausland		Total Inland/Ausland	
	in Mrd. Pkm	Anteil in %	in Mrd. Pkm	Anteil in %	in Mrd. Pkm	Anteil in %
MIV – PW	27	66	11	30	38	48
Flug	–	–	25	60	25	31
ÖV (Bahn, Bus, Post, Tram)	7	17	4	10	11	14
LV (zu Fuß / Fahrrad)	4	10	offen	–	>4	5
Andere (Spezialbahnen, Schiffe usw.)	2	3	unter ÖV	–	2	2
Total	40	100	> 40	100	80	100

MIV = Motorisierter Individualverkehr; ÖV = Öffentlicher Verkehr, LV = Langsamverkehr   *Quelle: Meier, 2000b*

Insgesamt zeigt sich, dass im internationalen Ferienverkehr das Auto und das Flugzeug klar dominieren. Gemessen am gesamten Freizeitverkehr der Schweizer im In- und Ausland machen umweltfreundliche Verkehrsmittel (ÖV, LV) noch ein Fünftel aus.Für die kommenden Jahre ist – vor allem beim Flugverkehr – mit jährlichen Wachstumsraten von 3 bis 6 Prozent zu rechnen.

Relativ geringer Anteil des Übernachtungstourismus der Schweizer in der Schweiz am gesamten Freizeitverkehr

Für die Schweizer Wohnbevölkerung entfallen schätzungsweise 2,2 Mrd. Pkm des Freizeitverkehrs auf den Übernachtungstourismus in der Schweiz (mindestens eine Übernachtung). Am Freizeitverkehr der Inländer in der Schweiz gemessen (40 Mrd. Pkm), entspricht dies knapp 6 Prozent. Für die Ausländer, die in der Schweiz mindestens einmal übernachten, wird der Freizeitverkehr auf rund 5 Mrd. Pkm geschätzt, was etwa 25 Prozent der Ausländerkilometer in der Schweiz insgesamt entspricht. Bezogen auf alle Freizeitkilometer in der Schweiz (63 Mrd. Pkm) macht der Übernachtungstourismus 11 Prozent aus (rund 7 Mrd. Pkm). Die Übernachtungen (Hotels, Parahotellerie usw.) in der Schweiz in der Freizeit generieren somit relativ wenige Kilometer. Dabei ist der Anteil des MIV leicht unterdurchschnittlich, der Anteil des ÖV leicht überdurchschnittlich.

Unsicherer, vermutlich aber beträchtlicher Anteil des Ausflugstourismus

Das Volumen des Ausflugsverkehrs ist schwierig zu erfassen. Es wird auf rund 12 Mrd. Pkm oder 30 Prozent des Binnenfreizeitverkehrs geschätzt. Dabei werden verschiedene Freizeitzwecke, Verwandten- und Bekanntenbesuche sowie Sport, Kunst – teilweise auch in Kombination – unterschieden.

Tabelle 2: Übernachtungstourismus – Ausflugstourismus – Freizeitmobilität (Dauer weniger als 5 Stunden) der Inländer in der Schweiz

	Mrd. Pkm	Anteil in %
Übernachtungstourismus (eine Übernachtung und mehr)	ca. 2	5
Ausflugstourismus (Tagesausflug länger als fünf Stunden)	ca. 12	30
Freizeitmobilität von weniger als fünf Stunden Dauer – kurze Distanzen	ca. 25	65
Total	ca. 40	100

Quellen: Meier, 2000b

Freizeitverkehr mit primär kurzen Distanzen

Gemäß Mikrozensus 1994, Verkehrsverhalten in der Schweiz, sind die Distanzen, die für den Freizeitverkehr pro Tag zurückgelegt werden (17 km; Gesamtverkehr 34 km) zwar länger als für andere Verkehrszwecke (z.B. Pendeln: 8 km), aber immer noch relativ kurz. Werden die ausländischen Freizeitkilometer dazugezählt, so ergibt sich eine Verdoppelung auf 34 pro Tag und Person. Der Tagesdurchschnitt wird durch die relativ wenigen Freizeitreisen, die aber sehr lange Distanzen aufweisen können, deutlich erhöht. Es bleibt aber die Tatsache, dass die meisten Freizeitkilometer auf recht kurzen Distanzen stattfinden.

Freizeitsegmente: Analyse nach Freizeitaktivitäten/Zwecken

Verwandten- und Bekanntenbesuche: ein Drittel des Binnenfreizeitverkehrs

Verwandten- und Bekanntenbesuche stellen mit großer Sicherheit ein erhebliches Segment des Freizeitverkehrs dar. Es wird geschätzt, dass bei rund einem Drittel des Binnenfreizeitverkehrs Verwandten- und Bekanntenbesuche das Hauptmotiv sind. Damit würden zu diesem Zweck rund 13 Mrd. Pkm zurückgelegt. Über Verkehrsverhalten und Modalsplit gibt es bei diesem Segment keine Untersuchungen. Zu vermuten ist aber, dass der Transport von Kindern und der Zeitpunkt der Reisen – teilweise zu später Stunde – zu einem hohen MIV-Anteil führen.

Sportverkehr als wichtiges Segment

Auf den Sportverkehr der Schweizer im Inland entfallen rund 10 Mrd. Pkm oder 25 Prozent des Freizeitverkehrs der InländerInnen. Im Ausland werden schätzungsweise nochmals gleich viele Kilometer zurückgelegt. Für die einzelnen Sportarten können gemäß Stettler (1997) folgende Zahlen ausgewiesen werden: Skifahren ca. 2 Mrd. Pkm, Wandern 1,5 Mrd. Pkm, Schwimmen 0,6 Mrd. Pkm, Fitness-/Krafttraining/Aerobic 0,6 Mrd. Pkm, Tennis 0,5 Mrd. Pkm. Weitere rund 150 Sportarten machen zusätzlich 6 Mrd. Pkm aus.

360

Veranstaltungen verschiedenen Freizeitsegmenten zuordnen

Indoor- und Outdoor-Veranstaltungen entsprechen einem Anteil von rund 15 bis 20 Prozent des Binnenfreizeitverkehrs oder rund 7 Mrd. Pkm, die aber auch unter Sport, Kultur und Kunst zu erfassen sind. Wenn Doppelzählungen ausgeschlossen werden, verbleiben für Veranstaltungen (Unterhaltung, Politik etc.) rund 10 Prozent der gesamten 40 Mrd. Pkm oder 3 bis 4 Mrd. Pkm. Bei Veranstaltungen wird zum Teil ein hoher Modalsplit für umweltfreundliche Verkehrsmittel erzielt.

Tabelle 3: Segmente des Freizeitverkehrs der Inländer in der Schweiz nach Aktivitäten/Zwecken

	In Mrd. Pkm	In %
Bekannten-, Verwandtenbesuche	13	33
Sport	10	30
Veranstaltungen (ohne Sport/Kunst/Kultur), Freizeitmessen, Politik, Religion etc.	3 bis 4	9
Kunst/Kultur	2	5
Gastrotourismus	2	5
Zoos/Erholungsparks	1,3	3
Sextourismus	1	3
Freizeitparks	0,5	1
Kinobesuche	0,5	1
Spiel-Sportparks/Plauschbäder	0,2	0,2
Nicht zugewiesen	6	15

Quelle: Meier 2000b

Bemerkung zu Tabelle 3: Es wird von der Prämisse ausgegangen, dass jeweils eine Freizeitaktivität im Vordergrund steht und bestimmte Verkehrsleistungen nachgefragt werden. Zumindest ein Teil der Freizeitleistungen setzt sich aber aus Kombinationen zusammen, z.B. Verwandtenbesuche/Gastrotourismus. Dieser Tatsache wird mit konservativen Annahmen bei den Distanzen (d.h. weniger Kilometer) Rechnung getragen.

Kultur und Kunst

Auf SchweizerInnen entfallen im Inland pro Jahr rund 50 Millionen Theater-, Konzert- oder Museenbesuche, und dabei werden schätzungsweise rund 2 Mrd. Pkm verursacht. Ein relativ geringer Anteil von ca. 10 Prozent dürfte sich mit dem Segment Übernachtungstourismus überschneiden.

Gastrotourismus, Disco, Dancing

In der Schweiz gibt es rund 28.000 Restaurants, für deren Besuch schätzungsweise 2 Mrd. Pkm gefahren werden. Für *Auswärts Essen gehen* während der Freizeit werden rund 0,2 Mrd. Pkm veranschlagt.

Zoos und Erholungsparks

Die Schweiz verfügt über rund 10 größere Zoos mit mindestens 5 Mio. Besuchern pro Jahr. Viele kleinere Zoos – meistens von Privaten geführt, in dezentralen Lagen – kommen hinzu. Bei durchschnittlichen Fahrdistanzen von 30 km wird eine Verkehrsleistung von 1,3 Mrd. Pkm geschätzt.

Größere Erholungsparks mit attraktiver Fauna und Flora gibt es in Zürich, Basel, Bern und Genf. Sie kommen auf mindestens ein halbe Million Besucher, die bei durchschnittlichen Distanzen von 20 Pkm nur etwa 0,001 Mrd. Pkm verursachen.

Sextourismus

Sextourismus führt in vielen Städten und Landgemeinden zu heißen Verkehrsdiskussionen. Oft sind damit Nachtruhestörungen verbunden, und nicht selten passieren Unfälle unter Alkoholeinfluss. Schätzungsweise werden für den Sextourismus von Schweizern im Inland rund 1 Mrd. Pkm absolviert. Dabei dürfte der MIV-Anteil sehr hoch sein.

Freizeitparks bzw. Themen- und Erlebnisparks

In der Schweiz existieren mehr als ein Dutzend Themen- und Erlebnisparks mit durchschnittlich 200.000 bis 400.000 Besuchern pro Jahr. Das Verkehrshaus in Luzern kommt total auf rund 800.000 Besucher. Insgesamt ist mit mindestens 5 Mio. Besuchen von SchweizerInnen in Freizeitparks zu rechnen. Bei durchschnittlich 100 Reisekilometern pro Person macht das rund 0.5 Mrd. Pkm aus.

Spiel- und Sportparks/Bäder

Gut ein Dutzend Spiel- und Sportparks/Bäder bieten ein vielfältiges Angebot, das von etwa 2 Mio. Besuchern genutzt wird. Sie fragen schätzungsweise rund 0,2 Mrd. Pkm nach (100 km pro Besuch). Hier gibt es Überschneidungen mit dem Einkaufen, aber auch dem Gastro-Tourismus. Weitere Pkm bei kurzen Distanzen fallen für den Besuch von kleineren öffentlichen und privaten Bädern an.

Kino: 15 Mio. Besucher mit ca. einer halben Mrd. Pkm Verkehrsleistung
Im Jahr 1999 sind in 329 Kinos (mit 471 Leinwänden) zirka 15 bis 20 Millionen
Kinobesuche zu verzeichnen. Bei einer durchschnittlichen Distanz (hin und zurück)
von 30 km pro Besuch werden für diese Freizeitbeschäftigung also ca. 0,5 Mrd.
Pkm pro Jahr absolviert. Überschneidungen sind mit dem Übernachtungstourismus
v.a. bei Filmfestivals zu erwarten, wobei dieser Anteil unter fünf Prozent liegen
dürfte. Ebenfalls gering ist wohl der Anteil der Ausländer unter den Kinobesuchern
in der Schweiz. Hingegen existieren weiter auch erhebliche Überschneidungen mit
den Zwecken Pendeln und Bildung.

2. Strategien für einen nachhaltigen Freizeitverkehr

Freizeitaktivitäten und Freizeitverkehr sind ein wichtiger Bereich in der modernen
Gesellschaft, und Entwicklungstrends deuten darauf hin, dass der Stellenwert eher
noch zunehmen wird. Bei den erwarteten Wachstumsraten sind massive Konflikte
mit offiziellen Umweltzielen programmiert, vor allem können die Vorgaben zur
Reduktion der Treibhausgase, wie sie etwa vom International Panel on Climate
Chance (IPCC) formuliert werden (Reduktion auf 1 bis 2 t pro Kopf bis 2050), bei
weitem nicht eingehalten werden: Gibt es in den nächsten Jahren beim
Freizeitverkehr tatsächlich ein zweistelliges Wachstum, werden die Ziele einer
Reduktion des fossilen Energieverbrauchs sowie vor allem der Reduktion der CO_2-
und Treibhausgas-Emissionen verfehlt. Insbesondere die Lärmbelastungen und der
Bodenverbrauch werden weiter zunehmen. Hingegen werden die wirtschaftlichen
und sozialen Ziele einer nachhaltigen Entwicklung durchaus erfüllt. Im Bereich
Freizeit und Freizeitverkehr zeichnet sich ein Konflikt zwischen ökologischen Zielen
einerseits und wirtschaftlichen sowie gesellschaftlichen Bedürfnissen anderseits ab.

Im folgenden werden die generelle Stoßrichtung für einen nachhaltigen Freizeitverkehr skizziert. Dabei unterscheiden wir bei der Systematik drei Ebenen:

A.) *Erstens* sind alle Ansätze zu beachten, die *generell zu einer nachhaltigeren
Mobilität* führen, die also im Prinzip nicht spezifisch auf den Freizeit- und
Tourismusverkehr ausgerichtet sind, aber einen wesentlichen Beitrag für einen
nachhaltigen Freizeitverkehr leisten können. Dazu zählen ein umweltverträg-
licherer Flugverkehr, die Förderung energieeffizienter Fahrzeuge, die Durchsetzung der Kostenwahrheit, die Parkplatzbewirtschaftung und die Unterstützung autofreier Haushalte bzw. des umweltverträglicheren Umgangs mit motorisierten Fahrzeugen.

B.) *Zweitens* sind Politikansätze zu beachten, die bereits heute zum Zuge kommen, die aber *spezifischen Bedürfnissen der Freizeit und des Freizeitverkehrs besser Rechnung tragen sollen.* Dazu gehören strategische Planungen, Raumordnung bzw. Raumplanung sowie Infrastruktur- und Verkehrspolitik.

C.) *Drittens* sind *neue spezifische Akzente im Freizeit- und Tourismusverkehr* zu setzen: Es gilt, weitere spezifische Analysen zu erarbeiten, zusätzliche Serviceleistungen einzuführen und vor allem neue Kooperationsformen – zum Beispiel im Bereich Freizeitveranstaltungen – zu entwickeln.

In den Tabellen 4 bis 6 sind die Strategieelemente und Maßnahmen für einen nachhaltigen Freizeit- und Tourismusverkehr im Überblick aufgeführt. Sie sollten rasch angepackt werden, auch wenn ihre Wirkungen meist erst mittel- bis längerfristig zum Tragen kommen.

Neben einer Beschreibung der Strategieelemente und Maßnahmen werden die wichtigsten Umweltwirkungen – vor allem bezüglich CO_2-Emissionen und Lärm – geschätzt.

A. Generelle Ansätze für einen nachhaltigen Freizeitverkehr

A.1 Flugverkehr umweltfreundlicher gestalten – Zunahme der Emissionen reduzieren

Die hohe Bedeutung des Flugverkehrs und die zu erwartenden massiven Wachstumsraten erfordern, dass entschieden Maßnahmen geprüft und ergriffen werden, um den Flugverkehr umweltfreundlicher zu gestalten. Dabei ist eine internationale Ausrichtung selbstverständlich. Nationale, regionale und private Maßnahmen sind so weit wie möglich auszuschöpfen.

Ansatzpunkte und Potenziale

Ansatzpunkte für einen umweltverträglichen Flugverkehr sind (Deutsches Zentrum für Luft- und Raumfahrt, www.dlr.de; Kommission der Europäischen Gemeinschaften, 1999; European Federation for Transport and Enviroment [T&E], 1998):

- *Technologische Verbesserungen bei den Flugzeugen:* Es sind weitere Leistungssteigerungen bei den Triebwerken – beispielsweise durch die Verwendung von neuen Materialien – möglich. Damit können die Emissionen minimiert werden (NOX bis minus 90 Prozent, CO_2-Emissionen minus 25 bis 30 Prozent, Lärm). Weiter kann das Gewicht der Maschinen mit neuen Materialien reduziert und der Auftrieb verbessert werden.

Tabelle 4: Generelle Ansätze für einen nachhaltigen Freizeitverkehr

Was: Probleme lösen, Ziele setzen	Wie: Maßnahmen ergreifen	Wie: Vorgehen, Umsetzen	Wer: Akteure
A.1. **Flugverkehr umweltverträglicher gestalten – Zunahme der Emissionen reduzieren**	Erheben von Abgaben Erheben von Steuern Lärmgebühren, Lärmgrenzwerte Umlagern auf Bahn/Schiene Vereinbarungen mit Fonds	Internationale Zusammenarbeit intensivieren, vollziehen Strategie Bund, Kantone Produktivität Bahn erhöhen Strategie entwickeln	International Bund TU Private
A.2. **Energieeffiziente Fahrzeuge fördern**	Verbrauchsabsenkpfad, Bonus-Malus, Energieeffizienz-Label, Energie Schweiz	Grundlagen schaffen Gezielt vollziehen	Bund Kantone
A.3. **Kostenwahrheit anstreben**	Internalisierung externer Kosten Externe Effekte beseitigen Abbau Subventionen ÖV	CO_2-Gesetz (50 Rp./l Benzin) Unfall- Lärmsanierungen Kein Wettbewerbsnachteil ÖV	Bund Kantone Gemeinden
A.4. **Parkplatzbewirtschaftung**	Volle Kosten als Grundsatz Keine Subventionen	Verankern als Grundsatz, z.B. im eidg. Raumplanungsgesetz	Bund Kantone
A.5. **Umweltverträglicher Umgang mit motorisierten Verkehrsmitteln – Autofreie Haushalte fördern**	Wahrnehmung schärfen Autofreie Wohnzonen Warentransport organisieren	Regierungsprogramme Richt- und Verkehrspläne Vereinbarungen	Bund Kantone Gemeinden

TU= Transportunternehmen

Quelle: Eigene Zusammenstellung

Insgesamt sind in den kommenden Jahren Effizienzsteigerungen von 30 bis 90 Prozent (Kerosinverbrauch, Schadstoffe) und Lärmverminderungen (minus 10 bis 12 Dezibel) möglich. Durch das Wachstum des Flugverkehrs werden allerdings die Effizienzpotenziale bei weitem zunichte gemacht und es müssen Anreize geschaffen werden, wenn die vorhandenen Optionen überhaupt ausgeschöpft werden sollen.

- *Optimierung der Auslastung:* Die Auslastung im Flugverkehr (Anzahl Sitze im Verhältnis zu Passagieren) ist bereits relativ hoch. In Europa werden ca. 50 und bei Interkontinentalflügen rund 70 bis 80 Prozent Auslastung erreicht. Mit einer guten Auslastung werden der Energieverbrauch und die Emissionen pro Flugpassagier vermindert und sie kann um 10 bis 20 Prozent weiter gesteigert werden. In der Regel ist dies mit – aus ökologischer Sicht teilweise verpönten – Last-Minute-Angeboten am ehesten möglich. Grundsätzlich haben die Fluggesellschaften ein Interesse, möglichst hohe Auslastungen zu erzielen.

- *Optimierung des Flugbetriebes:* Es sollen möglichst direkte Routen angestrebt und „Staus" beim An- und Abflug reduziert werden. Der Treibstoffverbrauch kann vermindert werden und vor allem lärmmäßig wird die Bevölkerung im Einzugsbereich der Flughäfen etwas weniger belastet.

- *Umlagerung des Flugverkehrs auf umweltverträglichere Verkehrsmittel (Bahn):* In Europa ist eine Umlagerung der Flüge von 500 (Geschäft) bis rund 1.000 (Freizeit) Kilometer als generelle Richtschnur anzustreben. Wichtigste Maßnahmen sind deutliche Produktivitätssteigerungen im grenzüberschreitenden Schienenverkehr, das heißt kürzere Fahrzeiten, Qualitätsverbesserungen der Serviceleistungen und Preissenkungen.

Von den rund 30 Milliarden Personenkilometern, die von der Schweiz aus – und zurück – in europäische Destinationen geflogen werden (Meier 2000b), können schätzungsweise rund ein Fünftel bis maximal ein Viertel auf die Bahn verlagert werden. Dies wären rund 6 bis 8 Milliarden Personenkilometer, was für den internationalen Bahnverkehr von der Schweiz aus mindestens eine Verdoppelung bis Vervierfachung – bei allerdings tiefem Ausgangsniveau – nach sich ziehen würde (Unique Zurich Airport, 2000; Amt für Verkehr, Kanton Zürich, 2000). Gemessen am gesamten Flugverkehr ab der Schweiz und retour (ca. 90 Mrd. Pkm, Meier 2000b) liegt das Verlagerungspotential allerdings unter 10 Prozent.

In längerfristiger Perspektive sollen neue Verkehrssysteme wie eine Eurometro (Magnetbahn in vakuumisierter unterirdischer Röhre) geprüft werden. Das Umlagerungspotential könnte wegen kürzeren Reisezeiten und damit einem größeren Einzugsgebiet um einen Faktor 2 bis 3 gesteigert werden.

Maßnahmen für einen umweltverträglicheren Flugverkehr

Damit die vorhandenen technischen und organisatorischen Möglichkeiten ausgeschöpft werden können, müssen Maßnahmen auf internationaler und nationaler Ebene ergriffen werden. Im Zentrum stehen die Internationale Zivilluftorganisation (ICAO) und die EU. Im Vordergrund stehen folgende Ansätze:

- *Einheben von Abgaben auf Emissionen und Kerosin:* Es sind verschiedene Ansätze denkbar: So können Emissionsabgaben erhoben werden, welche neben CO_2-Emissionen zum Beispiel auch NOX (Stickstoff) und VOC (Kohlenwasserstoff) als Bemessungsgrundlage beiziehen. Es wird breit bei den effektiven Emissionen angesetzt und verhindert, dass nicht einseitig einzig der Treibstoffverbrauch reduziert wird.

  Die Verwendung der eingenommenen Mittel kann verschieden gelöst werden: Im Vordergrund stehen der Einsatz für die Beseitigung der Umweltschäden, die Rückerstattung an die Luftfahrtgesellschaften, die involvierten Staaten oder die Wirtschaft/Bevölkerung. Damit ein hoher Konsens über eine Emissionsabgabe erzielt und die Ziele einer nachhaltigen Entwicklung eher erreicht werden können, sind verschiedene Rückerstattungskanäle zu benutzen.

  Bei einer Abgabe auf Kerosin von beispielsweise 20 Rappen (entspricht knapp einer Verdoppelung der Kerosinpreise) würden die Flugpreise um 10 bis 20 Prozent ansteigen. Es wird mit einem Rückgang der Flugkilometer von 2 bis 4 Prozent gerechnet. Bezogen auf die CO_2-Emissionen des Flugverkehrs der SchweizerInnen (ca. 8 Mio. t, siehe Kapitel 3), würde dies einen Rückgang von ca. 0,16 bis 0,3 Mio. t CO_2 bedeuten. Bei 40 Rappen pro Liter Kerosin rechnet die EU-Kommission mit doppelt so hohen Effekten, allerdings aber bereits auch mit einer deutlichen Gefährdung der europäischen Luftfahrtindustrie. (Kommission der Europäischen Gemeinschaften 1999)

  Zusätzliche Effekte könnten mit den eingenommen Mitteln erzielt werden, wenn diese für CO_2-reduzierende Maßnahmen eingesetzt werden. Es ist zu erwarten, dass die Lenkungseffekte um ein Mehrfaches gesteigert werden könnten.

- *Einheben von Steuern – Mehrwertsteuer und Mineralölsteuer auf Kerosin:* Das Einheben von Steuern auf Kerosen ist primär ein wirtschaftspolitisches Postulat: Es ist fragwürdig, dass der Flugverkehr keine Mehrwert- und Mineralölsteuern bezahlen muss wie dies für alle inländischen Energieträger und Treibstoffe gilt. Bei einem Mehrwertsteuersatz von beispielsweise 7 Prozent würden die Kerosinpreise um rund 2 Rappen, bei 15 Prozent um ca. 4 Rappen steigen. Die Flugpreise würden sich nur um wenige Prozent erhöhen. Entsprechend gering sind auch die Reaktionen der Nachfrage nach Flügen.

- *Reduktion der Lärm- und Schadstoffbelastungen:* Primär sind die Lärm- und Schadstoffgrenzwerte deutlich zu verschärfen. Die Forderungen, die von der EU unterstützt werden, müssen anlässlich der 33. Versammlung der ICAO im Jahr 2001 auch von der Schweiz eingebracht werden. Gleichzeitig ist dafür zu sorgen, dass lärmstarke Flugzeugkategorien rasch aus dem Verkehr gezogen werden. Deutliche Lärm- und Schadstoffverminderungen sind erreichbar.
  Mit noch stärker abgestuften Landegebühren gemäß Lärmemissionswerten sollen lärmärmere Flugzeuge weiter gefördert werden (Aufgabe Bund, Flughäfen). Die zeitliche Differenzierung der Lärmabgaben ist weiter auszubauen.
- *Umlagerung auf die Schiene:* Dies ist primär eine Aufgabe der Bahnen. Mit der Zusammenarbeit der SBB, DB und ÖBB – und weiteren Bahnen in Europa – sollen verbesserte Leistungen zu tieferen Preise angeboten werden: Gemeinsamer Einkauf von Rollmaterial, kürzere Fahrzeiten, mehr Service etc. Es können deutliche Verkehrszunahmen bei den Bahnen erzielt werden. Der Flugverkehr emittiert rund 0,16 bis 0,4 Mio. t weniger CO_2. Bei den Bahnen nehmen – unter heutigen Bedingungen – die Lärmbelastungen zu. Unter der Annahme eines europäischen Strommixes steigen die CO_2-Emissonen ebenfalls relativ geringfügig an.
- *Emissionshandel zur Reduktion der Treibhausgase:* Die Staaten und/oder die Luftfahrtgesellschaften sollen in einen Emissionshandel eingebunden werden: Der Luftverkehr hat eine Absenkung der CO_2- und Treibhausgasemissionen vorzunehmen – das heißt gemäß Kyoto (minus 10%) und IPPC (minus 70– 80% bis 2050) –, wie alle anderen Sektoren. Da dies beim Flugverkehr selber nicht möglich sein wird, sind über Emissionsgutscheine CO_2-Reduktionen in anderen Sektoren (zum Beispiel Gebäude) einzukaufen. Die Kosten sind auf die Flugtickets zu überwälzen. Ziele und Vorgehen sind international festzulegen und zu kontrollieren. Würden die Ausgaben der SchweizerInnen für Flüge von 3 Milliarden Franken um 3 Prozent erhöht, so würden Einnahmen von 150 Millionen Franken entstehen. Bei CO_2-Reduktionskosten von 50 Franken pro Tonne könnten immerhin 3 Millionen Tonnen vermindert werden (Meier 1998).
- *Vereinbarungen auf privater Ebene:* In jüngster Zeit sind Vorschläge erarbeitet worden, die auf freiwilliger Ebene Zuschläge auf Flugtickets einheben möchten, damit die Einnahmen für CO_2-reduzierende Projekte im In- und Ausland eingesetzt werden könnten. (Ernst 2000) Die Verkaufsstellen (Fluggesellschaften, Reisebüros etc.) müssten sich für einen Preiszuschlag von beispielsweise 10 bis 20 Franken pro Flugstunde bereit erklären. Sie können mit dieser Maßnahme bewusst Werbung machen (z.B. Umwelt- oder Ökoflüge) und direkt Kunden ansprechen. Bei rund 5 Millionen verkauften Tickets in der Schweiz und rund 40

Millionen Flugstunden (30 Mrd. Pkm/800 km pro Stunde, Meier 2000b) ergeben sich Einnahmen von 400 bis 800 Mio. Franken, was bei den Ausgaben der SchweizerInnen für Flugtickets von 3 Milliarden Franken immerhin 13 bis 26 Prozent entspricht. Zumindest in der Startphase müsste mit wesentlich geringeren Ansätzen und Beträgen gerechnet werden, wenn die internationale Wettbewerbsfähigkeit des Flugverkehrs der Schweiz nicht geschmälert werden soll.

Bei Kosten für CO_2-Vermeidungsmaßnahmen (Meier 1998) von 50 Franken, könnten bei 100 Millionen Franken Einnahmen 2 Millionen Tonnen CO_2 reduziert werden. Würden nur 50 Millionen Franken eingenommen (ca. 2 Prozent der gesamten Ticketkosten der SchweizerInnen) und kostengünstigere Teibhausgasreduktionen von 20 Franken pro Tonne CO_2-Äquivalent vorgenommen, so wäre eine Verminderung von immerhin 2,5 Millionen Tonnen CO-Äquivalenten möglich. Damit würde rund ein Viertel der CO_2-Emisionen oder 10 Prozent des Global Warming Potential (GWP) vermindert, die von den SchweizerInnen im Flugverkehr verursacht werden. Es zeigt sich, dass mit Vereinbarungen recht hohe Effekte erzielt werden können, wenn eine effiziente CO_2- bzw. CO_2-Aquivalent-Verminderungsstrategie gefahren werden kann. Als Investitionsbereiche kommen etwa der Bau und die Sanierung von Bauten im Energie- und Passivhausstandard in Frage.

A.2 Energieeffiziente Fahrzeuge fördern

Die Förderung energieeffizienter Fahrzeuge wird von den Experten als Schlüsselelement einer nachhaltigen Freizeit-Verkehrspolitik bezeichnet, weil sie sowohl eine hohe Wirksamkeit als auch eine große Akzeptanz habe. Angesichts der bedeutenden Potenziale von energieeffizienten Fahrzeugen kann dieser Meinung voll zugestimmt werden. Im Prinzip gibt es bereits eine breite Palette von Fahrzeugen, welche die Marktreife erlangt haben (z.B. Lupo, Hybridfahrzeuge). In andern Fällen scheint ein Durchbruch in absehbarer Zeit möglich (ev. Leichtelektromobile, wenn das Batterieproblem gelöst werden kann, Antrieb mit Brennstoffzellen). Mehr als 40 Fahrzeugmodelle werden mit einem Verbrauch von weniger als 5 Litern ausgewiesen.

Flottenverbrauch unter 5 Liter pro Auto absenken

Die laufenden Anstrengungen für die Förderung energieeffizienter Fahrzeuge sind sinnvoll. In den nächsten Jahren müssen die Anstrengungen aber deutlich verstärkt werden. Wir schlagen folgende Maßnahmen vor:

- *Priorität für die Absenkung des Flottenverbrauchs:* Es ist ein klarer Absenkpfad des Flottenverbrauchs für die nächsten 10 bis 15 Jahre festzulegen. Die gesetzlichen Grundlagen bestehen im eidgenössischen Energiegesetz. Der Bundesrat kann Ausführungsgesetze erlassen. Vom heutigen Flottenverbrauch von durchschnittlich rund 8,5 Liter auf 100 Kilometer pro Auto soll ein durchschnittlicher Benzinverbrauch von unter 5 l/100 km angestrebt werden. Wir schlagen vor, dass für die nächsten 10 Jahre eine jährliche Verminderung des Flottenverbrauchs von 3 Prozent realisiert wird. Dies ergibt ein Minus von 30 Prozent oder einen Durchschnitt von knapp 6 Litern pro Auto. Bei einer Zunahme der Fahrleistungen innerhalb 10 Jahren von rund 10 Prozent resultiert ein Minderverbrauch von rund 20 Prozent, was ein Minus von ca. 20 Prozent der PW-CO_2-Emissionen oder minus rund 2 Millionen Tonnen ergibt. So können bedeutende Effekte erzielt werden. Die 1998 abgeschlossene Vereinbarung zwischen der EU und dem Verband der Europäischen Autohersteller, die bis 2008 eine Reduktion des durchschnittlichen Benzinverbrauchs auf 6 Liter pro 100 Kilometer vorsieht, wird dafür sorgen, dass verbrauchsärmere Fahrzeuge auf dem Markt sein werden.
- *Bonus-(Malus)-System für verbrauchsarme Fahrzeuge:* Nach dem Scheitern von kantonalen verbrauchsabhängigen Motorfahrzeugsteuern soll der Bund das Zepter in die Hand nehmen und – parallel zur VAT – ein Bonus-Malus-System für energieeffiziente Autos einführen. Abgestützt auf die EU-Messverfahren sollten bei geringen CO_2-Emissionen (z.B. unter 20 g CO_2/km und m^2 Autofläche) eines Fahrzeuges ein Bonus von beispielsweise 3.000 Franken bezahlt werden. Bei doppelten CO_2-Werten (> 40 g CO_2/km und m^2) ist ein Malus von etwa 1.500 Franken zu bezahlen. Einnahmen und Ausgaben sollten sich die Waage halten, also keine Belastung des Bundeshaushaltes nach sich ziehen.
Gemäß Schätzungen von Infras (1999) kann mit einem Bonus-Malus-System eine jährliche CO_2-Reduktion von knapp 1 Prozent erzielt werden. Bis ins Jahr 2020 könnten rund 10 bis 15 Prozent oder 1 bis 1,5 Millionen Tonnen CO_2-Emissionen der PW – zusätzlich zur VAT – reduziert werden.
- *Label für energieeffiziente Fahrzeuge:* Auf der Basis der neuen EU-Normen sollte in zwei bis drei Jahren ein Label eingeführt werden. Die Wirkungen sind relativ schwierig zu quantifizieren. Primär werden die beiden Hauptmaßnahmen *Absenkpfad/Flottenverbrauch* und *Bonus-Malus-System* flankierend unterstützt und deren Wirksamkeit sichergestellt. Die KonsumentInnen können sich leichter über energieeffiziente Fahrzeuge ins Bild setzen und am ehesten beim Kauf eines sparsameren Autos profitieren.

A.3 Kostenwahrheit anstreben

Die Internalisierung der externen Kosten ist ein zentrales Anliegen einer marktwirtschaftlich orientierten Verkehrspolitik. Geschieht dies über den Benzinpreis, werden verschiedene Anpassungsreaktionen ausgelöst (Meier 1993):

- Kurzfristig: Änderung des Fahrverhaltens; Umsteigen auf LV und ÖV; Kauf von energiesparenden Fahrzeugen.
- Mittel- und langfristig: Entwicklung und vor allem stärkere Verbreitung von verbrauchsärmeren Fahrzeugen; kompaktere, integriertere Siedlungsstrukturen. Der Prozess der Reurbanisierung wird aktiv unterstützt.

Die Umsetzung von Kostenwahrheit ist mit dem Freizeitverkehr kompatibel

Mit Blick auf den Freizeitverkehr haben sich in den Umfragen keine grundsätzlichen Einwände gegen die Einführung von höheren Benzinpreisen ergeben. Vordergründig scheint aber, dass Benzinpreiserhöhungen auf tiefem Niveau (weniger als 50 Rappen pro Liter Preisaufschlag) keine allzu große Bedeutung zukommt. Vermutlich werden jedoch mittel- und langfristige Effekte in Meinungsäußerungen unterschätzt.

Die höheren Benzinpreise von 50 Rappen pro Liter Benzin werden den Fahrkilometer um 4 Rappen oder weniger als 10 Prozent verteuern. Der Benzinverbrauch und damit die CO_2-Emissionen dürften pro Jahr um rund 2 bis 3 Prozent oder ca 0,2 bis 0,3 Millionen Tonnen zurück gehen. Die Fahrleistungen und damit die Lärmbelastungen und Unfallzahlen werden deutlich weniger beeinflusst werden.

Strategie der Reduktion der externen Effekte des Verkehrs

Neben einer Internalisierung der externen Kosten des Verkehrs bietet sich als zweitbeste Lösung die Vermeidung oder Beseitigung der externen Effekte an. Der Vorteil dabei liegt gemäß unseren Abklärungen in einer größeren Akzeptanz. Vielfältige Maßnahmen sollen deshalb unter dieser Rubrik ergriffen werden:

- *Lärmsanierungen*: Maßnahmen an den Fahrzeugen; lärmschluckende Straßenbeläge; Lärmschutzwände; Lärmsanierungen von Gebäuden, gekoppelt mit energetischer Sanierung. (Vgl. ausführlich dazu: www.cerclebruit.ch)
- *Erhöhung der Verkehrssicherheit, u.a.*: Senkung der Alkoholgrenze; Verkehrsberuhigungen; Tempolimits etc. (Ausführlich dazu: www.bfu.ch)

A.4 Parkraumbewirtschaftung

Die Parkplatzbewirtschaftung spielt in der Wahrnehmung der Freizeitmenschen eine unterschiedliche Rolle: Bei Veranstaltungen in städtischen Gebieten wird offensichtlich von breiten Kreisen akzeptiert, dass Parkplätze knapp sind und Abgaben erhoben werden. Dort ist der Mangel an Parkplätzen auch ein Grund, mit dem ÖV zu fahren oder auf den ÖV bzw. Langsamverkehr umzusteigen. So scheint eine Erhöhung der Abgaben für Parkplätze in Städten möglich, sie könnten Autofahrer-Innen bis zu einem gewissen Ausmaß weiter zum Umsteigen animieren. Dabei ist für die Wirksamkeit des eingesetzten Maßnahmenmixes (Parkplatzabgaben inklusive direkte ÖV-Angebote, gezielte Vermarktung) entscheidend. Bisher werden – so auch bei der Basler Messe – kaum kostendeckende Parkplatzabgaben verlangt.

Wer einen Tagesausflug in eine ländliche Region macht, geht davon aus, dass Parkplätze zur Verfügung stehen. Auf Einführung oder Erhöhung von Parkplatzabgaben würde sehr sensibel reagiert (andere Orte aufsuchen, die keine oder geringere Abgaben verlangen; zuhause bleiben). Experten ist dies bewusst, allerdings schätzen sie das Maß der Preissensibilität nicht ganz so dramatisch ein, wie dies die MIV-Tagesausflügler in Umfragen zum Ausdruck bringen.

Weil Bau und Unterhalt von ungedeckten Parkplätzen relativ billig sind, dürften voll kostendeckende Parkplatzabgaben zum Beispiel bei Bergstationen bereits heute zu einem Teil über Ski-Billette realisiert sein. Die konsequente Verrechnung kostendeckender Preise mit transparenter Kostenlegung (Ticketsystem oder auf Skiabo) ist durchaus tragbar. Für die spezifischen Kosten der Landschaftsverschandelung ist ein Zuschlag von zirka 6 Franken pro Parkplatz gerechtfertigt. Entscheidend ist, dass alle Bergbahnen bei der Preisgestaltung für Parkplätze nach den gleichen Prinzipien vorgehen, was natürlich nicht heißt, dass die gleichen Preise verlangt werden sollen: Regionale Unterschiede dürfen nicht verwischt werden.

Das mengenmäßige Angebot von Parkplätzen zu steuern, sollte nicht nur Sache der Freizeitanbieter, sondern auch Sache der kommunalen und kantonalen Behörden sein. Überhaupt tragen sie die Hauptverantwortung für das gesamte Parkregime (Mengen, Standorte, zeitliche/persönliche Beschränkungen usw.) auf ihrem Territorium. Wichtig ist, dass Parkplätze und Parkhäuser nicht subventioniert werden.

Übernachtungstouristen gehen ebenfalls davon aus, dass ihnen am Zielort ein Parkplatz zusteht. Erhöhte Parkplatzabgaben würde ihr Verhalten nur mäßig beeinflussen. In Hotels und Ferienwohnungen dürfte das Vollkostenprinzip mindestens teilweise realisiert sein. Es muss konsequent angewendet werden: Wer ohne Auto kommt, sollte keine Parkgebühren – indirekt über die Hotelrechnung – bezahlen müssen. ÖV- und Langsamverkehr-Reisende sind davon zu entlasten.

Vollkostendeckende Parkgebühren als Prinzip: Synergien auf lokaler Ebene

Insgesamt sind kostendeckende Parkgebühren zu postulieren. Die variierenden Bodenrenten zwischen städtischen bzw. ländlichen Gebieten ergeben automatisch eine deutliche Abstufung der Kosten für Parkplätze. Den ländlichen Gebieten bleibt ein relativer Standortvorteil erhalten. Ihre Parkgebühren werden um einiges tiefer liegen und sie werden wegen der geringeren ÖV-Qualität eher mit dem MIV aufgesucht.

Die Wirkungen von Parkplatzabgaben dürfen nicht überschätzt werden. Bei vollkostendeckenden Preisen – die gleichzeitig nicht prohibitiv wirken – dürfen Verlagerungseffekte der PW-Kilometer auf umweltverträglichere Verkehrsmittel von höchstens 2 bis 5 Prozent geschätzt werden. Dies entspricht bezüglich dem Freizeitverkehr einer Reduktion von rund 0,1 bis 0,3 Millionen Tonnen CO_2 pro Jahr. Parkplatzbewirtschaftungen sind vor allem als flankierende Maßnahmen zu verstehen, die in Kombination mit ÖV-Maßnahmen weitere Synergien bewirken: Entlastung von Quartieren, Reduktion von Suchverkehr und damit Abbau von Lärm. Der Nutzen, der relativ aufwendigen, aber ohnehin notwendigen Parkplatzbewirtschaftung, ist vor allem bei diesen lokalen und regionalen Effekten zu sehen.

A.5 Autofreie Haushalte fördern

In der Schweiz ist jeder vierte Haushalt ohne eigenes Auto, (Müller&Roman et al., NFP 41, 1999), in großen Städten sind sogar gegen 50 Prozent der Haushalte autofrei. In den Agglomerationen sinkt diese Zahl auf 20 Prozent und weniger. Generell gilt aber, dass sich zwei Drittel der autolosen Haushalte freiwillig eingeschränkt haben. Nur rund 20 Prozent sind aus finanziellen, gesundheitlichen oder anderen Gründen gezwungen, auf ein Auto zu verzichten. Ob freiwillig oder unfreiwillig: Über 80 Prozent der Personen ohne Autos sind mit ihren Mobilitäts-Möglichkeiten zufrieden.

Unsere Untersuchungen zeigen einerseits, dass die Verfügbarkeit eines Autos für die Verkehrsmittelwahl ein zentrales Motiv darstellt: Ist ein Auto vorhanden, so wird es zum Beispiel für Skiausflüge in der Regel auch gebraucht. Anderseits sind Experten der Ansicht, dass die Förderung von Haushalten ohne Auto eine überdurchschnittliche Akzeptanz hätte. Als wichtigste Maßnahme zu diesem Zweck werden der Ausbau von *Mobility* und des Para-ÖV (z.B *TaxiPlus*, Rufbus) in Agglomerationen bezeichnet. Weitere Maßnahmen, die (von Müller&Roman et al., NFP 41, 1999) vorgeschlagen werden:

- *Information über autofreie Haushalte:* U.a. werden Aufklärung und Imageverbesserung bei Kindern und Jugendlichen in der Schule, in der Freizeit und durch Vorbildwirkung der Eltern angesprochen. Die Gründung eines *Vereins autofreier Haushalte* mit Informations- und Beratungsaufgaben könnte das Bewusstsein von Personen ohne Auto fördern und wäre ein Instrument, um Dienstleistungen zu erbringen.

- *Verkehrsplanung und Verkehrsorganisation auch auf autofreie Haushalte ausrichten*: Vor allem in Städten sollen autofreie Wohngebiete ausgeschieden werden. So würden Parkplatzkosten reduziert und verkehrsfreie Zonen für gesellschaftliche Funktionen frei. Die Förderung autofreier Haushalte sollte in Richt- und Verkehrspläne aufgenommen werden.
- *Warentransport an Private:* Bestehende Warentransporte bzw. Hauslieferdienste für Private (Coop, Migros, Bio-Organisationen, Ikea, Interio etc.) müssen vermehrt propagiert werden. Dabei sollte der Warentransport ab einer bestimmten Menge gratis sein, weil Verkaufszentren Kosten für Bereitstellung und Unterhalt von Parkanlagen einsparen können. Entsprechende Regelungen sind mit Verteilern auf freiwilliger Basis zu vereinbaren (analog den Vereinbarungen für Energie 2000).

Allenfalls können solche Vereinbarungen als Bestandteil einer integralen Parkplatzbewirtschaftung aufgenommen werden. Mit den Maßnahmenplänen zur Luftreinhaltung (inklusive Bundesgerichtsentscheid über Parkplatzabgaben bei Einkaufszentren) sind die gesetzlichen Grundlagen vorhanden. Mit dem E-Commerce werden Formen des gepäckfreien Einkaufens weiteren Aufwind erhalten. Die Attraktivität von städtischen Einkaufszentren kann gesteigert werden, wenn sich Kunden nicht mehr wie Mini-Spediteure motorisieren und selber Waren transportieren müssen.

B. Neuorientierung: Raumordnung, Straßen- und ÖV-Politik müssen dem Freizeitverkehr besser Rechnung tragen

B.1 Zielsetzungen festlegen – Querbezüge Freizeitverkehr erfassen

In offiziellen Planungsdokumenten ist der Freizeitverkehr meistens indirekt mitgemeint, wenn Mobilität, Raumordnung, Wirtschaft und Umwelt angesprochen werden. Aber z.B. im Vergleich zum Alpengüterverkehr (ca. 5% des schweizerischen Güterverkehrs) wird der Freizeitverkehr, der 60 Prozent Anteil am gesamten Personenverkehr alleine im Inland hat, praktisch nicht thematisiert. Wir plädieren dafür, den Freizeitverkehr in den politischen und strategischen Planungen (Regierungsrichtlinien, Sachplanungen) als Themenbereich explizit aufzunehmen: Es sind klare Ziele zu setzen und wirksame Maßnahmen auf höchster politischer Ebene festzulegen.

Die entsprechenden Wirkungen sind nicht quantifizierbar. Die stärkere Beachtung des Freizeitverkehrs in allen offiziellen Planungen ist aber eine zentrale Voraussetzung, dass andere Maßnahmen überhaupt angegangen und koordiniert eingesetzt werden können.

B. 2 Raumordnung/Raumplanung als Klammer eines nachhaltigen Freizeitverkehrs

B.2.1 Reurbanisierung fördern – zersiedeltes Wohnen verhindern

Einer der zentralen Befunde dieses Beitrags ist dies: Je ländlicher bzw. je dezentraler die regionale Herkunft, desto eher wird mit dem MIV in der Freizeit gereist. Demnach sollte Wohnen an dezentralen Orten reduziert und eine Reurbanisierung in die Wege geleitet werden. Bei einer weiteren Zersiedelung besteht die Gefahr, dass Verkehrsprobleme wegen der zunehmenden Freizeitbedürfnisse ins Unermessliche wachsen.

Im Einzelnen ist das Bauen in den Städten zu erleichtern und zu fördern und das Bauen außerhalb des Baugebietes mit vollkostendeckenden Erschließungskosten zu belasten.

B.2.2 Freizeitanlagen an zentrale Lagen mit guter ÖV-Erschließung

Jede neue Freizeitgroßanlage, die an einem dezentralen Standort mit guter Straßenerschließung, zahlreichen Parkplätzen und nur minimaler ÖV-Erschließung erstellt wird, trägt zwangsläufig zur Verschlechterung des Modalsplits für den ÖV bei und die Freizeitwege werden tendenziell länger. Dabei könnte ein beträchtlicher Teil der Freizeitanlagen durchaus an zentralen Orten realisiert werden. Das erfordert eine rasche und kostengünstige Bereitstellung von Boden und/ oder Gebäuden, aber auch ein aktives Konfliktmanagement: Freizeitnutzungen sind häufig mit Emissionen (Lärm, Verkehr) verbunden. Es ist eine zentrale Aufgabe der öffentlichen Hand, diese Konflikte zu lösen. Als neues Planungsinstrument könnten Freizeitzonen eingeführt werden, in der die Bauregeln auf ein absolutes Minimum reduziert würden und rasche Umnutzungen möglich wären. Den ästhetischen Anforderungen könnte bei der Gebäudehülle Rechnung getragen werden.

Längerfristig sind mit einer Lokalisierung von Freizeitangeboten an zentralen Lagen erhebliche positive Wirkungen zu erwarten. Beispielsweise zeigt sich an Multiplex-Kinos, dass allein bei rund 15 bis 20 neuen Multiplexkinos auf der grünen Wiese (geplant sind ca. 50) rund 1 Milliarde zusätzliche MIV-Personenkilometer generiert werden. Bezogen auf den gesamten Freizeitverkehr ist zu erwarten, dass je nach Lokalisierung der Freizeitinfrastrukturen in den nächsten 20 Jahren 10 bis 20 Prozent mehr MIV erzeugt wird. Gemessen an den MIV-Kilometern in der Freizeit in der Schweiz entspricht dies aufgrund einer verfehlten Siedlungspolitik jährlich rund 2 bis 4 Milliarden zusätzlichen Personenkilometern oder plus 4 bis 8 Prozent CO_2-Emissionen, deutlich höhere Lärmbelastungen und den Bau von neuen Straßen.

Tabelle 5: Politikbereiche müssen dem Freizeitverkehr deutlich besser Rechnung tragen

Was: Probleme lösen, Ziele setzen	**Wie:** Maßnahmen ergreifen	**Wie:** Vorgehen, Umsetzen	**Wer:** Akteure
B1: Zielsetzungen/Querbezüge Freizeitverkehr	Ziele festlegen Aktionsbereiche festlegen Querbezüge aufzeigen	Strategische Planungen Sachplanungen Projektorientiertes Vorgehen	Bund Kantone Gemeinden
B2: Raumordnung/Raumplanung			
B.2.1. Zersiedelung verhindern Reurbanisierung einleiten und forcieren	Wohnflächen in Städten, Agglomerationen sicherstellen Klare Rahmenbedingungen schaffen Grundeigentümerordnung anpassen	Leitbilder Richtplanung Bewilligungsverfahren Verfahrensmanagement	Bund Kantone Gemeinden Investoren
B.2.2 Freizeitbedürfnisse frühzeitig erkennen	Festlegen von Schwerpunkten an zentralen Lagen; Zonen ausscheiden; Baulandpolitik Freizeitzonen verankern	Gemeinsame Früherkennung Grundzüge in Richtplanung verankern Prozess-, Verfahrensmanagement	Bund Kantone Gemeinden
B.2.3. Freizeit in der Nähe stärken	Verkehrsberuhigung Quartierzentren fördern Sport- und Erholungsanlagen fördern etc.	Richtpläne schaffen Information, Beratung verbessern	Kantone Gemeinden

B.3. MIV/IV Straßen: Infrastrukturen unterhalten, Externe Effekte reduzieren, Angebote verbessern

B.3.1. Zurückhaltender Kapazitätsausbau Straßen	Systemeffekte einer Kapazitätserweiterung aufzeigen	Weiterführen bisherige Politik Bundesrat	Bund Kantone
B.3.2. Sanierungen (Lärm, Luft, Sicherheit) Gezielte Umfahrungsstraßen	Kriterien aufstellen Koppelung Bau/Entlastung	Definition Subventionspolitik Straßenbau	Bund Kantone
B.3.3. Radwege verbessern	Mittel bereitstellen Leitlinien erstellen	Bestanteil Straßenbaupolitik Sonderanstrengungen „Veloland"	Bund, Kanrone, Gemeind.

B.4. ÖV-Planung und Angebote verbessern

B.4.1. Gezielter Ausbau Angebot	Schwachstellenanalyse	Angebotsbeschlüsse, Leistungsaufträge	Bund Kantone
B.4.2. ÖV-Zubringer in Agglomerationen verbessern Angebote in der Nacht	Erhalten regionaler ÖV, *TaxiPlus* Ausbau von Nachtbussen	ÖV-Angebotsplanung	Bund Kantone Gemeinden
B.4.3. Feinverteilung im Berg-Randgebiet verbessern	Planung Spinnen, Angebotsoptimierungen, Technik	Angebotsplanung ÖV	Bund Kantone
B.4.4 Marketing/Preispolitik ÖV B.4.5. Easy Ride	Zielgruppenorientiert intensivieren Freizeit/Torurismus integrieren	Transportunternehmen Eingeschlagenen Fahrplan einhalten	SBB KTU

Quelle: Eigene Zusammenstellung

KTU = Konzessionierte Transportunternehmen

B.2.3 Freizeit in der Nähe: Wohnumfeld aufwerten

Wer in einem attraktiven Wohnumfeld wohnt, neigt weniger dazu, seine Freizeit an einem andern Ort zu verbringen. Es ist vor allem eine Aufgabe der Gemeinden, das Wohnumfeld zu verbessern. Stichworte dazu (zu den sozio-kulturellen Aspekten ausführlich: Meier-Dallach, NFP 41, 1999):

- Verkehrsberuhigung: Tempo 30, Straßenbreiten anpassen, verkehrsfreie Zonen schaffen
- Quartierzentren schaffen
- Für Sport- und Erholungsmöglichkeiten in Wohngebieten sorgen
- Quartiere durch kontaktfördernde Infrastrukturen beleben
- Siedlungszonen als Frei- und Erholungsräume optimieren

Die Wirkungen einer Politik der Aufwertung der Nähe sind außerordentlich schwierig zu schätzen. Im Einklang mit der Mehrheit der Expertenmeinungen vermuten wir keine entscheidenden Bremseffekte des Freizeit- und Ferienverkehrs. Die Maßnahmen stellen aber einen *wichtigen Beitrag zur Verbesserung der allgemeinen Lebensqualität* dar.

B.3 Straßen-Infrastrukturen unterhalten, aber nur gezielt verbessern

B.3.1 Zurückhaltender Kapazitätsausbau der Straßen –
Überschätztes Stauphänomen im Freizeitverkehr

Die große Zurückhaltung der meisten Experten gegenüber einem weiteren Ausbau des Nationalstraßennetzes steht auf wissenschaftlich tragfähigem Fundament: Mehrfach ist nachgewiesen worden, dass Kapazitätssteigerungen im Straßenbau mehr Verkehr nach sich ziehen und in der Regel eine Verlagerung vom ÖV auf den MIV stattfindet. Es empfiehlt sich, an der Politik des Bundesrates, dem Verzicht auf den weiteren Ausbau des Nationalstraßennetzes, festzuhalten. Diese Haltung wird auch durch die vorliegenden Umfrageergebnisse nahegelegt: Die Angst, im Stau stecken zu bleiben, ist bedeutend. Es kann geschlossen werde, dass erhöhte Kapazitäten die MIV-Mobilität anwachsen lassen würden.

Allerdings dürfen – zumindest mittelfristig – die Wirkungen eines selektiven Straßenausbaus nicht überschätzt werden. Es ist nicht zu übersehen, dass Staus aufgrund des Freizeitverkehrs – nicht des Berufs-, Geschäfts- und vor allem Güterverkehrs – in der Regel nur punktuell und während weniger Spitzenstunden auftreten. Das Stauphänomen im Rahmen des Freizeitverkehrs ist gezielt – und nicht mit einem generellen Straßenausbau – anzugehen. Vielmehr bieten sich Verlagerungsstrategien an, indem für die Benutzung in Spitzenzeiten höhere Straßenbenutzungsgebühren verlangt werden, was allerdings die Einführung eines Road Pricing voraussetzt. Kurz- und mittelfristig sollten über leistungsfähige Bahnangebote mit den grundsätzlich vorhandenen Kapazitäten (Schienennetz und Rollmaterial) Alternativen geschaffen werden. Die Bahn kann in einem hohen Maße mithelfen, Spitzen abzufedern. Die Mittel für die Bewältigung von Spitzen im Freizeitverkehr werden weit effizienter eingesetzt, wenn mit leistungsfähigen ÖV-Angeboten reagiert wird.

B.3.2 Gezielte Sanierungen mit Umfahrungsstraßen – Zwingende Verkehrsberuhigungen

Umfahrungsstraßen können in bestimmten Fällen zu punktuellen Verkehrsentlastungen und damit zu Lärmreduktionen führen. Unbedeutend oder gar negativ sind die Effekte auf den Energieverbrauch und die CO_2-Emissionen. Dabei ist der einhelligen Meinung der Experten zuzustimmen, dass neue Umfahrungsstraßen nur bei einer gleichzeitigen Sanierung (Lärm, Luft, Verkehrssicherheit, Ästhetik usw.) gebaut werden dürfen. Bei einer Finanzierung von Umfahrungsstraßen durch den Bund oder die Kantone sollten verbindliche Regelungen für umfassende Verkehrsberuhigungen aufgestellt und durchgesetzt werden.

B.3.3 Radwege verbessern: Für den Alltag und Ausflüge

Die Förderung von Radwegen vor allem in den Agglomerationen ist in den Expertengesprächen klar befürwortet worden. Im wesentlichen können wir uns hier den Vorstellungen des *Netzwerks Langsamverkehr* anschließen (Netzwerk Langsamverkehr, NFP 41, 1999). Stichworte dazu:

- Steigerung der Attraktivität und des Komfort für Radfahrer. Umwege und Hindernisse eliminieren. Schlüsselstellen wie Knoten und Querungspunkte sicherer machen.
- Genügend und gut ausgestattete Abstellanlagen bereitstellen.
- Schnittstellen zum ÖV verbessern.
- Änderung der Verkehrsregeln (Verkehrsregelverordnung) für den Fahrradverkehr, u.a. bei Rotlicht Rechtsabbiegen ermöglichen.
- Fahrradverkehr mit ausreichenden Mitteln fördern: Globalbudgets der Kantone mit Mitteln aus dem Treibstoffzoll unterstützen. Kantone sorgen dafür, dass Gemeinden im Bereich der Förderung von Langsamverkehr aktiver werden.

Für die Förderung des Langsamverkehrs müssen Bund und Kantone eine größere finanzielle Verantwortung übernehmen. In einem hohen Ausmaß können kurze

Freizeitwege im Alltag, aber auch Ausflugsverkehr substituiert werden. Es kann sein, dass in den nächsten Jahren die Freizeitkilometer per Fahrrad sich von gut 2 Milliarden Personenkilometern verdoppeln. Dabei handelt es sich um umweltfreundliche Verkehrszunahmen der aktiveren Freizeitmenschen, aber auch um eine Substitution von Kilometern des MIV und ÖV. Es können dadurch rund 1 bis 2 Milliarden MIV-Personenkilometer oder rund 2 bis 5 Prozent der CO_2-Emissionen vermindert werden. In den Städten und Agglomerationen kann Lärm vermindert werden und der knappe Boden wird besser genutzt.

B.4 ÖV-Planung systematisieren – Freizeitgerechte ÖV-Angebote realisieren

Das Bundesamt für öffentlichen Verkehr (BAV) spielt für die ÖV-Planung und den ÖV-Ausbau eine zentrale Rolle. Dabei sind Zuständigkeiten sowie Kriterien für den Ausbau und die Angebotsplanung des ÖV noch besser zu regeln. Insbesonders ist zu klären, von wem die spezifischen Interessen des Freizeitverkehrs wahrgenommen werden.

B.4.1 ÖV: Vermehrte Direktzüge bzw. Direktverbindungen

Erfolgversprechende Ansätze sind vorhanden (Messe Basel; Direktzüge Paris, Deutschland). Weitere Angebotsverbesserungen sind mit *Bahn 2000* und *Neat* zu erwarten.

Vor allem auf längeren Distanzen liegt bei leistungsstarken Angeboten ein erhebliches Umlagerungspotential vor: National sind Steigerungen des Angebotes von 50 bis 70 Prozent oder ein plus von 8 bis 12 Milliarden Personenkilometern alleine im Freizeitverkehr möglich. International ist – ausgehend von einem tiefen Niveau von 2 bis 3 Milliarden Personenkilometern – eine Verdoppelung bis Verdreifachung realisierbar. Dabei würden zu einem guten Teil potentielle MIV- und Flugkilometer substituiert. Wird mit einem Anteil von 50 Prozent gerechnet, so würden sich immerhin rund 5 bis 8 Milliarden zusätzliche relativ umweltverträgliche ÖV-Kilometer ergeben. Für den öffentlichen Bahn-Verkehr sind attraktivere nationale und internationale Verbindungen primäres Aktionsfeld. Sie können aber nur realisiert werden, wenn flankierend folgende weitere Maßnahmen ergriffen werden. Eine isolierte Angebotsstrategie wird nicht zum Ziel führen.

B.4.2 ÖV-Zubringer in Agglomerationen zu Hauptbahnhöfen verbessern – Nachtangebote

Eine ÖV-Reise beansprucht häufig viel Zeit für den Weg zum Bahnhof. Vor allem für Tagesausflügler und Übernachtungstouristen sollten – neben dem vorhandenen öffentlichen regionalen oder städtischen Verkehr – zusätzliche Angebote geschaffen werden, damit sie schneller zum Bahnhof kommen. Wir stellen uns ein Taxisystem Plus vor, das im Vergleich zu den bestehenden Taxis etwas kostengünstiger ist und mit dem Gepäck besser transportiert werden kann. *TaxiPlus* heißt: Mehrere Personen aus verschiedenen Haushalten werden gleichzeitig transportiert. Preisreduktionen werden bei rechtzeitiger Voranmeldung (1–2 Stunden vor der Fahrt) gewährt. Mit einer verstärkten Konkurrenz der bestehenden Taxianbieter bzw. des ÖV ist kaum zu rechnen, weil das Angebot vor allem Umsteiger vom MIV zum ÖV ansprechen wird, wenn die Zeit verkürzt und der Gepäcktransport erleichtert wird. Betreiber von *TaxiPlus* können bestehende Taxiunternehmen sein. Zuständig für die Konzessionierung sind die Gemeinden.

Leistungsfähigere ÖV-Zubringer und Nachtbusse sind als flankierende Maßnahme zum gesamten ÖV-System zu betrachten. Die Attraktivität wird insgesamt deutlich gesteigert. Es werden deshalb keine separaten Effekte ausgewiesen.

B.4.3 Feinverteilung und Mobilität in Bergregionen verbessern

Im Berggebiet stellt sich einerseits die Aufgabe, die Feinverteilung in die touristischen Stationen mit direkten, raschen und bequemen ÖV-Verbindungen zu verbessern. Gefragt sind optimale Anschlüsse von den Knoten von *Bahn 2000* und *Neat* im Alpenrandgebiet (Landquart, Chur, Luzern, Thun/Spiez/Frutigen, Raron/ Sierre, Bellinzona, Locarno usw.) zu den Bergstationen. Dabei müssen Chancen und Leistungsfähigkeit von Schiene und Straße ohne Vorbehalte geprüft werden. Weil die bestehenden Regionallinien in der heutigen Form nur teilweise geeignet sind, den Anschluss an *Bahn 2000* und *Neat* in ausreichender Qualität sicherzustellen, ist die Gefahr groß, dass ohne zusätzliche Anstrengungen die anvisierten Zeitgewinne von *Bahn 2000* und *Neat* nicht effektiv realisiert werden können. Organisatorische und technische Innovationen drängen sich ultimativ auf, um das ÖV-Netz im Berggebiet mit guten Anschlüssen an die Bergbahnen deutlich zu verbessern. Es müssen vor allem Zeit- und Komfortgewinne erzielt werden. Gleichzeitig sind die anstehenden Erneuerungen der Bergbahnen zu nutzen, um ein integrales ÖV-Netz zu entwickeln.

Anderseits ist die Mobilität für ÖV-Reisende im Berggebiet, d.h. an ihrem Aufenthaltsort, zu gewährleisten. ÖV-Reisende müssen gute Ausflugsmöglichkeiten haben. Die vorhandenen ÖV-Angebote reichen dafür nur teilweise aus. Verschiedene Ansätze bieten sich an, um ein Angebot über den fahrplanmäßigen Verkehr (Regelverkehr) hinaus zu machen:

- *Mobility*-Standorte schaffen: Ausflüge können per Auto unternommen werden, ÖV-Reisende profitieren von Tarifverbilligungen.

- *Rufbusse* einrichten: Wie erste Erfahrungen gezeigt haben, funktionieren Rufbusse im Flachland besser als in den Tälern.

Es ist falsch, auf neue Angebote für die Mobilität in Berg- und Randgebieten mit Rücksicht auf den historisch gewachsenen ÖV zu verzichten. Wenn die Mobilität vor Ort gewährleistet ist, wächst die Chance, dass für die Anreise statt des Autos der ÖV benutzt wird.

Insgesamt sind sowohl im Übernachtungs- wie auch im Ausflugstourismus erhebliche Umlagerungen auf den ÖV möglich, wenn die Fahrzeiten deutlich verkürzt und der Komfort (weniger Umsteigen) angehoben wird. Ausgehend von rund 40 Milliarden Personenkilometern der SchweizerInnen und AusländerInnen in der Schweiz für Übernachten und Ausflüge, kann mit verbesserten Angeboten eine Umlagerung auf den ÖV von 20 bis 30 Prozent oder 8 bis 12 Milliarden Personenkilometern erzielt werden. Der ÖV könnte seine zu erwartenden Kapazitäten mit *Neat* und *Bahn 2000* effektiv ausschöpfen. CO_2-Emisisonen könnten In der Größenordnung 3 bis 10 Prozent eingespart werden.

B.4.4 Preispolitik und ÖV Marketing

Im Inland besteht relativ geringe Preissensitivität: Die Freizeitmenschen sind bei der Verkehrsmittelwahl im Inland nicht unbedingt preissensitiv, d.h mit Preisreduktionen können nur beschränkt zusätzliche Kunden gewonnen werden. Bei einer aggressiven Tiefpreispolitik beim ÖV ist die Gefahr groß, dass vor allem mehr Verkehr generiert, aber das Umsteigen kaum gefördert würde.

Die jüngere Generation verfügt über recht hohe Preissensitivität und ist ein strategisch wichtiges Segment. Da sie ohnehin zu den treuesten Benutzern des ÖV gehört, ist es für die Bahnen strategisch wichtig, die ÖV-Bindung zu erhalten und zu pflegen. Dabei geht es nicht nur um Preismaßnahmen, sondern auch darum, gezielt auf die evaluierten Defizite (Gepäck usw.) einzugehen.

International sind deutliche Preissenkungen und massive Qualitätsverbesserungen nötig: International müssen die ÖV-Preise deutlich gesenkt und die Angebote in der Qualität massiv verbessert werden (direkte, rasche und komfortable Züge mit Serviceleistungen), wenn sie im Konkurrenzkampf gegenüber dem Flugzeug bestehen sollen. In den kommenden Jahren werden die Flugpreise eher noch sinken und es sind politisch nur relativ geringfügige Verteuerungen des Flugverkehrs zu erwarten. Dies trifft auch dann zu, wenn in den vorgeschlagenen Emissionshandel und vermehrte Abgeltungen für die Lärmbelastungen eingestiegen wird. Die Flugpreise werden dadurch nur um rund 10 Prozent erhöht. Im Prinzip können sich die Fluggesellschaften – ohne ihre Konkurrenzfähigkeit zu verlieren – Umweltmaßnahmen bestens leisten.

Gezielte Marktanstrengungen und gezieltere Informationen sind zwingend – dabei muss die Telematik genutzt werden. In allen Untersuchungen haben sich recht große Informationslücken über die ÖV-Angebote gezeigt. Viele potentielle Kunden sind gar nicht oder schlecht informiert. Es sind zwingend neue Kommunikationskanäle zu erschließen, damit außerhalb der Gewohnheitskonsumenten neue Kunden angesprochen werden können. Mit vermehrten Marktanstrengungen sollte es möglich sein, kostengünstig weitere Kreise in der Freizeit für den ÖV zu gewinnen. Die Maßnahmen sind weitestgehend von den Transportunternehmen in Kooperation mit Anbietern von Freizeitangeboten an die Hand zu nehmen. Gleichzeitig sind die Möglichkeiten der Telematik (Internet, WAP etc.) voll zu nutzen. Im Prinzip wird die Information über Verkehrsangebote beliebig verfügbar.

B.4.5 *Easy Ride mit hohem Stellenwert für den Freizeitverkehr*

Die heutige Billettvielfalt erschwert oder verunmöglicht ein optimales Marketing. Vor allem aber ist der Fahrkartenerwerb gerade im Feizeitverkehr heute noch – trotz Internetbestellung und Kartenautomaten – ein mühsames Geschäft. Nicht selten muss für ein Ticket längere Zeit Schlange gestanden werden. Zeit geht verloren und die Nerven werden strapaziert. Aus der Sicht des Freizeitverkehrs kann das geplante *Easy Ride* (elektronisches Ticket) hier einiges bewirken: Der ÖV kann frei benutzt werden. Es ist zu hoffen, dass von allen Seiten den laufenden Bemühungen die notwendige Unterstützung zukommt, so dass das ÖV-Hindernis Billett bald aus der Welt geschaffen wird.

C. Neue Akzente für einen nachhaltigen Freizeitverkehr

C.1 Analyse des Freizeitverkehrs intensivieren

Der Freizeitverkehr soll künftig systematischer und besser erfasst werden. Die Grundlagen- und Ressortforschung ist auf die neuen Fragestellungen des Freizeitverkehrs auszurichten. Mehr Transparenz, Systematik und Innovation sind dabei notwendig. Freizeitverkehrsanalysen und Strategien müssen sich von der Pionierphase zu einem wichtigen Zweig der Gesellschafts-, Wirtschafts- und Verkehrswissenschaften bzw. Politik entwickeln.

Tabelle 6: Neue Akzente für einen nachhaltigen Freizeitverkehr

Was: Probleme lösen Ziele setzen	Wie: Maßnahmen ergreifen	Wie: Vorgehen, Umsetzen	Wer: Akteure
C.1 Analysen Freizeit- verkehr vertiefen	Freizeitverkehr als Forschungsgegenstand weiter vertiefen	Grundlagenforschung Ressortforschung Bund	Bund Kantone Gemeinden
C.2 Serviceleistungen ausbauen Integriert anbieten	Kompetenzen Gepäckservice klären Ausschreiben: TU, Logistikfirmen	Angebotsplanung ÖV	Bund TU Private
C.3 Kooperationen stärken – Veranstaltun- gen: ÖV, LV-Anteil erhöhen	Grundsätze formulieren Modalsplitziele vorgeben	Prozessmanagement verbessern	Bund Kantone Gemeinden TU, Private

Quelle: Eigene Zusammenstellung   *TU= Transportunternehmen*

C.2   Gepäckservice – Neue Angebote – Service von Tür zu Tür

Ein optimal organisierter Gepäcktransport ist ein Schlüsselelement, wenn in Zukunft mehr Personen in ihrer Freizeit den ÖV benützen sollen. Rund 80 Prozent der SBB-Kunden erachten einen leistungsfähigen Gepäckservice als wichtig oder sogar sehr wichtig. Das heutige Angebot wird allerdings nur gerade von 20 Prozent benutzt (Angaben SBB).

Folgende Ansätze sind zu verbessern:

- Der Ansatz der *multifunktionalen Plattformen*, wie ihn die SBB pflegen, ist erfolgversprechend. Der Transport von kleineren und mittleren Freizeit- und Sportgeräten sollte selbstverständlich möglich werden. Das Ein- und Aussteigen in den ÖV sollte noch wesentlich einfacher werden. Die Subventionsbehörden haben auf eine Vereinheitlichung der Angebote der Transportunternehmen zu pochen und können dies im Rahmen ihrer Leistungsvereinbarungen auch durchsetzen.

- Die Möglichkeit, *Freizeit- und Sportgeräten zu mieten* (nicht nur Skis und Snowboards, auch Segelschiffe, Surfbretter, Kanus, Kajaks, Golf- und Tennisschläger usw.) müssen unter der Federführung privater Anbieter und in Zusammenarbeit mit dem ÖV ausgebaut werden. Mietsysteme – wenn sie funktionieren und einen gewissen Umfang haben – verschaffen den Kunden einen grossen Zusatznutzen: Neuestes, gut erhaltenes Material; probeweise Benutzung verschiedener Geräte usw. Ein gewisser Mentalitätswandel (Nutzen statt Besitzen) ist nötig, bis diese Vorteile einer breiteren Bevölkerung bewusst sind. Wichtig ist, das die Mietsysteme schweizweit mit großer Zuverlässigkeit und breiter Kommunikation angeboten werden.

Zentral ist ein nationaler und internationaler *Tür-zu-Tür-Gepäckservice* neu anzubieten, der mit einer Zeitgarantie von 24 bis maximal 36 Stunden arbeitet. Das Marktpotential für einen *Tür-zu-Tür-Gepäckservice* liegt angesichts von etwa 7 bis 8 Millionen Übernachtungstouristen in der Schweiz bei mindestens 20 bis 40 Prozent, d.h. rund 1,5 bis 3 Millionen Personen oder rund 1 Million Haushalten pro Jahr. Im Winter und Sommer müsste mit Spitzen gerechnet werden. Als Anbieter kommen private Logistikfirmen (Post, CargoDomizil, UPS, DB usw.) oder Transportunternehmungen selber in Frage. Gegenüber dem bestehenden System mit Gepäckaufgabe an 600 bedienten Bahnhöfen könnten gewaltige Vorteile erzielt werden:

- Es wird ein echter Komfort geboten. Die heutige Gepäckaufgabe an den Bahnhöfen ist als halbe Lösung zu bezeichnen. Privatwagen müssen zu den Bahnhöfen fahren und in den Ferienorten erfolgt wiederum eine Einzelgepäckverteilung.
- Bestehende Transportkapazitäten, die ohnehin mit relativ geringer Auslastung bereits auf der Straße sind, können weit besser ausgelastet werden.
- Der hoch defizitäre SBB-Gepäckservice (Kostendeckung 20 Prozent, Verlust pro Sendung knapp 50 Franken) könnte annähernd saniert werden. Ein Kostendeckungsgrad von fast 100 Prozent wird als möglich betrachtet.
- Die Bevölkerung in den Gemeinden mit geschlossener Gepäckaufgabe am Bahnhof würde von einem direkten Hauslieferdienst profitieren.

Insgesamt sind erhebliche ökonomische und ökologische Vorteile zu erwarten. Das Gepäck würde in Last- und Lieferwagen an rund 30 Fixpunkte der SBB (Hub) transportiert. Die Distanzen sind wohl etwas länger aber wesentlich effizienter wie Einzelfahrten an die bisherigen 600 Gepäckbahnhöfe. Von den SBB-Hubs aus kann Transport per Bahn erfolgen. In den Ferienorten wäre eine wesentlich leistungsfähigere Zustellung des Gepäcks möglich. Wie die bisherigen Diskussionen um die Einführung eines Tür-zu-Tür Gepäckservices gezeigt haben (die Einführung eines POST-Projektes ist im Mai 2000 gestoppt worden), ist eine umfassende Kommunikation inklusive den zu erwartenden ökologischen Vorteilen zentral.

C.3   Veranstaltungen: ÖV- und Langsamverkehr-Anteil erhöhen – breite Kooperationen anstreben

Bei Großveranstaltungen gibt es zum Teil einen recht guten Modalsplit für ÖV und auch LV. In den nächsten Jahren sollten die erprobten Modelle auf breiter Basis angewendet werden. Im Vordergrund stehen folgende Aspekte:

- Bei Großveranstaltungen muss die Bewilligungsbehörde Vorgaben über den zulässigen Modalsplit machen. Dabei sollten für alle Veranstaltungen die gleichen Bewilligungsgrundsätze gelten.
- Solche Vorgaben sollten nur in Absprache mit Veranstaltern und Transportunternehmungen erarbeitet werden um zu verhindern, dass keine nicht erfüllbaren Forderungen aufgestellt werden.
- Maßnahmen zum Erreichen der Modalsplit-Vorgaben müssen in Kombination mit gezielter Information über eine umweltfreundliche Anreise mit ÖV oder LV eingeführt werden. Für große Veranstaltungen sollten weiterhin – solange *Easy Ride* noch nicht existiert – Kombi-Tickets (Fahrt und Eintritt) abgegeben werden.

Diese Aufgaben müssen von kantonalen und kommunalen Bewilligungsbehörden, den Veranstaltern und den Transportbehörden systematisch in die Hand genommen werden.

Der Kooperation der verschiedenen Partner kommt in einer frühen Phase große Bedeutung zu. Wir schlagen vor, dass eine breite Institutionalisierung eingeleitet wird. So sollten sich Sportorganisationen, Kultur- und Kunstvereinigungen und Freizeitparkveranstalter etc. zusammensetzen und Wege für eine umweltfreundliche Anreise systematisch initiieren und organsisieren. *Energie Schweiz* könnte als Katalysator eine wichtige Rolle übernehmen.

Literatur

Bundesamt für Statistik (1996): Mikrozensus 1994. Verkehrsverhalten in der Schweiz. GS EVED, Dienst für Gesamtverkehrsfragen. Bern 1996.

DLR (1998): Luftfahrt und Atmosphäre. Ergebnisse eines erfolgreichen Verbundprojekts. Köln: Stelle für Presse- und Öffentlichkeitsarbeit des DLR, 1998.

Ernst, Walter et al (2000): Energie- und Umweltbilanz der Eurometro, NFP 41-Bericht F6, FH Bern, Burgdorf.

Infras (1999): Finanzielle Anreize zur Förderung energieeffizienter Personenwagen, Bundesamt für Energie/BUWAL (Hrsg.), Bern/Zürich.

IPCC (1999): IPCC Special Report: Aviation and the Atmosphere. 1999.

Kommission der Europäischen Gemeinschaften (1999): Luftverkehr und Umwelt zu einer nachhaltigen Entwicklung, KOM (1999) 640 endgültig, Brüssel 1999.

Meier, Ruedi (1993): Umweltgerechte Verkehrsabgaben – Vorschläge für eine Neuorientierung, Rüegger-Verlag, Zürich/Chur 1993.

Meier, Ruedi (2000): Nachhaltiger Freizeitverkehr, Publikation im Rahmen des NFP-41, 140 Seiten, Verlag Rüegger, Zürich/Chur.

Meier, Ruedi (2000a): Freizeitverkehr: Analysen und Strategien, Studie im Rahmen des Nationalen Forschungsprogramms 41 "Verkehr und Umwelt". Bericht D 5. EDMZ-Nr. 801.658.d. Bern.

Meier, Ruedi (2000b): Daten zum Freizeitverkehr, Studie im Rahmen des NFP-41, Materialienband M19, EDMZ-Nr. 801.659.d., Bern.

Meier-Dallach, Hans Peter (1999): Institut cultur prospektiv, Die Chancen sozio-kultureller Innova-tion für Neuansätze im Freizeitverkehr, NFP-41-Bericht A5, EDMZ-Nr. 801.631.d.

Müller&Roman et al. (1999): Autofreie Haushalte, NFP 41 Bericht A2, Bern /Zürich 1999.

Netzwerk Langsamverkehr (Hg., 1999): Die Zukunft gehört dem Fußgänger- und Veloverkehr. NFP 41, Bericht A9. Bern.

Stettler, Jürg (1997): Sport und Verkehr. Dissertation an der Universität Bern, Forschungsinstitut für Freizeit und Tourismus - FIF. Berner Studien zu Freizeit und Tourismus 36. Bern.

Unique Zurich Airport (2000): Mobilitätsbetrachtung für Flugzeug und Bahn, Zürich 2000.

Verkehrsclub Österreich (VCÖ, 2000): Freizeitmobilität - umweltverträgliche Angebote und Initiativen, Wien 1998.

Ruedi Meier

Zusammenfassung

Der Freizeit- und Tourismusverkehr ist das wichtigste Verkehrssegment in der Schweiz: Es werden rund 60 Milliarden Personenkilometer oder 60 Prozent der Gesamtverkehrsleistungen in der Freizeit zurückgelegt. Nur gerade 40 Prozent entfallen auf den Pendel-, Bildungs- und Geschäftsverkehr. Weitere rund 40 Milliarden Kilometer werden von den Schweizerinnen und Schweizern im Ausland nachgefragt. Und trotzdem: der Freizeit- und Tourismusverkehr ist bisher das mit Abstand am wenigsten untersuchte Verkehrssegment. Die Mobilität vom Wohnort an den Arbeitsplatz steht in den meisten Verkehrskonzepten und verkehrspolitischen Diskussionen im Vordergrund. Der viel komplexere und diffusere Freizeit- und Tourismusverkehr wird in seiner Bedeutung noch kaum wahrgenommen.

Im vorliegenden Beitrag werden die verschiedenen Segmente des Freizeitverkehrs dargestellt. Es zeigt sich, dass nicht von *dem* Freizeitverkehr gesprochen werden kann. Vielmehr ist eine differenzierte Behandlung angebracht. Zudem werden Ansätze für einen umweltverträglicheren Freizeit- und Tourismusverkehr präsentiert, wobei von der Feststellung ausgegangen wird, dass der Freizeitverkehr vor allem in ökologischer Hinsicht die Ziele einer nachhaltigen Entwicklung bei weitem verfehlt. Um einen nachhaltigen Freizeitverkehr zu erreichen, sind entschiedene Korrekturen der Trendentwicklung erforderlich: Es werden erstens generelle Maßnahmen zugunsten einer nachhaltigen Mobilität vorgeschlagen. Zweitens sollen strategische Planungen, Raumordnung sowie Infrastruktur- und Verkehrspolitik verstärkt auf die spezifischen Bedürfnisse des Freizeit- und Tourismusverkehrs eingehen. Drittens sind neue Akzente im Freizeitverkehr wie Gepäcktransport, Verkehrsmanagement bei Veranstaltungen zu setzen.

Ruedi Meier, Dr., Raumplaner. Freiberufliche Tätigkeit als Beratender Ökonom und Forscher in den Bereichen Wirtschaft, Verkehr, Energie und Umwelt. Diverse Gutachten und Studien für den schweizerischen Nationalfonds, u.a. Klimaänderungen und Naturkatastrophen (NFP 31), Nachhaltiger Freizeitverkehr (NFP 41)
E-mail: Ruedimeier@bluewin.ch

Franz Heffeter

Schlüsselqualifikationen für die Tourismusausbildung

1. Neue Sichtweisen gefragt

Jean François Jenewein antwortete kürzlich auf die Frage nach den Faktoren, die allen erfolgreichen Spitzenmanagern im Tourismus gemein sind, mit der provokanten These: „Sie sind Quereinsteiger und sie haben eine fundierte Ausbildung im Finanzmanagement." (Jenewein 2000)

Die schulische Ausbildung auf der sekundären Ebene (Duales System, BMHS) stellt das Fertigkeitswissen ebenso in den Vordergrund wie es sich dann in den meisten Bereichen der universitären Lehre fortsetzt. Vernetztes Denken, Kreativität, außerhalb der Norm vorgegebener Pfade liegende Lösungsansätze zu suchen, ist in allen Bereichen zu wenig gefragt. Vielleicht liegt hier eines der wesentlichen Geheimnisse der amerikanischen Ausbildungssysteme. Obwohl die Absolventen meist auf einer für europäische Begriffe sehr schmalen Basis aufbauen, haben sie es doch von Anfang ihrer Ausbildung gelernt, selbständig Wissen zu erwerben, externe Wissensressourcen zu nutzen, wie etwa Bibliotheken, die auch an allen englischen Universitäten einen Mittelpunkt des studentischen Lebens bilden. An österreichischen Schulen, leider auch an vielen Fachhochschulen und Universitätsinstituten, wissen die Studierenden oft gar nicht, dass es eine Bibliothek gibt und vor allem nicht, dass diese zu Benutzung zur Verfügung steht.

Grundlegende Überlegung für die Entwicklung neuer und die Weiterentwicklung der bestehenden Ausbildungsangebote seitens der Salzburger Tourismusschulen war neben dem Bedürfnis an Höherqualifizierung immer die Nutzung der Einzigartigkeit des Standorts. Im Sinne von Hans Sedlmayr stellt Salzburg einen Mikrokosmos dar (z.B. Sedlmayr 1965), der die vielfältigsten Ansatzmöglichkeiten für hochwertigen Tourismus bietet. In gleicher Weise bieten gerade der Standort

Salzburg und die langjährige Tradition von qualitativ hochwertiger Tourismusausbildung eine besondere Chance für die Entwicklung neuer Bildungskonzepte.

Während die Arbeitsgruppe in der Vorbereitung der Arbeiten an einem MBA für Tourismus und Freizeitmanagement noch einen klassischen universitären Ansatz der Gliederung des geplanten Studiums nach den Inhalten der Ausbildung vorgenommen hatte, wurde dieser in einem Experten-Workshop vom 5. Oktober 1999 in der Aula der Universitätsbibliothek grundsätzlich in Frage gestellt und weiterentwickelt. Die Ergebnisse flossen als Grundsätze in alle weiteren in Salzburg entwickelten Ausbildungsgänge ein. (Heffeter/Suida 2001)

Jede touristische Ausbildung, die auf Führungstätigkeit hinzielt und die sich international von Mitbewerbern abheben möchte, braucht einen innovativen Ansatz auch aus der Sicht der Gestaltung des Angebots. (Vgl. dazu auch Peters 1999) Weiters ist es notwendig, die Studieninhalte flexibel auf die sich verändernden Tätigkeitsfelder touristischer Manager abzustimmen. Diese Notwendigkeit wird auch durch eine jüngst erfolgte Studie der Cornell University zu Veränderungen im Management von unabhängigen Restaurationsbetrieben unterstrichen:[1]

„The restaurant industry is in the mature stage of its life cycle. Maturity is commonly manifested by increased competition, shortening of concept life cycles, saturated markets, stagnant sales, declining margins, and associated consolidation, as well as high failure rates. Confronted with an increasingly competitive and dynamic environment, the restaurant manager must develop reasoned yet distinctive methods of adapting to conditions and exploiting opportunities as they arise". (Jogaratnam/Tse/Olsen 1999. 91-95.)

Für die Gestaltung neuer Ausbildungsgänge bedeutet dies, dass neue Herangehensweisen gefragt sind. Dies bezieht sich sowohl auf die inhaltliche Aufbereitung wie auch auf die zielgruppengerechte Methodik und Didaktik. Beides findet in der vorliegenden Expertise im Folgenden Berücksichtigung.

Seitens der Arbeitsgruppe MBA wurden die Expertenstellungnahmen in eine veränderte Form der Aufbereitung des Lehrgangs übernommen. Der zukunftsorientierte Ansatz für ein Studium erscheint nunmehr in der Lösung von tradierten Schemata hin zur Erhebung nachgefragter und anstellungsrelevanter Schlüsselqualifikationen für das Spitzenmanagement im Tourismus.[2] Für die Erhebung (Scherrer 2000) wurde die akademische Sichtweise mit den Anforderungen von

---

1 Die Position von Restaurants im touristischen Gesamtangebot ist in Österreich zwar unterschiedlich zu den USA zu sehen, die Herausforderungen für den unabhängigen Unternehmer sind aber in ähnlicher Weise gegeben und können als Ansatz für die grundsätzliche Strategiediskussion für das Management verwendet werden.

2 Im Wirtschaftsleitbild des Landes (Salzburg 1998) wurde die Schaffung neuer Tourismusausbildungen im Tertiären Sektor zur politischen Zielsetzung erhoben und der Wirtschafts-

Personalverantwortlichen verknüpft und in einer abschließenden Kontrollbefragung Praktikern im Tourismus zur Stellungnahme vorgelegt.

Es liegt an uns, auch die Erfahrungen anderer Kulturkreise zu nutzen und so unseren Horizont an Sicht- und Handlungsweisen zu erweitern. Internationaler Meinungsaustausch und Akzeptanz alternativer Ansätze ist ein wesentlicher Bestandteil aller Trainings, welche im Rahmen der Entwicklungszusammenarbeit seitens des Klessheimer Institute of Tourism and Hotel Management auch in Zusammenarbeit mit *INIT – Institut für interdisziplinäre Tourismusforschung* an der Universität Salzburg verwirklicht und so der österreichischen Tourismuswirtschaft zugänglich gemacht werden.

2. Sieben Thesen zur touristischen Weiterbildung

Der Erfolg eines Ausbildungsgangs richtet sich nicht zuletzt nach seiner Akzeptanz sowohl bei den Entscheidungsträgern wie auch bei den Adressaten. Gerade im Tourismus waren bezüglich der Einstellung zu Bildung lange entscheidende Defizite feststellbar gewesen. Diese betrafen:

* *Das Bewusstsein der Notwendigkeit von Höherqualifizierung auf allen Ebenen der betrieblichen Hierarchie*
  Ziel 4-Förderungen der Europäischen Union (Maßnahmen zur Höherqualifizierung von im Berufsleben Stehenden) blieben im Tourismus immer wieder ungenützt. Die Gründe dafür sind mannigfaltig und im persönlichen Gespräch immer wieder dokumentiert, hier aber nicht untersuchungsrelevant. Wesentlich ist die Notwendigkeit, bereits im Vorfeld der Realisierung des Studiums Nachdenkprozesse zu initiieren und Überzeugungsarbeit zu leisten.
* *Das Bewusstsein immer kürzerer Lebenszyklen von Bildung*
  Die durchschnittliche Lebensdauer des Produkts Bildung beträgt etwa fünf Jahre. Daraus leitet sich einerseits eine offene Gestaltung von Lehrplänen ab, andererseits muss dem Nachfrager einer – in mehrfacher Sicht – teuren Weiterbildungseinrichtung die Periodenbindung von erworbener Bildung klargemacht werden. Diese Bewusstseinsbildung muss konsequent durch alle an der Genese des Lehrgangs Beteiligten auf allen Ebenen vom Beratungsgespräch bis

---

kammer Salzburg und dene Salzburger Tourismusschulen zur Umsetzung übertragen. Das dargestellte Projekt der Salzburger Tourismusschulen wurde seitens der Salzburger Landesregierung daher maßgeblich unterstützt. Die Projektarbeitsgruppe bestand aus Mitgliedern der Universität Salzburg, den Leitern der projektmaßgeblichen Abteilungen der Landesregierung sowie externen Fachexperten aus der Tourismuswirtschaft unter der Gesamtkoordination der Direktion der Salzburger Tourismusschulen Klessheim

zum Fachvortrag als Nebenziel mitbetrieben werden, soll die geplante Maßnahme erfolgreich umgesetzt werden.

- *Das Bewusstsein eines lebenslangen und berufsbegleitenden Lernens*
  Die Schaffung des Bewusstseins, dass jeder im Erwerbsleben Stehende in einen lebenslangen und berufsbegleitenden Lernprozess eingebunden ist, erscheint als zentrale bildungspolitische Maßnahme, der sich sowohl Bund und Land wie auch das Arbeitsmarktservice stellen müssen. Die Sicherung der lebenslangen Weiterbildung ist ursächlich mit der Positionierung des österreichischen Tourismus in einem weltweiten Wettbewerb zu sehen.

Im Arbeitskreis „Tourismuspolitische Initiativen" (vgl. Heffeter 1999) für das Land Salzburg wurden sieben Thesen als Grundlage für Initiativen zur touristischen Weiterbildung formuliert. Sie können auch als Leitlinie für die Entwicklung und inhaltliche Positionierung des geplanten Studiengangs herangezogen werden:

- Der Tourismus bedarf weltweit immer höherer Qualifikationen.
- Die Grundlage für erfolgreichen Tourismus ist derzeit betriebswirtschaftlich zu sehen.
- Statt Einzelaktionen bedarf touristische Bildung in Salzburg eines Gesamtkonzepts vom Dualen System bis zur Universität.
- Berufliche Qualifikation ist ein Prozess lebenslangen Lernens
- Weiterbildung wendet sich an erfolgreiche Salzburger Unternehmer gleichermaßen wie an ihre Mitarbeiter.
- Bildung, Ausbildung und Weiterbildung bedarf zentraler Entwicklung und Koordination.
- Salzburg ist Kernland des mehrsaisonalen Tourismus in Österreich. Nur durch entsprechende Aus- und Weiterbildungseinrichtungen, die konzertiert nach einem Konzept handeln, kann es das bleiben.[3]

3. Internationaler Vergleich an Persönlichkeitsmerkmalen von Spitzenmanagern – Führungsideale in internationaler Betrachtung

Derzeitigen Ausbildungsformen in Österreich ist die Evaluation ihrer Leistungen noch relativ fremd. 2000 hat erstmals das BM:BWK eine Untersuchung in Auftrag gegeben, welche die Anforderungen der Wirtschaft der Ausbildung in ihren Inhalten und Ergebnissen gegenüberstellt. (Walbott/Heffeter 2000) Diese wird noch bei der

---

3 Präsentation Arbeitskreis „Tourismuspolitische Initiativen", initiiert durch LHStV Dr. Arno Gasteiger im Herbst 1998; Bericht für die Salzburger Landesregierung Frühjahr 1999.

Darstellung der eingeforderten und aus Erfahrung der Absolventen für notwendig in der Ausbildung zu vermittelnden Ausbildungsinhalte zu berücksichtigen sein.

Die Group Director Human Resources der Shangri-La Hotelkette hat weitere Erfolgsfaktoren in zwei Punkten subsummiert:

*   „leadership: strategic vision and ability to execute results
*   relationships: excel in relationship building at all levels (shareholders, employees, customers) to maximize achiveing business results" (Akiko Takahashi, Brief an den Autor, 2000; vgl dazu auch Ganster 2001, 14f)

Für die Entwicklung neuer Konzepte ist jedenfalls die Beziehung zwischen Aufgabenprofil und Persönlichkeitsmerkmalen herzustellen:

Selbstkompetenz		Spitzenpositionen in Unternehmen
Sozialkompetenz		Mittleres Management
Sachkompetenz		Ausführende Tätigkeiten

4. Anstellungsrelevante Kriterien aus der Sicht von Personalberatungsunternehmen und aus Sicht der Betroffenen

Die Befragung des Instituts für Organizational Behaviour der Universität Salzburg konnte wesentliche Herausforderungen für die Ausbildung im Tourismus identifizieren. Dabei stützt man sich auf die erste, im Wege des Internet vollautomatisch durch geführte Befragung von über 4500 Personalverantwortlichen in Firmen, von denen ca 1200 vollausgefüllte Erhebungsbögen anonym und programmgesteuert direkt in Datenbanken übergeleitet und ausgewertet wurden.

Einstellungskriterien Wirtschaft vs. berufstätige Absolventen

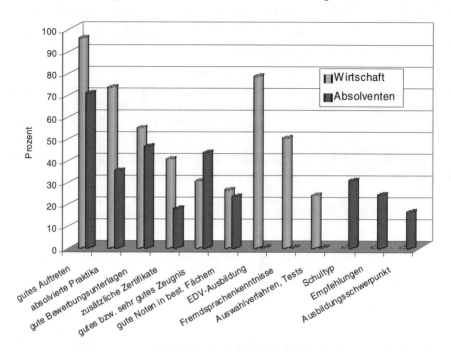

Dabei werden besondere Qualifikationen hervorgehoben, welche die Anstellungs-chancen wesentlich erhöhen:

Bedeutung der Fremdsprachen

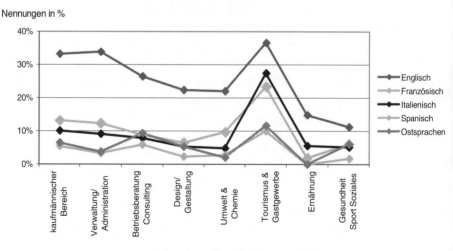

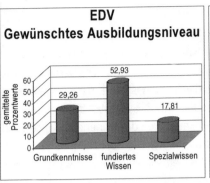

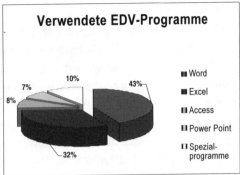

Zusatzzertifikate haben eine wesentliche Bedeutung für die Personalauswahl. Ihre Berufsrelevanz darf jedoch nicht zu eng gesehen werden. Dies gilt vor allem im Tourismus, der eine vielfältige, facettenreiche Ausbildung erfordert, welche der Positionierung des Betriebs angemessen sein muss. (Grafiken und Daten aus Walbott/Heffeter 2000)

Das Klessheimer USP als Ausbildungsgrundlage

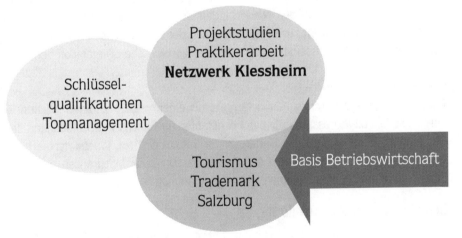

5. „Fachhochschul-Studiengang Entwicklung und Management touristischer Angebote"

Der Erfolg eines Ausbildungsganges richtet sich nicht zuletzt nach seiner Akzeptanz sowohl bei den Entscheidungsträgern wie auch bei den Adressaten. Daher wurde bei der Gestaltung auf die an Kleßheim besonders häufig nachgefragten Ausbildungsinhalte Bezug genommen."

Aufbau des Studiums

Als berufsbegleitendes Studium beträgt die Dauer des Studiums 8 Semester. Die Kooperation zwischen Studierenden und Tourismusunternehmen – z.B. im Rahmen von Projektarbeiten – ist wesentlicher Bestandteil des Studiums. Die Semester umfassen jeweils 18 Unterrichtswochen, wobei das 1. Semester in der 38. Kalenderwoche beginnt und mit der fünften Woche endet. Das 2. Semester beginnt mit der 7. Woche und endet mit der 26. Woche. Zu Weihnachten des folgenden Jahres und zu Ostern wird der Studienbetrieb jeweils um 2 Wochen unterbrochen.

Die integrative Startwoche zu Beginn jedes Semesters fördert die Integration der Studierenden in das Gesamtkonzept und macht sie mit den zu erfüllenden Aufgaben vertraut. Unter Berücksichtigung der Hochbeschäftigungszeiten werden 50% der Lehrveranstaltungen in geblockter Form abgehalten. 20% erfolgen als Regelunterricht und 30% werden in Form von Fernstudien (Independent Studies) geführt. Die Einbindung internationaler Referenten sowie projektorientiertes Arbeiten mit der Wirtschaft bilden einen wesentlichen Bestandteil. Der Antragsteller nutzt das Lehrpersonal zweier Partnereinrichtungen, der Freien Universität Bozen und der darin eingebetteten Fachhochschule Bruneck in Südtirol sowie der Fachhochschule Leeuwarden in den Niederlanden. Austausch der Lehrenden mit den Partnereinrichtungen trägt zur Eigenständigkeit der Position des Studierenden und zur Optimierung des Wissenstransfers in einer europäischen Dimension bei.

Adressaten des Studiums

Berufstätige aus der Tourismuswirtschaft mit einem eigenständigen Wirkungsbereich stellen die Adressaten für den beantragten Fachhochschul-Studiengang dar. Das Einzugsgebiet schließt die Bundesländer Salzburg, Tirol, Weststeiermark sowie Oberösterreich ein. Es wird ein Verhältnis von 70% Maturanten und 30% Studierende mit berufsbezogenen Werdegang angestrebt.

Schwerpunkte der Ausbildung

Der Absolvent soll zunächst generell zur touristischen Unternehmensführung befähigt werden. Dazu erhält er eine profunde betriebswirtschaftliche Basisausbildung. Die Schwerpunkte der Ausbildung umfassen:

- Betriebswirtschaft und Organisationslehre im Veranstaltungs- und Kongressmanagement
- Entwicklung, Design und Positionierung von kreativen touristischen Angeboten
- Trendforschung als eigenes Lehrmodul
- Nutzung von elektronischen Medien, e-commerce und vernetzten Strukturen
- Kenntnisse hinsichtlich Betriebsübernahme sowie des greifenden EU-Rechtes

- Persönlichkeitsbildende Inhalte wie Krisenmanagement, Fremdsprachen, Human Resources

Berufsfelder

Die Tourismusbranche befindet sich in einem dynamischen Wandel. Das Tätigkeitsprofil der Abgänger des Studienganges positioniert sich überall dort, wo multioptionale Gästezielgruppen in klein- und mittelbetrieblich strukturierten Regionen auf einen regionalen oder globalen Verdrängungswettbewerb treffen. „Kundenorientierung" ist die Erfolgsformel im Konsum- und Dienstleistungs-Marketing. Die Tätigkeitsfelder der Absolventen gehen in das Management von erlebenisorientierten Einkaufszentren, die Öffentlichkeitsarbeit über das Pressewesen bis hin zur Produktpositionierung von touristischen Angeboten im Einheitsangebot.

Die Arbeitsfelder der Absolventen des Studienganges sind daher im Bereich der Hotellerie im mittleren und gehobenen Management des Einzelhotels oder von Hotelkooperationen zu sehen, insbesondere im Marketing und Verkaufsbereich. Das eventorientierte Städte Marketing sowie Destinationsmanagement für Tourismusverbände stellt ebenfalls ein anspruchvolles Betätigungsfeld dar. Komplettiert werden die Arbeitsfelder durch die Bereiche der Fluggesellschaften, der Kongresswirtschaft sowie der selbständigen Unternehmensberatung.

In o.g. Bereichen werden die Absolventen zu koordinierenden und strategischen Tätigkeiten zur Erfüllung neu definierter Ansprüche befähigt. (Zur Entwicklung neuer Berufsfelder vgl. auch Englert 2000)

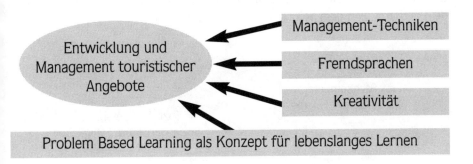

6. Schlüsselqualifikationen für einen MBA für das touristische Management

„Die Frage nach dem „Quo vadis?" der Organisations- und Personalentwicklung von Destinationsorganisationen ist zugleich aus der Perspektive betriebs- und wirtschaftswissenschaftlicher theoretischer Konzepte/Konstrukte und daraus abgeleiteter Normen und auch aus der Perspektive empirischer Beobachtungen und Befunde zu beantworten.

Zwei unterschiedliche, z. Teil sich ergänzende und überschneidende theoretische Ansätze, nämlich der industrieökonomische Ansatz bzw. Marktansatz (Vgl. Porter 1991) und der mehr angebotsorientierte Ressourcenansatz werden heute im allgemeinen als theoretische Leitschienen für Organisationsentwicklungsfragen verwendet. (Vgl. Von Krogh/Roos 1998) Nach dem industrieökonomischen Ansatz wird die Evolution, das Wachstum, bzw. jede Veränderung von Organisationen inklusive ihrer Strukturen, Prozesse und der darin eingesetzten Mitarbeiter bei Vorhandensein von effektivem Marktwettbewerb qualitativ und quantitativ letztlich einzig von der Nachfrageseite des Marktes bestimmt.

Der Ressourcenansatz geht im wesentlichen davon aus, dass erst das Vorhandensein bzw. die Transformation von Ressourcen durch Unternehmer bzw. Unternehmertum und/oder die selbst gesteuerte visionäre Organisationsentwicklung Märkte bzw. Nachfrage schafft." (Pechlaner/Weiermair 1999)

Die Veränderungen von Organisationen, wie sie oben am Beispiel des Destinationsmanagements dargestellt wird, ruft nicht nur neue Tätigkeitsfelder für Manager hervor, sondern sie macht auch die praxisrelevante Berücksichtigung dieser Tätigkeitsfelder bereits in der Konzeption der Ausbildung notwendig.

Die Schlüsselqualifikationen, die in einer postgradualen Ausbildung Berücksichtigung finden müssen, sind jene, welche den Qualifikationsunterschied zwischen dem mittleren und dem Spitzenmanagement ausmachen.

Sachkompetenz und Kognitive Fähigkeiten

Sozialkompetenz und Sozial gerichtete Fähigkeiten

Selbstkompetenz und moralische Werthaltungen und Einstellungen

Die zentralen Veränderungen der letzten Jahre lassen sich unter der Anforderungsänderung subsumieren, die vom Fachwissen zur Ausformung der Zentralkompetenz Transferfähigkeit führt.[4]
Folgende Schlüsselkompetenzen sind besonders für das touristische Spitzenmanagement zu berücksichtigen:

6.1 Wissensmanagement

Hier ist im Besonderen auf die Studie der Universität Linz einzugehen, welche den Wissenstransfer innerhalb von Organisationen untersucht sowie das Marketing von Wissen nach außen. Die Bedeutung von internen IMS (Informationsmanagementsystemen) ist in untrennbarem Zusammenhang mit Maßnahmen zur Vereinfachung von Managementstrukturen und Stärkung der Mitarbeiterkompetenzen zu sehen.
Wissensmanagement umfasst in diesem Kontext die Entwicklung, Unterstützung, Überwachung und Verbesserung von Strategien, Prozessen, Organisationsstrukturen und Technologien zur Wissensverarbeitung im Unternehmen.[5]
Somit können Maßnahmen zur Schaffung und Nutzung von Wissen im Sinne des Wissensmanagements sowohl strategischer als auch operativer, planender, steuernder und kontrollierender, organisatorischer und technologischer, kultureller und mitarbeiterbezogener Art sein. (Znidar 1999)

6.2 Leadership – Employeeship

Aus der Veränderung von autokratischen Führungsstilen hin zu teamorientierten Arbeitsformen, die hierarchische Strukturen durch Ausformungen des Miteinander ersetzen, ergibt sich die Notwendigkeit zur wissenschaftlichen Auseinandersetzung mit Führungsstilen, Führungsfähigkeit und Mitarbeiterfähigkeit. Neue Formen der Autorität bedürfen neuer Wege der Schulung.[6]

6.3 Managing change

Aus den technischen Veränderungen resultieren Veränderungen im Human Resources-Bereich, sowie der ganzen betrieblichen Struktur wie des betrieblichen Umfelds. Fähigkeit zu Change Management ist eine der wesentlichen ein-

---

4   Vgl. Ergebnisse der Praktikergespräche im Schlussbericht des o.a. Arbeitskreises „Tourismuspolitische Initiativen".
5   In diesem Zusammenhang auch Simon 2000, 24-31.
6   Die Johnson & Wales University hat ein eigenes „Leadership Center" eingerichtet, das ausschließlich in Executive-Schulungen die betrieblichen Anforderungen an neue Leadership-Qualifikationen erfüllen soll.

geforderten Schlüsselqualifikationen, um sich in einer sich verändernden Wettbewerbswelt behaupten zu können.

6.4 Innovation – Kreativität

Die Fähigkeit zur Setzung innovativer Maßnahmen auf Basis von Erfahrungswerten erfordert ein wissenschaftliches Herangehen zu Minimierung von Verlustrisiken.

Die Vermeidung kreativer und innovativer Maßnahmen ist für das Einzelunternehmen wie für den Verbund nicht möglich, da die Tourismusbranche ständig unter dem Druck der Neupositionierung steht. Der Erfolg hängt von der Stimmigkeit des Gesamtpakets ab. (Vgl. Salzmann o.J.)

Ein weiterer Bereich, der hier zu berücksichtigen ist, ist der Wachstumssektor des Edutainment.[7]

Edutainment-Management wird Eingang in verschiedene Unternehmen finden, die ihre Hauptgeschäftsfelder nicht ursächlich im Tourismus haben, aber lehrreiche Unterhaltung zur Attraktivitätserhöhung des Erlebnisses einbinden wollen. Reinhold Popp hat nachdrücklich auf diesen Bereich der Freizeit hingewiesen.[8]

6.5 Sozialkompetenz

Untersuchungen der Zentralorganisation sowie der Landesgruppe Tirol des BÖKT (Bund österreichischer Kur- und Tourismusdirektoren) zeigen, dass Sozialkompetenz immer stärker als Grundanforderung für das Spitzenmanagement in Europa gesehen wird und daher nachdrücklich als Schulungsbedarf eingefordert wird.[9]

Amerikanische Kettenunternehmen sehen diese Anforderung ebenfalls anstellungsrelevant. In der europäischen Landschaft, die vor allem im Tourismus durch KMUs geprägt ist, findet diese Anforderung vor allem in Zusammenhang mit Vermarktungs-Zusammenschlüssen sowie der Motivation der Mitarbeiter Bedeutung. Mehrere Ebenen haben also für die Ausgestaltung der Inhalte beachtet zu werden. (Vgl. auch Wölkner 2001)

---

7 R. Morasch, Playcastle, Berater mehrerer Freizeitparks.
8 Popp sieht Freizeitwissenschaft als über den Tourismus weit hinausführend den größten Teil des aktiv gestalteten Tages untersuchende Forschung. Freizeit stellt sich als im Heim verbracht (Spiele, Medien, Literatur) oder außer Haus verbracht dar. In diesem Teil stellt nicht mehr der Sport, sondern die verschiedenen Formen des Erlebnisses Einkaufen die vorrangige Aktivität dar. Tätigkeitsfelder für Touristiker sind bei entsprechender Kreativität erschließbar.
9 Unterlagen Eva Schödl-Pflaum, GS des BÖKT.

6.6 Empowering people

In engem Zusammenhang mit Leadership-Kompetenz ist die Fähigkeit der Motivation von Mitarbeitern, der Übertragung eines selbstverantwortlichen Tätigkeitsfelds und zur Einhaltung der erfolgsnotwendigen Rahmenbedingungen zu sehen.[10] Die Fähigkeit, Mitarbeiter zum Erfolg zu führen, wird eine der Zentralkriterien für erfolgreiche touristische Unternehmungen der Zukunft sein.[11]

Die Bedeutung der Stärkung der Einzelqualifikationen im Kontext des Teams bewegt sich im Spannungsfeld der professionellen Arbeitshaltung des Einzelspezialisten in einer größeren – bürokratisch zu organisierenden – Gesamtstruktur. Die Stärkung der Mitarbeiterkompetenz ist eine immer wieder notierte Kompetenz von Führungspersönlichkeiten. (Vgl. Johnson & Wales University 1999)

6.7 Fähigkeit zur betriebswirtschaftlichen Analyse

Betriebswirtschaft stellt nicht nur die Überprüfungsschiene für alle Unternehmungen dar, sollen sie auch finanziell erfolgreich sein. Die betriebswirtschaftliche Basis des MBA-Programms war von Anfang an erklärte Grundanforderung sowohl des Landes Salzburg wie auch der Wirtschaftskammer Salzburg.

Die Fähigkeit zur betriebswirtschaftlichen Analyse ist ein Qualifikationsmerkmal, das Entscheidungsfähigkeit von verantwortlichen Managern wesentlich grundlegt. (Nowlis 1999) Es wird jene Qualifikation sein, die vor allem im internationalen Wettbewerb maßgeblich nachgefragt wird. Die Ausbildungsprogramme von Cornell sind ausschließlich darauf abgestimmt. (Vgl. www.cornell.edu)

Dem aus den USA kommenden Grundsatz der Betrachtung von touristischen Unternehmen ausschließlich aus der Sicht des Shareholder Value muss durch die geplante Ausbildung die Kombination mit der klassischen Gastfreundschaft entgegengesetzt werden, was besondere betriebswirtschaftliche Kompetenzen notwendig macht.

6.8 Denken in größeren Zusammenhängen – Destinationsmanagement

Eingangs wurde festgestellt, dass sich der Lebenszyklus touristischer Unternehmungen auf einem Plateau hohen Reifegrads bewegt. Organisatorische Veränderungen finden sowohl innen als auch außen statt. In diesem Fall hat die

---

10   Vgl. Akiko Takahashi, Group Director Human Resources Shangri-La, Hong Kong.
11   John Bowen, Präsident der Johnson & Wales University, Providence, Rhode Island.

Fähigkeit, sich zu vernetzen, eine neue Bedeutung für die Überlebensfähigkeit des unabhängigen Einzelunternehmers. Mehrere Untersuchungen der Hochschule Den Haag haben sich vor allem diesem Thema und den sich daraus entwickelten Perspektiven gewidmet.[12]

Franz Schmidt hat die Bedeutung der neuen Medien und des E-Commerce in diesem Zusammenhang in den Vordergrund gerückt. Datenmanagement wird bei der ständig wachsenden Datenflut eine wesentliche Rolle für das Marketing von touristischen Zusammenschlüssen ebenso wie zur Kundenbindung und Vernetzung von individuellen Angeboten gewinnen.[13]

7. Schlussfolgerungen für die methodische und didaktische Gestaltung des Angebots

Alle oben genannten Qualifikationen sind unter Zugrundelegung der – wie ausgeführt – wesentlichen und spezifierten Anforderungen an das Berufsbild einer inhaltlichen Betrachtung auf den folgenden drei Ebenen zu unterziehen:

- Fachwissen/Fachinhalte

- Methodenwissen/Methodeninhalte

- Kommunikationswissen/Vernetzungsinhalte

Case Studies, Trainee Programme, Independent Studies sowie Ausformungen der Fernlehre scheinen wesentliche Wege zu Verwirklichung der Anforderungen. Bedachtnahme auf Salzburger USPs („Was nimmt man Salzburg ab?"[14]) ist integrative Klammer. Die Nutzung der internationalen Kontakte, welche die beteiligten Universitätsinstitute und die Salzburger Tourismusschulen auf universitärer Ebene sowie zu touristischen Praktikern haben, ist zu berücksichtigen, sodass ein gesamtes Netzwerk mit vertikaler und horizontaler Durchlässigkeit entsteht, das die Qualität eines Kompetenzzentrums Tourismus in Salzburg in einer europäischen Dimension garantiert:

---

12 Vgl. Ewoult Cassée, former Dean of Den Haag Hogeschool.
13 Vgl. Folie Franz Schmidt bei der Schlusspräsentation der Arbeitsgruppe „FV-Organisationen";
    ders.: Destinationsmanagement. Klagenfurt 1998.
14 Manfred Kohl im Workshop am 5. Oktober 1999.

Literatur

Englert, Sylvia (2000): Die Jobs der Zukunft. Neue Berufsbilder und was sich dahinter verbirgt. Frankfurt/New York.

Ganster, Monika (2001): Paten des Erfolgs. In: Tourismus Management 01/2001, 14f.

Heffeter, Franz (1999): Anforderungen für die Ausbildung. Projektbericht. Salzburg.

Heffeter, Franz/Suida, Hermann (2001): Antrag an den Senat der Universität Salzburg zur Genehmigung des MBA Tourismus- und Freizeitmanagement; Senatsgenehmigung vom 7.5.01.

Jenewein, Jean Francois (2000): Tourismuswissen versus branchenunabhängige Qualifikationen. In: Tourismus lernen in Österreich. Protokolle des internationalen ÖGAF-Symposiums 2000. ÖGAF-Protokolle 13. Wien.

Jogaratnam, Giri/Tse, Eliza C./Olsen, Michael D. (1999) Matching Strategy with performance: How Independent Restaurateurs' Competitive Tactics Relate to Their Success. In: Cornell Quaterly 40, 4. Ithaca, 1999, 91-95.

Johnson & Wales University (1999): Die Fremdenverkehrsbetriebe der Stadt Salzburg als „Destination-Management-Company. Uni Linz: Institut für Handel, Absatz und Marketing/Johnson & Wales University, Leadership Center.

Krogh, Georg von/ Roos, Johan (1998): Organizational Epistemology. New York.

Nowlis, Michael (1999): Management Skills for the 21st Century. Paper EUHOFA Congress Barcelona, 1999.

Pechlaner, Harald/ Matzler, Kurt (2000): Formulierung von Servicestandards für touristische Dienstleistungen und Überprüfung durch den Einsatz von „Mystery Guests". Innsbruck.

Pechlaner, Harald/Weiermair, Klaus (1999): Neue Qualifikationsanforderungen in Destinationsorganisationen. Innsbruck.

Peters, Tom (1999): Der Innovationskreis. The Circle of Innovation. Düsseldorf.

Porter, Alan L. (1991): Forecasting and Managemnet of Technology. New York.

Salzmann, Peter (o.J.): 50+-Hotels. Entwicklung des Prospektmaterials auf Zielgruppengerechtigkeit in 3 Jahren des Bestehens der Gruppe. o.O.

Scherrer, Walter (2000): Bedarfs- und Akzeptanz-Analyse für einen MBA Tourismus- und Freizeitmanagement. Salzburg.

Sedlmayr, Hans (1965): Die demolierte Schönheit. Salzburg-Wien.

Simon, Hermann (2000): Was taugt die Managementtagung. In: Harvard Business Manager 5/2000, 24-31.

Walbott, Harald G./Heffeter, Brigitte (2000): Evaluation des Lehrplans 1993 der Höheren Lehranstalten für wirtschaftliche Berufe. Salzburg: Institut für Organizational Behaviour/Universität Salzburg.

Wölkner, Matthias (2001): Wer motiviert den Chef? In: Tourismus Management 01/2001, 20- 23.

Znidar, Gernot (1999): Die lernende Organisation – Wissensmanagement als wichtigster Erfolgsfaktor der Zukunft. Salzburg.

Zusammenfassung

Die schulische Ausbildung auf der sekundären Ebene (Duales System, BMHS) stellt das Fertigkeitswissen ebenso in den Vordergrund wie es sich dann in den meisten Bereichen der universitären Lehre fortsetzt. Vernetztes Denken, Kreativität, außerhalb der Norm vorgegebener Pfade liegende Lösungsansätze zu suchen, ist in allen Bereichen zu wenig gefragt. Die Arbeit erhebt das Postulat, dass jede touristische Ausbildung, die auf Führungstätigkeit hinzielt und die sich international von Mitbewerbern abheben möchte, einen innovativen Ansatz braucht.

Für die Entwicklung neuer Konzepte ist jedenfalls die Beziehung zwischen Aufgabenprofil und Persönlichkeitsmerkmalen herzustellen. Eine Befragung des Instituts für Organizational Behaviour der Universität Salzburg konnte wesentliche Herausforderungen für die Ausbildung im Tourismusidentifizieren. Zusatzzertifikate haben eine wesentliche Bedeutung für die Personalauswahl. Ihre Berufsrelevanz darf jedoch nicht zu eng gesehen werden. Dies gilt vor allem im Tourismus, der eine vielfältige, facettenreiche Ausbildung erfordert, welche der Positionierung des Betriebs angemessen sein muss.

Unter Leitung der Salzburger Tourismusschulen wurde auf dieser Basis der „Fachhochschul-Studiengang Entwicklung und Management touristischer Angebote" bewusst als berufsbegleitendes Studium entwickelt.

Die Kooperation zwischen Studierenden und Tourismusunternehmen – z.B. im Rahmen von Projektarbeiten – ist wesentlicher Bestandteil. Das Tätigkeitsprofil der Abgänger des Studienganges positioniert sich überall dort, wo multioptionale Gästezielgruppen in klein- und mittelbetrieblich strukturierten Regionen auf einen regionalen oder globalen Verdrängungswettbewerb treffen.

Andere Schwerpunkte hat der „MBA für das touristische Management". Die Schlüsselqualifikationen, die in einer postgradualen Ausbildung Berücksichtigung finden müssen, sind jene, welche den Qualifikationsunterschied zwischen dem mittleren und dem Spitzenmanagement ausmachen. Ein weiterer Bereich, der hier zu berücksichtigen ist, ist der Wachstumssektor des Edutainment. Edutainment-Management wird Eingang in verschiedene Unternehmen finden, die ihre Hauptgeschäftsfelder nicht ursächlich im Tourismus haben. Die Bedeutung der neuen Medien und des E-Commerce wird in diesem Zusammenhang untersucht. Datenmanagement wird bei der ständig wachsenden Datenflut eine wesentliche Rolle für das Marketing von touristischen Zusammenschlüssen ebenso wie zur Kundenbindung und Vernetzung von individuellen Angeboten gewinnen.

Die Nutzung der internationalen Kontakte, welche die beteiligten Universitätsinstitute und die Salzburger Tourismusschulen auf universitärer Ebene sowie zu touristischen Praktikern haben, ist zu berücksichtigen, sodass ein gesamtes Netzwerk mit vertikaler und horizontaler Durchlässigkeit entsteht, das die Qualität eines Kompetenzzentrums Tourismus in Salzburg in einer europäischen Dimension zur Vision hat.

Franz Heffeter, Mag. Dr., geb. 1955, seit 1996 Direktor der Salzburger Tourismusschulen Kleßheim, leitete hauptverantwortlich die Entwicklungsarbeiten des beschriebenen Fachhochschulstudiengangs und des MBA. Langjährige Erfahrung in der Leitung von Ausbildungszentren, Curriculumentwicklung und Qualitätssicherung in Ausbildungseinrichtungen. Betreuung internationaler Ausbildungsprojekte am Kleßheimer Institute of Tourism and Hotel Management. Ausgebildeter Wirtschafts- und Sozialhistoriker mit wissenschaftlichen Publikationen auf diesem Sektor, Lehrbuchautor, Trainer für Projektmanagement, Präsentationstechnik und Öffentlichkeitsarbeit.

E-mail: fheffeter@klessheim.sts.ac.at

Großglockner

Schmittenhöhenbahn, Zell am See

Friedrich M. Zimmermann

Grenzüberschreitende Kooperationen in Europa

Eine neue Dimension touristischer Entwicklung für das Dreiländereck Österreich, Italien und Slowenien

1. Einleitung

Die Diskussion über die neue Regionalpolitik in Europa, weitere Veränderungen der Agrar- und Industriestrukturen und die beginnenden Verhandlungen mit zentral- und osteuropäischen Kandidatenländern sind neue Herausforderungen für die Integrationsbestrebungen der Europäischen Union. Trotz des Wissens, dass es keine Alternative zur Vereinigung Europas gibt, ist die öffentliche Meinung in Politik, Gesellschaft und Kultur noch immer fokussiert auf nationalstaatliches Denken und nationale Perspektiven. Nur die Wirtschaft folgt eigenen Gesetzen der Internationalisierung, durch „grenzenlose" Aktivitäten. Die Politik ist gefordert, diesem Trend zu folgen. Übrig bleibt die Frage: Was passiert mit der Diversität europäischer Kulturen in einer Zeit der Globalisierung und der grenzüberschreitenden Aktivitäten?

> „European Culture is marked by its diversity: diversity of climate, countryside, architecture, language, beliefs, taste and artistic style. Such diversity must be protected, not diluted. It represents one of the chief sources of the wealth of our continent. By underlying this variety, there is an affinity, a family likeness, a common European identity. Down the ages the tension between the continents cultural diversity and unity has helped to fuse ancient and modern, traditional and progressive, it is undoubtedly a source of the greatness of the best elements of our civilisation."

EC, The Community of Culture (1983)

407

Das österreichisch-italienisch-slowenische *Dreiländereck* ist ein Beispiel für eine Region, die in der österreichisch-ungarischen Monarchie vereint war, nach dem I. Weltkrieg durch nationale Grenzen zerteilt wurde und nun wiederum versucht, ihre gemeinsame Zukunft unter neuen europäischen Rahmenbedingungen ohne Grenzen zu finden. Vor allem diejenigen Gebiete, die über touristische Potenziale verfügen, bekommen neue Chancen, wenn sie es verstehen, ihre multikulturellen Angebote als grenzüberschreitende Ressourcen gemeinsam in Wert zu setzen.

Die Tatsache, dass sich im Untersuchungsgebiet drei europäische ethnische Gruppen (Germanen, Romanen, Slawen), drei Kulturen und drei Sprachen treffen, eröffnet großartige Möglichkeiten für eine neue Form des multikulturellen Tourismus. Die – leider nicht erfolgreich verlaufene – Bewerbung um Olympische Winterspiele im Jahre 2006 beruhte auf diesen einmaligen Standortvorteilen und versuchte mit dem Slogan „Senza Confini", „ohne Grenzen", diese Einmaligkeit zu nutzen.

Das *Dreiländereck*-Gebiet zeigt eine Menge positiver und negativer Elemente europäischer Geschichte. Im Gegensatz zu den positiven Elementen einer Diversität von Kultur und höchster Attraktivität des Naturraumes war die Region immer eine Region von Konflikten: Die Isonzo-Schlachten des I. Weltkrieges, der ständige Kampf über Grenzziehungen, die Teilung des Gebietes in drei Nationalstaaten, erzwungene Nationalisierung und ethnische Säuberungen sind zu nennen. Auf dieser Tatsache basiert die Idee des Forschungsprojektes, die Schaffung einer grenzüberschreitenden, transnationalen touristischen Region, basierend auf den Elementen Geschichte, Kultur und Natur.

2. Das Forschungsteam

Das Forschungskonzept wurde in einem Pilotgebiet durchgeführt, das 12 Gemeinden entlang der Grenze zwischen Österreich und Italien sowie der Grenzen zwischen Slowenien und Österreich bzw. Slowenien und Italien umfasste. Das Forschungskonzept wurde so angelegt, dass die Resultate, in Form der Schaffung einer nachhaltigen grenzüberschreitenden Tourismusentwicklung, auch auf andere europäische Grenzregionen anwendbar sind, etwa als Beispiel für die Realisierung von themenorientierten Tourismusangeboten in peripheren Regionen.

Das Forschungsdesign wurde auf einem interdisziplinären Konzept aufgebaut sowie der Kooperation zwischen dem Institut für Geographie und Raumforschung der Universität Graz und dem Institut für Geschichte, Abteilung für Geschichte Ost- und Süd-Osteuropas der Universität Klagenfurt (O.Univ.Prof. Dr. Andreas Moritsch) als führende Forschungsinstitutionen, gemeinsam mit den Instituten für

Geographie der Universitäten in Ljubljana (Slowenien) und Trieste (Italien). Praktische Erfahrungen wurden von Tourismusexperten eingebracht, ebenso wurden lokale Entscheidungsträger und Meinungsbildner in das Projekt integriert.

3. Struktur- und Regionalpolitik der Europäischen Union und Tourismusentwicklung

Im Wesentlichen sind drei wichtige Politikfelder der Europäischen Union entscheidend für die Entwicklungen im Untersuchungsgebiet:

1. Die Europäische Struktur- und Regionalpolitik
2. Die Gemeinschaftsinitiativen der Europäischen Union
3. Das Rahmenwerk für das Europäische Kulturerbe

Ad 1: *Die Europäische Struktur- und Regionalpolitik*, als Maßnahme für politischen, wirtschaftlichen und sozialen Zusammenhalt, ein Politikfeld, das bereits mit den Verträgen von Rom im Jahre 1957 initiiert wurde, als die europäische Gemeinschaft gegründet wurde. In Teil drei, Titel XIV, Artikel 130a wird festgehalten:

„In order to promote its overall harmonious development, the Community shall develop and pursue its actions leading to the strengthening of its economic and social cohesion. In particular, the Community shall aim at reducing disparities between the levels of development of the various regions and the backwardness of the least favoured regions, including rural areas".

Der „Single European Act" detaillierte und strukturierte die Regionalpolitik im Jahre 1987 neu. Die Regulative wurden im Jahre 1993 mit sechs Zielen für die Strukturpolitik der Periode 1994–1999 formuliert.

Basierend auf der Agenda 2000 wurden für die Programmperiode 2000-2006 neue Rahmenbedingungen für die Struktur- und Regionalpolitik festgelegt und die Anzahl der Ziele auf drei reduziert:

- Ziel 1: Förderung der Entwicklung und der strukturellen Anpassung der Regionen mit Entwicklungsrückstand (die 1994–1999 unter Ziel 6 förderfähigen Gebiete sowie die ultraperipheren Regionen, wie sie im Vertrag von Amsterdam definiert wurden, werden in Ziel 1 integriert).
- Ziel 2: Unterstützung der wirtschaftlichen und sozialen Umstellung der Gebiete mit strukturellen Schwierigkeiten (dieses neue Ziel, fügt die Ziele 2 und 5b des Zeitraumes 1994–1999 zusammen und wurde auf andere Gebiete ausgeweitet, z.B. auf städtische Problemgebiete).
- Ziel 3: Unterstützung der Anpassung und Modernisierung der Bildungs-, Ausbildungs- und Beschäftigungspolitiken und -systeme (dieses neue Ziel fügt die

alten Ziele 3 und 4 zusammen und steht im Zusammenhang mit dem neuen Titel zur Beschäftigung, wie er im Vertrag von Amsterdam vorgesehen ist. Sein Aktionsfeld liegt außerhalb der im Rahmen der neuen Ziele 1 und 2 förderungswürdigen Gebiete).

Ad 2: Die Realisierung des grenzüberschreitenden Projektes im *Dreiländereck* unter diesen europäischen Rahmenbedingungen wird unterstützt durch Ziel 2 Initiativen (2000–2006) und durch die *Gemeinschaftsinitiativen der Europäischen Union*. Die wichtigste Initiative, unter der das vorliegende Konzept entwickelt wurde und realisiert werden soll, ist INTERREG für Österreich und Italien, ein Konzept, das darauf ausgerichtet ist, die Nachteile der meist peripheren Gebiete an Grenzen innerhalb der Europäischen Union, aber auch an den Aussengrenzen mit den Kandidatenländern, zu verbessern. Unterstützt wird INTERREG im Zuge einer „pre-accession strategy" der Europäischen Union durch das Programm PHARE/CBC (Cross Border Cooperation), das insbesondere die sozialen, wirtschaftlichen und infrastrukturellen Entwicklungen der zentral- und osteuropäischen Kandidatenländer stärken soll. In der Programmperiode 2000-2006 wird gerade dieser Aspekt der transnationalen, grenzüberschreitenden und interregionalen Kooperation zwischen der Europäischen Union und den Kandidatenländern besonders stark betont.

Grenzüberschreitende Tourismusentwicklung wird vor allem aufgebaut auf Maßnahmen, wie Schutz des gemeinsamen historischen und kulturellen Erbes, Netzwerkbildung bei kulturellen Aktivitäten, Schaffung von supraregionalen Kooperationen etc. Daneben und gemeinsam mit der Tourismusentwicklung werden weitere Maßnahmen mit grenzüberschreitenden Effekten gefördert:

- Verbesserung der Infrastrukturen (Grenzübergänge, Straßen, Fahrradwege, etc.).
- Umweltbezogene Maßnahmen (Zusammenarbeit von Nationalparks, Naturparks, gemeinsame Naturschutzinitiativen, etc.).
- Grenzüberschreitende Information und Kommunikation (Standortinformationen, Marktinformationen, gemeinsame Vermarktung von Angeboten, Messen, etc.).
- Spezielle Maßnahmen im Bereich der kleinen und mittleren Unternehmungen, insbesondere wirtschaftliche Zusammenarbeit.
- Know-how-Transfer, Bildung, Forschung, Beratungsaktivitäten.
- Organisatorische Netzwerke für Tourismus, Landwirtschaft und Kultur.
- Errichtung von Institutionen für Koordination, Kooperation und Monitoring von wirtschaftlichen Entwicklungen.

410

Diese Maßnahmen zielen auf die Aktivierung und Verbesserung der nationalen (Tourismus) Potenziale ab, indem grenzüberschreitende Kooperationskonzepte angewendet werden. Als Effekte werden die wirtschaftliche Konsolidierung von Peripherien erwartet, durch Vermarktungsinitiativen einer gemeinsamen größeren vielfältigeren Region. Dadurch könnten Bevölkerungsverluste und Blightphänomene vermieden werden, die zu erwarten wären, wenn die Grenzen auf Grund des Schengen-Abkommens der Europäischen Union endgültig verschwinden und sich ökonomische Probleme durch den Verlust der Grenzfunktionen verstärken. Der einmalige Standort des *Dreiländerecks* kann zu einer grenzüberschreitenden multikulturellen Identität führen und eine europäische multikulturelle Pilotregion von internationaler Bedeutung werden. Dies hätte insbesondere unter dem Eindruck der Krisen am Balkan europaweite Signalwirkung.

Ad 3: Das dritte entscheidende Politikfeld betrifft das *„Europa der Regionen"*, das eine neue Perspektive für die gewachsene europäische Kultur vorsieht, nämlich eine „Einheit in Vielfalt". Ähnlich der geteilten Verantwortung zwischen der Europäischen Union und den Mitgliedsstaaten in der Wirtschaftspolitik hat der Vertrag von Maastricht ein gemeinsames *Rahmenwerk für das europäische Kulturerbe* geschaffen (Artikel 128):

1. *The Community shall contribute to the flowering of the cultures of the Member States, while respecting their national and regional diversity and at the same time bringing the common cultural heritage to the fore.*

2. *Action by the Community shall be aimed at encouraging cooperation between Member States and, if necessary, supporting and supplementing their action in the following areas:*
   * *improvement of knowledge and dissemination of the culture and history of the European peoples;*
   * *Conservation and safeguarding of cultural heritage of European significance;*
   * *Non-commercial cultural exchanges;*
   * *Artistic and literary creation, including the audio-visual sector.*

3. *The Community and the Member States shall foster cooperation with third countries and the competent international organisations in the sphere of culture, in particular the Council of Europe.*

4. *The Community shall take cultural aspects into account in its action under other provisions of this Treaty. (http:/europa.eu.int/en/record/mt/title2.html)*

4. Die historische Dimension des *Dreiländerecks*

Während der nationalen Ära des 19. und beginnenden 20. Jahrhunderts entwikkeln sich in Europa verschiedene Nationalstaaten, – wir haben dieselben Tendenzen nach dem Zusammenbruch des Kommunismus in Zentral- und Osteuropa beobachten können – deren Folge Separatismus, nationale Hegemonie und scharfe politische und kulturelle Barrieren in Gebieten waren, welche einst (etwa in der österreichisch-ungarischen Monarchie bis 1919) miteinander verbunden waren. Die neuen Grenzregionen wurden zu Peripherien und zu wirtschaftlich marginalen Standorten. Im Zuge der europäischen Integrationstendenzen werden diese Gebiete nicht nur neue Herausforderungen und Probleme, sondern auch neue Chancen bekommen. Auf der einen Seite werden die Grenzfunktionen verschwinden, die die Wirtschaft in den einzelnen Regionen über Jahrzehnte massiv geprägt haben, auf der anderen Seite ergeben sich neue und viel versprechende Wege für wirtschaftliche Zusammenarbeit, insbesondere im Tourismus, durch ein verschränktes Angebot von Geschichte, Kultur und Natur.

Die Region des *Dreiländerecks* im Europäischen Kontext ist charakterisiert durch Zentralität: Wichtige Verkehrsachsen, Autobahnen, Eisenbahnen treffen hier aufeinander und verbinden Nord-West-Europa mit dem Balkan und Nord-Ost-Europa mit Italien und der Iberischen Halbinsel. Diese Lage an den Kreuzungspunkten zweier wichtiger europäischer Verkehrsachsen machte die Region seit jeher zu einem bedeutenden historischen Standort – zu einem lebendigen Schulbuch europäischer Geschichte: Die Römer siedelten sich hier an, gefolgt von keltisch-romanischen Stämmen, die Slawen folgten im 6. und 7. Jahrhundert, wiederum abgelöst von germanischen Siedlern, die Kriege gegen die Türken im 15. und 16. Jahrhundert und die französischen Kriege an der Wende vom 18. ins 19. Jahrhundert haben deutliche Spuren in dieser Region hinterlassen. In dieser turbulenten Geschichte des *Dreiländerecks* spielte der I. Weltkrieg eine markante Rolle. Zwischen Mai 1915 und November 1917 wurden hier die 12 „Isonzo-Schlachten" geschlagen und mehr als eine halbe Million Soldaten – Mitglieder verschiedener europäischer Nationen – wurden in diesem gebirgigen Gelände getötet. Viele Überreste, Museen, Friedhöfe und literarische Dokumente zeugen von dieser Zeit.

Bis zum I. Weltkrieg war die Region eine höchst kommunikative, mit einer durchaus gemischten Sprachstruktur. Nach dem Friedensvertrag von St. Germain 1918/19 begannen allerdings Nationalismus, Nationalisierung und ethnische Säuberungen, die in weiterer Folge von Mussolini und Hitler, aber auch nach dem II. Weltkrieg von den jugoslawischen Behörden weiter betrieben wurden. Gerade nach dem II. Weltkrieg verdeutlichten sich die Kontraste der politischen Systeme: Jugoslawien wurde ein kommunistisches Land, Italien ein NATO und EG-Mitgliedsland und Österreich im Jahre 1955 neutral. Politische, kulturelle und wirtschaftliche Spannungen blieben, bis Jugoslawien in der Mitte der 60er Jahre begann, eine Öffnungsstrategie zu verfolgen. Erst seit der Unabhängigkeit Sloweniens im Jahre 1991 und verstärkt durch die Mitgliedschaft Österreichs in der Europäischen Union (1995) gibt es Anzeichen lokaler und regionaler grenzüberschreitender Kooperationen, hauptsächlich basierend auf EU-Förderstrategien. Gerade die Kraft und Symbolik des *Dreiländerecks* ist eine unglaubliche Zukunftschance von europäischer Bedeutung für diese Region. Ein durch die Geschichte zerteiltes Gebiet soll in eine gemeinsame Zukunft geführt werden.

5. Tourismusangebote mit Schwerpunkt Kultur und Geschichte

5.1. Internationale Tourismustrends benachteiligen periphere Regionen

Seit den späten 80er Jahren hat der Prozess der Globalisierung auch den Tourismus erfasst. Globale Angebote durch Fluglinien, Hotelketten, Reiseveranstalter sind auf Skalenvorteile ausgerichtet und gemeinsame Vermarktung erbringt dominante Strukturen am internationalen Tourismusmarkt. Zusätzlich zu diesen Teilaspekten ergeben einige spezielle Trends weitere Nachteile für periphere Regionen und Grenzgebiete:

- Klein- und Mittelbetriebe sind international nicht konkurrenzfähig.
- Gesellschaftliche Entwicklungen und veränderte Motivstrukturen begünstigen Sonne, Sand und Meer-Destinationen.
- Demographische Veränderungen und ein größerer Anteil von unabhängigen jungen Singles und aktiven Senioren begünstigen internationale Angebote.
- Preisvorteile von Charterreisen und massentouristischen Angeboten stehen im Gegensatz zu kostenintensiveren Individualreisen.
- Kurzurlaube, flexible Reiseentscheidungen fördern günstige Pauschalangebote.
- Abenteuer, Erlebnis, Unterhaltung prägen das heutige Tourismusgeschehen.
- Hohe Qualitätskriterien, hoher Komfort führen zu ständigem Innovationsdruck.
- Umweltbezogene Fragen werden immer bedeutender.

Diese Entwicklungen schaffen auf der einen Seite neue Bedürfnisse und begünstigen die internationalen Tourismusangebote, auf der anderen Seite ist ein Gegentrend in Richtung ökologieorientierte Angebote und „weg vom Massentourismus" feststellbar. Daher wurde das vorliegende Tourismuskonzept auf den Prinzipien der Nachhaltigkeit aufgebaut. Eine Frage bleibt allerdings offen, nämlich die, ob der Konsument dieses Angebot in einem extrem wettbewerbsorientierten Käufermarkt auch entsprechend annehmen wird.

5.2. Die Tourismusdimensionen im *Dreiländereck*

5.2.1. Tourismusangebote

Die Grundidee der Tourismusentwicklung ist die Idee der *Komplementarität*. Stärken der Region sollen verstärkt werden, Schwächen sollen insofern reduziert werden, als Angebote in den anderen Regionen als Ausgleich dienen können. Es gibt eine Menge von *Potenzialen für Wintersportaktivitäten*, für den alpinen Schilauf, Snow-boarding, Schilanglauf und attraktive Angebote für Schitouren. Zusätzlich erwähnenswert sind Eis laufen, Pferdeschlitten fahren, rodeln und Hallenbäder. In der Region gibt es eine Reihe von internationalen Wintersportveranstaltungen wie etwa Schi-Weltcup, Weltcup-Veranstaltungen im Schi springen und Schi fliegen und ein internationales grenzüberschreitendes Schilanglaufereignis. Das *Sommerangebot* umfasst Nationalparke und andere Naturschutzgebiete, insbesondere für Wanderungen und Bergsteigen, ebenso sind attraktive Bergstraßen für Ausflüge vorhanden. Zusätzlich zu nennen sind Wassersportaktivitäten wie Rafting, Kajaking, Canyoning, aber auch Rad fahren und Mountain biking. Weiters gibt es Angebote wie Golf, Tennis, Reiten und Paragleiten. Die entscheidenden Vorteile des Gebietes sind kulturelle Angebote, wie historische Wanderwege und Straßen, Museen, architektonische Besonderheiten etc.

Im *Beherbergungssektor* prägen etwa 4000 Zimmer das Angebot, allerdings durch eine extreme regionale Differenzierung gekennzeichnet. Der österreichische Teil, am Rande der Kärntner Seenregion gelegen, ist vor allem durch kleine Familienbetriebe und Privatquartiere von durchschnittlicher Qualität gekennzeichnet. Der slowenische Teil wurde unter der jugoslawischen Regierung in den 60er und 70er Jahren als geplante Tourismusregion entwickelt, vor allem Kranjska Gora konnte einen internationalen Status als Tourismusdestination erreichen. Der Unabhängigkeitskrieg Sloweniens von 1991, die Konflikte in Bosnien und Herzegovina, aber auch im Kosovo hatten extrem negative Auswirkungen auf den Tourismus in Slowenien. Nicht nur die Zahl der Touristen ist etwa auf die Hälfte gesunken, vielmehr hat die Privatisierung der früheren staatseigenen Hotels zu einer völligen Umstrukturierung in der Region geführt. Zusätzlich entstanden eine grosse Anzahl an privaten Initiativen, kleine Familienrestaurants und Hotels, aber auch Frühstückspensionen und Privatquartiere wurden geschaffen. Sie prägen heute das Bild des Tourismus in Slowenien. Der italienische Teil der Region ist durch eine sehr kleine Anzahl an gewerblichen Beherbergungsbetrieben gekennzeichnet, eher ist dieses Gebiet bedeutend als Zweitwohnsitzregion für Italiener aus Mittel- und Süditalien. Die Zukunftsentwicklung dieses diversifizierten Angebotes muss vor allem auf Kooperationsmodellen beruhen, die die Stärken der respektiven Regionen durch qualitative und preislich abgestimmte Packages für bestimmte Zielgruppen vermarkten.

5.2.2. Die touristische Nachfrage

Nicht nur das Angebot, auch die Nachfrage ist sehr diversifiziert. Der österreichische Teil der Pilotregion verfügt über etwa 200.000 Übernachtungen, ein Drittel Österreicher, ein Drittel Deutsche und ein Drittel übrige Ausländer. Die Spitze der Nachfrage im slowenischen Teil wurde im Jahre 1990 mit mehr als 700.000 Übernachtungen erreicht. Nach der Unabhängigkeit 1991 wurde die niedrigste Marke im Jahre 1993 mit weniger als 400.000 Übernachtungen registriert, bis 1998 hat sich die Situation mit ca. 500.000 Übernachtungen stabilisiert. 50% der Touristen kommen aus Slowenien, 15% sind Italiener und 10% Deutsche; Österreicher sind mit 2% vernachlässigbar. Der italienische Teil ist gekennzeichnet durch Kurzzeittourismus und Tagesausflüge, die Quantität von ca. 250.000 Übernachtungen zeigt Stagnationstendenzen. Auch diese Region ist durch die einheimische Nachfrage charakterisiert (40% Italiener, gefolgt von jeweils 10% Slowenen und Österreichern).

5.2.3. Stärken und Schwächen

Bis jetzt haben *kulturelle Aspekte* nur marginale Bedeutung im Tourismusangebot des *Dreiländerecks*. Es gibt keine herausragenden Sehenswürdigkeiten von internationalem Interesse, aber eine Fülle von kulturellen Angeboten unter den Leitideen dreier Ethnien, dreier Kulturen und einer extrem interessanten historischen Entwicklung, in einem strategisch überaus bedeutenden Gebiet. Daher sollen bildungsorientierte und kulturelle Angebote, gepaart mit speziellen und komplementären Freizeitangeboten in dieser Region ausgebaut werden. Die Dominanz eines multikulturellen europäischen Zuganges sollte überall sichtbar werden.

Die *Naturschönheiten* sind weitere bedeutende Potenziale in diesem Gebiet, inmitten der Alpen-Adria-Region. Es gibt eine Reihe von Schutzkategorien, hervorzuheben ist insbesondere der Triglav Nationalpark, zusätzlich attraktive Bergseen und weitere Schutzgebiets-Kategorien. Es gibt aber auch einige Schwächen, wie etwa die Tatsache, dass Hauptteile der Region aus Kalken und Dolomiten aufgebaut sind, mit einem sehr sensiblen Karstsystem, in dem Verschmutzung durch Massentourismus zu großen ökologischen Problemen führen könnte – Vorsicht ist geboten.

Die geographische Lage des *Dreiländerecks* unterstützt den sehr guten *infrastrukturellen Standard*. Internationale Verkehrslinien, insbesondere Autobahnen, machen die Region erreichbar für etwa 20 Millionen potentielle Besucher in einem Umkreis von weniger als 300 Kilometer. Auch das intraregionale Verkehrssystem ist sehr gut ausgestattet, zusätzlich laden attraktive Bergstraßen zu Ausflügen ein. Touristische Infrastrukturen, wie Schilifte etc. sind in allen drei Teilen der Region vorhanden. Ein Zusammenschluss von Schigebieten wird diskutiert.

Wie bereits bemerkt sind *Organisation und Kooperation* im Sinne eines überregionalen Denkens noch nicht entwickelt. Derzeit gibt es noch keine grenzüberschreitenden Tourismusorganisationen und kaum grenzüberschreitende Tourismuskooperationen. Die einzige Ausnahme war die Bewerbung um die Olympischen Winterspiele 2006, die aufgebaut war auf der Tatsache einer grenzüberschreitenden Zusammenarbeit, um die olympische Idee mit der multikulturellen Idee des *Dreiländerecks* zu verbinden. Gerade nach dem negativen Ausgang der Olympiabewerbung wird es notwendig sein, die Grundidee nicht nur weiter zu verfolgen, sondern zu intensivieren und zu realisieren.

6. Die Tourismusphilosophie im *Dreiländereck*

Basierend auf diesen Überlegungen kann die Tourismusphilosophie im *Dreiländereck* wie folgt zusammengefasst werden:

- Die Natur im *Dreiländereck* ist äußerst attraktiv aber auch äußerst sensibel. Die Entwicklung von Tourismusprojekten muss ausschließlich auf integrativen und nachhaltigen Prinzipien beruhen.
- Die wirtschaftliche Zukunftsvision basiert auf transnationaler Kooperation. Nur durch die Nutzung von wirtschaftlichen Vorteilen durch grenzüberschreitende Kooperation und durch Synergieeffekte kann ein attraktiver Lebensraum und damit die Individualität der Gesellschaft, Wirtschaft und Kultur in diesem Raum langfristig erhalten werden.
- Das Zusammentreffen dreier „Welten", einer romanischen, einer slawischen und einer germanischen, sollte ein Pilotprojekt europäischen Denkens werden und gesellschaftliche, wirtschaftliche und kulturelle Gemeinsamkeiten demonstrieren. Die Vereinigung einer getrennten Vielfalt ist die Hauptbotschaft des Dreiländerecks.

7. Tourismusbausteine für das *Dreiländereck* ... oder ... grenzüberschreitender Tourismus als ein innovatives europäisches Konzept

7.1. Holismus und Nachhaltigkeit als Chance für kleinräumige Tourismusentwicklungen

In den vergangenen Jahrzehnten entwickelte sich der Tourismus in einzelnen Destinationen äußerst unterschiedlich. Als Hauptgründe dafür können kulturelle und politische Verschiedenheit, wirtschaftliche Rahmenbedingungen und Förderschwerpunkte, aber auch unterschiedliche Erholungsmotive und ein sich wandelndes Freizeitverhalten genannt werden. Die Internationalisierung des Tourismus, regionale Entwicklungsstrategien und transnationale Kooperationen bedingen, dass diese Unterschiede tendenziell verschwinden. Die postindustrielle Gesellschaft scheint in Form des Massentourismus sowohl zu einer Uniformität der Nachfrage als auch zu einer Uniformität des Angebotes zu steuern. Dadurch erhebt sich die Frage, wie historisch gewachsene Unterschiede, als spezifischer Bestandteil eines Tourismusangebotes, im *Dreiländereck* erhalten werden können. Das Tourismus-baustein-Konzept basiert auf einem holistischen Zugang und auf Nachhaltigkeit, nicht als Slogan, sondern als seriöse Alternative und als globale Vision, um in peripheren Regionen eine langfristig orientierte Tourismuswirtschaft aufzubauen. Die Anwendung dieses Konzeptes ist insbesondere für periphere Gebiete passend, als bewusster Gegentrend zu Konkurrenzgebieten, die versuchen ihre Konkurrenzfähigkeit durch „harte" Tourismusangebote zu verbessern. Die Grundlagen für ein nachhaltiges Konzept im *Dreiländereck* sind die Folgenden:

* Die Idee der Partnerschaft zwischen Wirtschaft, Gesellschaft und Umwelt.
* Ein demokratisch-partizipatorischer Zugang, der alle Entscheidungsträger und die lokale Bevölkerung einschließt.
* Der Einbezug der Interessen der heutigen und der zukünftigen Generationen.

7.2. Einschränkende und fördernde Rahmenbedingungen für die Anwendung eines nachhaltigen Konzeptes

1. Die soziale und wirtschaftliche Einheit der Dreiländereck-Region wurde durch nationale Grenzen am Beginn des 20. Jahrhunderts zerstört.
2. Es gibt nur wenige Forschungsergebnisse für grenzüberschreitenden nachhaltigen Tourismus. Viele Beispiele in peripheren Regionen Europas zeigen, dass

gerade diese externe Hilfe brauchen, um ökonomische und soziale Entwicklungen zu verwirklichen. Eine periphere Grenzregion benötigt einen noch größeren externen regionalpolitischen „push". Nationen, Provinzen und Bundesländer aber auch die Europäische Union müssen Pilotregionen unterstützen, um sie für private Investitionen attraktiv zu machen.

3. Die periphere Lage der Region und wirtschaftliche Probleme haben bereits zu einer Vielzahl von wirtschaftlichen Kooperationsideen und -möglichkeiten geführt.

4. Entwicklungschancen sind im Wesentlichen aufgebaut auf den vorhandenen Ressourcen und haben eine Tourismuskomponente.

5. Die Region ist charakterisiert durch einen relativ gering entwickelten Tourismus, aber eine Vielzahl an Potenzialen von unberührter Natur über traditionelle Lebensstile bis hin zu historischen Einmaligkeiten.

6. Verglichen mit anderen Tourismusgebieten mangelt es an organisatorischen und finanziellen Vorraussetzungen, um die notwendigen Maßnahmen für eine Tourismusentwicklung einzuleiten. Dieses Konzept diskutiert einige Richtlinien, Organisationsstrukturen, aber auch konkrete Maßnahmen für eine holistische grenzüberschreitende Tourismusentwicklung. Die Realisierung sollte auf den Förderstrategien der Regionalpolitik der Europäischen Union basieren.

7. Ein wesentlicher Aspekt in der Entwicklung im Dreiländereck wird die Realisierung grenzüberschreitender Naturschutzgebiete sein. Die Vergrößerung des Nationalparks Triglav und der Zusammenschluss von Schutzgebieten in anderen Teilen Italiens und Österreichs unter gemeinsamen gesetzlichen Rahmenbedingungen, aber auch Verwaltungsstrukturen, würden wesentlich zur Attraktivitätssteigerung dieser Tourismusregion beitragen. Natur kann zum entscheidenden Imagefaktor der Region werden.

8. Basierend auf diesen Kooperationsgedanken sollte die Einmaligkeit des Tourismus im *Dreiländereck* in jedem Fall ein strukturiertes grenzüberschreitendes auf Kooperation beruhendes Package-Angebot sein, das die unterschiedlichen Angebotskategorien zielgruppenorientiert unter einheitlichen Organisationsstrukturen vermarktet.

9. Dieser auf Partnerschaft aufgebaute, integrierte Zugang könnte zu einem „touristischen Lebensstil" im Dreiländereck führen, in dem Natur, Geschichte, Kultur, Leben und Wirtschaft innerhalb eines grenzüberschreitenden partnerschaftlichen Kooperationskonzeptes vereint wird. Dies würde auch dem zunehmenden Bedarf entsprechen, der gehobenen Gästeschichten alternative Freizeitformen anbietet.

10. Um mit diesem nachhaltigen Tourismuskonzept Erfolg zu haben, wäre ein starkes politisches Signal für diese strukturellen Veränderungen notwendig. Es hat bereits massive Unterstützung für die Idee der Olympischen Winterspiele im Jahre 2006 gegeben, die Bewerbung kann als Erfolg gewertet werden, es war ein erster Schritt, um grenzüberschreitende finanzielle, legistische, organisatorische, soziale und ökonomische Probleme zu beseitigen. Diese Strategie – auch ohne Olympische Winterspiele – zu verfeinern und zu vertiefen, ist das Hauptziel für die Zukunft.

7.3. Tourismusbausteine

Die Tourismusbausteine enthalten als Kernelemente die Definition der grenzüberschreitenden Zielsetzung (Motto), die Darstellung der Potenziale für grenzüberschreitende Tourismusentwicklung sowie Ideen für Kooperationsmöglichkeiten und Maßnahmen.

Ziel der *historischen Rundfahrten und Entdeckungsfahrten* in Etappen mit PKW oder Bus aber auch von *„Entdeckungsfahrten mit dem Fahrrad"* ist das Erleben von Geschichte im Sinne der Gestaltung eines transnationalen Europas der kulturellen VIELFALT IN EINHEIT. Als *Motto* kann gelten: „Europaeus sine finibus", eine „Region im Durchzug der europäischen Geschichte" oder „Geteilte Vergangenheit – gemeinsame Zukunft".

Ziel von *„Themen-Wanderwegen"* ist die Grenzüberschreitung im wörtlichen Sinne, Bildungsgewinn, Natur- und Kulturerlebnis, sportliche Betätigung. Das *Motto* „grenzenloses/unbegrenztes Wandern", „Jedem sein Weg", „Europa ist erwanderbar" oder „Alle Wege führen nach Europa" zielt auf die Kernidee des Projektes ab. Wanderwege werden mit Themen belegt: „Karnisch-Julischer Friedensweg", „Alm- und Hüttenwandern mit Besuch von Käsereien", „Stollenwandern", oder „....Tage im Leben eines Isonzo-Soldaten" (eines Bergknappen, eines Säumers, eines Fuhrmanns, eines Jägers/Wilderers oder eines Schmugglers).

Ziel des Bausteines *„Wintersport"* ist, dass basierend auf der Idee olympischer Winterspiele die grenzüberschreitende Nutzung der vorhandenen Ressourcen erfolgen soll und muss. Das Olympia-*Motto* „Senza Confini" drückt am besten den Wunsch und die Notwendigkeit eines Zusammenwachsens der Region aus. Grundsätzlich sind Kooperationen und grenzüberschreitende Massnahmen notwendig, um dem Gast ein „grenzenloses Schierlebnis" zu ermöglichen.

Beim *Sommersport* ist das *Ziel* ein grenzüberschreitendes, komplementäres Angebot von Sportarten und Sportanlagen. Jede Teilregion soll sich ein spezielles Image im Sommersport geben: z.B.: Bovec – Rafting; Tarvisio – Golf; Feistritz/ Gail – Pferdesport; Kranjska Gora – Wandern und Klettern; Arnoldstein – Naturpark;

Bad Bleiberg – Gesundheit und Kur. Als *Motto* sind vorstellbar: „Forellenpracht dreier Täler"; „Die blau-weißen Gewässer des *Dreiländerecks*"; Der „Adrenalingenuss"; „Bergklettern ohne Grenzen"; „Mit Kugy in die Julier"; „Die Tagesroutine eines Bersagliere"; „Der 2000 Biker-Club"; „Triathlon am *Dreiländereck*"; „Im Kanu durch die Schluchten der Julier"; „Ausreiten zu Gipfeln (der Lust)"; „Unter friedlichen Leuten".

Ziel des *Kulinarischen Qualitätsgütesiegels* ist die Präsentation der regionalen und nationalen kulinarischen Spezialitäten. Darstellung der Esskultur in ihrer regional- bzw. nationaltypischen Form durch Anbieten von Spezialitäten, ein „Gastronomisches Erlebnis der Multikulturalität". Entlang der Passstraßen in Slowenien, Friaul und Kärnten sollen typische „Landgasthäuser" dem Gast Angebote sowohl aus der jeweiligen nationalen als auch aus der regionalen Küche offerieren. Die Angebotsgruppe ist durch spezielle Qualitätskriterien, Kooperation mit der Landwirtschaft, gemeinsames Marketing, Standortfunktionen entlang geplanter Routen gekennzeichnet. Die Erarbeitung von Qualitätsstandards soll zum Qualitätsgütesiegel und damit zur Marke für diese Kooperation werden, der in einen grenzüberschreitenden Mitgliederverband mündet.

8. Einige Gesichtspunkte des grenzüberschreitenden Marketings

8.1. Zukünftige Zielgruppen

Als Konsequenz der internationalen Entwicklungen und der dargestellten Tourismusphilosophie der *Dreiländereck*-Region sollten zukünftige Zielgruppen zunächst auf dem Tourismuspotenzial aufgebaut werden, das bereits in der weiteren Region, etwa an der nördlichen Adria, an den Kärntner Seen oder aber auch in den Wintersportgebieten in Süd- und Süd-Westösterreich sowie in Oberitalien vorhanden ist. Weiters sollten Italiener aus dem Raum Trieste, Udine, Venedig und Slowenen bzw. Kroaten aus Ljubljana, Maribor und Zagreb aber auch Rijeka und Split angesprochen werden. Auf österreichischer Seite können die Bundesländer Kärnten und Steiermark als Quellgebiete für Kurzzeitaufenthalte und Tagesausflüge in die Region genannt werden. Intensive Marketingaktivitäten sollten in einer Entfernung von bis zu 150 km getätigt werden, insbesondere mit Spezialangeboten. Naturräumliche Möglichkeiten und Kontraste wären insbesondere für Skandinavier, Gäste aus Großbritannien und den BENELUX-Ländern interessant, ebenso gelten durch traditionelle Kontakte Zentral- und Osteuropäer als weiterer Zukunftsmarkt. Das interne Marketing in der Region muss mit interessanten Angeboten für die einheimische Bevölkerung, insbesondere für Schüler, zu mehr Verständnis und Aufklärung über die Besonderheiten der *Dreiländereck*-Region beitragen.

8.2. Realisierungsschritte

In einem ersten Schritt bedarf es eines grundsätzlichen Kooperationsvertrages zwischen Österreich, Italien und Slowenien. Darauf basierend müssen die verantwortlichen Entscheidungsträger der Provinzen/Bundesländer bzw. der Gemeinden im *Dreiländereck* eine grenzüberschreitende Organisationsstruktur aufbauen, die in der Lage ist, detaillierte Umsetzungskonzepte für die angeregten Tourismusbausteine zu entwickeln, Kooperationsmodelle mit den Partnern und Trägern der Tourismusentwicklung zu realisieren und Förderungen seitens der Europäischen Union aber auch Unterstützung durch die einzelnen Nationalstaaten bzw. Bundesländer sowie – am wichtigsten – durch private Investoren zu lukrieren.

Dieses Tourismus- und Regionalmanagement hat als weitere Aufgaben die Fortentwicklung der Tourismusbausteine, den Aufbau von internen und externen Marketingstrukturen, eines Informationsnetzwerkes innerhalb der Region aber auch mit den internationalen Kooperationspartnern, um die Tourismusprodukte entsprechend zu vermarkten. Werbung sollte ausschließlich aufgebaut sein auf grenzüberschreitenden Broschüren, Imagekatalogen, special-interest-Katalogen aber auch Kooperationen mit Tourismusmessen, den Medien etc. Die Bewerbung um Olympische Winterspiele und die Präsentation der Region in Seoul, Korea, haben bereits zu einem gewissen Bekanntheitsgrad geführt; es sind dies erste Schritte, denen Kontinuität in der internationalen Bewerbung folgen muss. Die Basis für die Umsetzung aller dieser Gedanken ist allerdings die (geistige) Verbindung dreier Peripherien an der Grenze zu einer einzigen Tourismusregion *Dreiländereck*. „Getrennte Vielfalt zu einer Einheit zusammenfügen" ist die Botschaft des *Dreiländerecks*.

Zusammenfassung

Die Hauptprobleme zahlreicher Grenzregionen in Europa liegen in der Tatsache, dass diese Regionen infolge ihrer peripheren Lage nahezu uninteressant sind für ökonomische Entwicklungen. Die Regional- und Strukturpolitik der Europäischen Union zielt gerade auf diese Probleme ab und unterstützt strukturelle Veränderungen in peripheren Regionen, insbesondere in den Grenzregionen mit zentral- und osteuropäischen Ländern. Das Tourismusbaustein-Konzept *Dreiländereck* basiert auf einem holistischen Zugang, der eine spektakuläre Natur, unterschiedliche Gesellschaftsstrukturen und Wirtschaften in Partnerschaften verbinden und die

Bedürfnisse heutiger und zukünftiger Generationen berücksichtigen soll. Die österreichisch-italienisch-slowenische Grenzregion, das Zusammentreffen dreier ethnischer Gruppen von europäischem Interesse (Germanen, Romanen und Slawen) ist prädestiniert, Touristen aus der ganzen Welt wegen dieser Einmaligkeit anzuziehen. Kulturelle und ethnische Besonderheiten, Naturschönheiten und eine unglaubliche Geschichte an Kriegen und Konflikten, sollen zu einem neuen Typ von nachhaltigem Tourismus geformt werden, der europäische Regionen in Frieden zusammenführt.

Friedrich M. Zimmermann, Dr., Univ.Prof., studierte an der Universität Graz (Geographie, Allgemeine und Angewandte Sprachwissenschaft); 1987 Habilitation an der Universität Klagenfurt mit der Arbeit: „Tourismus in Österreich – Probleme zwischen Instabilität der Nachfrage und steigendem Innovationszwang des Angebotes". Nach mehreren Forschungsaufenthalten und Gastprofessuren in Deutschland und den USA seit 1997 als Ordentlicher Universitätsprofessor für Geographie und Raumforschung an der Karl-Franzens-Universität Graz und seit 1.11.1998 Vorstand des Institutes für Geographie.
E-mail: friedrich.zimmermann@kfunigraz.ac.at

Golling, Kirchplatz   Quelle: Archiv Josef M. Meidl

Leo Bauernberger

Neue Wege im Tourismusmarketing

1. Tourismusentwicklung und Rahmenbedingungen: Globalisierung als Herausforderung und Chance

Für die Periode 1995–2020 rechnet die WTO mit einem jährlichen Wachstum von 4,3% bei den Ankünften im Tourismus und von 6,7% bei den nominellen Einnahmen aus dem internationalen Reiseverkehr. Damit werden im Jahr 2020 1,6 Mrd. Touristen pro Jahr ins Ausland reisen – fast dreimal so viele wie im Jahr 1996. Die Einführung einer gemeinsamen europäischen Währung und die Jahrtausendwende werden kurz- bis mittelfristig einen Tourismusschub auslösen.

Diese Prognose geht von einer künftigen Entwicklung ohne große Veränderungen aus, wie sie durch Weltwirtschaftskrisen oder Kriege hervorgerufen werden könnten. Die Konjunkturempfindlichkeit der Tourismus- und Freizeitnachfrage zeigte sich in den Jahren 97 und 98: Der weltweite Boom der 90er Jahre wurde infolge der Asienkrise vorerst gestoppt, die Wachstumsrate lag 1998 bei 2,4% (Ankünfte) bzw. 2% (Einnahmen).

Wenn auch der Tourismus- und Freizeitmarkt – im Ganzen betrachtet – in Zukunft weiterwächst, so werden einzelne Bereiche unterschiedlich stark davon profitieren. Eine differenzierte Betrachtung zeigt, dass die Chance je nach Region, Zielgruppen (Interessen, soziodemografischen Kriterien, Freizeit-, Urlaubs- und Reiseverhalten etc.) und Marketingqualität (Zielgruppen- und Trendorientierung, Preis-Leistungsverhältnis, Kooperationen und Investitionsdynamik etc.) verschieden einzuschätzen sind.

Regional gesehen wird beispielsweise Europa am weltweiten Wachstum nur beschränkt partizipieren: Während der internationale Reiseverkehr weltweit um durchschnittlich 4,3% pro Jahr bis 2020 wachsen soll, verliert Europa mit einem prognostizierten Durchschnittswachstum von 3,1% an Marktanteilen.

Auch im Jahr 2020 wird der überwiegende Teil der Europa-Reisenden aus Europa selbst kommen (85% im Vergleich zu 88% im Jahr 1995). Vermehrt werden sich Gäste aus Ostasien/Pazifik und Afrika für Europa interessieren. Reiseweltmeister dürften nach Einschätzung der WTO mit großem Abstand die Deutschen bleiben. China soll bis 2020 zum viertgrößten Herkunftsland aufsteigen.

1.1 Der Konkurrenzdruck steigt: Die ganze Welt als Reiseziel

Im Zuge der *Globalisierung* wächst die ganze Welt zu einem großen Markt ohne Grenzen zusammen: Kapital, Arbeitskräfte und Know-how fließen dorthin, wo die Marktchancen am besten erscheinen. Praktisch alle Volkswirtschaften sehen im Tourismus eine große Entwicklungschance, so dass in Zukunft keine Region der Welt tourismusfrei bleiben wird.

Die politische und wirtschaftliche *Liberalisierung* sowie der *technologische Fortschritt* sind wesentliche Voraussetzungen für die Globalisierung – und werden durch die Globalisierungstendenzen weiter beschleunigt.

Die *Deregulierung der Luftfahrt* erzwang niedrigere Flugpreise. Ferndestinationen traten damit in Konkurrenz zu den traditionellen Urlaubsdestinationen in Europa. Wenn auch die Mobilität generell steigt, so zählt doch die rasche, bequeme und günstige Erreichbarkeit von Urlaubszielen zu den wichtigen Entscheidungskriterien (insbesondere bei Kurzurlaubsreisen).

Die neuen *Kommunikationstechnologien, globale Distributions- und Reservierungssysteme* überbrücken die psychische Distanz zwischen der Nachfrage und den Urlaubsanbietern weltweit. Hohe Markttransparenz sowie der Wunsch nach Information und Buchung in Echtzeit sind wichtige Herausforderungen an Qualität und Schnelligkeit des Tourismusmarketings.

Im weltweiten Preiswettkampf haben *größere Einheiten Wettbewerbsvorteile*: Konzentrationstendenzen, um Größenvorteile zu realisieren, sind die Konsequenz. Strategische Allianzen, vertikale und horizontale Kooperationen, Firmenübernahmen und Fusionen werden auch für den Tourismus zu immer wichtigeren Erfolgsstrategien.

1.2 Die klassischen Tourismusregionen verlieren ihren Vorsprung: Neue Destinationen holen bei den Marktanteilen auf

Die Tourismusströme konzentrierten sich über viele Jahre auf wenige Destinationen. So fielen nach Berechnungen der WTO 1997 52% aller Ankünfte auf die Top Ten-Destinationen, geführt von Frankreich, USA und Spanien.

In den letzten fünf Jahren konnten sich allerdings in Folge der Globalisierung einige neue Zielländer, insbesondere in Ostasien und im Pazifischen Raum wie China und Hongkong, erfolgreich etablieren. China gelang sogar der Sprung unter die größten 10 Destinationen. In Mittel- und Osteuropa konnten Polen (11. Rang) und die Ungarn (13. Rang) einen großen Sprung nach vorne machen. Russland liegt nun bereits an 10. Stelle.

1.3 Die Situation Österreichs: Handicap durch Betriebsstruktur und Anpassungs-/Innovationsdefizite

Während Österreich – nach Einnahmen gerechnet – den 8. Rang weltweit mit 2,4% Marktanteil halten konnte, fiel es nach Ankünften vom 6. Rang 1990 (Marktanteil 4,2%) auf den 12. Rang 2000 (2,6%) zurück.

Als ein Land mit einem überdurchschnittlichen Anteil von Klein- und Mittelbetrieben verzeichnete Österreich in den 90er Jahren gemeinsam mit ähnlich strukturierten europäischen Ländern (z.B. Schweiz) einen Marktanteilsverlust, der prozentuell höher war als die gesamteuropäischen Einbußen.

Diese Verluste sind nach Analyse des WIFO zu einem bedeutenden Teil auf Anpassungs- und Innovationsdefizite zurückzuführen (auslaufender Produktlebenszyklus).

1.4 Der Preiswettbewerb bei Standard-Produkten wird härter

Der preispolitische Wettbewerb wird weltweit zunehmen: Moderne Informationstechnologien führen zu hoher Markttransparenz. Durch vertikale und horizontale Zusammenschlüsse bzw. stategische Allianzen können Größenvorteile realisiert werden, insbesondere bei standardisierten Produkten.

Der schnelle weltweite Informations- und Know-how-Austausch führt tendentiell zu einer Vereinheitlichung der Angebote. Innovationsvorsprünge sind immer kürzer zu halten. Neu erschlossene Urlaubsdestinationen können in der Regel durch günstige Preise (aufgrund des niedrigeren Kostenniveaus bzw. durch Steuervergünstigungen und Subventionen) sowie durch standardisierte Angebote auf aktuellem Niveau punkten.

Der Erfolg einer Destination hängt immer stärker davon ab, wie leicht (billig, rasch und bequem) sie für den Konsumenten erreichbar und buchbar ist. Ein wesentlicher Faktor dabei ist es, die Urlaubsentscheidung durch permanente Präsenz beim Kunden und die richtigen Informationen optimal zu beeinflussen.

1.5 Chancen für das Tourismusmarketing I: Potenziale nützen

- Die Tourismuswirtschaft wächst, die Zahl der internationalen Ankünfte wird weiter steigen.
- Europa bleibt die Tourismusdestination Nummer eins, durch die Währungsunion und die EU-Osterweiterung sind weitere positive Impulse zu erwarten.
- Die Hauptmärkte für das Salzburger Land werden zu den Gewinnern der Währungsunion gehören. Eine günstige wirtschaftliche Entwicklung wird die Reiselust weiter stimulieren (z.B. Deutschland, Österreich, Italien).
- Mittel- und Osteuropa gehören zu den Entwicklungsmärkten.
- USA und China/Fernost-Märkte sind ausbaubar (Städte- und Kulturtourismus, Skifahren).
- Zwei Kernstrategien zur Nutzung der Potentiale: Neue regionale Märkte mit besonderen Wachstumschancen erschließen und/oder bestehende Märkte besser ausschöpfen (Markenstärkung, konsequente Zielgruppenorientierung, Nischenmarketing, Innovationen etc.)

1.6 Chancen für das Tourismusmarketing II: Marken, Innovation, Kooperation, strategische Partnerschaften

Die Chancen der traditionellen klein- und mittelbetrieblichen Tourismusanbieter im Kampf gegen globale Tourismusunternehmen, die in erster Linie Massenmärkte mit Standardprodukten bedienen, liegen im Wesentlichen

- in der Spezialisierung
- in hoher Flexibilität in der Anpassung an neue Nachfragesituationen
- in Innovationen und Qualitätsstrategien
- in der Kooperation innerhalb des Tourismus und mit anderen Branchen z.B. Special Interest-Allianzen, regionale Zusammenschlüsse/Destinationen, Zusammenarbeit mit strategischen Partnern in den Herkunftsmärkten, usw.
- in der Bündelung und Vernetzung von Leistungen und Erlebnisoptionen z.B. Destinationsmarketing, Cards
- in der Entwicklung von Produktmarken mit klarem Profil
- unter Sicherstellung eines günstigen Preis-/Leistungsverhältnisses.

2. Tourismus im *SalzburgerLand*

Die Zahlen sprechen für sich: Im *SalzburgerLand* trägt der Tourismus wesentlich zum Wohlstand der Bevölkerung bei. Rund 2,5 Mrd. € Einnahmen erwirtschaften die Tourismusbetriebe pro Jahr, fast jeder 10. Beschäftigte arbeitet in einem Gast-

oder Beherbergungsbetrieb. Dazu kommen noch viele andere Wirtschaftszweige, die vom Tourismus indirekt profitieren.

Der Tourismus wirkt sich für die Salzburgerinnen und Salzburger aber nicht nur wirtschaftlich positiv aus. Eine Urlaubsdestination, die Gäste aus aller Welt mit ihrer Landschaft und Natur, mit Kultur, Sport und Unterhaltung begeistert, bietet auch der Bevölkerung höchste Lebensqualität und Freizeitwert.

Je stärker ein Land auf den Tourismus angewiesen ist, desto mehr Bedeutung hat dabei eine Konzentration auf touristische Leitprojekte und Schwerpunkte in der Marktbearbeitung. Im globalisierten Wettbewerbsumfeld geht es heute mehr denn je um neue Orientierungen im Marketing.

3. Marketing für den Tourismus

Die alpinen Ferienregionen in Europa stehen nach einer schwierigen jüngeren Vergangenheit vor großen Herausforderungen. Es scheint, dass die Auswirkungen der Globalisierungstendenzen im Tourismus erst während der Krise Mitte der 90er Jahren erkannt wurden. Dank weltweitem konjunkturellem Aufschwung sind die nachfrageseitigen Rahmenbedingungen für notwendige strukturelle Anpassungen zur Zeit grundsätzlich günstig. Allerdings sind tiefgreifende angebotsseitige Optimierungen notwendig.

Mit dem Verlust an Einzigartigkeit der touristischen Hardware bekommt der Aspekt der touristischen Software ganz neue Bedeutung. Dem Bereich der Aus- und Weiterbildung der Beschäftigten im Tourismus sowie der intensiven Kooperation und Vernetzung der touristischen Leistungserbringer muss verstärkt Beachtung geschenkt werden. Neue Technologien erhöhen die Angebots- und Preistransparenz und verstärken somit den Wettbewerbsdruck. Gleichzeitig bieten sie gerade für Klein- und Mittelbetriebe enorme Möglichkeiten für effizientes Marketing.

In diesem Spannungsfeld der Veränderungen versucht die *SalzburgerLand* Tourismus Gesellschaft in arbeitsteiliger Form den klaren Weg von einer Werbe- und Kommunikationsgesellschaft zu einer touristischen Entwicklungsagentur zu gehen, die schwerpunktmäßig angebotspolitische Maßnahmen ergreift und nachhaltige Entwicklungsimpulse auf Produktebene auslösen will. Eine Beeinflussung des Angebotes durch Schaffung konkreter Produkte in Kooperation mit geeigneten Leistungsträgern und die Kooperation mit strategischen Partnern in den Herkunftsmärkten sind dabei wesentliche Zielsetzungen, die durchaus kontroversiell beurteilt werden. Nachfolgend wird auf die strategische Ausrichtung unseres Marketings näher eingegangen:

4. Grundsätze der Marktbearbeitung

Das *SalzburgerLand* muss sich in Zukunft gegen immer größeren Konkurrenzdruck behaupten. Die uns zur Verfügung stehenden Mittel müssen schwerpunktmäßig und konzentriert eingesetzt werden, um im großen Tourismusorchester gehört zu werden. Umso wichtiger wird es, die Vorteile des eigenen Produkts klar und prägnant auf den Punkt zu bringen: Der Gast soll wissen, für welche Stärken das *SalzburgerLand* steht.

Wir bekennen uns deshalb zu unseren Kernkompetenzen, die die Säulen unseres Marketings darstellen:

SalzburgerLand

Berg/See	Kultur	Schnee	Gesundheit Wellness Kulinarik
Wandern Trekking Rad/Mountainbike Golf Adventure-Sports	Weltkulturerbe Festspiele Sound of Music Kongress Ausflugsziele Bauernherbst	Wintersport Winterspaß Wintererholung	Zeitgemäße Gesundheits- angebote; Regionale Gastlichkeit; Produkte aus der Region

5. Marktstrategien

Die Aufsplittung des Marktes und die Suche der Konsumenten nach möglichst individuellen Angeboten erfordern eine hoch differenzierte Marktbearbeitung: Detailmärkte werden immer kleiner und spezifischer, das gesamte Marketing-Mix muss auf die jeweilige Zielgruppe bestmöglich abgestimmt werden. Eine aktive Einflussnahme auf die Angebotsgestaltung halten wir dabei als notwendige Voraussetzung, um Angebotsinnovationen zu fördern.

Um bei knappen Mitteln dennoch über der Wahrnehmungsschwelle zu bleiben und die Marketingwirkung durch Kontinuität abzusichern, konzentrie-ren wir uns bewusst auf die chancenreichsten Zielgruppen und Themen:

Kernzielgruppen	Entwicklungszielgruppen	Hoffnungszielgruppen
• Winterurlauber (Sport, Erholung) • Bergurlauber (Wandern, Trekking) • Tourenradfahrer • Familien • Städte- und Kultur-tourismus	• Senioren • Jugend • Mountainbike/Rennrad • Golfer • Kongress/Incentive/ Tagung	• Gesundheit/Wellness/ Kulinarik • Bildung, Lebenshilfe

6. Auslastung der Saisonen

Die Auslastung der vorhandenen Kapazitäten über das ganze Jahr ist ein wichtiges Ziel, um eine möglichst hohe Wertschöpfung für das *SalzburgerLand* zu erreichen.

Neben Schwerpunkten für einzelne Saisonen, sollen zukünftig verstärkt Ganzjahresangebote wie z.B. Kongress-, Tagungs- und Incentiveangebote sowie Gesundheit und Wellnesstourismus forciert werden. Diese Strategie soll durch gezieltes Eventmarketing verstärkt werden.

7. Bekenntnis zu einem breiten Nationen-Mix und zur Bearbeitung neuer Märkte

Die starken Herkunftsmärkte des SalzburgerLandes liegen im Nahbereich: Rund 75% der Nächtigungen stammen aus Österreich und Deutschland. Das Ziel für die Zukunft: die Dominanz der Nahmärkte durch einen breiteren Nationen-Mix zu verringern. Die Chancen der Ostöffnung konnten vom SalzburgerLand besonders gut genutzt werden: Wir konnten in der Vergangenheit einen ansehnlichen Vorsprung erarbeiten und sind Marktführer in Österreich. Die bevorstehende EU-Osterweiterung wird zusätzlich Marktchancen eröffnen. Zentral- und Osteuropa und zukünftig auch China zählen zu den größten Hoffnungsmärkten für unser Land.

*Wir bekennen uns zu einer verstärkten Bearbeitung dieser chancenreichen Zukunftsmärkte. Zur effizienten Marktbearbeitung teilen wir die Quellen*märkte nach ihrer Bedeutung und nach ihren Zukunftschancen in drei Gruppen:

Kernmärkte	Entwicklungsmärkte	Nischenmärkte
Östereich	Italien	Japan
Deutschland	USA	Spanien
Benelux	China/Fernost	GUS
Großbritannien	Mittel-und Osteuropa	Estland
Skandinavien	• Polen	Sonstige Märkte, die
	• Ungarn	je nach Kooperation
	• Tschechien	mit Fluglinien
	• Slowenien	bearbeitet werden
	• Kroatien	können
	Sommer	
	• Frankreich	
	• Schweiz	

8. Modernes Marktwissens-Management

Durch die Bearbeitung von neuen Märkten und durch den Umgang mit neuen Gästeschichten entsteht wertvolles Markt-Know how.

Wir sehen es als Herausforderung, das vorhandene Marktwissen stärker für die „touristische Basis" verständlich zugänglich zu machen (EDV, Infopools, Marktschulungen, usw.). Dadurch entsteht nicht nur neues Wissen. Vor allem kann das Verständnis für neue Gäste und deren Kulturen erhöht werden und eine stärkere Sensibilisierung im Umgang mit den Gästen Platz greifen.

9. Methoden der Marktbearbeitung

Der „Information Overflow" beim Konsumenten erfordert neue Marketing-Philo-sophien für die Zukunft. Zielgruppen segmentieren sich immer weiter, das Medien-verhalten ändert sich und manche Konsumenten sind mittlerweile über traditionelle Medien gar nicht mehr erreichbar. Im Medien-Overkill wächst das Bedürfnis der Konsumenten nach zielgerichteter Information und Kommunikation.

Die ausländischen Tourismusorganisationen haben ihr Werbevolumen in den klassischen Medien im Jahr 2000 auf dem deutschen Markt im Vergleich zu 1999 um 13,8% auf rund 170 Mio DM gesteigert (AWA, Allensbacher Werbeanalyse 2000). Um in diesem schwierigen Umfeld die Marketingaufwendungen möglichst effizient einsetzen zu können, setzt die *SalzburgerLand* Tourismus Gesellschaft auf folgende Schwerpunkte der Marktbearbeitung:

Schwerpunkte zu Kommunikation und Vertrieb

Den Zugang zum Angebot zu erleichtern ist ein wesentliches Ziel für die Kommunikations- und Vertriebsstrategien der *SalzburgerLand* Tourismus Gesellschaft.

*   *Database-Marketing*
    Direct Marketing bleibt weiter Schwerpunkt in der Zielgruppenansprache und im Themenmarketing. Hier bauen wir auf unsere Datenbank auf, die über ca. eine Million Adressen verfügt

*   *Marken-Kooperationen*
    Synergien durch Werbekooperationen mit großen Markenartiklern (z.B. Milka) konnten schon in der Vergangenheit erfolgreich gewonnen werden. Diese Strategie soll in Zukunft weitergeführt und ausgebaut werden: Imagetransfer zur Stärkung der Dach-Destinationsmarke *SalzburgerLand*.

*   *Image- und Markenwerbung*
    Im Wettbewerb zu den immer stärker beworbenen Konkurrenzdestinationen muss das *SalzburgerLand* die Bewerbung der Dachmarke verstärken. Hauptziel ist die Vermittlung einer attraktiven, emotionalen Erlebniswelt durch bewegte Bilder. Das kann am besten durch audiovisuelle Medien wie TV und Kino erreicht werden. Wenn es darum geht, Marken und Produkte nachhaltig „zum Klingen" zu bringen und dabei breite Zielgruppen anzusprechen, geht an TV-Werbung kein Weg vorbei. Auch wenn Fernsehwerbung, wie die übrige klassische Werbung, immer teurer wird. Der Stärkung der Winterkompetenz soll in der ersten Phase ein besonderer Schwerpunkt gewidmet werden.

*   *PR/Events/Themen* (Erlebnismarkting für Zielgruppen)
    Neben den bewährten Maßnahmen der Öffentlichkeitsarbeit bzw. Medienbetreuung wird der Bereich Eventmarketing als neues Geschäftsfeld aufgebaut. Dies betrifft z.B. Großevents wie die Ausstellung „Der Berg ruft" oder „Mozart 2006". Sehr erfolgreich ist die Vermarktungschiene „Golf Alpin" angelaufen, die wir gemeinsam mit der Tirol Werbung ins Leben gerufen haben. Unter diesem Dach vermarkten sich 30 Golfplätze und 15 Gebiete beider Länder. Die Ausdehnung dieser Kooperation auf Kärnten ab dem Jahr 2002 wurde kürzlich beschlossen. Durch eine eigene Golf Alpin-Turnierserie in Deutschland wird die potentielle Zielgruppe im Heimatclub auf unser Golfangebot hingewiesen.

*   *Vertrieb mit den Schwerpunkten*:
    *   *Verkaufsförderung*. Kooperation mit Reiseveranstaltern auf den Märkten, speziell für das fluggebundene Incoming.
    *   *Einführung eines landesweiten Reservierungssystems und Errichtung eines Call Centers*. Buchbarmachung und Vernetzung des Angebotes in Kooperation mit regionalen Buchungsstellen.

- Internet. Zusammenführung und Optimierung der Plattform salzburger-land.com und salzburg.com.
- Strategische Partnerschaften in Herkunftsmärkten (z.B. Skihallen in Neuss und Den Haag)

10. Kooperationsstrategien

Im herkömmlichen Ferientourismus-Marketing werden Kooperationen gerne als Universalstrategie für alle Bereiche des Marketings eingesetzt. Als relevant sind sie aber erst dann einzustufen, wenn sie substantielle betriebswirtschaftliche Konsequenzen erwarten lassen (z.B.: Firmenbeteiligungen, Auslagern/Zusammenlegung des Verkaufs/Einkaufs, Marketing, Back Office, etc.).

Wir wollen in Zukunft verstärkt Synergien mit touristischen und nicht-touristischen Partnern nützen, um uns gegen die großen, internationalen Vermarktungseinheiten am Urlaubs- und Freizeitmarkt durchsetzen zu können.

Kooperationen werden sowohl auf längere Sicht gesucht (z.B.: strategische Allianzen in Herkunftsmärkten) als auch für einzelne Projekte (z.B. Bündelung der Mittel für mehr Vermarktungskraft).

- Kooperation mit touristischen Angebotsträgern
  (Budget-Poolings mit Regionen, Orten, Betrieben). z.B.: enge Zusammenarbeit mit
  - Salzburg Airport
  - ÖBB
  - Fluglinien
  - Seilbahnwirtschaft

- Fortsetzung und Ausbau der Kooperation mit Reiseveranstaltern, Reisemittlern und Incoming-Reisebüros
  - Gemeinsame Produktentwicklung
  - Expedientenschulungen
  - Studienreisen
  - Einkaufsunterstützung

- Kooperation mit anderen Organisationen im Land
  Verstärkte Zusammenarbeit mit jenen Organisationen, die sich mit der Entwicklung des Wirtschaftsstandortes Salzburg befassen (z.B. Salzburg Agentur).
- Grenzüberschreitende Kooperationen
  Mit dem Fallen der EU-Grenzen wurden die Chancen innerhalb der Euregio-Projekte genutzt (z.B. Urlaub am Bauernhof).

- Kooperation mit nicht-touristischen Wirtschaftsbereichen
  Erfolgreiche Koop-Schiene (z.B. Milka, Billa/Ja Natürlich, Alpenmilch, Bier) soll
  in Zukunft ausgebaut werden.

11. Neue Wege im Tourismusmarketing: Zwei aktuelle Projekte

Am Beispiel der strategischen Partnerschaft mit der „Allrounder Winterworld, snowed by SalzburgerLand" und der Vermarktungskooperation „Golf Alpin" soll aufgezeigt werden, wie verschiedene Zielgruppen direkt auf dem wichtigsten Herkunftsmarkt Deutschland nachhaltig und effizient bearbeitet werden können.

Allrounder Winterworld, snowed by *SalzburgerLand* – die größte Skihalle Europas

Ausgangssituation

Der Wintertourismus im *SalzburgerLand* ist für über 60% der Einnahmen (ca. €
1,53 Mrd) und für über 50% der Nächtigungen verantwortlich. Im vergangenen
Winter 2000/2001 konnten erstmals wieder über 12 Mio Nächtigungen verbucht
werden. Das beste Ergebnis der letzten sieben Jahre. Das Hauptpmotiv für die
Winter-Gäste im *SalzburgerLand* ist eindeutig der Wintersport. 80% unserer Gäste
stufen ihren Urlaub als Sporturlaub ein (Gästebefragung Österreich 2000/01). Seit
der IPK-Studie 1999 ist uns bekannt, dass Kinder und Jugendliche, die nicht bis
zum 14. Lebensjahr mit dem Skisport begonnen haben, mit großer Wahrscheinlichkeit aus dem Kreis der potentiellen Schnee-Urlauber zukünftig ausscheiden werden. D. h. jedes Kind, das heute nicht zum Skisport kommt, reduziert die künftige Nachfrage für Schnee/Wintersporturlaub. Viele Wintersportdestinationen haben
sich deshalb die Nachwuchsförderung als strategisches Ziel gesetzt.

Zielsetzung: Nachwuchsförderung im wichtigsten Herkunftsmarkt

Um dieses Ziel zu verfolgen, hat sich nun die *SalzburgerLand* Tourismus Gesellschaft an der größten Skihalle Europas beteiligt. Ganzjährig Ski fahren in der größten Indoor-Skihalle Europas in Neuss bei Düsseldorf ist Realität geworden. Ausgehend vom direkten Einzugsbereich der Skihalle mit mehr als 20 Millionen
Menschen erwartet man bis zu 1 Million Besucher pro Jahr. Die *SalzburgerLand*
Tourismus Gesellschaft beteiligte sich an der Errichtungsgesellschaft und finan-
zierte die gesamten Liftanlagen, Pistengeräte und -präparierung. Möglich wird dieses Engagement durch die gemeinsamen Anstrengungen von 6 großen Salzburger
Seilbahnverbänden und des Landes Salzburg.

Intensive Werbung um Wintergäste

Die *SalzburgerLand* Tourismus Gesellschaft nutzt die Skihalle als Marketingplattform für das gesamte Salzburger Wintersportangebot. Die Skihalle soll eine Art Filterfunktion ausüben (Reduzierung der Streuverluste in der Werbung), um mit Ski-Enthusiasten aus Nordrhein-Westfalen direkt in Kontakt zu treten. Die neue Skihalle wird als wichtige Stelle der Tourismuswerbung im bevölkerungsreichsten Bundesland Deutschlands fungieren: Immerhin 23,5% aller deutschen Wintersporturlauber in Österreich kommen aus Nordrhein-Westfalen und werden nun die Gelegenheit haben, sich auf Salzburger Schnee auf ihren Urlaub vorzubereiten.

Gemeinsam wurden € 1,75 Millionen investiert und ein Anteil an der Errichtungsgesellschaft erworben. Als Gegenleistung steht der Salzburger Tourismuswirtschaft werbemäßig die Hausherren-Rolle in der „allrounder winter world" zu. Ein umfassendes Leistungspaket garantiert, dass großflächige Werbebotschaften, Video-Einspielungen und eine Info- und Buchungsstelle für Winterurlaube im *SalzburgerLand* langfristig Werbebotschaften aus dem „echten" Wintersportparadies in die Skihalle bringen.

Snowed by SalzburgerLand

„allrounder winter world – snowed by *SalzburgerLand*' – mit diesem Slogan wird die neue Skihalle in ganz Nordrhein-Westfalen beworben. Dieser Hinweis auf das Schneepatronat durch das *SalzburgerLand* wird die Position des *SalzburgerLandes* als Wintersportdestination nachhaltig unterstreichen.

Dass der Skibetrieb bestens funktionieren wird, garantieren die beteiligten Salzburger Bergbahnen (Saalbach-Hinterglemm/Leogang, Hochkönig´s Winterreich, Salzburger Sportwelt Amadé, Obertauern, Gastein/Großarltal und Europasportregion Zell am See-Kaprun), die für die Erstpräparierung der Piste ebenso verantwortlich waren wie für die Einschulung des Bedienungs-Personals für die Vierersesselbahn und die 2 Schlepplifte.

Salzburger Gastronomen, die Restaurant, Caféteria, die Stiegl-Alm mit Salzburger Bier sowie eine typische Schirmbar betreiben, verstärken die Präsenz des *SalzburgerLandes*.

Einbindung der Salzburger Super-Ski-Card

Den ganzen Skiurlaub auf eine Karte setzen – das können Gäste im *Salzburger Land*. Mit dem neuen Salzburg Super Ski Card Wahlabo für 10 oder 14 Tage stehen dem Skifahrer oder Snowboarder nun nicht nur über 2.050 km präparierte Pisten in 23 Skigroßräumen im *SalzburgerLand* zur täglich wechselnden Abfahrt zur Verfügung. Die neu entwickelte Karte dient auch als Eintrittskarte für die „allrounder winter world" und garantiert damit schon erste Übungsstunden auf Salzburger Schnee. Dabei kann ein Tag des Wahlabos gegen zwei Trainingsstunden in der Halle eingetauscht werden. Die Salzburg Super Ski Card kann auch in der allrounder winter world gekauft werden. So kann der potentielle Urlaubsgast aus Nordrhein-Westfalen mit dem 10 Tage Wahlabo zum Beispiel 4 mal 2 Stunden in der allrounder winter world Ski fahren und die restlichen 6 Tage für einen Urlaub in einem Salzburger Skigebiet nutzen.

Die Skihalle als ganzjährige Eventbühne

Die Bergbahnen haben den Bau der allrounder winter world tatkräftig unterstützt. Damit Skienthusiasten aus Nordrhein-Westfalen ab sofort das Winter-Flair ganzjährig genießen können und sich gleichzeitig über ihren Urlaub im *SalzburgerLand* informieren können, werden die beteiligten Regionen monatlich mit einer Reihe von Events und verschiedenen Service-Einrichtungen in der Skihalle Neuss das ganze Jahr über präsent sein. Die Veranstaltungen reichen von Stammgästetreffen über eine Urlaubsmesse aller Regionen, bis hin zum „Big Air Snowboard Contest".

Nach Neuss kommt Den Haag

Durch den guten Start der allrounder winter world in Neuss – zwischen 3.000 und 12.000 Besucher täglich – und die bei der Realisierung gewonnenen Erfahrungen ist es uns kürzlich gelungen, im zweitwichtigsten ausländischen Herkunftsmarkt Niederlande einen weiteren Vertrag mit der größten Skihalle in den Niederlanden (Den Haag) abzuschließen.

Golf Alpin – eine neue Marke für das alpine Golfangebot Österreichs

Ausgangslage

Ein wichtiger Schwerpunkt des neuen Strategiekonzeptes des *SalzburgerLandes* ist die Entwicklung neuer Angebotskooperationen. Da das *SalzburgerLand* über ein ausgezeichnetes Golfangebot verfügt und diese Sportart bzw. Urlaubsform stark im Trend liegt, wurde gemeinsam mit der Tirol Werbung eine neue Marketing-Kooperationsgruppe zum Thema Golf gegründet. Derzeit verfügt das *SalzburgerLand* über 14 Golfplätze. Bereits jetzt gehen rund 350.000 Nächtigungen jährlich auf das Konto von Golfgästen.

Zielsetzung

• Markenbildung: die Länder Salzburg und Tirol (und zukünftig auch Kärnten) werden gemeinsam mit ausgewählten Golfanlagen der angrenzenden Regionen als das Top-„Alpengolf-Paradies" im Herzen Europas positioniert (größte Golf-

435

platzdichte, einzigartige Vorteile). Die Erweiterung des Angebotes um einige Golfanlagen in Grenzregionen (Dachstein-Tauern, Bad Ischl, St. Lorenz, Berchtesgadener Land) soll das Angebot abrunden und es ermöglichen, diese so entstehende Golfdestination (ca. 30 Golfplätze innerhalb einer Autostunde) als starke, international wettbewerbsfähige Marke zu positionieren.

- Angebotsgestaltung/Packaging: Schaffung neuer und attraktiver Angebote speziell für die Zielgruppen der Golfer.
- Vermaktung & Verkauf: Information und Kommunikation werden optimal auf Golfer abgestimmt; das bereits bestehende Angebot wird durch die Vernetzung besser verkauft. Dafür wurde der „Golf Alpin-Pass" entwickelt.
- Qualität: Die Wünsche, Bedürfnisse und Interessen der Zielgruppe „Golfspieler bzw. -urlauber" sind die Grundlage für die spezifische Weiterentwicklung des Angebotes.
- Know-how: Wissens- und Erfahrungsaustausch unter den Mitgliedern.
- Koordination & Steuerung: die unterschiedlichen Aktivitäten werden gebündelt und unter der Federführung der Salzburger Land Tourismus GmbH und der Tirol Werbung auf ein gemeinsames strategisches Ziel ausgerichtet

Stärken/Schwächen

Das *SalzburgerLand* und Tirol haben viele Wettbewerbsstärken vorzuweisen: kulturelle Vielfalt, gesunde Natur, wunderschöne Berge und Seen. Inmitten dieser herrlichen kulturellen und natürlichen Vielfalt fügt sich eine Vielzahl von Golfplätzen harmonisch in die Landschaft ein. Diese Situation ist zweifelsohne ein großer Vorteil im Vergleich zu vielen Konkurrenzdestinationen. Die Positionierung als führende „Alpengolf-Destination" in Verbindung mit der kulturellen Vielfalt schärft dieses Profil zum Alleinstellungsmerkmal (USP).

Andererseits hat unser Golfangebot auch einige Schwächen. Im Vergleich zum Mittelmeerraum ist – bedingt durch die kurzen Sommer – die Spielsaison auf etwas mehr als ein halbes Jahr beschränkt. Die Schönwetter- bzw. niederschlagsfreien Tage sind ebenfalls begrenzt.

Einschätzung des Golf-Angebotes im SalzburgerLand *im österreichischen bzw. internationalen Vergleich:*

Stärken:

- Perfekte Golfplatzdichte (eine Autostunde ca. 30 Golfplätze)
- Salzburg ist eine leicht erreichbare und abwechslungsreiche Top-Kurzurlaubsdestination
- Green-fee-Preise

- Top-Qualität vieler Plätze
- Golf-Infrastruktur (z.b. Golfplatz und Hotel...)
- Angenehmes Klima, reines Wasser, frische und saubere Luft
- Traumhafte Lagen: Berge & Seen = hoher Erholungswert
- Service- und Dienstleistungsqualität

Schwächen:
- Anzahl der Schönwettertage bzw. niederschlagsfreien Tage gering
- Nur ca. 5 ½ Monate Spielsaison
- Österreich hat hohe Einstandskosten (z.B. Personalkosten Greenkeeper, m^2-Preise ...)
- In einigen Regionen Deutschlands hat Österreich ein Hochpreisimage („Greenfee kostet DM 100,--)
- Teilweise hat die Positionierung „Golf in den Alpen" zu einem verzerrten Image geführt („Österreich hat nur steile Bergplätze")

Deshalb wird es zukünftig von entscheidender Bedeutung sein, welche Zusatzangebote bzw. Serviceleistungen – neben dem bereits heute hervorragenden Golfplatzangebot – im Golfsport bzw. für den Golfurlaub geboten werden können.

Aktuelle Trends und Prognosen

„Im Jahr 2002 wird der Golfsport die populärste Sportart der Welt mit den meisten aktiven Vereinsmitgliedern sein" (Bernhard Langer)

- Weltweit ist Golf – nach Volley- und Basketball – die Sportart mit den meisten Aktiven (ca. 50 Mio.), noch vor Fußball mit ca. 30. Mio.
- Der Trend zur ganzheitlichen Gesundheit kommt dem Golfsport zugute (Bewegung in der freien Natur, Entspannung, schöne Landschaft...)
- Die „International Association of Golf Tour Operators" schätzt den wirtschaftlichen Wert des Golftourismus auf 5 Milliarden US-Dollar (Tendenz steigend)
- Golfer reisen öfter und haben überdurchschnittlich hohe Reiseausgaben
- Golfer geben zwischen 30.000,-- und 35.000,-- öS pro Reise aus
- In den USA gibt es 26,4 Mio. Golfspieler, in Kanada 4,8 Mio., Japan 1,3 Mio., Australien 500.000 (jeder 6. Kanadier golft, jeder 258 Deutsche golft)
- Golfplätze: USA 16.800, GB 1.860 Golfplätze, BRD 680 Golfplätze
- In Prozent der Einwohner spielen Golf: Kanada 17%, USA 12%, Schweden 4,8%, BRD 0,39% (!).

Golf-Boom in den deutschsprachigen Märkten:

- Die Anzahl der Golfclubs und damit die Spielmöglichkeit hat sich in Deutschland seit 1988 von 260 auf 575 erhöht (Österreich: 110 Golfplätze)
- Die Zahl der Golfer hat sich in Deutschland innerhalb dieses Zeitraums von 109.000 auf 350.000 mehr als verdreifacht (Österreich: ca. 60.000, CH: ca. 35.000)
- Laut einer Studie der Universität Passau wird es im Jahr 2004 in Deutschland ca. 1 Mio. Golfer geben
- Alleine 1998 verzeichnete der Deutsche Golf-Verband einen Rekord-Zuwachs von 12,2 Prozent oder 27.000 neue aktive SpielerInnen.
- Deutschland ist damit bereits Europas Golf-Land Nummer drei – nach England und Schweden.
- Der deutsche Golfreisemarkt ist auf dem besten Weg, sich zu einem Milliardengeschäft zu entwickeln. 1998 haben die Deutschen bereits 800 Millionen DM für Golfsport ausgegeben – Tendenz stark steigend.
- Fast die Hälfte der deutschen GolfspielerInnen verreist pro Jahr ca. 1,5 Mal, um im Ausland Golf zu spielen.
- Österreich hat mit Portugal als zweitbeliebtestes Golf-Urlaubsland der Deutschen gleichgezogen
- Laut der aktuellen Studie der britischen Sports Marketing Survey gibt es bei unseren deutschen Nachbarn einen erfreulichen Trend Richtung Österreich.
- Enormes Potenzial: ca. 14 Prozent der Deutschen geben an, grundsätzlich am Golfsport interessiert zu sein (ungefähr die Einwohnerzahl Österreichs).
- Auch in Österreich (110 Golfplätze) steigt die Anzahl der Golfplätze und der Golfspieler stark an. Die Entwicklung ist ähnlich wie in Deutschland.
- Vergleicht man die Anteile von Golfspielern in Prozent der Bevölkerung (z.B. BRD 0,39% mit starken Golfländern wie USA oder Schweden (12% bzw. 4,8%) so ergibt sich alleine aus diesen Kennzahlen ein enormes Wachstums-Potenzial für den deutschsprachigen Markt.

Einschätzung der wichtigsten Konkurrenzangebote in Europa

1. In Österreich: Niederösterreich, Steiermark, Kärnten
2. Bayern: vor allem Bad Griesbach (9 Plätze, weitere Expansion geplant)
3. Deutschland: es entstehen viele Golfplätze (Mitbewerb durch „Heimatclubs")
4. Spanien   5. Norditalien
6. Portugal   7. Tunesien
8. Türkei (auch Griechenland plant Golf-Expansion)
9. Irland, GB   10. USA (Florida), Südafrika

Positionierung und Profilierung

Wo liegen die Wettbewerbsvorteile und Chancen des *SalzburgerLandes* und Tirols?

- Hohe Golfplatzdichte
- Wellness-Angebote
- Natürliche bzw. naturnahe Golfplätze ohne Massenbetrieb
- Kulturangebot/Nähe zur Stadt Salzburg bzw. Innsbruck
- Freundlichkeit: Dienstleistungs- und Kundenorientierung
- Generell hohe Standards in den Golfanlagen (Gastronomie, Service, Platzqualität...)
- Gepflegte Atmosphäre
- Gutes Preis-/Leistungsverhältnis
- Angenehme Bedingungen in der Vor- und Nachsaison (Klima: nicht zu heiß)
- Höhenlage (Ballflug!)

Möglichkeiten zur Profilierung:

- Optimierung der Service- und Dienstleistungen (=Software) in den Hotel- und Restaurantbetrieben sowie teilweise der Ausstattung (= Hardware).
- Optimierung der Service- und Dienstleistungen in den Golfanlagen
- Weiterentwicklung der Infrastruktur bzw. Ausstattung der Golfanlagen

Welche Vermarktungsstrategien beziehungsweise Marketinginstrumente werden eingesetzt?

- Entwicklung einer Wort-Bildmarke („Golf Alpin")
- Gemeinsame Verkaufsbroschüre inkl. Golflandkarte (Auflage: 50.000 jährlich)
- Besuch von Golfmessen (Stuttgart, Zürich, Wien)
- Beilagen und Specials in ausgewählten Magazinen bzw. Zeitungen (langfristige Kooperationen mit ausgewählten Medien zu Schwerpunktaktionen)
- Golf-Fachzeitschriften (Medienkooperationen, Beilagen)
- Kooperationen mit den offizielle Organen/Medien der nationalen Golfverbände
- Golf Alpin-Turnierwochen in den Golfclubs der wichtigsten Herkunftsmärkte (Gruppengeschäft 10 bis 40 Personen)
- Entwicklung eines umfassenden und flexiblen Greenfee-Angebotes: Der Golf Alpin-Pass (enthält fünf Greenfees und ist auf allen 30 Golfanlagen gültig)
- Aufbau einer zentralen Datenbank
- Internetplattform unter: www.golf-alpin.at

Projektorganisation

Projektleitung: SalzburgerLand Tourismus, Tirol Werbung.

Rechtsform: Arbeitsgemeinschaft mit verbindlichen Kooperationsvereinbarungen.

Marketingbeirat: besteht aus zehn Vertretern der Leistungsträger (Golfplätze/ Regionen) und jeweils einem Vertreter der beiden Landestourismusorganisationen. Der Beirat setzt z. B. folgende Bereiche fest:

- Marketingbeiträge
- Spielregeln
- Qualitätskriterien
- Marketing- und Entwicklungsplan

Erste Erfolge im Startjahr

Obwohl der Markteintritt erst verspätet im Mai 2000 erfolgte, konnten bereits rund 3000 Golf Alpin-Pässe (à € 181,68) verkauft werden. Weiters ist es uns mit dem neuen Golf Alpin-Pass gelungen, sämtliche lokale Golfcards (z.B. Kitzbühler Golfcard, Pinzgauer Golfpass usw.) zu eliminieren und alle Kräfte auf den Golf Alpin-Pass zu konzentrieren.

Literatur

GBÖ (2001): Gästebefragung Österreich 2000/2001, Salzburgbericht Winter, Frage 21 (Info Reseach International) Wien.

SalzburgerLand Tourismus (1999): Marketingkonzept 1999, Abschnitt B und E (Leo Bauernberger). Salzburg.

World Tourism Organization (1997): WTO report: Tourism Highlights 1997. Madrid.

World Tourism Organization (2000): WTO report: Tourism Highlights 2000. Madrid.

IPK – Institut für Planungskybernetik München (1999): Winterurlaub in Österreich, Untersuchung am deutschen Markt". Kurzfassung. München.

Zusammenfassung

Wenn auch der Tourismus- und Freizeitmarkt – im Ganzen betrachtet – in Zukunft weiterwächst, so werden einzelne Bereiche unterschiedlich stark davon profitieren. Regional gesehen wird beispielsweise Europa mit einem Durchschnittswachstum von 3,1% pro Jahr Marktanteile verlieren. Der Konkurrenzdruck wird zunehmend größer, denn alle Volkswirtschaften sehen im Tourismus eine große Entwicklungschance. Der preispolitische Wettbewerb wird gerade bei Standard-Produkten weltweit zunehmen. Durch vertikale und horizontale Zusammenschlüsse bzw. strategische Allianzen können Größenvorteile realisiert werden. Moderne Informationstechnologien führen zu einer hohen Markttransparenz. Der Erfolg einer Destination hängt immer stärker davon ab, wie leicht (billig, rasch und bequem) sie für den Konsumenten erreichbar und buchbar ist. Um als alpine Ferienregion auch zukünftig bestehen zu können, sind strukturelle Anpassungen und tiefgreifende angebotsseitige Optimierungen notwendig.

In diesem Spannungsfeld der Veränderungen versucht die SalzburgerLand Tourismus Gesellschaft den klaren Weg von einer Werbe- und Kommunikationsfirma zu einer touristischen Entwicklungsagentur zu gehen. Aus diesem Grund sieht sie es als ihre wichtigste Aufgabe an, angebotspolitische Maßnahmen zu ergreifen, um damit nachhaltige Entwicklungsimpulse auf Produktebene auszulösen. Auch in der Marktbearbeitung erprobt die SalzburgerLand Tourismus Gesellschaft neue Wege. Strategische Partnerschaften in den wichtigsten Herkunftsmärkten sollen in Zukunft die Marktbearbeitung der Salzburger Tourismuswirtschaft effizienter gestalten. Am Beispiel der strategischen Partnerschaft mit der *allrounder winter world, snowed by SalzburgerLand* und der Vermarktungskooperation „Golf Alpin" werden zwei erfolgreiche Marketingkooperationen beschrieben.

Leo Bauernberger ist Akademischer Werbekaufmann und seit 1. Jänner 2002 Leiter der *SalzburgerLand* Tourismus Gesellschaft. In den vergangenen Jahren war er in der *Salzburger Land* Tourismus GmbH für die Bereiche Internes Marketing, Marktforschung, Angebotsentwicklung und Elektronisches Marketing zuständig. Zuvor war er mehrere Jahr für Hilton International und die Österreich Werbung im In- und Ausland tätig.
E-mail: l.bauernberger@salzburgerland.com

Salzburg, um 1936

Krimml, Pinzgau, 1933

Brigitte Maria Gruber

Faszination Erlebniswelt

Pro und contra der touristischen Muntermacher

Am Anfang war das Erlebnis ...

In der postmodernen Freizeitgesellschaft nimmt die Bedeutung des Faktors „Erlebnis" ständig zu. Erlebnismarkt, Erlebnisangebot, Erlebnisnachfrage, Erlebniswelt – Begriffe, die seit den 90er Jahren zum alltäglichen Wortschatz zählen. Mit der „Entdeckung" der gewinnbringenden Vermarktung des Faktors „Erlebnis" in der Wirtschaft und deren gezielter Förderung hat sich daraus ein Wirtschaftszweig immensen Ausmaßes entwickelt. Miterzeuger und Nutznießer der gewaltigen Ressourcen von Geld, Zeit und Aufmerksamkeit, die unsere Gesellschaft unablässig in den Bereich des Erlebens investiert, sind die kommerziellen Erlebnisanbieter.

Erlebnisse lassen sich aber nicht in Dauerzustände verwandeln. Es bedarf eines ständigen und immer wieder neuerlichen Spannungsaufbaues. Schon deshalb mobilisiert das Vordringen der Erlebnisorientierung immer neue Handlungsenergie. Die Anbieter stellen sich in ihren Strategien auf die Handlungsmuster der Nachfrage ein. Erlebnisnachfrager und Erlebnisanbieter haben so in enger Beziehung zueinander ihre Rationalitäten entwickelt.

Was versteht man unter einer Erlebniswelt, einem Themenpark, einem Freizeitpark? Es gibt zahlreiche Definitionen zu diesen Begriffen. Einige wesentliche seien hier kurz vorgestellt. *„Freizeitparks sind Anlagen, in denen Freizeitzwecken dienende Einrichtungen verschiedener und derselben Art im Indoor- und/oder Outdoor-Bereich dauerhaft oder temporär errichtet sind. Sie stehen zudem in einem engen räumlichen und funktionellen Zusammenhang."* (Schuhmacher/Reisner beim ETB-Symposium 1998)

Kagelmanns Definition für Themenpark zielt primär auf den unterhaltenden Aspekt. Er definiert einen Themenpark als *„eine abgeschlossene, großflächig angelegte, künstlich geschaffene, stationäre Ansammlung verschiedenster Attraktionen, Unterhaltungs- und Spielangebote. Zumeist befindet sich ein Themenpark außerhalb großer Städte oder Metropolen, ist ganzjährig geöffnet und kommerziell strukturiert.“* (Hahn/Kagelmann 1993, 406)

Auf der Anbieterseite stehen bei den heutigen Themenparks meist große Konzerne (Disney World) oder multinationale Unternehmen (*Swarovski Kristallwelten*). Einige haben sich aber auch aus Familienbetrieben entwickelt und sind im Lauf der Jahre zu Großunternehmen geworden.

Themenparks zielen besonders auf Kurz- und Ausflugsreisen ab und versuchen, ein differenziertes Abgebot für die „ganze Familie", für nach Geschlecht, Alter, Schichtzugehörigkeit, Bildungslevel unterschiedlich geartete Zielgruppen zu machen. Das konstitutive Merkmal der Themenparks ist die thematische Geschlossenheit, das heißt, dass sich entweder der ganze Themenpark um ein Thema dreht oder aber einzelne, in sich geschlossene Teile auf bestimmte Motive (z.B. Märchenfiguren), bestimmte Themata (Weltraumfahrt, Science Fiction) oder Figuren (Schlumpf, Dinosaurier) erlebnisorientiert angelegt sind.

Was macht nun diese „Spaßfabriken" so anziehend? Was veranlasst Menschen, sich in unserem kommunikationsträchtigen und reizüberfluteten Zeitalter in diese Erlebniszentren zu begeben? Die Trendforscherin Faith Popcorn sagt, der Trend zum Fantasy-Abenteuer hat mehr mit den Höhenflügen der Phantasie zu tun als mit dem echten Risiko eines realen Abenteuers. Und das kann man kaum besser ausdrücken als Thornton Wilder: *„Wenn du sicher zu Hause sitzt, sehnst du ein Abenteuer herbei. Doch wenn du mitten im Abenteuer steckst, dann wünschst du dir nichts sehnlicher, als zu Hause in Sicherheit zu sein.“* (Popcorn 1996, 77)

Faith Popcorn (1996, 78) meint weiters, dass es um unser Bedürfnis zu experimentieren gehe, dem wohlgeordneten (oder eben gerade in Unordnung geratenen) Alltag wenigstens für kurze Zeit einmal den Rücken zuzukehren, die Chamäleon-Natur des Lebens kennenzulernen, aber mit der Rückkehr-Garantie in die Realität.

Worin liegt nun der Reiz des „Erlebens"? In Bezug auf den qualitativen Aufbau des Erlebens spricht Vester (1999, 13) von drei Komponenten: *Kognition, Emotion* und *Verhalten*.

Als erste Dimension verlangt ein Erlebnis nach *Wahrnehmung*. Unerwartetes und Überraschendes lässt uns aufhorchen und vermittelt uns den Eindruck, etwas zu erleben. Das zweite Element sind *Emotionen* (hier ist nicht relevant, ob es sich um positive oder negative Emotionen handelt), die dazu beitragen, das Erlebte um so intensiver, tiefer und nachhaltiger zu empfinden, je reichhaltiger das Spektrum der Emotionen angewandt wird. Als drittes haben Erlebnisse auch eine *verhaltensbezogene Dimension*. Das bedeutet: wenn Wahrnehmungen und Emotionen eine Handlung nach sich ziehen, also verhaltensrelevant werden, sprechen wir von einem kompletten Erlebnis. Es wird dann nicht nur etwas wahrgenommen und innerlich bewegt, das Erlebte wird vielmehr Teil des Verhaltens, manifestiert sich im Handeln und in der Körperlichkeit des Handelnden, kann sogar Teil des Selbst der Erlebenden werden.

Auch Kontemplation ist ein Erlebnis. Doch das Erlebnis wird um so stärker, je mehr es „bewegt", also eine aktive Wirkung auf Kognitionen und Emotionen hervorruft, denn dann setzt sich das erlebte Ereignis tiefer im Gedächtnis fest, dann wird das Erlebnis zur nachhaltigen Erfahrung .

Wichtig in der Psychologie des Erlebens sowie der Erlebnisgesellschaft ist die *Nachhaltigkeit*, oder anders ausgedrückt die *Halbwertzeit*, von Erlebnissen. Bei der Suche der Individuen nach Erlebnissen, beim Verlangen nach Erlebnisqualitäten wie „kick", „exitement" und „thrill", bei der Suche den dem, was „anturnt", ist die Sehnsucht nach einem nachhaltigen Effekt präsent. (Vester 1999, 15)

Erst die Erlebnisfähigkeit gestattet maßgeschneiderte Erlebnisse und bringt die postmoderne Freizeit- und Erlebnisgesellschaft ins rechte Licht – mit Aussicht auf gute Zukunftsperspektiven – auch und gerade für Erlebniswelten.

Vom Lustgarten zum Erlebnispark

Das Bedürfnis nach Spiel, Unterhaltung und Abwechslung ist wohl eines der ältesten in der Geschichte der Menschheit. Kulturgeschichtlich lassen sich die unterschiedlichsten Möglichkeiten und Formen des „Entertainment" aufzeigen, denen die Menschen in den verschiedenen Epochen gefrönt haben. Als eine Entwicklungsschiene der heutigen Freizeit- und Erlebniswelten muss man sicherlich die Gärten und Parks bzw. auch die Schützenfest und Festplätze sehen, die bereits im Mittelalter dem Volk dienten, die damals noch sehr spärliche Freizeit in einer angenehmen, lustbringenden Atmosphäre zu verbringen.

Die ersten spezialisierten Vergnügungsparks sind die *Tivolis* (auch Tivoli-Park) oder Luna-Park bezeichnet. Mit den *Vauxhall Tivoli Gardens* in London entsteht bereits im 17. Jahrhundert der weltweit erste kommerziell betriebene Vergnügungspark. Er ist als Namensgeber der späteren Tivolis zu sehen. Charakteristisch für diese Art der Betriebsform war und ist, dass alle Einrichtungen (Fahrgeschäft, Gastronomie, Unterhaltungselemente) so nebeneinander platziert waren, wie man das auch von einem Volksfest oder einem Rummelplatz kennt.

445

Die ersten technischen Vergnügungseinrichtungen sind im *Prater* in Wien zu finden, der 1766 seine Pforten dem einfachen Volke öffnete. Er gehört heute zu den wenigen noch bestehenden Tivolis oder Luna-Parks und hat mit dem weltweit bekannten Riesenrad ein weithin sichtbares Wahrzeichen.

Eine Sonderstellung im Bereich *Erlebnispark* haben die ab der Mitte des 19. Jahrhunderts populären Weltausstellungen: London (1851), Paris (1855), Wien (1873) und Chicago (1893). Sie sind quasi die ersten Erlebnisparks des Industriezeitalters. Als solche bieten sie ein weithin leuchtendes Panorama und Angebot einer als begehrenswert hingestellten Warenwelt. In ihrer wirtschaftlichen Bedeutung waren sie wahrscheinlich von noch größerer Wichtigkeit und Bedeutung als die Mega-Unternehmen von heute. Sie versetzen der Wirtschaft neue Impulse und machen erstmals den Tourismus zu einem Produktionsfaktor.

Besonders in den USA fanden sich schon um 1900 zahlreiche *amusement parks*, wie die berühmte Anlage von Coney Island in New York, wo zur Unterhaltung der Besucher unter anderem künstliche Hotelbrände arrangiert wurden. Das Konzept der Disney-Freizeitparks lässt sich in den meisten Elementen auf die Weltausstellungen des 19. Jahrhunderts zurückführen: etwa in der Verbindung moderner Technik mit der Präsentation von Geschichte, der typisierenden Darstellung fremder Kulturen und der Kombination belehrender und unterhaltender Aspekte.

Mit der stetigen Zunahme der frei verfügbaren Zeit innerhalb des 20. Jahrhunderts hat sich die Nachfrage nach differenzierten Unterhaltungsangeboten intensiviert. Die „historischen Erlebniswelten" haben sich weiterentwickelt. Ihre Elemente lassen sich in teilweise perfektionierter Form in der Vielzahl der heute existenten Freizeit- und Erlebnisparks wiederfinden. Das Thema „Erlebnispark" ist also nicht neu, es hat sich nur die Ausgestaltung verändert.

Mit der Eröffnung von *Disneyland* (1955) in Anaheim bei Los Angeles, Kalifornien, begann eine neue Ära und die eigentliche Geschichte der Erlebniswelten.

Das Credo von Walt Disney (1901 – 1966): *„I don't want the public to see the world they live in while they're in the Park. I want them to feel they're in another world"*, wurde hier Wirklichkeit. Es wurde eine Welt geschaffen, die zu Illusionen verleitet und zu Tagträumereien einlädt: eine Welt, in der man froh und unbeschwert glücklich sein kann. Dieser Themenpark verkörperte erstmals die Idee der moralisch sauberen Unterhaltung für die ganz Familie, in der bestimmte, tabuisierte und eventuell konfliktbringende Themen ausgespart sind, in hygienischer Umwelt mit fast überdurchschnittlich freundlichem Dienstleistungspersonal – fast eine „Wunderwelt".

Durch die Kombination von mehreren, bis ins letzte Detail konsequent umgesetzten Themenbereiche, die sich dem Besucher als geschlossene Welten präsentierten, entstand schließlich der erste Themenpark der Welt. Der kommerzielle Aspekt darf nicht verschwiegen werden. Walt Disney selbst wurde durch seine Comics und seine Spielfilme zu einem der reichsten und erfolgreichsten Männer Amerikas. Dieser Reichtum ermöglichte erst das Entstehen von Disneyland. Die Walt Disney Corporation hat sich zu einem Mega-Unternehmen entwickelt und betreibt heute mehrere Freizeitparks weltweit. Der größte Parkkomplex befindet sich in Orlando (Florida, USA). Außer in den USA gibt es den *Tokyo-Disneyland-Park* (Eröffnung 1983) in Japan und das *Disneyland Paris* (Eröffnung 1992, damals noch mit dem Namen *Euro Disney*) in Frankreich.

Die Idee der Themenwelten hat sich auch in Europa gefestigt. 1971 entstand in Deutschland mit dem *Holiday Park* in Hassloch/Pfalz der erste Park.

Nach verschiedenen vorliegenden Analysen und Prognosen zeigen die Besuchernachfrage und der Bau von Themenparks in Europa steigende Tendenz. Allerdings lässt sich die europäische Angebotsentwicklung bei weitem noch nicht mit derjenigen in den USA vergleichen. In den 80er Jahren haben sich in Europa Freizeitparks größerer Dimension, zuerst in Deutschland und später in Frankreich entwickelt. Beispiele sind der *Europapark* in Rust/Deutschland, das *Euro-Disneyland* in Marne la Valle (1992), das Asterixland in Plailly (1989) oder der *Jules Verne Park* in Amiens (1988).

Seit einigen Jahren zeichnet sich ein neuer Trend im Bereich Freizeitparks ab. Die sogenannten „Markenparks" (auch „Brand-Parks" genannt) stellen eine neue Angebotsform dar. Hier präsentieren Unternehmen sich und ihre Produkte (Marken) auf einer neuen Plattform – in Form eines Freizeit- und Erlebnisparks. Vorreiter bei dieser Betriebsform ist das Unternehmen LEGO, das seit Juni 1968 im dänischen Billund seine LEGO-Produkte in Form eines Freizeitparks – dem *LEGOLAND Billund* – zur Schau stellt. Als Beispiel für einen österreichischen Brand-Park gelten die *Swarovski Kristallwelten* in Wattens/Tirol.

Die Darstellung der Entwicklungsgeschichte lässt erkennen, dass die heute bestehenden Freizeitparks grundsätzlich keine neue Idee oder Angebotsform darstellen. Vielmehr ist es der technische Fortschritt, der die Entwicklung der Parks beeinflusst hat und die einzelnen Attraktionen immer aufwendiger und perfekter werden lässt. Der heutige Besucher einer Erlebniswelt darf spektakuläre Ideen in einer atemberaubenden Inszenierung erwarten. Wir befinden uns in einer Zeit, in der die Sehnsucht nach dem Außergewöhnlichen unsere Lebensmaßstäbe mitprägt. Wir entwickeln uns zu Glücks- und Erlebnis-Fetischisten.

Ein entscheidender Ansatzpunkt für Erlebniswelten ist der Wunsch, dass der „Sprung aus der Phantasie" mindestens ebenso wichtig erscheint, wie anfangs der „Sprung in die Phantasie". Die Hauptantriebskraft ist das Kontrasterleben. Wer den besten Kick und die meisten Emotionen anbietet, erhält den Zuschlag des Besuchers – aber bitte mit garantiertem Rückkehrrecht. Themenparks sind immer häufiger die Antwort der Freizeitindustrie auf diese Bedürfnisse: Hier kann das Abenteuer in geordnete und übersichtliche Bahnen gelenkt werden, was dem Bedürfnis der Konsumenten nach Orientierung entgegen kommt.

„If we can dream it, we can do it." Gemäß dieser amerikanischen Erlebnis-philosophie, die sich weltweit ausbreitet, wird der Trend zum Erlebnisurlaub auch im 21. Jahrhundert anhalten.

Erlebnistourismus

Kurzreisen haben heutzutage mehr und mehr eher einen erlebnisorientierten Charakter den Erholungscharakter. Neben dem starken Interesse an Städten und der Lust, sich sportlich zu betätigen, werden viele Kurzreisende durch besondere Events (kultureller oder sportlicher Art) angezogen. Der Drang nach Erlebniskonsum lässt die Kurzurlauber aber auch zu Kunden von Freizeit- und Erlebnisparks werden. (Konrath 1999, 33) In der gesamten westlichen Welt wird sich eine neue Form des Spezialtourismus mit wachsender Bedeutung entwickeln. Und aus ein „paar schönen Stunden" werden dann schnell „ein paar schöne Tage". (Opaschowski 1998, 18) Die gesteigerte Mobilität macht's möglich.

Daraus kann man schließen, dass Nahziele, wenn sie subjektiv Neues, Exklusives und Außergewöhnliches anbieten, einen großen Anziehungseffekt haben und in zunehmendem Maße in die Reiseüberlegungen einbezogen werden. Die Erkenntnis: gleichwertige Erholung und hohe Erlebnisqualität auch mit weniger Reisekilometer wird sich meines Erachtens in Zukunft durchsetzen. Noch legt in Deutschland ein Besucher im Durchschnitt 198 km – meist mit dem Auto – zurück, um in eine Erlebniswelt zu gelangen. Für den deutschen Reisenden bedeutet dies, dass die traditionellen Urlaubsdestinationen im Ausland (z. B. Österreich) nun als Kurzreiseziel dienen und inländische Regionen häufig als Tagesausflugsziel.

Aktuelle Studien prognostizieren erste Sättigungstendenzen im fernreisebezogenen Mobilitätsverhalten. Weltweit wird zwar zahlenmäßig eine weiter zunehmende Reiselust registriert, doch Ferndestinationen, die über 6 Stunden Flugzeit entfernt liegen, büßen an Attraktivität ein. Weitere Argumente gegen Ferndestinationen sind die Risiken einer Gesundheitsgefährdung, Terrorismus und politische Unruhen. Die Sicherheit am Urlaubsort wird zu einem immer wichtigeren Qualitätskriterium. Hier ist ein großes Potenzial für die unterschiedlichsten Urlaubsregionen in Österreichs Landschaften und ganz besonders in der Bergwelt zu sehen.

Managementprinzipien

Die Entwicklungsgeschichte der Freizeit- und Erlebnisparks muss jeweils auf die gesellschaftlichen und politischen Verhältnisse und den Zeitgeist projiziert gesehen werden. Nicht alles, was irgendwo in der Welt erfolgreich ist oder war, muss heute in Österreich oder in anderen Ländern Mitteleuropas erfolgreich sein. Auch die Prinzipien von Walt Disney sind zwar im Grund richtig, bedürfen aber jeweils einer spezifischen, am einzelnen Projekt ausgerichteten Verwirklichung.

Im Freizeitgeschäft genügt nicht das „gewusst wie", sondern es bedarf des „gewusst warum" als oberste Priorität. Freizeitanlagen sind mehr als nur reine Architektur. Sie sind die Verbindung von High Touch mit High Tech. Allen erfolgreichen Erlebniswelten wie auch den touristischen Inszenierungen von Kommunen und Regionen liegen laut Steinecke (1998, 14) gemeinsame Managementprinzipien zugrunde, deren erfolgreiche Instrumente der Inszenierung im Tourismus sind:

- das Spektakuläre als Leitidee
- ein klares Thema (= klares Profil)
- eine durchgängige Regie (= Gesamtkunstwerk)
- ein bekannter Regisseur (= PR-Leitfigur)
- zahlreiche multifunktionale Angebote (= Wahlfreiheit)
- ein hierarchisierter Zugang (= neue Privilegien).

Wenn die Wahl der Instrumente für eine Inszenierung nicht richtig ausfällt oder Elemente falsch eingesetzt werden, wirkt es sich kontraproduktiv aus.

Emotionales und pragmatisches Potenzial der Erlebniswelten

Die Faszinationskraft von Erlebniswelten besteht für Bachleitner (1998, 44) in der Möglichkeit, *Mehrfach-Abenteuer mit Null-Risiko* zu genießen. Das bedeutet, die Hauptantriebsfeder ist der Wunsch nach nervenanspannendem, aber risikolosem Kontrasterleben.

Die Medienunterhaltung unserer Freizeitgesellschaft kann durchaus auch als Reaktion auf jenen Stress und Aufschub gedeutet werden – im Sinne eines nunmehr hedonistischen „Ich will alles und sofort". Dieses „alles und sofort" ist allerdings in der realen Welt nicht so leicht zu haben, wohl aber in der Welt der reinen Unterhaltung.

Optimalerweise löst der Aufenthalt in einer Erlebniswelt aktiv-dynamische Formen des Glücks aus, die sich wie folgt beschreiben lassen (Opaschowski 1995, 25 ff):

- Möglichkeit der Erinnerung an schöne und faszinierende Augenblicke
- Gefühle völliger Entspannung
- Illusion von Geborgenheit
- Gefühle vollkommener Harmonie
- Ästhetische und emotional angenehme Atmosphäre
- Unbeschwerte Stimmung
- Außergewöhnliche und unvorhergesehene Ereignisse
- Unbeschwerte Freiheitsgefühle
- Erfahrung einer perfekten Illusion
- Letzter „Kick".

Die Summe dieser qualitativen Glückskriterien bildet einen gewichtigen Teil jener Faszinationskraft, die von Erlebniswelten ausgeht. Jedes Erlebnisangebot[1] entlastet von der Aufgabe, etwas mit sich selbst anzufangen und befreit temporär von der Angst, bei dieser Aufgabe zu scheitern.

Des weiteren bieten Erlebniswelten die verlockende Möglichkeit, die Geschwindigkeit der Erlebnisspirale selbst zu bestimmen und zu steuern. Das bedeutet, der Erlebniskonsum wird in verschiedenen Intensitätsgraden erlebbar und erfühlbar. Man befreit sich von äußeren Zwängen und gelangt in eine Art „Erlebnisekstase". Opaschowski (1993, 126) teilt den Prozess der Erlebnisekstase in sieben Stufen ein:

1) „Alles sofort": *Instant-Konsum*
   Bezeichnet die sofortige Bedürfnisbefriedigung mit der „genieße-jetzt"- Mentalität die zum Verlust der Vorfreude und zu einer Entwertung der Lebenserfahrung führt.
2) „Immer mehr": *Erdnuss-Effekt*
   Vom Erdnuss-Effekt spricht man, wenn die Kauflust die Kaufkraft bei weitem übersteigt.
3) „Immer hastiger": *Hopping-Manie*
   Die Sucht nach Spaßmaximierung gewährt dem unter Zeitnot leidenden „Konsumeristen" nur flüchtigen Genuss: TV-Hopping, Beisl-Hopping, Party-Hopping.
4) „Immer maßloser": *Thrilling-Effekt*
   Ständig auf der Suche nach einem neuen Reizoptimum wird der „Thrill", der letzte „Kick", herbeigesehnt. Die Steigerung („High", „Super", „Ultra") kennt keine Grenzen und verlangt nach mehr.
5) „Immer überdrüssiger": *Zapping-Phänomen*

---

1   Schulze (1996) versteht unter Erlebnisangebot jedes auf dem Markt angebotene Produkt, dessen Nutzen überwiegend in erlebnisbezogenen Begriffen definiert wird (schön, spannend, gemütlich, stilvoll, interessant usw.), S. 735.

Darunter ist die Erlebnisjagd auf das angestrebte Ziel zu verstehen. Aber Überfluss bringt Überdruss: der Konsumerist wird orientierungslos und bewältigt den Überkonsum durch Abknallen („Zapping") von Langweiligem.

6) „Lust auf Gewalt": *Crash-Syndrom*
Wenn die Überreizung zur Übersättigung wird und die Aggression in Zerstörungswut umschlägt ist der Erlebnis-Zenit überschritten. Der Konsumerist klinkt sich emotional immer mehr aus. Wenn die soziale Wahrnehmung verfällt, droht am Ende selbst die soziale Gesellschaft überflüssig zu werden und endet letzlich im

7) „Abdriften ins Leere": *Drop-out.*

Ein wesentliches Faszinosum der Erlebniswelten ist das starke Gefühl des *aktiven Sich-selbst-Erlebens* durch die Reflexion des Erlebten vor dem eigenen sozialen Hintergrund. Dies kann wiederum Prozesse der Verinnerlichung auslösen, sozusagen die Sinnsuche nach dem „Ich-danach".

Neben dem emotionalen Potenzial bieten Erlebnisparks auch ein rein pragmatisches Potenzial (Bachleitner 1998, 46) das ebenfalls motivierend wirkt. Hierzu zählen

* *kurze Verweildauer, leicht buchbar, meist witterungsunabhängig*
  Mit dem vermehrten Drang zum autarken Handeln und zur Unabhängigkeit ist es für die Konsumenten wesentlich, die Dauer des Aufenthaltes selbst und frei zu entscheiden.
* *fertiges Produktpaket von gehobener Hotellerie, Gastronomie, Entertainment*
  Gemäß dem Leitsatz „die werden schon wissen, was ich brauche" konsumiert der Erlebniskonsument in Freizeit- und Erlebniswelten ein fertig geschnürtes Package an Erlebniswerten (der gehobenen Klasse), sozusagen mit Erfolgsgarantie.
* *sozialer Prestigegewinn*
  Frei nach dem Motto „Ich besitze es, Du nicht" oder „Ich war dabei, Du nicht". (Boltz 1994, 115)
* *hohe Sozialtechnologie/ hohes Sicherheitsgefühl*
  Die Alltagssorgen gibt man beim Eingang quasi ab und Familienzwist, Krieg, soziale Randgruppen bleiben vor den Eingangstoren.

Die Perfektion des Gebotenen ist ein wichtiger Anziehungspunkt der Freizeitwelten. Neben perfekten, architektonischen Kulissen, sorgfältigen landschaftsgärtnerischen Gestaltungen, aufwendigen Shows und überwältigenden Inszenierungen wird dabei auf zwei Prinzipien besonderer Wert gelegt: Sauberkeit der Anlage und Freundlichkeit des Personals.

Fazit: Allen Erlebniswelten gemeinsam ist die Absicht, einen Kontrast zur Alltagswelt zu bieten. Die Besucher wollen

- vorübergehend ihre Alltagssorgen und Belastungen im Beruf vergessen,
- sich in eine andere Phantasie- und Traum-Welt versetzt fühlen, die bewusst nicht an die wirkliche Welt erinnert und
- fast märchenhafte Stunden der Entspannung und Zerstreuung erleben und genießen. (Opaschowski 1998, 17)

Facts & Figures: Deutschland – Österreich im Vergleich

Auch wenn sich in Österreich die Erlebniswelten im Vergleich mit Deutschland und der EU insgesamt mehr in der Diskussion als im tatsächlichen Angebot widerspiegeln, so haben die ÖsterreicherInnen klare Vorstellungen und Erwartungen zu diesen Freizeitangeboten. Nur ein knappes Drittel will, laut Freizeitmonitor 1998 vom Boltzmann Institut, von Themen- und Erlebnisparks nichts wissen: *„Das ist nichts für mich"*, meint in Österreich jeder Vierte und weitere 6 Prozent sagen: *„Das ist mir zu teuer"*. Fast jede/r Zweite hat eine solche Einrichtung bereits besucht (43 Prozent), ein weiteres Viertel der Bevölkerung steht gedanklich bereits „ante portas". Für relativ viele potentielle Besucher (19 Prozent) mangelt es vor allem an einem Angebot in der näheren Umgebung ihres Wohnortes. Noch dominieren Tierpark- und Zoobesuche mit 66 Prozent bzw. das Erlebnis in Shopping Centers mit 47 Prozent das Freizeitgeschehen. Aber die Projekte der Themenparks treffen bei der Bevölkerung, und hier ganz besonders bei der jüngeren Generation, auf eine breitere Akzeptanz als in der öffentlichen Diskussion angenommen.

Neun von zehn jungen Menschen im Alter zwischen 15 und 19 Jahren stehen jedenfalls dem Besuch von Erlebnisparks, Erlebniseinkaufscenter oder auch Erlebnisbadelandschaften sehr positiv gegenüber. So unterschiedlich in der öffentlichen Diskussion die Urteile über künstliche Freizeit- und Erlebniswelten auch ausfallen mögen, das Votum der Bevölkerung ist relativ eindeutig: Auf einen Kritiker kommen zwei begeisterte Gäste.

In Deutschland gibt es mittlerweile mehr als 50 Freizeit- und Erlebnisparks mit jeweils mehr als 100.000 Besuchern pro Jahr. Über eine Million Besucher jährlich verzeichnen derzeit der *Europa-Park Rust*, der *Heidepark Soltau*, der *Hansa-Park Sierksdorf*, das *Phantasieland Brühl* und der *Holiday Park Haßloch*.

Ein „Vergnügen mit Familie und Freunden" stellt der Besuch für vier von sechs Österreichern dar. In Deutschland liegt diese Beurteilung bei jedem zweiten, der einmal dort war.

Aus der Repräsentativumfrage des Boltzmann Institutes im September 1998 geht hervor, dass jeder vierte Besucher in Deutschland, also 25 Prozent und in Österreich 23 Prozent, vor allem die *gelungene Ablenkung vom Alltag*, die man hier wie sonst nirgendwo findet, besonders hervorstreicht.

Und jeder fünfte Befragte in Deutschland bzw. jeder sechste Befragte in Österreich ist von der *perfekten Illusion* begeistert. Kurz zusammengefasst: *Man ist verzaubert und losgelöst.*

Österreichs Aushängeschilder im Bereich Erlebniswelten

Das Angebot an Erlebnisparks in Österreich hält sich in Grenzen: Das *Minimundus* in Klagenfurt, der *Erlebnispark am Pressegger See* in Kärnten, der *Märchenpark und Zoo* am Ruster Berg im Burgenland, der *Safaripark* in Gänserndorf/ Niederösterreich, *Jurassic Park* in der Steiermark oder der *Märchen- und Erlebnispark Strasswalchen* in Oberösterreich, um nur einige zu nennen, zählen schon zu den traditionellen Angeboten. War vor ein paar Jahren noch Frank Stronach`s *World of Wonder* in aller Munde, so befindet sie sich heute noch immer im Planungsstadium und wird heftig diskutiert. Für rund sieben Milliarden Schilling soll 20 km von Wien entfernt, im niederösterreichischen Ebreichsdorf, auf einer Gesamtfläche von 380 Hektar eine allwettertaugliche Freizeit- und Erlebniswelt entstehen, mit einer überdimensionalen Weltkugel als Wahrzeichen. Doch bis es soweit ist, fließt noch viel Wasser an Wien vorbei. „Wasser" ist auch das vorherrschende Thema für einen Erlebnispark im Süden von Salzburg, die *Krimmler Wasserwelt*. Stellvertretend für die österreichischen „Lustgärten der Moderne" seien drei der interessantesten Erlebniswelten vorgestellt:

Mountain Beach in Gaschurn/ Vorarlberg

Im vorarlbergischen Montafon zieht seit Sommer 1998 Österreichs größter Natur-Freizeit- und Erlebnispark die Besucher an – allerdings unter freiem Himmel. Am Ortsrand der Gemeinde Gaschurn bietet Mountain Beach auf einer Gesamtfläche von fast 30.000 Quadratmetern Wasserspaß in zwei künstlichen Naturseen. Über 10.000 fachmännisch ausgewählte Wasserpflanzen gewährleisten einwandfreie Wasserqualität, rund 7000 Quadratmeter Wasserfläche sind in Schwimm- und Regenerationszonen eingeteilt, moderne Technik bietet eine für die Bergregion sehr angenehme Badewassertemperatur und sorgt für jede Menge außergewöhnlichen Badespaß.

Swarovski Kristallwelten in Wattens/Tirol

Das 100-Jahr-Jubiläum der Unternehmensgruppe Swarovski war 1995 der Grund für den Bau der *Swarovski Kristallwelten* in Wattens/Tirol. Als Besucher taucht man ein in die faszinierende Welt des Kristalls, der in Wattens heute maschinell gefertigt wird, und kommt aus dem Staunen nicht mehr heraus. Das Bauwerk ist in einem Hügel unterirdisch angelegt und wird von dem wasserspeienden Kopf eines wachsamen botanischen Riesen bedeckt und beschützt. Im Inneren sind die einzelnen Wunderkammern angelegt, die eine phantastische Reise zu einem „Wallfahrtsort des Staunens rund um den Kristall" darstellen.

Diese Erlebniswelt wurde mit einer Gesamtinvestion von 220 Millionen Schilling geschaffen und hat bisher weit über zwei Millionen Menschen in ihren Bann gezogen. 42,5 Prozent der Besucher halten dieses „Brand Land" für *die* Marketingidee des Unternehmens Swarovski.

PlayCastle in Seefeld/Tirol

Ein Beispiel für eine imposante, innovative Erlebniswelt, die allen finanziellen Aufwendungen und allen PR- und marktingtechnischen Mühen zum Trotz nicht reüssierte, stellt die von Ludwig Morasch konzipierte und vom Hotelier Hannes Seyrling mit einem finanziellen Aufwand von fast 200 Millionen Schilling realisierte Erlebniswelt *PlayCastle* in Seefeld/Tirol dar. Kernstück und Aushängeschild war das Schloss, das realitätsnah einer mittelalterlichen Ritterburg nachempfunden ist und von Filmspezialisten äußerlich auf alt getrimmt wurde. Innen fand die totale und moderne Vermarktung mittels überdimensionaler Spielewelt, geschicktem Product Placement und „Infotainment" (© Ludwig Morasch) statt.

Der Werbeprospekt versprach Interessantes:

„Hier beginnt die Reise in eine andere Welt: Von den Rittern und Knappen im Rittersaal geht es in die Welt der Piraten. In diesem Bereich finden Kinder und Eltern eine Karibiklandschaft vor, die ihresgleichen sucht. Ein weißer Sandstrand zum Spielen, Palmen und glasklares Wasser zum Planschen (...) Ein Piratenschiff, eine Grotte und weitere Attraktionen ziehen die Besucher in ihren Bann."

Auf 8000 Quadratmetern waren in drei Erlebnisbereichen (Schloss, FunDome und Outdoor-Bereich) all die Attraktionen untergebracht, die andernorts eigene Parks bestücken: Schlosshof mit Schmiede und Bogenschießstand, Rittersaal, Karibikwelt, Plüschtierwelt, Holzbauecke, Märklin Eisenbahnwelt, Lego- und Playmobilwelt, Furbyland mit Hupfburg, etc. Erhältlich waren die Spielwaren der genannten Erzeuger selbstverständlich prompt vor Ort in den angeschlossenen Shops.

Doch es blieben die Besucher aus. Fehler im Marketing, die Wetterabhängigkeit bei den Outdoor-Aktivitäten, zu geringer Bekanntheitsgrad und zu große Anfangsinvestitionen sind einige Faktoren davon. Im November 2000 musste *PlayCastle* Konkurs anmelden. Seit Frühjahr 2001 dient die Ritterburg nun als Filmstudio und Filmkulisse.

Das *PlayCastle Tirol* zeigt, dass aus einer witzigen Idee (Erlebnis-Schloss) und entsprechenden monetären Mitteln (200 Millionen) noch lange keine prosperierende Erlebniswelt werden muss.

Auswirkungen und Effekte von Erlebniswelten

Die zunehmende Kommerzialisierung der Freizeit und die Ausbreitung kommerzieller, künstlicher Freizeit- und Erlebniswelten stößt trotz – oder gerade wegen – des großen Zuspruchs breiter Massen auch auf Kritik. Phantasiereiche Wortkreationen unterstreichen diese Haltung: „kollektiver Freizeitpark" (Helmut Kohl, 1993), „hypertrophe Zeittotschlagmaschine" (André Heller), „Ferien-Wackersdorf" (Die Zeit), „Urlaub auf der Intensivstation" (Stern) oder „Hochtemperaturreaktoren zur Wieder-Aufbereitung von Menschen" (Frankfurter Rundschau).

Aus ökologischer Sicht stellen die Umweltschützer eine Gruppe der Kritiker dar, da sie die Erlebniswelten vor allem aufgrund des erheblichen Verkehrsaufkommens anprangern. Hier ist nicht von der Hand zu weisen, dass die größeren Parks und Amüsiereinrichtungen ein beachtliches, überregionales Einzugsgebiet (bis zu zwei Stunden Anfahrtsradius) vorweisen und dass – bedingt durch die Lage außerhalb der Siedlungsgebiete, der Großteil der Besucher mit dem PKW anreist.

Ein weiterer Anstoßpunkt ist das Ver- und Entsorgungsaufkommen und die dazu gehörigen Einrichtungen (Müll, Wasser- und Energieverbrauch etc.).

Demgegenüber steht die Meinung der Befürworter, die argumentieren, dass künstlich geschaffene Freizeitstätten Ausflügler von natürlichen Zielen absorbieren und somit zu einer Entlastung dieser beitragen. Natürliche Landschaften werden geschont und vielleicht kann eine Kurzreise in den nahegelegenen Freizeitpark dann eine Alternative zum Verreisen ins Ausland sein, mit dem dann vermehrte Schadstoffemissionen durch die weitere Anreise gegeben sind.

Um einen umwelt- und sozialverträglichen Tourismus zu gewährleisten, hat der Wiener Aktionskünstler André Heller bereits im Herbst 1989 in seiner oft zitierten Rede auf der Welttourismustagung in Lausanne gefordert, dass jeder, der eine Reise macht, vorher eine Prüfung machen sollte. Damit er weiß, wie man sich benimmt in einem anderen Land, damit er etwas über die Sitten und Gebräuche weiß. Und für diejenigen, die nicht gewillt sind, sich dieser Prüfung zu unterziehen, sollte man irgendwo ein riesiges Gebiet schaffen, wo die Pyramiden und die Eskimolandschaften und Disney-World und fotografierwütige Kamele und Replikas von den Alpen und alles gleichzeitig ist.

Das von André Heller sarkastisch geforderte „Replikaland" ist eine künstlich geschaffene Welt, die alles bietet, was Ausflügler und Erlebnishungrige in der Welt begeistert: eine Mischung aus Disneyland und Zisterzienserkloster, McDonalds und Club Méditeranée, Kreml und Vatikan – und dazwischen zaghaft aktive Vulkane neben elektronisch gesteuerten Atlantik-Brandungen. „Replikaland" würde die authentischen Orte entlasten, der Einfall touristischer Horden würde dann nicht mehr zur Zerstörung der Natur und Ausrottung des Schönen führen und die Besucher hätten zudem die Möglichkeit, in sicherer Umgebung mit gutem Gewissen die Kulissen zu erleben, die dann noch perfekter sind, als die Natur es selbst sein kann. Deshalb plädiert Heller, der sich als künstlerischer Berater der *Swarovski Kristallwelten* in Wattens/Tirol mit der Schaffung von Freizeiteinrichtungen beschäftigt, nicht generell für den Bau von Freizeit- und Erlebnisparks, die er in der üblichen Erscheinungsform als „menschenverachtende phantasiebrüskierende Irrtümer" bezeichnet. Hauptansatzpunkt der Kritik Hellers ist die seiner Meinung nach fehlende Unverwechselbarkeit und Authentizität dieser Freizeitbetriebe, denn sie können an jedem beliebigen Ort der Welt entstehen und sind meist ein Abziehbild eines mehr oder weniger kopierten Vorbildes. Für Heller hat nur das Einmalige, das Authentische, das unzynische Original Ereignischarakter und bleibenden Wert.

Hier stellt sich die Frage, inwieweit ist die uns umgebende Natur selber noch authentisch? Denn Momente der Inszenierung sind in fast allen „natürlichen Urlaubswelten" präsent. Wenn Reiseerlebnisse grundsätzlich ‚original' sein sollten, ist bereits der Besuch von Museen oder Zoologischen Gärten – künstlichen Welten par excellence – fragwürdig. Auch in Umgebungen wie der Costa Brava oder den Skizentren der französischen Alpen sind nur noch das Meer oder der Schnee ‚natürlich' – ganz abgesehen von der gesamten Infrastruktur, die synthetisch hergestellt wurde. Die Suche nach dem Unverfälschten endet häufig im Paradox der inszenierten Authentizität.

Das Bedürfnis nach authentischer Erfahrung wirkt auch auf Landschafts- und Stadtbilder zurück. Als Beispiel sei hier Wolfgang Kos angeführt, der am Beispiel der Semmering-Bahn gezeigt hat, wie bereits im 19. Jahrhundert eine alpine Landschaft für die Reisenden bewusst in Szene gesetzt wurde.

Doch künstliche Erlebniswelten und authentische Reiseerfahrungen unterscheiden sich nicht so fundamental, wie es auf den ersten Blick erscheinen mag. Die Freizeitparks geben vielfach ähnlichen Bedürfnissen Raum wie die „normalen" Ferienreisen. Gleich wie in wirklichen Reisen, führen auch die Erlebnisparks in eine typisierte Fremde, eine idealisierte, pittoreske Vergangenheit und eine Welt phantastischer Technik. (Hennig 1997, 173)

Die Themenparks regen so in mehrfacher Hinsicht zu „Zeitreisen" an. Denn auf der einen Seite vollziehen die Besucher entweder eine Rückkehr in die Kindheit oder machen mittels Science Fiction einen Sprung in die Zukunft. Allein die Gegenwart bleibt ausgeklammert.

Die Inhalte der Ferienparks spiegeln jene zentralen kulturellen Themen, die generell im Tourismus von Bedeutung sind: den Abschied vom Alltäglichen und das Eintauchen in eine räumlich und zeitlich entrückte, vereinfachte Welt, die Spannung des Ungewöhnlichen, die Regression und die gefahrlose Konfrontation mit Grenzsituationen. Die Erlebnisformen in künstlichen und authentischen Urlaubswelten sind nicht so unterschiedlich, wie es das gängige Vorurteil will. (Hennig 1997, 174)

Aus ökonomischer Sicht sind die vordringlich positiven Effekte von Erlebniswelten primär ein erweitertes Angebot an Freizeitaktivitäten, Verbesserung der Infrastruktur, erhöhtes örtliches Steueraufkommen und die Schaffung von zusätzlichen Arbeitsplätzen. Das Ausmaß der wirtschaftlichen Effekte ist in erster Linie von der Größe der Anlage, dem Betriebskonzept, und natürlich von einer erfolgreichen Erlebnisthematisierung abhängig.

Bisher haben steigende Realeinkommen der Freizeitindustrie wachsende Umsätze gebracht. Allerdings stieg innerhalb der Freizeitwirtschaft auch die Zahl der Anbieter und das Angebot. Somit verteilt sich ein immer größer gewordener Kuchen auch auf eine größere Zahl von Anbietern. Die Folge ist, dass einige Branchen und darunter einige Anbieter mehr profitieren als andere. Manche mussten trotz steigendem Marktvolumen auch Rückgänge verbuchen. Die Deutsche Gesellschaft für Freizeit beziffert den Gesamtumsatz für Waren und Dienstleistungen in der Freizeitwirtschaft für das Jahr 1997 auf 440 Milliarden DM. Freizeit ist zu einem bedeutenden Wirtschaftsfaktor in Deutschland geworden, der immerhin 15 % der Wertschöpfung des Bruttosozialproduktes ausmacht.[2] Seit 1997 haben sich die Umsätze der Freizeitindustrie in Deutschland fast verneunfacht. In den angeführten 440 Milliarden DM sind immerhin 720 Millionen DM, die in der Branche der deutschen Freizeit- und Erlebnisparks erwirtschaftet wurden. (Konrath 1999, 19f) Untersuchungen in Holland haben ergeben, dass in der Region um einen Freizeitpark durch dessen Besucher noch einmal ein Umsatz in etwa gleicher Höhe wie der Umsatz des Parks getätigt wird! Ferienparks erweisen sich in erster Linie in solchen Gebieten als ökonomisch wertvoll, die keine anderen touristischen Attraktionen bieten und daher nur auf diese Weise Besucher in die Region bringen.

---

2   Ich führe hier Ziffern des deutschen Freizeitmarktes an, da dieser wesentlich größer ist und damit auch aussagekräftiger.

In diesem Zusammenhang drängt sich die Frage auf: „Wieviel Erlebnis verträgt eigentlich eine Region?" Alexandra Hölzl, Marktforscherin im Wirtschaftsministerium in Wien, warnt hier vor Gigantomanie. Es könne nicht jeder Ort seine eigene Erlebniswelt haben. In Österreich könnten im günstigsten Fall drei große Fun-Parks überleben.

Auch Heinz Rico Scherrieb (Amusment 2/99, 17) teilt diese Meinung wenn er sagt, dass Österreich im Gegensatz zu anderen Ländern eine ganz andere Situation auf dem Freizeitsektor aufweist. Große Freizeitparks wird es hier nie geben. Hier gehe es um Schlösser-Gestaltung, kleine FEC'S (Family Entertainment Centers) und UEC's (Urban Entertainment Centers).

Inszenierte Natur als Alternative?

Genauso wie Reinhold Messner, der in Stille, Weite, klarem Wasser und reiner Luft die Luxusgüter des nächsten Jahrtausends wähnt, sieht auch die Freizeitforscherin Felizitas Romeiß-Stracke einen generellen Wertewandel in der Erlebnissuche. Sie erwartet den Rückzug von den „E" des puren Hedonismus (Extrovertiertheit, Extremsuche, Exotik und Egomanie) und den Aufstieg der „I" für Intimität, Introvertiertheit, Intensität und Integration. (Fettner 1999, 16)

Beim Tourismusforum in Saalbach zum Thema „Natur, inszeniert oder pur?" bringt Günther Aloys, Hotelier in Ischgl, die Wünsche der Urlauber von heute auf den Punkt: *„Wir brauchen das perfekt inszenierte Kompaktangebot mit Glücksgarantie. Vernünftige Berge machen keinen Sinn."* (Ebd.) Alles, was nur auf Vergangenheit aufbaut, hält er für tödlich. Marktforschung und öffentliche Meinung spiegelten das „Geschwätz von gestern" wieder. Kids sind heutzutage die Meinungsbildner und Musik wiederum ist der Schlüssel zur Jugend. Daraus resultiert, dass Events an die Stelle von Landschaft pur treten und Landschaft lediglich bzw. bestenfalls als Kulisse auftritt. Gefragt sind neue Kultplätze für den heutigen Konsumenten, der in seiner Vielschichtigkeit nicht leicht einzuordnen ist. Das Spektrum reicht vom Fanatiker, Egoisten und der Diva bis hin zum Alltagsflüchtling. Aloys meint, dass mit Natur und Qualität allein keine großen Geschäfte mehr zu machen seien. Natur pur ist seiner Meinung nach langweilig wie ein Kinofilm ohne Handlung, und Qualität ist selbstverständlich, aber nicht mehr originell genug. Der neue Gast sei ein FUNatiker, der nach dem Motto „Ich will alles – und zwar sofort" in immer kürzeren Ferien vom Alltag keine Zeit mehr zu vergeuden habe.

Andreas Braun, der Leiter der Swarovski-Kristallwelten in Wattens, sieht im Transport braver, bunter Bildchen das Gegenteil der Ökonomie der Wahrnehmung. Das Verneinende, das Bestialische fehle. Glatt und brav habe keine Zukunft: *„Unins-*

zenierte Natur ist fad und wurscht." Menschen suchten „rituelle Sinn- und Seins-versammlungen", längst diene das Reisen nicht mehr dem Ortswechsel von da nach dort, sondern dem Sammeln neuer Erfahrungen und da in möglichst hoher Quantität.

Gibt es ein Leben zwischen rot-weiß-kariertem Wanderhemd und dem faustisch bestialischen Kompaktangebot mit Glücksgarantie? Der Schweizer „Eurotrek" Reisebaumeister für Aktivferien in Europa, Ruedi Jaisli, nennt hier einen Mittelweg als die Lösung, und zwar *„inszenierte Natur pur"*. Seine Inszenierungen (Canyoning, Rafting, Paragleiten, Mountain Biking) sind defensiv. Trotzdem: *„Der Mensch ist unvernünftig und Natur ein menschlicher Tummelplatz."*

Für die Münchner Trendforscherin Felizitas Romeiß-Stracke hat aber der Trend zu purer Aktivität schon seinen Höhepunkt überschritten. Sie sieht heute die Natur als Objekt, wobei sich zwei Strömungen abzeichnen: die Natur als Sportgerät und die Natur als Tempel. Seit fünf Jahren wird, ihrer Ansicht nach, die Natur mehr und mehr als spiritueller Raum verstanden, der Zustrom zu Kraft- und Hexenplätze nimmt zu. In der Sehnsucht nach Orientierung wird häufig die Natur als Heilsbringer gesucht und – auch gefunden. Auf die Frage, in welche Richtung sich ihrer Meinung nach der Alpintourismus bewegt, meint sie:

> „Ruhe, Verzicht, tiefe Erlebnisse. Dieser Trend trägt stärker in der Zukunft als Hedonismus. Zur Zeit existieren beide Trends fast gleich stark nebeneinander ... Ich würde den Mythos Berg sehr viel stärker inszenieren. Richtung spiritueller Ebene. Und den Aktivbereich durchaus in dem Segment lassen, wo er ist: nämlich bei 15 Prozent der Nachfrage." (Fettner 1998, 16).

Beim Kongress der Österreichischen Hoteliervereinigung (ÖHV) in Kitzbühel im Jänner 1999 erklärte Romeiß-Stracke sehr schlüssig, warum Pauschalangebote trotz erhöhter Wünsche nach Individualität eines jeden Einzelnen immer besser zu verkaufen sind: Der Mensch suche Orientierung, und, einmal von einem Produkt überzeugt, lasse er sich auf der Suche nach tiefen Erlebnissen fallen, unter dem Motto: „Die werden schon wissen, was ich brauche."

Das BAT-Freizeitforschungsinstitut in Hamburg befragte für die Studie „Tourismus im 21.Jahrhundert" 3000 Personen nach den Reisezielen der Zukunft. Eindeutig war das Ergebnis: Ferne, Wärme, Weite, Exotik, Tropik, Karibik". 40 Prozent der Befragten bejahten die Frage: „In Zukunft werde ich auf meinen Urlaubsreisen vor allem grüne Ziele ansteuern, wo die Natur schön und die Landschaft sauber ist." 27 Prozent hielten „intensives Naturerlebnis" und „Natur pur" für immer wichtiger.

Erlebniswelt – quo vadis?

Marktforschungsergebnisse prognostizieren Zuwachsraten für den Freizeitpark-sektor, denn das Potenzial für Freizeitparkbesucher ist noch lange nicht ausge-schöpft. Brachliegendes Potenzial stellen die Noch-Nicht-Freizeitparkbesucher dar, die einem Besuch grundsätzlich nicht negativ gegenüberstehen. Dazu zählt auch die bisher in Freizeitparks unterrepräsentierte Bevölkerungsschicht der Senioren und Jungsenioren.

Trotz positiver Stimmung in der Branche sollten konjunkturelle Unsicherheits-faktoren (Arbeitslosigkeit, Inflation) aber auch gesellschaftliche Veränderung (Zu-nahme der Alleinerziehenden) nicht ganz ausgeschlossen werden. Sie wirken sich nachhaltig auf das Verbraucherverhalten aus.

Auch der Reisemarkt lässt Anfang des 21. Jahrhunderts, nach jahrzehntelan-gen Höhenflügen, erste Tendenzen einer Sättigung erkennen. Diese Entwicklung geht einher mit einer Globalisierung des Touristikmarktes und einem veränderten Verbraucherverhalten. Reisen ins ferne Ausland werden immer beliebter, die tra-ditionellen Ziele im europäischen Ausland zu Kurzreisezielen und das Inland wird in Tagesausflügen konsumiert. Künstliche Erlebniswelten können diesem Bedürf-niskomplex eine passende Plattform bieten. Der Kunde hat entsprechende Wahl-möglichkeiten und kann sich aus den unterschiedlichen Angeboten (Einkauf, Kultur, Erlebnis etc.) sein individuelles Programm zusammenstellen.

Der primäre Ansatzpunkt für die Errichtung einer Vielzahl von Erlebniswelten war und ist, nach Meinung des bekannten deutschen Freizeitforschers Heinz Rico Scherrieb, der Trend zu hochverdichtetem Genuss, zu Konzentration auf Erlebnis! Der Urlauber von heute hat keine Zeit mehr, zum Heimatabend zu gehen, er liest auch keine Reiseführer mehr, deswegen muss man das Angebot möglichst auf sei-ne Zeitknappheit abstimmen und möglichst erlebnisreich anbieten. (Scherrieb, ETB-Symposium 1998) Wer dies anbieten kann, wird auch weiterhin die Besucher auf seiner Seite haben.

Dennoch sieht Scherrieb die Zukunft der Erlebniswelten auch kritisch. Seiner Meinung nach ist die Zeit der großen Mega-Parks vorbei, mehr noch, er glaubt, dass nur noch wenige dieser Mega-Parks (wie *Disneyland Paris*, *Europa-Park Rust*) in Mitteleuropa und auch in anderen Teilen der Welt die Chance haben, sich auf dem bestehenden Markt zu behaupten. Der Gast hat mittlerweile Erfahrung mit dem Produkt der „Betriebsgattung" Vergnügungs- und Erlebnisparks und konnte die-se Erfahrungen in Betrieben sammeln, die langsam und damit unter anderen fi-nanziellen Rahmenbedingungen gewachsen sind, als ein Mitbewerber, der erst heu-te seine Tore öffnet. Erlebniswelten von heute benötigen von Anfang an einen derart hohen Ausstattungsstandard, um mit den bestehenden Angeboten konkurrieren zu können.

Felizitas Romeiß-Stracke schreibt in ihrem Bericht „Urban Entertainment Center um jeden Preis" dass das Bedürfnis der Bevölkerung, und nicht nur der Jugendlichen, nach Erlebnis, Action, Unterhaltung, Konsum noch stark sei. Aber es gebe auch genügend Anzeichen dafür, dass eine gewisse Beruhigung und Introvertiertheit des Freizeitverhaltens komme, die nicht nur in der schwierigen wirtschaftlichen Situation begründet sei, sondern auf tiefere Bedürfnislagen zurückgehe. (Messe München 1998, 28)

Ludwig Morasch, Trendforscher, Marketingexperte und Erfinder des Seefelder *PlayCastle* sieht derzeit keinen weiteren Bedarf an zusätzlichen Erlebniswelten. Seiner Meinung nach geht der Trend – primär in Amerika – in eine andere Richtung: Der Boom für die „klassischen" Erlebniswelten ist seiner Meinung nach aus Finanzierungsgründen vorbei, Infotainment-Centern gehöre die Zukunft.

Die kritischen Stimmen unten der Experten mehren sich und zeigen die Komplexität in mehrfacher Hinsicht. Der Präsident der Deutschen Gesellschaft für Tourismuswissenschaft, Walter Freyer, beispielsweise sieht das Problem der Erlebniswelten in der steigenden Erlebnisinflation, denn wenn ganz Deutschland ein Freizeitpark sei und ein Event das andere ablöse, seien die strategischen Vorteile für die meisten Destinationen vorbei, neue Attraktionen seien gefragt. Sein Fazit lautet, dass bei aller Euphorie zum erlebnisorientierten Angebot für viele Orte das Bewahren bisheriger Angebote eine zentrale Aufgabe sei. Denn wenn der Trend der Erlebniswelten seinen Zenit überschritten habe, könnte möglicherweise als Gegentrend den event- und erlebnisfreien Zonen und „Ruhe-Welten" die Zukunft gehören. (Freyer in Messe München, 1998, 7 ff.)

Unsere Wünsche spiegeln immer auch persönliche Defizite und soziale Versagungen wider. Es ist auch die uralte Suche nach dem „Stückchen Glück", nach dem, was uns bisher versagt geblieben ist. Nur mit dem wesentlichen Unterschied: Die heutige Wohlstandsgeneration wagt sich immer mehr an kühne Träume heran, begnügt sich nicht mehr allein mit Träumen, sondern macht sie wirklich wahr. Die Träume bewegen sich zwischen Zeit und Geld, Shopping und Essengehen, auf Reisen gehen und Abenteuer erleben. Die „Lustgärten der Moderne" sind bestrebt, diese Wünsche aufzufangen und zu verwirklichen, auch wenn dies nur scheinbar und vor allem gegen viel Geld geschieht. Das temporäre Glück kann nicht hoch genug bezahlt werden. Und wo ist dieses Geld besser investiert, als in einer Erlebnismaschinerie, die läuft und läuft und läuft …

Literatur

Bachleitner, Reinhard /Kagelmann, H. Jürgen /Keul, A.G. (Hg., 1998): Der durchschaute Tourist. München/Wien.

Boltz, Dirk-Mario (1994): Konstruktion von Erlebniswelten. Berlin.

Fettner, Fred (1998): Ein Spot(t) auf die Natur. In: Salzburger Nachrichten, 3.Oktober 1998, 16.

Fettner, Fred (1999): Risiko, Gesundheit, Mythos? Egal. Gebt den Gästen Berge! In: Salzburger Nachrichten, 16.Jänner 1999, 16.

Freizeitmonitor 1998 – Eine Analyse über die Freizeitaktivitäten der Österreicherinnnen und Österreicher. Ludwig Boltzmann-Institut für angewandte Freizeitwissenschaft. Wien: 1998.

Hahn, Heinz/Kagelmann, H. Jürgen (Hg., 1993): Tourismuspsychologie und Tourismussoziologie. Ein Handbuch zur Tourismuswissenschaft. München.

Hennig, Christoph (1997): Reiselust. Touristen, Tourismus und Urlaubskultur. Frankfurt/Leipzig.

Kagelmann, H. Jürgen (1998): Erlebniswelten. Grundlegende Bemerkungen zum organisierten Vergnügen. In: Rieder/Bachleitner/Kagelmann, 62ff.

Konrath, Andreas (1999): Der bundesdeutsche Markt der Freizeitparks – Charakterisierung der Nachfrage und konkrete Darstellung der Angebotsform Markenparks. Diplomarbeit, Fachhochschule München, Studiengang Tourismus.

Messe München/Projektleitung CBR (Hg., 1998): Erlebnisurlaub ja oder nein? Freizeitwelten pro und contra! München.

Messe München/Projektleitung CBR (Hg., 1999): Traumurlaub als Event? Event als Traumurlaub? München.

Opaschowski, Horst W. (1997): Einführung in die Freizeitwissenschaft. Opladen.

Opaschowski, Horst W. (1987): Konsum in der Freizeit. Zwischen Freisein und Anpassung. Hamburg.

Opaschowski, Horst W. (1992): Freizeit 2001. Ein Blick in die Zukunft unserer Freizeitwelt. Hamburg: B.A.T. Freizeit- Forschungsinstitut.

Opaschowski, Horst W. (1993): Freizeitökonomie: Marketing von Erlebniswelten. Opladen.

Opaschowski, Horst W. (1998): Kathedralen des 21. Jahrhunderts. Die Zukunft von Freizeitparks und Erlebniswelten. Skript zur Freizeitforschung der British-American Tobacco GmbH, Hamburg.

Popcorn, Faith/ Marigold, Lys (1996): Clicking. Der neue Popcorn-Report. Trends für unsere Zukunft. München.

Rieder, Max/Bachleitner, Reinhard/ Kagelmann H. Jürgen (Hg., 1998): ErlebnisWelten. Zur Kommerzialisierung der Emotionen in touristischen Räumen und Landschaften. Wien.

Scherrieb, Heinz Rico (1998): Freizeit- und Erlebnisparks in Deutschland. Geschichte – Betriebsarten – Rahmendaten. Würzburg.

Scherrieb, Heinz-Rico (1999): Wenn das Drehbuch fehlt. In: Amusement. Technologie & Management. Heft 115, 1/99, 72f.

Schulze, Gerhard (1996): Die Erlebnisgesellschaft. Kultursoziologie der Gegenwart. Frankfurt/New York.

Gespräche

Dr. Andreas Braun, 11. Juni 1999, in Wattens.

Ludwig Morasch, 19.Oktober 1999, in Bad Ischl.

Vorträge/Symposien

Großes ETB Edinger Herbst-Symposium „Mehr Action für die Alpen. Erlebniswelten, Fun- & Themenparks als touristische Muntermacher".

Event-Hotel „Schloss am Wolfgangsee", 19.Oktober 1999.

Zusammenfassung

Das Leben in unserer Milleniums-Gesellschaft gleicht einem Video-Clip. Alles ist ständig in Bewegung, es löst sich auf und reorganisiert sich. Freie Zeit wird zum wahren Luxus der Informations-Nomaden. Das hat enorme Auswirkungen auf die Freizeit-Industrie, denn wir messen die Qualität unserer Freizeit-Erlebnisse immer stärker an der investierten Zeit. Je weniger freie Zeit wir haben, desto mehr packen wir hinein. Das neue Freizeit-Credo lautet: Wir tun es immer kürzer, aber intensiver.

Damit werden Ein-Tages-Trips zur Regel. Und viele dieser Trips führen direkt in die modernen Erlebniswelten. Das Angebot ist breit und reicht von Shopping Malls, Entertainment Centers, Multiplexx-Kinos über Themenparks (Seaworld, Kristallwelten), Brand-Parks, Sport-Welten bis hin zu Science Centers und Virtual Reality Centers.

Was erwarten die Besucher dieser Erlebniswelten? Suchen diese in erster Linie Unterhaltung pur, ist es ein „temporäres Ausklicken" aus dem Alltag?

Opaschowski nennt es die aktiv-dynamischen Formen des Glücks, die die Besucher zu finden erhoffen: schöne und faszinierende Augenblicke, das Gefühl völliger Entspannung, die Illusion von Geborgenheit und vollkommener Harmonie, außergewöhnliche Ereignisse, unbeschwerte Freiheitsgefühle und letztendlich den „kick".

Alle Erlebniswelten haben ein gemeinsames Ziel: einen Kontrast zur Alltagswelt anzubieten. Unsere Wünsche spiegeln immer auch persönliche Defizite und soziale Versagungen wider. Es ist also die uralte Suche nach dem „Stückchen Glück", nach dem, was uns bisher versagt geblieben ist. Nur mit dem wesentlichen Unterschied: Die heutige Wohlstandsgeneration wagt sich immer mehr an kühne Träume heran, begnügt sich nicht mehr allein mit Träumen, sondern macht sie wirklich wahr. Die Träume bewegen sich zwischen Zeit und Geld, Shopping und Essengehen, auf Reisen gehen und Abenteuer erleben.

Erfolgreiche Freizeit-Angebote inszenieren am besten Paradoxien: der individuelle Pauschalurlaub, der Szene-Trip von der Stange. Nur wenn Produkte mit scheinbaren Widersprüchen spielen und gegensätzliche Mythen verbinden, berühren sie uns in all ihrer Komplexität.

Die „Lustgärten der Moderne" sind bestrebt, diese Wünsche aufzufangen und zu verwirklichen, auch wenn dies nur scheinbar und vor allem gegen viel Geld geschieht. Das temporäre Glück kann nicht hoch genug bezahlt werden.

Brigitte Maria Gruber, Mag., Jahrgang 1961, nach 12jähriger Berufspraxis im Tourismus Studium der Publizistik und Kommunikationswissenschaft, Public Relations und Soziologie (mit Schwerpunkt Tourismussoziologie) an der Universität Salzburg. Diplomarbeit zum Thema: „Faszination ‚Erlebniswelt'. Boomfaktoren und gesellschaftliche Voraussetzungen für Erlebnistourismus unter Berücksichtigung des sozialen Wandels und gesellschaftlicher Transformationsprozesse."
E-mail: brigitte.gruber@sbg.ac.at

Werner Bätzing

Leitideen für eine nachhaltige Tourismusentwicklung im Ötztal/Tirol[1]

Einleitung

Das Ötztal in Tirol (Ötztaler und Stubaier Alpen) besitzt eine lange Tourismusgeschichte und es zählt zu den tourismusintensivsten Regionen der gesamten Alpen. Gegenwärtig versucht sich die Gemeinde Sölden im Talschluss – zusammen mit Ischgl/Tirol – alpenweit für ein junges Publikum als Trendsetter im modischen, fun- und event-orientierten Wintertourismus zu profilieren, was in der Öffentlichkeit teilweise heftig kritisiert („Ballermann in den Alpen") und immer wieder als typisches Beispiel für eine umweltunverträgliche, nicht-nachhaltige Tourismusentwicklung angeführt wird.

Das Forschungsprojekt, in dessen Rahmen diese Analyse als programmatischer Text entstand, versucht behutsam von innen her eine nachhaltigere Entwicklung zu stärken, indem die im Tal vorhandenen, aber zu gering bewerteten Potentiale gezielt in den Mittelpunkt gerückt werden.

Das lange und starke Tourismus-Image des Ötztals hat zu zahlreichen wissenschaftlichen Analysen in den verschiedensten Teildisziplinen der Geographie und in anderen Disziplinen geführt. Besonders wichtig sind dabei die umfangreichen Analysen im Rahmen des österreichischen MAB-Projektes „Obergurgl" (1973 – 1979) mit humangeographischem Schwerpunkt und die sog. „Modellstudie Ötztal – Landschaftsgeschichte im Hochgebirgsraum", die seit 1994 (Vorarbeiten seit 1953) von Gernot Patzelt (Innsbruck) durchgeführt wird (mit physischgeogra-

---

1 Dieser Text entstand im Rahmen des Forschungsprojektes „Naturschutz und nachhaltige Entwicklung am Beispiel der Ötztaler und Stubaier Alpen", das von „Pro Vita Alpina" und der „Alpenakademie" im Ötztal durchgeführt wird.

phischem Schwerpunkt). Das Ötztal zählt daher zu den am intensivsten erforschten Talschaften der gesamten Alpen.

Um die Grundsatzfragen der nachhaltigen Entwicklung im Ötztal angemessen darstellen und bewerten zu können, ist es notwendig, zuvor die Rahmenbedingung zu klären, nämlich erstens den aktuellen sozio-ökonomischen Strukturwandel und zweitens die besonderen naturräumlichen und naturschutzrechtlichen Verhältnisse.

1. Der sozio-ökonomische Strukturwandel im Ötztal

Die Bevölkerungsentwicklung besitzt den Stellenwert eines sog. „Schlüsselindikators", der auf einfache und verständliche Weise die Haupttendenzen des sozio-ökonomischen Strukturwandels sichtbar macht. Auch wenn der Schwerpunkt der Analyse auf der aktuellen Entwicklung (seit 1981) liegt, so beginnt die Darstellung im 19. Jahrhundert, weil die Daten seit 1817 von Anton Stecher (1970) vorbildlich erarbeitet wurden, weil der Bevölkerungsrückgang im 19. Jahrhundert in der heutigen Diskussion immer noch eine relevante Rolle spielt und weil die reine Gegenwart ohne die vergangene Entwicklung nicht angemessen verstanden werden kann.

Tabelle 1 zeigt die Bevölkerungsentwicklung der fünf Gemeinden des Ötztales seit 1817: In einer ersten Phase (1817 – 1900) verliert das Tal 31% seiner Einwohner, im Jahr 1900 findet eine säkulare Trendwende hin zu einem dauerhaften Bevölkerungswachstum statt, die bis heute anhält. Diese zweite Phase lässt sich untergliedern in einen Beginn mit einer sehr schwachen positiven Entwicklung (1900 – 1920) und in eine sehr lange Phase (1920 – 1991) mit einem ziemlich konstanten und starken Wachstum (0,8 – 1,1% pro Jahr), aus der lediglich die Zeit zwischen 1961 und 1971 mit einem besonders starken Wachstum (1,9% pro Jahr) herausfällt. Was die Zahlen zum 1.1.1996 betrifft, so sind sie deutlich weniger zuverlässig als diejenigen der Volkszählungen, da die Gemeinden nicht immer konsequent zwischen Haupt- und Nebenwohnsitz unterscheiden, so dass in Städten und Tourismusgemeinden die Einwohnerzahlen oft spürbar zu hoch ausfallen. Nach 1991 dürfte sich das Wachstum erneut verstärken und die Werte zwischen 1971 und 1991 deutlich übertreffen; ob allerdings die Werte der 1960er Jahre übertroffen werden, muss derzeit noch offenbleiben.

Die Ursachen für diese Entwicklung sind eindeutig: Im 19. Jahrhundert verliert das Ötztal ein Drittel seiner Einwohner, weil im Kontext der europäischen Industrialisierung die traditionelle Berglandwirtschaft, aber auch das traditionelle Gewerbe (das im Ötztal allerdings nie besondere Bedeutung besaß) zusammenbricht (Bätzing 1991). Durch diese alpenweite Entwicklung gehen zahlreiche Arbeitsplätze verloren, was zur Abwanderung aus allen peripheren Bergtälern führt. Die demographische und ökonomische Wende setzt mit dem Bau der Arlbergbahn (1884) und v.a. mit dem Bau der neuen Straße bis Sölden (1898–1903) (Pinzer 1998, 73) ein: Die gute Erreichbarkeit des Ötztales führt auf dem Hintergrund der Bekanntheit des Tales („Gletscherpfarrer" Franz Senn) und der bestehenden alpinistischen Infrastruktur (Schutzhüttenbau ab 1878) zum Aufblühen des Sommertourismus, der eine Reihe von neuen Arbeitsplätzen schafft. Der frühe Einstieg in den Wintertourismus (1909/10) und seine konsequente Förderung in den 1920/30er Jahren führt zur Stärkung des Tourismus, was sich – entgegen dem Trend in vielen traditionsreichen Sommerorten der Alpen – in einer deutlich wachsenden Einwohnerzahl niederschlägt. Gleich nach dem Zweiten Weltkrieg (1948) werden die ersten mechanischen Aufstiegshilfen errichtet und anschließend ständig weiter ausgebaut und modernisiert (1975 Gletscherskigebiet), so dass das Ötztal vom Boom des modernen Massentourismus in den Alpen voll profitieren kann.

Tabelle 1: Einwohnerentwicklung der fünf Gemeinden des Ötztales

Jahr	Einwohner	in %	in % pro Jahr
1817	7.347		
1837	6.530	−11 %	−0,6 %
1869	5.673	−13 %	−0,4 %
1880	5.702	+ 0,5 %	+ 0,05%
1890	5.196	− 9 %	−0,9 %
1900	5.055	− 3 %	−0,3 %
1910	5.270	+ 4 %	+ 0,4 %
1920	5.448	+ 3 %	+ 0,3 %
1934	6.448	+ 18 %	+ 1,3 %
1939	6.692	+ 4 %	+ 0,8 %
1951	7.586	+ 13 %	+ 1,1 %
1961	8.375	+ 10 %	+ 1 %
1971	9.992	+ 19 %	+ 1,9 %
1981	11.023	+ 10 %	+ 1 %
1991	12.000	+ 9 %	+ 0,9 %
1.1.1996	13.387	+ 11,5 %	+ 2,9 %

1817 - 1900	=	−31%	
1900 - 1996	=	+ 165%	
1817 - 1996	=	+ 82%	Stärkstes Wachstum: 1991–1996 und 1961–1971

Quellen: 1817 und 1837: Kirchenbücher, 1869–1939: Volkszählungen (Stecher 1970) 1869, 1951–1991: Volkszählungen (Alpengemeinde-Datenbank Bätzing) 1996: Gemeindeangaben (Alpengemeinde-Datenbank Bätzing)

Vergleicht man die Bevölkerungsentwicklung 1869 – 1991 des Ötztals (= 211%) mit der des gesamten Alpenraumes (= 170%), so steht das Tal sehr gut da. Seine Entwicklung ist charakteristisch für das Gebiet der westlichen Ostalpen, das in diesem Zeitraum ein flächenhaftes Wachstum aufweist (siehe Bätzing 1993 Karte 1), weil alle höher gelegenen Seitentäler sich touristisch entwickeln, während die Haupttäler (hier das Inntal) einen Prozess der Verstädterung durchlaufen. Aber auch im Vergleich der Jahre 1971 – 1991 und 1991 – 1996 (siehe Tabelle 2) steht das Ötztal ausgesprochen positiv da – der Tourismus hat hier zu einem überdurchschnittlichen Wirtschafts- und Bevölkerungswachstum geführt.

Tabelle 2: Einwohnerentwicklung der Ötztaler Gemeinden 1837 – 1996

Gemeinde	1837	1900	1951	1961	1971	1981	1991	1996
Sautens	870	559	761	792	927	1.081	1.203	1.271
Ötz	1.292	989	1.478	1.549	1.805	1.999	2.060	2.180
Umhausen	1.602	1.175	1.724	1.834	2.050	2.298	2.506	2.712
Längenfeld	1.544	1.262	1.963	2.314	2.838	3.146	3.493	3.865
Sölden	1.222	1.070	1.660	1.886	2.372	2.499	2.738	3.359
Ötztal	6.530	5.055	7.586	8.375	9.992	11.023	12.000	13.387

Gemeinde	A (1990–1996)	B (1951–1996)	C (1971–1991)	D (1991–1996)
Sautens	227%	167%	130%	1,41%
Ötz	220%	147%	114%	1,45%
Umhausen	231%	157%	122%	2,05%
Längenfeld	306%	197%	123%	2,66%
Sölden	314%	202%	115%	5,67%
Ötztal	265%	176%	120%	2,89%

A: 1900 – 1996 in % (1900 = 100%)
B: 1951 – 1996 in % (1951 = 100%)
C: 1971 – 1991 in % (1971 = 100%)
   Zum Vergleich: Gesamte Alpen = 111%, österreichische Alpen = 108%, Österreich = 104%, EU 12 = 107%
D: 1991 – 1996 in % pro Jahr.
   Zum Vergleich: Gesamte Alpen = 0,63%, österreichische Alpen = 0,63%, 7 Alpenstaaten zusammen = 0,43%,
   EU 12 = 0,38%

Quellen:
1817 und 1837: Kirchenbücher, 1869 - 1939: Volkszählungen (Stecher 1970)
1869, 1951 - 1991: Volkszählungen (Alpengemeinde-Datenbank Bätzing)
1996: Gemeindeangaben (Alpengemeinde-Datenbank Bätzing)

Betrachtet man die Entwicklung der fünf Ötztaler Gemeinden gesondert (siehe Tabelle 2), so fällt zuerst auf, dass sich alle Gemeinden ähnlich entwickeln – sie unterscheiden sich nur in der Stärke des Bevölkerungswachstums, und es gibt keine einzige Gemeinde, die sich prinzipiell anders als die allgemeine Talentwicklung verhält. Dies kann dahingehend interpretiert werden, dass der Tourismus trotz starker Konzentration in der Gemeinde Sölden das gesamte Tal prägt und dass keine Gemeinde davon ausgeschlossen ist.

Allerdings hat sich die Reihenfolge der Gemeinden geändert: Im Agrarzeitalter besaß Umhausen die größte Einwohnerzahl, dicht gefolgt von Längenfeld, weil hier die naturräumlichen Bedingungen am besten im gesamten Tal waren (Stecher 1970, 76). Heute steht Längenfeld mit deutlichem Abstand auf Platz 1, gefolgt von Sölden, das den Ausbau der touristischen Infrastrukturen besonders intensiv vorantrieb, während Umhausen relativ weit abgeschlagen auf Platz 3 liegt. Am Verhältnis von Sautens und Ötz hat sich dagegen nichts geändert, allerdings war ihre Entwicklung im gesamten Zeitraum etwas weniger dynamisch als in den drei oberen Gemeinden des Tales.

Wichtig zum Verständnis der Gegenwart ist noch die Frage, wann die kulturelle Öffnung der traditionellen Gesellschaften einsetzte, die nicht unbedingt mit dem wirtschaftlichen Aufschwung durch den Tourismus identisch sein muss. Als Indikator bietet sich die Veränderung der sog. „Heiratskreise" an, die von Anton Stecher (1970) aufgearbeitet wurde. Nach Franz Fliri (1996) waren die Heiratskreise in abgelegenen Tälern Tirols wie im Ötztal sehr eng und klein, d.h. sie umfassten in der Regel nur die eigene Gemeinde (beide Ehepartner stammen zu einem sehr hohen Prozentsatz aus der gleichen Gemeinde). Im Kontext der Modernisierung zerfallen diese engen Heiratskreise.

Fragt man jetzt, wann bei mehr als 50% aller Eheschließungen nicht mehr beide Partner aus der gleichen Gemeinde stammen, dann erhält man im Ötztal sehr unterschiedliche Angaben (Zahlen nach Stecher 1970 55 ff.): In Sautens und Ötz ist dieser Zeitpunkt bereits 1901 erreicht, in Längenfeld und Sölden erst 1950 und in Umhausen sogar erst 1965! Obwohl das gesamte Tal früh vom Tourismus geprägt wird, setzt sich die kulturelle Modernisierung zuerst in den beiden Gemeinden am Talausgang und erst wesentlich später in den übrigen Gemeinden durch, wobei die Gemeinde Umhausen als ein besonderer Beharrungsraum auffällt. Zum Verständnis der heutigen Situation dürfte dies nicht unwichtig sein!

Betrachten wir jetzt die Ergebnisse der Volkszählungen 1981 und 1991 (neuere verlässliche Wirtschaftsdaten liegen leider nicht vor), um die aktuelle Entwicklung besser zu verstehen. Die Wirtschaftsstruktur des Tales (Tabelle 3) mit dem dominanten Sektor III und den schwach ausgeprägten Sektoren I und II entspricht

Werner Bätzing

der Struktur vieler alpiner Regionen mit touristischer Monostruktur, und gleiches gilt für die Dynamik 1981–91.

Tabelle 3: Die Wirtschaftsstruktur im Ötztal 1981–1991 (Gesamtes Tal)

Wirtschafts-Sektor	1981	1991	Veränderung
I. Sektor	5,4%	2,5%	−2,9%
II. Sektor	32,1%	30,9%	−1,2%
III. Sektor	62,5%	66,6%	+ 4,1%

Quelle: Alpengemeinde-Datenbank Bätzing

Tabelle 4: Die Landwirtschaft im Ötztal 1981–1991

Gemeinde	1981–91 in %	absolut
Längenfeld	−0,7%	−6 Pers.
Ötz	−1,0%	−5 Pers.
Sautens	−1,2%	−4 Pers.
Sölden	−3,2%	−36 Pers.
Umhausen	−8,0%	−70 Pers.
Gesamtes Tal	−2,9%	−121 Pers.

Quelle: Alpengemeinde-Datenbank Bätzing

Tabelle 4 zeigt die Veränderung der Landwirtschaft (I. Sektor), die zwischen 1981–1991 auf eine dramatische Weise zurückgeht (Halbierung der Zahl der Beschäftigten). In absoluten Zahlen betrachtet betrifft der Rückgang aber v.a. Umhausen (als Gebiet der Beharrung) und Sölden (Intensivtourismus) also diejenigen Gemeinden mit dem stärksten I. Sektor (1990 = 3,6% bzw. 3,3%; Ötz = 2,7%, Sautens und Längenfeld 1,5% und 1,3%). Wenn diese Entwicklung so weitergeht, ist der Zeitpunkt absehbar, wann es gar keine Landwirtschaft im Ötztal mehr gibt.

Der II. Sektor wird im Ötztal stark von der Baubranche und von auf den Tourismus orientierten Handwerksbetrieben dominiert, 1980 betrug sein Anteil in allen Gemeinden noch 39–40% (außer Sölden = 12%!), seitdem gibt es divergierende Entwicklungen, wobei besonders Umhausen durch ein erstaunliches Wachstum auffällt. Der II. Sektor verzeichnet einen relativen Rückgang und ein leichtes absolutes Wachstum von Arbeitsplätzen (Tabelle 5); dies erklärt sich daraus, dass im Rahmen des allgemeinen Bevölkerungswachstums im Tal die Zahl der Beschäftigten noch stärker steigt (1981–91: Bev. + 8,9, Besch. = + 14,9%). Auffällig ist hier, dass starke Einbrüche beim II. Sektor fehlen (Konkurse von Baufirmen in Tourismusgemeinden, Schließung von großen Industriebetrieben), die anderswo im Alpenraum die gesamtwirtschaftliche Entwicklung stark in Mitleidenschaft ziehen.

Der III. Sektor (Tabelle 6) wächst in allen Gemeinden, relativ am schwächsten in Sölden (Sättigung) und absolut am stärksten in Längenfeld. Der Anteil des III. Sektors beträgt in Umhausen lediglich 54%, in Längenfeld, Ötz, Sautens zwischen 62 und 65% und in Sölden dagegen 82%; somit sind alle Ötztaler Gemeinden vom III. Sektor dominiert.

Tabelle 5: Der II. Wirtschaftssektor im Ötztal 1981 – 1991 (Baubranche, Handwerk, Industrie)

Gemeinde	1981–91 in %	absolut
Längenfeld	– 2,4%	+ 49
Ötz	– 8,0%	– 32
Sautens	– 4,9%	+ 11
Sölden	+ 2,3%	+ 53
Umhausen	+ 3,5%	+ 82
Gesamtes Tal	– 1,2%	+ 163

Quelle: Alpengemeinde-Datenbank Bätzing

Tabelle 6: Der III. Wirtschaftssektor im Ötztal 1981–1991
(private und öffentliche Dienstleistungen)

Gemeinde	1981–91 in %	absolut
Längenfeld	+ 3,1%	+ 175
Ötz	+ 9,0%	+ 149
Sautens	+ 6,2%	+ 88
Sölden	+ 0,9%	+ 149
Umhausen	+ 4,5%	+ 105
Gesamtes Tal	+ 4,1%	+ 665

Quelle: Alpengemeinde-Datenbank Bätzing

Um zu sehen, wieweit der Dienstleistungssektor vom Tourismus geprägt wird, wurde die sog. „touristische Intensität" erhoben, also das Verhältnis touristische Betten zu Einwohner, was der einzige Indikator ist, der alpenweit zur Verfügung steht, da Übernachtungszahlen nicht überall erhoben werden. Und um den unterschiedlichen wirtschaftlichen Effekt der touristischen Betten zu berücksichtigen, wurden die Betten in der Hotellerie mit dem Faktor 1, diejenigen der Parahotellerie (Ferienwohnungen, Schutzhütten u.ä.) mit dem Faktor 0,2 gewertet (Details zur angewandten Methode: Bätzing/Perlik 1995).

Im Jahr 1981 gibt es im Ötztal 22.642 (gewichtet: 21.670) touristische Betten, 1991 noch 22.373 (gewichtet: 20.990) Betten (minus 784 Hotellerie- und plus 515 Parahotelleriebetten), was eine typische Entwicklung darstellt (Komfortverbesserungen in der Hotellerie und Schließung kleiner Häuser sowie Ausbau von Ferienwohnungen). Gewichtet ergibt dies eine touristische Intensität von 2,0 B/E 1991 bzw. 1,75 B/E, was einen relativ hohen Wert für eine Region bzw. ein Tal darstellt. Allerdings verteilt sich der leichte Rückgang der Betten im Tal ungleichmäßig zu Gunsten von Sölden: 1981 gab es in Sölden 51% aller Ötztaler Tourismusbetten, 1991 jedoch bereits 57%! Damit wird eine Entwicklung sichtbar, die sich in den anderen Strukturdaten noch nicht gezeigt hatte, nämlich die, dass sich der Ötztaler Tourismus immer stärker auf Sölden konzentriert und dass die anderen Gemeinden dabei immer mehr ausgeschlossen werden.

Tabelle 7: Touristische Intensität 1981/ 91 in den Gemeinden des Ötztales

Gemeinde	1981	1991
Längenfeld	1,3	1,0
Ötz	1,5	1,2
Sautens	1,4	0,9
Sölden	4,46	4,38
Umhausen	0,9	0,8
Gesamtes Tal	2,0	1,75

Quelle:Alpengemeinde-Datenbank Bätzing

Betrachtet man die touristische Intensität auf Gemeindeebene (Tabelle 7), dann liegen vier Gemeinden ziemlich dicht beieinander (0,8 – 1,2 B/E), und ihre Intensitätswerte sind ganz ähnlich wie die vieler bekannter Tourismusorte (Vergleichsorte in Bätzing/Perlik 1995, 64). Ganz außergewöhnlich hoch ist jedoch der Wert von Sölden mit 4,4 B/E! Er entspricht eigentlich den Werten von französischen Retortenstationen, die es in den Ostalpen kaum gibt (vergleichbar ist Obertauern = 5,6 B/E) und lediglich Saalbach-Hinterglemm (4,3 B/E) und nur vielleicht 3 – 4 weitere Orte dürften in den österreichischen Alpen ähnliche Werte erreichen (siehe dazu Bätzing/Perlik 1995, 63).

Damit erfüllen Sautens, Ötz, Umhausen und Längenfeld die Kriterien für eine touristisch dominierte Wirtschaftsstruktur (Details zum Konzept und den Schwellenwerten: Bätzing/Perlik 1995), die allerdings nicht sehr extrem ausgeprägt ist (relativ noch am schwächsten in Umhausen). Ausgesprochen extrem ist jedoch in Sölden eine touristische Monostruktur ausgebildet (82% III. Sektor, 15% II. Sektor, 4,4 B/E), die sogar alpenweit zu den extremsten Fällen zählt.

Zum Schluss soll noch ein letzter, sehr wichtiger Indikator betrachtet werden, nämlich die Aus-/Einpendlerverflechtungen (Tabelle 8). Typisch für den ländlichen Raum der Alpen sind hohe Auspendlerquoten, die im Laufe der Zeit noch steigen, sowie niedrige Einpendlerquoten, die im Rahmen großräumiger funktionaler Verflechtungen ebenfalls, aber langsamer steigen. Idealtypisch für diese Entwicklung ist Sautens mit einer sehr hohen (und steigenden) Auspendlerzahl und sehr wenig Einpendlern, aber auch – bereits in abgeschwächter Form – Umhausen, während Ötz zwar dem gleichen Trend folgt, sich aber durch (noch?) eher geringere Auspendlerzahlen und relativ hohe Einpendlerzahlen auszeichnet, wobei der Tourismus eine relevante Rolle spielt.

Tabelle 8: Die Aus-/ Einpendler-Beziehungen in den Gemeinden des Ötztales 1981 und 1991

Gemeinde	Auspendler 1981	Auspendler 1991	Einpendler 1981	Einpendler 1991
Längenfeld	48%	42%	7%	10%
Ötz	37%	42%	28%	31%
Sautens	61%	69%	6%	6%
Sölden	5%	10%	56%	45%
Umhausen	39%	52%	12%	15%

Sölden in absoluten Zahlen: Auspendler	1981 =	63 Pers.	1991 = 147 Pers.
Einpendler	1981 =	709 Pers.	1991 = 702 Pers.

Quelle: Alpengemeinde-Datenbank Bätzing

Außergewöhnlich ist jedoch die Entwicklung von Längenfeld, dessen Pendlerbilanz sich zugunsten der Gemeinde verbessert. Hier scheint der Trend in Richtung Auspendlergemeinde gebrochen zu sein, und die Wirtschaftskraft der Gemeinde (neben dem Tourismus ist mit 36% der zweite Sektor relativ stark, der wichtige Aufgaben für Sölden erfüllt) durchläuft einen Wachstumsprozess, der für das gesamte Tal wichtig werden könnte, wenn er dauerhaft anhält.

Tourismusgemeinden, v.a. solche mit ausgeprägter touristischer Monostruktur, zeichnen sich durch hohe bzw. steigende Einpendlerquoten und sehr geringe Auspendlerquoten aus. Sölden entspricht 1981 diesem Bild, allerdings ist die weitere Entwicklung ungewöhnlich: Die Einpendler gehen zurück (in relativen Zahlen stark, in absoluten Zahlen jedoch nur um sieben Personen) und die Auspendler verdoppeln sich. Das bedeutet, dass trotz wachsenden Einwohner- und Beschäftigtenzahlen in der Gemeinde die Arbeitsplätze nicht entsprechend mitwachsen, so dass ein Arbeitsplatz außerhalb der Gemeinde gesucht werden muss. Wir finden hier einen ersten, noch versteckten Hinweis darauf, dass die touristische Entwicklung in Sölden eine Sättigungsgrenze erreicht (zum Phänomen der „Sättigung" im Tourismus siehe Frösch 1993) und auch im Kontext eines alpenweit stagnierenden Tourismusmarktes kaum noch quantitativ ausgebaut werden kann.

Einen zweiten Hinweis auf „Sättigungsprobleme" gibt die Auswertung der Binnenwanderungsbilanz 1986 – 1991 (ÖROK-Atlas 1995): praktisch alle Seitentäler im österreichischen Alpenraum – egal, ob stark, schwach oder gar nicht touristisch geprägt – verzeichnen negative Werte (mehr Weg- als Zuzüger), während die großen Längs- und Quertäler im Alpenraum mit ihrem Prozess der Verstädterung meist positive Werte aufweisen. Im Ötztal besitzen die drei hintersten Gemeinden negative Werte, die am stärksten in Sölden ausgeprägt sind, während Ötz und v.a. Sautens positive Werte haben und große Teile des Inntals sehr starke Wanderungsgewinne verbuchen.

Zusammenfassend können wir feststellen, dass der traditionelle, erfolgreiche Strukturwandel des Ötztales – von der Agrar- zur Tourismusgesellschaft – in jüngster Zeit allmählich durch einen zweiten Strukturwandel mitgeprägt wird, der in absehbarer Zeit den ersten Strukturwandel überlagern könnte: Der Tourismus verliert seine flächenhafte Ausprägung und konzentriert sich immer stärker ausschließlich in der Gemeinde Sölden, zeigt dort aber Sättigungsprobleme, die so wichtige Symbiose Landwirtschaft – Tourismus zerfällt, die Landwirtschaft verschwindet, und gleichzeitig wird der Prozess der Verstädterung, der vom Inntal bzw. von Innsbruck ausstrahlt, immer stärker: Sautens weist bereits seit einiger Zeit, Umhausen seit 1991 eine Doppelstruktur – Tourismusgemeinde und gleichzeitig Auspendlergemeinde – auf, und Ötz und evtl. auch Längenfeld könnten sich in naher Zukunft ebenfalls dahin entwickeln.

Damit würden sich eine neue sozio-ökonomische Struktur, veränderte Nutzungsansprüche (Aufwertung Wohnwert, evtl. Konflikte Wohnen – Tourismus) und eine noch intensivere Nutzung des schmalen Talraumes als Siedlungs- und Verkehrsraum durchsetzen.

2. Naturräumliche und naturschutzrechtliche Verhältnisse

Mit 65 km Länge ist das Ötztal das längste Seitental des Inn und es gehört zu den längsten Seitentälern des gesamten Alpenraumes. Typisch für solche Seitentäler ist der hochalpine Landschaftscharakter, der im Ötztal sehr intensiv ausgeprägt ist: Die Gipfelhöhen liegen in den Seitenkämmen zwischen 3.400 m / 3.500 m (Gebiet Sölden) und 3.000 m (vorderer Talteil) und im Talschluss sogar zwischen 3.500 m und 3.768 m, 15% des Einzugsgebietes der Ötztaler Ache sind heute vergletschert (1870 = 24%), 43% sind vegetationsfrei und rund 50% der Gesamtfläche liegen über 2.500 m (Patzelt 1996, 56-57). Entsprechend klein ist die landwirtschaftliche Nutzfläche sowie das potentielle Dauersiedlungsgebiet, und entsprechend hoch liegen die Siedlungen: Nur die Gemeindezentren von Sautens und Ötz liegen auf 800 m, alle anderen zwischen 1.036 m und 1.377 m und die Rofenhöfe in der Gemeinde Sölden sind mit 2.014 m sogar die höchsten ganzjährig bewohnten Bauernhöfe in Österreich und der Ort Obergurgl auf 1.927 m (Gemeinde Sölden) gilt als das höchstgelegene Kirchdorf Österreichs (Pinzer 1998, 292 und 304).

Der aus diesen naturräumlichen Verhältnissen resultierende hohe Ödlandanteil wirkte sich im Agrarzeitalter sehr limitierend für Bevölkerung und Wirtschaft aus: Die Einwohnerdichte des Ötztales betrug 1817 nur neun E/km² und 1869 sogar nur sieben E/km² (zum Vergleich: alle Alpengemeinden im Höhenstockwerk zwischen 1.000 m und 1.500 m hatten 1870 eine Einwohnerdichte von 16 E/km², und nur die Gemeinden oberhalb von 1.500 m besaßen mit 8 E/km² einen vergleichbaren Wert wie das Ötztal; siehe Bätzing 1993, 75); und die Gemeinde Sölden ist wegen des extrem hohen Ödlandanteils mit 467 km² Fläche die flächengrößte Gemeinde der gesamten Alpen.

Diese ungünstige Situation wird noch zusätzlich verschärft durch die zahlreichen katastrophalen Naturereignisse, v.a. Lawinen, Muren, Hochwasser, die aus der großen Seehöhe (hohe Niederschläge) und dem sehr steilen Relief resultieren. Diese prägen das Tal von prähistorischen Zeiten (große Berg- und Felsstürze, die bis heute für die ausgeprägten Talstufen und Talengen verantwortlich sind; Heuberger 1975) bis heute (letzte größere Ereignisse 1987 und 1999, siehe Muhar 1988 , R. Schwarz im Ötztaler Buch 1963 und Pinzer 1998, 27 ff.).

Waren diese naturräumlichen Verhältnisse bis 1900 ein Hindernis und eine Benachteiligung, so verkehrt sich dies durch den Tourismus ab 1900 ins Gegenteil: Gerade die zuvor „nutzlose" Hochgebirgsnatur wird zur touristischen Attraktivität ersten Ranges, und gerade der so ausgeprägte hochalpine Charakter der Ötztaler Landschaft ist für viele Jahrzehnte die zentrale touristische Ressource des Tales.

Für die weitere Entwicklung ist sehr entscheidend, dass der dezentral-flächenhafte Tourismus der Zeit zwischen 1900 und 1948 ein nicht-technischer Tourismus war, der die Landschaft, v.a. die Hochgebirgsregion nicht veränderte, und dass sich die landschaftsverändernden Skigebiete ab 1948 nur auf wenige Flächen (dort aber sehr stark) konzentrieren, die angesichts der Größe des gesamten Tales relativ bescheidene Flächenanteile bedecken.

Hinzu kommt, dass andere moderne Nutzungsformen praktisch nicht vorhanden sind: Das Relief sperrt sich gegen eine Transitstraße (das Timmelsjoch hat fast nur touristische Bedeutung), und mit Ausnahme des Raumes Kühtai (Einzugsgebiet der Ötztaler Ache, aber Gemeindegebiet Silz) gibt es keine größere Wasserkraftnutzung, was keinesfalls selbstverständlich ist, weil sich das Ötztal aus naturräumlichen Gründen (hohe Niederschläge und ausgeprägte Talstufen) dafür eigentlich sehr gut eignet. Dass die in den Jahren 1938–40 geplanten, begonnenen und vom Krieg unterbrochenen Wasserkraftanlagen großtechnischen Charakters (mündliche Mitteilung Franz Fliri) nach dem Zweiten Weltkrieg nicht mehr realisiert wurden (so wie es in Kaprun geschah), lag daran, dass es im Ötztal mit dem Tourismus bereits eine wirtschaftliche Alternative gab, die (zu Recht) als erfolgversprechender eingeschätzt wurde.

Auf Grund der skizzierten Verhältnisse und Entwicklungen weist das Ötztal trotz der so hohen touristischen Intensität noch sehr großflächig hochalpine Landschaften auf, die gar nicht oder nur randlich durch moderne technische Erschließungen belastet sind. Dies ist der Grund, weshalb hier größere Naturschutzgebiete ausgewiesen wurden. Dabei handelt es sich um folgende Gebiete (nach ÖROK 1997):

1. „Ruhegebiet Ötztaler Alpen", 396 km² in den Gemeinden St. Leonhard im Pitztal, Sölden, Kaunertal; 1981 ausgewiesen, 1997 um 1,3 km² im Raum Obergurgl/Gemeinde Sölden (Seilbahnbau) reduziert (Haid 2000, 11).

2. „Ruhegebiet Stubaier Alpen", 352 km² in den Gemeinden Längenfeld, Sölden, Umhausen, Neustift im Stubaital, St. Sigmund im Sellraintal, 1983 ausgewiesen.

3. „Landschaftsschutzgebiet Achstürze – Piburger See", 2,03 km² in der Gemeinde Ötz, 1983 ausgewiesen.

4. „Geschützter Landschaftsteil Rauher Bichl", 1,58 ha. in der Gemeinde Umhausen, 1981 ausgewiesen.

   Weiterhin ist zu erwähnen:

5. UNESCO-Biosphärenreservat „Gurgler Kamm", 15 km² in der Gemeinde Sölden, 1977 eingerichtet (nicht im Tiroler Naturschutzgesetz verankert).

6. „Naturpark Kaunergrat", ca. 350 km² in den Gemeinden Sölden, Längenfeld, Umhausen und St. Leonhard im Pitztal, dessen Realisierung derzeit vorbereitet wird.

Bei den „Ruhegebieten" und dem geplanten „Naturpark" handelt es sich um relativ große Gebiete im Hochgebirgsraum (der Dauersiedlungsraum ist ausgespart) mit vergleichsweise wenig restriktiven Schutzauflagen (zu den naturschutzrechtlichen Bestimmungen in den einzelnen Kategorien siehe ÖROK 1997), in denen die bisherigen Nutzungen (Land-/Alm-/Waldwirtschaft/Schutzhüttenbewirtschaftung, u.ä.) fortgeführt werden können und in denen sogar Modernisierungen als „Sonderregelungen" (Neu-, Zu- und Umbau von ortsüblichen land- und forstwirtschaftlichen Wirtschaftsgebäuden und von Einfriedungen ist möglich; die Verwendung von Kraftfahrzeugen ist zwar verboten, ausgenommen im Rahmen der üblichen land- und forstwirtschaftlichen Nutzung und zur Ver- und Entsorgung von Schutzhütten) möglich sind (Haid 2000, 9).

Damit besteht das Ziel dieser Schutzgebiete nicht in einem strengen oder absoluten Naturschutz (als Schutz der Natur vor allen Formen menschlichen Eingreifens und Handelns), sondern in einem Schutz der Natur vor technischer Erschließung und vor bestimmten, umweltbelastenden Sportaktivitäten, während die traditionellen Nutzungsformen sowie alle umweltverträglichen Freizeitaktivitäten problemlos weitergeführt werden können. Zentrale Aufgabe ist also nicht der „reine" Naturschutz, sondern die „Ausgleichsfunktion", also die Idee, die Inseln mit touristischer Intensivnutzung durch „Ruhegebiete" räumlich zu begrenzen und die negativen Folgen dieser kleinen Intensivnutzungsgebiete durch flächengroße „Ruhegebiete" so auszugleichen, dass die Gesamtsituation im Tal nicht belastend wird.

Diese Strategie, den Intensivtourismus durch die Ausweisung von „Ruhegebieten"/Naturparks und nicht durch Naturschutzgebiete (mit strengen Schutzbestimmungen) zu begrenzen und auszugleichen, erscheint als sehr sinnvoll: Erstens sind die hochalpinen Landschaften im Ötztal keineswegs unberührte Ur- oder Naturlandschaften, sondern werden seit Jahrtausenden almwirtschaftlich genutzt (siehe dazu Patzelt 1996), und dabei ökologisch verändert. Eine auf Dauerhaftigkeit angelegte nachhaltige Almwirtschaft, so wie sie meist jahrhundertelang betrieben wurde, ist jedoch keine ökologische Belastung, sondern eine ökologische Aufwertung (siehe dazu Bätzing 1991, 65 ff.): Sie erhöht sowohl die Artenvielfalt als auch die ökologische Stabilität der Almweiden. Deshalb ist es ausgesprochen sinnvoll, eine nachhaltige Almwirtschaft im Rahmen der „Ruhegebiete" auch in Zukunft fortzuführen und sie nicht einer falschen Naturschutzidee (ein *absoluter* Naturschutz ist m. E. im Alpenraum nicht sinnvoll) zu opfern. Dies ist aber auch noch aus einem weiteren Grund sinnvoll: Angesichts des sehr hohen naturräumlichen Gefahrenpotentials (Lawinen, Muren, Hochwasser) im Ötztal könnten Naturschutzgebiete nicht einfach sich selbst überlassen werden (sog. „Wildnis"-Gedanke) weil dann die Wahrscheinlichkeit solcher Ereignisse stark zunehmen würde. Es ist stattdessen notwendig, auch die kaum und gar nicht genutzten Gebiete permanent zu überwachen und durch gezielte Maßnahmen die Wahrscheinlichkeit von Lawinen, Muren, Hochwässer zu reduzieren. Dies könnte in Naturschutzgebieten und Nationalparken Probleme machen, nicht jedoch in „Ruhegebieten", die auch in dieser Hinsicht die angemessene Schutzkategorie darstellen.

Trotzdem also die „Ruhegebiete" im Ötztal ziemlich gut an die spezifische Talsituation angepasst sind, ist ihre Akzeptanz vor Ort sehr gering; und dies hat dazu geführt, dass sich weder die Bevölkerung des Ötztales, noch die betroffenen Gemeinden, aber auch nicht der Bezirk oder das Land dafür engagiert haben: Das erste Modell-Ruhegebiet in Tirol wurde „mehr oder weniger ruhen gelassen" (Haid 2000, 11). Und die Verkleinerung des „Ruhegebietes Ötztaler Alpen" im Jahr 1997 zur Errichtung eines Skiliftes macht exemplarisch deutlich, wie die direkt Betroffenen mit diesen „Ruhegebieten" umgehen.

Diese mangelnde Akzeptanz bzw. Ablehnung hat zwei Ursachen: Die touristischen Infrastrukturen wurden nach dem zweiten Weltkrieg sehr schnell ausgebaut, und ihre stetige und grenzenlose Vergrößerung wurde von den Protagonisten damals als Allheilmittel gegen die stets mögliche Entvölkerung des Tales (die Realität der Jahre 1817–1900) angeführt. Und gleichzeitig herrschte eine Wachstumseuphorie, für die die „Sättigungsprobleme" von Tourismuszentren – im Kontext der damaligen europaweiten Wachstumseuphorie der Wirtschaftswunderzeit – völlig undenkbar waren. Jegliche Form von Grenzsetzung erschien in diesem Rahmen als unannehmbare Behinderung, Blockierung und als Verlust von Freiheit und weckt Ängste, bevormundet und von der allgemeinen modernen Entwicklung abgehängt zu werden.

Die zweite Ursache bestand im latenten bis expliziten Zentralismus des Naturschutzes, der ein alpenweites Phänomen ist und der selbst noch die Verabschiedung der Alpenkonvention (1991) mitgeprägt hat. Naturschutz ist Angelegenheit der Staaten bzw. Bundesländer, und er wurde von den jeweiligen Hauptstädten aktiv betrieben, wobei die Mitarbeit der unteren Instanzen und v.a. der lokalen Bevölkerung lange Zeit sehr gering war bzw. gar nicht existierte. Deshalb wurden Naturschutzauflagen meist „von oben her" verordnet, was ihre Akzeptanz bei den Betroffenen zusätzlich erschwerte.

Aus diesen beiden Gründen beruht die mangelnde Akzeptanz bzw. die Ablehnung der „Ruhegebiete" im Ötztal gar nicht so sehr auf konkreten Problemen oder Konflikten, sondern v.a. auf allgemeinen, grundsätzlichen Überlegungen und Befürchtungen, die oftmals mit der Realität der „Ruhegebiete" nicht mehr viel zu tun haben.

3. Leitideen einer nachhaltigen Entwicklung im Ötztal

Unter nachhaltiger Entwicklung versteht man, dass ein bestimmter Raum langfristig als Lebens- und Wirtschaftsraum erhalten bleibt. Das bedeutet, dass er eine tragfähige Wirtschaftsbasis besitzt, dass er ökologisch stabil und vielfältig ist und dass er ein lebenswertes Leben ermöglicht (Zieldreieck Wirtschaft – Gesellschaft – Umwelt).

Die ökologische Vielfalt ist im Ötztal angesichts der großen, gar nicht oder nur wenig genutzten Flächen vielleicht das kleinste Problem, allerdings führt der dramatische Rückgang der Landwirtschaft durchaus zu relevanten Artenverlusten innerhalb der Kulturlandschaften. Problematischer sieht es bei der ökologischen Stabilität aus, die sich sowohl durch den Rückgang der Landwirtschaft und der damit verbundenen Einstellung der traditionellen Reparatur- und Pflegearbeiten als auch durch die allmähliche Klimaerwärmung (Auftauen des Permafrostes – für das Ötztal ausgesprochen relevant!) erheblich verschlechtert. Was das in einem bereits von Natur aus gefährdetem Raum wie dem Ötztal bedeutet, haben die Ereignisse von 1987 und 1999 sehr eindringlich gezeigt. Sie könnten in Zukunft häufiger werden, wodurch das gesamte Leben und Wirtschaften in diesem Tal bedroht ist.

Was die gesellschaftliche Ebene betrifft, so haben wir eine ausgeprägte Talschaftsidentität und fünf nahezu gleichwertige Gemeinden mit eigenen Identitäten – also eine gute Grundlage für ein lebenswertes Leben in gemeinsamer Verantwortung für das Tal. Beeinträchtigt bzw. gestört wird dies durch die Tatsache, dass die touristische Entwicklung von sehr wenigen Familien in Sölden gesteuert wird (zu den Eigentumsverhältnissen siehe Hupke 1990, 69-72) und dass im vorderen Talbereich die Auspendler bzw. Zuzüger stark zunehmen, so dass hier evtl. Konflikte auftreten können (Wohnen contra Tourismus), sich jedenfalls aber unterschiedliche Interessensgruppen herausbilden.

Was die wirtschaftliche Situation betrifft, so steht das Tal eigentlich glänzend da: Der Zusammenbruch der Landwirtschaft ist volkswirtschaftlich irrelevant, die räumliche Konzentration des Tourismus auf Sölden betriebswirtschaftlich positiv (Wegfall von unrentablen Nebenerwerbsbetrieben im Tourismus), die zunehmende funktionale Verflechtung des vorderen Talteils mit dem Inntal ersetzt wegfallende Arbeitsplätze und sorgt für ein erhebliches Wachstum, und die Sättigungsphänomene des Tourismus in Sölden könnten durch eine massive Ausweitung der touristischen Infrastrukturen beseitigt werden. Ich befürchte, dass diese positive Sicht der Dinge leider nicht realitätsnah ist, weil sie die Wechselwirkungen zwischen den Bereichen Wirtschaft – Gesellschaft – Umwelt nicht berücksichtigt, und daher zentrale Probleme übersieht: Das Ötztal profitiert heute noch – meist unbewusst – von zahlreichen positiven Auswirkungen der Vergangenheit (Landwirtschaft, Kulturlandschaften, Identitäten, Verantwortungsstrukturen, Innovationspotentiale usw.), die sich einer ökonomischen Definition und Quantifizierung entziehen und die keineswegs selbstverständlich sind. Sie haben dazu beigetragen, dass die negativen Seiten der Entwicklung im Ötztal nicht so deutlich geworden sind, wie man allein aus den Strukturdaten vermutet hätte.

Zentrale Aufgabe ist es daher, diese positiven Faktoren wahrzunehmen, sie systematisch zu fördern und sie zur Grundlage einer nachhaltigen Entwicklung des gesamten Tales zu machen, die dann gezielt auf den *konkreten* Stärken und Potentialen des Ötztals und nicht auf allgemeinen oder abstrakten Wachstumsideen aufbaut.

Eine solche nachhaltige Entwicklung könnte sechs Punkte umfassen.

1. Kein weiterer Ausbau der touristischen Infrastrukturen im Ötztal.

Auch wenn der Tourismus v.a. im hinteren und mittleren Talteil die zentrale Wirtschaftsaktivität ist und bleibt, so ist eine solche ausgeprägte Monostruktur aus wirtschaftlichen (sehr mode- und konjunkturabhängige Wirtschaftsbranche) und gesellschaftlichen Gründen (ohne eine sehr breite soziale Akzeptanz gibt es schnell wirtschaftliche Probleme) heikel. Hauptziel einer nachhaltigen Entwicklung müsste es deshalb sein, die touristische Monostruktur etwas abzubauen und die Wirtschaft im Ötztal etwas stärker zu diversifizieren.

Daneben gibt es noch ein zweites Argument: Dank seiner langen Tourismusgeschichte hat das Ötztal seine touristischen Investitionen stets selbst aufbringen können, so dass das touristische Kapital im Eigentum von Ötztaler Familien (meist aus Sölden) ist. Dies stellt einen ausgesprochenen Vorteil dar, weil das Tal bislang nicht direkt von auswärtigen Kapitalgebern abhängig war. Ein neuer Ausbau – im Gespräch sind skitechnische Zusammenschlüsse von Vent (Gemeinde Sölden) aus mit dem Schnalstaler Gletscherskigebiet sowie mit dem Pitztaler- und evtl. auch dem Kaunertaler Gletscherskigebiet (Haid 2000, 83) – würde aber so viel Kapital benötigen, dass fremde Kapitalgeber die weitere Talentwicklung erheblich kontrollieren könnten. Außerdem würde dadurch das touristische Ungleichgewicht im Tal noch einmal massiv zu Gunsten von Sölden verschoben, was den Unmut der anderen Gemeinden stärken könnte, die v.a. durch den stark steigenden Verkehr erheblich belastet würden.

Gegen diese Ausbaupläne ist noch auf ein weiteres positives Faktum hinzuweisen: In der aktuellen Diskussion, die sehr stark betriebswirtschaftlich geprägt ist, wird immer wieder auf die zwei Möglichkeiten verbesserter Wertschöpfung hingewiesen, nämlich der sog. horizontalen und vertikalen Integration (siehe Bieger 1998 und 2000): Horizontale Integration meint den räumlichen Zusammenschluss verschiedener Skigebiete (im Fall Ötztal also die Verbindung mit Schnals-, Pitz- und Kaunertal zu einem großen Skigebiet), vertikale Integration meint dagegen den ökonomischen Zusammenschluss der verschiedenen Tourismusanbieter (Bergbahnen, Hotels, Restaurants, Disco, Souvenirläden usw.) in einem Ort bzw. in einem Tal, der wegen der kleinbetrieblichen Strukturen im Alpenraum besonders schwer zu realisieren ist.

Hier hat jedoch Sölden einen wichtigen betriebswirtschaftlichen Vorteil, indem die drei zentralen Söldener Familien bereits heute fast komplette vertikale Strukturen aufgebaut haben (Schauer 2000), so dass der ökonomische Druck zur vertikalen Integration eigentlich nicht besteht und andere Strategien realisiert werden könnten.

2. Räumliche und inhaltliche Diversifizierung des Tourismus im Ötztal

Damit der Tourismus dauerhaft im Tal ein relevanter Wirtschaftszweig bleiben kann, darf er sich nicht immer stärker auf Sölden konzentrieren, sondern muss bewusst das gesamte Tal einbeziehen. Damit ist zugleich eine inhaltliche Vielfalt gewährleistet, weil die touristischen Angebote der vier Gemeinden sehr unterschiedlich sind. Das bedeutet zugleich eine neue Werbelinie für das Tal, weil das Image der „Ötztal Arena" nur dem Infrastrukturangebot des Ortes Sölden entspricht. Es braucht daneben einen zweiten Image-Teil, der ganz bewusst an die lange große Alpinismustradition anknüpft und naturnahe Tourismusformen (Wandern, Klettern, Skitouren) und Kulturtourismus in den Mittelpunkt stellt, für die das Ötztal so viele und so großartige Möglichkeiten bietet (neben den Talorten v.a. Orte wie Niederthai, Köfels, Gries, Vent, Obergurgl), die heute aber allmählich durch das starke Image der „Ötztal-Arena" immer mehr in den Hintergrund gedrückt werden.

Die große Aufgabe bestünde darin, beide Image-Teile wirklich gleichwertig zu behandeln, ohne zwei getrennte Werbestrategien daraus zu machen, sondern dabei die wechselseitigen Vorteile herauszustellen (jeweils als zusätzliches Angebot zum eigenen Kernbereich). Auf diese Weise könnte eine touristische Identität entstehen, mit der sich das gesamte Tal identifizieren könnte und die die Basis für eine gemeinsame Strategie nach innen (breite Akzeptanz des Tourismus in allen Gemeinden und allen Bevölkerungsschichten) und nach außen (Tourismuswerbung) legen würde.

In diesem Kontext wäre es dann wichtig, aus den zahllosen, nebeneinanderstehenden touristischen Einzelangeboten ein in sich stimmiges, zusammenhängendes Gesamttalangebot mit verschiedenen komplementären Teilbereichen zu entwickeln, das nicht von einigen wenigen Familien dominiert wird, sondern das seine Basis in einem breit akzeptierten Tourismusleitbild besitzt.

3. Stärkung regionalwirtschaftlicher Vernetzungen im Tal

Zur Diversifizierung der touristischen Monostruktur ist es wichtig, dass die anderen Wirtschaftssektoren gestärkt werden. Dies ist in einer Tourismusregion wie dem Ötztal nur möglich, wenn sie enger mit dem Tourismus vernetzt werden, wenn also intensivere regionale Wertschöpfungsketten (der Begriff „regionaler

Wirtschaftskreislauf" ist bei einer so stark außenabhängigen Talwirtschaft nicht sinnvoll) aufgebaut werden, durch die die Wertschöpfung im Tal selbst erhöht wird. Der II. Wirtschaftssektor ist im Ötztal bereits in erheblicher Weise mit dem Tourismus verflochten (v.a. Bauwirtschaft, Handwerk), und es ist zu prüfen, wo weitere Vernetzungspotentiale existieren. Die bislang in den Alpen noch relativ stark regional orientierte Bauwirtschaft ist derzeit jedoch dabei, durch starke überregionale Konkurrenz sich großräumiger auszurichten, so dass diese Vernetzung schwächer wird und einer Gegenstrategie bedarf.

Die wichtigsten Potentiale für regionale Vernetzungen liegen jedoch im I. Wirtschaftssektor (Land- und Forstwirtschaft). Der dramatische Rückgang der Landwirtschaft im Ötztal ist ein ökonomisches Problem (Rückgang der wirtschaftlichen Diversität), ein ökologisches Problem (Rückgang der Artenvielfalt auf den bäuerlich bzw. almwirtschaftlich genutzten Flächen und zugleich Anstieg der Naturgefährdung) und ein sozio-kulturelles Problem (Verlust von Tradition, Identität, Eigenständigkeit). Darüber hinaus wirkt sich dieser Rückgang auch für den Tourismus nachteilig aus: Durch das Verschwinden der bäuerlichen Kulturlandschaften in allen Höhenstufen wird die Landschaft monotoner und eintöniger und verliert ihren Charakter als „typische" alpine Landschaft, und zugleich geht ein Angebotssegment im Tourismus („Urlaub auf dem Bauernhof") verloren, das zwar in quantitativer Sicht keine besondere Bedeutung besitzt, das aber für die touristische Vielfalt und Attraktivität insgesamt von nicht zu unterschätzender Bedeutung ist.

Angesichts der europaweiten Rahmenbedingungen kann die Landwirtschaft im Ötztal nur dann eine Zukunft haben, wenn sie sich auf die Produktion von Qualitätsprodukten mit umweltverträglichen Bewirtschaftungsformen konzentriert, wenn sie diese Qualitätsprodukte selbst vermarktet (wozu der Aufbau von genossenschaftlichen Formen erforderlich ist) und wenn diese Produkte sehr gezielt in den touristischen Betrieben des Tales verbraucht werden (zweiter Absatzmarkt für diese Qualitätsprodukte ist die städtische Bevölkerung der Region Innsbruck).

Zwar sind diese Produkte teurer als die Agrarprodukte von den Großmärkten/ Großverteilern, aber sie sind für ein Tourismusmarketing sehr wichtig: spezifische Ötztaler Produkte schaffen einen Regionsbezug, der im touristischen Angebot oft bereits verlorengegangen ist, und der es in Zeiten austauschbarer Angebote im gesamten Alpenraum (Skigebiete, Hotels, Infrastrukturen) überhaupt erst ermöglicht, eine Gästebindung aufzubauen. Darüber hinaus wird der Faktor „Gesundheit" im Urlaub immer wichtiger (nicht nur in Kombination mit Wellness), und deshalb ist es eine besondere Qualität, den Gästen hochwertige, gesunde Nahrungsmittel aus dem Ötztal anzubieten und sie evtl. darüber hinaus mit der Art und Weise der Produktion und den Bauern bekanntzumachen.

Das „Ötztaler Bauernfrühstück" (Bram/Schmid 1998) zeigt, dass es dafür vor Ort engagierte Personen gibt (zentrales endogenes Potential) und dass es möglich ist, Vernetzungsstrukturen Landwirtschaft – Tourismus aufzubauen; es zeigt aber zugleich auch, wie schwierig es ist, eine solche Vernetzung flächenhaft und umfassend umzusetzen.

Wie in nahezu allen Alpentälern ist auch im Ötztal der Holzzuwachs in den Wäldern wesentlich größer als die jährlich geschlagene Holzmenge. Da eine Waldnutzung und -pflege auch ökologisch wichtig ist (Durchforstung zu dicht stehender Anpflanzungen und spontaner Wiederbewaldungen), was selbst bei Schutzwäldern in gewissem Maße zur Erhöhung ihrer Stabilität gilt (darüber gibt es sehr kontroverse Diskussionen, die leider oft durch grundsätzliche Gegensätze stark überlagert werden), stellt sich die Frage, wie die Nutzung des nachwachsenden Rohstoffes Holz – in umweltverträglicher Weise – verstärkt werden kann und wie diese Wirtschaftsaktivität besser mit der regionalen Wirtschaft im Tal vernetzt werden kann.

Das zweite Potential für regionalwirtschaftliche Vernetzungen liegt im Bereich der nicht-touristischen Dienstleistungen. Eine Untersuchung für den Kanton Graubünden (Mühlinghaus 1997) hat herausgefunden, dass die Bündner Wirtschaft wichtige wirtschaftsbezogene Dienstleistungen (Rechtsanwalt, Steuerbüro, Werbefirma, Handel, Spedition usw.) nicht in Graubünden und nicht einmal in der Kantonshauptstadt Chur einkauft, sondern in der Metropole Zürich, weil man den Zürcher Firmen mehr Kompetenz und Qualifikation zutraut als den einheimischen Firmen. Dies dürfte auch im Ötztal ähnlich sein, was ein Potential für weitere regionalwirtschaftliche Stärkungen und Vernetzungen darstellt.

Im Bereich der öffentlichen und privaten Dienstleistungen läuft der Strukturwandel in Richtung räumliche Konzentration, d.h. die staatlichen Infrastrukturen werden ausgedünnt und private Betriebe (kleine Läden u.ä.) werden – auch im Ötztal – geschlossen. Damit wird die bereits geringe Diversität der Talwirtschaft weiter reduziert, es werden Arbeitsplätze abgebaut, und es wird die Lebens- und Wohnqualität der Bewohner (v.a. in den kleineren und abgelegenen Orten) verschlechtert. Um diese Entwicklung zu vermeiden, braucht es eine Strategie der Erwerb- und Funktionskombination: Durch die geschickte Kombination verschiedener öffentlicher und privater Dienstleistungen (z.B. Laden, Post, Bank) in einem Geschäft oder in einem Gebäude können Synergieeffekte erzielt werden, die es ermöglichen, Arbeitsplätze, Wertschöpfung und Versorgungsqualität dauerhaft zu erhalten.

4. Aufbau völlig neuer, tourismusferner Wirtschaftsbereiche

Zur Diversifizierung der Wirtschaftsstruktur braucht es aber auch die Stärkung von Wirtschaftsbereichen, die völlig unabhängig vom Tourismus sind und die auch nicht direkt in die Regionalwirtschaft eingebunden werden können.

Die moderne technische Entwicklung (u.a. Internet) macht es möglich, dass viele hochqualifizierte Wirtschaftstätigkeiten, die bisher in den großen Zentren konzentriert waren, räumlich dezentralisiert werden können. In diesem Fall ginge es darum, solche Arbeitsplätze aus dem Raum Innsbruck ins (vordere) Ötztal zu verlagern (als räumliche Einheit von Arbeiten und Wohnen). Dafür gäbe es zwei große Vorteile, nämlich die gute Erreichbarkeit von Innsbruck und die sehr hohe Lebens- und Freizeitqualität, und einen Nachteil, nämlich die hohen Boden-/Gebäude-/Mietpreise. Als Zielgruppe kämen dafür zuerst diejenigen Menschen in Frage, die im Ötztal aufgewachsen sind, dann das Tal zu Ausbildungszwecken verlassen haben und heute nicht zurückkehren können, weil es die von ihnen ausgeübten hochqualifizierten Arbeitsplätze im Ötztal nicht gibt.

Wenn es gelänge, solche Menschen zu motivieren, sich im Tal niederzulassen, erwüchsen daraus nicht nur wichtige wirtschaftliche Effekte (Stärkung Wirtschaftskraft und Diversifizierung der Wirtschaftsstruktur), sondern ebenso wichtige gesellschaftliche Auswirkungen, weil diese Menschen das Leben und die Diskussionen im Tal bereichern würden.

5. Multifunktionelle Aufwertung der „Ruhegebiete"

Die „Ruhegebiete" spielen heute im Ötztal nur eine sehr geringe Rolle sowohl für die Einheimischen als auch im Tourismus, obwohl sie ein sehr wertvolles Potential für das gesamte Tal als Lebens- und Wirtschaftsraum darstellen. Gerade weil das Image der „Ötztal Arena" nur für einen sehr kleinen Talteil steht, stellt es ein erhebliches Problem dar, wenn die „Ötztal Arena" immer mehr das Tal-Image nach außen prägt. Deshalb braucht es ein starkes zweites Image, das gleichberechtigt neben der „Ötztal Arena" steht und sich ihr gegenüber behaupten kann. Die „Ruhegebiete" besitzen dafür ein ausreichend starkes Image: Sie signalisieren auf eindeutige Weise, dass im Gegensatz zum „Ski total" der „Ötztal Arena" hier die Natur im Mittelpunkt steht und nicht die technische Erschließung/Nutzung der Alpen. Und allein die gleichzeitige Kommunikation von „Ötztal Arena" und „Ruhegebiete" drückt unmittelbar (d.h. ohne Worte und Erklärungen) aus, dass hier eine Balance zwischen Erschließen und Bewahren gesucht bzw. gefunden wurde. Diese Botschaft dürfte auf dem heutigen Tourismusmarkt positiv aufgenommen werden, weil vergleichbare (Gletscher)Skigebiete dies nicht anzubieten haben, weil eine solche Balance bei vielen Gästen positiv wirkt und weil ein hedonistisch ausgerichtetes Publikum diese v.a. als Möglichkeit zusätzlicher Freizeitaktivitäten wahrnimmt.

Wichtig ist aber, dass die gleichzeitige Kommunikation von „Ötztal Arena" und „Ruhegebieten" nicht nur eine rein touristische Werbestrategie ist, sondern sich genauso auf das Tal als Lebensraum bezieht (Kommunikation nach außen *und* innen), so dass Außensicht und Binnensicht in einer gemeinsamen Leitidee zusammengefasst werden und nicht unverbunden nebeneinander stehen.

Allerdings müssen dafür nach außen und innen etwas unterschiedliche Akzente gesetzt werden: Da die Gäste von außerhalb nicht wissen, dass Alpennatur in vielen Fällen Kulturlandschaft ist, symbolisiert „Ruhegebiet" für sie zuerst einmal unberührte Natur bzw. Schutz der Natur vor technischer Erschließung. Erst in einem zweiten Schritt ist es dann später möglich, auf die Unterschiede zwischen Natur- und Kulturlandschaft hinzuweisen.

Für die Talbewohner stehen dagegen die „Ruhegebiete" für „ihre" Landschaft, die durch eine enge räumliche Verzahnung zwischen Kulturlandschaftsflächen und Naturlandschaftsflächen geprägt ist. Und für die Talbewohner besteht die zentrale Aussage darin, dass mit den „Ruhegebieten" als Gegengewicht zur „Ötztal Arena" nicht das gesamte Ötztal einem von wenigen Familien kontrollierten Massentourismus total unterworfen wird, sondern dass neben diesem Massentourismus bewusst Platz und Raum bleibt für andere Tourismusformen, und für ein nicht touristisch dominiertes Leben und Wirtschaften im Tal. Und darüber hinaus bedeutet die Anerkennung der „Ruhegebiete" als Kulturlandschaften ein Symbol für die Wichtigkeit der Landwirtschaft im Tal, für den Lebensraum Ötztal insgesamt und für die Wichtigkeit der traditionellen Identitäten.

Allerdings setzt dies voraus, dass die „Ruhegebiete" nicht als Naturschutzgebiete missverstanden werden, sondern dass sie als zentrale Ressource des Tales in ihrer Multifunktionalität wahrgenommen und aufgewertet werden. Dies betrifft die folgenden Funktionen:

- Schutz von Natur- und Kulturlandschaften vor technischer Erschließung, d.h. Erhalt ihres gegenwärtigen Zustandes,
- Erhalt der naturräumlichen Dynamiken in den (vegetationsfreien) Naturlandschaften, jedoch nur insoweit, als dadurch keine Gefährdungen der Kulturlandschaften und Siedlungsgebiete ausgelöst werden,
- Erhalt der Kulturlandschaften, d.h. Förderung und Stärkung einer umweltverträglichen Land- und Almwirtschaft zur Produktion von Qualitätsprodukten und zur besseren Prävention von Naturgefahren,
- Nutzung der „Ruhegebiete" durch Einheimische bzw. Gäste für Jagd, Fischerei, Beeren-/Pilze sammeln, Mineralien-/Steine sammeln, Mountainbike-Fahrer,

Klettern u.ä., so wie es bisher bereits ausgeübt wurde, allerdings unter Berücksichtigung gewisser Umweltbedingungen, die im Einzelnen zusammen mit den
Betroffenen konkret abzustimmen sind,

- Nutzung der „Ruhegebiete" als äußerst attraktive Gebiete für naturnahe Tourismusformen und für Kulturtourismus, jedoch stets in umweltverträglichen Formen.

Auf diese Weise stellen die „Ruhegebiete" zwar einerseits eine Grenze gegen weitere technische Erschließungen im Ötztal dar (eine sehr notwendige Grenze für ei-
ne dauerhaft positive Entwicklung!), aber andererseits besitzen sie keineswegs ei-
ne bloße Verhinderungsfunktion, sondern sie ermöglichen sogar eine Stärkung des
lokalen Wirtschaftens und eine Intensivierung der regionalen Wirtschaftsverflech-
tungen im Tal.

Damit die „Ruhegebiete" diese Aufgabe wirklich erfüllen können und um die
Wichtigkeit der Balance zwischen Erschließung und Bewahren nach außen und innen überzeugend zu kommunizieren, ist es wichtig, die „Ruhegebiete" erstens im
Bewußtsein der Talbewohner stark aufzuwerten, zweitens sie räumlich stark aus-
zuweiten (eine relevante räumliche Erweiterung der „Ruhegebiete" könnte für das
Tal ein zentrales Symbol für eine nachhaltige Entwicklung sein und würde höchst-
wahrscheinlich bei den Touristen europaweit Beachtung finden) und drittens durch
eine aktive Ruhegebietsbetreuung (siehe Hasslacher 1997) – durchgeführt durch
Ötztaler Personen, nicht durch Fremde! – aufzuwerten, damit sie ihre vielfältigen
Aufgaben auch realisieren und umsetzten können.

6. Erarbeitung einer gemeinsamen Strategie für eine nachhaltige Entwicklung

Eine solche Strategie geht davon aus, dass der Tourismus im Ötztal zwar ein sehr
wichtiger Wirtschaftsfaktor ist, dass er aber keineswegs das gesamte Leben und
Wirtschaften dominieren darf, weil sonst die wirtschaftlichen, gesellschaftlichen
und ökologischen Konsequenzen und Probleme eine dauerhaft positive Talentwicklung gefährden. Für ein lebenswertes Ötztal ist der Tourismus zwar unver-
zichtbar, aber er kann seine positive Rolle nur dann spielen, wenn er bewusst ein
Teilbereich bleibt und sich nicht zur totalen Herrschaft über das Tal aufschwingt.
Deshalb muss eine Tourismusstrategie Teil einer allgemeinen Nachhaltigkeitsstrategie für das Ötztal sein und nicht umgekehrt.

Um eine solche Strategie zu entwickeln, braucht es eine intensive Diskussion aller Beteiligten und Betroffenen im Tal, die auf eine demokratische Weise geführt
wird. Grundsätzlich bietet sich dafür das Modell der „Lokale Agenda 21"-Gruppen
an – ergänzt durch die wichtigen Tiroler Erfahrungen bei der Erarbeitung von (tou-

ristischen) Gemeindeleitbildern – u.zw. müsste diese Diskussion auf mehreren Ebenen geführt werden, nämlich auf der Ebene der einzelnen Orte, der fünf Gemeinden und des gesamten Tales. Damit sich in diesem Prozess die unterschiedlichen Positionen einzelner Orte bzw. Gemeinden nicht zu Gegensätzen verschärfen (so wie es leider häufig anzutreffen ist), wäre es wichtig, der Talschaftsebene (evtl. im Rahmen der Planungsregionen der Tiroler Raumplanung) eine feste, institutionelle Struktur zu geben und diese als Ausgleichsinstanz im Tal zu stärken.

4. Ausblick: Die kulturelle Identität als Schlüsselfaktor

Die Voraussetzung für eine solche nachhaltige Entwicklung erscheinen nicht schlecht, weil in den Bereichen Wirtschaft, Gesellschaft und Umwelt zahlreiche wichtige Potentiale und Ressourcen vorhanden sind. Schlüsselfaktor ist dabei m.E. keineswegs die ökonomische, sondern die kulturelle Problematik, also die Frage, ob alle Bewohner des Ötztales in gemeinsamer Verantwortung für ihr Tal, für ihre Heimat sich für eine lebenswerte, d.h. dauerhafte, nachhaltige Entwicklung engagieren oder ob ein solches gemeinsames Engagement nicht zustande kommt, so dass Einzel- oder Partikularinteressen die gesamte Zukunftsentwicklung des Ötztales dominieren.

Literatur

Bätzing, W. und Mitarbeiter (1999): Bevölkerungsdynamische Prozesse im Alpenraum. In: CIPRA-Schriften Bd. 17, 16-21.

Bätzing, W. (1998): Der Alpenraum zwischen Verstädterung und Verödung. In: Praxis Geographie Jg. 28, Heft 2. 4-9.

Bätzing, W./Perlik, M. (1995): Tourismus und Regionalentwicklung in den Alpen 1870 – 1900. In: Luger, K./Inmann, K. (Hg.): Verreiste Berge – Kultur und Tourismus im Hochgebirge. Innsbruck, 43-79.

Bätzing, W. und Mitarbeiter (1993): Der sozial-ökonomische Strukturwandel im Alpenraum im 20. Jahrhundert. Bern (= Geographica Bernensia P 26).

Bätzing, W. (1991): Die Alpen – Entstehung und Gefährdung einer europäischen Kulturlandschaft. München.

Bieger, T. und Mitarbeiter (2000): Perspektiven der Schweizer Bergbahnbranche. Analyse, drei Szenarien und Möglichkeiten für neue Konfigurationen. St. Gallen.

Bieger, T. (1998): Vom Kleingewerbe zu Großkonzernen? Entwicklung in den Skigebieten Nordamerikas und ihre Wirkung auf die Schweiz. In: Neue Zürcher Zeitung Nr. 287 vom 10.12.1998, 53.

Bram, G./Schmid, A. (1998): Ötztaler Bauernfrühstück – über den eigenen Tellerrand hinaus. In: Politische Ökologie Nr. 55, 43-44.

Busse, H./Seidel, T./Munz, D./Heuberger, H. (1987): Der sozioökonomische Strukturwandel des inneren Ötztales (Gemeinde Sölden). Untersuchungen über Bevölkerungsentwicklung, Arbeitskräfte und Fremdenverkehr. In: Veröffentlichungen des Österreichischen MAB-Programms Bd. 10, 15-113.

Degenhardt, B. (1980): Das touristische Potential des Hochgebirges und seine Nutzung. Untersucht am Beispiel des Gurgler Tales, Ötztal/Tirol. Dissertation Berlin.

Fehn, H. (1955): Kulturgeographische Beobachtungen im Venter Tal. In: Mitteilungen der Geographischen Gesellschaft München, Bd. 40, 145-180.

Fischer, G. (1993): Ruhegebiete als Instrument der alpinen Raumordnung, dargestellt am Beispiel des Ruhegebietes Zillertaler Hauptkamm. In: Dorninger, G./Weixlbaumer, N. (Hg.): "Aufstand für die Natur?" Problemwahrnehmung, Naturschutz und Regionalentwicklung. Wien, 29-40 (= AMR-Info Bd. 23, Heft 4–6.

Fliri, F. (1996): Hans Kinzl und die Innsbrucker Schule der Bevölkerungsgeographie. In: Mitteilungen der Österreichischen Geographischen Gesellschaft, Bd. 138, 147-181.

Frösch, R. (1993): Sättigung im Tourismus – Probleme und Lösungsmöglichkeiten, dargestellt am Kanton Graubünden. Dissertation Zürich (= Wirtschaftsgeographie und Raumplanung Vol. 15).

Haid, H. (2000): Sölden im Ötztal. Natur und Kultur. Innsbruck (= ÖAV-Reihe, Bd. 7 und Ötztal-Archiv, Bd. 4).

Haid, H. (1989): Vrgalts Gött getrüilach. Vom Ötztal, von harten Schädeln, dem ältesten Dialekt... . In: Berg ´90 – Alpenvereinsjahrbuch, 7-22.

Hasslacher, H. (Hg., 1997): Schutzgebietsbetreuung – eine Chance für Natur, Kultur und Tourismus. Innsbruck (= Alpine Raumordnung Nr. 14).

Hasslacher, H. (1991): Alpine Rumordnung durch Ruhegebiete – der Tiroler Ansatz. In: Gedenkschrift W.J. Reith. Schan, 161-171.

Heuberger, H. (1975): Das Ötztal. Bergstürze und alter Gletscherstände, kulturgeographische Gliederung. In: Tirol – ein geographischer Exkursionsführer. Innsbruck, 213-249 (= Innsbrucker Geographische Studien, Bd. 2).

Hupke, K.-D. (1990): Das Gletscherskigebiet Rettenbach – Tiefenbachferner (Sölden im Ötztal/Tirol). Ein Beitrag zur Wirksamkeit kapitalintensiver touristischer Einrichtungen im peripheren Raum. Dissertation Stuttgart (= Stuttgarter Geographische Studien, Bd. 114).

Huter, F. (1970): Umhausen – eine Berggemeinde im Ötztal. In: Alpenvereinsjahrbuch, Bd. 95, 68–78 Zur Kulturgeographie der Ötztaler Alpen (1958). Münster (= Westfälische Geographische Studien, Bd. 13).

Moser, P./Moser, W. (1986): Reflections on the MAB-6 Obergurgl Project and Tourism in an Alpine Environment. In: Mountain Research and Development Vol. 6, No. 2, 101-118.

Mühlinghaus, S. (1997): Kommerzielle Dienstleistungen im Berggebiet. Diplomarbeit Zürich (unveröffentlicht).

Muhar, A. (1988): Hochwasserschäden 1987 und Siedlungsentwicklung im Tiroler Ötztal. In: Österreichische Wasserwirtschaft, Bd. 40, Nr. 7–8, 188-193.

ÖROK-Atlas (1995): Binnenwanderungsbilanz 1986–1991. In: ÖROK-Atlas – Atlas zur räumlichen Entwicklung Österreichs. Wien, Blatt 01.06.05./95.

ÖROK (1997): Naturschutzrechtliche Festlegungen in Österreich. Wien (= ÖROK-Schriftenreihe, Bd. 35).

Ötztaler Buch (1963). Innsbruck (= Schlern-Schriften, Bd. 229).

Patzelt, G. (1996): Modellstudie Ötztal – Landschaftsgeschichte im Hochgebirgsraum. In: Mitteilungen der Österreichischen Geographischen Gesellschaft, Bd. 138, 53-70.

Pinzer, B. und E. (1998): Ötztal. Landschaft, Kultur, Erholungsraum. Innsbruck.

Pohl, P. (Hg., 1999): Besiedlung und Erschließung der Alpen. Berichte eines Studienprojektes im Venter Tal 1997. Giessen (= Werkstatt Papiere, Nr. 11).

Preglau, M. u.a. (1985): Fremdenverquer. Kosten und Nutzen des Tourismus am Beispiel Obergurgl. Innsbruck (= Schriftenreihe Michael-Gaismair-Gesellschaft, Bd. 4).

Seitz, R. (1968): Umhausen und seine Gemeindefraktionen Tumpen, Oesten, Niederthai, Köfels und Farst. In: Mitteilungen der Fränkischen Geographischen Gesellschaft. Erlangen, Bd. 13–14, 385-400.

Schauer, T. (2000): Der Sirenengesang der reinen Größe. Globalisierung ist überall: Wie die Skiregionen in den Alpen von Amerika lernen wollen. In: Frankfurter Allgemeine Zeitung vom 07.12.2000, Reiseseite R1-2.

Stecher, A. (1971): Das Ötztal – eine bevölkerungsgeographische Studie. Dissertation Innsbruck (unveröffentlicht).

Steinbach, J. u.a. (1997): Grundlagen eine Planungskonzeptes für den Kur- und Wellnesstourismus in der Gemeinde Längenfeld/Ötztal/Tirol. Eichstätt (= Materialien Wirtschaftsgeographie, Heft 8).

Werner Bätzing, Dr., Univ.-Prof., Jahrgang 1949, Professor für Kulturgeographie an der Universität Erlangen–Nürnberg. Forschungsschwerpunkte: Nachhaltige Regionalentwicklung am Beispiel des Alpenraumes und der ländlichen Räume in Franken.
E-mail: wbaetz@geographie.uni-erlangen.de

Das Ötztal im Kontext der Ötztaler und Stubaier Alpen

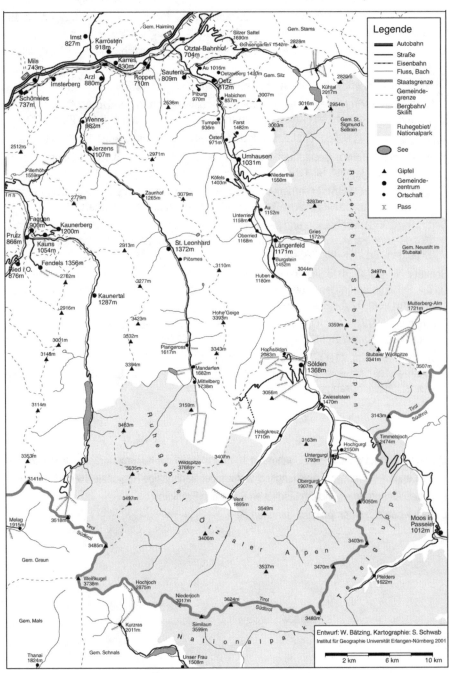

Claudia Danzinger & Hannes Werthner

Trendsetter Tourismus

Freiheit oder Verpflichtung zur Nutzung neuer Chancen durch E-Commerce?

1. Einleitung

Der Reise-/Tourismussektor gehört zu den führenden Anwendungen im „business-to-consumer" E-Commerce, also der internetbasierten Abwicklung von Geschäften zwischen Unternehmen und Konsumenten. Tourismusgüter sind neben Büchern, CDs sowie Computern/Computerzubehör die am meisten online nachgefragten Waren und Dienstleistungen. Internet-User entwickeln sich tendenziell von der primären Nutzung des Internets als Informations-, Kommunikations- und Entertainment-Medium hin zu Online-Shoppern und werden damit zu einer interessanten Zielgruppe, die über ein neuartiges Medium individuell angesprochen werden kann. Die Nachfragerseite wird dadurch zu einer treibenden Kraft und kreiert eine Marktsituation in der es nicht genügt „kundenfokussiert" zu agieren, sondern vor allem auch durch spezifische Kundenbedürfnisse induzierte Geschäftsmodelle entstehen zu lassen. Dies kann sowohl zu einer Ausschaltung von physischen Zwischenhändlern (Disintermediation) als auch zu spezifischen Nischenstrategien sowie der Etablierung neuer Online-Zwischenhändler (Re-Intermediation) führen.

2. Was versteht man unter E-Commerce?

Die Komplexität des Begriffes E-Commerce führt im Rahmen einer interpretativen Abgrenzung zu zahlreichen Definitionen mit graduell unterschiedlicher Fokussierung. Grundsätzlich können die „weiteren" Definitionen unter dem Begriff e-business zusammengefasst werden, wohingegen die „engeren" Definitionen, d.h.

jene die sich vorrangig mit Aspekten der ökonomischen Transaktion als solche beschäftigen, als e-transactions bezeichnet werden: (Vgl. OECD 2000)

„weitere" Begriffsabgrenzung	„engere" Begriffsabgrenzung
„Business occurring over open, non-proprietary networks, including „dedicated" infrastructure, value generating activities within firms, suppliers and customers." (OECD 1998)	„Any transaction completed over a computer-mediated network that involves the transfer of ownership or rights to use goods or services." (US Census Bureau 1999, draft)
„Business occurring over networks which use non-proprietary protocols that are established through an open standard setting process such as the Internet. As used here, the term „business" refers to all activity that generates value both within a firm (internally) and with suppliers and customers (externally). Some of this activity may result in a monetarian transaction and some will not." (OECD 1999)	„The sale of goods or services over electronic networks, at any stage in the supply chain, whether between businesses, between businesses and consumers, or between the public and private sectors. The sale is transacted electronically, but ultimate delivery of the good or service may be conducted on or offline." (UK, DTI 1999)

Kalakota und Whinston (1996) beziehen sich in ihrer Definition auf die verschiedenen Phasen einer Geschäftstransaktion: „E-Commerce is sharing business information, maintaining business relationships, and conducting business transactions by means of telecommunication networks." E-Commerce bedeutet in diesem Zusammenhang also die Unterstützung der folgenden Aktivitäten: Informationsphase, Verhandlungsphase, Abwicklungsphase.

Abbildung 1: Phasen einer Markttransaktion (Werthner und Klein, 1999)

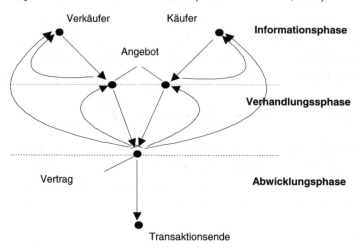

3. Wachsende gesamtwirtschaftliche Bedeutung

Der Kontext, in dem sich E-Commerce entwickelt – und gleichzeitig diesen beeinflusst, ist geprägt von einer parallel verlaufenden Globalisierung und Differenzierung, einer wachsenden Interdependenz der wirtschaftlichen Akteure und veränderten Wertschöpfungsketten, wo zudem Firmen – erleichtert durch eine einheitliche technologische Infrastruktur (das Internet) – zunehmend in neue Geschäftsbereiche eindringen. Kelly (1997) verwendet dafür auch den Begriff der „networked economy" und verweist damit auf die hohe Komplexität wirtschaftlicher Beziehungen und Prozesse, und auf die Beschleunigung von Innovationsprozessen (the cycle „find, nurture, destroy" happens faster and more intensely than ever before). Dies impliziert einen verstärkten Bedarf an Informationen, was wiederum durch die Bedeutung digitaler Produkte sowie Information als integralem Bestandteil wirtschaftlicher Aktivitäten widergespiegelt wird.

Die durch den E-Commerce induzierten Umsätze sind durch hohe Wachstumsraten geprägt: Forrester (1999) prognostiziert ein über 100prozentiges jährliches Wachstum bis zum Jahr 2003, demnach sollte im Jahr 2004 in Westeuropa E-Commerce ein Volumen von rund 1,6 Billionen € (das entspricht ungefähr 6,3% des gesamten Handels) erreicht haben.

Trotz einer prägnanten Konsolidierungsphase in den Jahren 2000 und 2001 war und ist die dot.com-Wirtschaft ein beachtlicher Wirtschaftsmotor und „jobcreator", der auch zahlreiche neue Berufsformen hervorbrachte (in der Periode von 1998 – 2000 wurden in den USA 600.000 E-Commerce-Jobs geschaffen). Generell kann man davon ausgehen, dass zur Zeit das Hauptaugenmerk auf dem Einsparungspotential in der „klassischen" Industrie liegt, während zuvor eher der Aufbau neuer Geschäftsfelder und die strategische Positionierung im Vordergrund standen. Man sollte aber dabei beachten, dass dies auch wiederum nur eine kurze zeitliche Spanne umfassen kann.

Die Unternehmen dieser sogenannten New-Economy kann man nach ihrem zeitlichen Eintreten in das E-Business kategorisieren. Im europäischen Umfeld ist ein Nord-Süd-Gefälle feststellbar. Während Länder wie Schweden und Norwegen zu den Pionieren zählen, sind etwa Portugal oder Griechenland als Späteinsteiger in das E-Business zu bezeichnen. Die Abbildungen 2 und 3 illustrieren die prognostizierten Anteile einzelner europäischer Länder an den E-Commerce-Umsätzen im Jahr 2004.

Abbildung 2: Rasantes E-Commerce-Wachstum in Nord-Europa – hinterherhinkende Entwicklung in Süd-Europa (Forrester Research, 1999)

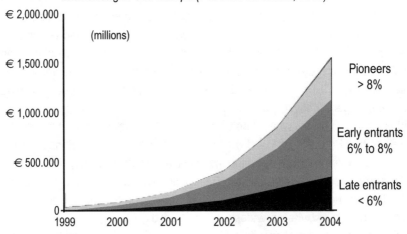

Abbildung 3: E-Commerce-Umsätze in Nord- und Südeuropa (Forrester Research, 1999)

Land	Summe der E-Commerce-Umsätze im Jahr 2004 (Mio. €)	Anteil am gesamten Handel (in %)	Anteil am gesamteuropäischen E-Commerce-Umsatz (in %)
Pioniere			
Norwegen	40,686	10,50%	2,60%
Schweden	64,904	10,10%	4,20%
Dänemark	44,677	9,80%	2,90%
Schweiz	65,415	9,50%	4,20%
Niederlande	100,508	9,30%	6,50%
Finnland	32,850	8,90%	2,10%
„Früheinsteiger"			
Luxemburg	3,922	7,70%	0,30%
Großbritannien	282,385	7,50%	18,20%
Österreich	41,156	7,10%	2,70%
Deutschland	405,824	6,70%	26,20%
Belgien	43,788	6,30%	2,80%
„Späteinsteiger"			
Irland	14,736	5,20%	1,00%
Frankreich	206,049	5,10%	13,30%
Italien	146,648	4,60%	9,50%
Spanien	47,798	3,00%	3,10%
Portugal	5,587	1,80%	0,40%
Griechenland	3,517	1,00%	0,20%
Westeuropa	1.550,451	6,30%	100,00%

494

Erwähnenswert ist, dass derartige Prognosen in den letzten Jahren laufend nach oben korrigiert wurden und je nach Quelle stark variieren können (siehe auch die unterschiedlichen Definitionen von E-Commerce). Allen gemeinsam ist die Vorhersage eines enormen Wachstumspotentials quer über alle Branchen in den nächsten Jahren, wobei in absoluten Zahlen der „business to business" (B to B)- Bereich, also Geschäftsverkehr zwischen Unternehmen, mit einem Anteil von über 80% dominiert.

Abbildung 4: Weltweiter B2B E-Commerce (eMarketer 2000)

Vergleichende Schätzung des weltweiten B to B E-Commerce, 2000 – 2004 (in Milliarden Dollar)

	2000	2001	2002	2003	2004
eMarketer	$ 226	$ 449	$ 841	$ 1.542	$ 2.775
AMR research	–	–	–	–	$ 5.700
Computer Economics	$ 3.068	$ 5.232	$ 6.815	$ 9.907	–
Forrester Research	$ 604	$ 1.138	$ 2.061	$ 3.694	$ 6.335
IDC Research	$ 213	–	–	–	$ 2.233
Gartner Group	$ 403	$ 953	$ 2.180	$ 3.950	$ 7.290
Morgan Stanley Dean Winter	$ 200	$ 721	$ 1.378	–	–
Goldman Sachs & Co.	$ 357	$ 740	$ 1.304	$ 2.088	$ 3.201
Ovum	$ 218	$ 345	$ 543	$ 858	$ 1.400

Abbildung 5: Der Handel zwischen Unternehmen stellt den Großteil der E-Commerce Umsätze dar (Forrester Research 1999)

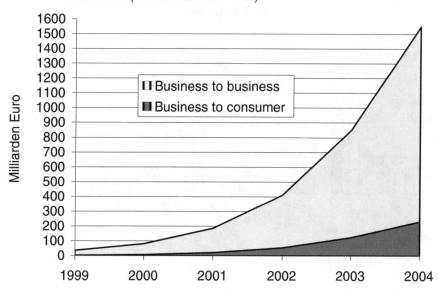

4. Tourismus und E-Commerce: Wird gekauft oder informiert man sich „nur"?

Im Rahmen einer Studie des Internetmagazins FirstSurf zeigte sich bereits im 2. Halbjahr 1999 ein starkes Interesse von Internet-Usern Online-Angebote zu nutzen. Befragt wurden 2874 Nutzer von Internet-Angeboten auf zahlreichen Websites mit Reiseangeboten. (ADAC, Condor, Deutsche BA, HRS, My-World, Reisespezialist, Seatop, Travel-Overland) Dabei ist eine einheitliche Tendenz zu beobachten, dass sich Internet-Surfer kontinuierlich zu Online-Shoppern entwickeln. Durch billigere Zugangsmöglichkeiten zum WWW und gesteigerte Auswahlmöglichkeiten sowie bequeme Nutzung (Convenience) von Online Stores

Abbildung 6: Nutzung des Internets (First Surf, 1999)

Internet als Informationsquelle oder Buchungsinstrument

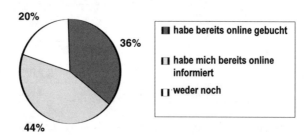

Online Buchungen

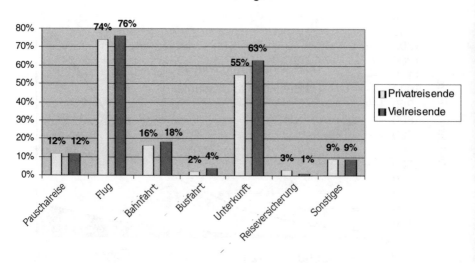

können die Konsumenten auf eine breitere Produktpalette zugreifen, häufiger einkaufen und höhere Beträge pro Einkauf ausgeben. Reiseangebote etablieren sich bereits jetzt als eine der „Killer-Kategorien" im Online-Handel. (Vgl. Forrester Research 1999. In Europa kaufen oder reservieren bereits 25–49% der „Web buyer" Tickets bzw. Unterkünfte via Internet. (Vgl. Abbildung 6 und Abbildung 7)

Abbildung 7: Europäische Web User werden zu Käufern (Forrester Research 1999)

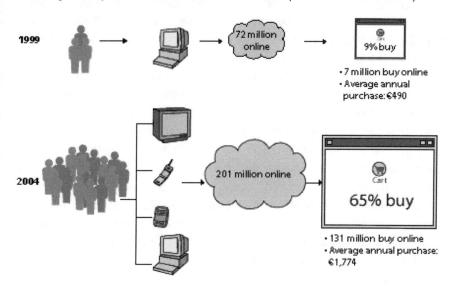

Eine im Sommer/Herbst 2000 durchgeführte Studie des Electronic Commerce Competence Center EC3 zeigt, dass ca. ein Fünftel aller befragten Internet Surfer (n=2532) mehrmals die Woche bis täglich das Web nach Reise- und Urlaubsinformationen durchsucht. Jeder Dritte geht dieser Aktivität mehrmals pro Monat nach. Tourismusbezogene Informationsangebote werden also von der Hälfte der österreichischen und deutschen Internet-User regelmäßig genutzt. Demgegenüber buchten bislang 24% online ein Hotel sowie 16% eine Reise. Interessant ist dabei die potentielle Steigerungsrate, denn fast 2/3 der Befragten wollen in Zukunft ihre Unterkunft via Internet reservieren (+150%), 56% beabsichtigen zukünftig Reisen online zu buchen (+250%). Auch unter den Internet-Usern, die derzeit noch überhaupt keine Einkäufe über das WWW tätigen, besteht große Bereitschaft, dies in Zukunft zu tun. Mehr als die Hälfte will künftig Tickets/Hotelzimmer/Reisen via Internet buchen. (EC3 2001, 84)

5. Was wird gekauft? –
Österreich im internationalen Vergleich

Die Studie „Internet User und E-Commerce – das Online-Einkaufsverhalten der User im deutschsprachigen Raum" (Electronic Commerce Competence Center EC3 2001) zeigt deutlich die Bedeutung einer Online-Präsenz in der Reisebranche, welche durch entsprechende E-Commerce-Aktivitäten ergänzt werden muss. Von 2532 Respondenten aus Deutschland und Österreich haben bereits 1785 Internet-User Online-Einkäufe getätigt. Welche Einkaufspräferenzen hinsichtlich der Produktkategorien die Web buyer haben und was sie künftig kaufen wollen zeigt Abbildung 9.

Eine im Jahr 2000 durchgeführte Untersuchung von Cap Gemini Ernst & Young zeigt bei insgesamt über 7000 befragten Konsumenten in 12 Ländern, welche Waren von den Online-Shoppern via Internet eingekauft werden (Abbildung 8). An vorderster Front sind überlicherweise Bücher, Computer/-Zubehör sowie CDs zu finden, gefolgt von Tourismus-Gütern wie Tickets und Online-Reservierungen. Reiseangebote gehören also bereits auf internationaler Ebene zu den wichtigsten Produkten im b2c Bereich. Die Bedürfnisse der Kunden und das rasante Nachfragewachstum im Online-Bereich sind eine treibende Kraft, die es Tourismusunternehmen fast unmöglich macht sich dem Internet als zumindest zweitem Distributionskanal zu entziehen. Ganz im Gegenteil: Auf diesem Wege können neue Absatzchancen wahrgenommen werden ohne den Effekt einer möglichen Kannibalisierung überbewerten zu müssen.

Abbildung 8: Top 10 der online gekauften Güter und Dienstleistungen nach Ländern

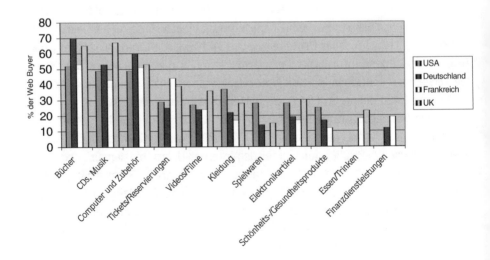

Abbildung 9: Was wird jetzt und in Zukunft online gekauft? – Internet-User aus Österreich und Deutschland (EC3 2001, 82)

Vergleich bisheriger und zukünftiger Online-Einkäufe der Online-Shopper

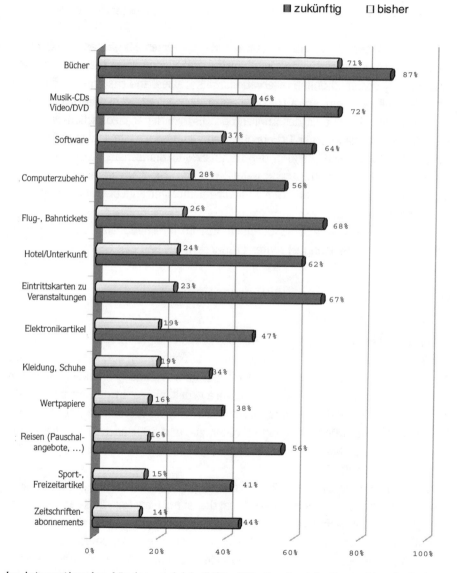

Im internationalen Ländervergleich (USA, UK, Frankreich, Deutschland) sind bestimmte Produktkategorien als eindeutige Favoriten erkennbar. (Siehe Abbildung 8) Insbesondere homogene, eindeutig beschreibbare und somit leicht vertreibbare

Waren wie Bücher, CDs, Computer, Computerzubehör, Videos werden gerne ge-kauft. Ebenso erfreut sich das Kaufen von Tickets und Durchführen von Online-Reservierungen nicht nur besonderer Beliebtheit, sondern wird von den Kunden zu-nehmend als Selbstverständlichkeit angesehen. Nichts enttäuscht einen potentiel-len Neukunden mehr als die nicht erfüllte Erwartung Angebotenes auch sofort or-dern zu können.

Um es mit den provokativ deutlichen Worten eines Mitgliedes der Gartner Group zu formulieren: „ ... nearly all leisure travel companies that do not offer competitively designed online reservations, ticket sales, and customized travel in-formation will be driven out of the business or be acquired." (Lou Marcoccio 2000) Auf der Nachfragerseite ist der Andrang groß, 44% der französischen Web buy-er kaufen bereits via Internet Tickets oder nehmen Reservierungen vor, gefolgt von 39% in Großbritannien, 29% in den USA, 25% in Deutschland. Demgegenüber reagiert z. B. der israelische Markt mit 12% sehr zurückhaltend, denn abgesehen von Büchern (65%) ist man beim Einkauf im Internet angebotener Waren ver-gleichsweise zögerlich.

Österreich und Deutschland befinden sich im internationalen Vergleich (vgl. Abbildung 8 und Abbildung 9) hinter Frankreich, UK und den USA.

6. Online-Aktivitäten der österreichischen Tourismusbranche

Die eher kleinstrukturierte Wirtschaft Österreichs weist bei den KMUs (kleine und mittlere Unternehmen) eine relativ hohe Internetpenetration auf: 42,9% der 1148 befragten Unternehmen verfügen über einen Internetzugang an einem einzelnen Computerarbeitsplatz, 28,8% über mehrere Arbeitsplätze. Insgesamt präsentiert sich ca. jedes dritte befragte Unternehmen (35,4%) via Website im Internet. Jene Respondenten mit Internetzugang verfügen zu rund 50% auch über eine eigene Website. Eine branchenbezogene Betrachtung zeigt, dass der Tourismus mit 67% im Spitzenfeld liegt. (EC3 2001)

Die Thematik des Online-Verkaufs ist den österreichischen Klein- und Mittelbe-trieben bewusst, obwohl sich dieser Absatzkanal noch als Rarität darstellt. Unge-fähr jedes zehnte aller befragten Unternehmen (9,5%) verkauft Produkte oder Dienstleistungen über das Internet. Dabei sticht aber der Tourismussektor positiv hevor: Während beispielsweise in den Bereichen Chemie (7%), KFZ (4%), Elektro/Metall (3,2%) kaum via Internet verkauft wird, wählt rund jeder dritte Tourismus-betrieb (35,6%) mit Webauftritt das Internet als Distributionskanal (Abbildungen 10 und 11).

Abbildung 10: Anteil der Unternehmen mit Webauftritt (Basis: Firmen mit Internetzugang [EC3 2001, 75])

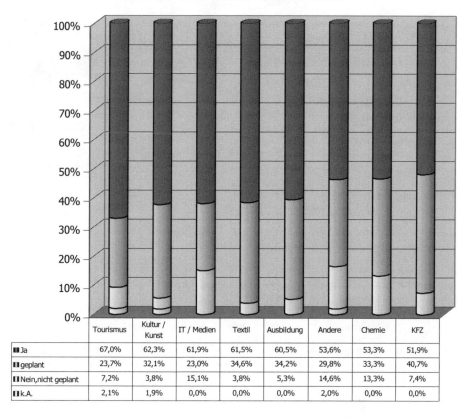

Website nach Wirtschaftsbereichen

	Tourismus	Kultur / Kunst	IT / Medien	Textil	Ausbildung	Andere	Chemie	KFZ
Ja	67,0%	62,3%	61,9%	61,5%	60,5%	53,6%	53,3%	51,9%
geplant	23,7%	32,1%	23,0%	34,6%	34,2%	29,8%	33,3%	40,7%
Nein,nicht geplant	7,2%	3,8%	15,1%	3,8%	5,3%	14,6%	13,3%	7,4%
k.A.	2,1%	1,9%	0,0%	0,0%	0,0%	2,0%	0,0%	0,0%

Abbildung 11: Anteil der Unternehmen mit Online-Verkauf (Basis: Firmen mit Webauftritt [EC3 2001, 97])

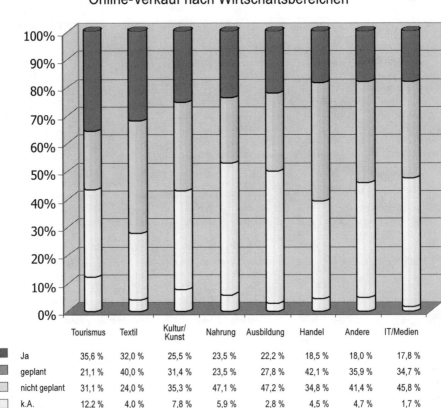

Online-Verkauf nach Wirtschaftsbereichen

	Tourismus	Textil	Kultur/ Kunst	Nahrung	Ausbildung	Handel	Andere	IT/Medien
Ja	35,6 %	32,0 %	25,5 %	23,5 %	22,2 %	18,5 %	18,0 %	17,8 %
geplant	21,1 %	40,0 %	31,4 %	23,5 %	27,8 %	42,1 %	35,9 %	34,7 %
nicht geplant	31,1 %	24,0 %	35,3 %	47,1 %	47,2 %	34,8 %	41,4 %	45,8 %
k.A.	12,2 %	4,0 %	7,8 %	5,9 %	2,8 %	4,5 %	4,7 %	1,7 %

7. Elektronische Kataloge und Trends

Nachfrager und Anbieter stellen unterschiedliche Anforderungen an elektronische Informationssysteme. Im Generellen suchen Nachfrager nach einer Harmonisierung des Angebotes, während Anbieter differenzieren. Ein potentieller Käufer bevorzugt Vergleichbarkeit bei Web-Auftritten, Produktbeschreibungen und verwendeten Terminologien – um dadurch Anbieter vergleichbar zu machen. Dagegen tendieren Anbieter dazu, im Rahmen einer unique selling proposition (USP) und Produkt-differenzierung auch eigene Terminologien und Interfaces zu entwicklen, um so der direkten (Preis)vergleichbarkeit zu entgehen. Somit verbinden Anbieter und Käufer sehr unterschiedliche Zielvorstellungen an sogenannte elektronische Kataloge, dargestellt in Abbildung 12. Dies macht auch deutlich, dass das Design solcher Applikationen eine klare Strategie verfolgen muss.

Abbildung 12: „Zielvariablen" elektronischer Kataloge (Baron et al. 2000, 390)

Goal	Buyer	Suppllier
Access to e-Catalog	Easy access	Easy access
Discovery of information in e-Catalog	Simple and quick – based on generic terminology	Simple and quick – based upon the supplier's terminology and search technique
Price specificity to the buyer	specific to buyer	specific to buyer
Content	Common format	Accentuation the points upon which the supplier chooses sell
Comparison	Easy to compare products internally and to other suppliers	Limited to internal comparisons
Substitution	Across all suppliers/ manufacturers	Limited to the supplier's items
Specificity of the applications	Universal applications – buy and learn once use everywhere	Proprietary to the supplier – if you go elsewhere you must relearn
Trust	Provide a high level of trust	Provide a high level of trust

Die europäische Online-Reiseindustrie bietet dementsprechend zahlreiche Beispiele unterschiedlicher „business models". Vor allem die Rolle des Intermediärs, der am Markt als unabhängige „Handelsinstanz" zwischen Käufer und Verkäufer fungiert, findet seine praktische Entsprechung in Tourismusportalen wie z. B. www.expedia.com, www.tiscover.at, www.travelocity.com, etc. Dabei kann einerseits ein bislang physisch vorhandener Intermediär auch ausgeschalten werden (Disintermediation), wobei die Leistung des ursprünglichen Zwischenhändlers kopiert wird, oder auch neue Leistungstypologien entwickelt werden. (Siehe Kap. 8) Abbildung 13 liefert in komprimierter Form eine Bestandsaufnahme der Online-Geschäftsziele in der Tourismusbranche und zeigt, dass beginnend mit einer reinen Online-Präsenz in einer zweiten Stufe die Kundengewinnung im Vordergrund stand, und damit verbunden auf die Bedürfnisse des jeweiligen Kunden zugeschnittene Websites (Personalization) sowie Buchungsmöglichkeiten. In der aktuellen Phase steht die Kundenbindung (Customer Retention) im Vordergrund. Die Abbildung veranschaulicht aber auch die Geschwindigkeit mit der diese neuen Geschäftsziele und damit verbundene Technologien entstehen.

Abbildung 13: Drei Generationen in wenigen Jahren (Werthner und Klein, 1999)

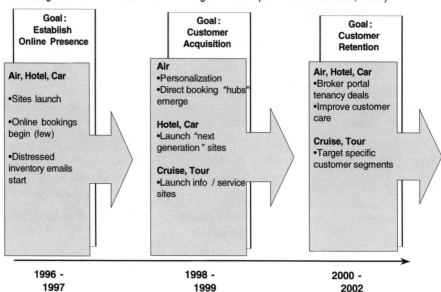

8. Einige Beispiele

Die Abbildungen 14–16 zeigen einige praktische Beispiele von Anwendungen im Tourismusbereich, die z. B. Angebote aggregieren und dem potentiellen Käufer sowohl Informationen als auch vergleichende Offerte zur Verfügung stellen. Hierbei treten länderspezifische Spezialisierungen (z. B. Österreich, Europa, international) oder produktspezifische Spezialisierungen (z. B. nur Hotels) auf. Buchungen können sofort online vorgenommen werden. Dabei initiiert die Dynamik des Marktes laufend neue Allianzen mit dem Ziel eines gegenseitig wettbewerbsstärkenden Effektes, Eintritte branchenfremder Unternehmen (siehe Microsoft mit Expedia), dem Lancieren neuer Services (z. B. reversed auction von priceline), etc.

TIScover ist ein Beispiel eines Destinationssystems, wobei sich die Destination weitgehend „selbst organisiert". Alle Anbieter einer Destination werden auf einer gemeinsamen Reiseplattform präsentiert. Die von Destination Marketing Organisationen und Unterkunftsbetrieben über Extranet auf den Server gestellten Informationen und Angebote können via Internet auf www.tiscover.com vom Internet-User abgefragt und gebucht werden (je nach Bedarf für Österreich, Deutschland oder die Schweiz). Obwohl Tiscover Destinationen „demokratisch" vertritt, ist es als neuer Zwischenhändler zu betrachten. Dabei wird dieses System mittlerweile als weltweit führend anerkannt, und ist auch hauptverantwortlich für die führende Position österreichischer Destinationen im Internet. (Oertel et al., 2001)

Abbildung 14: TISCOVER Austrian Travel Network (Quelle: http://www.tiscover.at, Abruf am 27.02.2001)

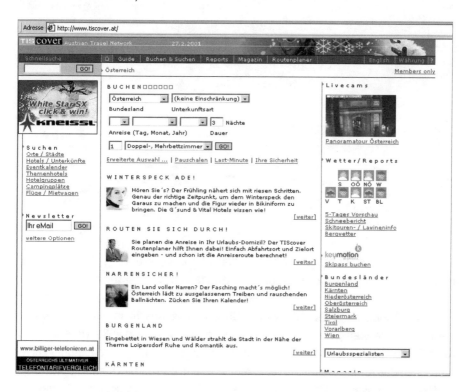

Expedia ist ein typisches Equivalent des klassischen Reisebüros in virtueller Form. Entwickelt von Microsoft, ist dieses IT Unternehmen auch der Betreiber dieser Web Site, mit dem Ziel im Tourismus- und Reisesektor Fuss zu fassen. Es stellt somit das klassische Beispiel eines sogenannten gelungenen „cross-overs" dar. Das physische Reisebüro wird im Rahmen dieses Geschäftsmodells durch einen Online-Auftritt substituiert. Das Angebotsspektrum umfasst das klassische Angebot, wie es via Reisebüros von CRS/GDS vertrieben wird (Airlines, Hotelketten, Reiseveranstalter, etc.).

Abbildung 15: Expedia Deutschland (Quelle: http://www.expedia.de, Abruf am 27.02.2001)

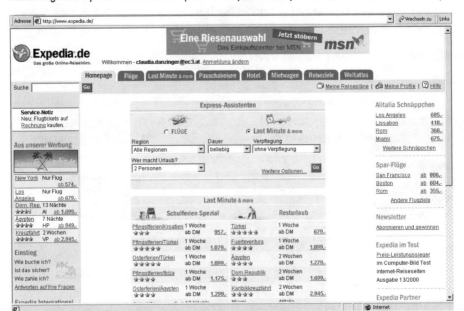

Ein vollkommen neues Online-Geschäftsmodell etablierte die Firma Priceline. Im Rahmen einer „reversed auction" gibt der Kunde seine Produktpräferenzen an und erhält von Priceline ein passendes Angebot, welches aus den Angeboten konkurrierender Anbieter ausgewählt wurde. Üblicherweise macht in einer Auktion der Anbieter den ersten Schritt, indem er bestimmte Waren oder Services anbietet. Konträr zu dieser gewohnten Auktionsform ergreift im Fall von umgekehrten Auktionen der Kunde die Initiative, indem er den Preis (und u.U. andere Attributspräferenzen) bekannt gibt, den er für ein bestimmtes Produkt oder Services zu zahlen bereit ist. Dem Verkäufer steht es frei dieser Anfrage nachzukommen. Dieses Geschäftsmodell ist ein typischer Vertreter eines käufergesteuerten Modells (buyer-driven). Priceline.com betreibt seit 1998 einen Marktplatz im Internet und agiert als Intermediär, der Kaufangebote entgegennimmt und an Verkäufer weiterleitet. Wird ein Angebot erfüllt, kann der Kunde nicht mehr zurücktreten. Im Fall eines Vertragsabschlusses erfolgt eine Bezahlung durch Belastung der Kreditkarte, deren Nummer bei Plazierung einer Nachfrage angegeben werden muss. (Brandtweiner et al. 2000, 8ff)

Abbildung 16: Marktplatz für umgekehrte Auktionen am Beispiel von Priceline (Quelle: http://www.priceline.com, Abruf am 16.03.2001)

9. Was bringt die Zukunft?

Der nächste technologische Schub – mobile Anwendungen – ist bereits deutlich erkennbar, wobei auch hier wiederum der Reise- und Tourismussektor als der Anwendungsbereich gesehen wird (vgl. z.B. europäische und andere internationale IT Forschungsprogramme). Folgende Kurzgeschichte illustriert ein mögliches Szenario und demonstriert zahlreiche Vorteile der Verwendung eines mobilen Endgeräts (hier ein PDA) im Kontext einer Reise:

- „Im Freitag-Nachmittag-Stau am Weg zum Kennedy-Airport steckend, wird Ihnen klar, dass Sie Ihren 6-Uhr Flug nach Los Angeles nicht schaffen werden. Bewaffnet mit einem Smartphone buchen Sie auf einen späteren Flug um, wechseln in die erste Klasse, bestellen ein vegetarisches Menü, und senden noch schnell ein e-mail an die Autovermietung und das Hotel, in welchem Sie über Ihre spätere Ankunft informieren. Mit einem Seufzer der Erleichterung heben Sie ab ...

- Schließlich landen Sie in L.A., jedoch steht das bestellte Auto nicht für Sie bereit. Nicht weiter verzagt verwenden Sie ihren PDA (personal digital assistent) und holen bei lokalen Agenturen Angebote ein. In kürzester Zeit wählen Sie den vollgetankten BMW zum halben Preis von Avis'.

- Als Fremder in L.A. instruieren Sie Ihren sprachaktivierten, internetfähigen PDA, der praktischerweise in der Becherhalterung steckt und vom Zigarettenanzünder mit Strom versorgt wird, Fahrstrecken zu ihrem Hotel downzuloaden. Sie sind am Weg ..."

Quelle: mobilocity.net: Understanding the Fundamentals of M-Commerce, June 2000 (Übers. durch d. Verf.)

Ein mobiles Telefon kann beispielsweise auch zu einem mobilen Reiseführer mutieren, der „location based content" liefert, je nach Sehenswürdigkeit und damit verbundenem Standort werden im Rahmen einer Sight-Seeing-Tour entsprechende Informationen übertragen. Der Tourismusbereich hat das Potential sich als treibende Kraft mobiler Applikationen zu präsentieren.

Darüberhinaus werden die folgenden, nur kurz skizzierten, Trends die „Tourismus und E-Commerce"-Landschaft kontinuierlich beeinflussen und verändern (vgl. Werthner und Klein 2001): Ähnlich zu anderen Branchen wird es zu einer weiteren Deregulierung und einer verminderten Bedeutung der öffentlichen Hand kommen. Dieses relativ liberale Umfeld ermöglicht auf makroökonomischer Ebene sowohl das Eindringen neuer branchenfremder Unternehmen als auch das Etablieren neuer Zwischenhändler bei gleichzeitig verstärkten Konzentrationstendenzen (die bereits jetzt klar erkennbar sind). Insbesondere in Nischenmärkten werden neue Zwischenhändler in der Lage sein, sich schnell zu positionieren. Der „competitive response" der existierenden Spieler (wie Reiseveranstalter oder Fluglinien) äußert sich dagegen in Zusammenschlusstendenzen zur Abwehr von Markteindringlingen (z. B. gemeinsame Internet-Plattformen von Airlines, um den Verkauf von Flugtickets weiter zu kontrollieren).

Wir werden Zeugen permanenter und sich beschleunigender Innovationen sein, sowohl in technischer Sicht als auch im Hinblick auf Geschäftsmodelle. Ein weiterer Druck auf Anbieter durch neue, stark kundenorientierte Zwischenhändler, begleitet von innovativen Preismechanismen (Auktionen und Individualisierung der Preisgestaltung) ist zu erwarten. Zudem werden sich neue Formen der Zusammenarbeit entwickeln: etwa durch die Etablierung von zeitlich begrenzten Kooperationsnetzwerken, in denen Firmen temporär projektbezogen stärker gemeinsam agieren (z. B. zeitlich befristete Hotelkooperationen, um der Nachfrage von Reiseveranstaltern nachkommen zu können, u. U. mit „Börsencharakter"). Diese permanenten Veränderungen, wobei sich Ordnung und Unordnung gegenseitig ablösen und auch gleichzeitig existieren, unterstreichen die Bedeutung des „Wissensmanagements" und fordern zugleich eine Intensivierung der Forschung.

Literatur

Baron, J., Shaw, M., Bailey, A. (2000): Electronic Catalogs in the Web-Based Business-to-Business Procurement Process. In: Shaw, M., Blanning, R. Strader, T., Whinston, A. (2000): Handbook on Electronic Commerce, Springer-Verlag.

Brandtweiner, R., Danzinger, C., Mahrer, H. (2000): New Pricing Methods for Internet Based Trade: Differential Pricing and Reverse Auctions, Wien 2000.

Electronic Commerce Competence Center EC3 (2001): Internet User und E-Commerce – das Online-Einkaufsverhalten der User im deutschsprachigen Raum, Wien.

Electronic Commerce Competence Center EC3 (2001): Internetnutzung und E-Commerce-Aktivitäten der österreichischen Klein- und Mittelbetriebe, Wien.

eMarketer (2001): eCommerce: B2B Report, In: http://www.emarketer.com/ereports/ecommerce_b2b/welcome.html, Abruf am 22.02.2001.

Ernst & Young (2001): Global Online Retailing Report. Großbritannien.

First Surf (1999): Reisemarkt Internet – Deutsche entdecken das Web für Reisevorbereitung. In: http://www.electronic-commerce.org/marktbarometer/ trends/reisemarkt.html, Abruf am 22.02.2001.

Forrester Research (1999): Europe enters Ecommerce Hypergrowth. In: http://www.forrester.com/ER/Research/Report/MarketOverview/0,1338,8706,FF.html, Abruf am 27. 02. 2001.

Jupiter Research (1999): http://www.jupitercommunications.com, New York.

Kalakota, R., Whinston, A. (1996): Frontiers of Electronic Commerce. Addison Wesley, Reading.

Kelly, K. (1997): New Rules for the New Economy. Wired 5/9, September 1997, 140-146 und 186-197.

Lou Marcoccio in Steven Bonisteel (2000): Online Travel Biz To Reach $30-Bil By 2001, Stamford, Connecticut, http://www.bizreport.com/news/2000/01/20000107-1.htm, Abruf am 28.02.2001.

Mobilocity.net (2000): Understanding the Fundamentals of M-Commerce, In: http://www.mobilocity.net/w_papers/M-Commerce_Fundamentals_by_Mobilocity.pdf, Abruf am 28.02.2001.

OECD, DSTI/ICCP/IIS (2000): Defining and Measuring Electronic Commerce. A Background Paper. OECD.

Oertl, B., Thio, S., Feil, T. (2001): Benchmarking Tourism Destination in the European Union. In: Information and Communication Technologies in Tourism. Proc. of the 8th ENTER Conference 2001. April 2001, Montreal, Canada, Springer Verlag,

Werthner, H., Klein, S. (1999): Information Technology and Tourism – A Challenging Relationship. Wien, New York: Springer-Verlag.

Claudia Danzinger & Hannes Werthner

Zusammenfassung

Die Umsetzung von e-business Strategien sowie die kontinuierliche Adaptierung dieser an geänderte Marktbedingungen erfordert eine permanente Marktbeobachtung und eine entsprechende Innovationsbereitschaft. Der vorliegende Beitrag erklärt, was überhaupt unter e-business bzw. e-commerce verstanden wird und welche Bedeutung dieser Bereich auf gesamtwirtschaftlicher Ebene sowie im besonderen auf die Tourismusbranche hat. Das Verhalten der Nutzer im WWW sowie ihre Einkaufspräferenzen spielen dabei eine entscheidende Rolle. Unterschiedliche Studien, sowohl zu den Online-Aktivitäten der User (potentielle oder tatsächliche Käufer im Internet) als auch der Anbieter, zeigen die Bedeutung der Tourismusbranche im Internet und lassen erkennen, dass es sich hier um einen der am schnellsten wachsenden Online-Geschäftszweige handelt, was in diesem Beitrag durch entsprechendes Zahlenmaterial belegt wird (z.T. basierend auf eigenen empirischen Untersuchungen). Einige erfolgreiche Tourismusplattformen werden exemplarisch vorgestellt und kurz beschrieben. Darüberhinaus werden Anforderungen an eine kommerziellen Webpräsenz, Trends und Zukunftsaussichten (z.B. im Hinblick auf m-commerce) diskutiert.

Danzinger, Claudia, MMag., Projektmanagerin sowie Vize-Geschäftsführerin im Electronic Commerce Competence Center (EC3). Studium der Betriebswirtschaftslehre und Wirtschaftspädagogik (Schwerpunkte Management/Organisation, Informatik, Personal/Führung), Tätigkeit als Trainerin, im Market Research und als Konsulentin. Bis November 2000 Assistentin an der Abteilung für Wirtschaftsinformatik der WU-Wien auf dem Forschungsschwerpunkt E-Commerce. Sie beschäftigt sich mit Szenario-Analysen von elektronischen Märkten, qualitative Web-Evaluation, Erforschung der Bedürfnisse und des Verhaltens von Online-Kunden, und dem Vergleich von Business-Modellen zwischen traditionellen Unternehmen und Internet-Startups. *E-mail: claudia.danzinger@hotmail.com*

Werthner, Hannes, Dr., zur Zeit Professor an der Universität Trento und Leiter des „eCommerce and Tourism Research Lab" am *irst Forschungszentrum* und der Universität Trento sowie Gründer und Vorstand des E-Commerce Competence Center (EC3) in Wien. Zuvor war er Vorstand an der Abteilung für Wirtschaftsinformatik der WU-Wien. Er ist Mitglied des „strategic advisory board" für das EU 5. RP im Bereich IT und Herausgeber des Journals Information Technology and Tourism. Er studierte Informatik an der TU Wien. *E-mail: Hannes.Werthner@wu-wien.ac.at*

Hansruedi Müller

Qualitätsmanagement in alpinen Destinationen

1. Qualitätsorientierung als Chance und Notwendigkeit

In den 90er-Jahren befand sich der Tourismus in vielen Regionen des Alpenraums in einer tiefschürfenden Krise, aus der er sich nur langsam erholte. Die hauptsächlichsten Ursachen waren wohl und sind noch immer:

- *Zunehmende Konkurrenzierung*: Der Preisverfall vor allem im Luftverkehr hat die Ferne immer attraktiver gemacht. Entwicklungsregionen haben den Tourismus zunehmend als wirtschaftlichen Rettungsanker entdeckt. Dies führte weltweit zu riesigen Überkapazitäten in allen touristischen Teilbereichen. Der Tourismus in hochentwickelten Volkswirtschaften gerät immer mehr unter Druck.
- *Zunehmende Vermassung*: Kaufkraftstarke Individualgäste werden immer mehr durch den Massencharakter touristischer Angebote verdrängt. Im Zeitalter der Individualisierung führt dies zu Umsatz- und Rentabilitätsverlusten.
- *Abnehmende Attraktivität*: Im Zuge des schnellen touristischen Wachstums wurden viele ästhetische Sünden begangen. Natur und Kultur wurden freizeitgerecht zugerichtet, authentizitätslose Bauten entstanden, hässliche Eingriffe verunstalten da und dort die Landschaft. Die nähere Umgebung wurde möbliert und mit Hinweisschildern aller Art übersät. Und alles geschah friedlich und beinahe unbemerkt.
- *Abnehmende Gastlichkeit*: Wohlstandserscheinungen machten sich auch in Tourismusorten immer mehr bemerkbar. Es entwickelte sich eine „Wir-haben-es-nicht-nötig-Mentalität". Eine abwehrende Haltung, Überheblichkeit, ja Arroganz den Gästen gegenüber verbreitete sich. Servicebereitschaft, Zuvorkommenheit, Freundlichkeit oder gar Gastfreundschaft wurden zunehmend verdrängt.

511

- *Veränderte Gästebedürfnisse*: Die Alltagssituation mit weitverbreiteten Merkmalen wie Stress, Vereinsamung, Wohlstandskoller oder ökologischen Bedrohungen haben zu einer verstärkenden Sehnsucht nach Stimmigem, Schönem und Ausgefallenem geführt. Die zunehmende Reiseerfahrung verstärkte die Möglichkeit, Vergleiche unter Ferienangeboten anstellen zu können. (Vgl. Müller, 2000, 12)

In dieser Situation machten touristische Anbieter in den letzten Jahren harte Erfahrungen: Nur wenige Gäste beschweren sich über qualitative Mängel. Viel häufiger reagieren sie unauffälliger oder unbewusster: Sie kommen einfach nicht mehr.

Die Orientierung an einer ganzheitlich verstandenen Qualität bietet sich für traditionelle Reisedestinationen als einziger erfolgversprechender Ausweg. Zudem eröffnet die Qualitätsorientierung vielfältige Möglichkeiten, sich gegenüber Konkurrenten zu profilieren. Ein vielversprechendes, aber bestimmt kein einfaches Unterfangen.

Qualität heißt somit das Schlüsselwort im alpinen Tourismus. Total Quality Management (TQM) ist in aller Munde. „Qualität vor Quantität", „Qualitätsüberstatt Preisunterbietung", „Qualitätsbewusstsein", „Qualitätsoffensive" – so lauten die Parolen. Werden jedoch die Forderungen hinterfragt, wird offensichtlich, dass hinter dem Qualitätsanspruch eine Vielzahl von Vorstellungen steckt, was Qualität bedeutet und was entsprechende Methoden bewirken sollen.

Während in den 80er-Jahren Qualität primär eine volkswirtschaftliche und damit politische Dimension hatte (vgl. Fischer 1985, Krippendorf 1986), also eine Entwicklungsstrategie darstellte, wurde sie in der touristischen Betriebswirtschaft erst in den 90er-Jahren zu einem zentralen Thema. In seinem faszinierenden Buch „Qualität im Tourismus" kommt Manfred Kohl (1990) zu Schluss: „Qualität im Tourismus ist auf allen Ebenen machbar. Und diese Qualität wird das Wettbewerbsinstrument Nummer eins in den kommenden Jahren – dem Jahrzehnt der Qualität. Ein harter Weg, der wieder Geld und persönlichen Einsatz kosten wird. Am teuersten wird es aber sein, nichts zu tun."

2. Ein Phänomen mit sieben Siegeln

Alle sprechen von Qualität, doch gehen die Vorstellungen über dieses Phänomen weit auseinander. Für die einen bedeutet Qualität einen hohen Komfortstandard, für die andern Kleinigkeiten, die außerordentlich gut zu machen sind. Die einen erhoffen sich mit Qualität eine hohe Wertschöpfung, die andern mehr Gastlichkeit. Die einen denken an die Hardware, die andern an die Software. Die einen meinen Wachstum, die andern Schrumpfung. Die einen möchten Qualität entwickeln, die andern bewahren. Für die einen ist Qualität objektiv erfassbar, für die andern nur subjektiv erlebbar. Die einen verstehen unter Qualität Einzigartigkeit, andere ISO-Zertifizierung. Qualität wurde zu einem Phänomen mit sieben Siegeln.

Man musste sich deshalb auch im Tourismus darauf einigen, dass die Sicht respektive das Urteil des Kunden oder des Gastes den zentralen Maßstab darstellt. Der Versuch einer objektiven Messbarkeit wurde verworfen und die subjektive Bewertung durch den Kunden akzeptiert. Qualität wurde definiert als die Beschaffenheit eines Produktes, einer Leistung oder einer organisatorischen Einheit, gemessen an den Erwartungen der anvisierten Zielgruppen.

In den letzten Jahren hat innerhalb der Qualitätsdiskussion die Dienstleistungs- oder Servicequalität eine immer größere Bedeutung erlangt. In verschiedenen Studien wurde untersucht, auf welche Art und Weise Kunden/Gäste die Qualität von Dienstleistungen bewerten. Vier Aspekte beeinflussen die Erwartungen der Gäste: Die persönlichen Bedürfnisse und die spezifische Situation der Gäste, die Mund-zu-Ohr-Propaganda der Gäste, die vergangenen Erfahrungen mit dem Anbieter sowie die Kommunikation und der Preis des Anbieters.

In verschiedenen Untersuchung wurden die vielen möglichen Dimensionen von Servicequalität auf fünf verdichtet (vgl. Parasuraman, Zeithaml und Berry, 1988, 31):

1. *Zuverlässigkeit* (Reliability): Die Zuverlässigkeit eines Betriebes, die versprochenen Leistungen zeitlich und qualitativ erfüllen zu können

2. *Leistungs- und Fachkompetenz* (Assurance): Versicherung, dass die in Aussicht gestellte Leistung fachgerecht (kompetent) erbracht werden kann

3. *Freundlichkeit und Entgegenkommen* (Responsiveness): Fähigkeit eines Betriebes, auf Kundenwünsche einzugehen und diese rasch erfüllen zu können

4. *Einfühlungsvermögen* (Empathy): Fähigkeit der Mitarbeiter und Mitarbeiterinnen eines Betriebes, sich in die Kunden einzufühlen und die Erwartungen und Bedürfnisse zu erkennen.

5. *Annehmlichkeit des materiellen Umfeldes* (Tangibles): Erscheinungsbild, Atmosphäre und Ausstattung eines Betriebes.

Die Erkenntnisse aus den vielen Untersuchungen zur Servicequalität können im sogenannten Servqual-Modell zusammengefasst werden:

Abbildung 1: Das SERVQUAL-Modell

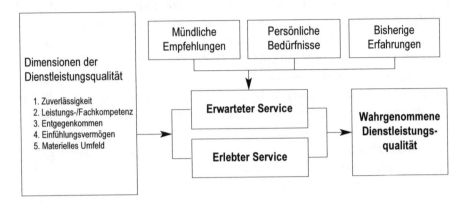

Quelle: In Anlehnung an A. Parasuraman, V.A. Zeithaml , L.L. Berry: A Conceptual Model of Service Quality and its Implications for Future Research, in: Journal of Marketing, Vol. 49, Nr. 4, New York 1985, S. 47

3. Qualität im Tourismus

Das Bestreben, konstant hochwertige Produkte anzufertigen und hervorragende Leistungen zu erbringen, ist im Tourismus schwieriger als in anderen Bereichen, denn

- die Gäste fragen ein *Leistungsbündel* nach, das nach innen nur lose strukturiert ist und dessen Gesamtqualität durch viele Teilqualitäten zustande kommt,
- *komplementäre Leistungserbringer* wie beispielsweise der gesamte Verkehrssektor sind sehr bedeutungsvoll,
- *ursprüngliche Angebotsbestandteile* wie Wetter, Schneelage oder Gastfreundlichkeit, auf deren Qualität kaum Einfluss genommen werden kann, spielen in bezug auf die Gästezufriedenheit eine entscheidende Rolle,
- die *Qualitätsvorstellungen* der Gäste sind extrem unterschiedlich,
- *räumliche und zeitliche Konzentrationen* (Wechselspiel zwischen Überfüllung und Unterbelegung) treten häufig auf.

Dazu kommen noch Gründe, die in der besonderen Beschaffenheit der touristischen Dienstleistung liegen:

- *Abwesenheit*: viele touristische Konsum-Entscheidungen werden getroffen, ohne die Qualität der bestellten oder gebuchten Leistung zu kennen; Qualität wird zur Vertrauensfrage

- *Residenzprinzip*, d.h. das Leistungserzeugnis kann nicht zum Nachfrager hingebracht werden; er muss für den Konsum den Raum selber überwinden; eine eigene Leistung ist Voraussetzung und Bestandteil von Qualität im Tourismus
- *Synchronität*: Leistungserstellung und Absatz respektive Konsum fallen zusammen; qualitative Mängel haben unmittelbare gravierende Folgen
- *Immaterialität*: ein bedeutender Teil der touristischen Leistungen sind abstrakte, d.h. immaterielle, nichtstoffliche, weder sicht- noch greifbare Konsumgüter; die situative Qualitäten wie Stimmungen oder Befindlichkeiten sind zentral.

Abbildung 2: Struktur der Qualität im Tourismus

Quelle: In Anlehnung an Felizitas Romeiß-Stracke: Service-Qualität im Tourismus, München 1995

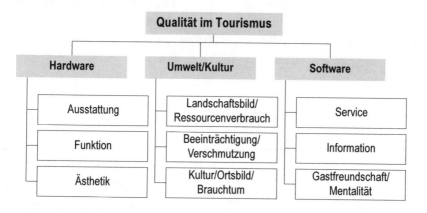

Qualität setzt sich im Tourismus aus sehr unterschiedlichen Komponenten zusammen: aus Hard- und Software, aus natürlichen und gebauten, aus abstrakten und materiellen, aus beeinflussbaren und unbeeinflussbaren Komponenten. Den Gast interessierte es aber kaum, wie diese Gesamtqualität zustande kommt: Er erwartet, dass ihm jede einzelne Komponente in hoher Perfektion und Schönheit zur Verfügung gestellt wird.

4. Qualitätsmanagement im Tourismus

Viele Unternehmungen dürfen sich aus ihrer Tradition heraus rühmen, Qualität besonders zu pflegen. Qualitätsarbeit galt lange Zeit als Erfolgsrezept des Alpenraums. Inzwischen haben sich zahlreiche Konkurrenten stark verbessert und den Alpentourismus in dieser Hinsicht eingeholt.

Im Zusammenhang mit touristischen Qualitätsoffensiven stehen die folgenden drei Aspekte des Qualitätsmanagements im Zentrum:

- *Qualitätsanspruch*: Das selbst festgelegte Leistungsniveau, um segmentsspezifische Gäste- und Mitarbeiterwünsche zu befriedigen.
- *Qualitätsentwicklung*: Die aktive Pflege dieses Leistungsniveaus und dessen kontinuierliche Verbesserung
- *Qualitätssicherung*: Die bewusste Überprüfung des Leistungsniveaus sowie die Reaktionen bei festgestellten Abweichungen.

Das EFQM-Modell der European Foundation for Quality Management (EFQM 1999) mit den fünf Dimensionen als *Voraussetzungen* für die Erbringung von Qualität (Führung, Politik, Mitarbeiter, Ressourcen und Partnerschaften sowie Prozesse) und den vier *Ergebnisdimensionen*, an denen Qualität gemessen werden kann (gäste-, mitarbeiter- und gesellschaftsbezogene Ergebnisse sowie finanzielle Ergebnisse) ist eine umfassende Darstellung eines gesamten Qualitätsmanagement-Systems.

Abbildung 3 : Das EFQM-Modell für Excellence

Quelle:EFQM: Das EFQM Modell für Excellence 1999, Bruxelles 1999, S. 8

5. Das Qualitätsprogramm des Schweizer Tourismus

Aus oben erwähnten Gründen wurde 1995 im Schweizer Tourismus eine Qualitätsoffensive gestartet. Erstes Ziel einer Aktion von Schweiz Tourismus war die Sensibilisierung der Branche auf das Thema Qualitäts-Management mit dem Schwerpunkt der Servicequalität. Es wurde ein „Quality Club" gegründet und ein Informationsblatt „Quality News" geschaffen.

Als nächsten Schritt der Qualitätsoffensive lancierten 1997 die wichtigsten touristischen Dachverbände der Schweiz ein gemeinsames Programm zur Einführung eines nationalen Qualitäts-Gütesiegels. Mit der Vorbereitung des Programms und der Erarbeitung der entsprechenden Instrumente wurde das Forschungsinstitut für Freizeit und Tourismus (FIF) der Universität Bern und die Frey Akademie in Zürich beauftragt. Das Programm wird vom Schweizer Tourismus-Verband koordiniert.

Das Programm verläuft in drei Stufen. Auf der Stufe I werden die Grundlagen, Instrumente und Prozesse für die Weiterentwicklung der Servicequalität vermittelt. Der Weg zum Qualitäts-Gütesiegel Stufe I wird in einem Leitfaden aufgezeigt. Die Stufe II konzentriert sich vermehrt auf die Qualitätssicherung sowie auf die Führungsqualität. Die Stufe III ist einem echten TQM gleichzusetzen. (Vgl. Müller 2000)

Abbildung 4: Die drei Stufen des Qualitätsprogramms des Schweizer Tourismus

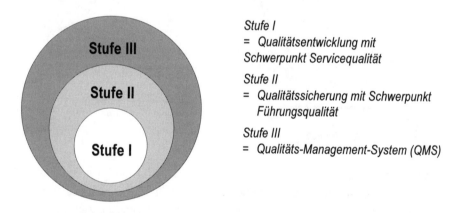

Mit Hilfe des 3-Stufen-Programms werden die touristischen Betriebe langsam an die Anforderungen an ein Qualitätsmanagement-System herangeführt. Sie stehen nicht mehr vor dem schwierigen Entscheid, EFQM, ISO 9000 oder 2Q „Ja" oder „Nein", sondern können das formale Anspruchsniveau laufend steigern.

5.1 Stufe I: „Qualitätsvirus" setzen

Mit dem Qualitäts-Gütesiegel Stufe I werden Betriebe aus dem Schweizer Tourismus – Hotels, Restaurants, Seilbahnen, Skischulen, Tourismusbüros usw. – ausgezeichnet, welche besondere Anstrengungen zur Verbesserung ihrer Servicequalität unternehmen. Das Gütesiegel ist ein Zeichen der Anerkennung, welches primär die Mitarbeiterinnen und Mitarbeiter motivieren soll, sich auf dem Weg zu mehr Qualität ständig weiterzubewegen. In diesem Sinne ist das Gütesiegel auch eine Verpflichtung zur ständigen Erbringung bzw. Sicherung der Qualität.

Um das Qualitäts-Gütesiegel zu erlangen, müssen die vier eigens für dieses Programm entwickelten Instrumente zur Förderung der Servicequalität im eigenen Betrieb systematisch eingesetzt werden:

- *Serviceketten*: Für die wichtigsten Gästegruppen sind die Dienstleistungsketten im Hinblick auf mögliche kritische Ereignisse zu überprüfen, der „gute Service" in Form von Qualitätsstandards festzulegen und daraus erforderliche Maßnahmen abzuleiten.

Abbildung 5: Servicekette für ein Hotel mit kritischen Ereignissen und guter Qualität

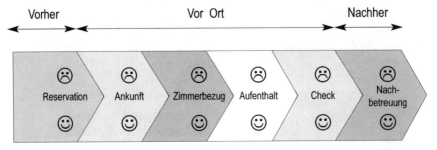

= Kritische Ereignisse

= Guter Service

- *Qualitätsprofil*: Im Sinne eines Cross Check sind die für die Servicequalität maßgeblichen Unternehmensbereiche bezüglich ihres Qualitätsbewusstseins zu überprüfen. Dabei können aus den folgenden zehn Qualitätsaspekten sechs ausgewählt werden: Gästeerwartungen kennen, Mitarbeiter weiterbilden, Hilfsmittel und Einrichtungen pflegen, Sonderwünsche berücksichtigen, Gästezufriedenheit kennen, Mitarbeiterzufriedenheit kennen, Aufmerksamen Umgang mit Gästen pflegen, Fehler wiedergutmachen, im Team arbeiten, mit Partnerbetrieben zusammenarbeiten.
- *Reklamationen*: Mit Hilfe eines Fragebogens muss der Umgang mit Reklamationen überprüft und daraus notwendige Maßnahmen abgeleitet werden
- *Aktionsplan*: Die in den Instrumenten Serviceketten, Qualitätsprofil und Reklamationen formulierten Maßnahmen mit der höchsten Priorität werden in einem Aktionsplan für das kommende Jahr zusammengeführt.

Abbildung 6: Instrumente und Verfahren auf dem Weg zum Qualitäts-Gütesiegel

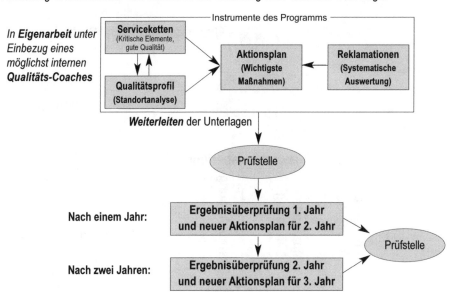

In Seminarien werden sogenannte Qualitäts-Coaches der unterschiedlichen touristischen Unternehmen ausgebildet. Dabei lernen sie den Umgang mit den bereitgestellten Instrumenten und Hilfsmitteln zur Förderung und Messung der Servicequalität. Die Qualitäts-Coaches sind anschließend für die Umsetzung der Qualitätsbestrebungen in den einzelnen Betrieben verantwortlich.

Die Vergabe des Qualitäts-Gütesiegels erfolgt aufgrund einer Selbstdeklaration, das heißt des Nachweises der Erfüllung definierter Anforderungen. Die formelle Prüfung wird durch die Prüfstelle beim Schweizer Tourismus-Verband sichergestellt. Eine regionale Qualitätskommission vergibt aufgrund des Prüfungsberichts das Qualitäts-Gütesiegel für eine Periode von drei Jahren.

5.2 Stufe II: Die Qualität weiterentwickeln und die Ergebnisse über- prüfen

Werden die Vorgaben für die Stufe I erfüllt, kann ein Betrieb die Erlangung des Gütesiegels Stufe II anstreben.

Abbildung 7: Qualitäts-Gütesiegel Stufe II im Überblick

Die Stufe II enthält folgende Anforderungen und Instrumente:

- Der Betrieb ist im Besitz des Qualitäts-Gütesiegels Stufe I.
- Die auf Stufe I ausgebildeten Qualitäts-Coaches werden zu Qualitäts-Trainern weitergebildet.
- Mit Hilfe zweier Instrumente schätzen die Betriebe das Qualitätsbewusstsein und die Befähigung in den unterschiedlichen Organisationsbereichen selber ein: mit dem Führungsprofil im Rahmen des Kaders, mit dem Basisprofil im Rahmen von Qualitätszirkeln gemeinsam mit den Mitarbeitern.
- Mit Hilfe von Fragebögen werden sowohl die Mitarbeiter- wie auch die Gästezufriedenheit systematisch überprüft. Zusätzlich kontrolliert und bewertet eine Mistery-Person die unterschiedlichen Qualitätsaspekte eines Betriebes auf Grund vorgegebener Kriterien.
- Die Resultate werden mit branchenspezifischen Benchmarks versehen und in einem detaillierten Auswertungsbericht in Form eines „Quality House" dargestellt.
- Der Betrieb leitet daraus in einem Aktionsplan sechs bis zehn konkrete Qualitäts-Verbesserungsmaßnahmen ab.

Die Vergabe des Gütesiegels erfolgt somit auf Grund einer offenen Selbstdeklaration einerseits und einer anonymen Bewertung durch Mitarbeiter und Gäste andererseits. Durch den obligatorischen Einsatz von Mystery-Personen wird zudem die externe Kontrolle verstärkt. Analog zur Stufe I wird das Qualitäts-Gütesiegel für eine Periode von drei Jahren vergeben, wobei der Aktionsplan jährlich erneuert werden muss.

Nach Durchlaufen der Stufe I und II sollten Betriebe im Rahmen der Stufe III in der Lage sein – sofern erwünscht – ein umfassendes Qualitätsmanagement-System einzurichten. Dieser Teil der Qualitätsoffensive für den Schweizer Tourismus ist in Vorbereitung.

Das Programm „Qualitäts-Gütesiegel für den Schweizer Tourismus" wurde im Winter 1997/98 lanciert. Im Februar 1998 begannen die Ausbildungskurse zum Qualitäts-Coach. Bis zum Sommer 2001 wurden rund 2500 Qualitäts-Coaches ausgebildet und beinahe 700 Gütesiegel der Stufe I vergeben. Die Stufe II wurde im Januar 2000 ausgelöst. Bisher wurden rund 250 Qualitäts-Trainer ausgebildet und rund 250 Gütesiegel vergeben. Es bleibt zu hoffen, dass die Chancen, die dieses Qualitätsförderungsprogramm bietet, weiterhin genutzt werden und die Qualitätskultur im alpinen Tourismus sich weiterentwickelt.

6. Qualitätsmanagement in touristischen Destinationen

Ausgangspunkt für eine Feriendestination im Alpenraum ist die Tatsache, dass der Gast nicht eine einzelne Leistung eines Hotels, einer Seilbahn, eines Adventureanbieters oder eines Sportzentrums nachfragt, sondern ein ganzes Leistungsbündel. Jeder Leistungsträger in einem Tourismusort profitiert von der Qualität der übrigen Leistungsträger oder wird durch die mangelnde Qualität der Partner beeinträchtigt. Die Synergien sind groß.

6.1 Das Fallbeispiel „Q for you" im Saastal (CH)

Im Saastal (Saas-Fee, Saas Grund, Saas Almagell und Saas Balen) wurden diese Zusammenhänge anlässlich eines Qualitätsseminars im Sommer 1992 erkannt. Mit einer Qualitätsoffensive, an der sich möglichst die ganze Bevölkerung im Tal beteiligt und die alle am Tourismus Beteiligten einbezieht, wollte man das Qualitätsbewusstsein, die Freundlichkeit und das Tourismusbewusstsein steigern. Es wurde ein „Qualitätsrat" gegründet, dem viele Exponenten der Talschaft angehörten (und noch immer angehören). Begleitet wurde das Projekt vom Forschungsinstitut für Freizeit und Tourismus (FIF) der Universität Bern.

Das Projekt wurde 1993 lanciert. Nach zwei Jahren trugen bereits 30% aller Betriebe der Talschaft (inkl. Ferienwohnungen) das Gütesiegel. Bei der Hotellerie von Saas-Fee waren es sogar 70%. 1998 wurde das Projekt mit dem Preis „Sommet 98" der Unterwalliser Tageszeitung „Le Nouvelliste" und der UBS ausgezeichnet.

Der durch die „Q for you"-Offensive ausgelöste Bewusstseinsprozess in der ganzen Destination war bemerkenswert. Die Erarbeitung der Qualitätsstandards stellte eine geeignete Plattform dar, um gemeinsam über Qualitätsvorstellungen zu diskutieren: über die Lebensqualität der Einheimischen genauso wie über die Ferienqualität der Gäste. Das „Q for you"-Gütesiegel diente als „Qualitätsvirus", das den Bewusstseinsprozess eigendynamisch vorantrieb. (Vgl. Saastal Tourismus 1998, Müller 2000, 157)

Aus den Erfahrungen vom Saastal können die folgenden Grundsätze für den Qualifizierungsprozess für Feriendestinationen abgeleitet werden:

* Der Tourismusdirektor muss sich als integrierender Qualitätsmanager verstehen.

* Agieren, d.h. sofort aktiv werden und nicht abwarten, bis externe Vorgaben gemacht werden, bis beispielsweise die ISO-Normen auf die eigene spezielle Situation angepasst worden sind.

* Einen kooperativen Bottom-up-Ansatz wählen, d.h. möglichst viele Leistungsträger vor Ort am Qualitätsbewusstseinsprozess beteiligen; eine eigentliche Qualitätskultur entwickeln.

* Einen Qualitätsrat mit viel Ausstrahlung, Visionsvermögen, Mut und Überzeugungskraft einsetzen; externe Berater nur als Moderatoren oder Ideenlieferanten beiziehen.

* Erfolgserlebnisse schaffen, d.h. Qualitätsviren setzen mit Hilfe von Aktionen, Wettbewerben oder Auszeichnungen.

Doch Vorsicht: Die Qualitätseuphorie darf den Prinzipen des Lean-Managements nicht widersprechen und nicht zu einer Aufblähung des Controllings führen. Die Verstärkung der Gästeorientierung darf die eigene Verantwortung gegenüber Natur, Kultur, Menschenwürde oder bezüglich unterschiedlichen Wertvorstellungen nicht vermindern. Vorsicht auch, dass die bereits qualitätsorientierten Leistungsträger nicht administriert, nivelliert oder bevormundet werden.

6.2 Das Fallbeispiel „Qualität Plus Kleinwalsertal" (A)

Das Kleinwalsertal, hinter Oberstdorf im österreichischen Vorarlberg gelegen, hat sich unter Begleitung der Kohl & Partner, Villach und des Forschungsinstituts für Freizeit und Tourismus (FIF) der Universität Bern mit dem Projekt „Qualität Plus" konsequent auf den Qualitätspfad begeben. Dabei wurden alle Branchenteile eingebunden. Es handelt sich um die erste talweite und vernetzte Qualitätsoffensive in einer österreichischen Tourismusregion.

Wie im Saastal war auch im Kleinwalsertal klar, dass eine Qualitätsverbesserung im Rahmen dieses Projektes nicht primär durch große Investitionen in der Infrastruktur (Hardware) anzustreben ist. Man wollte sich schwergewichtig der Qualität im Humanbereich (Software) widmen.

Der Prozess wurde von der Raiffeisenbank Kleinwalsertal angeregt und begann im Sommer 1997. Um eine strukturierte und professionelle Vorgangsweise zu sichern, wurden sechs Schritte geplant:

1. Schritt: Qualitätsworkshop mit Schlüsselpersonen
Gestartet wurde das Projekt mit einem Qualitätsworkshop mit Schlüsselpersonen und Multiplikatoren aus dem Tal. Dabei wurde das Grobkonzept evaluiert, das Vorgehen festgelegt sowie das Beraterteam und der Projektleiter vor Ort bestimmt. Der Projektleiter soll Ansprechpartner für sämtliche Anliegen der beteiligten Personen und Kontaktstelle zu den externen Beratern sein.

2. Schritt: Branchenübergreifender Qualitätsrat
Ein großer Teil der Teilnehmerinnen und Teilnehmer des Qualitätsworkshops stellte sich als Mitglied des Qualitätsrats zur Verfügung. Er setzt sich aus Vertretern aller Branchenbereiche zusammen und trägt die Gesamtverantwortung des Projektes.

3. Schritt: Qualitätstrainings
Um von Anfang an möglichst viele Personen am Projekt zu beteiligen, wurden zweitägige Qualitätstrainings ausgeschrieben. Das Interesse war groß: Insgesamt fanden sechs Seminare mit über 140 Teilnehmern und Teilnehmerinnen statt. In diesen Trainings wurden nicht nur Grundlagen vermittelt, sondern bereits Stärken und Schwächen ausgemacht und mögliche Qualitätsstandards diskutiert.

4. Schritt: Branchenspezifische Qualitätszirkel
Aus den Qualitätstrainings entstanden vorerst neun branchenspezifische Qualitätszirkel: Hotellerie, Gastronomie, Privatzimmervermieter, Bergbahnen und Lifte, Tourismusverband, öffentlicher Verkehr, Handel und Gewerbe, Berghütten, Landwirtschaft. Die Qualitätszirkel erarbeiteten Vorgaben (allgemeine und spezifische Qualitätsstandards, unterteilt in Kann- und Muss-Kriterien). Anschließend wurden sie gegenseitig überprüft, bewertet und ergänzt. Dabei wurden auch die im Zusammenhang mit den Umweltgütesiegel Kleinwalsertal entstandenen Ökostandards eingearbeitet.

5. *Schritt: Lancierung des Programms*

Nach der fünften Qualitätsratsitzung im Dezember 1998 wurde das Programm im Januar 1999 in einer öffentlichen Veranstaltung gestartet. Ziel war es, im Frühjahr 1999 die ersten 50 Gütesiegel „Qualität Plus Kleinwalsertal" vergeben zu können.

6. *Schritt: Qualitätssicherung und Weiterentwicklung des Programms*

Zur Qualitätssicherung und Weiterentwicklung des Programms wurde festgelegt, dass

- die Qualitätszirkel mindestens einmal jährlich Verbesserungsvorschläge formulieren, die dem Qualitätsrat vorgelegt werden,
- von Kleinwalsertal-Tourismus halbjährlich sogenannte „Gäste-Focus-Gruppen" organisiert werden, die Gästezufriedenheit und Qualitätssicherung thematisieren,
- für die Q-Plus-Betriebe jährlich eine halbtägige Informations- und Weiterbildungsveranstaltung stattfinden soll.

Träger des Gesamtprojektes „Qualität-Plus-Kleinwalsertal" ist die Gemeinde. Die operative Abwicklung erfolgt über Kleinwalsertal-Tourismus. Eine kleine „Aktivgruppe", zusammengesetzt aus je einem Vertreter von Gastgewerbe, Banken, Bahnen, Privatvermietung und Handel/Gewerbe soll Bürgermeister und Tourismusdirektor bei der Entscheidvorbereitung unterstützen.

Oberstes Entscheidgremium ist der Qualitätsrat, der sich aus ca. 20 Persönlichkeiten aus allen Teilbranchen und dem ganzen Tal zusammensetzt.

Jede Teilbranche, die sich mit separaten Qualitäts-Kriterien am Programm beteiligt, bestimmt einen Qualitätszirkel. Die Qualitätszirkel sind für die Pflege und Weiterentwicklung der Qualitätsstandards verantwortlich und motivieren die eigenen Mitgliederbetriebe.

Betriebe, die sich um das Gütesiegel „Qualität Plus" bewerben möchten, verlangen die Unterlagen bei Kleinwalsertal-Tourismus. In einer Selbstdeklaration wird sichergestellt, dass alle vorgegebenen Qualitätsstandards erfüllt sind. Dies wird mit Unterschreiben des Qualitätscredos bestätigt.

Die Finanzierung des Projektes bis zur ersten Gütesiegel-Verleihung erfolgte über die Gemeinde Mittelberg, die Raiffeisen-Holding und die einzelnen Branchenverbände. Die Folgekosten werden durch die Kostenbeteiligung der mitmachenden Betriebe abgedeckt.

Das Projekt hat in der rund zweijährigen Vorbereitungszeit das Qualitätsbewusstsein entscheidend gesteigert. Die Qualitätstrainings waren populär und haben Qualitätsmanagement zu einem breiten Thema werden lassen. Die offenen, aber zum Teil hart geführten, Diskussionen bei der Festsetzung der Qualitätsstandards haben die Sensibilisierung für die Anliegen der Partner und das Zusammengehörigkeitsgefühl gestärkt.

Das Konzept und die detaillierten Qualitätsstandards sind in einer Broschüre zusammengefasst. (Vgl. Kleinwalsertal-Tourismus 1998)

7. Erfolgsbausteine

„Wir kommen nicht zum Erfolg, wenn wir es uns nur vornehmen – wir müssen es auch tun!" Dies schreibt Manfred Kohl aus Villach in seinem Buch „Qualität im Tourismus" (1990, 84) und zeigt die Voraussetzungen für erfolgreiches Wirken auf. Nachfolgend eine gekürzte Zusammenfassung der „Erfolgsbausteine" qualitätsbegeisteter Führungspersonen, die sorgfältig gepflegt sein wollen und einfühlsam ineinander verwoben werden müssen:

Erfolgreiche Führungspersonen – im Alpenraum und anderswo – zeigen *Qualitätsbegeisterung*. Sie gehen mit sichtlichem Spaß durch den Betrieb, haben ein Flackern in den Augen, geben aufbauende Rückmeldungen und suchen akribisch nach innovativen Verbesserungsmöglichkeiten.

Sie haben kein Personal, sondern ein *Qualitätsteam*. Sie wissen, dass die Mitarbeiter und Mitarbeiterinnen den Schlüssel zum Erfolg darstellen. Qualitätsbegeisterte haben eine tolle Mannschaft oder ein Superteam um sich geschart. Bezeichnend für sie ist ihre *positive Grundhaltung*, denn sie wissen: Wer selber positiv denkt, strahlt etwas Positives aus und überträgt diese Stimmung auf das Team und auf die Gäste. Positives Denken ist die Basis von Freundlichkeit. In Qualitätsbetrieben duftet es danach.

Qualitätsbegeisterte haben das *Ohr beim Gast*: Qualität heißt, den Gast gerne haben, ihm ab und zu Zeit schenken, ihm aufmerksam zuhören, ihn beobachten und sich immer wieder die Frage stellen, was getan werden könnten, um ihn zum Lachen zu bringen.

Sie haben die Fähigkeit, sich auf das *Wesentliche zu konzentrieren*. Sie setzen auf die Stärken, geben klare Ziele vor und machen das, was sie tun, perfekt und mit Herz. Sie erinnern sich immer wieder daran, dass in den meisten Bereichen mit den ersten zwanzig Prozent des Aufwandes achtzig Prozent der Qualitätsverbesserungen erreicht werden können.

Qualitätsbegeisterte schaffen ein *experimentierfreudiges Klima*, denn es ist ihnen klar, dass durch Kreativität und Freude am Ausprobieren Überraschungen entstehen können, die anstecken. Sie leben eine Art kreative Unzufriedenheit. Sie erweitern ihren Blick und schauen oft über den Zaun. Sie pflegen den Erfahrungsaustausch, haben keine Hemmschwellen vor freundschaftlichem Klau, besuchen gute Fachseminare und vertiefen sich in neue Fachliteratur. Auch fördern sie diesbezüglich ihre Mitarbeiter.

Echte Führungspersonen finden ihre *Harmonie zwischen Intuition und Konzept.* Sie stimmen Hard- und Software aufeinander ab. Sie vertrauen auf ihre Emotionalität gleichermaßen wie auf ihren Intellekt. Sie pflegen auch die private Kultur, denn sie wissen, dass Qualität voraussetzt, sich selber, die Familie und die Freunde während der oft so spärlichen Freizeit mit derselben Einstellung und Hingabe zu pflegen wie die Kultur im Betrieb.

Das etwa sind die Handlungsmuster, die den Erfolg von qualitätsbegeisterten Führungspersonen begründen. Sie sind im alpinen Tourismus gefragter denn je. Und noch ein Letztes: Sie fassen sich nicht nur Vorsätze – sie setzen sie auch um.

Literatur

EFQM (1999): Das EFQM-Modell für Excellence 1999. Bruxelles, 8.

Fischer, D. (1985): Qualitativer Fremdenverkehr. In: St.Galler Beiträge zum Fremdenverkehr, Nr. 17, Bern/Stuttgart.

Kleinwalsertal-Tourismus (1998): Qualität Plus Kleinwalsertal. Mittelberg.

Kobjoll, Klaus (2000): Abenteuer European Quality Award. Zürich.

Kohl, M. (1990): Qualität im Tourismus – Was macht Hotels und Restaurants (besonders) erfolgreich? Wien.

Krippendorf, J., Müller, HR. (1986): Alpsegen – Alptaum. Für eine Tourismus-Entwicklung im Einklang mit Mensch und Natur. Bern.

Müller, HR. (2000): Qualitätsorientiertes Tourismus-Management. Bern.

Parasuraman, A., Zeithaml, V.A., Berry, L.L. (1985): A Conceptual Model of Service Quality and its Implications for Future Research. In: Journal of Marketing, Vol. 49, Nr. 4, New York 1985, 47.

Parasuraman, A, Zeithaml, V.A., Berry, L.L. (1988): SERVQUAL: A multiple item scale for measuring customer perception of service quality. In: Journal of Retailing, Vol. 64, No. 1, 12-40.

Romeiß-Stracke, F. (1995): Service-Qualität im Tourismus. Grundsätze und Gebrauchsanweisungen für die touristische Praxis.Hrsg. ADAC. München.

Saastal Tourismus (1998): Q for you – Mit Qualitätsgarantie für Sie! Kriterienkatalog. Saas Fee.

Zusammenfassung

Qualitätsmanagement heißt das Schlüsselwort für den alpinen Tourismus, um im neuen Jahrhundert bestehen zu können. Im vorliegenden Artikel werden verschiedene Wege eines qualitätsorientierten Tourismus-Managements aufgezeigt, praxisorientierte Instrumente vorgestellt und erklärt, wie sie einzusetzen sind. Mit Hilfe von drei konkreten Fallbeispielen wird deutlich gemacht, dass Qualitätsmanagement auch in Destinationen umgesetzt werden kann: mit dem Qualitätsprogramm des Schweizer Tourismus, dem Q for you vom Saastal und dem Programm Qualität Plus vom Kleinwalsertal. Der Artikel schließt mit zentralen Erfolgsbausteinen ab, die Voraussetzung sind für eine eigentliche Qualitätskultur und die bei der Umsetzung zu beachten sind.

Die langfristige Sicherung des Berggebietes als Lebens-, Wirtschafts- und Erholungsraum kann für große Teile ohne Tourismus nicht erreicht werden. Der Tourismus ist Lebensnerv und gleichzeitig Motor für den Nutzungswandel. Es bestehen aber große Gefahren, dass diese Zielsetzung auch mit dem Tourismus nicht erreicht wird, dann nämlich, wenn der Tourismus seine eigenen Grundlagen zerstört. Echte Alternativen zum Tourismus gibt es kaum. Es muss somit fortwährend kreativ nach neuen Wegen in der touristischen Entwicklung gesucht werden, um dem Qualitätsabbau, ja den Selbstzerstörungstendenzen entgegenzuwirken.

Hansruedi Müller, Dr. rer. pol., Univ.-Prof., geb. 1947, lehrt Freizeit und Tourismus an der Universität Bern und leitet das Forschungsinstitut für Freizeit und Tourismus (FIF) seit 1989. Seine wissenschaftliche Laufbahn begann er dort 1982 als Assistent bei Jost Krippendorf. Seine Forschungsschwerpunkte sind Freizeit- und Tourismusökonomie, Qualitäts-, Öko- und Destinations-Management, Tourismuspolitik.
E-mail: fif@fif.unibe.ch

„Alpenglühen", um 1903
Quelle: Archiv Josef M. Meidl

Gastein g. d. Gamsgarkogel.

Gruss aus Wildbad Gastein.

Bad Gastein, um 1910

Gruss aus Krimml
(Ober-Pinzgau)

Krimmler Wasserfall

Krimml, um 1905   Quelle: Archiv Josef M. Meidl

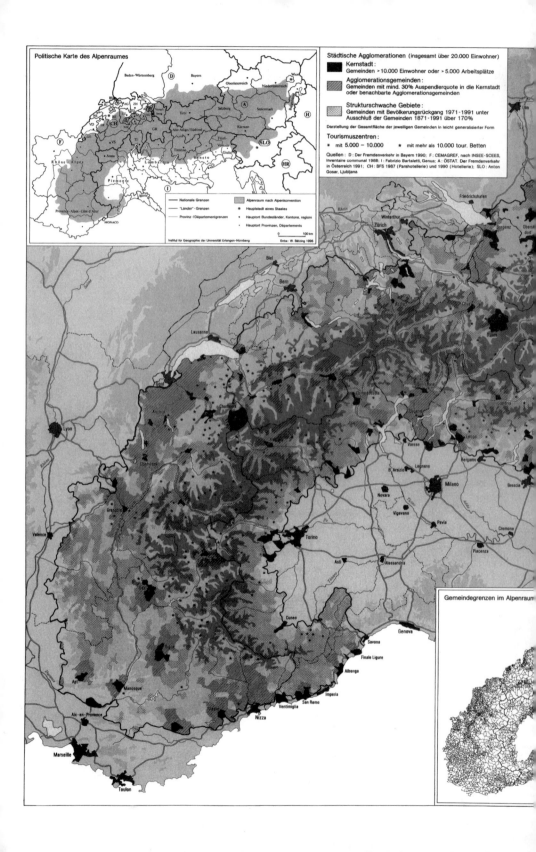

Politische Karte des Alpenraumes

Städtische Agglomerationen (insgesamt über 20.000 Einwohner)

Kernstadt:
Gemeinden >10.000 Einwohner oder >5.000 Arbeitsplätze

Agglomerationsgemeinden:
Gemeinden mit mind. 30% Auspendlerquote in die Kernstadt
oder benachbarte Agglomerationsgemeinden

Strukturschwache Gebiete:
Gemeinden mit Bevölkerungsrückgang 1971-1991 unter
Ausschluß der Gemeinden 1871-1991 über 170%

Darstellung der Gesamtfläche der jeweiligen Gemeinden in leicht generalisierter Form

Tourismuszentren:
* mit 5.000 - 10.000   ★ mit mehr als 10.000 tour. Betten

Quellen: D: Der Fremdenverkehr in Bayern 1990; F: CEMAGREF, nach INSEE-SCEES,
Inventaire communal 1988; I: Fabrizio Bartaletti, Genua; A: ÖSTAT. Der Fremdenverkehr
in Österreich 1991; CH: BFS 1987 (Parahotellerie) und 1990 (Hotellerie); SLO: Anton
Gosar, Ljubljana

Institut für Geographie der Universität Erlangen-Nürnberg   Entw. W. Bätzing 1996

Nationales Grenzen
"Länder"-Grenzen
Provinz-/Départementgrenzen

Alpenraum nach Alpenkonvention
Hauptstadt eines Staates
Hauptort Bundesländer, Kantone, regioni
Hauptort Provinzen, Départements

0   100 km

Gemeindegrenzen im Alpenraum